1781

Das erste Buch über den Secret Service überhaupt von Pulitzer-Preisträgerin Carol Leonnig erzählt die Geschichte des Geheimdienstes, der vor allem dafür bekannt ist, den Präsidenten der USA zu schützen. Sie berichtet von stolzen Agenten, die sich in den Kugelhagel werfen, der auf Präsident Reagan niedergeht und vom großen Versagen bei dem Mord an John F. Kennedy. Unter Obama und Trump eskaliert die Situation hinter den Kulissen schließlich – immer wieder gelangen potenzielle Attentäter auf geradezu grotesk einfache Weise auf das Gelände des Weißen Hauses. Leonnigs Fazit ist erschreckend: Einem Angriff auf den US-Präsidenten hätte der Secret Service heute kaum etwas entgegenzusetzen.

Carol Leonnig, Reporterin bei der *Washington Post,* erhielt 2014 den Pulitzer-Preis für ihre Enthüllung des NSA-Skandals. 2017 wurde sie erneut mit dem Preis geehrt als Teil eines Teams, das über Russlands Einfluss auf die Präsidentschaftswahl 2016 berichtete. 2020 erschien von ihr und Philip Rucker *Trump gegen die Demokratie* – *»A Very Stable Genius«.*

CAROL LEONNIG

SECRET SERVICE

Die geheime Geschichte der Agenten, die den US-Präsidenten schützen sollen

Aus dem amerikanischen Englisch von
Marlene Fleißig, Jens Hagestedt,
Nikolaus Hansen, Hans-Peter Remmler
und Thomas Stauder

HOFFMANN UND CAMPE

Die Originalausgabe erschien 2021 unter dem Titel
Zero Fail. The Rise and Fall of the Secret Service
bei Random House, New York.

Für die Inhalte der Links auf Webseiten Dritter
übernehmen wir keine Haftung, da wir uns diese nicht
zu eigen machen, sondern lediglich auf deren Stand
im August 2021 verweisen.

1. Auflage 2022
Taschenbuchausgabe
Copyright © 2021 Carol Leonnig
Für die deutschsprachige Ausgabe
Copyright © 2021 Hoffmann und Campe Verlag, Hamburg
www.hoffmann-und-campe.de
Umschlaggestaltung: Vivian Bencs © Hoffmann und Campe
Umschlagabbildung:
© James W. (Ike) Altgens | AP Photo / Picture Alliance
Satz: Dörlemann Satz, Lemförde
Gesetzt aus der Minion Pro
Druck und Bindung: GGP Media GmbH, Pößneck
Printed in Germany
ISBN 978-3-455-01447-1

HOFFMANN
UND CAMPE

Ein Unternehmen der
GANSKE VERLAGSGRUPPE

Für meinen Ehemann John
und meine Töchter Elise und Molly

INHALT

TEIL 1

DIE TRAGÖDIE, AUS DER EIN
NEUER SECRET SERVICE ERWUCHS
Kennedy bis Nixon (1963 bis 1974)

TEIL 2

FEUERPROBE

Ford bis Clinton (1974 bis 1999)

TEIL 3

TERROR UND POLITIK

Die Bush-Jahre (2000 bis 2007)

TEIL 4

ES LÄUFT AUS DEM RUDER

Die Obama-Jahre (2008 bis 2015)

TEIL 5
RÜCKWÄRTS UND ABWÄRTS
Die Trump-Jahre (2016 bis 2021)

HINWEIS DER AUTORIN

Als ich im Jahr 2012 begann, über den Secret Service der Vereinigten Staaten zu berichten, steckte dieses einmalige Exekutivorgan im augenscheinlich peinlichsten Skandal seiner jüngeren Geschichte: Ein Dutzend Agenten und Beamte wurde beschuldigt, eine Reise des Präsidenten in einen Ferienort in Südamerika in eine Art Junggesellenabschied Marke Las Vegas verwandelt zu haben, Saufgelage und Prostituierte inbegriffen. Zu jener Zeit schockierte dieses Fehlverhalten das Land gerade deshalb, weil die Männer und Frauen des Secret Service so lange als Synonym für unermüdliche und selbstlose Wachsamkeit gegolten hatten, als verschworene Truppe von Patrioten, die zum Schutz von Amerikas Demokratie bereit sind, das eigene Leben zu opfern.

Doch je eingehender ich mich mit der Sache beschäftigte, desto mehr erfuhr ich über einen Skandal, der viel bedenklicher war als diese Eskapaden à la *Mad Men*: Diese lange Zeit hoch angesehene Behörde wurde ihrer vornehmsten Pflicht nicht gerecht – für die Sicherheit des Präsidenten zu sorgen. Agenten und Beamte wurden zu meinen Fremdenführern, verschafften mir Einblicke, die mir Schritt für Schritt zeigten, wie sich der Secret Service in einen Papiertiger verwandelte, geschwächt durch eine arrogante, von der praktischen Realität abgekoppelte Führung, aber auch durch chronische Unterfinanzierung und veraltete Technologie. Mit ihrer Hilfe beschloss ich, noch tiefer zu bohren; ich wollte herausfinden, wie es so weit kommen konnte, und ich wollte die zurückliegenden fünf Jahrzehnte des einst stolzen Secret Service aufzeichnen. Wie hatte er sich nach dem Attentat auf Präsident Kennedy berappelt, seine Sicherheitstruppe wieder so aufgebaut, dass er vom Rest der Welt beneidet wurde, und wie hatte später der allmähliche Abstieg begonnen, der seine Akteure an vorderster Front so sehr aufgebracht hatte?

Ein wichtiger Hinweis zu meinen Beweggründen: Einige Führer und Ehemalige des Secret Service haben gelobt, gegen meine Arbeit vorzugehen, haben behauptet, ich wollte ihre ehrwürdige Institution in ein schlechtes Licht rücken und ihre Defizite in den Mittelpunkt stellen. Dabei geht es mir, wenn ich von diesen unbequemen Wahrheiten berichte, gerade um die vorderste Front des Secret Service, um die Zukunft genau der Leute, die den Kopf hinhalten. Ich bin voller Ehrfurcht vor den Agenten und Beamten, die an einem Strang ziehen, um dieses so wichtige gemeinsame Ziel zu erreichen, und vor allem beeindruckt mich, was sie unter all dem Stress und dem Druck, der auf ihnen lastet, dennoch Tag für Tag leisten. Sie schuften immer weiter, oft genug ohne ein Wort des Dankes, ohne angemessene Unterstützung und ohne proaktive Strategie von oben. Ich schreibe, weil diese Menschen Besseres verdient haben.

Dieses Buch basiert auf Hunderten Stunden Interviews mit mehr als 180 Personen, darunter aktuelle und ehemalige Agenten, Beamte und Direktoren des Secret Service, Kabinettsmitglieder, Berater und hohe Regierungsbeamte unter acht früheren Präsidenten, Kongressabgeordnete und deren Mitarbeiter, sowie weitere Zeugen der hier beschriebenen Ereignisse. Ich sprach mit Personal des Secret Service, das in unmittelbarer Nähe des Präsidenten gearbeitet hatte und in entlegenen Außenposten, und mit ihren nicht minder engagierten Angehörigen. Die meisten Menschen, die bei meinen Recherchen kooperierten, erklärten sich bereit, ehrlich und freimütig zu sprechen unter der Bedingung, dass ihre Anonymität gewahrt bleibt, entweder um ihre Karriere zu schützen oder weil sie Vergeltung durch die Behörde und Ehemalige fürchteten, die es darauf anlegen, schlechte Nachrichten zurückzuhalten und den guten Namen der Behörde aufzupolieren. Viele teilten ihre Erfahrungen und Erlebnisse in Form von Hintergrundwissen und gestatteten mir, ihre Informationen zu nutzen, solange ich ihre Identität nicht preisgab und darauf verzichtete, ihnen bestimmte Details namentlich zuzuordnen.

Als objektive Journalistin sehe ich meine Aufgabe darin, die Wahrheit ans Licht zu bringen. Hier ging es mir darum, eine Darstellung vorzulegen, die der vollen Wahrheit so nahekommt, wie ich es auf der Basis hartnäckiger Recherche und Berichterstattung herausfinden konnte. Szenen, von denen Sie in diesem Buch lesen werden, sind rekonstruiert aus Berichten erster Hand und, wo immer möglich, durch mehrere Quellen belegt. Sie sind außerdem untermauert durch meine Recherchen in internen Berichten und Memos der Regierung. Gewiss gibt es die Tendenz, Angaben anonymer Quellen als unzuverlässig abzutun. Viele der Menschen, die vertraulich mit mir redeten, unterwarfen sich jedoch auch einem rigorosen Faktencheck und stellten mir Notizen, Terminkalender und Korrespondenz aus der jeweiligen Zeit zur Verfügung, um ihre Darstellungen zu untermauern. Dialog kann nicht immer hundertprozentig exakt sein, aber die hier gemachten Angaben basieren auf der Erinnerung mehrerer Personen an die jeweiligen Ereignisse. In einigen wenigen Fällen waren unterschiedliche Quellen über wesentliche Aussagen und Darstellungen verschiedener Ansicht, und wo erforderlich, weise ich darauf hin – der Tatsache Rechnung tragend, dass sich ein Ereignis zwar nur auf eine Weise zugetragen haben kann, dass die Erinnerungen unterschiedlicher Zeitzeugen an dieses Ereignis aber dennoch unterschiedlich ausfallen können.

Dieses Buch ist das Nebenprodukt meiner Berichterstattung für die *Washington Post*. Einige der Episoden, von denen Sie in *Secret Service* lesen werden, nahmen ihren Anfang mit meinen Reportagen und Berichten für die Zeitung, oftmals mit Hilfe meiner klugen Kolleginnen und Kollegen. Die Mehrzahl der Szenen, Dialoge und Zitate sind jedoch meine Buchoriginale und basieren auf der umfassenden journalistischen Arbeit, die ich exklusiv für dieses Projekt durchführte.

Die historische Berichterstattung profitierte in erheblichem Maße von tagesaktuellen Nachrichten und Reportagen in der *Washington Post* und anderen öffentlichen Medien. Ich stützte mich auch auf eine Handvoll überzeugender Bücher zu bestimmten Zeitabschnitten, darunter auch manche Werke ehemaliger Agenten, die erkannt hatten, dass ihre Erfahrungen und Erlebnisse tatsächlich Stoff für die Geschichtsschreibung hergeben. Ich erwähne es selbstverständlich, wenn ich wichtige Informationen diesen Werken verdanke, entweder mit einem direkten Verweis im Text oder in den jeweiligen Anmerkungen.

PROLOG

Am Abend des 30. März 1981 saß ein achtjähriger Junge in Norfolk, Virginia, gebannt vor dem Fernseher im elterlichen Wohnzimmer. An jenem Tag hatte John Hinckley jr. versucht, Ronald Reagan vor dem Washington Hilton zu erschießen. Aber als CBS News das Geschehen in einer Endlosschleife in Zeitlupe zeigte, richtete sich die Aufmerksamkeit des jungen Mannes nicht auf den Präsidenten. Sie galt dem Mann, der von der Seite plötzlich ins Bild trat.

Immer wieder beobachtete Hinckley jr. mit ungläubigem Staunen, wie sich dieser Mann mit dem kantigen Kinn in seinem hellgrauen Anzug in Richtung des Schützen wandte, zu Boden fiel und die Hände an den Bauch presste. *Indem er sich in den Schuss warf,* sagte der Fernsehjournalist, *rettete Tim McCarthy wahrscheinlich das Leben des Präsidenten.* In diesem Moment wusste der junge Brad Gable (Name geändert) ganz genau, was er einmal werden wollte, wenn er groß war:

Er wollte Agent des Secret Service werden.

Heute, dreißig Jahre danach, hatte Gable diese Mission tatsächlich erfüllt. Er gehörte zum Counter Assault Team (CAT) im Secret Service. Innerhalb des Gesamtgefüges des Präsidentenschutzes kommt dem CAT die wohl gefährlichste Aufgabe zu. Den Secret Service verbinden die meisten mit der Vorstellung von Agenten in Anzug und Krawatte, die den Präsidenten beschützen und ihn in Sicherheit bringen, wenn Gefahr im Verzug ist. Die schwer bewaffnete CAT-Truppe hat eine andere Aufgabe: Sie muss so schnell wie möglich in Richtung einer Gefahrenquelle eilen – Gewehr- oder Pistolenfeuer, oder auch eine Explosion –, die eine Bedrohung für Leib und Leben des Präsidenten darstellen könnte, und versuchen, diese Gefahrenquelle zu neutralisieren. Das Credo des Teams reflektiert die beiden einzig denkbaren Schicksale, die nach seiner Überzeugung jedem Angreifer blühen, der ihm begegnet: »Tod oder Verhaftung.«

Gable war stolz auf seine selbst gewählte Karriere. Er genoss den Respekt der Kollegen wegen seines Patriotismus und auch wegen seiner praxisbezogenen Detailversessenheit. Warum also hatte er, als er im Spätsommer 2012 in einem Restaurant in der Nähe von Fort Bragg, North Carolina, saß, plötzlich das Gefühl, sich übergeben zu müssen?

Gable und seine Agentenkollegen hatten ein Familienrestaurant besucht, zusammen mit Leuten aus der Delta-Force-Spezialeinheit, die das jährliche Training des CAT-Teams beaufsichtigten. Gables Truppe war fast eine Woche lang von diesen stahlharten Jungs von den Special Forces gedrillt worden, hatten Attentatsversuche und Blindattacken simuliert, um zu lernen, wie sie sich selbst und ihre Kameraden im Nahkampf schützen konnten.

Nach einem Dinner mit Spareribs, Steaks und Chicken Wings setzte sich Gable mit einem der namenlosen Helden von 9/11 auf ein paar Bier zum Small Talk zusammen. Er war Oberstabsfeldwebel bei der Delta Force – nennen wir ihn John. John war offen und ehrlich, geradeheraus, und genau das gefiel Gable an ihm. Und er hatte echte Kampferfahrung – zwei Wochen nach den Anschlägen vom 11. September war er beim Angriff auf das Gelände von Mullah Omar in Kandahar dabei gewesen, aber er prahlte nicht damit herum – und auch das trug ihm sofort Gables Vertrauen und Respekt ein.

Beim zweiten Bier traute sich Gable, John eine Frage zu stellen, die ihn schon lange beschäftigt hatte: »Nachdem Sie jetzt so viele Akteure und Agenten der Exekutive ausgebildet haben, was denken Sie über die generelle Einsatzfähigkeit des Secret Service?« Der Oberstabsfeldwebel druckste ein wenig herum, aber Gable ließ nicht locker.

»Ganz im Ernst, wie würden Sie uns einschätzen?«

»Sehen Sie«, meinte John schließlich, »ich habe Mitleid mit euch Jungs. Der Service hat euch hängen lassen. Einen echten Angriff werdet ihr niemals aufhalten können.«

Das war nicht die erhoffte Antwort, und als Gable sich anhören musste, wie John den Service wegen der veralteten Ausrüstung und der lückenhaften Ausbildung regelrecht zerpflückte, wurde ihm tatsächlich flau im Magen. Im tiefsten Innern war ihm durchaus klar, wie schlecht ausgerüstet und technologisch hinter dem Mond der Secret Service war, aber es derart deutlich aus dem Mund einer solchen Respektsperson zu vernehmen, machte es unmöglich, das Offensichtliche zu leugnen. Ihm kamen all die Gelegenheiten in den Sinn, bei denen er selbst erlebt hatte, wie der Service im entscheidenden Moment versagt hatte – zuletzt bei einer Reise nach Mumbai mit Präsident Obama im Jahr 2010, bei der seine Einheit um ein Haar einen ernsten internationalen Zwischenfall heraufbeschworen hätte: Beinahe wäre dabei eine unbekannte bewaffnete Person erschossen worden, die sich hinterher als örtlicher Polizeibeamter herausstellte. Szenarien wie diese waren Generalproben für einen echten Anschlag auf den Präsidenten, und in seinen fünf Jahren beim CAT hatte er zu oft miterlebt, wie dem Service entscheidende Fehler unterliefen.

Gable sah sich mit einer brutalen Wahrheit konfrontiert: In zunehmendem Maße erfüllte der Secret Service seine Mission »Zero Fail«, bei der unter keinen Umständen etwas schiefgehen darf, auf der Grundlage nicht etwa von Können, Personal, Training oder Technologie, sondern schlicht auf der Basis von reinem Dusel. Wie lange würde es dauern, bis dieses Glück aufgebraucht war? Gable stand mit seiner Ansicht nicht allein da. Er kannte noch andere engagierte Agenten, die ein wachsendes Gefühl der Desillusionierung verspürten, vor allem hinsichtlich der Führungsebene der Agentur. Aus Furcht vor nachteiligen Folgen hatten sie jedoch geschwiegen. Aber irgendwann wurden die Risiken einfach zu groß.

Ich befasse mich seit 2012 mit dem Secret Service. Es begann mit der Berichterstattung über »Hookergate«, ein Skandal, bei dem Agenten

Prostituierte in ihre Hotelzimmer kommen ließen, während sie mit Vorbereitungen für Präsident Obamas Besuch im kolumbianischen Cartagena befasst waren – und der mir einen ersten Blick auf die grundlegenden institutionellen Probleme des Service vermittelte. In den Jahren seither jedoch haben mir zahlreiche Agenten ihre Zweifel offenbart, was die Fähigkeit der Institution anging, die Präsidenten, ihre Familien und andere wichtige Regierungsmitglieder zu beschützen. Sie beschreiben eine überlastete Organisation, die in neuen Missionen geradezu ertrinkt und von Sicherheitsrisiken bedroht ist, die auf ein fundamentales Misstrauen zwischen einfachen Agenten und der Leitungsebene zurückgehen.

Diese Agenten haben das Gesetz des Schweigens, das im Service galt, gebrochen zugunsten eines höheren Guts, deshalb haben sie Alarm geschlagen. Sie kamen zu mir in der Hoffnung, eine investigative Journalistin der *Washington Post* möge die Aufmerksamkeit auf ihre Bedenken lenken, die Führung der Agentur beschämen, die ihre Mitarbeiter im Regen stehen gelassen hatte, und helfen, das Schiff wieder auf Kurs zu bringen. Um ihre ganze Geschichte erzählen zu können, führte und studierte ich Hunderte von Interviews mit Agenten, Beamten, Direktoren, Abgeordneten, Präsidenten und ihrem jeweiligen Mitarbeiterstab. Ich arbeitete mich durch Tausende Dokumente, darunter Präsidentenarchive sowie interne Berichte des Secret Service, Ermittlungsakten und Sicherheitsüberprüfungen, die bisher noch nie öffentlich zugänglich waren. Was ich herausfand, war eine reichhaltige und komplexe Geschichte – über Mut und Käuflichkeit, über Heldentum und Inkompetenz –, eine Geschichte, vor der Amerika nicht die Augen verschließen kann und darf.

Dieses Buch ist keine geschichtswissenschaftliche Abhandlung. Meine Absicht liegt darin, den Fokus auf den Aufstieg und den ganz und gar vermeidbaren Niedergang des Secret Service über die letzten sechzig Jahre zu richten, von Kennedy bis Trump. Wir vergessen bisweilen, dass diese stolze, weitgehend unsichtbare Streitmacht zwischen dem Präsidenten und allen denkbaren Angreifern steht. Indem sie den Präsidenten schützt, schützt sie die Demokratie. Einst stand diese Institution einmal für Hingabe und Perfektion gegen alle Widerstände, heute jedoch findet sie sich in einem Zustand noch nie da gewesener Gefährdung wieder.

Auf den folgenden Seiten versuche ich, das Porträt einer Agentur zu zeichnen, die durch eine einmalige Kombination von Widersprüchen gekennzeichnet ist: eine sich ständig wandelnde und undurchschaubare Mission, gekoppelt mit unrealistischen Erwartungen an deren Erfüllung. Eine starre Verwaltungsstruktur, die die Disziplin fördert, zugleich aber auch Unmut und Rebellion hervorruft. Eine Organisation, deren Leistungsstandards weit höher und deren moralische und bestimmte persönliche Verhaltensstandards weit niedriger liegen als bei jeder anderen Bundesbehörde. Eine Streitmacht, deren Fußvolk oftmals ein normales Leben opfert und sich selbst bis zur Erschöpfung treibt, um eine nahezu unmögliche Mission zu erfüllen, und das sich sklavisch manchen Führern unterwirft, die nur aufs eigene Wohl bedacht und nicht in der Lage sind, die kühnen Entscheidungen zu treffen, die ihrer Truppe weiterhelfen könnten.

Mein Ziel ist es, einen Blick hinter die Kulissen einer Organisation zu ermöglichen; die einen niemals endenden Kampf an gleich mehreren Fronten zu führen hat: Sie will ihren Ruf verbessern, ihre Ressourcen aufrüsten und ihre Moral heben. Vielleicht liegt darin ja eine ultimative Ironie: Ich präsentiere Ihnen eine Behörde, die anscheinend nur zur Besserung fähig ist, wenn vorher etwas geschehen ist, das zu verhindern sie geschworen hat: eine Tragödie.

In den vergangenen sechs Jahrzehnten ist der Secret Service von dreihundert Agenten und einem Budget von fünf Millionen Dollar auf eine Größe von 7600 Agenten, Beamten und anderen Mitarbeitern und ein Budget von über 2,2 Milliarden Dollar gewachsen. Und auch seine Aufgaben sind gewachsen. Anstatt einen Führer des Landes zu schützen, hat die Agentur nun seine komplette Familie abzuschirmen, auch entfernte Verwandtschaft, viele seiner Untergebenen und sogar seine politischen Gegner. Sie ist nicht allein darauf fokussiert, die Kugel eines Attentäters abzuwehren, sie muss auch Drohnen fernhalten, die vielleicht Giftgas transportieren könnten, oder eine

Cyberattacke, die die Energieversorgung des Landes ins Wanken bringen könnte, und jede Bedrohung eines ausverkauften Stadions beim Super Bowl. Eine solche Mission würde jede Organisation vor gewaltige Herausforderungen stellen. Aber der Service hat nicht bloß immer mehr Aufgaben zu schultern. Nach den Maßstäben der eigenen Mitarbeiter sind die Standards und die Kapazitäten der Agentur, ihren Kernaufgaben nachzukommen, immer weiter ins Trudeln geraten, was gleich mehrere entscheidende Fragen aufwirft:

Wie konnte sich der Secret Service von einer erstklassigen, hart arbeitenden Truppe von Patrioten, die nach der Ermordung von JFK gelobten, alles Notwendige zu tun, um künftige Präsidenten zu beschützen, zu einer Art Burschenschaftskultur herunterwirtschaften, geprägt von internen Querelen, Nachlässigkeit und Überalterung?

Wie wurde aus einer eingeschworenen Gemeinschaft, die mit Stolz auf ihr unparteiisches Credo »vom Volk gewählt, von uns beschützt« verweisen konnte, eine Organisation, die von Präsidenten feige als politische Waffe genutzt wird und das Gefühl hat, sich fügen zu müssen, um die Gunst der Herrschenden nicht zu verlieren?

Und wie konnte der Service von einer Institution, die die Phantasie eines achtjährigen Jungen in Norfolk, Virginia, zu beflügeln vermochte, zu einer Organisation verkommen, die die Leute gar nicht schnell genug einstellen kann, um all die Abgänge auszugleichen, und die zuletzt drei Jahre in Folge als der verhassteste Arbeitsplatz bei der Regierung auf Bundesebene gegolten hat?

Mein Buch zeichnet eine Chronik dieses Niedergangs nach – über Jahrzehnte, über Führungswechsel, über Ereignisse, die die Welt veränderten. Zwar musste die Agentur viele beschämende Fehlschläge hinnehmen, aber es darf auch nicht übersehen werden, dass seit John F. Kennedy unter ihrer Aufsicht zumindest kein Präsident mehr ermordet wurde. Viele engagierte Männer und Frauen, die an Seilabsperrungen stehen und Menschenmassen auf der Suche nach den leisesten Anzeichen für Gefahr unter die Lupe nehmen, wurden wiederholt auf die Probe gestellt, und zumindest gemessen an ihrem eigenen Pflichtgefühl haben sie ihrem Motto Ehre gemacht: »Worthy of Trust and Confidence« (Wir sind das Vertrauen wert) – und sie verdienten in der Tat das Vertrauen, das ihnen entgegengebracht wurde. Leider kann ihre Organisation einen potenziellen Attentäter nicht mit hartnäckiger Hingabe allein aufhalten.

Beim Schreiben dieses Buches wurde mir klar, dass der Verfall des Service schon seit Jahrzehnten voranschreitet, ich lernte aber auch die vielen Agenten hoch zu schätzen, die auf ihren Posten bleiben, trotz des Chaos und des planlosen Managements um sie herum. Tag für Tag trotzen diese Staatsdiener, die Eisenhower einst »Soldaten ohne Uniform« nannte, Kälte, Wind und Regen an den Pforten des Weißen Hauses und ertragen Stunden tödlicher Langeweile, wenn sie in Treppenhäusern von Kongresszentren oder Hotelkorridoren Wache schieben. Sie schwitzen ihre Hemden und Socken durch, wenn sie stundenlang bei einer Wahlkampfveranstaltung nach der anderen auf den Beinen bleiben müssen. Sie wahren über Stunden, oft über Tage, die Art von höchster Aufmerksamkeit, die einen normalen Menschen schon nach zehn Minuten an den Rand der Erschöpfung treiben würde.

Ich begann auch zu verstehen, wie der Secret Service aus jenem fundamentalen Spannungsfeld heraus geboren wurde, das im Kern von Amerikas Demokratie liegt: dem Spannungsfeld zwischen Symbolik und Sicherheit. Die Last auf ihren Schultern wurde für mich greifbar, als mir einige Agenten von ihrer Einführung in den Schutz des Präsidenten durch eine vorbildliche Führungspersönlichkeit im Personenschutz Präsident Clintons berichteten. Special Agent Larry Cockell hatte die Unterweisung damit begonnen, den neuen Agenten den Nachruf auf jenen Agenten zur Kenntnis zu bringen, der am Steuer von Präsident Kennedys Limousine saß, als dieser ermordet wurde. Nach dem ersten Schuss hatte der Mann den Wagen zunächst abgebremst. Die ersten Zeilen der Todesanzeige beschrieben die Rolle des Agenten bei einer Tragödie, die den Rest seines Lebens prägen sollte.

»Ihr seid nun Teil einer Institution, die Verantwortung trägt für das Leben des Präsidenten und die Stabilität unserer Demokratie«, sagte

Cockell nach der Erinnerung dieser Agenten. »So sieht Scheitern aus.
Ich kann nur erfolgreich sein, wenn ihr erfolgreich seid. Wenn wir
nicht alle an einem Strang ziehen, werden wir alle scheitern. Ich erwarte von euch die Fokussierung genau darauf, mit vollem Einsatz,
unbedingter Verlässlichkeit und zu jedem Zeitpunkt, und wenn ihr
der Ansicht seid, dass es etwas gibt, was dem im Wege stehen könnte,
dann bitte ich euch, das Personenschutzkommando noch heute zu
verlassen.«

Amerika möchte das Bild von Freiheit und Offenheit in die Welt
senden, das Bild von einem »Land des Volkes«. Erst 1881, 16 Jahre
nach der Ermordung Lincolns und kurz nach derjenigen James Garfields, wies das Land jeden Gedanken an einen speziellen Sicherheitsdienst für den Präsidenten zurück, weil dies den Beigeschmack von
»Monarchen« vermitteln könnte, die sich hinter einer Palastwache
verschanzen. Trotz der damit verbundenen Risiken tricksten Bill
Clinton und JFK ihre Personenschützer immer wieder aus, um näher
an die begeisterten Fans heranzukommen. Letzterer entwischte in einer berühmten Episode einmal seinen Agenten, um an einem öffentlichen Strand in Kalifornien schwimmen zu gehen. Reagans Leute
hatten einmal eine hitzige Debatte mit dem Service wegen des opti-
schen Eindrucks, den der Einsatz von Metalldetektoren beim ersten
öffentlichen Auftritt des Präsidenten nach dem Attentat hinterlassen
würde. Sogar intern gerieten sich Agenten beinahe in die Haare wegen Themen wie der Frage, ob Langwaffen auf dem Dach des Weißen
Hauses den Eindruck vermitteln würden, der Führer der freien Welt
lebe auf einem militärischen Gelände.

Ein seltener Erfolg bei der Vereinigung dieser widerstreitenden
Impulse stellte sich bei Barack Obamas Siegesansprache am Abend
des 4. November 2008 ein. Damals sahen über 71 Millionen Fernsehzuschauer zur besten Sendezeit eine fröhliche, fast spontane Veranstaltung im Grant Park zu Chicago zur Feier der Wahl des ersten
schwarzen Präsidenten der Vereinigten Staaten. Unsichtbar für die
Kameras war die Tatsache, dass der Luftraum zur Flugverbotszone
erklärt worden war, und auch die beiden riesigen Scheiben schuss-

sicheren Glases, die den gewählten Präsidenten vor potenziellen Heckenschützen abschirmten. In praktischer wie in symbolischer Weise
vermittelte diese Szenerie alles, was man über die alltäglichen, ganz
selbstverständlichen Erwartungen an den Service wissen muss.

Dieses Buch geht auch auf diese wohltuende Episode ein, aber die
Geschichte, die das Buch erzählt, ist letztendlich eine viel persön-
lichere. Es geht darin um aktuelle und frühere Agenten, Beamte und
Verwaltungspersonal in dieser verschwiegenen Bruderschaft, die sich
entschlossen haben, ihre Geschichten mit mir zu teilen. Ich werde
ihnen ewig dankbar sein, weil sie ihre Karriere aufs Spiel gesetzt haben – nicht bloß, weil sie verlockenden Tratsch über Präsidenten und
ihre Familien ausplaudern wollten, sondern weil sie wissen, dass der
Service defekt ist und dringender Reparaturen bedarf. Indem sie ihre
Geschichte erzählen, hoffen sie, den Service, den sie lieben, zu neuem
Leben zu erwecken. Sie verdienen es, dass sich der Staat zum Wie-
deraufbau ihrer Behörde öffentlich bekennt, um nicht in ständiger
Angst vor dem Versagen leben zu müssen, ganz zu schweigen vom
beständigen Risiko, persönlich Schaden zu nehmen.

Amerika, seine Präsidenten und seine Bürger, haben den Secret
Service in der Vergangenheit als Selbstverständlichkeit betrachtet,
nur zu oft mit tragischem Resultat.

TEIL 1

DIE TRAGÖDIE, AUS DER EIN NEUER SECRET SERVICE ERWUCHS

Kennedy bis Nixon
(1963 bis 1974)

Kapitel 1

SCHUTZ FÜR LANCER

Win Lawson spürte an diesem besonderen Tag in Buffalo, wie seine Brust ein wenig breiter wurde, wie das Anspannen der Schultern seinen schlaksigen Körper noch ein wenig größer und aufrechter wirken ließ. Stolz. Ja, das durfte er sich sehr wohl eingestehen. Win Lawson, der schüchterne, schweigsame Krieger, empfand Stolz.

Der 34-Jährige war in einem Städtchen an den Ufern des Eriesees aufgewachsen, in dem es noch nicht einmal eine Ampel gab und von dem außerhalb von Upstate New York die wenigsten jemals gehört hatten: Portland, New York. Die Gemeinde, knapp hundert Kilometer südlich von Buffalo gelegen, war, wenn überhaupt, bekannt für ihre kühle Seeluft, Rebflächen und Apfelplantagen, und für Familien, die so winterfest waren wie die Früchte, die sie anbauten.

Lawson, Sohn einer Grundschullehrerin und eines örtlichen Bankangestellten, war im Sommer nach dem Abschluss der Highschool in Richtung College aufgebrochen. Er machte seinen Abschluss, heiratete die Schwester eines Freundes aus seiner Studentenverbindung und schloss sich zu Beginn des Koreakriegs einer geheimdienstlichen Abteilung der Army an.

Heute, zwölf Jahre später, an diesem Herbsttag im Jahr 1962, kehrte Lawson zurück in heimatliche Gefilde, allerdings in einer prestigeträchtigen neuen Rolle: Er war Agent beim Secret Service, und er hatte die Aufgabe, den Präsidenten der Vereinigten Staaten zu beschützen.

Fast zweihunderttausend Menschen drängten sich auf dem größten Platz im Zentrum von Buffalo und wollten einen Blick auf den berühmtesten Mann auf dem Planeten erhaschen, John Fitzgerald Kennedy. Und Win Lawson stand neben ihm.

Kennedy kam am 14. Oktober 1962 nach Buffalo, am Tag der in der Stadt so beliebten polnischen Traditionsparade. Als er die Menschenmassen sah, die in acht Reihen hintereinander entlang der Route der Präsidentenlimousine Spalier standen, dachte sich Lawson: *Ob polnisch oder nicht, heute ist ganz Upstate New York auf den Beinen, um den schicken neuen Präsidenten zu sehen.*

Lawson und die sieben anderen Mitglieder der persönlichen Schutztruppe des Präsidenten hatten eine Aufgabe, die ihre volle Konzentration verlangte: Kennedy von der ersten bis zur letzten Sekunde dieses Trips zu beschützen. Sie schirmten ihn ab, als er aus der Air Force One stieg, als er in seiner Limousine auf der letzten halben Meile der Parade dem Volk zuwinkte, und auch jetzt zum Schluss, als er sich an die riesige Menschenmenge wandte, im Herzen der Stadt – auf dem Niagara Square.

Diese Kerntruppe des Personenschutzkommandos erledigte eine einzigartige Bewachungsaufgabe, die größtenteils auf sensorischen Instinkten und angespannten Muskeln beruhte. Sobald »der Boss« – so titulierten sie den Präsidenten intern – die Bühne betrat, hielten die Bewacher Augen und Ohren offen, um in der Menschenmenge irgendwelche seltsamen Gestalten, ungewöhnlichen Bewegungen oder Leute mit den Händen in den Hosentaschen auszumachen. Wenn Kennedy Hände schüttelte, was er sehr gerne tat, flankierten ihn die Spezialagenten von beiden Seiten und behielten diese ausgestreckten Hände im Auge, immer auf der Suche nach potenziellen Gefahrenquellen. Ihre Pflicht: im Ernstfall den eigenen Körper zwischen den Präsidenten und eine Schusswaffe, ein Messer oder irgendwelche anderen Bedrohungen zu werfen.

Lawson stand am Sockel der Holzbühne vor der City Hall, wendete den Kopf von links nach rechts und suchte den Platz ab, ein menschliches Periskop, dessen Blick über zahllose Köpfe, Gesichter und Arme strich, aufmerksam für jedes Anzeichen von Gefahr.

Bei diesem Besuch hatte Lawson die zusätzliche Aufgabe, als Chef der Sicherheitsplanung des Secret Service zu dienen. Er war drei Tage zuvor eingetroffen, um die Sicherheit jedes einzelnen Schritts zu bewerten, den der Präsident bei dem Besuch tun würde, eine ausgeklügelte Choreographie, bekannt als »die Vorhut«. Er hatte entschieden, welche Straßen für die Wagenkolonne abgesperrt werden, wie nahe an der Straße die Schaulustigen stehen durften und welche Posten im Umkreis die örtliche Polizei und die Fahrer der Motorradeskorte beziehen sollten.

Aber Lawsons akribische Planung konnte an den Gesetzen der Physik nichts ändern: Er und seine Agentenkollegen waren letztendlich nicht mehr als winzige Punkte in den wuselnden Menschenmassen, die auf den Platz strömten.

Jubel kam auf, als Kennedy der Menge versicherte, sie hätten Polen in ihren Herzen behalten, und als er sie aufforderte, dafür zu beten, das polnische Volk möge eines Tages frei von kommunistischer Herrschaft leben können.[1] »Und wie es in dem alten Lied heißt: ›Solange du lebst, lebt Polen‹«, fuhr Kennedy fort. Donnernder Applaus erfüllte den Platz. Kennedy lächelte, weil er so lange warten musste, bis er seine Rede fortsetzen konnte.

Kennedy eroberte die Herzen und – wie seine politischen Mitstreiter hofften – die Wählerstimmen. Um den Demokraten zum Gewinn von Sitzen bei den Kongresswahlen im November zu verhelfen, wollte das Weiße Haus, dass möglichst viele Wähler den Präsidenten zu sehen bekommen. Insgeheim waren die Agenten des Secret Service nicht damit einverstanden, wie nahe Kennedy seinem Volk kommen wollte, aber sie hatten nicht die Macht, sich über seine Pläne hinwegzusetzen. Jedenfalls war den Agenten klar: Je länger die Route der Parade und je mehr Hände der Boss an den Seilabsperrungen schüttelte, desto größer war die Gefahr, dass etwas passiert.

So schwer auch zu glauben war, dass der Präsident des Schutzes vor den jubelnden Massen auf dem Niagara Square überhaupt bedurfte, mussten Lawson und die anderen Personenschützer doch zu jedem Zeitpunkt davon ausgehen, dass irgendwo im Gedränge ein

Feind lauerte. Kennedy mag ja gut aussehend, reich und umwerfend charmant gewesen sein, aber viele Menschen im Land verachteten ihn. Und einige wenige wollten ihn tot sehen.

Der 43-jährige Politiker war eine Bedrohung für den Status quo. Er war der erste Katholik im Präsidentenamt, ein Schock für eine ältere Generation, die in den Protestanten von jeher den Adel der Nation gesehen hatten. Viele Amerikaner waren auch zutiefst verunsichert, weil Kennedy darauf beharrte, dass Schwarze es verdienten, dieselben Schulen zu besuchen, dieselben Toiletten zu benutzen und in denselben Restaurants zu speisen wie Weiße.

Einige Wochen nach Kennedys Wahlsieg 1960 lud Richard Pavlick, ein pensionierter Postangestellter von 73 Jahren mit einer von psychischen Problemen und Tiraden gegen Katholiken geprägten Vorgeschichte, sieben Stangen Dynamit in den Kofferraum seines Buick. Er fuhr vom heimatlichen New Hampshire nach Palm Beach, wo sich der Präsident vor seiner Amtseinführung aufhielt. Pavlick wollte Kennedy in die Luft jagen, indem er dessen Fahrzeug rammte, wenn dieser zum Besuch des Gottesdienstes aufbrach, aber er ließ den Plan fallen, als er sah, dass Kennedy in Begleitung von Frau und Kindern unterwegs war. Die Polizei von Palm Beach nahm Pavlick ein paar Tage später fest; sie hatten einen Tipp von einem besorgten Kollegen bekommen, der verschiedene Puzzleteile zu der Schluss-folgerung zusammengefügt hatte, dass Pavlick hinter Kennedy her war.[2]

In Kennedys ersten sechs Wochen im Amt gingen im Weißen Haus dreimal mehr Drohbriefe gegen den Präsidenten ein als durch-schnittlich üblich. »Wir haben genug von den dreckigen schwarzen Katholiken«, hieß es in einem anonymen Brief mit Poststempel aus Los Angeles. »Die nächste Bombe ist für Sie, Mr. Kennedy.«

Die für den Personenschutz des Präsidenten rund um das Weiße Haus zuständigen Agenten fürchteten insgeheim um Kennedys Si-cherheit – und das nicht bloß deshalb, weil eine gewisse Paranoia zu ihrem Job gehörte. Für die Öffentlichkeit war Präsident Kennedy ein eleganter und kluger Führer mit einer Bilderbuchfamilie. Insgeheim sahen Kennedys Secret-Service-Agenten in ihm einen Mann, der die Gefahr magisch anzog.

Kennedy drückte im Vergleich zu seinen Vorgängern unablässig aufs Tempo, und seine Personenschützer brachte er damit an den Rand der Erschöpfung. Er ging auch extrem fahrlässig mit seiner eigenen Sicherheit um. Sein Gebaren gab einigen seiner Bewacher ein ungutes Gefühl, andere machte es schlicht wütend. Die Personenschützer Kennedys mochten den neuen Präsidenten persönlich, aber aus professioneller Sicht war er ihr bislang schwierigster Fall.

Als Kennedy mit seiner jungen Familie im Januar 1961 ins Weiße Haus einzog, war der Service so klein, dass er weniger wie eine Bundesbehörde wirkte, eher schon wie die Polizeitruppe einer harmlosen Kleinstadt. Der oberste Beamte des Service hieß tatsächlich auch noch »Chief«. Die Behörde hatte ein Budget von fünf Millionen Dollar und beschäftigte gerade einmal gut dreihundert Agenten, die meisten davon waren an irgendwelchen Außenstellen stationiert und über sämtliche fünfzig Bundesstaaten verteilt. Nur 34 Agenten waren für den Schutz des Weißen Hauses eingeteilt – der Teil der Truppe, der den Präsidenten zu beschützen hatte. Sie arbeiteten üblicherweise in Teams von sechs Leuten im Umfeld des Präsidenten, in Wechselschichten von acht Stunden.

Diese Agenten – allesamt Männer, die meisten stammten aus Arbeiterfamilien – waren im Schatten des Zweiten Weltkriegs aufgewachsen und verfügten über ein ausgeprägtes Pflichtgefühl gegenüber ihrem Land. Der typische Vertreter war ein athletischer, sittenstrenger College-Absolvent Ende zwanzig oder Anfang dreißig, im Militärdienst oder bei einer örtlichen Polizeiabteilung beschäftigt.

Neue Agenten wurden stets zuerst in eine Außenstelle geschickt, aber Kandidaten für den unmittelbaren Personenschutz wurden zur Probe innerhalb der ersten ein oder zwei Jahre ins Weiße Haus beordert. Der Service schloss einen Deal mit der Bundesregierung, um den quotierten Einstellungspool der Bundesstaaten zu umgehen und stattdessen jeden Agenten zu verpflichten, den der Chief haben wollte.[3] Im Rahmen dieser Vereinbarung musste der Secret Service

diese relativ neuen und jungen Agenten innerhalb von zwei Jahren
für den Personenschutz des Präsidenten abstellen, wenn der Service
sie in dem Job halten wollte.

Die Agenten erhielten kein spezielles Training für den Personenschutz, sie lernten bei der Arbeit von erfahrenen Kollegen, worauf
es ankam. »So lief das beim Secret Service. Sie führten dich in den
Job ein und stellten dir einen guten Kollegen an die Seite«, sagte Tim
McIntyre, ein ehemaliger Personenschützer Kennedys. »Der Service
teilte dich üblicherweise für eine bestimmte Aufgabe ein und erwartete, dass du entsprechend reagierst. Wenn du an verschiedenen
Stellen eingesetzt wirst, konnte das überall sein, zum Beispiel auch
in einem Auditorium. Sie haben keine Zeit, dir alles zu erklären. Sie
spielen dir einfach den Ball zu und erwarten dann, dass du den Ball
aufnimmst und losrennst.«

Die Arbeit eines Agenten, an einem festen Posten Wache zu schieben, war aufreibend – und zugleich langweilig. Aber an der Seite des
leutseligen, höflich-eleganten Kennedy zu arbeiten, verlieh dem Job
ein besonderes Gütesiegel. Und anders als sein Vorgänger, der General, gab sich dieser Präsident wirklich Mühe, seine Agenten persönlich kennenzulernen, er grüßte sie mit Namen. Sein mondänes Leben,
bei dem man auch regelmäßig Größen wie Frank Sinatra, Marilyn
Monroe und die Königin von England zu sehen bekam, ließ auch das
Sicherheitsteam ein wenig an dem Glamour teilhaben. Die Agenten
genossen es, in nächster Nähe des historischen Geschehens tätig zu
sein.

»Ich fahre zur Ranch von LBJ, ich habe die Nachtschicht. Ich stehe
unter einer dieser riesigen Eichen vor dem Anwesen. Und es ist zwei
Uhr morgens, und es ist kalt.« Lawson verzog das Gesicht bei der Erinnerung an einen solchen Einsatz. »Du denkst dir, ›Was um alles in
der Welt tue ich hier? Ich habe immerhin einen College-Abschluss,
und jetzt stehe ich hier und schiebe Wache, mitten in der Nacht im
Nirgendwo. Ich bin schon lange von zu Hause weg, es ist Weihnachtszeit‹, solche Sachen.

Und dann, vielleicht zwei Wochen später, bist du bei einer Veranstaltung, die zu besuchen du dir nie im Leben leisten könntest. Ich war in Cape Canaveral … für den ersten Start zum Mond. Ich war dabei, als sie in den Himmel stiegen«, sagte er. »Du denkst, ›Oh Mann, ich bin bloß ein Typ aus einem Kaff im Westen von New York, und jetzt schau mal, wo ich gerade dabei war.‹«

Auch die polnische Traditionsparade war einer dieser Tage für Lawson. Als die Parade vorbei war, sprang der Präsident der Vereinigten Staaten in seine offene Limousine und fuhr wieder weg aus Buffalo – keine besonderen Vorkommnisse.

Danach traf Lawson, wie vorher abgemacht, seine Eltern und seinen Bruder auf dem Parkplatz des Flugplatzes von Niagara Falls und brachte sie rasch an einer ausgewählten Stelle am Absperrzaun unter. Er wusste, dass der Präsident dort Hände schütteln würde, das berühmte Bad in der Menge, bevor er in sein Flugzeug nach Washington stieg. Kennedy liebte diesen Teil seiner Ausflüge in die Öffentlichkeit ganz besonders: der direkte Kontakt mit Wählern, die stundenlang gewartet hatten, um ihn persönlich zu begrüßen.

Als sich der Präsident Lawsons Familie näherte, stand er hinter der linken Schulter Kennedys und nickte kurz seinen Eltern zu. Lawsons Schichtführer Floyd Boring hielt an ihrem Abschnitt der Absperrung kurz inne.

»Mr. President«, sagte Boring, »das ist die Familie von Agent Lawson.«

Zuvorkommend wie immer setzte der Präsident sein strahlendstes Lächeln auf, reichte Lawsons Bruder und Vater die Hand und dankte ihnen für den Dienst, den Win leistete. Lawsons Mutter hatte sich extra in Schale geworfen, trug Pillbox-Hut mit Blumendekoration in Pink und Lavendel, und streckte ihm entschlossenen Blicks die rechte Hand entgegen.

»Es tut mir leid, wie sehr wir Ihren Sohn mit Arbeit überhäufen«, sagte Kennedy und ergriff den blassen weißen Arm von Lawsons Mutter. Und dann das Markenzeichen Kennedys: sein spontaner Humor. »Er scheint seine Arbeit gut zu machen, schließlich hat mich noch niemand erschossen«, meinte der Präsident staubtrocken.

Bizarrerweise hatten die Personenschützer Kennedys just an dem
Tag in Buffalo eine überdeutliche Erinnerung an die Gefahren vor
Augen, denen Präsidenten der Vereinigten Staaten bei ihren alltäglichen Ausflügen immer ausgesetzt sind. Das McKinley-Monument
ragte in der Mitte des Platzes wie ein steinerner weißer Finger in die
Höhe – Präsident Kennedy blickte bei seiner Rede direkt in Richtung des Denkmals. Die Stadt hatte den marmornen Obelisken als
eine Art Entschuldigung an William McKinley errichten lassen, den
25. Präsidenten, der im Jahr 1901 genau hier von einem arbeitslosen
Einsiedler ermordet worden war. Sein Tod war der Grund, warum
der moderne Secret Service eingerichtet wurde. Die Kugel eines Attentäters, abgefeuert am Anfang des 20. Jahrhunderts, hatte Lawson
und seine Kollegen just auf die Posten gebracht, auf denen sie heute
Dienst taten.

Leon Czolgosz, der Sohn polnischer Einwanderer, die sich in Detroit niedergelassen hatten, hatte den größten Teil seines Lebens in
schrecklicher Armut verbracht. Seine Mutter starb, als er zehn Jahre
alt war, und er hatte schon als Teenager in Glasfabriken und Stahl-
werken gearbeitet. Mit 28 Jahren lagen wegen der Wirtschaftskrise
von 1893 mehrere Jahre Arbeitslosigkeit hinter ihm. Von einer Atem-
wegserkrankung geplagt zog er auf die Farm seines Vaters und wurde
dort immer isolierter und verbitterter wegen der – in seinen Augen –
sozialen Ungerechtigkeit des kapitalistischen Systems in Amerika.
Er las die Flugblätter sozialistischer und anarchistischer Gruppen,
und er war überzeugt, die Regierung helfe reichen Geschäftsleuten
und Unternehmern dabei, die unteren Klassen auszubeuten, und sie
würde deren Verarmung ignorieren. Nachdem er eine Rede der berühmten amerikanischen Anarchistin Emma Goldman in Cleveland
im Mai 1901 gehört hatte, erfuhr er, dass einige Monate zuvor ein anderer Anarchist König Umberto I. von Italien erschossen hatte.[4] Dieses Verbrechen wurde zu seiner Inspiration. Der Attentäter erklärte,
diese kühne Tat begangen haben zu müssen, um auf die Misere der
kleinen Leute aufmerksam zu machen.

Im September 1901 fuhr Czolgosz nach Buffalo, stellte sich in eine

Warteschlange und erschoss McKinley aus nächster Nähe auf der
Weltausstellung von 1901.[5]

Kongressabgeordnete waren zu jener Zeit schockiert, wie leicht es
dem Täter gefallen war, McKinley zu töten, und beklagten, das Land
hätte nun, nach den Morden an Lincoln und Garfield, innerhalb von
36 Jahren bereits drei Präsidenten durch Attentate verloren. Der Kongress beauftragte bald darauf den Secret Service, ein kleines bundes-
staatliches Team der Exekutive, das damals in erster Linie für den
Kampf gegen Geld- und Scheckfälscher zuständig war, von nun an
den Schutz des Präsidenten zu übernehmen. Aber der Kongress bür-
dete dem Service diese Mission *zusätzlich* auf – auf die Schnelle und
ohne durchdachte Strategie.

In einer ähnlich schludrigen und übereilten Reaktion war der
Secret Service im Frühjahr 1865 ins Leben gerufen worden. Präsident
Lincoln und sein Finanzminister waren noch immer dabei, sich von
der dreisten Flucht des Pete McCartney, eines Geldfälschers in gro-
ßem Stil, und dessen Rückkehr zu seinem lukrativen Verbrecherle-
ben zu erholen. Der Bürgerkrieg war gerade erst überstanden, was
Anlass zu großen Feierlichkeiten gab, aber die Geißel der Geldfäl-
scherei destabilisierte auch weiterhin die fragile Wirtschaft des auf
dem Weg der Erholung befindlichen Landes. Während des Krieges
hatten die Bundesstaaten größtenteils ihr eigenes Papiergeld ausgegeben, ein unüberschaubarer Flickenteppich, der es Händlern und
Banken schwer machte, bei den vielen Variationen auf dem Laufenden zu bleiben, und entsprechend einfach für Fälscher, ihre Produkte
in die Wirtschaft zu schleusen. 1862 hatte das Finanzministerium
begonnen, bundeseinheitliche Banknoten von 1 bis 1000 Dollar aus-
zugeben. Diese hießen im Volksmund Greenbacks, wegen der grün
bedruckten Rückseite der Geldscheine. Aber die Fälscher stellten
sich zügig auf die Neuerung ein und kopierten sogleich das Siegel der
Bundeswährung: Sie stellten kurzerhand ihre eigenen Druckplatten
her. Experten des Bundes schätzten, dass im Jahr 1865 ein Drittel bis
die Hälfte des im Umlauf befindlichen Papiergelds Falschgeld war.

Jahrelang war McCartney ein besonders tiefsitzender Stachel im

Fleisch der US-Finanzbehörden gewesen. Er war ein intelligenter Mann der leisen Töne, der vielleicht auch die väterliche Farm in Illinois hätte erben können. Er nahm als Teenager aber lieber eine Arbeit bei einem Graveur namens William Johnson an. Johnson war heimliches Oberhaupt eines Geldfälscherclans aus Lawrence im Bundesstaat Indiana. Und in Pete McCartney erkannte Johnson ein Naturtalent. Der junge Mann hatte einen scharfen Blick für Details und Schattierungen, und er war auch ein begabter Zeichner und Drucker. Außerdem war er ein gut aussehender und freundlicher junger Mann. Ab den 1840er Jahren bildete Johnson McCartney zu einem wahren Meisterfälscher aus.

Als der Bürgerkrieg begann, war McCartney ein reicher Mann, mit einer eigenen Fälscherbande in Indianapolis und einer unübertroffenen Fertigkeit, Blüten zu drucken. Er war entschlossen, die kriegsbedingte Inflation zu seinem Vorteil zu nutzen, als der schiere Umfang des in Umlauf befindlichen Geldes erwarten ließ, dass Händler seinen Fälschungen nur schwer auf die Schliche kommen würden. Er überschwemmte Indiana regelrecht mit falschen Zehn- und Zwanzigdollarnoten und behielt das sich immer weiter anhäufende Wechselgeld schön für sich. Im Sommer 1864 nahm man an, dass McCartney und seine Bande Greenback-Blüten im Wert von hunderttausend Dollar in Umlauf gebracht hatten, ein Betrag, der 1,5 Millionen Dollar in heutiger Kaufkraft entspricht.

Mit seiner Blütenwerkstatt hatte sich McCartney einen eindrucksvollen Spitznamen eingehandelt: Er war der »König der Geldfälscher«, aber er war natürlich auch zum Ziel der Strafverfolgungsbehörden geworden. Agenten des Finanzministeriums unter Führung eines bärbeißigen staatlichen Ermittlers und ehemaligen Kavallerieoffiziers namens William P. Wood verstärkten ihre Nachforschungen zu den Banden von Johnson und McCartney. Wood leitete eine doppelte Durchsuchungsaktion, der im Sommer 1864 McCartney im Postamt von Indianapolis ins Netz ging, Mitglieder der Johnson-Bande wurden in Lawrence festgenommen. Man schaffte die Gefangenen in einen Zug nach Washington, aber McCartney hatte andere Reisepläne.

Nach Einbruch der Dunkelheit, als die Wachen gerade in eine andere Richtung schauten, rannte McCartney, noch immer mit Ketten an Armen und Beinen, davon und sprang von der hinteren Plattform des Zuges, während dieser mit rund 55 Stundenkilometern weitertuckerte. Wood ließ den Zug anhalten und stellte einen Suchtrupp zusammen, aber die Agenten konnten den Gesuchten nicht finden.

Die Flucht führte zu peinlichen Schlagzeilen in der Presse und zu weiterem Murren innerhalb der Lincoln-Regierung wegen der fortbestehenden Gefahr, dass Dollarblüten das US-Finanzsystem aus den Angeln heben könnten. Präsident Lincoln verlangte alsbald nach einer Kommission, die das Problem in Angriff nehmen sollte.

Finanzminister Hugh McCulloch hatte eine Idee, wie man die Sache dauerhaft in Ordnung bringen könnte: durch Schaffung einer »regulären und permanenten Truppe, deren Aufgabe es wäre, diesen Fälschern das Handwerk zu legen«. Er schlug eine Spezialeinheit innerhalb des Finanzministeriums vor, die die Bösewichte finden, festnehmen und vor Gericht stellen sollte.

Aber Lincoln lebte nicht lange genug, um McCullochs Idee in die Tat umzusetzen. Am Abend des 14. April 1865 besuchte Lincoln mit seiner Frau Mary das Theaterstück *Our American Cousin* im Ford's Theatre im Zentrum von Washington. Der Präsident hatte schon vielfach Todesdrohungen erhalten, und seine Helfer hatten ihn nach Jahren davon zu überzeugen vermocht, dass er einen Leibwächter brauchte. Ein Team von vier Polizisten, die man bei der örtlichen Polizeiabteilung ausgeliehen hatte, begleitete ihn abwechselnd auf seinen Reisen, bei denen er mit der Öffentlichkeit in Kontakt kam. Aber der an jenem Theaterabend diensthabende Polizist war der schwächste des Teams, bekannt dafür, dass er gerne einen über den Durst trank und bei der Arbeit einschlief. Er verließ den Korridor zur Präsidentenloge, um sich selbst das Stück anzusehen, dann schlenderte er über die Straße in den Star Saloon, um sich einen Schluck zu genehmigen. John Wilkes Booth, ein Schauspieler, der mit den Konföderierten sympathisierte und vom bevorstehenden Theaterbesuch des Präsidenten erfahren hatte, schlich sich in die Loge links von der

Bühne, trat hinter Lincoln und schoss ihm in den Kopf. Nach Sonnenaufgang am nächsten Morgen war der Präsident tot.

Über die Jahre entstand der Mythos, Lincoln hätte ein Gesetz zur Schaffung des Secret Service unterschrieben, und zwar bei einem Treffen mit McCulloch just am Morgen des Tages, an dem er von den Kugeln des Attentäters tödlich getroffen wurde. Die Geschichte ist natürlich reich an Ironie, allerdings ist sie auch zweifelhaft. Möglich ist jedoch, dass Lincoln die Idee grundsätzlich gebilligt hatte. Einige Historiker glauben, McCulloch hätte seinen Vorschlag zum Kampf gegen die Fälscher unterbreitet, als er sich mit Lincoln an jenem Nachmittag traf, und Lincoln solle positiv auf den Gedanken des Finanzministers reagiert und ihn grundsätzlich ermutigt haben, die Sache weiterzuverfolgen.[6] Andere bestreiten vehement, dass es ein derartiges Gespräch jemals gegeben hat.

Was auch immer jedoch Lincoln und McCulloch an jenem Nachmittag besprachen, das Land veränderte sich in dieser Nacht. Die Ermordung des Präsidenten im Ford's Theatre führte zu einer massiven Verbrecherjagd durch Agenten, die den Killer zur Strecke bringen wollten. Das Attentat löste auch eine tiefergehende monatelange Untersuchung aus, die mögliche Mitverschwörer ausfindig machen sollte, wobei ein interessanter Detektiv eine zentrale Rolle spielte. William Wood, der schlaksige, bärbeißige Ermittler des Finanzministeriums, der McCartney dingfest gemacht und dann wieder verloren hatte, wurde mit der Unterstützung bei der Untersuchung des Lincoln-Attentats beauftragt. Wood hatte sich als gefeierter Kavallerieoffizier im Mexikanisch-Amerikanischen Krieg einen Namen gemacht, war danach ins Finanzministerium gewechselt und wurde zum Experten für die Jagd auf Geldfälscher. Er hatte einen gewissen Ruf als Schaumschläger, und er war auch bekannt für brutale Methoden, mit denen er Verdächtige dazu brachte, sich gegenseitig zu verpfeifen. Unter Lincoln wurde er zum Leiter des Old Capitol Prison ernannt, in dem Spione und Verräter der Konföderierten einsaßen und verhört wurden. Dennoch betraute das Finanzministerium Wood auch weiterhin mit investigativen Spezialaufträgen, wann immer es Bedarf hatte.[7]

Zwölf Tage nach den Schüssen fanden und erschossen Agenten des Kriegsministeriums John Wilkes Booth in einer Scheune in Port Royal, Virginia. Die Mission der staatlichen Agenten wandte sich danach einer neuen Frage zu, bei der Wood eine entscheidende Rolle spielen sollte: War die Tat Booths möglicherweise Teil einer viel größeren Verschwörung der Konföderierten, vielleicht sogar unter der Regie von Jefferson Davis, dem Präsidenten der Konföderierten Staaten von Amerika? Wood schnappte und verhörte zuerst Dr. Samuel Mudd, dann befragte er den Rest der mutmaßlichen Mitverschwörer in seiner Haftanstalt. Im Juni desselben Jahres wurden vier von ihnen zum Tod verurteilt.

Am 5. Juli 1865 wurde Wood als erster Chief der Secret Service Division des Finanzministeriums von Minister McCulloch vereidigt. Zehn weitere Männer – die sogenannten Operatives – schlossen sich seinem Team an und erklärten sich bereit, ihre Arbeitszeit in beliebigem Umfang für die Aufgabe zur Verfügung zu stellen, für einen Tageslohn von höchstens drei Dollar. Der Secret Service wurde spontan und ganz beiläufig ins Leben gerufen, ohne schriftliche Dokumente, die seine genauen Pflichten beschrieben. Zukünftige Präsidenten und Kongresse sollten die Mission des Secret Service in gleicher Weise um neue Aufgaben erweitern.

Der Secret Service war eine zu jener Zeit einzigartige staatliche Institution – und wurde entsprechend mit einigem Argwohn betrachtet. Zu dem Zeitpunkt verfügte die Bundesregierung nur über wenige Exekutivorgane, teils wegen des anhaltenden Widerstands der noch jungen Demokratie gegen alles, was irgendwie Ähnlichkeit mit europäischen Institutionen oder zentralisierten Bürokratien hatte, die in die Privatsphäre oder die Freiheiten der Bürger eingreifen könnten. Innerhalb von zwei Jahren jedoch beschloss Lincolns Nachfolger, Präsident Andrew Johnson, dieses Ermittlerteam könnte auch zur Ausmerzung anderer Probleme dienlich sein, die das Land quälten. 1867 erhielt der Secret Service die neue Aufgabe, »Personen ausfindig [zu] machen, die zum Schaden der Regierung Betrug begingen«. Diese Macht sollte den Service später in die Lage versetzen, kriminelle Aktivitäten einer großen Bandbreite von Verdächtigen unter die Lupe zu nehmen. Dieses umfangreiche neue Mandat war ganz nach dem Geschmack des stellvertretenden Leiters des Secret Service, Hiram C. Whitley.

Whitley legte 1869 seinen Amtseid ab und begann fast augenblicklich mit dem Umbau des Service nach dem Vorbild einer professionellen Bürokratie. Er führte auch einiges von der militärischen Ordnung ein, die er in seiner Zeit als Offizier der Union verinnerlicht hatte. Der mit seinen zwei Metern und acht Zentimetern ausgesprochen imposante Chief, ein ehemaliger Ermittler im Bereich Schwarzbrennerei und Schmuggel, ernannte einen stellvertretenden Chief und eine Reihe untergeordneter Beamten, die sein Team von zwanzig Agenten führen sollten. Er säuberte die eigenen Reihen von einigen ehemaligen Kriminellen, die zu Informanten und dann zu Operativen geworden waren, und startete dann seine Bemühungen, Agenten mit möglichst weißer Weste zu rekrutieren. Whitley stellte eine Reihe neuer Regeln für Agenten auf, um Konflikte und Fehlverhalten möglichst auszuschließen, er verlangte tägliche Berichte von den Agenten, die ihre Aktivitäten und Ausgaben stundengenau zu dokumentieren hatten, und er schuf ein Beförderungssystem auf der Grundlage von Verhaftungen und gerichtlichen Verfahren. Außerdem dehnte er die Aktivitäten des Service auch auf andere Ermittlungsbereiche aus, die in seinen Augen hohe Priorität besaßen: Banküberfälle, Postraub, Schwarzbrenner- und Glücksspielringe, Schmuggel und mehr. Für ihn lag in der Erweiterung des Mandats eine Aufwertung des Secret Service und auch eine Zunahme seiner eigenen Macht innerhalb der Regierung.

Diese Macht sollte zur Folge haben, dass sich der Kongress an Whitley wandte, als im Süden erneut die Gewalt um sich griff, diesmal in den Händen des in weiße Kutten gekleideten Ku-Klux-Klan. Die Nachforschungen über den KKK durch den Service begannen im Jahr 1871, kurz nachdem der Kongress eine Resolution vorgelegt hatte, die die Organisation und ihre Lynchmorde verurteilte.[8] Präsident Grants Justizminister wies Whitley an, acht neue Agenten für die KKK-Ermittlungen einzuteilen.[9] In den nächsten drei Jahren beschatteten sie Klan-Anführer im gesamten Süden, von North Carolina bis Florida, und brachten über fünfhundert Personen vor Gericht, denen die Verwicklung in Aktivitäten des Klans zur Last gelegt wurde, und weitere stellten sich selbst den Behörden.

Aber diese ehrenvolle Arbeit, und damit auch ein großer Teil des guten Rufs des Secret Service, geriet unter Beschuss, als Chief Whitley im Jahr 1874 selbst in einen Skandal verwickelt wurde. Im Verlauf einer Ermittlung gegen einige örtliche Beamte, die beschuldigt wurden, Bundesmittel im District of Columbia abgezweigt zu haben, wurden mehrere Kontobücher – wichtige Beweismittel in dem Fall – aus dem Safe des örtlichen US-Staatsanwalts entwendet. Mit den Ermittlern kooperierende Zeugen beschuldigten Whitley, mitgeholfen zu haben, für die Verdächtigen in dem Fall einen verlässlichen Dieb zu organisieren, der den Safe für sie ausräumen sollte. Whitley bekannte sich zu keinerlei Fehlverhalten und wehrte sich zunächst standhaft gegen die angeblich haltlosen Vorwürfe, aber der damalige Finanzminister bestand auf seinem Rücktritt, um den Service vor Schaden zu bewahren. Er folgte der Aufforderung im September 1874.

Der Skandal schwächte die Schlagkraft des Service für die nächste Dekade ganz erheblich.[10] 1880 musste die Abteilung eine 40-prozentige Kürzung ihres Budgets verkraften, und eine umfassende Untersuchung durch den Generalstaatsanwalt noch dazu. Der Kongress verabschiedete darüber hinaus eine Zusatzklausel, die die Agentur wieder auf ihre einzige ursprüngliche Mission begrenzte: den Kampf gegen Geldfälscher. In ihrer Hochzeit hatte die Agentur 47 Operative beschäftigt, aber 1880 war sie wieder auf durchschnittlich 25 Mann zusammengeschrumpft.[11]

Die dramatischen Einschnitte in die Finanzierung und Reichweite des Service stellten sich kurz vor einer weiteren nationalen Krise ein. Sechzehn Jahre nach dem Attentat auf Lincoln wurde ein weiterer Präsident niedergestreckt.

Am 2. Juli 1881 eilte Präsident James Garfield mit seinen Helfern zur Bahnstation Baltimore and Potomac im Zentrum Washingtons, wo er einen Zug besteigen und zu einem Sommerurlaub an der Küste von New Jersey aufbrechen wollte. In der Menschenmenge dort wartete auch Charles Guiteau. Dieser meinte, Garfield zum Wahlsieg verholfen zu haben, und war nun wütend, weil ihm der Präsident nie einen Posten in seiner Regierung angeboten hatte. Er hatte von den Reiseplänen des Präsidenten aus der Zeitung erfahren. Guiteau feuerte aus nächster Nähe zwei Kugeln auf ihn ab – in den Arm und in den Rücken. Der Präsident verharrte mehrere Monate in einer ungewissen Phase der Erholung, starb aber im September an einer schleichenden Blutvergiftung und letztendlich an einem massiven Herzanfall.

Es mag aus heutiger Sicht überraschend anmuten, aber nach Garfields Tod konnten sich weder der Kongress noch die Regierung dazu durchringen, eine permanente Schutztruppe für den Präsidenten einzurichten. Die Morde an Lincoln und Garfield hatten zwar Diskussionen im Kongress über die Verstärkung der Sicherheitsvorkehrungen für den Präsidenten ausgelöst, aber die Amerikaner und ihre Politiker blieben auch weiterhin politisch allergisch gegen alles, was für sie den Ruch einer »königlichen Garde« besaß. Stattdessen überredeten die Helfer im Weißen Haus die jeweiligen Präsidenten, viele davon widerwillig, sich von ein paar örtlichen Polizisten bei ihren Reisen in der Öffentlichkeit bewachen zu lassen.

Als sich der Secret Service endlich des Schutzes von Präsidenten annahm, war dies eine inoffizielle Funktion, die ohne Erlaubnis erledigt wurde. Im Frühjahr 1894 wurde William Hazen, damals Direktor des Secret Service, zunehmend unruhig, als er von seinen Einsatzkräften in Colorado hörte, dass einige Glücksritter und Anarchisten dort Todesdrohungen gegen Präsident Grover Cleveland von sich gegeben hatten. Er wies zwei seiner Leute an, sich sofort im Weißen Haus zum Dienst zu melden, um dem Präsidenten unbegrenzten Schutz zuteilwerden zu lassen. Nur eine Handvoll Leute in der Abteilung wussten über diese heimliche, informelle Bewachungspflicht Bescheid.

Später in jenem Sommer weilte die First Lady am Urlaubsort der Familien in Buzzard's Bay, Massachusetts, und dort hörte sie von einem Gerücht über ein Komplott zur Entführung ihrer Familie. Sie wusste Bescheid über Hazens inoffiziellen Schutz für ihren Gatten. Ganz verzweifelt wandte sie sich direkt an Hazen und bat ihn um Hilfe beim Schutz ihres Heims in New England. Er schickte drei Agenten, die sich für den Rest der Urlaubssaison einsatzbereit hielten. Der Präsident kehrte von einer Reise zurück und akzeptierte stillschweigend den zusätzlichen Schutz für seine besorgte Ehefrau. In den folgenden Jahren hielten die Clevelands, Hazen und ein paar wenige Eingeweihte des Service das Geheimnis unter Verschluss: Sie hatten Agenten für einen Zweck eingesetzt, der weder vom Kongress noch von der Regierung abgesegnet war, ja, der, wie manche meinten, sogar ausdrücklich verboten war.

Sobald dieses heimliche Arrangement – nach dem Einzug von William McKinley ins Weiße Haus – aufgedeckt war, wurde Hazen degradiert und der missbräuchlichen Verwendung von Bundesmitteln beschuldigt. Im selben Jahr allerdings, mit Beginn des Spanisch-Amerikanischen Krieges, erlangte der Secret Service die Berechtigung auf Basis einer Notverordnung, vier seiner Agenten für den Schutz von McKinley abzustellen. Nach dem Krieg erlosch diese Notfallberechtigung wieder, aber ein paar Agenten begleiteten den Präsidenten weiterhin auf seinen Reisen. Als McKinley 1901 ermordet wurde, während er Besucher bei der Pan-Amerikanischen Ausstellung in Buffalo, New York, begrüßte, war tatsächlich ein Agent mit ihm unterwegs gewesen, der eigentlich an seiner Seite hätte stehen sollen, aber er erklärte sich einverstanden, etwas mehr Abstand zu halten, als der Direktor der Ausstellung darum bat, für die Begrüßung der Öffentlichkeit neben dem Präsidenten stehen zu dürfen.

Erst nach McKinleys Tod – der dritte ermordete Präsident innerhalb von 36 Jahren – stimmte der Kongress endgültig der Schaffung

einer permanenten Schutztruppe für die Sicherheit des Präsidenten
zu. Die Abgeordneten wiesen den Secret Service formell an, seine
Schutzfunktion als Vollzeittätigkeit zu übernehmen. Erst 1906, nach
weiteren fünf Jahren, autorisierte der Kongress offiziell die Geldmittel für die Entlohnung der Zwei-Mann-Schichten, die den Präsidenten rund um die Uhr zu bewachen hatten.

In der ersten Hälfte des 20. Jahrhunderts hielt die doppelte Aufgabe, Geld und Präsidenten zu beschützen, den Service gehörig auf
Trab. Diese kleine Abteilung des Finanzministeriums investierte auch
weiterhin den Großteil ihrer Zeit in den Kampf gegen Geldfälscher,
und die Abgeordneten waren davon ausgegangen, der Schutz des
Weißen Hauses würde nur einen Bruchteil der Arbeitslast des Service ausmachen. Aber die Mannstunden, die für die Sicherheit des
Präsidenten anfielen, wurden immer mehr. Zwei Weltkriege und eine
ganze Serie von Attentaten in Europa veranlassten den Service, die
Zahl seiner Agenten im speziellen Personenschutz zu erhöhen, damit
potenzielle Attentäter ihre finsteren Pläne nicht in die Tat umsetzen
konnten. Die Agenten erlegten der Bewegungsfreiheit ihrer Staats-
führer zudem weitere neue Restriktionen auf.

Theodore Roosevelt, der erste Präsident, der den Schutz durch den
Secret Service genoss, nannte seine neuen Agenten »einen kleinen,
aber sehr notwendigen Stachel im Fleisch«.[12] Natürlich setzte er nicht
sehr viel Vertrauen in ihre Fähigkeiten. Er erzählte seinem Freund
Henry Cabot Lodge im selben Brief, sie hätten »nicht den geringsten
Nutzen«, wenn ein ernsthaft entschlossener Attentäter ihn umzu-
bringen gedachte. Aber das nächste Mal, als ein amtierender Präsi-
dent mit einer Schusswaffe konfrontiert war, zeigten die Beamten des
Secret Service, die fürs Gelände des Weißen Hauses zuständig waren
und damals als Polizei des Weißen Hauses tituliert wurden, und die
Agenten in seiner persönlichen Schutztruppe, dass sie eben doch ihr
Geld wert waren.

Im Herbst 1950, als im Weißen Haus Renovierungsarbeiten liefen,
wurde Präsident Harry S. Truman vorübergehend im nahe gelegenen
Blair House einquartiert. Am Nachmittag des 1. November fanden

zwei Nationalisten aus Puerto Rico Trumans Aufenthaltsort heraus und beschlossen, sich den Weg ins Blair House freizuschießen und zu versuchen, den Präsidenten zu töten. Die Attentäter in spe, Oscar Collazo (36) und Griselio Torresola (25), hofften damit die Aufmerksamkeit auf die Frage der Unabhängigkeit ihrer Insel von den Vereinigten Staaten zu lenken. Sie gingen aus entgegengesetzten Richtungen die Pennsylvania Avenue hoch, Torresola von Westen, Collazo von Osten.

Floyd Boring, Agent des Secret Service, der später einer der leitenden Personenschützer von Präsident Kennedy werden sollte, hatte in der östlichen Kabine des Sicherheitsdienstes in der Nähe der Eingangstür des Blair House Dienst. Sein Kollege, Officer Leslie Coffelt von der White House Police, befand sich in einem Wachhäuschen an der Westseite, wandte sich um und sah einen Mann mit einer Pistole auf sich zukommen.

»Der Präsident war im oberen Stockwerk und machte ein Nickerchen, bevor er in Arlington einen Termin für eine Kranzniederlegung hatte«, erzählte Boring später. »Wir waren draußen auf den Stufen, als sich zwei Männer dem Gebäude näherten, einer zog eine Waffe und zielte damit auf mich. Ich hörte einen Knall, zog meine Waffe und schoss zurück. Dann schossen alle zugleich.«

Boring und ein weiterer Beamter verließen die östliche Kabine des Wachdiensts, zogen ihre Pistolen und eröffneten das Feuer auf Collazo. Eine Kugel durchschlug Collazos Brustkorb, und er fiel auf die vorderen Stufen. Secret-Service-Agent Stewart Stout, der zum Personenschutz Trumans gehörte, vernahm die Schüsse draußen und holte eine Maschinenpistole aus einem Waffenschrank. Truman war von der Schießerei aufgewacht und ans Fenster gegangen. Eine Wache draußen erblickte das Haupt des Präsidenten und schrie Truman an: »Zurück! Zurück!«

Draußen richtete Torresola seine Luger auf Coffelt und schoss ihm zweimal in die Brust und einmal in den Bauch. Coffelt taumelte in der Wachstube zu Boden. Torresola schoss auf zwei weitere Beamte, sprang über eine Hecke und rannte auf den Hauseingang zu.

Aber Coffelt war noch nicht ausgeschaltet. Er zog sich wieder hoch und zielte mit seinem Revolver auf Torresolas Kopf. Er feuerte, und der Angreifer fiel tot auf den gepflasterten Fußweg. Danach brach Coffelt wieder in seinem Wachhäuschen zusammen.

Mehrere Agenten und Beamte waren getroffen worden und überlebten. Coffelt wurde eilig ins Krankenhaus gebracht, erlag aber vier Stunden später seinen Verletzungen. Er ist der erste und bis heute einzige Beamte des Secret Service, der im Dienst zum Schutz eines Präsidenten zu Tode kam.

In der Öffentlichkeit gab sich Truman unbeeindruckt. »Ein Präsident muss mit solchen Dingen rechnen«, erzählte er Reportern bei einer Lagebesprechung am Tag nach der Schießerei.

Als Hauptmann im Ersten Weltkrieg hatte Truman Soldaten unter seinem Befehl sterben gesehen, aber privat schien ihm Coffelts Tod auf andere Weise nahezugehen. Er versicherte Coffelts Witwe und Freunden, er sei zutiefst betroffen; Coffelt war eine der beliebtesten Wachen im Weißen Haus gewesen.[13] Er schrieb eine persönliche Nachricht an seinen Außenminister und beschrieb darin Coffelts Tod als »höchst unnötigen Vorfall«, und »die Menschen, die schwer verletzt wurden, waren großartige Männer«.[14] Seit seinem ersten Tag im Amt hatte er täglich einen Spaziergang durch die Innenstadt von Washington gemacht, begleitet von seinen Agenten. Immer wieder hatten seine besorgten Bewacher versucht, ihm das auszureden, aber er wischte ihre Bedenken jedes Mal beiseite. Jetzt gab er nach.

»Weil zwei Spinner, zwei Verrückte, vor ein paar Tagen versucht haben, mich umzubringen, sind meine guten und wirkungsvollen Wachen nervös«, schrieb er ein paar Tage später. »Deshalb versuche ich, so hilfreich wie möglich zu sein.«

Coffelts Schwester, Mildred Good, erfuhr in ihrer Heimatstadt in den Shenandoah Mountains aus dem Radio vom Tod ihres Bruders. Sie sagte, er sei immer stolz darauf gewesen, Teil des Korps zu sein, dem die Sicherheit des Präsidenten anvertraut ist, und ihm sei klar gewesen, dass jeder Beamte oder Agent des Secret Service eines Tages

berufen sein könnte, sein Leben zu geben, um das Leben des Präsidenten zu retten.

»Wissen Sie«, sagte sie, »er liebte seinen Beruf, er hätte keinen anderen Weg gewählt. Ich bin sicher, er bereute nichts.«

Kapitel 2

SPIEL MIT DEM FEUER

In seinem ersten Amtsjahr 1961 brach John Kennedy zügig sämtliche Rekorde, was die Anzahl der Ausflüge des Präsidenten aus dem Weißen Haus anging – und er war durch nichts zu bremsen. Es blieb dem Präsidenten und seinen Beratern nicht verborgen, dass er eine extrem knappe Wahl zumindest zum Teil auch wegen seines telegenen Äußeren gewonnen hatte. Das Weiße Haus wusste genau um seine beste politische Waffe: Sie bestand darin, Kennedy und seine vor Leben sprühende Bilderbuchfamilie so oft wie möglich der Öffentlichkeit zu präsentieren.

Die wöchentlichen Reisen des Präsidenten waren ein Schock für das System des Secret Service, nach einer ganzen Reihe älterer und konservativer Präsidenten, die kein Problem damit hatten, wochenlang schön brav im Weißen Haus zu verweilen. Die zusätzlichen Reisen zwangen seinen Personenschützern regelmäßig Doppelschichten auf, und so fehlte es ihnen nicht nur an Schlaf, sondern auch an Urlaub. In den geschäftigsten Zeiten zogen die Leiter des Service ein paar Männer von Reisen ab, nur damit noch genug Leute für den nächsten Trip verfügbar waren.

Gegen Ende des Sommers 1963 hatte der Glamour um Kennedy für viele Agenten stumpf zu werden begonnen. Zweieinhalb Jahre, in denen sie Kennedy bei seinen zahlreichen Touren rund um den Erdball hatten auf den Fersen bleiben müssen, hatten die Personenschützer ausgebrannt und erschöpft. In jenem Sommer begleitete eine Handvoll Agenten, darunter auch Lawson, Kennedy bei diplomatischen Reisen ohne Unterbrechung nach Deutschland, Irland, ins Vereinigte Königreich und nach Italien. Ganze acht Männer bildeten einen Ring um den Führer der Nation, setzten den eigenen Körper ein, um die drängenden Massen zurückzuhalten, die auf Kennedys Limousine zu springen versuchten.

Kennedy spottete über den müßiggängerischen Jetset, der sich in edle Feriendomizile aufmachte und weinselige Lunchs genoss, aber mitunter sah sein eigenes Leben gar nicht viel anders aus als dessen Treiben.[15] Es kam nur selten vor, dass er nicht an irgendeinem schicken Ort das Wochenende verbrachte oder in einem seiner Feriendomizile. Manchmal begleitete er seine Gattin auf deren 67 Hektar großes Anwesen vor den Toren von Middleburg, Virginia, wo die First Lady ihren Kindern eine Spielwiese schaffen wollte, auf der sie sich unbeschwert aufhalten konnten. Je nach Jahreszeit verbrachte er die Wochenenden auch auf dem Anwesen seiner Familie auf Cape Cod oder demjenigen seines Vaters in Palm Beach. »Wir zogen umher wie die Enten«, witzelte Agent Larry Newman, einer der Personenschützer. »Hyannis Port jeden Sommer, Palm Beach im Winter.«

34 für den Personenschutz eingeteilte Agenten reichten nicht annähernd aus, um die Sicherheitsvorkehrungen für alle Örtlichkeiten zu planen, die Kennedy zu besuchen pflegte, und ihn dann auch noch abzuschirmen, sobald er dort eintraf. In besonders hektischen Zeiten sprangen die Personenschützer gleichsam über ihren eigenen Schatten. Sie flankierten Kennedy den ganzen Tag in einer Stadt, flogen spät am selben Abend in eine zweite Stadt, um die Vorbereitungen für den nächste Woche anstehenden Besuch dort zu planen, dann ging es schleunigst wieder zurück, um den Präsidenten beim Besuch eines dritten Ziels zu begleiten.

»Es war unterwegs immer so viel zu tun, dass die Doppelschichten für uns alle quasi zum Normalzustand wurden«, sagte der ehemalige Personenschutzagent Jerry Blaine. Für den unmittelbaren Begleitschutz des Präsidenten hieß das: 6 Uhr aufstehen für die Frühschicht,

Dienstbeginn um 8 Uhr, dann Arbeit bis 21 oder 22 Uhr, also weit in die Spätschicht hinein. Sie konnten von Glück sagen, wenn sie ein Tütchen Erdnüsse oder ein kaltes Sandwich zum Abendessen verschlingen konnten, dann einen Scotch oder ein Bier hinterher, und gegen 23 Uhr oder Mitternacht fiel man ins Hotelbett. Um das Budget nicht zu sprengen, mussten die Agenten des Service sogar Etagenbetten in ihren Hotelzimmern nutzen. »Dann konntest du bloß hoffen und beten, dass der Typ über oder unter dir nicht schnarcht«, erzählte Personenschutzagent Tim McIntyre.

Wenn die Agenten dann doch einmal nach Washington zurückkamen, blieb oft gerade mal ein Tag, den sie mit Frau und Kindern verbringen konnten. Die Ehefrauen gewöhnten sich daran, dass ihre Männer bloß noch vorbeischauten, um schmutzige Wäsche abzuladen und sich saubere Sachen für den nächsten Einsatz zu schnappen. »Ich war über dreihundert Tage im Jahr auf Achse«, sagte Paul Landis, ein Personenschützer, der zuerst für Kennedys Kinder und später für Mrs. Kennedy eingeteilt war.[16] »Mir machte das nichts aus, ich war Single. Aber die meisten von den Jungs waren verheiratet. Ich weiß nicht, wie es irgendjemand damals auf die Reihe bekam, verheiratet zu sein und dann diesen Job zu machen.«

Secret Service Chief James Rowley, ein Ire aus New York und Veteran mit 22 Dienstjahren für das Weiße Haus, wusste nur zu gut, dass seine Truppe dringend Verstärkung brauchte, um im Tempo des neuen und viel aktiveren »Bosses« mitgehen zu können. Rowley war zwar seinem »irischen Landsmann« Kennedy durchaus dankbar, dass er ihn kurz nach seinem Amtsantritt mit der Leitung der Agentur betraut hatte, aber er erkannte auch, dass seine Leute inzwischen an ihre Belastungsgrenze kamen.

Rowley hatte seit Kennedys Amtsübernahme zweimal versucht, den Personenschutz für das Weiße Haus personell aufzurüsten – weitgehend ohne Erfolg. Im Frühjahr 1962 ersuchte der Chief das Weiße Haus und den Kongress um die Bewilligung für 58 weitere Agenten und eine Aufstockung des Gesamtbudgets um eine Million Dollar, eine Steigerung um 19 Prozent für seine bescheidene Truppe.

Die Entscheidungsträger im Kongress, die den Personenschutz des Weißen Hauses ein Jahrzehnt zuvor, nach dem versuchten Attentat auf Truman 1950, verdoppelt hatten, genehmigten Rowley die Hälfte. Er bekam dreißig weitere Agenten.

Im Frühjahr 1963 forderte Rowley erneut zusätzliche Agenten an – 35 an der Zahl diesmal –, um das 1962 gerade erst erlassene Gesetz erfüllen zu können, welches auch für den Vizepräsidenten Personenschutz rund um die Uhr vorschrieb. Diesmal wies der Kongress sein Ansinnen vollständig zurück.

Aber der Widerstand des Kongresses war nicht Rowleys einziges Problem.[17] Der Präsident selbst wollte weniger Schutz haben. Zwar war Kennedy stets freundlich zu seinen Agenten, aber er verabscheute die Einschränkungen, die sie ihm beim Kontakt mit der Öffentlichkeit auferlegen wollten. Kennedy stürzte sich regelmäßig geradewegs in fremde Menschenmengen, um Hände zu schütteln, womit er das Protokoll des Secret Service ignorierte, und zwar ohne den geringsten Hinweis an seinen Personenschutz. Wie er den Leitern seiner Personenschutztruppe viele Male erzählte, konnte er einfach nicht gut Politiker sein, ohne mit den Leuten in Kontakt zu kommen.

Mehr als einmal hatte er mit seiner Spontaneität sämtliche Grenzen überschritten. An einem trägen Wochenende Mitte August 1962 machte Präsident Kennedy Schlagzeilen auf den Titelseiten, als er seinen Bodyguards am helllichten Tag entwischte. Der Streich machte ihn in der Öffentlichkeit nur noch beliebter.[18] Aber seine Schutztruppe war ebenso wütend wie peinlich berührt, und Chief Rowley bekam Schweißausbrüche. Für jeden, der etwas genauer hinsah, unterstrich der Vorfall eine Leichtfertigkeit bei Kennedy, die so mancher im Secret Service schon immer diskret im Zaum zu halten versucht hatte.

Das Ganze trug sich im kalifornischen Santa Monica zu. Kennedy war zu einem Junggesellen-Wochenende in der Villa seines Schwagers Peter Lawford direkt am Pazifik geflogen. Am Sonntag, dem 19. August, räkelte sich der Präsident auf einer Liege an Lawfords Pool und verfiel plötzlich auf die Idee, vom Gelände des Lawford-Anwesens auszubüxen, über den breiten öffentlichen Strand zu spazieren und eine Runde im Ozean schwimmen zu gehen.

Dutzende von Strandgästen trabten in Richtung des Präsidenten, kaum dass sie ihn erspäht hatten. Einige sprangen von ihren Strandtüchern auf und riefen: »Hey, da ist der Präsident!«

Kennedy begriff, dass er sich beeilen musste, wenn er im Wasser sein wollte, bevor ihn die Menge umringt hatte. Er zog sich umständlich das blaue Polohemd über die Schultern und beschleunigte seine Schritte, bevor er sich in die Wellen stürzte.

Ein paar aufgeregte Schaulustige sprangen Kennedy ins Wasser hinterher. Kennedys Personenschützer, von denen die meisten am – dem Strand abgewandten – Vordereingang der Lawford-Villa Wache schoben, hörten den Tumult und rannten an den Strand. Dort fanden sie den Anführer der freien Welt vor, wie er hundert Meter weit im Pazifik schwimmend seine Runden drehte.

»Der Secret Service und das FBI waren außer sich«, meinte Bill Beebe, ein Pressefotograf, der damals die Szene festhielt.[19]

Der Schichtleiter forderte per Funk ein Patrouillenboot der Stadt an, das den schwimmenden Präsidenten begleiten sollte. Die Agenten warteten rund zehn Minuten, bis der Präsident seine Bahnen geschwommen hatte und an den Strand zurückkam. Dann traten vier von ihnen ins Wasser und bildeten eine keilförmige Barriere zwischen Kennedy und den fast tausend Schaulustigen, die inzwischen auf dem kleinen Strandabschnitt herbeigeströmt waren.

»Oh nein, das glaub ich jetzt nicht«, meinte Kennedy lachend, als er den Pressefotografen im Wasser stehen und Bilder von ihm schießen sah.

Mit tropfnassen Hosen und Schuhen voller Wasser eskortierten Kennedys Agenten den grinsenden Präsidenten zurück in Lawfords wohlbehüteten Garten.[20] Kennedy ließ sich wieder in seinen Liegestuhl fallen, Lawford und David Powers, einer der Helfer im Weißen Haus, folgten.

»Hab schon lange nicht mehr so viel Spaß beim Schwimmen gehabt«, meinte er.

Innerhalb von 15 Minuten hatte Kennedys Pressesprecher Pierre Salinger bei der *Los Angeles Times* angerufen, um den Chef des Blatts zu überreden, keine Fotos vom Präsidenten in Badehose zu bringen.[21] Nichts zu machen. Beebes Foto – es zeigte einen tropfnassen Kennedy, wie er eine strahlende Hausfrau und Mutter in einem Tupfen-Bikini anlächelt – zierte über die Hälfte der *Times*-Titelseite am nächsten Tag. Die Überschrift dazu lautete: »Kennedy krönt Besuch mit Sprung in den Pazifik«.

Der Schichtleiter und seine Agenten waren stinksauer wegen der Peinlichkeit, dass ihr Schützling sich einfach in die Menge und den Ozean stürzen konnte, ohne dass sie etwas mitbekamen, und wegen der zahllosen Katastrophen, die dem Präsidenten hätten blühen können, wäre bloß irgendein Spinner am Strand gewesen. Doch niemand im Secret Service, nicht einmal Chief Rowley, traute sich, den Präsidenten wegen dieser kleinen, im Skript nicht vorgesehenen Eskapade zur Rede zu stellen.

Als Kennedys Entourage nach Washington zurückkehrte, brachte Salinger dem Präsidenten vorsichtig bei, er solle vielleicht etwas mehr an seine eigene Sicherheit denken und vermeiden, sich ohne seine Agenten ins Getümmel zu stürzen. Aber Kennedy tat die Vorstellung ab, irgendjemand, der Secret Service eingeschlossen, würde ihn vor einem zu allem entschlossenen Attentäter schützen können. »Wenn irgendjemand verrückt genug ist, um einen Präsidenten der Vereinigten Staaten ermorden zu wollen, dann kann er das auch schaffen«, sagte Kennedy zu seinem Sprecher.[22] »Er muss eben bloß bereit sein, für das Leben des Präsidenten auch gleich sein eigenes zu opfern.«

Kennedy bediente sich oft seines Humors, um die Anspannung zu lösen, die die Agenten wegen seiner Sicherheit verspürten. Vizepräsident Johnson hatte eben erst damit gedroht, einen beliebten Agenten zu feuern: Er war angefressen, weil der Helikopter, der ihn von Eleanor Roosevelts Begräbnis abholen sollte, ein paar Minuten später als gewünscht eingetroffen war. Kennedy scherzte mit seinen Personenschützern, jetzt wisse er endlich, warum sie so überfürsorglich auf ihn achten würden: »Ihr wollt auf gar keinen Fall, dass mir etwas passiert, sonst müsstet ihr alle für Johnson arbeiten.«[23]

Aber allein in seiner Residenz vertraute Kennedy seiner Frau an, dass selbst ihm eine Sache an diesem Szenario ernsthaft Kopfzerbrechen bereiten würde: »Mein Gott, kannst du dir vorstellen, was mit dem Land passieren würde, sollte Lyndon Präsident werden?«[24]

Alle Agenten wussten, dass Diskretion Teil ihres Jobs war. Sie durften nichts vom Innenleben des Weißen Hauses nach außen dringen lassen, und auch nichts von den privaten Momenten zwischen dem Präsidenten und seiner Familie, die sie mitbekamen. Kennedys Agenten mussten auch so manches eher dunkle Geheimnis für sich behalten.

»Im Weißen Haus ist es ein bisschen wie in Vegas«, meinte Joseph Paolella, einer der Agenten in Kennedys unmittelbarer Schutztruppe. »Was im Weißen Haus passiert, bleibt auch im Weißen Haus.«

»Ich bin selbst gewiss kein Engel. Ich bin kein Priester. Ich würde nicht wollen, dass mir jemand auf Schritt und Tritt folgt und über alles Bericht erstattet, was ich tue. Wenn sich ein Präsident entspannt fühlen soll, muss er sich auf den Secret Service verlassen können. Stellen Sie sich vor, bei jedem Ihrer Schritte folgt Ihnen jemand und erzählt weiter, was Sie tun. Wenn wir uns nicht darauf verlassen können, dass der Secret Service Geheimnisse wahrt, auf wen zum Teufel sollten wir uns dann verlassen?«

Nur Rowley und einige Kollegen aus seiner Truppe wussten davon, aber Kennedy entwischte seinen Bewachern an mehreren Abenden in Washington. Er stahl sich aus dem Gebäudekomplex des Weißen Hauses inkognito davon, stieg zusammen mit seinem Bruder oder einem Freund in ein ziviles Auto und kam erst in den frühen Morgenstunden wieder zurück. Die Agenten konnten sich den Grund dafür denken, aber Rowley und seinem Team war überhaupt nicht wohl dabei. Mehrere Stunden lang wusste der Secret Service schlicht nicht, wo der Präsident der Vereinigten Staaten war.

Kennedy forderte mit seinem anscheinend unstillbaren Appetit auf sexuelle Eroberungen derartige Gefahren geradezu heraus, aber die Männer aus seinem Personenschutz fürchteten, unter den zahllosen beliebigen Frauen, die er bei seinen heimlichen Rendezvous traf, könnte auch eine dabei sein, die ihn erpressen, vergiften oder einfach umbringen wollte.

Als Agent Tim McIntyre im Sommer 1963 auf Probe zum Personenschutz des Präsidenten stieß, hießen ihn kollegiale Agenten und Vorgesetzte willkommen, die ihm ihre Hilfe bei der Einarbeitung anboten. Einmal aber gab es eine Überraschung, als ihn ein Schichtleiter in der Spätschicht zur Seite nahm. »Du wirst hier eine ganze Menge Mist mitbekommen«, meinte Supervisor Emory Roberts zu McIntyre.[25] »Dinge, die mit dem Präsidenten zu tun haben. Vergiss es einfach. Behalte es für dich. Erzähl noch nicht mal deiner Frau davon.«

McIntyre versuchte zuerst, die sexuellen Eskapaden des Präsidenten herunterzuspielen, mit den Kollegen Witze darüber zu reißen – »Was passiert, wenn ihn eine beißt?« Aber letztendlich war er Zeuge, wie eine endlose Parade von Sekretärinnen, Starlets und auch Prostituierten ins Schlafzimmer des Präsidenten eskortiert wurde – in Hotels und in seiner privaten Residenz. Die Agenten des Secret Service, die sonst den Hintergrund von allem und jedem durchleuchteten, der den Präsidenten privat traf, durften noch nicht einmal nach den Namen dieser Frauen fragen.

Die Nachtschicht gewöhnte sich allmählich an das Eintreffen wahlloser Besucherinnen in den Privatgemächern des Präsidenten, oftmals im Geleit von David Powers, dem langjährigen Helfer und Freund Kennedys. Die Spätschicht, die normalerweise bis 22 Uhr Dienst hatte, gab den jeweiligen Schichtleitern einen diskreten und lapidaren Statusbericht über Kennedys nächtliche Gäste.

»Bevor wir bei Schichtende nach Hause gingen, sagten wir so etwas wie ›XY hat eine Blondine reingebracht‹«, wie ein ehemaliger Personenschützer erzählte. »Oder, ›Nur damit Sie Bescheid wissen, Boss, da sind zwei Gäste im Zimmer‹.«

»Du musst der Nachtschicht mitteilen, was Sache ist«, sagte der

Personenschützer von damals. »Das Problem war: Wenn [die Frau] nicht bis spätestens vier Uhr in der Frühe wieder verschwand, fingst du an, dir Sorgen zu machen.«

Die Agenten in Kennedys Schutztruppe waren hin- und hergerissen. Sie bewunderten so viel an ihrem Präsidenten. »Er war wirklich ein ganz besonderer Typ«, sagte Paolella. »Ganz gleich, ob es die Queen war oder das Hausmädchen, er behandelte alle gleich.« Manche waren allerdings peinlich berührt – bisweilen sogar empört –, wenn sie gehalten waren, ein derart dreistes Verhalten zu ermöglichen und ihre eigenen Sicherheitsstandards lockerer zu handhaben. US-Geheimdienstler warnten, kubanische oder sowjetische Spione hofften, den Präsidenten erpressen oder gar töten zu können. Agenten im Schutztrupp des Präsidenten überlegten insgeheim, die beste Möglichkeit, das Weiße Haus zu infiltrieren, bestünde darin, eine gut aussehende junge Frau hinzuschicken.

»Um Himmels willen, wir befanden uns mitten im Kalten Krieg«, sagte Newman. »Uns *quälte* die Möglichkeit, dass so etwas passieren könnte. Wir hatten Anweisung, dass niemand durch diese Tür gehen durfte, aber letztendlich erledigten wir unseren Job eben nicht. Weil wir es vermasselt haben. Wir hatten uns mit einem Verhalten abzufinden, das gefährlich war – nicht für uns, sondern für das Land und für die Sicherheit des Präsidenten.«

»Wir haben einen Eid geleistet … Niemand geht durch diese Tür, wenn wir das nicht vorher abgeklärt haben. Und dann stehen wir da und sehen zu, wie Dave Powers irgendwelche Frauen anschleppt, und sie marschieren einfach rein.«

Wie Newman bewunderte auch Anthony Sherman, ein weiterer Ehemaliger aus dem persönlichen Schutztrupp, Kennedys Charme und seinen politischen Mut. Aber die Sorglosigkeit des Präsidenten erschien ihm als mangelnder Respekt vor dem Amt.

Für Sherman brachte ein Trip nach Honolulu im Juni 1963 das Fass zum Überlaufen. Kennedy flog dorthin, um eine Rede auf einer Konferenz von Bürgermeistern zu halten und um an der Gedenkveranstaltung für die USS *Arizona* in Pearl Harbor teilzunehmen.

Die Entourage des Präsidenten traf samt Sherman und den anderen Personenschützern am Abend vor der Konferenz ein. Nachdem hawaiianische Würdenträger Kennedy am Flughafen mit den typischen Blütenketten willkommen geheißen hatten, brachte ihn seine Wagenkolonne zu seiner Unterkunft. Ein für die nahe gelegene Basis zuständiger Marineoffizier hatte für den Aufenthalt des Präsidenten ein Gästehaus organisiert. Zehn Minuten nach dem Eintreffen Kennedys fuhr ein Helfer des Weißen Hauses mit zwei jungen Frauen im Schlepptau vor und marschierte geradewegs ins Haus, vorbei an Sherman, der gerade die Eingangstür zu bewachen hatte. Der Offizier und Gastgeber warf Sherman einen verwunderten Blick zu.

»Wer sind die denn?«, wollte der Mann von der Marinebasis wissen, und starrte in Richtung der Frauen.

Sherman überlegte einen Moment und schämte sich schon wegen der Lüge, die er sich in Gedanken gerade zurechtlegte. »Sekretärinnen«, antwortete Sherman. »Ich nehme an, der Präsident will heute Abend noch etwas Arbeit erledigen.«

Der Oberst starrte ihn an, ohne die Spur eines Lächelns. Sherman war klar, dass er ihm kein Wort glaubte.

»Wir beschützten den Präsidenten auf jede nur denkbare Weise«, erzählte Sherman gegenüber ABC News im Jahr 1997. »Aber die Sache in Honolulu machte mich wirklich wütend. Das ist immerhin der Präsident der Vereinigten Staaten. Ich will ja nicht päpstlicher sein als der Papst, aber so etwas sollte er in aller Öffentlichkeit einfach bleiben lassen.«

Was sollte ein passionierter Secret-Service-Agent denn auch tun? Gemeinsam auf Hotelkorridoren und Rollfeldern am Flughafen wartend, erzählten sich die Personenschützer intern von ihren schlimmsten Befürchtungen. Das Privatleben und persönliche Entscheidungen des Präsidenten gingen sie nichts an. Aber wenn dieses riskante Spiel sein Leben in Gefahr brachte, ging es sie dann nicht automatisch doch etwas an?

»Worthy of Trust and Confidence«, so lautet das Motto des Secret Service, und um sich dieses Vertrauens tatsächlich würdig zu erweisen – schließlich ging es um das Vertrauen des Präsidenten –, beschlossen die Agenten, dem Ratschlag ihres Schichtleiters Emory Roberts zu folgen: Sie hielten den Mund.

Am frühen Morgen des 12. November, einem Dienstag, fuhr Win Lawsons Frau Barbara ihren Mann vom bescheidenen Haus der Familie in Alexandria zum Weißen Haus – die beiden kleinen Kinder saßen hinten im Auto. Er war auf dem Weg nach Dallas, wo er in den folgenden zehn Tagen Kennedys anstehenden Besuch in der Stadt vorzubereiten hatte. Er würde dadurch den fünften Geburtstag seines Sohnes Jeff verpassen. Und er konnte erst einmal auch keine Zeit mehr mit dem gerade erst adoptierten Baby Andrea verbringen, konnte ihr nachts vorerst nicht mehr das Fläschchen geben, was er als zutiefst friedvolles Vertiefen der Beziehung zu der Kleinen empfand.

Sommer und Frühherbst des Jahres 1963 waren eine geschäftige Zeit für die Personenschützer gewesen. Und jetzt hatte das Weiße Haus einen wahrhaft atemberaubenden Reiseplan für November in Auftrag gegeben. Nach mehreren Reisen entlang der Ostküste in der ersten Hälfte des Monats sollte Kennedy unmittelbar vor Thanksgiving Florida und Texas beackern. Kennedy musste diese beiden großen Staaten unbedingt gewinnen. Wegen der umstrittenen Agenda in Sachen Bürgerrechte waren dies die einzigen Bundesstaaten im Süden, in denen ihm die Demokraten einen Wahlsieg zutrauten, genau deshalb wählten Kennedys Helfer diese Staaten für den inoffiziellen Start seiner Wiederwahlkampagne aus. Lawson konnte angesichts des Terminplans, den seine Spezialtruppe vor der Brust hatte, nur noch den Kopf schütteln: 22 Stationen in neun Städten, und das alles in weniger als einer Woche.

Jerry Behn, der Leiter von Kennedys Schutztruppe, hatte mit Lawson einen seiner sorgfältigsten Leute für die Besuchsvorbereitungen ausgewählt. Er sollte die Planung für Dallas übernehmen. Die Stadt hatte sich offen feindselig gegenüber dem Präsidenten gezeigt. Konservative vor Ort hatten ein fingiertes Fahndungsplakat mit Kennedys Konterfei verteilt. Einen Monat zuvor hatten Demonstranten dort seinen zu Besuch weilenden Botschafter bespuckt und geschlagen.

Lawson war der geborene Profi. Er trank nicht. Er war kein Weiberheld. Man wusste von ihm, dass er unentwegt und bis spät in die Nacht seine Sicherheitsplanung vor dem Eintreffen des Präsidenten wieder und wieder abklopfen würde, ohne ein Auge zuzutun. In einem seiner ersten Aufträge als Vorauskommando hatte Lawson darauf bestanden, dass der Vorsitzende Richter in Binghamton, New York, vor dem anstehenden Besuch Nixons sein Gerichtsgebäude verschließt. Lawson hatte davon erfahren, dass Gerichtsmitarbeiter Freunde einluden, Nixons Auftritt von den oberen Etagen in ihrem Gebäude zu verfolgen. Lawson hatte das starke Gefühl, Leute, die gleichsam über Nixons Haupt schwebten, könnten eine ernste Gefahr darstellen. Der Richter willigte ein.[26]

Wie er es vor der Abreise zur Vorabinspektion an jedem Schauplatz getan hatte, warf Lawson auch diesmal am 8. November einen Blick in die Protective Research Section des Service. Dieses unter dem Kürzel PRS besser bekannte winzige Büro führte eine Liste von etwa 400 Personen im ganzen Land, die nach Einschätzung von Ermittlern eine reale Bedrohung für den Präsidenten darstellten. Lawson wollte die Namen jedes Einzelnen in dieser Liste, der in der Region um Dallas lebte. Es wurde aber kein einziger Name gemeldet – einigermaßen erstaunlich für eine so große Stadt. Er sah am Morgen des 12. November noch einmal nach, ob sich irgendetwas Neues ergeben hätte – Fehlanzeige.[27]

Gegen Mittag an jenem Dienstag bestieg Lawson zusammen mit sechs weiteren Agenten des Vorausteams ein Militärflugzeug. Alle hatten unterschiedliche Städte in Texas zum Ziel. Während sie in Richtung Süden flogen, ging beim PRS-Büro, das Lawson erst kurz zuvor aufgesucht hatte, ein dringender Anruf ein. Agenten hatten Wind von etwas bekommen, was sich wie ein Komplott zur Ermordung des Präsidenten anhörte.

An diesem Dienstagmorgen, dem 12. November, konnte Special Agent Robert Jamison in Miami nicht sagen, ob der Ku-Klux-Klan-Mann aus Georgia auf der Tonbandaufnahme der Polizei übertrieb oder ob er die Wahrheit sagte. Aber seine Behauptung auf dem Tonband war zutiefst beunruhigend. Er sagte, er habe Kenntnis von einem Plan, Präsident Kennedy zu ermorden.

Joseph Milteer, ein wohlhabender Organisator für White-Supremacy-Aktivisten, war mit dem Auto quer durch die Südstaaten unterwegs gewesen und hatte am Wochenende davor einen Freund aus Kindertagen in dessen Apartment in Miami besucht. Er wusste nicht, dass sein Freund ein Informant der Polizei war, der den Klan undercover infiltrieren sollte. Er wusste auch nicht, dass er ihre Unterhaltung auf Tonband aufzeichnete.

Milteer hatte einige notorisch gewalttätige Ku-Klux-Klan-Anführer kennengelernt, die die Polizei einer Serie von Bombenanschlägen und Morden in jüngerer Zeit verdächtigte. Die Polizei hatte gehofft, ihr Informant, William Somersett, könnte seinen alten Kumpel Milteer dazu bringen, etwas über den Bombenanschlag Mitte September auf eine Kirche in Birmingham, Alabama, zu erzählen. Damals waren vier schwarze Mädchen im Alter von 11 bis 14 Jahren zu Tode gekommen. Milteer war befreundet mit dem damaligen Hauptverdächtigen: Jack Brown, seines Zeichens »Imperial Wizard« des in Tennessee ansässigen Dixie Klan.

Milteer machte keine eindeutigen Angaben zum Bombenanschlag auf die Kirche. Wesentlich eindeutiger wurde er, als man auf den anstehenden Miami-Besuch des Präsidenten zu sprechen kam.

»Ich glaube, Kennedy kommt am 18. November hierher, um irgendeine Rede zu halten«, sagte Somersett. »Na ja, der wird tausend Leibwächter um sich haben, da kannst du dir sicher sein.«

»Je mehr Bodyguards, desto leichter kann man ihn erwischen«, gab Milteer zurück.

»Wie bitte?«, fragte Somersett.

»Je mehr Bodyguards er hat, desto leichter kann man ihn erwischen«, wiederholte Milteer.

»Und wie zum Teufel könnte man ihn deiner Ansicht nach am besten erwischen?«, fragte Somersett.

»Von einem Bürogebäude aus, mit einem Präzisionsgewehr«, meinte Milteer.

»Die haben ernsthaft vor, ihn zu töten?«, fragte Somersett später.

»Oh ja«, bekräftigte Milteer. »Die Sache ist in Arbeit.«[28]

Laut Milteer war Brown der wahrscheinlichste Kandidat für den Mordanschlag auf Kennedy. Er sagte, Brown habe auch den Bürgerrechtsaktivisten Dr. Martin Luther King jr. ausgekundschaftet in der Hoffnung, ihn aus dem Weg zu räumen.

»Er folgte ihm kreuz und quer durchs Land, kam aber nie nahe genug heran«, meinte Milteer.

»Diesen Kennedy abzuknallen ist aber ganz schön viel verlangt«, meinte Somersett. »Ich denke, du wirst dir schon überlegt haben, wie man ihn kriegen könnte, das passende Bürogebäude und all so was. Ich weiß ja nicht, wie diese Leute vom Secret Service alle diese Bürogebäude durchleuchten, wo der überall vorbeikommt. Weißt du, ob sie das machen oder nicht?«

Milteer lieferte eine akkurate Erläuterung, warum Agenten wie Lawson bei der Vorbereitung des Besuchs die umliegenden Gebäude nicht überprüfen würden.

»Na ja, wenn sie einen Verdacht haben, machen sie das natürlich schon«, sagte er. »Aber wenn sie keinen Verdacht haben, werden sie es wohl eher nicht machen.«

Er lag genau richtig. Angesichts der dünnen Personaldecke des Secret Service war es unmöglich, Hunderte von Gebäuden entlang der Strecke der Fahrzeugkolonne zu inspizieren. Wenn es einen Grund gab, mit einem bestimmten Problem zu rechnen, oder wenn ein Gebäude sehr nah an der Strecke lag, konnten die betreffenden Gebäude kontrolliert oder versiegelt werden, wie es Lawson in Binghamton gemacht hatte. Ansonsten jedoch würden sich die Agenten um die Gebäude, an denen die Kolonne vorbeikam, nicht weiter kümmern.[29]

An jenem Dienstagmorgen sprachen Jamison und sein Boss, der

leitende Special Agent des Büros in Miami, über die Tonbandaufnahme. Dann riefen sie PRS-Chef Robert Bouck an.

Bouck genoss im Service hohes Ansehen als cleverer Ermittler mit einem angeborenen Führungstalent. Er hatte sich für die elektronische Überwachung begeistert und galt als das »elektronische Genie« des Service. 1962 installierte Bouck auf Betreiben Kennedys ein geheimes Tonbandaufnahmesystem im Oval Office.[30] Als Autor, der vor seiner Wahl zum Präsidenten stand, wollte Kennedy wichtige Gespräche und Ereignisse im Weißen Haus festhalten, vermutlich, um die Aufnahmen später für seine Memoiren zu nutzen.[31]

Nachdem Bouck von der Drohung erfahren hatte, musste er vorsichtig vorgehen.[32] Normalerweise hätte er Agenten losgeschickt, um Milteer zu befragen, aber damit wäre die Tarnung des Informanten aufgeflogen. Stattdessen wies Bouck Jamison an, einen »vertraulichen« Bericht über das mutmaßliche Komplott anzufertigen und den Agenten des Vorauskommandos zu warnen, der für Kennedys bevorstehenden Besuch in Miami zuständig war. Er sagte Jamison, er solle den Bericht nur an vier Außenstellen weitergeben – Atlanta, Nashville, Indianapolis und Philadelphia. Agenten vor Ort würden die Wohnungen und Aufenthaltsorte der von Milteer erwähnten extremistischen Freunde diskret unter die Lupe nehmen.

Lawson landete am 12. November in Dallas und traf sich am nächsten Tag mit der örtlichen Polizei, um die Route für die Wagenkolonne des Präsidenten und der First Lady festzulegen – von der Landung in Love Field bis zur Tischrede beim Trade Mart. Lawson war klar, dass er Kennedy über die Main Street durch die geschäftige Innenstadt dirigieren musste. »Wenn ein Präsident oder Vizepräsident durch eine kleinere oder größere Stadt fährt, geht es darum, dass er von möglichst vielen Menschen gesehen wird«, sagte Lawson. »Oft wird die Tour auf die Mittagszeit oder die Zeit des Abendessens gelegt. Warum das? Um die Zeit kommen die Leute aus den Bürogebäuden. Es entsteht quasi automatisch eine Menschenmenge. Wenn du jemanden in einen Bereich in der Innenstadt dirigierst, sind da zwangsläufig viele Bürohäuser und Geschäfte. Das ist ein Grund, warum wir uns für

Downtown entschieden. Das Weiße Haus wollte, dass die Leute den Präsidenten zu Gesicht bekommen. Die meisten Leute würde man eben in der Innenstadt finden. Die Route war praktisch alternativlos.«

Deshalb arbeitete Lawson zusammen mit der Polizei daran, jede Kreuzung zu erfassen und zu blockieren und akribisch eine verwirrende Reihe verschiedener Pläne zu einer Choreographie zusammenzustellen. Für die Ankunft auf Love Field platzierte er beispielsweise Beamte auf Dächern von Gebäuden, von denen sie den Empfangsbereich auf dem Rollfeld überblicken konnten. Er schickte Polizisten in Zivil unter die Schaulustigen. Für die Fahrzeugkolonne verlangte er von den Motorradeskorten, einen Puffer entlang der Präsidentenlimousine zu bilden. Er bat die Polizei, Überführungen und Brücken zu räumen, die die Fahrzeugkolonne passieren sollte, damit die Menschen in jedem Fall in sicherem Abstand zum Auto des Präsidenten blieben.[33]

Er wusste nicht, was die Zentrale von ihren Agenten vor Ort in Miami und Chicago erfahren hatte – Bedrohungen durch Heckenschützen mit Präzisionsgewehr entlang der Route der Fahrzeugkolonne.

»Nein, davon habe ich nie gehört«, sagte er. »Daran hätte ich mich erinnert.«

Kapitel 3

DREI SCHÜSSE IN DALLAS

Am Montag, dem 18. November 1963 erwachte der Präsident nach einem arbeitsreichen Wochenende im weitläufigen, in mediterranem Stil errichteten Anwesen seines Vaters an der Küste von Palm Beach. Von dort machte er sich mit seinen Personenschützern auf zum Flughafen und bestieg die Air Force One mit Flugziel Tampa. Es war die erste Station einer auf eine Woche geplanten Publicity-Tour durch Florida und Texas.

Kennedy hoffte, eine Reihe von Auftritten in diesen beiden Staaten würde dazu beitragen, ihm eine zweite Amtszeit im Weißen Haus zu sichern. Seine Helfer waren ganz begeistert, dass die First Lady – in sich gekehrt und deprimiert seit dem Tod ihres im Sommer zu früh geborenen Babys – beschlossen hatte, sich zumindest für den texanischen Teil der Reise ihrem Gatten anzuschließen.

»Sie werden mehr Leute auf die Beine bringen als jemals zuvor«, meinte Präsidentensprecher Pierre Salinger zu Kennedy. »Wunderbar, dass Mrs. Kennedy mitfährt.«[34]

Kennedys Personenschutzkommando hoffte, worauf es immer hoffte, wenn es das Weiße Haus hinter sich ließ: keinen Ärger. Aber schon zu Beginn der Reise waren die Männer erschöpft von den zurückliegenden Monaten, in denen sie sich bei ihren zahllosen Reisen auch auf Rumpfteams und einige unerfahrene Agenten verlassen mussten, die die Schichten zum Schutz des Präsidenten übernehmen mussten. Sie wurden nachlässig bei ihren Vorausteams und schickten nur noch einen einzelnen Agenten in manche Städte, anstatt der üblichen zwei.

Dennoch bewahrten die Personenschützer ihre stoische Ruhe. Sie sagten sich, sie müssten einfach noch die nächsten fünf Tage irgendwie durchstehen, dann würden sie den Boss schon sicher von Palm Beach nach Tampa und Miami und Washington und San Antonio und Houston und Fort Worth und Dallas und Austin und zur Ranch von Vizepräsident Johnson und am Ende wieder nach Hause bringen. Sie erkannten damals nicht, dass die Lücken in ihrem Schutzschirm sich vervielfacht hatten. Inzwischen hatte sich bereits ein gähnendes Loch aufgetan, das sie anfällig für Angriffe werden ließ.

Es war um 11:24 Uhr vormittags am 18. November 1963. Der Präsident und seine Entourage landeten mit Flug AF 26000 auf dem Luftwaffenstützpunkt MacDill. Damit begann die arbeitsreichste Reisewoche, die der Secret Service in Kennedys Amtszeit vor der Brust hatte. Der Boss sollte 22 Stopps für öffentliche Auftritte einlegen, verteilt über drei Tage, mit allen möglichen Aktivitäten unterwegs.

Der Präsident schritt hurtig über das Rollfeld, erschien ausgeruht und unbeschwert an jenem Montagmorgen. Kennedy trug einen grauen Maßanzug und ließ sein Prominentenlächeln aufblitzen. Haupt und Schultern hoch erhoben winkte er der jubelnden Menge zu, die sich nahe der Offiziersmesse der Air Base versammelt hatte.

Schichtleiter Emory Roberts ging ein paar Schritte hinter dem Präsidenten und blinzelte in die heiße Vormittagssonne. Mit seinen 1,85 Meter, blassem Teint und pechschwarzem zurückgegeltem Haar sah Roberts ein bisschen aus wie der todernste Polizist Joe Friday aus der TV-Serie *Dragnet*[35] (*Polizeibericht* in der deutsch synchronisierten Serie). Nach mehreren Jahren als Polizist in Maryland und zwei Jahrzehnten beim Secret Service konnte ihn nichts mehr so leicht aus der Fassung bringen. Die anderen Agenten nannten ihn liebevoll entweder »Vater Roberts« oder »die Glucke«, weil er sich immer die größte Mühe gab, jüngere Agenten bei ihren Aufgaben besonders fürsorglich an die Hand zu nehmen.

An diesem Morgen plagten Roberts auch ein paar Bedenken wegen des Präsidenten. Würde Kennedy sich dagegen sperren, dass Agenten bei der langen Fahrt mit der Limousine durch Tampa unmittelbar hinter ihm sein würden? Der Präsident hatte sich früher schon daran gestört, dass Agenten ihm beim Händeschütteln im Weg gestanden hatten. Er beschwerte sich freundlich, als die Personenschützer versuchten, ihn viele Meter weit auf Abstand zu den Menschenmengen zu halten, die ihn begrüßen wollten. »Wenn ich mich nicht unters Volk begebe, gewinne ich noch nicht mal die Wahl zum städtischen Hundefänger«, sagte er zu einem anderen Schichtleiter.[36]

Die 34 für den Schutz Kennedys und der First Family eingeteilten Agenten hatten in diesem Jahr bereits eine prekäre Aneinanderreihung von Arbeitstagen mit Doppelschichten auf dem Arbeitszeitkonto. Elf der erfahrensten Männer des Einsatzkommandos standen nicht zur Verfügung, um ihre Kollegen abzulösen; sie hatten in Vorausteams zu tun, um Pläne für die Sicherung von Abstechern in andere Städte auszuarbeiten, die auf Kennedys Besuchsprogramm in Florida und Texas standen.

Roberts, der das ganze Wochenende mit Kennedy in Palm Beach gearbeitet hatte, wusste, dass der Schutzschirm, mit dem er den Präsidenten in Tampa umgeben konnte, sehr klein war: gerade einmal zwölf Agenten. Dabei rechnete man mit riesigen Zuschauermengen, über 125 000 Menschen. Kennedy und seine Entourage planten eine 45 Kilometer lange Strecke mit der Fahrzeugkolonne, die längste überhaupt in Kennedys Amtszeit.

Fahrzeugkolonnen bedeuten immer Stress für die Personenschützer. Ungeordnete Ansammlungen aufgeregter Schaulustiger könnten ja harmlos erscheinen – aber irgendwann taumelte immer irgendeiner in Richtung der gemächlich dahinrollenden Limousine in der Hoffnung, näher heranzukommen. Oder viel schlimmer: In der fröhlichen Schar könnte ein Attentäter lauern.

Der Vorausagent in Tampa, Jerry Blaine, sagte Roberts, die extrem lange Route bereite ihm Bauchschmerzen.[37] Blaine hatte die Gefahren im Blick, die von mehreren Gruppen in Florida ausgehen könnten.

Mafiabanden waren in Tampa massiv vertreten, und die Kennedy-Regierung hatte dem organisierten Verbrechen den Krieg erklärt. In der Region ansässige kubanische Aktivisten – sowohl Gegner als auch Anhänger des Castro-Regimes – drohten einen Präsidentenbesuch zur Gelegenheit für einen öffentlichkeitswirksamen Auftritt zu nutzen. Einige von ihnen waren wütend, weil Kennedy den Kubanern, die an der gescheiterten Invasion in der Schweinebucht beteiligt gewesen waren, keine volle Unterstützung gewährte.

Blaine schlug vor, dass zwei Agenten die ganze Zeit auf den hinten an der Limousine angebrachten Trittbrettern mitfuhren. Das unmittelbar folgende Auto, ein 1955er Cadillac Cabrio, vollbeladen mit bewaffneten Agenten und sogar einem Sturmgewehr, war das Herzstück der Bewachung des Präsidenten bei diesen langsamen Paraden. Vier Agenten standen auf den seitlichen Trittbrettern der nachfolgenden Fahrzeuge, um bei Bedarf nach vorne zum Präsidenten rennen zu können, sollte ein Fremder seinem Wagen zu nahe kommen. Die beiden Agenten auf den vorderen Trittbrettern der nachfolgenden Autos rannten üblicherweise nach vorne und sprangen in heikleren Momenten der Parade auf das Heck der Limousine. Sie begaben sich mitunter auch auf die Limousine selbst, sollte der Präsident besonders exponiert sein: wenn dicht gedrängte Massen die Wagenkolonne aufhielten, oder wenn die Polizeimotorräder keinen Platz hatten, um seitlich neben der Präsidentenlimousine zu bleiben.

Nach der Begrüßung mehrerer Tausend Militärangehöriger, deren Familien und Zuschauer auf der Rollbahn am Luftwaffenstützpunkt MacDill, dem Abschreiten der Ehrengarde und einem hastigen Lunch bestiegen der Präsident und ein paar Agenten einen Helikopter, um für eine Rede zum nahe gelegenen Al-López-Stadion zu fliegen.[38] Roberts staunte nicht schlecht bei der Ankunft. Es sah aus wie bei einem Beatles-Konzert. Frauen kreischten, als sie den Präsidenten erblickten, ein paar Leute kletterten über den Absperrzaun des Stadions, um nicht Schlange stehen zu müssen.[39] Rund zehntausend Menschen strömten in das Stadion mit seinen nur fünftausend Plätzen.

Nach der Rede nahmen Kennedy und zwei örtliche Kongressabgeordnete Platz in seinem offenen Lincoln Continental und begaben sich auf die lange Fahrt durch die City. Mehrere Male auf der Strecke griff Kennedy nach einem breiten Überrollbügel, der speziell an der Innenseite der Autotür auf seiner Seite angebracht war. Er erhob sich, winkte und versuchte, Blickkontakt mit den Wählern herzustellen.

Hier und da wandte sich der Präsident nach hinten in Richtung der dunklen Umrisse von zwei Agenten, die hinter seinen Schultern aufragten. Chuck Zboril und Don Lawton standen auf den hinteren Stufen am Heck seiner Limousine, wie Blaine empfohlen hatte, und hielten sich an auf der Kofferraumhaube angebrachten Griffen fest. Als die Menschenmenge auf der Grand Central Avenue etwas kleiner wurde, beugte sich der Präsident nach vorne und sprach mit dem Supervisor der Reise, Floyd Boring, auf dem Beifahrersitz. »Floyd, sagen Sie den Scharlatanen von der Ivy League, sie sollen sich aufs Auto hinter uns zurückziehen«, meinte Kennedy trocken.[40]

Boring überlegte einen Moment bei dem Wort »Scharlatan«. Er dachte sich, Kennedy, dem der Service selbst den Codenamen »Lancer« verpasst hatte, hätte sich selbst einen neckischen Spitznamen für seine aus der Arbeiterklasse kommenden Bodyguards in ihren Straßenanzügen einfallen lassen. Er funkte die Anweisung fast wortwörtlich an Roberts im Wagen dahinter: »Lancer möchte, dass die Scharlatane von der Ivy League sich auf deinen Wagen zurückziehen.«

Roberts gab seinen Agenten mit einem Pfiff ein Zeichen, und sobald die Limousine langsamer wurde, schwangen sie sich auf die Trittbretter des nachfolgenden Wagens. Als die Karawane das örtliche Zeughaus erreichte, erklärte sich Kennedy gegenüber Boring: »Es ist übertrieben, Floyd.[41] Und es vermittelt den Leuten einen falschen Eindruck. Sagen Sie ihnen, sie sollen auf dem Auto dahinter bleiben. Wir stehen vor Wahlen. Da geht es für mich vor allem darum, für die Menschen ein Präsident zum Anfassen zu sein.«

Von Tampa ging es weiter nach Miami für einen eiligen dreistündigen Kurzbesuch: Begrüßung der Menge am Flughafen, mit dem Hubschrauber zu einem Hotel am Strand, eine Rede bei einem

Abendessen. Gegen Mitternacht brachten sie den Präsidenten wohlbehalten ins Weiße Haus zurück.

Auf dem Rückflug nach Washington trieben Blaine zwei widerstreitende Fragen um. Erstens: Hatte er den Präsidenten etwa verärgert, weil er die Agenten auf seiner Limousine platziert hatte? Andererseits: Wäre der Boss nicht viel angreifbarer, wenn die Agenten weiter hinten wären?

Boring saß neben Blaine im Flugzeug und meinte, er solle sich keine grauen Haare wachsen lassen. Kennedy hatte Blaine für den erfolgreichen Besuch gedankt. Außerdem hätten sie alle noch weitere Aufgaben vor der Brust. Texas stand vor der Tür.

»Vergiss es, Jer«, sagte Boring zu Blaine. »Er hat dir gesagt, dass du in Tampa einen guten Job gemacht hast. Sehen wir zu, dass wir eine Mütze Schlaf kriegen. Wenn du glaubst, das heute war ein langer Tag, dann kennst du unser Programm für Texas noch nicht.«

Die Agenten in Roberts' Schicht krochen am Morgen des Donnerstags, 21. November, vor Tagesanbruch aus ihren Betten, fuhren zurück zum Weißen Haus und von dort aus gemeinsam nach Andrews, dann flogen sie zusammen mit den Kennedys und den Johnsons nach San Antonio, wo sie gegen Mittag eintrafen. In den nächsten zwölf Stunden beackerten sie über fünfhundert Meilen Texas, am Boden und in der Luft. Sie kamen nach Downtown San Antonio für eine Rede beim Mittagessen mit anschließender Autokolonne, dann flogen sie nach Houston für die nächste Autokolonne und eine Rede beim Abendessen. Die Air Force One flog ihre letzte Etappe an diesem Tag nach Fort Worth, wo die Kennedys und ihre Entourage übernachteten, um den nächsten Tag in Dallas und das anschließende Wochenende auf der Ranch der Johnsons vor den Toren von Austin zu verbringen.

Das Präsidentenpaar zog begeisterte Menschenmengen an, wo immer es hinkam, aber der neu zum Team gestoßene Personenschützer Tim McIntyre war dennoch überrascht, als er aus dem Fenster des Flugzeugs auf dem Luftwaffenstützpunkt Carswell schaute, während die Maschine zu ihrer Halteposition rollte. Eine Menge von dreihundert Menschen wartete aufgeregt bei Nieselregen in der Nacht, die Leute winkten vom Absperrzaun des Flugplatzes und hofften, einen Blick auf das berühmteste Ehepaar Amerikas zu erhaschen.

Hunderte hatten sich vor dem im Beaux-Arts-Stil gehaltenen Hotel Texas versammelt, als Kennedys Karawane um 23:45 Uhr vor dem Haupteingang vorfuhr. Das war definitiv nicht die Art von Begrüßung, die die müden Agenten sehen wollten. Der Präsident konnte trotz der späten Stunde dem üblichen Händeschütteln nicht aus dem Wege gehen. Nach rund fünf Minuten hatte seine Einsatztruppe ihn und seine Gemahlin endlich sicher in Suite 850 untergebracht.

Kurz nach Mitternacht hatte Roberts' Tagschicht endlich Feierabend. Die Agenten waren ausgehungert. Ihre letzte Mahlzeit war ein kleines Mittagessen zwölf Stunden zuvor gewesen, auf dem Flug von Washington.

Todmüde, den Zimmerschlüssel in der Hand, machte sich der 26-jährige McIntyre an die Zahlen. Er war an diesem Tag 23 Stunden lang im Dienst gewesen, und er und seine Kollegen hatten zu Fuß gehend oder laufend über 16 Kilometer zurückgelegt. Der Vater von vier Kindern war sich nicht mehr ganz sicher, wo er die Nacht zuvor verbracht hatte. War das in Miami gewesen? Oder in Washington? Er trottete über den Flur zu seinem Zimmer. Dann sah er einen vertrauten Schichtleiter, der in dieselbe Richtung ging, und ihm wurde klar, dass er den Schwarzen Peter gezogen hatte: McIntyre teilte ein Zimmer mit Roberts, dem legendären Schnarcher des Kommandos. »Wir haben nicht besonders viel Schlaf bekommen«, erinnerte sich McIntyre. »Bei mir waren es wohl etwa sechs Stunden. Am nächsten Morgen müssen wir natürlich früh raus und wieder auf der Matte stehen.«

Manche jedoch bekamen in dieser Nacht noch viel weniger Schlaf. Neun Agenten aus Kennedys Einsatzkommando machten sich auf zum Fort Worth Press Club in einem Hotel in der Nähe, wo laut Auskunft von Reportern reisende Presseleute auch noch spät in der Nacht etwas zu essen und zu trinken bekommen könnten. Die Sandwiches waren allerdings schon ausverkauft, als die Agenten eintrafen, also schlossen sie sich den Reportern an und ernährten sich stattdessen von Scotch und Soda und ein paar Gläsern Bier. Irgendwann nach ein Uhr nachts sagte Cal Sutton, der Präsident des Press Club, er müsse die Party leider beenden. Es war gegen das Gesetz, nach Mitternacht Alkohol auszuschenken. Deshalb rief einer der Reporter der Gruppe beim Cellar an, einem legendären und leicht skandalumwitterten Nachtclub, und er erreichte den Manager, Richard Mackie.[42] Ob er wohl ein paar Kollegen mitbringen dürfe, ein paar Leute vom Secret Service und Personal vom Weißen Haus, die mit dem Präsidenten gerade in der Stadt waren?

Angeführt von Bob Schieffer, einem jungen Reporter von CBS News, und einigen weiteren Presseleuten gingen neun Agenten mit in den Cellar. Vier von ihnen – Clint Hill, Jack Ready, Glen Bennett und Paul Landis – mussten sich gleich früh am nächsten Morgen wieder zum Dienst melden. Die Männer landeten in einer eigenartigen, schummrig beleuchteten Bar, eine Mischung aus Herrenclub und Beatnik-Caféhaus. Eine solche Bar hatten sie jedenfalls in Washington noch nie gesehen. Die Kellnerinnen waren zum Teil sehr spärlich bekleidet, trugen kaum mehr als BH und Slip. Der Cellar hatte keine Lizenz für den Alkoholausschank, die Besitzer horteten aber dennoch Hochprozentiges hinter der Bar, und oft servierten sie kostenlose »Specials« – Ethylalkohol in Fruchtsaft und andere Mixgetränke – für besondere Freunde.[43] Für den Clubbesitzer Pat Kirkwood, einen drahtigen Draufgänger im Cowboy-Outfit, gehörte zu diesen »Freunden« jeder, von dem er annahm, dass er ihm irgendwie von Nutzen sein könnte: »Alle hübschen Mädchen, alle Reporter, alle Cops.« Er und Mackie begrüßten ihre Gäste aus Washington persönlich kurz vor 2 Uhr morgens und führten sie an ein paar freie Tische.[44]

Die Kellnerinnen brachten den Agenten Hill und Landis einige gelb gefärbte Drinks. »Was ist das denn?«, fragte Hill.

»Ein ›Salty Dick‹«, kam die Antwort.

Der Agent schmeckte säuerlichen Fruchtgeschmack heraus, Grapefruit vielleicht. Hill war sich nicht sicher, ob die andere darin wabernde Flüssigkeit schwarzgebrannter Alkohol war oder was auch immer, aber es war ihm auch egal. Der Geschmack wurde mit den nächsten Schlucken nicht besser, deshalb leerte er sein Glas gar nicht. Landis genehmigte sich zwei davon.

Im Laufe der Nacht legten drei Agenten der Nachtschicht bei der Bewachung des muffigen Hotelkorridors vor der Präsidentensuite eine Pause ein, um auch einen Blick in den Cellar zu werfen. Kirkwood hörte, wie einige Agenten kichernd darüber sprachen, ihren Posten verlassen zu haben. »Die Feuerwehr bewacht den Präsidenten drüben im Hotel Texas!«,[45] meinte einer und erntete schallendes Gelächter.

Hill ging gegen 2:45 Uhr zurück zum Hotel, Ready und Bennett folgten kurze Zeit später, gegen drei Uhr. Landis, der Single war, unterhielt sich noch bis in die frühen Morgenstunden mit einer Frau im Club und ging erst gegen fünf Uhr.

Die Regeln des Secret Service verboten Agenten des Einsatzkommandos für das Weiße Haus, »hochprozentige Getränke jeder Art« zu konsumieren, wenn sie dienstlich unterwegs waren. Immerhin konnten sie jederzeit zum Dienst gerufen werden, wenn der Präsident auf Reisen war. Aber diese Regel wurde rundheraus ignoriert – schließlich waren das erwachsene Männer, die das Ganze nach eigenem Ermessen beurteilen konnten.

»Manchmal, wenn du so einen richtig langen Tag in den Knochen hast, kannst du dich einfach nicht sofort schlafen legen«, erinnerte sich Hill. »Es gab keine Party. Wir wollten bloß ein bisschen abschalten.«

Als sich die Personenschützer des Weißen Hauses in der Lobby des Hotel Texas an jenem Freitag um acht Uhr zum Dienst meldeten, waren gleich mehrere der Agenten nicht gut ausgeschlafen. Das war an sich ziemlich normal. Nicht normal war die Anzahl der erfahrenen Mitstreiter im Team, die fehlten. Insgesamt elf Veteranen des Spezialkommandos waren in dieser Woche mit anderen Aufgaben betraut worden – alle hatten Vorbereitungen für die anstehende Terminhetze in Florida und Texas zu erledigen. Zehn weitere erfahrene Leute waren erst kürzlich aus dem Job rotiert. Mitglieder des Einsatzkommandos, das noch bei Kennedys Amtseinführung existierte, waren befördert worden und hatten nun entweder eine Aufsichtsfunktion oder waren in ganz andere Tätigkeitsfelder gewechselt. Der erfahrenste Mann in der Truppe – er war Kennedys Schatten bei jedem öffentlichen Trip seit der Präsidentschaftswahl gewesen – nahm zufällig gerade in jener Woche in vier Jahren seinen ersten »Urlaub« von der Reisebegleitung.

Special Agent Jerry Behn, der umgängliche Chef der Einsatztruppe, entschied, dass seine erfahrenen Stellvertreter den Trip nach Florida und Texas übernehmen konnten. Am Freitag des geplanten Kennedy-Besuchs in Dallas hatte Behn einen kurzen Tag am Schreibtisch eingeplant, um etwas Papierkram aufzuarbeiten.

Der Präsident stand nach sieben Uhr in seiner Hotelsuite auf, warf sich in einen dunklen Anzug und machte sich mit Agenten im Schlepptau auf, um zu der am Eingang des Hotels versammelten Menge zu sprechen. Die Einheimischen klatschten und jubelten, einige schienen allerdings auch enttäuscht, dass die First Lady nicht mit von der Partie war. »Mrs. Kennedy muss sich noch richten«, erklärte der Präsident.[46] »Sie braucht etwas länger, aber natürlich sieht sie danach besser aus als wir alle zusammen.« Beim Rückweg ins Foyer des Hotels wandte sich der Präsident allerdings eindringlich an den Agenten, der ihm am nächsten war: »Bitte holen Sie Mrs. Kennedy sofort hier runter.«

Clint Hill, der Chef des Personenschutzes der First Lady, ging zügig nach oben, um Mrs. Kennedy abzuholen. Er traf sie in ihrer Suite an, wie sie gerade die Handschuhe anzog, und eskortierte sie rasch in den Bankettsaal des Hotels. Dort erhoben sich zweitausend Mitglieder und Gäste beim Frühstück der Handelskammer von Fort Worth zu einer Standing Ovation, als die First Lady zu ihrem Gemahl auf das Podium stieß.[47]

Kurz nach 11:20 Uhr bestieg das Paar samt Entourage die Air Force One für einen 13 Minuten kurzen Flug von der Carswell Air Force Base zum Love Field in Dallas. Sie hätten die 55 Kilometer von

Fort Worth auch mit dem Auto zurücklegen können, aber Kennedys Helfer wollten, dass Fernsehen und Presse möglichst viele Bilder von einem begeisterten Empfang in Dallas für den Präsidenten einfingen, während er aus der ganz neu designten Air Force One stieg.

Hier wurde der Stress, unter dem die Personenschützer standen, besonders augenfällig, als die Agenten ihre Verteilung innerhalb der Fahrzeugkolonne organisierten. Paul Landis, Hills Stellvertreter in der für Jackie Kennedy zuständigen Abteilung, ging die Rampe des Ersatzflugzeugs hinunter und sorgte sich, er könnte für die falsche Aufgabe eingeteilt sein. Er war überrascht gewesen, als Roberts ihm sagte, er würde auf den seitlichen Trittbrettern des Fahrzeugs hinter der Präsidentenlimousine mitfahren. Das hatte er bis dahin noch nie gemacht. Landis, ein liebenswerter Kerl, nahm Agent Sam Kinney, den Fahrer des hinter dem Präsidenten folgenden Wagens, ein wenig auf den Arm, als die beiden neben dem Auto standen: »Hey, Sam«, sagte er, tat verwirrt und wandte den Kopf von einer Seite zur anderen. »Ich bin für den zweiten Wagen eingeteilt. Weißt du, wo das ist?«

Landis kicherte über seinen eigenen Witz. Das änderte aber nichts an seinen Bedenken. Er ging hinüber zu Lawson in die Nähe des Absperrzauns, um sich zu vergewissern, dass er wirklich die korrekte Einteilung hatte.

»Ja, das passt so«, sagte Lawson zu ihm.[48]

Landis war nicht der einzige Neue in der Besatzung des Wagens hinter dem Präsidenten.[49] Tim McIntyre hatte gerade seine erste volle Woche als Agent im permanenten Personenschutz hinter sich gebracht, nachdem er mehrere Schichten auf temporärer Basis gearbeitet hatte. Frisch versetzt aus der Außenstelle Spokane, sollte er auf dem hinteren Trittbrett links stehen, hinter der First Lady und hinter Hill. Glen A. Bennett, ausgeliehen vom PRS in der Zentrale, sollte auf dem Rücksitz im Folgefahrzeug sitzen. Dort saß laut Plan auch George Hickey, ein Agent, der als Fahrer normalerweise hinterm Steuer Dienst tat und nicht hinter einer Waffe.

Abgesehen von Schichtleiter Roberts war nur ein einziger Agent im zweiten Auto, der mehr als ein Jahr im Personenschutz von Präsi-

dent Kennedy hinter sich hatte. Das war Jack Ready, der auf den Trittbrettern direkt hinter Kennedy – und vor Landis – mitfahren sollte.

Eine spontane Menge von zweitausend Schaulustigen drängte
sich am Absperrzaun um das Love Field, klatschte Beifall und rief
den Kennedys allerlei zu.[50] Das Paar nahm die Geschenke aus dem
Empfangskomitee entgegen, als es am Fuß der Flugzeugtreppe angekommen war. Eine gerahmte Kohlezeichnung für ihn, ein Strauß
roter Rosen für sie. Der Präsident sah die Gesichter am Absperrzaun
und reichte die Geschenke weiter an Landis. Ohne ein weiteres Wort
machte er sich zusammen mit Jackie auf in Richtung der Schaulustigen, um die Hände zu schütteln, die sich ihm entgegenstreckten.

Agenten geleiteten das Paar einige Minuten am Zaun entlang,
dann kam von Lawson ein Zeichen, es war Zeit zum Aufbruch. Sie
führten Gouverneur John Connally und seine Frau zu ihren schmalen Notsitzen in der offenen Präsidentenlimousine, dann halfen sie
den Kennedys auf ihre Plätze auf der breiten Rückbank. Der in Irland
geborene Fahrer, der 54-jährige Agent Bill Greer, fuhr gemächlich los
in Richtung Dallas. Er fuhr durch eine breite Lücke im Absperrzaun
des Flughafens – Lawson hatte dafür gesorgt, dass speziell für den
Präsidentenbesuch eine Schneise in den Zaun geschnitten wurde.

Hill und Ready, alte Hasen im Geschäft des Secret Service, wären
nun normalerweise auf die rückwärtigen Trittbretter der Limousine
gesprungen. Aber Roberts hatte die Agenten wegen des entschie-
denen Wunsches des Präsidenten in Tampa vorgewarnt. Wie von
Kennedy erbeten, fuhr Ready an jenem Tag nicht auf dem Trittbrett
der Limousine hinter ihm mit.

Hill war nicht sehr angetan vom Wunsch des Präsidenten. Als
langjähriger »Schatten« von Mrs. Kennedy sah er sich ihrer Sicherheit verpflichtet. Hill sprang also auf die Limousine hinter der First
Lady, sobald er das Gefühl hatte, das Fahrzeug käme den Menschenmengen zu nahe, und das war an dem Tag oft der Fall. Greer steuerte das Auto immer wieder in Richtung der linken Straßenseite, um
dem Präsidenten rechts mehr Puffer zu verschaffen. Damit war Mrs.
Kennedy kaum noch zwei Meter von den Schaulustigen entfernt.

Die Menge stand in Vierer- oder Fünferreihen entlang der Fahrt-route an der Main Street.[51] Die *Dallas Morning News* hatte an jenem Morgen für ihre Leser die genaue Strecke der Fahrzeugkolonne ver-öffentlicht – manche behaupteten, ein Lokalpolitiker habe die Route der Presse zugespielt, damit möglichst viele Zuschauer kommen wür-den.

Der Andrang der Schaulustigen ließ etwas nach, als die Limousine auf die Dealey Plaza einbog, eine grasbewachsene Erhebung zwi-schen einigen hohen Gebäuden und zugleich eine Auffahrt zum Dal-las Freeway. Hill sprang von seinem Trittbrett und zog sich zurück auf das seitliche Trittbrett des nachfolgenden Wagens und ging davon aus, auf dem Freeway würde es demnächst deutlich schneller vorangehen.

Arnold und Barbara Rowland, ein junges Paar, hatte dort – auf der Böschung neben der Autobahn – auf das Vorbeifahren der Kennedys gewartet. Ein paar Augenblicke vor dem Eintreffen der Kolonne sah Arnold Rowland hoch zu einem Bürohaus, ein Backsteinbau hinter der Auffahrt, und erspähte etwas Auffälliges. In einem großen Fens-terbogen nahe der obersten Etage des Gebäudes stand ein Mann mit einem Gewehr auf der Schulter.

Der Mann stupste seine Frau an und zeigte in die Richtung des Mannes, den er für einen Agenten des Secret Service hielt.[52] »Das muss einer der Security-Leute sein, die die Kolonne bewachen«, meinte er.

Dann kam das erste Auto der Wagenkolonne in Sicht. Agent Greer bremste fürs Abbiegen auf ca. 10 oder 15 km/h herunter – nach rechts auf die Houston Street, dann nach links in die Elm Street. Während die Autos ein Stück bergab in Richtung Freeway rollten, hörte Hill einen lauten Knall hinter seiner rechten Schulter. Er sah, wie der Prä-sident seine Hände von beiden Seiten an den Hals hielt. Jemand hatte auf den Präsidenten geschossen.

Ich wusste doch, ich hätte hinten auf dem Wagen stehen müssen! dachte Hill. Sein Körper hätte dem Attentäter die Sicht für einen un-gehinderten Schuss nehmen können.

Aber Hill war der einzige Agent, der dieses erste Geräusch sofort mit einem Attentat auf den Präsidenten in Verbindung brachte. Landis und Ready, die beiden Agenten auf den seitlichen Trittbrettern rechts, wandten sich über die rechte Schulter um und suchten in der Zuschauermenge und den Häusern nach der Quelle des Geräuschs.

»Was war das?«, rief Ready. »Ein Böller?«

»Keine Ahnung, ich sehe keinen Rauch«, sagte Landis.[53]

Was zum Teufel war das? dachte McIntyre, als er sich ebenfalls nach hinten umsah.

Roy Kellerman, 48 Jahre alt und leitender Supervisor für die Dallas-Reise, drehte sich auf dem Beifahrersitz um und sah nach hinten in Richtung Rückbank der Limousine. Auch er konnte die Quelle des Geräuschs nicht sofort ausmachen. Greer, der Fahrer, dachte, vielleicht sei es eine Fehlzündung an einem der Motorräder. Reflexartig nahm er den Fuß vom Gaspedal. Einige Motorradfahrer der Polizeieskorte meinten, die Bremslichter der Limousine rot aufleuchten gesehen zu haben. Warum auch immer: Die Limousine wurde langsamer, und Greer wartete auf Instruktionen von Kellerman.

Kellerman sah nach hinten und vernahm den unverkennbaren Bostoner Akzent des Präsidenten: »Mein Gott, ich bin getroffen.«

Kellerman sah, wie sich die Hände des Präsidenten an seinen Hals klammerten. Der Chef-Supervisor überlegte nur ein paar Sekunden, um sich einen Reim auf das Geschehen zu machen. Dann krachte der zweite Schuss.

Hill hörte ihn nicht. Beim ersten Schuss war er vom zweiten Wagen abgesprungen und rannte nun in Richtung des Hecks der Limousine. Er kam ins Stolpern und bekam gerade noch einen der Griffe auf der Kofferraumhaube zu fassen. Jetzt ertönte ein dritter Schuss, und den konnte Hill nicht nur hören, er konnte ihn spüren. Die rechte Seite des Kopfs des Präsidenten explodierte geradezu, in der Nähe seines Ohrs sprühte eine rosafarbene Flüssigkeit auf, und er sackte zusammen, fiel nach links in Richtung seiner Frau.

Mrs. Kennedy schrie auf: »Oh mein Gott, Jack! Jack! Was machen die mit dir?«[54]

Landis hatte die ersten beiden Schüsse nicht mit dem Präsidenten in Verbindung gebracht,[55] aber er wandte sich rechtzeitig um und sah, was der dritte angerichtet hatte. Das Geräusch war unerträglich, dachte er unwillkürlich. Als hätte jemand Schießübungen auf eine Melone veranstaltet. »Ich sah Fetzen von Fleisch und Blut durch die Luft fliegen, und der Präsident sackte weg aus meinem Blickfeld in Richtung von Mrs. Kennedy«, sagte Landis später.

Kellerman, inzwischen voller Flecken von Blut und Gewebe des Präsidenten, ergriff sofort sein Funkgerät und schrie Greer an: »Tritt aufs Gas, wir sind getroffen worden!«[56] Er rief ins Funkgerät und hoffte, die Nachricht würde beim Agenten im Wagen des Vizepräsidenten ankommen: »Dagger muss Volunteer verdecken!«[57]

Greer drückte das Gaspedal durch.[58] Kellerman beschrieb den Moment später so: »Wir sind regelrecht aus der gottverdammten Straße rausgeflogen.«

Schichtleiter Emory Roberts, der Hills heroischen Satz auf den Kofferraum beobachtet hatte, sah die Blutspritzer neben Kennedys Kopf. Zu seiner Rechten war Ready dabei, vom Trittbrett zu springen und zur Limousine nach vorne zu rennen, aber Roberts rief ihn zurück. Er fürchtete, es wäre bei dieser Geschwindigkeit zu gefährlich und würde ohnehin nicht viel bringen.

»Halfback an Lawson«, rief Roberts am Funkgerät des Wagens zum Vorausagenten im Führungsauto. »Der Präsident wurde getroffen. Eskortiert uns zum nächsten Krankenhaus. So schnell wie möglich.«

Agent George Hickey griff nach dem AR-15 Sturmgewehr am Boden vor der Rückbank.[59] Er stellte sich auf und suchte den Himmel hinter der Wagenkolonne ab, richtete sich auf eine weitere Attacke ein. Aber die Attacke war bereits geschehen, alles war vorbei.

Hill stand auf dem hinteren Trittbrett der beschleunigenden Limousine. Er hielt sich an den Griffen am Kofferraum fest und sah ungläubig staunend Mrs. Kennedy, wie sie sich in seine Richtung bewegte. Sie stand auf den blutverschmierten Polstern der Rückbank und streckte den Oberkörper und den rechten Arm über die Kofferraumhaube des Wagens. Mit leerem Blick sah sie geradezu durch Hill hindurch. Sie griff nach irgendetwas auf dem glänzenden schwarzen Lack der Kofferraumhaube – es war ein kleiner Fetzen Gewebe vom Gehirn und ein Stückchen Schädelknochen ihres Ehemannes.

Hill schob die First Lady zurück auf ihren Sitz und breitete seinen Körper quer über das Heck des breiten Cabrios aus, um das Paar abzuschirmen.

Nur sechs oder sieben Sekunden waren vergangen, seit Hill den ersten Schuss gehört hatte. Er spähte nach unten in den Innenraum der Limousine und sah Blut, aber auch graue und weiße Stücke Fleisch und Gehirnmasse auf dem Rücksitz, auf Mrs. Kennedy und den Connallys. Der Gouverneur war vornüber auf seine Frau zusammengebrochen, hinten an seinem Hemd waren Blutspritzer zu erkennen. Erst in diesem Moment bemerkte Hill, dass auch der Gouverneur getroffen worden war.

Der Präsident lag leblos und mit starrem Blick auf seiner linken Seite auf dem Schoß seiner Frau. Durch ein golfballgroßes Loch rechts im Schädel Kennedys konnte Hill das Gehirn des Präsidenten sehen. Ein kleines Stück Schädelknochen, die Haare daran waren noch zu erkennen, lag am Boden des Wagens.

Hill sah mit verzweifeltem Gesichtsausdruck nach hinten zu seinen Gefährten im zweiten Wagen. Er schüttelte immer wieder den Kopf und gab den Leuten in seinem Team ein resigniertes Zeichen: Daumen nach unten. Hill war sich sicher, dass der Präsident tot war, oder so gut wie tot.[60]

»Sie haben ihn. Sie haben ihn«, rief Roberts in die Luft.

Der Schichtleiter neigte sich zu McIntyre: »Du und Bennett, ihr übernehmt Johnson, sobald wir anhalten.«

Vizepräsident Johnson konnte von alledem nichts sehen. Er lag flach am Boden seiner Limousine, sein leitender Personenschutzagent über ihm. Beim Ertönen des ersten oder zweiten Schusses schrie Rufus Youngblood Johnson an: »Runter!« Er kletterte über den Sitzteiler vom Beifahrersitz nach hinten und warf seine 84 Kilo auf den Vizepräsidenten.[61]

Ein Polizist der Motorradeskorte fuhr seitlich an das nicht gekennzeichnete Führungsauto heran und rief Lawson zu: »Auf den Präsidenten ist geschossen worden!«

Gleichsam wie ein Echo hörte Lawson danach Kellerman über Funk: »Wir wurden getroffen. Bring uns zum nächsten Krankenhaus.«[62]

Es kann jederzeit passieren, dachte Lawson, während sein Fahrer Curry, der Polizeichef von Dallas, in Richtung Parkland Memorial Hospital raste.[63] *Oh mein Gott, jetzt ist es passiert.*

Nur wenige Momente später erklang die Stimme einer jungen Frau über das Paging-System in der Cafeteria im Erdgeschoss des Parkland Memorial Hospital.[64] Sie rief Parklands Chefarzt herbei: »Dr. Tom Shires, auf Station.«

Ron Jones, ein 31-jähriger angestellter Chirurg, der gerade beim Mittagessen saß, wusste, dass Shires auf einer Konferenz in Galveston weilte. Der Pager begann danach die Namen anderer Chirurgen aufzurufen, mit der dringenden Bitte, sich unverzüglich zu melden.

Was ist da los? fragte er sich. Er ging hinüber ans Telefon an der Wand und fragte den Operator.

»Dr. Jones, auf den Präsidenten ist geschossen wurden, sie bringen ihn gerade in die Notaufnahme«, keuchte sie. »Sie brauchen sofort Ärzte.«[65]

Jones erzählte seinem Kollegen Malcolm Perry davon. Sie rannten aus der Cafeteria und die Treppe hinunter zurück in den Bereich der Notaufnahme. Sirenenlärm kam immer näher.

Ein kleiner Teil der Wagenkolonne des Präsidenten fuhr gegen 12:35 Uhr vor dem Eingang zur Notaufnahme von Parkland vor. Einige der anderen Fahrzeuge einschließlich der Presse waren zum Trade Mart weitergefahren, sie wussten nicht, wohin das Führungsfahrzeug und die Limousine gerast waren. Kellerman sprang aus dem Beifahrersitz der Limousine und wies seine Agenten an, schnell ein paar Tragen herbeizuschaffen.

Vizepräsident Johnson und seine Frau kletterten aus ihrem offenen Lincoln. Lady Bird Johnson erspähte etwas Himbeerfarbenes im

Augenwinkel – es war Mrs. Kennedy, die sich schützend über ihren Gatten beugte. Agent Youngblood führte die Johnsons eiligst in den Eingang des Krankenhauses und bat die erste Krankenschwester, die ihm über den Weg lief, einen sicheren Raum für den Vize zu finden.

Roberts begab sich zum Fond der Präsidentenlimousine. Der sanfte »Vater Roberts« warf einen Blick auf Kennedy und kam zu dem Schluss, dass er wohl nicht überleben würde. »Ich gehe zu Johnson«, sagte er zu Kellerman.

Einige Leute vom Personenschutz eilten zurück mit den langen, fahrbaren Tragen des Krankenhauses.[66] Die Agenten Hill und Landis baten Mrs. Kennedy, das Auto zu verlassen, damit sie dem Präsidenten helfen konnten. Sie schüttelte den Kopf. »Nein! Ich will bei ihm bleiben!«, sagte sie.[67]

Hill öffnete die linke Hintertür und stieg auf ihrer Seite in die Limousine. Der Sohn, der sich so aufopfernd um den Schutz seiner gehörlosen Mutter gekümmert hatte, schien instinktiv zu spüren, was er für diese vom Schock gezeichnete, zerbrechliche Frau tun konnte. Er zog sein Jackett aus und legte es über den Kopf des Präsidenten. Dann nahm er Mrs. Kennedy am Arm. Sie ließ sich von ihm aus dem Wagen führen.

»Wir müssen Ihrem Mann helfen, Mrs. Kennedy«, sagte er zu ihr.

Hill, Landis, Lawson und ein paar weitere Agenten hoben den Präsidenten auf eine Trage und schoben ihn, angeleitet von den Krankenschwestern, in den winzigen Schockraum Nr. 1. Ärzte und Schwestern standen dicht gedrängt um den Patienten, und die Agenten verließen rasch den Raum, damit die Mediziner ihre Arbeit machen konnten. Mrs. Kennedy öffnete die Faust und übergab einem Arzt ein Stück Schädelknochen ihres Mannes, das sie seit den Schüssen umklammert gehalten hatte. Hill fand einen Stuhl für die First Lady, gleich neben der Tür der Notaufnahme; weitere Ärzte kamen hinzu.

Kellerman, darauf trainiert, unter allen Umständen an der Seite des Präsidenten zu bleiben, bat Hill, eine Telefonverbindung zum Weißen Haus herzustellen und die Leitung frei zu halten. Hill fand ein Telefon und verband Kellerman mit Jerry Behn in dessen Büro im East Wing.

»Jerry, wir haben einen Zwischenfall hier in Dallas.[68] Auf den Präsidenten und den Gouverneur wurde geschossen«, sagte Kellerman. »Wir sind in der Notaufnahme des Parkland Memorial Hospital. Notieren Sie die Uhrzeit.«

Behn fühlte sich, als hätte er einen Schlag versetzt bekommen. Behn war an der Seite Kennedys seit dessen Wahlsieg 1960 überall hingereist, und sie waren sich in der Zeit nähergekommen. Das war die erste Reise gewesen, bei der er nicht dabei war! Behn rief nach seinem Assistenten: »Suchen Sie Chief Rowley!«

Im Korridor des Krankenhauses reichte Kellerman den Hörer zurück an Hill und ging wieder in Richtung Schockraum.[69] Dann meldete sich eine Telefonistin aus dem Weißen Haus auf der offenen Telefonleitung. »Der Justizminister möchte mit Ihnen sprechen«, sagte sie zu Hill.

Hill hörte Robert F. Kennedy, wie er mit unsicherer Stimme die einzige denkbare Frage stellte: »Wie schlimm ist es?«

»Viel schlimmer kann es nicht werden«, antwortete Hill.[70] Er sagte nicht, das sichere Gefühl zu haben, dass Roberts Bruder bereits tot war.

In einem Büroraum des Krankenhauses, der in einem anderen Flügel für den Vizepräsidenten frei gemacht worden war, sagte Roberts derweil zu Johnson und seiner Frau, dass der Präsident wahrscheinlich nicht überleben werde. »Wir müssen schnellstmöglich aus Dallas abreisen«, sagte Roberts. Johnson bat Roberts um eine Rückfrage beim Weißen Haus, ob man dort einverstanden sei, dass er die Stadt verlässt.

Im Schockraum erkannte der behandelnde Arzt, Dr. Perry, dass es schlecht um den Präsidenten stand. Der Patient lag bewusstlos auf einer Metalltrage. Er hatte viel Blut verloren, stark geweitete Pupillen und eine klaffende Kopfwunde. *Die meisten Patienten überleben so etwas nicht,* dachte Perry.[71] Aber dieser Patient war schließlich der Präsident. Das Ärzteteam machte sich daran, sein Leben zu retten, setzte einen Luftröhrenschnitt, um zu versuchen, Sauerstoff in sein Gehirn zu transportieren und gleichzeitig die Blutung zu stoppen.

Eine Minute später kam jemand keuchend aus Kennedys Schockraum und meldete, der Präsident würde atmen.

Mrs. Kennedy erhob sich aus ihrem Stuhl und schrie auf: »Heißt das, er wird überleben?«[72]

Die Agenten warteten. Niemand antwortete.

Die Ärzte forderten die Krankenschwestern auf, ein EKG-Gerät in den Schockraum zu bringen. Dr. Kemp Clark, der leitende Neurochirurg, traf ein, als sie Kennedy gerade an die Maschine anschlossen. Er konnte am Hals Kennedys keinen Puls feststellen. Perry hatte mit dem Versuch begonnen, das Herz des Präsidenten mit Thoraxkompressionen zum Schlagen zu bringen. Über fünf Minuten konnte er ein paar schwächliche Herzschläge auslösen, dann nichts mehr. Die flache, schmale Linie an der Anzeige des Geräts veränderte sich nicht mehr. Kennedy hatte keinerlei Herzaktivität.

»Es ist zu spät, Mac«, sagte Clark zu Perry.[73]

Präsident Kennedy ist tot, verkündete Clark im Schockraum. Es war 13 Uhr.

Damit fanden sich die Agenten in einer unangenehmen, ungewohnten Rolle. Sie schützten nun nicht mehr das Leben eines Menschen, sie mussten bei der Durchführung der Rituale helfen, die seinen Tod dokumentierten.

Kellerman kam mit erschöpftem Blick aus dem Schockraum. Er ging hinüber zu Hill. »Clint, sag Gerry, dass das noch nicht freigegeben und nicht offiziell ist«, sagte er mit ruhiger Stimme, »aber unser Mann ist tot.«

Hill senkte das Haupt und nickte. Er überbrachte die Nachricht an Behn, der inzwischen mit Chief Rowley in seinem Büro saß. Hill bat Behn eindringlich, den Justizminister und wichtige Angehörige anzurufen, damit sie es nicht aus den Medien erfuhren.

Kennedys Helfer Dave Powers fand Agent George Hickey im Korridor und betraute ihn mit einer dringlichen Aufgabe. »Holen Sie einen Priester«, sagte er. »Machen Sie schnell.«

Nur wenige Agenten wussten davon, aber Mrs. Kennedy hatte die Ärzte instruiert, ihren Mann erst für tot zu erklären, nachdem ein Priester ihm die Sterbesakramente erteilt hatte. Als Pater Oscar Huber innerhalb der nächsten zehn Minuten eingetroffen war, fand er Kennedy tot vor, mit einem weißen Laken bedeckt. Der Priester konnte kaum glauben, wie gefasst Mrs. Kennedy wirkte. Er begann, die Sterbesakramente zu spenden, wohl wissend, dass er von dem armen Sünder, der da vor ihm lag, keine Reaktion zu erwarten hatte, aber auch unsicher, ob Kennedys Seele bereits aus dem Körper entwichen war. In lateinischer Sprache rezitierte er ruhig die letzten Worte: »So spreche ich dich los von deinen Sünden im Namen des Vaters und des Sohnes und des Heiligen Geistes. Amen.«

Derweil warteten die Johnsons im Büro des Krankenhauses auf Nachricht. Der Schichtleiter von Kennedys Personenschutztruppe, Emory Roberts, eilte zu Johnson, um ihn ins Bild zu setzen: »Der Präsident ist tot, Sir.« Nun war Johnson selbst der Präsident.

Roberts sagte zu Johnson, er und die Leute seiner Schicht müssten sich vom Krankenhaus nun unmittelbar zur Air Force One begeben, in jedem Fall aber, bevor das Weiße Haus den Tod Kennedys offiziell bestätigte. Mrs. Kennedy würde den Leichnam des Präsidenten so bald wie möglich ebenfalls zum Flugzeug bringen lassen. Die Johnsons folgten Roberts' Rat und verließen das Krankenhaus so hastig, dass einer von Johnsons Agenten versehentlich zurückblieb. In einem nicht gekennzeichneten Wagen, gesteuert von Polizeichef Curry, legte sich Johnson auf Anweisung Youngbloods flach auf die Rückbank, sodass er durch die Fenster nicht zu sehen war. Die Männer, die an jenem Tag Kennedy zu beschützen versucht hatten, indem sie im Wagen hinter ihm mitfuhren – Bennett, McIntyre und Ready –, saßen nun in einem nicht gekennzeichneten Polizeiauto und fuhren hinter dem Wagen mit dem darin versteckten neuen Präsidenten her.

Hill und Kellerman blieben zurück im Krankenhaus und bei ihren ursprünglichen Aufgaben. Kenny O'Donnell, ein Helfer und Freund Kennedys, bat Hill, sofort einen Sarg herbeizuschaffen. Hill forderte von der nächstgelegenen Leichenhalle das beste Stück an, das verfügbar war, ein in Bronze ummanteltes Modell Britannia.

Um 13:36 Uhr betrat der stellvertretende Pressesprecher Mac Kilduff einen Schulungsraum für Krankenschwestern, in dem Reporter zusammengeströmt waren, um Neuigkeiten über den Präsidenten zu erfahren. Die Augen des jungen Sprechers waren von Tränen gerötet, und er bat die aufgeregt lärmenden Presseleute, ihm einen Augenblick zu geben, damit er zu Atem kommen konnte. Er musste zwei oder drei Mal ansetzen, bis er das Wort »Präsident« über die Lippen brachte.

»Präsident John F. Kennedy starb heute gegen 13 Uhr CST, hier in Dallas«, begann er. »Er starb an einer Schusswunde am Kopf. Ich habe keine weiteren Details hinsichtlich des Mordanschlags auf den Präsidenten zu berichten.«

Einige Reporter schnappten nach Luft. Sie fragten, wann und wo Johnson vereidigt werden würde. Dann rannten sie durch die Korridore des Krankenhauses, um ein freies Münztelefon zu finden, oder sie baten flehentlich, ein Diensttelefon im Krankenhaus nutzen zu dürfen, in das sie ihre Berichte diktieren konnten.

In den Stunden, nachdem Kennedy für tot erklärt worden war, widmeten sich die Beschützer des Präsidenten in aller Eile neuen, ungewohnten Aufgaben, noch so benommen, dass sie einiges von dem, was sie da taten, einfach vergessen würden. Ihre unmittelbare Aufgabe bestand darin, ein paar Autos zu organisieren, um die Besucher aus Washington nach Love Field zu bringen, von wo sie nach Hause fliegen konnten. Kellerman und sein Team verließen das Krankenhaus gemeinsam mit der First Lady erst mit Verspätung, weil der Gerichtsmediziner von Dallas County ihnen nicht gestattete, den Leichnam des Präsidenten mitzunehmen. Er bestand auf einer gesetzlichen Vorschrift, die besagte, da der Präsident ermordet worden war, müsse zuerst eine Autopsie durchgeführt werden. Aber Jackie Kennedy war nicht bereit, ohne ihren toten Mann wegzugehen, und Präsident Johnson wollte nicht ohne Jackie Kennedy abreisen. Kellerman ver-

fluchte den Doktor und rümpfte die Nase über diese gesetzliche Vorschrift, woran auch ein örtlicher Richter, der die Einschätzung des
Gerichtsmediziners bekräftigte, nichts zu ändern vermochte. »Wir
nehmen ihn mit«, sagte er. Die Agenten luden den Sarg in einen Leichenwagen, der vor dem Krankenhaus bereitstand, Jackie Kennedy
setzte sich in dem Wagen auf die Rückbank. Ein Funktionsträger des
Krankenhauses klopfte ans Fahrerfenster, das daraufhin herunterge-
lassen wurde: »Wir treffen uns bei der Leichenhalle«, sagte der Funk-
tionär. »Ja, Sir«, antwortete Kellerman. Aber dann gaben die Agenten
Anweisung, den Leichenwagen mit dem Sarg und Mrs. Kennedy direkt zum Flughafen zu fahren. Die Agenten gewannen dieses kleine
Scharmützel, ein winziger Sieg an einem Tag des entsetzlichen Ver-
lusts.

Bei der Ankunft konnten sie feststellen, dass ein Flugbegleiter und
ein Agent zwei Sitzreihen im hinteren Bereich der Air Force One
in aller Eile abmontiert hatten, um Platz für den Sarg zu schaffen.
Dann trugen die Agenten Kennedys Sarg die Rampe hoch, mussten
oben jedoch feststellen, dass der Durchgang für das aufwendig ge-
fertigte Modell Britannia zu schmal war. Die Agenten brachen die
seitlichen Handgriffe des Sargs ab und verkratzten das edle Stück an
den Seiten, als sie es durch die Lücke zwängten. Eine Bundesrichterin, persönlich zum Flugzeug einbestellt von ihrem Freund Lyndon
Johnson, nahm ihm um 14:38 Uhr den Amtseid des Präsidenten ab.
Neun Minuten später, um 14:47 Uhr, hob die AF 26000 mit Pilot Jim
Swindal im Cockpit vom Boden ab, mit Ziel Andrews Air Force Base.
Mrs. Kennedy saß hinten, ganz in der Nähe des Sargs ihres Mannes.
Bei ihr waren die beiden besten Freunde Kennedys in seinem Stab –
man reichte sich gegenseitig Whiskey.[74]

Die Agenten des Personenschutzes ließen sich im vorderen Teil
in ihre Sitze fallen. Die meisten schwiegen. Landis, der jüngste in
der Truppe, brach weinend zusammen. Er dachte an die Kinder der
Kennedys, mit denen er so viel Zeit verbracht hatte.[75]

Wenngleich Hill am Ende für Generationen von Agenten als Held
gelten sollte, weil er auf das fahrende Auto gesprungen war, quälten

ihn während des Fluges unablässig Schuldgefühle, die ihn den größten Teil seines Lebens nicht mehr losließen: *Wenn ich doch bloß auf dem hinteren Trittbrett des Autos gestanden hätte! Ich wäre nahe genug und noch vor dem dritten Schuss bei ihm gewesen,* dachte er. *Wäre ich doch nur schneller gewesen.*[76]

Lawson, der die Sicherheitsplanung für den Tag ausgearbeitet hatte, fragte sich, was geschehen wäre, wenn es nicht zu regnen aufgehört hätte: *Wenn die das Verdeck geschlossen hätten, vielleicht hätte der Attentäter gar nicht erst versucht zu schießen,* überlegte er.

Allmählich wurde Lawson und den anderen in seiner Truppe klar, dass sie nun für einen historischen Meilenstein professionellen Scheiterns standen. »Ich bin der erste Agent in der Geschichte des Secret Service, der einen Präsidenten verliert«, sagte Lawson laut und deutlich.

Greer, ganz aufgelöst wegen seines eigenen Versagens, weil er als Fahrer des Präsidenten nicht schnell genug reagiert hatte, hatte seine Sünden bereits der First Lady gebeichtet. Noch im Parkland Memorial Hospital weinte er an ihrer Schulter.[77] »Oh, Mrs. Kennedy, oh mein Gott, oh mein Gott. Ich wollte das nicht. Ich habe es nicht gehört, Ich hätte mit dem Wagen schnell ausweichen müssen, ich konnte nichts machen«, sagte er ihr. »Oh, Mrs. Kennedy, ... wenn ich es doch nur rechtzeitig gesehen hätte.«

Greers Worte gingen Jackie im kommenden Trauerjahr nicht mehr aus dem Kopf. Die Schüsse, die über den Platz hallten, die blutigen Gewebestücke, die verzweifelte, sinnlose Fahrt zum Krankenhaus, alles lief wieder und wieder vor ihrem geistigen Auge ab. Auch wenn sie ihrem Agenten Clint Hill immer dankbar blieb, hegte die Witwe insgeheim doch eine Enttäuschung über den Secret Service insgesamt.

Zwei Wochen nach dem Begräbnis ihres Mannes beklagte Jackie gegenüber ihrem persönlichen Sekretär, einige Agenten seien anscheinend an dem schicksalhaften Tag schlecht vorbereitet auf genau die Art von Bedrohung gewesen, die sie eigentlich auf dem Schirm hätten haben müssen.[78] *Wenn doch nur Greer einfach aufs Gaspedal gedrückt hätte, nachdem der erste Schuss gefallen war,* seufzte sie.

»Da hätte genauso gut Mrs. Shaw am Steuer sitzen können!«, sagte Mrs. Kennedy verbittert – Mrs. Shaw war das britische Kindermädchen von John und Caroline. »Man sollte sich nach einem guten Fahrer umsehen, damit einem nichts zustößt.«

Kapitel 4

KEINE ZEIT ZU TRAUERN

Ein stämmiger Ire mit sanftem Blick stand abseits der anderen auf einem Rollfeld und suchte schweigend den Abendhimmel westlich der Betonpiste des Militärflugplatzes ab. James Joseph Rowley trug einen schlichten Trenchcoat, wie ihn Büroangestellte tragen. Die grauen Strähnen in seinem braunen Haar zeugten von den 25 Jahren Dienst, die er bei der Strafverfolgung hinter sich hatte. 23 davon war er Agent beim U.S. Secret Service gewesen und hatte für den Schutz des Präsidenten gesorgt, bis zurück in die Zeit der Weltwirtschaftskrise, die Zeit Franklin Delano Roosevelts.

Alle, die an diesem Abend auf dem Luftwaffenstützpunkt Andrews warteten – die Sekretärinnen aus dem Weißen Haus, die jungen Soldaten der Luftwaffe, die sich auf die abendliche Rückkehr der Air Force One vorbereiteten, die finster dreinblickenden Löwen aus Kabinett und Kongress –, alle teilten sie die gleiche, benommene Trauer. Sie alle hatten ihren Anführer verloren, ihren Präsidenten. Aber Rowleys Trauer wurde noch verstärkt durch das Gefühl des Versagens. Ein Mann, den er bewundert hatte, ein Mann, der ihm, Rowley, die Führung des Secret Service anvertraut hatte, war nun tot. Und gestorben war er, während Chief Rowley ihn zu beschützen hatte.

Nur zwei Wochen vor diesem düsteren Abend war der 55-jährige Rowley unweit des Weißen Hauses einem alten Freund begegnet, dem Journalisten und Historiker Jim Bishop. Rowley überschüttete Bishop mit Fragen zu dessen neuem Buch, *The Day Lincoln Was Shot*.

Der Autor war amüsiert, weil Rowley anscheinend »das Buch viel intensiver studiert als ich es geschrieben hatte«.

»Ich habe sie gezählt«, sagte Rowley zu Bishop. »Um die fünfzig
Zufälle an jenem Tag haben zu dem Attentat geführt. Wenn nur einer
davon anders abgelaufen wäre ...«[79]

Heute, fast ein Jahrhundert nach Lincolns Tod, dachte Rowley an
die kleinen und großen Momente, die in Dallas hätten anders ablaufen können. Ein paar Dutzend zusätzliche Agenten für den Secret
Service hätten sicherlich nicht geschadet. In den letzten zwei Jahren
hatte der Chief den Kongress bekniet, ihm 96 weitere Agenten zu bewilligen. Die Abgeordneten ließen ihn abblitzen und verhöhnten ihn
manchmal sogar noch dabei. Republikanische Abgeordnete fragten,
ob Rowley vielleicht zusätzliche Agenten brauche, um die Ponys der
kleinen Caroline Kennedy zu beschützen. Oder vielleicht, schlugen
sie vor, bedurfte es der Agenten ja auch, um die Erholung der Kennedys zu betreuen, während sich die Familie auf den »Sitz ihrer Ahnen«
zurückzuziehen geruht.

»Meinen Sie, ich könnte ein paar Leute vom Secret Service kriegen,
die mich hinter sich herziehen, wenn ich Wasserski fahren will?«[80],
fragte Harold Gross, ein Republikaner aus Iowa, den Chief in einer
Anhörung des Haushaltsausschusses. Gross hatte sich über ein Bild
in einem Hochglanzmagazin aufgeregt, auf dem ein Secret-Service-
Agent ein Boot steuert, mit Mrs. Kennedy auf Wasserskiern dahinter.

Selbst Vizepräsident Johnson hatte sich an den Bemühungen beteiligt, Rowley an der Verpflichtung weiterer 35 Agenten zu hindern.
Hinter den Kulissen drängte er Abgeordnete, das Gesetz abzulehnen, das ihm Schutz rund um die Uhr gewährleisten sollte. Er wollte
schlicht nicht der Grund dafür sein, mehr Mitarbeiter zu beschäftigen, dadurch höhere Ausgaben zu verursachen und den Zorn der
Wähler auf sich zu ziehen.[81] Nun war Johnson der Präsident.

Das Flugzeug des Präsidenten landete ziemlich genau um 18 Uhr
sanft und fuhr in die Parkposition nahe einer Menschenmenge, die
sich versammelt hatte. Eine Klappe an der Seite des silbernen Flugzeugrumpfs öffnete sich. Rowley sah fünf Agenten, die er alle persön

lich eingestellt hatte, wie sie einen über 300 Kilo schweren bronze-
farbenen Sarg in Hüfthöhe trugen. Der Chief trat hinzu und half
seinen Leuten, die Mühe hatten, den Sarg umständlich auf einen Ga-
belstapler zu hieven.[82] Der Service legte Wert darauf, dass der Leichnam des Präsidenten und seine Witwe die Air Force One in Würde
verließen.

Derweil stand der neue Präsident allein im Mittelgang des Flugzeugs und war stinkwütend. Weder Agenten noch sein Mitarbeiterstab hatten ihn konsultiert, wie und wann er aus dem Flugzeug zu
steigen gedachte. Jackie und Bobby Kennedy und ihre Mitarbeiter
und Agenten waren ganz und gar auf den ehemaligen Präsidenten
fokussiert. Als Vizepräsident hatte Johnson immer das Gefühl gehabt,
Kennedy hätte ihn im Schatten stehen lassen. Nun, nach nahezu vier
Stunden als neuer Präsident, hatte er noch immer das Gefühl, er
spielte nur die zweite Geige. Dieser Moment sollte ihn noch lange
Zeit verfolgen. »Sie haben mich überhaupt nicht beachtet«, meinte
Johnson später zu seinem Pressesprecher.[83] Nach seinem Eindruck
hatten sie dem neuen Präsidenten nicht die gebührende Achtung erwiesen.

Kellerman und Hill begleiteten Kennedys Leichnam zum Bethesda
Naval Hospital, wo die Autopsie erfolgen sollte. Nach einigen Minuten stieg Johnson aus dem Flugzeug und hielt eine kurze Rede. »Wir
haben einen unermesslichen Verlust erlitten«, sagte er. »Ich weiß,
dass die ganze Welt den Schmerz von Mrs. Kennedy und ihrer Familie teilt. Ich werde mein Bestes geben. Mehr kann ich nicht tun. Ich
bitte um Ihre Hilfe – und um Gottes Beistand.«

Ein Helikopter brachte Präsident Johnson zum Weißen Haus, wo
er das weitere Vorgehen mit seinen Helfern besprach.[84] Sie fanden
es eigenartig, dass Johnson kaum ein Wort zu den Schüssen in Dallas verlor, außer: »Rufe tat heute etwas sehr Heldenhaftes. Er drückte
mich an den Boden dieses Wagens und warf sich über mich.«

Rowley kam auch zurück zum Executive Office Building. Dort traf
er Agenten und Mitarbeiter des Weißen Hauses, die in Dallas dabei
gewesen waren, im Foyer an, wie sie wortlos ihr Gepäck abholten.

Ihre Bewegungen wirkten roboterhaft. »Da waren vielleicht 75 Leute im Raum«, sagte Agent Larry Newman, der herüberkam, um nach seinen zutiefst erschütterten Freunden zu sehen. »Es herrschte Totenstille. Keiner fragte: ›Hey, wie geht's dir?‹ Alle waren noch damit beschäftigt, das Geschehene zu verarbeiten.«

Rowley sagte Jerry Behn, er solle alle verfügbaren Leute von der Dallas-Reise in seinem Büro zusammentrommeln. Als alle da waren, sagte der Chief, jeder sollte einen Bericht über das schreiben, was sie in Texas gesehen und getan hatten, und zwar am besten noch am selben Abend, wenn die Erinnerung noch frisch sei. Er sagte den Männern auch, sie seien Profis und müssten sich weiter bemühen, ihr Bestes zu geben. Und er sagte auch, sie und der Service würden diese Tragödie nicht nur überstehen, sie würden sogar gestärkt daraus hervorgehen.

Es war das erste Mal, dass Rowley das explizit ausgesprochen hatte, aber er meinte wirklich, was er sagte. Die Agenten waren noch zu benommen, um ihm irgendetwas davon wirklich abzunehmen. Dennoch vermittelte die ruhige Ansprache ihres Chiefs den Männern einen ersten Moment des Trostes. »Niemand hatte das Gefühl, er hätte jemandem Vorwürfe gemacht oder dass das Attentat irgendwie hätte verhindert werden können«, sagte Agent Blaine.[85] »Für viele der Männer war es geradezu therapeutisch, und sehr viel mehr an Beratung und Betreuung sollten sie auch nicht erfahren.«

Erst als er mit den Schichtleitern alleine war, kam Rowley in der Diskussion auf alles zu sprechen, was möglicherweise falsch gelaufen war. Er sah keinen Grund, die Agenten noch an jenem Abend mit all diesen Details zu belasten.

Als gläubiger Mensch von stoischer Ruhe hatte Rowley sein ganzes Leben lang andere Menschen beschützt, angefangen mit seiner verwitweten Mutter und seinen jüngeren Geschwistern. Der Gedanke, dass er als derjenige Chef des Secret Service in die Geschichte eingehen würde, der mit dem Verlust eines Präsidenten belastet war, schmerzte ihn. An jenem Abend begann er, in kleinen Schritten, an einem umfassenderen Vermächtnis zu arbeiten. Er beschloss, seine

Agenten zu schützen, und natürlich auch sich selbst. Er würde seinen verehrten Secret Service schützen, indem er ihn stärker machte.

James Joseph Rowley jr. wuchs in einem katholischen Arbeiterviertel in der Bronx auf, als erstgeborener Sohn irischer Einwanderer. Sein Vater, ein städtischer Gebäudeinspektor, starb, als ein Teil der maroden Brücke zusammenbrach, die er gerade inspizierte.

Rowley war damals 17 Jahre alt. Er und sein kleiner Bruder schlossen gerade das Schuljahr ab und hatten sich auf einen unbeschwerten Sommer gefreut. Stattdessen musste sich der älteste Rowley nun, nach der Beerdigung des Vaters, darum kümmern, die Rolle des Haushaltsvorstands zu übernehmen und seine Mutter, den kleinen Bruder und die Schwester nach Kräften zu unterstützen. Tagsüber ging er arbeiten, das letzte Jahr in der Highschool schloss er durch den Besuch der Abendschule ab, in der Fordham Evening High School.

Als er sein Abschlusszeugnis hatte, besuchte Rowley jr. erneut die Abendschule am örtlichen katholischen College, um dort sein Juraexamen abzulegen. Tagsüber arbeitete er als Kurier, als Laufbursche für eine Maklerfirma und dann bei einer staatlichen Bank, die bei der Wirtschaftskrise untergegangenen Banken half, möglichst rasch ihre Aktiva zu veräußern.

1936 brachte ihm sein Juraabschluss etwas ein, was viele als Traumjob ansehen würden: Er wurde FBI-Agent. Er erntete Bestnoten für seine Ermittlungen im Auftrag der Außenstelle in Charlotte. Eine Unterbrechung seiner Karriere stellte sich jedoch im Jahr darauf ein, nachdem er bei einer Gerichtsverhandlung in Philadelphia ausgesagt hatte. Ein Richter bat ihn, lauter zu sprechen, damit man ihn trotz des Straßenlärms verstehen konnte, der durch die offenen Fenster in den Gerichtssaal drang. Der FBI-Direktor persönlich, J. Edgar Hoover, las in der Zeitung von dieser Aufforderung des Richters und war wütend, weil ein Agent vor Gericht einen maulfaulen oder schwächlichen Eindruck hinterlassen hatte. Er wies seine Untergebenen an, sie sollten dem jungen Mann sagen, dass er sich einen neuen Job suchen soll.

Enttäuscht bewarb sich Rowley anderweitig, und schon bald hatte er zwei Angebote vorliegen: eines von einer Anwaltskanzlei und eines vom Secret Service. Er verpflichtete sich im Jahr 1938 als Agent und stieß im Jahr darauf zum Personenschutz von Präsident Roosevelt. Seine durch nichts zu erschütternde Arbeitsmoral trug Früchte und brachte Rowley in eine verantwortungsvolle Position bei den Vorbereitungen für Roosevelts historische Konferenzen zu Kriegszeiten in Casablanca, Teheran und Jalta. Schnell stieg er in leitende Stellungen auf – als Schichtleiter in Roosevelts Personenschutz, dann als Special Agent, der für den Personenschutz Trumans verantwortlich war.[86]

Aber erst der neu ins Amt gewählte Präsident Kennedy war es, der Rowley den Spitzenjob anvertraute, den der Service zu vergeben hatte. Der kurz vor der Pensionierung stehende Chief nannte dem Weißen Haus drei Namen möglicher Nachfolger. Kennedy entschied sich für den, den er am besten kannte: einen Katholiken mit irischen Wurzeln, dessen freundlichen und direkten Stil er schon während des Wahlkampfs aus erster Hand erlebt hatte. Kennedy kicherte bei der Erinnerung an die Zeiten, als Rowley der weitaus wichtigere Mann in Washington gewesen war. Agenten hatten einst Kennedy daran gehindert, sich Präsident Eisenhower zu nähern, und Rowley schritt ein und verbürgte sich dafür, dass der jungenhafte Kennedy in Wirklichkeit Kongressabgeordneter war. Der Präsident erzählte gerne die Geschichte ihrer ersten Begegnung: Kennedy war 1948 auf Wahlkampftour in Brookline, Massachusetts, als Rowley dazukam und »mich zur Seite schob, um Platz zu schaffen« für Präsident Truman.[87]

Rowley wusste, dass er das Sicherheitsnetz verstärken musste, mit dem seine Agenten den neuen Präsidenten umgaben. Aber zuerst musste er seine niedergeschlagenen Männer zusammenrufen, um den riskantesten öffentlichen Auftritt ihrer Karriere zu bewachen.

Mrs. Kennedy gab den Ton vor. Sie weigerte sich strikt, sich in einen, wie sie es nannte, »fetten schwarzen Cadillac« zu setzen.

Schon in der Turmsuite des Bethesda Naval Hospital begann die ehemalige First Lady an jenem Freitagabend mit der Planung ihrer eigenen Vision vom bevorstehenden Begräbnis. Sie würde zusammen mit Jacks Familie und den Würdenträgern hinter dem von einer Pferdekutsche gezogenen Sarg ihres Ehemanns gehen, eine Prozession über mehrere Kilometer – vom Kapitol zu einer Kathedrale im Stadtzentrum und schließlich zu seiner Grabstätte auf der anderen Seite des Potomac River, auf dem Nationalfriedhof Arlington.

Sargent Shriver, ein Schwager, der bei der Koordination der Bestattungspläne mit dem Militär mithalf, vermochte Jackie mit seinen Hinweisen auf ihre eigene Sicherheit nicht zum Umdenken zu bewegen. Es war ihr gleichgültig. Er bat sie zu bedenken, die Führer der Welt würden sich verpflichtet fühlen, an ihrer Seite zu gehen und sich damit selbst in Gefahr zu bringen.

»Ich zwinge niemanden, mit mir hinter dem Sarg zu gehen«, antwortete sie.

Chief Rowley war sprachlos, als er am Samstagmorgen von ihren Absichten hörte. Ihre Idee würde den neuen Präsidenten und 19 weitere zum Begräbnis anreisende Staatsoberhäupter in einer Phalanx sich langsam bewegender Ziele aufreihen, leichte Beute für den nächsten Attentäter. Rowley sagte Behn, er solle Clint Hill fragen, ob er der resoluten Witwe nicht vielleicht diesen undenkbaren Gang hinter dem Sarg ausreden könnte. »Bitte, Mrs. Kennedy«, sagte Hill, als sich die beiden später am selben Tag in einem Büro der Privatresidenz trafen, »wollen Sie sich das nicht noch einmal überlegen?«[88]

Hill war Mrs. Kennedys vertrautester Personenschützer gewesen, aber zugleich ihr Begleiter, wenn sie eine Zigarette rauchte, und er war jemand, mit dem sie Lacher, Geheimnisse und nun auch den schlimmsten Schock ihres Lebens teilte. Sie stimmte einem Kompromiss zu. Sie würde nur die acht Häuserblocks vom Weißen Haus bis zur Kathedrale St. Matthew's zu Fuß gehen, wo die Totenmesse gehalten werden sollte.

Rowley bat Finanzminister C. Douglas Dillon, seinen Chef, er solle versuchen, Johnson die Begleitung der Witwe auf diesem Fußweg auszureden. Nach einer Haushaltssitzung teilte Dillon dem Präsidenten die Bedenken des Chiefs mit. Johnson vertraute ihm an, er habe ursprünglich beschlossen, der Fußmarsch sei töricht.[89] »Aber dann sagte mir Lady Bird, ich solle mitgehen«, sagte der Präsident.

Rowley trommelte Agenten aus dem ganzen Land nach Washington zusammen. Obwohl Mrs. Kennedy einem verkürzten Fußweg zugestimmt hatte, musste der Secret Service immer noch für die Sicherheit Dutzender VIPs sorgen – die Familie Kennedy, der Präsident, die zu Besuch weilenden Premierminister, Präsidenten und gekrönten Häupter –, und das über zwei Tage öffentlicher Trauer.

Am Sonntag beobachteten seine Agenten, zusammen mit einer kleinen Armee von Militärs, eine Menschenmenge von über einer Viertelmillion, die der Kennedy-Familie folgte, um dem verstorbenen Präsidenten, der in der Rotunde des Kapitols aufgebahrt war, die letzte Ehre zu erweisen. Am Montag schritten Familie Kennedy, der Präsident samt Familie und zahlreiche Staatsoberhäupter vom Weißen Haus zur heiligen Messe in St. Matthew's.

Das ganze Wochenende hatte Rowley Schwierigkeiten gehabt, Aufgaben zu delegieren. Er durchforstete den Plan mit Sicherheits-Checkpoints und den Posten für die Polizisten und Special Agents des Weißen Hauses. Am Sonntag griff der Chief auf eine alte Regel zurück. Während die schwarz verschleierte Witwe die Prozession anführte, ging Rowley an der Seite von Präsident Johnson und schützte so seine linke Flanke.

Die noch immer benommenen, von Schlafmangel gepeinigten Agenten konnten kaum glauben, dass sie zusammen mit einem allen möglichen Gefahren ausgesetzten Präsidenten die knapp zwei Kilometer die 17th Street entlang zu Fuß gingen – nur drei Tage, nachdem der vorherige Präsident direkt vor ihren Augen erschossen worden war. Die Wolkenkratzer links und rechts des Wegs erzeugten eine Kaverne, die der Main Street in Dallas gar nicht unähnlich war.

Hill biss die Zähne zusammen und kämpfte gegen seine Gefühle an.[90] Seine Nerven vermochten noch immer nur ein einziges Gefühl zu registrieren: Angst. Angst vor dem Geräusch von Gewehrfeuer. »Jedenfalls war mir klar, es würde die längste Meile werden, die ich jemals zu Fuß zu gehen hatte«, sagte er.

Am Montag der Totenmesse bekam Drew Pearson, ein bekannter Kolumnist in Washington, einen schockierenden Hinweis: Kennedys Agenten waren vor dem Trip nach Dallas bis in die frühen Morgenstunden ausgegangen und hatten getrunken. Der Informant war Thayer Waldo, ein junger Reporter des *Fort Worth Star-Telegram*. Er erläuterte, sein Chefredakteur Calvin Sutton sei Vorstand des Presseclubs von Fort Worth, der den Agenten Alkohol ausgeschenkt hatte, bis diese in einen berüchtigten Club namens Cellar weiterzogen. Pearson, der in seiner Kolumne namens »Merry-Go-Round« (Karussell) nicht selten Politiker aufs Korn nahm, begann herumzutelefonieren.

»Wir müssen unsere Geschichten abstimmen«, sagte Sutton zu Pat Kirkwood, dem Besitzer des Cellar, am Telefon am späten Montagabend. »Es wird schon darüber getuschelt, die Agenten hätten sich volllaufen lassen.«

Sutton bat den Clubbesitzer um Unterstützung dabei, die Agenten aus der Schusslinie zu nehmen, und Kirkwood war einverstanden. Er würde einfach betonen, sein Etablissement habe gar keine Lizenz für den Alkoholausschank, was theoretisch durchaus stimmte. Kirkwood würde nicht erwähnen, dass er Reportern, Polizisten, Frauen und einer ganzen Reihe weiterer VIPs und Freunde sehr wohl Alkohol servierte, und das sogar kostenlos.[91]

Trotz ihrer Bemühungen hatte Pearson das Gefühl, er hätte genug über das spätabendliche Treiben der Agenten herausgefunden, um die Geschichte bis zum Wochenende zu bringen.[92] Am Samstag, dem 30. November moderierte Pearson eine Radiosendung auf NBC und ließ die Hörer wissen, was er herausgefunden hatte. Seine Kolumne, die kurz darauf gesendet wurde, forderte eine Untersuchung der Agenten des Secret Service:

Sechs Männer des Secret Service, die den Auftrag hatten, den Präsidenten zu beschützen, waren in den frühen Morgenstunden des Tages, an dem Kennedy erschossen wurde, im Presseclub von Fort Worth. Manche von ihnen blieben bis drei Uhr …

Sie tranken … Als sie gingen, waren drei von ihnen offenbar auf
dem Weg zum Beatnik-Treff »The Cellar«, der die ganze Nacht
geöffnet hat.

Pearson machte geltend, die Agenten hätten stattdessen auch den
Abend und die Nacht damit verbringen können, die leeren Gebäude
entlang der Route der Fahrzeugkolonne zu inspizieren – in einem
davon hatte sich Oswald verborgen gehalten.

Rowley taumelte, als sein Mitarbeiter ihm von dem Bericht im Radio erzählte. Es schockierte ihn nicht, dass seine Männer am Ende
eines langen Reisetags ein paar Drinks genommen hatten. Aber nun
hatte ein einflussreicher Journalist seinen Agenten de facto Nachlässigkeit im Zusammenhang mit dem Mordanschlag auf den Präsidenten vorgeworfen. Um die Sache unter Kontrolle zu bekommen,
schickte Rowley am nächsten Morgen einen seiner Inspektoren mit
dem Auftrag nach Fort Worth, Zeugen zu befragen. Rowley befahl
jedem an der Reise beteiligten Agenten, ein Memo zu verfassen, aus
dem hervorging, wo die Männer am Abend des 21. November waren,
was sie tranken und wann sie auf ihre Zimmer zurückgekehrt waren.

Das Weiße Haus versuchte, der schlechten Presse die Spitze zu
nehmen. Sprecher Pierre Salinger rief Pearson am Sonntag an und
beschwerte sich. Er sagte, die Agenten, die in Fort Worth etwas getrunken hätten, seien wahrscheinlich gar nicht als Personenschützer
in Kennedys Fahrzeugkolonne eingeteilt gewesen. Doch als Pearson
von Salinger Namen hören wollte, meinte der, er könne keine nennen.
»Aber es ist schrecklich unfair gegenüber den Männern, jetzt mit dieser Story herauszukommen«, sagte Salinger.

»Ich habe den Secret Service jahrelang über den grünen Klee gelobt, aber der Umgang mit den Regeln ist laxer geworden«, sagte ihm
Pearson.[93] »Kein Lokomotivführer, kein Zeitungsverkäufer, kein Arzt
kann es sich leisten, am Abend vor dem Dienst trinken zu gehen.«

Der Inspektor, Gerald McCann, übermittelte seine Erkenntnisse
am 10. Dezember in einem vertraulichen Bericht an Rowley. McCann
sagte, keine der von ihm befragten Personen in den beiden Clubs

habe behauptet, die Agenten am Abend vor dem Besuch in Dallas betrunken gesehen zu haben. McCann merkte an, dass der Cellar noch
nicht einmal über eine Lizenz zum Alkoholausschank verfüge.

Der Bericht machte einen Bogen um eine weniger schmeichelhafte
Realität. Der Club schenkte sehr wohl Hochprozentiges aus. »Wir
haben nichts gesagt, aber diese Jungs hatten ganz schön getankt«,
erzählte Jimmy Hill, der Manager des Cellar, einem Reporter des
Star-Telegram in einem Interview fast zwei Jahrzehnte danach.[94] »Sie
tranken puren Everclear.«

Laut den Angaben in den von Rowley angeforderten Memos gaben
neun Agenten zu, im Presseclub und im Cellar gewesen zu sein und
im Lauf des Abends ein paar Bier oder hochprozentige Drinks konsumiert zu haben. Allerdings gaben sie auch an, sie hätten geglaubt, im
Cellar lediglich Fruchsaft-Mixgetränke gehabt zu haben. Sie kamen
zwischen 2:45 und fünf Uhr morgens zurück in ihre Hotelzimmer.

Vier von ihnen – Ready, Hill, Landis und Bennett – waren Agenten, die um acht Uhr zum Dienst antreten mussten. Sie alle hatten
den Auftrag, den Präsidenten in Dallas zu beschützen, als Mitfahrer
im Wagen hinter der Präsidentenlimousine. Sie hätten sich niemals
vorstellen können, dass ihnen ein paar Stunden Entspannung in einer
Bar nach einem langen Arbeitstag nun von den Zeitungen im ganzen
Land um die Ohren gehauen wurden. Der ganze Service geriet in den
Ruch der Schande.

Das Timing der Pearson-Kolumne hätte für den Service nicht
schlimmer sein können. Viele der Personenschützer waren ohnehin
schon wie Zombies herumgelaufen und selbst zu dem Schluss gekommen, der Mord wäre ihre Schuld, weil sie nicht schnell genug reagiert
hätten. Aber nun lieferte Pearson der Öffentlichkeit einen neuen und
erschreckenden Grund, den Agenten die Schuld an Kennedys Tod
in die Schuhe zu schieben: hemmungslose Sauferei. Rowley hatte gehofft, sie aus ihrer Verzweiflung herausholen zu können, indem er
zwei seiner Männer für ihren außergewöhnlichen Mut an jenem Tag
auszeichnete.

Am Dienstagnachmittag, dem 3. Dezember, verlieh Dillon auf

Bitten von Mrs. Kennedy Hill eine Auszeichnung für seinen außergewöhnlichen Mut in Dallas. Hill, der in das Loch im Schädel des Präsidenten gestarrt hatte, konnte über diesen Orden keinerlei Stolz oder Freude empfinden. Er ließ die Zeremonie einfach nur über sich ergehen.

Am nächsten Tag, dem 4. Dezember, nahm Rowley zusammen mit Präsident Johnson an einer ähnlichen Zeremonie zu Ehren von Rufus Youngblood teil. Rowley strahlte auf den Fotos wie ein stolzer Vater, als der Präsident Youngbloods Ehefrau begrüßte und seinen Agenten »den edelsten und fähigsten Staatsdiener, der mir jemals begegnet ist« nannte. Rowley hoffte, dies würde als Zeichen für ein Band des Vertrauens gesehen werden, das zwischen seiner Agentur und dem neuen Präsidenten im Entstehen begriffen war.

Aber am Sonntag versetzten die Zeitungen dem Service den nächsten Tiefschlag.[95] Einer der ihren, der ehemalige Chief U. E. Baughman, kritisierte die Leistung des Service in Dallas. In einem Interview mit mehreren Journalisten in seinem Haus in Alexandria, Virginia, sagte Baughman, nach seinem Eindruck hätten die Agenten sich nicht ans Protokoll gehalten, was das Überprüfen von Gebäuden an der Strecke anging, und sie hätten nach dem Ertönen der Schüsse auch nicht richtig reagiert. Er warf die Frage auf, warum Kellerman und die Agenten im nachfolgenden Wagen nicht nach vorne gerannt seien, um den Präsidenten abzuschirmen, warum der Fahrer der Limousine nicht sofort Gas gegeben habe und davongerast sei, »und warum dieser Agent auf dem Beifahrersitz [Kennedy] nicht irgendwie so zudeckte, wie Rufus Youngblood den Vizepräsidenten zudeckte«.[96]

Rowley wies seinen Sprecher an, keinen Kommentar dazu abzugeben.

Jim Burke, ein leitender Inspektor, von Rowley damit beauftragt, die Fehler in Dallas zu untersuchen, traf Chief Rowley eines Abends auf den Fluren des Executive Office Building. Im Gehen starrte er hinab auf einen Stapel Dokumente in seiner Hand.

Der Chief hatte seit Dallas ständig Zwölf-Stunden-Arbeitstage absolviert. Niemand in der Zentrale hatte ein Wort der Klage von ihm darüber vernommen. Er hatte seine Stellvertreter nicht zusammengestaucht, trotz des enormen Drucks, der in den letzten Wochen auf ihm lastete. »Jim, wie schaffen Sie das?«, fragte ihn Burke auf dem Korridor. »Wie halten Sie das durch?«

»Es muss eben irgendwie gehen«, meinte Rowley. »Jeder beobachtet mich. Alle Agenten achten darauf, welche Zeichen von mir kommen. Also muss ich einfach funktionieren. Für sie.«

Eine Woche, nachdem Lee Harvey Oswald die tödlichen Schüsse auf Kennedy abgegeben hatte, kündigte Präsident Johnson die Einrichtung einer unabhängigen Expertenkommission an, die das Attentat und die Motive des gestörten Ex-Marines beleuchten sollten. Johnson gab den hohen Herren, die er zur Teilnahme an dieser Kommission gedrängt hatte – darunter vier Kongressmitglieder, ein ehemaliger CIA-Direktor sowie Earl Warren, der Vorsitzende Richter des Supreme Court –, zu verstehen, seine erste Priorität sei nicht, alle Details zu erfahren. Er wollte vor allem anderen, dass die Kommission öffentliche Befürchtungen wegen Verschwörungstheorien zerstreuen solle, in denen davon die Rede war, die Russen oder Kubaner hätten den Präsidenten umbringen lassen. Die Kommission hatte die Aufgabe, Antworten auf zwei entscheidende Fragen zu finden: Was hatte zu Oswalds Tat geführt, und hatte er alleine gehandelt? Das Team sollte überdies auch untersuchen, warum der Schutzschild des Secret Service nicht funktioniert hatte.[97]

Nach dem Jahreswechsel begannen die Anwälte der Kommission, Hunderte von Agenten, Mitarbeitern, Polizisten, Zeugen, Waffenexperten und andere zu befragen. Lee Rankin, der leitende Anwalt der Kommission, besprach sich von Zeit zu Zeit mit Rowley wegen der Sicherheitsprobleme, die seinem Team aufgefallen waren.

Aber Rowley wollte der Warren-Kommission zuvorkommen, und zwar mit eigenen internen Korrekturen, kurzfristiger wie langfristiger Art. Noch im selben Monat verfügte er einige unmittelbare Änderungen am Protokoll der Agenten, wobei er zwei systemische

Schwächen ins Visier nahm, von denen er wusste, dass sie es Oswald erst ermöglicht hatten, auf den Präsidenten zu schießen.

Zunächst hatte der Service viel zu wenig Personal, um den Präsidenten in exponierten Fahrzeugkolonnen und bei öffentlichen Auftritten ausreichend abzuschirmen. Deshalb holte Rowley erfahrene ehemalige Personenschützer, die bis dahin als Supervisor in Außenstellen tätig gewesen waren, zurück nach Washington. Über Nacht verdoppelte er damit die Anzahl der Personenschützer des Präsidenten fast – von 28 auf 50 Agenten bei jeder Reise.

Zweitens führte Rowley vorgeschriebene Kontrollen aller Gebäude entlang der Route von Fahrzeugkolonnen des Präsidenten ein, sowie die Platzierung zusätzlicher Mitarbeiter in der Menschenmenge. Allerdings hatte er noch immer nicht genug Leute, um dies in die Tat umzusetzen, deshalb holte sich Rowley in den ersten fünf Monaten des Jahres 1964 insgesamt 670 FBI-Agenten, Postprüfer und andere Beamte auf »Leihbasis« hinzu. Sie leisteten 9500 Arbeitsstunden in Fahrzeugkolonnen und Menschenmengen bei Reisen des Präsidenten.

Dann begann Rowley, eine langfristig wirksame Reform zu entwerfen, die er dem Kongress vor den Haushaltsberatungen im Herbst vorzulegen hoffte. Eine später ergriffene Maßnahme führte zu einem der bedeutendsten Fortschritte in der Geschichte des Service: Er besprach sich mit IBM und bat dieses neue Unternehmen im Bereich der Computertechnologie, zur Aktualisierung und letztlich zum Austausch des altersschwachen Systems zur Erkennung von Bedrohungen gegen den Präsidenten beizutragen.

Vor dem Besuch in einer Stadt blätterten die Agenten einen auf Papier gedruckten Index mit vierhundert Personen durch, die vom FBI oder der örtlichen Polizei unter die Lupe genommen und als glaubwürdige potenzielle Gefahr für den Präsidenten identifiziert worden waren, auf der Basis gewalttätiger oder gegen die Regierung gerichteter Handlungen der betreffenden Personen. Der Service führte auch kurze Akten zum Hintergrund von fünftausend weiteren Personen, die eine Gefahr für den Präsidenten darstellen könnten – oder auch nicht –, basierend auf der Tatsache, dass ihre Namen als potenzielle Quelle von Schwierigkeiten genannt worden waren. Diese Liste des Service hatte eine entscheidende Schwachstelle: Sie war eher zufällig und hoffnungslos unvollständig. Bundesbehörden und Mitarbeiter des Weißen Hauses wurden aufgefordert, den Service wissen zu lassen, wenn ihnen irgendetwas über Personen zur Kenntnis gelangte, die Drohungen gegen den Präsidenten verlauten ließen. Das Weiße Haus leitete mitunter einen auffälligen Brief weiter, den es erhalten hatte und in dem jemand feindselige Dinge über den Präsidenten äußerte. Die Agenten nahmen anschließend den Verfasser des Briefs in ihre Liste potenzieller Gefährder auf. Aber diese Liste war größtenteils auf Meldungen und Berichte von Dritten angewiesen. Und nicht jeder fühlte sich verpflichtet, auf potenzielle Drohungen hinzuweisen. Von CIA und FBI wurde beispielsweise erwartet, dass sie Namen von Personen weitergaben, die sie für verdächtig hielten, aber genau dies geschah oft nicht. Diese Datenbanken waren außerdem auf Papier gedruckt und umständlich zu durchsuchen, wenn ein Besuch anstand. IBM hatte Millionen von Gehaltsdaten von Mitarbeitern für die Verwaltung der Sozialversicherung computermäßig erfasst.[98] Nun fragte Rowley an, ob sich auch die Akten des Service, in denen potenzielle Bedrohungen verzeichnet waren, automatisieren ließen.

Rowley begann auch, sich die Ergebnisse früherer Tests mit kugelsicheren Westen, Elektroschockwaffen und Pfefferspray genauer anzusehen, und er suchte nach modernen Werkzeugen, die die Behörde zum Einsatz bringen könnte. Und natürlich analysierte Rowley, wie viele zusätzliche Agenten er brauchte, um den Präsidenten wirkungsvoller abschirmen zu können. Da Kennedys Tod das Land so schwer erschüttert hatte, änderte der Kongress augenblicklich den Kurs. Die Abgeordneten überschlugen sich geradezu mit öffentlichen Bekundungen, mehr Geld und Personal für den Secret Service bereitzustellen.

Anfang 1962 hatte der Chief erfolglos versucht, genug Agenten zu bekommen, um eine spezielle »vierte Schicht« des Personenschutzes für das Weiße Haus zu schaffen. Durch die Vergrößerung der Personaldecke in einer Weise, die für eine vierte Schicht ausreichte, hatte der Service genug Leute zur Verfügung, um Agenten im Rotationsverfahren zu entlasten, sodass sie sich zumindest für einige Wochen von ihren anstrengenden Aufgaben erholen konnten. Stattdessen würden sie diese dezidierte Periode im Hauptquartier verbringen, um ihre Ausbildung auf den neuesten Stand zu bringen, oder sie würden einige wichtige Tage Urlaub nehmen können.

1964 äußerte Rowley wieder die gleiche Bitte und bezeichnete dabei diese vierte Schicht vorsichtig als »lange überfällig«.

Der republikanische Abgeordnete Silvio Conte aus Massachusetts war einst einer von jenen Volksvertretern gewesen, die Rowleys Dringen auf mehr Agenten blockiert hatten. Mit dem Tod Kennedys wurde er zum ersten Fürsprecher des Service und zu einem Freund fürs Leben für Rowley. »Ich denke, wir haben in diesem Land die Erwartungen bitter enttäuscht, was den notwendigen Schutz für den Präsidenten der Vereinigten Staaten angeht«,[99] führte Conte später aus. »Und ich glaube, wir haben eine Menge dazugelernt. Wir haben uns seither ins Zeug gelegt. ... Ich habe unablässig auf Verbesserungen gedrängt. ... Wir haben einen langen Weg hinter uns gebracht, vielleicht hätten wir diesen Weg schon vorher gehen müssen, aber wer wusste das schon, damals?«

Conte half Rowley auch, den Abgeordneten im Vertrauen mitzuteilen, was öffentlich auszusprechen als taktlos gegolten hätte: Kennedy hatte den Job beim Secret Service wesentlich schwieriger gemacht. »Trifft es nicht zu, dass der verstorbene Präsident mitunter des Nachts in Washington unterwegs war, ohne Bewacher vom Secret Service?«, wollte Conte von Rowley in einer nichtöffentlichen Sitzung des Haushaltsausschusses wissen.

»Das trifft in der Tat zu«, antwortete Rowley, »aber wie soll man einen Präsidenten beschützen, der nicht beschützt werden will? Er ist uns bei mehreren Gelegenheiten nachts entwischt.[100] Er wollte uns nicht dabeihaben, und wir konnten absolut nichts dagegen tun.«

Während Rowley für den Service kämpfte, kämpfte Präsident Johnson gegen Rowley. Von Natur aus paranoid, wie er war, hegte Johnson den Verdacht, die meisten Agenten des Personenschutzes würden den Kennedys gegenüber loyal bleiben. Er sagte seinen Helfern, die Agenten seien »keine tiefen Denker«, und sie würden ständig hinter seinem Rücken reden.

Manche Agenten fanden Johnson tatsächlich erschreckend vulgär im Vergleich zu Kennedy. Er urinierte vor ihren Augen, erteilte Anweisungen, während er im Bett lag oder auf der Toilette saß und stauchte sie zusammen, wenn er schlechter Laune war.

Ein vertrauliches Mitarbeiter-Memo fachte Johnsons Neurosen im Januar noch zusätzlich an. Darin wurde gewarnt, die Moral der Agenten stürze unter Johnson regelrecht ab. Auch die hohe Zahl von Agenten im Personenschutz, die eine Versetzung anstrebten, wurde darin vermerkt. Johnsons Stab hatte auch den Verdacht, Agenten hätten pikanten Klatsch und Tratsch an die *Sports Illustrated* durchgestochen. Das Magazin berichtete akkurat, Johnson habe gedroht, die Reifen des Folgefahrzeugs seiner Agenten zu zerschießen, wenn sie ihm beim Jagen zu dicht auf den Fersen waren und das Wild vertrieben.

»Ich finde, Sie sollten den ganzen Personenschutz des Weißen Hauses zusammentrommeln und den Leuten sagen, dass sie dieses Gejammere lassen sollen«, sagte der Präsident zu Rowley einmal am Telefon. »Wenn sie nicht mit einem Präsidenten umgehen wollen, lasse ich eine Gesetzesänderung vom Stapel, dann übernimmt das FBI den Laden.«

Rowley geriet ins Stammeln, als Johnson meinte, er würde mit Freuden die »Verbindung zum Service kappen«, wenn seine Leute mit der Situation so unglücklich wären. »Ich bitte einfach Edgar Hoover, er soll mir ein paar Leute zuteilen, die mich begleiten«, meinte Johnson lapidar, bevor er auflegte. »Ihr könnt euch dann alle wieder um Falschgeld kümmern.«

Johnson hatte immer wieder damit gedroht, das FBI – den verhassten Intimfeind des Secret Service – dessen Aufgaben übernehmen zu lassen, und er verstärkte diese Drohungen in jenem Winter

sogar noch. Dabei verdankte das FBI dem Secret Service seine eigene Existenz. 1908 hatte der Kongress Ermittler des Secret Service
daran gehindert, das Justizministerium bei der Untersuchung einer
Reihe betrügerischer Landzuweisungen zu unterstützen, die wertvolle Waldgebiete im Westen des Landes Geschäftemachern anstatt
Siedlern überließen. Die Untersuchung hatte bereits einen Senator
und einen Kongressabgeordneten aus Oregon das Amt gekostet. Einige Mitglieder des Hohen Hauses waren verärgert darüber, dass ihr
ehrwürdiges Organ überhaupt Gegenstand einer Untersuchung war,
aber viele im Kongress wehrten sich energisch gegen die Vorstellung,
dass ein »Geheimdienst« mit Detektiven Amerikaner ausspionieren
würde; sie fürchteten, diese Anleihe bei privaten Ermittlern könnte
Missbrauch zur Folge haben. Aber Präsident Theodore Roosevelt,
wütend auf den Kongress, weil dieser sich in bundesstaatliche Ermittlungen einmischte, übertrug dauerhaft acht Agenten des Secret
Service in eine neue Einheit, aus der letztendlich das FBI wurde.[101]
In den Jahren seit seiner Einrichtung hatte das FBI allerdings seine
Mutterbehörde überholt, was Jahresbudget und Einfluss anging. Die
enorme Entwicklung der Großstädte im ganzen Land zu Beginn des
20. Jahrhunderts hatte auch eine Welle der Kriminalität hervorge-
bracht, und das FBI wurde zur klassischen Vollzugsbehörde für die
rasch wachsende Nation.

Anfang 1964 versetzte Präsident Johnson Rowley einen Schock
mit der Anweisung, die Zahl der Agenten in seinem Personenschutz
zu reduzieren. Der Präsident übermittelte seine Befehle just zu dem
Zeitpunkt, als der Chef des Secret Service den Kongress drängte, die
Einstellung von mindestens 100 weiteren Agenten im folgenden Jahr
abzusegnen. »Wenn ich in den nächsten Wahlkampf gehe, möchte
ich weniger Leute haben, als ihr vor dem Attentat hattet«, sagte Johnson zu ihm.

Johnson ging es dabei nur um politische Selbstdarstellung. Tage
zuvor hatte er einen Haushalt versprochen, der die geringsten Bun-
desausgaben seit Jahren auswies.

»Ich gehe nicht mal mehr aufs Klo, wenn ich mehr Sicherheitsleute

kriegen soll«, sagte er zu Rowley.[102] »Ich bleibe einfach immer direkt
hinter diesen schwarzen Toren.«

Der Präsident wurde in dem Jahr sogar noch feindseliger gegenüber Rowley, warf ihm alles Mögliche vor, er würde sich aufführen
wie ein Diktator oder er würde gar versuchen, ihn, Johnson, umbringen zu lassen.[103] Johnsons erratisches Dazwischenfunken wirkte sich
verheerend auf die wohlgeordnete Hierarchie des Service aus. Er hatte
Rufus Youngblood als Leiter seines Personenschutzes installiert, und
schon bald schwor er ihn auf Geheimhaltung ein, wenn es um anstehende Reisen ging. Der Präsident überließ Youngblood auch die Entscheidung darüber, wer in seinem Personenschutz arbeitet oder wer
befördert werden sollte. Johnson versuchte später, Hill, einen Helden
des Service, aus dem Personenschutz zu drängen, weil er niemandem
über den Weg traute, der den Kennedys besonders nahegestanden
hatte. Youngblood überredete Johnson, ihm eine Chance zu geben.

Diese Palastintrigen demoralisierten den Service zusätzlich, »als
dieser ohnehin gerade eine schwere Krebserkrankung durchmachte«,
wie es Agent Larry Newman ausdrückte. »Rowley konnte keine Entscheidung treffen, … die Youngblood nicht abgesegnet hatte. Wir
hatten quasi zwei Anführer.«

»Die Leute reden davon, das FBI würde den Laden übernehmen«,
ergänzte Newman. »Die Presse behauptete, der Service nervt. Alles
war in Aufruhr. Kein Mensch wusste, wie es weitergeht. Und bald
sollten die Ergebnisse der Warren-Kommission auf dem Tisch liegen.«

Rowley musste sich endlose Beleidigungen vom neuen Präsidenten
gefallen lassen. Aber für die Agenten des Secret Service war ihr Chief
ein Held. Und dieses Gefühl wurde nur noch verstärkt dadurch, wie
dieser ruhige Mann, als den sie ihn kannten, mit einer umstrittenen
Befragung durch die Warren-Kommission umging.

Am 18. Juni traf Rowley in den Büros der Kommission in einem
Reihenhaus am Capitol Hill ein, um sich Fragen zum Attentat zu stellen. Er wusste, dass der Service in dem Bericht einen Großteil der

Schuld abbekommen würde, weil man nicht schnell genug auf die Schüsse reagiert hatte. Aber ihm war nicht klar, wie empört der eigentlich milde gestimmte Vorsitzende der Kommission, Chief Justice Earl Warren, wegen der nächtlichen Eskapaden der Agenten noch immer war.

Der leitende Justiziar Lee Rankin bat Rowley, die Regeln des Service, die den Alkoholkonsum auf Reisen verbieten, laut vorzulesen. Rowley gab zu, dass seine Agenten an jenem Abend gegen die Regeln verstoßen hatten. Er hätte sich jedoch entschieden, sie nicht dafür zu bestrafen.

»Formelle Sanktionen oder disziplinarische Maßnahmen würden unweigerlich dazu führen, dass die Öffentlichkeit den Schluss zieht, diese Männer trügen die Verantwortung für die Ermordung von Präsident Kennedy«, sagte der Chief. »Im Lichte der ganzen Geschichte denke ich, die Männer sollten nicht in dieser Weise stigmatisiert werden.«

Justice Warren legte die Stirn in Falten und beugte sich vor. Genau wie Rowley war auch der Oberste Richter dem verstorbenen Präsidenten zu Dank verpflichtet. Zu einer Zeit, als viele den Supreme Court wegen dessen Urteilen zugunsten der Bürgerrechte angriffen und behaupteten, das Gericht würde die Grundfesten des Landes ins Wanken bringen, stellte sich Kennedy öffentlich auf die Seite Warrens.

»Chief, mir scheint, bei einem Auftrag wie diesem ist es einfach eine der Notwendigkeiten nach Lage der Dinge, zu jeder Zeit aufmerksam und hellwach zu sein«, sagte Warren. »Schon geringe Mengen Alkohol« oder zu wenig Schlaf könnten die Reflexe beeinträchtigen, sagte er.

»Ich kann über die Sache keineswegs hinwegsehen«, erläuterte Rowley. »Aber das sind alles junge Männer. Sie sind in einem solchen Alter, dass ich denke, sie reagierten im gegebenen Fall angemessen und ausreichend, so wie es unter den gegebenen Umständen eben möglich war.«

Für Warren war das nicht ausreichend. Er merkte an, Leute unter den Zuschauern – Arnold Rowland etwa – hätten einen Mann mit einem Gewehr gesehen. »Glauben Sie denn nicht, dass ein Mann, wenn er früh genug schlafen gegangen ist und am Vorabend nicht getrunken hat, aufmerksamer wäre und als Agent des Secret Service so etwas eher gesehen hätte, als wenn er bis drei oder vier oder fünf Uhr morgens aufbleibt, in Beatnik-Treffs geht und sich dabei auch noch ein paar Drinks genehmigt?«

Rowley verwies darauf, dass Rowland, der Zeuge, der einen Mann mit einem Gewehr gesehen hatte, niemals die Polizei oder den Service alarmiert hätte.

Warren schnitt Rowley das Wort ab. »Also ich meine, hätte ein wachsamer Mann des Secret Service in dieser Fahrzeugkolonne, dessen Aufgabe es ist, solche Dinge zu beobachten, nicht eine bessere Chance, Verdächtiges zu beobachten, wenn er frei von Nachwirkungen des Alkohols oder des Schlafmangels wäre, als wenn er dies nicht wäre?«, wollte Warren wissen.

»Nun, gewiss«, sagte Rowley. Er ergänzte allerdings, dass die Agenten »in der Vergangenheit« sehr oft erst um 1:30 Uhr nachts ins Bett gekommen waren und um vier Uhr früh für eine neue Reise hätten wieder aufstehen müssen.

»Ich rede nicht von der Vergangenheit«, blaffte Warren. »Wir reden hier von neun Männern, die an jenem Morgen ungewöhnlich lange unterwegs waren. … Am nächsten Tag wurde von ihnen erwartet, auf alle denkbaren Vorkommnisse entlang der Fahrtstrecke zu achten. Glauben Sie nicht, dass sie wachsamer und aufmerksamer gewesen wären, wenn sie all das, was sie am Abend davor getan hatten, nicht getan hätten?«

Rowley überlegte. »Ja, Sir«, sagte er knapp und ohne sichtbare Gefühlsregung. »Aber ich weiß von nichts, was diese Männer unterlassen hätten von dem, was zu tun ihnen möglich war.«

Das entsprach nicht ganz der Wahrheit. Rowley war durchaus bewusst, dass es einige Dinge gab, die sie anders hätten regeln können. Zehn Tage später bat der Chief die Mitarbeiter der Kommission, diese Angabe korrigieren zu dürfen. Seine endgültige Antwort für die Geschichtsbücher lautete dann wie folgt: »Ja, Sir. Dennoch glaube ich nicht, dass dies die Tragödie verhindert hätte oder hätte verhindern können.«[104]

Agenten im gesamten Service, im Personenschutz des Weißen Hauses wie in abgelegenen Außenstellen, feierten Rowley, weil er sich bei diesem strengen Verhör vor seine Leute gestellt hatte. Er hatte für seine Männer den Kopf hingehalten. »Er hätte seine eigene Haut retten können, wenn er ihnen die Schuld gegeben hätte. Aber er wollte sie beschützen – ich fand das einfach großartig«, sagte Joe Paolella, einer von Kennedys Personenschützern. »Er sagte, er wolle sicherstellen, dass sie für den Rest ihres Lebens niemals denken würden, sie seien verantwortlich für den Tod des Präsidenten. Er hätte sagen können: ›Ich schmeiße die Kerle raus. Sie haben komplett versagt.‹ Er hat nie jemanden rausgeschmissen. Er hätte es sich leicht machen können, aber das hat er nicht. Er beschützte seine Agenten, ohne zu lügen.«

Aber Rowley sollte noch weit mehr Kritik einstecken müssen, weil seine Behörde Lancer verloren hatte.

Irgendwie schaffte er es, unter Johnsons nahezu wöchentlichen Attacken nicht zusammenzubrechen – darunter wütende Telefonanrufe, von Geschimpfe begleitete Forderungen und Drohungen.[105] Stattdessen überwand er sich und sagte bloß »Ja, Sir« und »Ich kümmere mich gleich darum«.

Rowley suchte Zuflucht in den stillen Sitzbänken seiner Kirche direkt am Chevy Chase Circle, dem »Schrein des allerheiligsten Sakraments«. An Sonntagnachmittagen ging er zusammen mit Donna, seiner jüngsten Tochter, die baumbestandene Brookville Road entlang zur dortigen Abendmesse. Wenn er zu Hause war, versuchte er diese besinnliche Zeit stets wahrzunehmen. Als Lohn für seine Langmut bekam der Chief tatsächlich das letzte Wort über das nächste Kapitel des Secret Service.

Am 27. August 1964, einen Monat vor der geplanten Veröffentlichung des Berichts der Warren-Kommission, stellte Rowley sein vertrauliches »Planungsdokument« zusammen. Das 27 Seiten lange

Papier forderte die Einstellung von 205 neuen Special Agents – eine Aufstockung um fünfzig Prozent gegenüber den 415 Agenten, die gegenwärtig, zehn Monate nach dem Attentat, beim Service beschäftigt waren. Rowley wollte mit den meisten dieser Neueinstellungen, 145 an der Zahl, die Außenstellen im ganzen Land aufrüsten, wo sie dazu beitragen konnten, Bedrohungen zu untersuchen und Besuche des Präsidenten vorzubereiten, und zugleich der Aufgabe des Kampfs gegen Geldfälscher nachzukommen.

In Washington würde der Rowley-Plan eine Erweiterung des Personenschutzes für das Weiße Haus um 18 Leute bedeuten, und es würde die vierte Schicht eingerichtet, die er schon immer hatte haben wollen. Schließlich sollten noch 25 Leute zusätzlich den Vizepräsidenten schützen, mehr als doppelt so viele verglichen zu dem – seiner Ansicht nach – »offensichtlich unzureichenden« Team von zehn Männern. Genau dies hatte er vorgeschlagen, bevor Kennedy ermordet wurde.

Rowleys gewichtigster Vorschlag war eine Verzehnfachung von Personal und Finanzierung für die Untersuchung und Zurückverfolgung von Drohungen gegen den Präsidenten. Sein Plan verlangte eine Million Dollar, nur für die Entwicklung eines computerisierten Systems für die Daten von Verdächtigen.

Rowleys Plan enthüllte auch die Grundlagen, die er für ein neues Trainingszentrum für Agenten gelegt hatte: ein acht Hektar großes freies Gelände im ländlichen Beltsville, Maryland, bereitgestellt durch den Agricultural Research Service. Dort, so der Vorschlag Rowleys, könnten die Agenten trainieren, wie mit ganz bestimmten Attacken umzugehen ist: Ein Heckenschütze feuert in eine offene Straße, ein Zuschauer zieht ein Messer. Der Vermieter des Geländes, die General Services Administration, plante, wie er sagte, Geldmittel zur Errichtung eines Schießplatzes, einer Strecke für Fahrsimulationen sowie von Gebäudeattrappen für das Attentatstraining zur Seite zu legen.

Aus Rowleys Entwurf konnte nur deshalb Wirklichkeit werden, weil er einen entscheidenden Verbündeten in jemandem fand, der ein enger Freund der Kennedys gewesen war. Finanzminister C. Douglas

Dillon verfügte über die stille Macht eines wohlhabenden Patriziers. Er hätte in einer Investmentfirma der Familie das Zehnfache seines Ministersalärs verdienen können, entschied sich jedoch, dem Land zu dienen. Als Republikaner genoss er das Ansehen seiner Partei, der Demokraten und der wirtschaftlichen Elite. Er war vielleicht einer der wenigen Staatsdiener, die Präsident Johnson nicht so ohne weiteres unter Druck setzen konnte.

Als er am 2. September selbst Platz nahm, um sich den Fragen der Warren-Kommission zu stellen, räumte Dillon ein, sein Antrieb beruhe bis zu einem gewissen Grad auf Bedauern. Weder er selbst noch der Kongress hatten erkannt, wie sehr der Service vor dem Attentat auf dem Zahnfleisch kroch, als Rowley um mehr Agenten bat. »Mr. Rowley versuchte, es uns wissen zu lassen«, sagte Dillon vor dem Gremium.[106] »Aber er hatte zu jener Zeit keine sehr guten Karten im Haushaltsausschuss.«

Dann tat Dillon etwas reichlich Verwegenes, er leistete sich einen Bruch des in Washington üblichen Protokolls. Er gab der Kommission Rowleys Plan, zusammen mit dem Vorschlag der 205 Neueinstellungen, bevor der Präsident die Sache abgesegnet hatte. »Er hat das nicht genehmigt. Er hat es noch gar nicht gesehen«, sagte Dillon. Er bezeichnete den Plan schlicht als »unseren Bericht dazu, … was getan werden muss«.

Dillon gab Richter Warren und dem Kongress, wonach sie beide lauthals gerufen hatten: die annehmliche Lage, einen ausgeklügelten Plan vor sich zu haben. Drei Wochen später, am 27. September, veröffentlichte die Warren-Kommission die Ergebnisse ihrer Untersuchung, die sich über zehn Monate hingezogen und 1,2 Millionen Dollar gekostet hatte. Wie der Präsident gehofft hatte, fanden sich in dem 888 Seiten langen Bericht keine Beweise dafür, dass Oswald Teil einer breit angelegten Verschwörung zur Ermordung Kennedys gewesen war. Die Kommission kritisierte den Secret Service allerdings massiv und verlangte nach »substanziellen Verbesserungen« von dessen »ernsthaft unzureichenden« Schutzmethoden. Das Gremium führte systemische Probleme in der fast hundert Jahre alten Behörde ins Feld. Sie hatte mit der immer größer werdenden Arbeitslast und der Technologie nicht Schritt gehalten. Sie gab zu oft dem Weißen Haus nach, wenn es um Sicherheitsfragen ging. »Wenn ich Chief Rowley wäre, würde ich einfach nur diesen Bericht lesen und dann meinen Hut nehmen«, sagte ein führender Vertreter im Nationalen Sicherheitsrat zu seinem Boss.[107]

Die Kommission kritisierte, der Service hätte die Agenten nicht dazu verpflichtet, Gebäude und andere Orte zu inspizieren, wo sich Heckenschützen entlang der Route einer Wagenkolonne verstecken konnten. Das Gremium verlangte eine komplette Überarbeitung der Methoden, mit denen der Secret Service Personen identifiziert, die eine Gefahr für den Präsidenten darstellen könnten. Der Report warf der Behörde einen Mangel an routinemäßigem Training der Agenten vor – und das Ausbleiben einer raschen Reaktion in Dallas –, was dem Täter einen Vorteil verschaffte.

»Alle Männer des Secret Service scheinen mir sehr langsam reagiert zu haben, mit kaum mehr als erstaunten Blicken«, zitierte der Bericht Senator Ralph Yarborough, der im Wagen von Vizepräsident Johnson gesessen hatte.[108] »Als jemand, der ein wenig über das Training Bescheid weiß, das Kampftruppen der Infanterie und Marines absolvieren, bin ich sehr erstaunt über das Ausbleiben einer sofortigen Reaktion durch den Secret Service im Moment, als das Gewehrfeuer einsetzte.«

»Wir waren unterbesetzt«, zitierte der Bericht die Erklärung von Tom Kelley, dem Ermittler des Service, der den Ausfall in Dallas zu untersuchen hatte. »Wir hatten weder eine ausreichende Zahl noch die Art von Leuten und Ausbildung, deren es für diese überaus verantwortungsvolle Aufgabe bedurft hätte.«

Das Gremium gab zwölf verschiedene Empfehlungen zur Verstärkung des Service und sagte, man gehe davon aus, dass die Behörde personell massiv aufgerüstet werden müsste, um ihre Ziele erreichen zu können.

Johnson kochte vor Wut, als ihm erste Berichte über diese Empfehlungen zu Ohren kamen. »Mein Problem ist, dass ich fürchten

muss, einige dieser Idioten werden die Sache in die Finger bekommen und dann einfach noch mehr Secret Service vorschlagen«, sagte
der Präsident zu seinem nationalen Sicherheitsberater McGeorge
Bundy. »Mein Eindruck ist, dass sie mich im Moment eher in Gefahr
bringen, also dass sie mich beschützen!«

Aber Dillon und Rowley gaben keine Ruhe und drängten den Kongress den ganzen Winter und das Frühjahr hindurch, den Plan abzusegnen, auch gegen Johnsons Widerstand. Am 15. Februar 1965 trafen sich Dillon und Rowley vertraulich mit dem Haushaltsausschuss
des Repräsentantenhauses. Der Präsident hatte formell 8,7 Millionen
Dollar zur Finanzierung des Secret Service im neuen Fiskaljahr an-
gefordert, eine bescheidene Steigerung um nur fünf Prozent. Dillon
und Rowley jedoch beharrten darauf, sie bräuchten 12,6 Millionen.

»Ich bin mir darüber im Klaren, dass das vielleicht noch kein
Kabinettsmitglied vor mir getan hat, schon gar kein Finanzminis-
ter, nämlich eine Zuwendung zu beantragen, die den im Budget des
Präsidenten vorgesehenen Betrag überschreitet«, sagte Dillon dem
Ausschuss. Er sprach jedoch von einer »ganz besonderen und in der
Tat einzigartigen Situation«. Der Service könne das nächste Attentat
nicht verhindern, wenn er kein Geld bekomme, sagte er, aber Präsi-
dent Johnson wollte dieses Geld nicht anfordern.

»Nichts kann die Tragödie jenes Tages ungeschehen machen«, sagte
Dillon. »Aber wir alle tragen eine gewaltige Verantwortung, gegenüber unserem Land und vor der gesamten freien Welt, und wir müssen sicherstellen, dass der Schutz, den wir jetzt und in Zukunft unserem Präsidenten angedeihen lassen, wer auch immer es sei, der denkbar effektivste ist, den unsere demokratische Gesellschaft zulässt.«

Fast alles, was der Chief in seinem Plan vom August 1964 festgehalten hatte, wurde umgesetzt. Die Entscheidungsträger – aus
Furcht vor einer weiteren Tragödie und eifrig bemüht, die Wähler zu
besänftigen, die noch immer um einen zum Märtyrer gewordenen
Präsidenten trauerten – stellten sich hinter Rowleys Plan.

Im Herbst 1965 startete der Service mit einer noch nie da gewese-
nen Welle von Neueinstellungen, die über zweihundert neue Agenten

an Bord holte. Mehrere dieser Neueinstellungen, die durch das Attentat erst zum Dienst an der Nation inspiriert worden waren, sollten später anderen Präsidenten das Leben retten und auf eigenen Wegen zu Legenden werden.

Allerdings beklagten einige der ursprünglichen Personenschützer Kennedys, immer noch verfolgt von der Tragödie, die sie nicht hatten verhindern können, wie spät diese Verstärkungen eintrafen.

»Sieh mal an«, meinte Larry Newman, ein ehemaliger Personenschützer Kennedys. »Wir haben ein neues Trainingszentrum, wir haben neue Agenten. Leider mussten wir erst einen Präsidenten verlieren, damit dem Kongress ein Licht aufging und er uns gewährte, was wir brauchten, um ihn zu beschützen.«

Kapitel 5

EIN LETZTER TAG AUF
WAHLKAMPFTOUR

Die Frau des Gouverneurs bemerkte, dass irgendetwas nicht stimmte.

Nach einem raschen Frühstück im Erdgeschoss war Cornelia Wallace in ihr sonniges Schlafgemach mit den Seidenvorhängen in der Gouverneursvilla zurückgekehrt. Sie ließ die Hand über eine Wand voller Kleider in ihrem Schrank gleiten. Die hübsche 33-jährige First Lady des Staates Alabama genoss diesen Teil der Vorbereitung auf einen großen Wahlkampftag: die Auswahl der Garderobe. Sie entschied sich für ein cremegelbes Kleid, das ihren gebräunten Teint bestens zur Geltung brachte. Sie hoffte, das leichte Gewebe wäre in der feuchten Hitze, die die Wettervorhersage des Tages für Maryland prognostizierte, angenehm zu tragen.

Es war Montag, der 15. Mai 1972. In etwas über einer Stunde sollte sie mit ihrem Mann, Gouverneur George Wallace, nach Washington fliegen. Dort wollte der Gouverneur den Tag verbringen – den letzten Tag vor den Vorwahlen in Maryland – und dann in zwei vorstädtischen Regionen Marylands im Umland des Washington Beltway Wahlkampf für seine Präsidentschaftskandidatur betreiben.

An jenem Morgen vernahm Cornelia Wallace jedoch einen ungewöhnlich sorgenvollen, beunruhigten Unterton in der Stimme ihres Mannes am anderen Ende des Zimmers.[109]

»Ich glaube, ich gehe lieber nicht, Cornelia«, sagte er. »Ich denke einfach, ich sollte diese Reise lieber lassen.«[110]

»Ein Tag Wahlkampf mehr oder weniger macht den Bock auch nicht fett«, ergänzte er.[111] »Wenn ich es jetzt noch nicht geschafft habe, schaffe ich es auch mit einem weiteren Tag Wahlkampf nicht mehr.«

Seltsam, dachte sich seine Frau. George klingt sonst nie so nervös.

Abrupt legte er einen höheren Gang ein. Er schimpfte mit seiner Frau, weil sie zu lang für ihr Make-up brauchte, am Ende würden sie noch ihren Flug nach Maryland verpassen.[112]

Sie machten sich in einer nicht als Dienstwagen gekennzeichneten Limousine eines Polizisten auf den Weg zum Flughafen.[113] Bloß noch ein letzter Tag Wahlkampf. Ein Tag noch, dann könnten sich Cornelia Wallace und ihr Mann eine dringend benötigte Auszeit nach der mentalen Achterbahnfahrt des Wahlkampfs gönnen.

Ihr Mann ging normalerweise gern auf Tour. Das war sein dritter Anlauf für das Weiße Haus, und diesmal lief es überraschend gut für ihn. Er hatte die Vorwahlen in Florida gewonnen und in zwei weiteren Staaten einen starken zweiten Platz geschafft. Er hoffte, sich mit Vorwahlerfolgen in Maryland und Michigan die Nominierung als Präsidentschaftskandidat der Demokraten zu sichern.

Wallace war ein umstrittener Kandidat. Die meisten Amerikaner kannten ihn als notorischen Verfechter der Rassentrennung, nachdem er sich an der University of Alabama in einen Durchgang gestellt und zwei schwarze Studenten daran gehindert hatte, sich am College einzuschreiben. Mit seiner berüchtigten Rede aus dem Jahr 1963, die in der Forderung »Rassentrennung jetzt, Rassentrennung morgen, Rassentrennung für immer« gipfelte, hatte Wallace in den Augen vieler Menschen ein für alle Mal seinen Ruf als Verkörperung hartnäckiger weißer Borniertheit begründet.[114]

In seiner Wahlkampagne 1972 fuhr der Gouverneur Alabamas seine rassistische Rhetorik ein wenig herunter und fokussierte sich auf die Einmischung des Bundes in lokale Belange, um ein größeres Publikum anzusprechen. Sein Wahlkampfmanager platzierte Cornelia – die hübsche zweite Frau des Gouverneurs, fast zwanzig Jahre jünger als ihr Mann – als Mitstreiterin, die Wallace ein weicheres und moderneres Image als Führer des Landes vermitteln sollte.

Dennoch schreckte es nicht wenige Wähler ab, die nur den George Wallace der sechziger Jahre sahen, wenn er in ihre Stadt kam. Bei einem früheren Auftritt im Mai zwangen fast zweihundert weiße und schwarze Demonstranten den Gouverneur, mitten in der Rede die Stadt Hagerstown in Maryland zu verlassen. Tage später warfen Demonstranten Steine in Richtung seiner Bühne in der Nähe von Frederick, Maryland, ein Stein traf Wallace an der Schulter. Seine hetzerische Vergangenheit holte den Gouverneur ein.

Und noch etwas anderes schwebte wie ein dunkler Schatten über dem Wahlkampf des George Wallace: der Tod seiner alten Widersacher. Fast zehn Jahre waren seit dem Attentat auf Präsident Kennedy vergangen, aber die hoch emotionale Debatte über Rasse und Gleichheit, die Wallace und Kennedy über die amerikanischen Werte ausgefochten hatten, trieb das Land noch immer um. Kennedys progressiver Drang zu gleichen Rechten für Schwarz und Weiß hatte den tiefen Dissens des Landes in Sachen Bürgerrechte bloßgelegt, und Wallace hatte sich zum Fackelträger derjenigen aufgeschwungen, die an Hass und Diskriminierung festhalten wollten. 1968, fünf Jahre nach dem Attentat auf Kennedy, waren zwei weitere Feinde Wallace' ermordet worden: Dr. Martin Luther King jr., der Anführer der Bürgerrechtsbewegung, und Präsidentschaftskandidat Robert F. Kennedy.

Der Tod dieser beiden Führungspersönlichkeiten blieb nicht ohne Auswirkungen auf Wallace. Der Gouverneur hatte sich mit beiden Männern intensive persönliche Wortgefechte geliefert. Bei allen heftigen Meinungsunterschieden hatten sie immerhin eine gemeinsame Bühne in diesem erbitterten Kulturkampf geteilt.

Kennedy, der damals in der Regierung seines Bruders als Justizminister gedient hatte, war 1963 nach Montgomery geflogen und hatte versucht, Wallace dazu zu bewegen, Schwarzen den Zugang zu den Universitäten in seinem Bundesstaat zu erlauben. Wallace stellte sich stur, was die Konfrontation im Korridor der Uni zur Folge hatte. Im Kampf um die Präsidentschaftskandidatur 1968 waren Kennedy und Wallace erneut Rivalen.

Wallace und King hatten mit ihren Anhängern das Feindbild für den jeweils anderen abgegeben. Wallace' Schwur auf die Bewahrung einer Welt der Rassentrennung vom Jahr 1963 hatte King zu seiner legendären Rede in jenem Sommer (»I have a Dream«) angespornt. In der machtvollen Ode an die schlichte menschliche Würde setzte der prominente Bürgerrechtler seine Hoffnungen besonders eindringlich auf den Heimatstaat des George Wallace. »Ich habe einen Traum, dass eines Tages dort unten in Alabama, mit seinen schändlichen Rassisten, mit seinem Gouverneur, von dessen Lippen Worte wie ›Einspruch‹ und ›Annullierung‹ triefen –, dass eines Tages gerade dort in Alabama kleine schwarze Jungen und Mädchen die Chance haben werden, wie Brüder und Schwestern Hand in Hand mit kleinen weißen Jungen und Mädchen zu gehen«, sagte er.[115]

Im März 1965 forderte King, nachdem er einen Protestmarsch von Selma nach Montgomery angeführt hatte, Wallace in einer Rede vor dem Alabama State Capitol erneut unmittelbar heraus. »Das Böse erstirbt auf den staubigen Straßen und wegen dieses Staates«, sagte King. »Ich stehe an diesem Nachmittag vor Ihnen mit der festen Überzeugung, dass die Rassentrennung in Alabama auf dem Sterbebett liegt, und die einzige offene Frage ist, wie teuer die Segregationisten und Wallace das Begräbnis werden lassen.«

Im April 1968 wurde King auf dem Balkon seines Hotels in Memphis erschossen. Er war in die Stadt gekommen, um als Anführer bei einem Protestmarsch für schwarze Müllmänner mitzuhelfen, die für gerechte Bezahlung und Sozialleistungen stritten. Der Pastor predigte zivilen Ungehorsam und war nahezu ständig das Ziel von Morddrohungen. In ruhigen Gesprächen mit seiner Frau und seinen engsten Freunden hatte King sein eigenes gewaltsames Ende vorhergesagt. Sein Tod hatte auch eine Verbindung zu Wallace: Der Mann, der später den Mord an King gestand, hatte sich begeistert über Wallace' Präsidentschaftskandidatur gezeigt und in den Monaten vor dem Attentat als Freiwilliger in dessen Wahlkampfbüro gearbeitet.

Im Juni 1968, ganze zwei Monate danach, wurde Robert Kennedy, der Bruder des ermordeten Präsidenten, bei einem Attentat in einem

Hotel in Los Angeles getötet – er lag ganz vorn im Rennen um die Nominierung zum Präsidentschaftskandidaten der Demokratischen Partei. Der Mann, der ihn erschoss, Sirhan Sirhan, war palästinensischer Abstammung und hatte schon seit Wochen den Plan zur Ermordung Kennedys verfolgt, wegen dessen öffentlicher Unterstützung für Israel.

Über Nacht gab Präsident Lyndon B. Johnson dem Direktor des Secret Service, James Rowley, die Anweisung, neue Mitarbeiter des Secret Service einzuteilen, um sofort alle prominenten Präsidentschaftskandidaten zu beschützen. Wallace war einer der fünf Kandidaten gewesen, die in jenem Sommer 1968 umgehend in den Genuss des Schutzes durch den Secret Service kamen.

Ken Iacovone, damals Schichtleiter im Personenschutz von Präsident Johnson, wurde nun mit der Leitung des Kommandos für Wallace betraut. Er warnte seine neue Truppe, dass Wallace' giftiger Widerstand gegen die Rassenintegration diesen zur Zielscheibe potenzieller aufgestachelter Attentäter machen könnte. Der Personenschutz musste wachsam bleiben für diese konstante Gefahr, mahnte er sein Team. Iacovone nahm sich in den folgenden fünf Monaten nicht einen einzigen freien Tag, von der Einteilung für die Aufgabe durch Direktor Rowley im Juni bis zur Wahl im November.

»Armer Kerl«, meinte der ehemalige Agent Bob DeProspero, ein neues Mitglied der Truppe, das zur gleichen Zeit die Aufgabe gehabt hatte, für den Schutz von Gouverneur Nelson Rockefeller zu sorgen. »Er hatte sich sprichwörtlich krankenhausreif gearbeitet, am Ende brach er zusammen, und sie mussten ihn in ein Krankenhaus einliefern. Er wusste um die Drohungen gegen Wallace, und er verspürte den Druck der Verantwortung so intensiv, dass er es einfach nicht über sich brachte, einmal eine Pause einzulegen.«

Es ist schon unheimlich, dass Wallace vier Jahre später in die gleiche Situation geriet wie King und Kennedy. Er bewarb sich erneut um die Präsidentschaftskandidatur, erneut wurde er von einem Team des Secret Service beschützt, das ihm als Reaktion auf den Tod Robert Kennedys zugeteilt worden war. Und wie King sprach auch Wallace offen über die Möglichkeit, einem Mordanschlag zum Opfer zu fallen.[116]

»Irgendjemand wird umgebracht werden, noch bevor diese Vorwahlen zu Ende sind, und ich hoffe nur, ich bin es nicht«, erzählte Wallace in jenem Frühjahr einem Freund.[117]

Wochen später sagte Wallace einem Reporter der *Detroit News*, die singenden jungen Hippies, die ihn bei seinen Auftritten verspotteten, machten ihm keine Angst. Viel mehr fürchtete er die Stillen, meinte er. »Die, die ich wirklich fürchte, das sind die, die man gar nicht wahrnimmt«, sagte Wallace. »Ich sehe irgendeinen kleinen Kerl irgendwo da draußen, dem niemand Beachtung schenkt. Er greift in seine Tasche, und schon hat er eine kleine Waffe in der Hand, genau wie dieser Sirhan, der Kennedy umgebracht hat.«

Am selben Montag wachte der junge Arthur Bremer auf der zerschlissenen blauen Rückbank seines 1967er Rambler Rebel Coupé auf einem Parkplatz in Wheaton auf. Der arbeitslose 21-Jährige war tags zuvor eilig die fast tausend Kilometer von Kalamazoo hierhergefahren.[118] Seit März war er dem Kandidaten nur zu einem einzigen Zweck auf den Fersen geblieben. Inzwischen jedoch war von dem Geld, das er für seine Mission zusammengespart hatte, kaum noch etwas übrig. Er musste die Nacht im Auto verbringen.

Dennoch wählte Bremer seine Kleidung für den Tag mit Sorgfalt.[119] Er trug eine dunkle Hose, ein rot-weiß-blaues Hemd und ein leicht zerknittertes blaues Jackett. Am Revers trug er zwei Wallace-Wahlkampfpiaketten. Genau die gleiche Verkleidung hatte er bei den Wahlkampfauftritten des Gouverneurs bereits ein halbes Dutzend Mal getragen. Der junge Mann strahlte keinerlei körperliche Bedrohung aus: 1,68 Meter groß, durchschnittlicher, fast zierlicher Körperbau, kurz geschorenes blondes Haar, ein glatt rasiertes Gesicht.

Bremer hoffte, wie der typische begeisterte, loyale Wallace-Anhänger zu wirken. In Wahrheit jedoch war er ein verschrobener, wütender Einzelgänger, der seine Mordphantasien pflegte. »Ich habe entschieden, Wallace die Ehre zuteilwerden zu lassen«, schrieb Bremer

in ein Tagebuch, nachdem er mehrmals erfolglos versucht hatte, nahe
genug an Präsident Nixon heranzukommen, um diesen zu erschießen.[120] »Wenn ihr mich fragt, warum ich es getan habe, dann würde
ich sagen ... ›Ich muss irgendjemanden töten.‹«

Bremers Kindheit war geprägt von einer gefühlskalten, rücksichts-
losen Mutter und einem Fernfahrer als Vater, der trank, um ihre
Sprunghaftigkeit, die extremen Stimmungsschwankungen und die
ständigen häuslichen Streitereien zu ertragen. Bremer konnte sich
nicht erinnern, dass seine Mutter ihn oder einen seiner drei Brüder
jemals in den Arm genommen hatte.[121] Sehr wohl erinnerte er sich an
die Schläge, die er bekam, wenn er als Kind mit verdreckter Kleidung
vom Spielen nach Hause kam. Bremer lernte erst mit vier Jahren sprechen.

Bremers Mitschüler in Milwaukee, Wisconsin, mieden ihren seltsamen Klassenkameraden, manche nannten ihn »Clown«. In einem
Tagebuch beschrieb er die Qual des Nichtdazugehörens: »Keine Ge-
schichts- oder Englischarbeit war jemals so schwer, keine Mathe-Ab-
schlussprüfung so schwierig, wie allein in der Schlange bei der Es-
sensausgabe in der Schule warten zu müssen, allein essen zu müssen,
während Hunderte andere die Köpfe zusammensteckten & tratschten
& brüllten & lachten & mich anstarrten. Dutzende Male sah ich einzelne Menschen in 10 oder 15 Minuten öfter lachen und lächeln, als
ich bis dahin in meinem ganzen Leben gelacht hatte.«[122]

Bremer bekam nach der Highschool einen Job als Hilfskellner in
einem Sportverein in Milwaukee, wurde aber bald zum Tellerwäscher
degradiert, weil sich Kunden beschwerten, sein Gesumme und Her-
ummarschieren würde sie nervös machen.[123]

Im Oktober 1971 fand er einen neuen Job als Pförtner an einer
Highschool. Auf diesem bescheidenen Posten lernte er seine erste
Freundin kennen und bekam seine erste Chance, Verbindung zu anderen Menschen aufzunehmen. Aber die 16-Jährige machte nach nur
zwei Monaten wieder Schluss – Bremer war ihr »zu doof«. Bei einem
der ersten Dates erzählte er ihr, er nehme Medikamente, damit sein
angeschwollener Penis nicht »platzt«. Bei einem Konzert von Blood,

Sweat and Tears fand sie sein linkisches Stampfen und Johlen peinlich. Er machte sich an eine in der Schlange stehende Frau heran, die
er nicht kannte, und küsste sie.[124]

Bremer flehte sie an, es sich noch einmal zu überlegen.[125] Er gab
erst auf, als die Mutter des Mädchens drohte, zur Polizei zu gehen.

Danach brach Bremer zu einer neuen und makabren Reise auf. Er
kaufte sich einen Revolver Kaliber .38 in einem Waffengeschäft namens »Casanova's« und kündigte seinen Pförtnerjob. Er begann, Tagebuch zu schreiben, und auf diesen Seiten beschrieb er seine Pläne,
sein »erbärmliches Leben« hinter sich zu lassen und über Nacht
berühmt zu werden, indem er einen bedeutenden Politiker um-
brachte. »Jetzt beginne ich mein Tagebuch über meinen persönlichen
Plan, entweder Richard Nixon oder George Wallace zu erschießen«,
schrieb er am 1. März 1972. »Ich will ETWAS KÜHNES UND DRA-
MATISCHES MACHEN, GEWALTSAM & DYNAMISCH, EIN
STATEMENT meiner Männlichkeit, das die ganze Welt mitkriegen
soll.«

Die Jahre der Zurückweisung und des Scheiterns hatten aus Bremer einen Verzweifelten gemacht, der zu sterben bereit war, um berühmt zu werden. Genau die Sorte Mensch, die der Secret Service am
meisten fürchtete.

Bremer studierte regelrecht die versteinerten Gesichter der Agenten des Secret Service. In den ersten Wochen nach dem Aushecken
seines verhängnisvollen Plans hatte Bremer versucht, aus nächster
Nähe zu erkunden, wie die Arbeit der Sicherheitsbeamten ablief. Im
März tauchte er bei einem Auftritt von Wallace unweit seines Wohn-
orts auf, im Red Carpet Airport Inn in Milwaukee. Er hoffte, sich
ein genaues Bild von den Gewohnheiten des Secret Service und dem
protokollarischen Ablauf des Wahlkampfs zu machen.

Bremer notierte, wie mühelos er den Gouverneur von Alabama
hätte töten können, als dieser auf der Bühne stand:[126] »Ich malte mir
aus, Wallace wäre inzwischen tot oder so gut wie tot, wenn ich es nur
wollte.« Aber er hielt sich zurück, weil er lieber Präsident Nixon umbringen wollte. Der Mord an einem Präsidenten, so seine Überlegung,

würde ihn noch berühmter machen: »Die Presse wird sagen – ›Wallace ist tot? Na und?‹ Er kriegt kaum mehr als drei Minuten in den Abendnachrichten.«

In der zweiten Aprilwoche machte sich Bremer in einem Mietwagen auf in Richtung Ottawa, eine Waffe im Kofferraum verstaut. Er hoffte, Nixon während seines geplanten zweitägigen Besuchs beim kanadischen Premierminister und im Parlament zu ermorden. Vor Nixons Eintreffen fuhr Bremer einen ganzen Tag lang durch die Gegend, um sich mit der Fahrstrecke vertraut zu machen, die Nixon von der kanadischen Militärbasis Uplands im Norden in die Hauptstadt Kanadas zurücklegen würde. Er registrierte die umfassenden Vorbereitungen entlang der Strecke: »Drei Männer in leuchtend orangen Overalls & mit Taschenlampen (es war noch gar nicht richtig dunkel) suchten die Strecke, die der Präsident fahren würde, nach Bomben, Drähten, auffälligen Grabungen usw. in der Umgebung ab, vermute ich«, schrieb er.[127]

Hatte gehört, dass die Schneehaufen am Straßenrand weggespritzt wurden, um kein mögliches Versteck für Bomben zu bieten. Sah Leute mit Wasserschläuchen, die die Straße abspritzten, die er nehmen würde. … Alle Wohnhäuser & Geschäfte an der Strecke wurden vom Secret Service inspiziert & die Leute sollten auf verdächtige Bewegungen in den Büschen achten, auffällige Autos usw. Ich sah einen Typen im Trenchcoat, typischer Secret-Service-Cop, wie er aus einem Haus an der Strecke rauskam & zu seinem Auto ging; er schaute mich beim Vorbeigehen an.

Am Nachmittag des 13. April, einem Donnerstag, fuhr Bremer zur Einfahrt der Luftwaffenbasis und wollte bei Nixons Empfang auf dem Rollfeld dabei sein. Aber die Wache schickte Bremer wieder weg; nur Mitarbeiter der Basis waren zugelassen. Ein Polizist wies ihn später in Richtung des freien Geländes einer Tankstelle in der Nähe, wo bereits zehn oder zwölf Autos von Leuten geparkt waren, die Nixons Fahrzeugkolonne vorbeifahren sehen wollten.

Bremer glaubte, sich seinen Plan sorgfältig zurechtgelegt zu haben. Er hatte sich in einen Straßenanzug und einen betont konservativen Mantel geworfen, um wie ein respektabler Anhänger zu wirken. Er nahm sich vor, trotz der frostigen Temperaturen die Hände nicht in die Tasche zu stecken, weil er wusste, dass Hände in den Taschen Verdacht bei Polizei und Secret Service erregen würden. »Ich wollte schließlich nicht durchsucht werden, weil ich die Hände in den Taschen hatte«, schrieb er.

Über vierzig Minuten wartete er zusammen mit den anderen Schaulustigen im eisigen Nieselregen am Straßenrand. Er ging zurück zu seinem Wagen, um sich aufzuwärmen, dann rannte er wieder zurück, als er sah, dass die Menge in Richtung der Straße drängte. Innerhalb weniger Momente raste Nixons schwarzer Lincoln Continental vorüber.

»Alles vorbei«, sagte ein anderer Zuschauer vor sich hin. Bremer hatte noch nicht einmal die Zeit gehabt, nach seiner Waffe zu greifen.

»Er fuhr ruck, zuck an mir vorbei«, schrieb Bremer über Nixon. »Wie der Blitz. Bloß eine dunkle Silhouette.«

Bremer würde es tags darauf erneut versuchen, aber es frustrierte ihn, im Lokalradio zu hören, dass Nixon die umfassendsten Sicherheitsvorkehrungen begleiteten, die es jemals beim Besuch eines US-Präsidenten gegeben hatte – schuld daran war eine beachtliche Schar von Leuten, die gegen Nixon demonstrierten. Viele kamen, um gegen den Vietnamkrieg zu protestieren, andere waren kanadische Staatsbürger, die im Präsidenten ein Symbol der Kontrolle Amerikas über ihr Land sahen. Dutzende kanadischer Polizisten und Secret-Service-Agenten sorgten im Verbund mit Absperrungen und Polizeiautos dafür, dass die Demonstranten mehrere Meter von der Strecke des Präsidenten Abstand halten mussten.[128]

»Während dieses ganzen Scheißbesuchs in Ottawa habe ich diese bescheuerten ›Demonstranten‹ verflucht«, schrieb er. »Die Security war aufgerüstet – total übertrieben aufgerüstet – wegen dieses blöden Dreckspacks.«

Am nächsten Tag, einem Freitag, trieb sich Bremer zumeist in der

Nähe des Parlaments herum und versuchte, bei den öffentlichen Auftritten dort in die Nähe Nixons zu kommen. Oft fand er sich jedoch
umringt von Demonstranten, die »Nixon go home« ins Megaphon
brüllten. Ihnen stellten sich mehrere Reihen von Absperrungen und
kanadischen Polizisten entgegen.

»Zu viel Krach«, schrieb Bremer in sein Tagebuch. »Nixon würde
nie im Leben zum Händeschütteln auf eine solche Menschenmenge
zugehen – meine einzige Hoffnung war, dass er das irgendwann während dieses Besuchs tun würde.«

Einmal sah Bremer Secret-Service-Leute mit Ferngläsern bewaffnet auf einem Hausdach, wie sie auf ihn und die auf Nixon wartende
Menge herunterspähten.[129] »Ich winkte & sah direkt in die Richtung
von einem von ihnen, um ihr ganzes Security-System lächerlich zu
machen«, schrieb er.

Bremer zählte insgesamt sechs Gelegenheiten in zwei Tagen auf,
bei denen er Nixon sah, aber für einen Schussversuch nicht schnell
genug oder zu weit weg war. »Du kannst Nixy-Boy nicht abknallen,
wenn du nicht nah an ihn rankommst«, lamentierte er.

Er hatte die Arbeit des Secret Service als »sauber durchgeführte
Operation« bewertet. Dennoch behielt er die Hoffnung, vielleicht
doch eine Schwachstelle zu finden. »Ich brauche bloß eine kleine
Lücke & eine Sekunde Zeit«, schrieb er, als er Ottawa verließ.

Bei seinen Reisen zu Wahlkampfveranstaltungen bemerkte Bremer
mit der Zeit, wie sehr sich die Sicherheitsvorkehrungen des Secret
Service für den Präsidenten vom Aufwand für seine potenziellen Herausforderer wie George Wallace oder George McGovern unterschie-
den. Da sah er seine Chance: Die Agenten ließen die Öffentlichkeit
viel näher an die anderen Kandidaten heran.

Bremer beschloss, sich auf Wallace zu konzentrieren, und Anfang
Mai begann er eine Art Katz-und-Maus-Spiel mit dem Secret Service,
der Wallace begleitete. Bei einer ganzen Serie von Wallace-Auftrit-
ten in Michigan stand Bremer in unmittelbarer Nähe der Personenschützer. Er kicherte in sich hinein, weil die nicht in der Lage waren,
den Attentäter zu erkennen, der mitten unter ihnen stand, und er

studierte ihre Verhaltensmuster, um die passende Gelegenheit zum Zuschlagen zu finden. »Diese Wachhunde vom Secret Service sind andere als die Truppe in Dearborn. Sie haben nicht den geringsten Verdacht«, schrieb er über einen Auftritt von Wallace am 10. Mai in Cadillac, Michigan.

»Noch eine Sicherheitslücke«, schrieb er, als er keine Polizei sah, die ihn daran gehindert hätte, sich hinter Wallace' Auto zu stellen.[130]

Bremer wollte auf Wallace schießen, während dieser an ihm vorbeiging, bei einem Auftritt in Kalamazoo, Michigan, am 13. Mai. Er mag angenommen haben, dass die Glaswand zwischen ihm und dem Gouverneur vielleicht seinen Schuss vermasseln würde. Aber er schrieb seine Entscheidung, nicht zu schießen, seinem angeborenen Mitgefühl für zwei aufgeregte 15-jährige Mädchen zu, die sich vor ihn drängten, um näher an den Gouverneur heranzukommen.

»Sie drückten sich die Nasen platt an der Glasscheibe, die ich mit meinem Rundkopfgeschoss zertrümmert hätte.[131] Sicherlich würden sie dabei geblendet und entstellt werden. Ich ließ Wallace davonkommen, bloß weil ich diese zwei dummen, unschuldigen Gören verschonen wollte«, schrieb Bremer. »Wir trommelten gemeinsam gegen die Glasscheibe, in Richtung des Gouverneurs. Es werden noch andere Gelegenheiten kommen.«

Nach dem holprigen Start in der Gouverneursvilla am Morgen des 15. Mai landete das Ehepaar Wallace mit seiner Entourage kurz nach zwölf Uhr mittags auf dem Washington National Airport. Jimmy Taylor, der Leiter des für Wallace eingeteilten Personenschutzkommandos, führte das Paar zusammen mit seinem Agententeam durch das Page-Terminal zu einer aus vier Fahrzeugen bestehenden Wagenkolonne, die die ganze Gruppe in das 27 Kilometer weiter nördlich gelegene Wheaton bringen sollte.

Wallace' erster Termin an dem Tag war eine Rede unter freiem Himmel auf dem Parkplatz des örtlichen Einkaufszentrums. Eine Gruppe wütender Gegendemonstranten erwartete ihn dort bereits.

Beim Gang zur Bühne in Wheaton spürte Secret-Service-Agent

Lawrence Dominguez, ein muskulöser Mann aus El Paso, sofort die feindselige Atmosphäre.[132] Er erblickte klebrige Schlieren und Spuren von Eiern, die schon vor Wallace' Eintreffen gegen die Plattform der Bühne geflogen waren. Mehrere Dutzend Gegendemonstranten stimmten Anti-Wallace-Gesänge an und schwenkten Protestschilder, die auf Wallace' Altlasten als Verfechter der Rassentrennung verwiesen.

»Wallace Präsident, Hitler Vizepräsident«, hieß es auf einem davon. »Wir werden Selma niemals vergessen« auf einem anderen.

Als Wallace kurz nach 13 Uhr die Bühne betrat, eröffnete er seine Rede mit der Äußerung von Bedenken wegen der Bemühungen der Bundesregierung, sich in Entscheidungen der Gemeinden einzumischen. Zwischenrufer im College-Alter, mit Schlaghosen und langen Haaren, versuchten sogleich, mit ihren Sprechchören den Kandidaten zu übertönen. »Bullshit! Bullshit! Bullshit! Bullshit!«, riefen sie im Chor.

»Euer Vokabular ist ziemlich beschränkt, wenn diese Schimpfworte alles sind, was euch einfällt«, gab Wallace zurück.

Bald darauf begannen einige der Demonstranten, zufällig gefundene Gegenstände in Richtung des Redners zu werfen – mit mehr oder weniger großer Präzision. Dominguez stand rechts vorne an der Bühne, vor Wallace und mit Blick auf die Menschenmenge, und beobachtete die ersten Mini-Wurfgeschosse mit Sorge. Dann warf jemand eine Orange, die Wallace' Taille nur knapp verfehlte. Als Nächstes kam eine Tomate geflogen, und sie flog direkt auf den Kopf des Gouverneurs zu. Alabama State Trooper E. C. »Doc« Dothard, der 40-jährige Leiter des Sicherheitsteams für den Gouverneur in Alabama, der links vom Gouverneur postiert war, beugte sich vor Wallace, um die Tomate mit der Hand abzuwehren.

»Ich könnte mir vorstellen, der Coach der Baltimore Orioles könnte hier fündig werden, wenn er einen Pitcher für sein Baseballteam sucht«, schäkerte Wallace, untermalt von ein paar halbherzigen Lachern.[133]

Wallace hatte immerhin einen Trost. Er stand hinter einem nach

drei Seiten mit Panzerglas gesicherten Rednerpult, das seine Agenten
zu jedem seiner Auftritte mitbrachten. Aber mehrere Agenten, darunter auch den leitenden Agenten Taylor, trieb der gleiche grundsätz-
liche Gedanke um: *Wir müssen den Gouverneur von hier wegschaf-
fen.*[134]

Das von Wallace versprühte Gift der Rassentrennung hatte seine
Personenschützer schon 1968 in helle Aufregung versetzt, und auch
1972 waren seine Agenten wieder äußerst nervös wegen der heftigen Emotionen, die Wallace auf dieser Shopping-Plaza in Wheaton,
Maryland, noch zusätzlich anfachte.

Aber Bürgerrechte und Rassenfragen hatten nichts zu tun mit dem
grinsenden jungen Mann, der bei so vielen Auftritten zugegen war
und einen überdimensionalen Wallace-Button auf der Brust und einen Revolver in der Tasche trug.

In seinem clownesken Shirt in den Nationalfarben klatschte Arthur Bremer heftiger Beifall als jeder andere Umstehende bei dem
Auftritt in Wheaton. Er lachte, wenn kein anderer lachte. Die Menschen in seiner Nähe drehten sich sofort nach Bremer um und wun-
derten sich über sein seltsames, verdächtiges Gebaren. Fred Farrar,
ein örtlicher TV-Produzent, bemerkte Bremers jokerhaftes Grinsen
und dachte, er wirke irgendwie verwirrt – und zugleich vertraut. War
ihm der Kerl nicht schon bei anderen Auftritten aufgefallen? »Dieser
Typ ist irgendwie unheimlich«, dachte Farrar nach eigener Aussage,
er hatte »ein Grinsen, dass es einem eiskalt den Rücken herunterlief«.

Farrar dirigierte seinen Kameramann so, dass er ihn für einige Momente vor der Linse hatte, dann hörte er Bremers Stimme.[135] »Könn-
tet ihr George dazu bringen, mal runterzukommen, damit ich ihm
die Hand geben kann?«, fragte Bremer einen Polizisten, als er hinter
einem Absperrseil stand, mit dem der Service die Menge auf Abstand
zur Bühne hielt. Der Polizist zuckte die Achseln. Bremer stellte einem Secret-Service-Agenten wenige Meter weiter die gleiche Frage,
aber der Agent ging weg, ohne Bremer zur Kenntnis zu nehmen.[136]
Er passte nicht in das Profil, das der Secret Service im Auge hatte:
Hippies, die Ärger machen, sehen anders aus.

Taylor stand mit dunkler Sonnenbrille und braunem Anzug auf
der Bühne rechts hinter Wallace und flüsterte dem Gouverneur ins
Ohr, er solle zum Ende kommen, damit man von hier abziehen könne.
Wallace kürzte seine bei Wahlkampfauftritten sonst übliche Rede um
15 Minuten. Dann führte Taylor Wallace und dessen Gemahlin auf
kürzestem Weg zu seinem blauen Kombi, eingerahmt von Agenten
vor und hinter dem Kandidatenpaar. Nachdem das Team die Auto-
türen zugeschlagen und der Agent am Steuer auf die Hauptstraße
eingebogen war, wandte sich Taylor vom Beifahrersitz zu Wallace um.

»Ich denke, es ist besser, wenn wir die nächste Station ausfallen lassen, Gouverneur«, sagte der Leiter des Personenschutzkommandos
zu Wallace.[137]

Aber Wallace meinte, er mache sich keine großen Sorgen. Sie seien
schon die ganze Zeit so auf Tour gewesen, sagte er, und er wolle seine
Anhänger nicht enttäuschen. Der Kombi raste in Richtung des nächsten Wahlkampfauftritts: am Einkaufszentrum Laurel Plaza an der
Route 1.

Die Wallace-Karawane traf um 14:15 Uhr in der im Kolonialstil
gehaltenen Stadt in Maryland ein – lange vor dem für 15 Uhr geplanten Beginn des Auftritts. Das gab dem Gouverneur und seiner Frau
etwas Zeit, um sich in Ruhe einen Hamburger zu genehmigen und
in einem für ihn reservierten Zimmer im Howard Johnson's Motel
gleich an der Straße des Einkaufszentrums ein wenig die Füße hoch-
zulegen.

Die für die Sicherheit in der Umgebung und die Beobachtung der
Menschenmenge zuständigen Agenten trafen sich – gemeinsam mit
einigen weiteren, die die Nachmittagsschicht ab 16 Uhr übernehmen
sollten – zu einem schnellen Lunch im Hot Shoppes Restaurant an
der Plaza des Einkaufszentrums. Dort ging Tom Stephens, ein Agent
des Vorausteams, die Umrisse der Route durch, auf der Wallace den
Veranstaltungsort betreten und wieder verlassen sollte, und teilte die
Agenten für ihre jeweiligen Aufgaben ein. Er ergänzte, alle sollten besonders auf Hippie-Hitzköpfe achten, die vielleicht versuchen würden, wieder eine ähnlich angespannte Lage heraufzubeschwören wie

in Wheaton. Zur Sicherheit platzierte die örtliche Polizei auch noch einen Scharfschützen auf dem Dach des Einkaufszentrums.

Aber als die Wallace-Entourage in Laurel ihren Autos entstieg, traf sie auf ein gänzlich anderes Publikum. Bestens gelaunte Schaulustige. Eltern mit ihren Kindern. Es kam einem fast vor wie ein Sonntagsausflug der Kirchengemeinde, lediglich die Strohhüte und Anstecker mit der Aufschrift »Wallace for President« wiesen in eine etwas andere Richtung.

»Es war eine sehr ruhige Menge, eine sehr freundliche, friedliche Menge«, erinnerte sich Cornelia Wallace. »Alles wirkte einfach nur richtig nett und angenehm.«[138]

Wallace begann seine Rede mit Schimpftiraden gegen das Ausmaß der »Heuchelei in Washington, D.C., und ich rede von den Politikern«,[139] die Menge jubelte. Er drängte darauf, die Truppen aus Vietnam nach Hause zu holen. Noch mehr Jubel.

Bei der Rede des Gouverneurs taten sich jeweils zwei Agenten der Abteilung »Protective Intelligence« mit einem örtlichen Polizisten zusammen und mischten sich unter die Menschenmenge. Sie hatten die Aufgabe, verdächtige Aktivitäten oder aufkommenden Ärger im Auge zu behalten.[140] Einer der Agenten war der 28-jährige Ralph Basham, der erst seit zwei Jahren beim Service war.[141] Er sollte es später bis zum Direktor der Agentur bringen.

Während der Gouverneur seine Rede fortsetzte, trat einer der umherstreifenden Secret-Service-Agenten zu John Davey, einem Beamten der örtlichen Polizei von Prince George's County, der in der Nähe der Seilabsperrung stand und die Menge unter Kontrolle zu halten half. »Behalten Sie den Kerl im Auge«, sagte der Agent ruhig.[142] Er zeigte auf einen jungen schwarzhaarigen Mann zur Linken von Davey. Dieser trug ein helloranges Trikothemd, ein grünes Jackett und Wallace-Buttons an der Kleidung. Der junge Mann hatte laut und deutlich »Yay Wallace!« gerufen.

Der Mann war Daniel Capizzi, ein Student am Community College von Prince George's County und glühender Wallace-Anhänger.

Einige Schaulustige in der Menge hegten allerdings immer mehr

Verdacht wegen des Verhaltens eines anderen Mannes: ein kleiner blonder, beinahe albinohaft aussehender Typ, der zufällig direkt neben Capizzi stand.

Das war Arthur Bremer.

Capizzi wurde es etwas mulmig, als er den wilden Blick und das starre Grinsen in Bremers Gesicht wahrnahm.[143] Bremer stieß ihn zudem immer wieder von der Seite an, was bei Capizzi den Verdacht nährte, der junge Mann könnte vielleicht schwul sein und wollte sich an ihn heranmachen. Bremer sprach ihn nur ein einziges Mal an, wobei er ihm wieder einen leichten Schubs mit dem Ellbogen verpasste, und ihn animierte, der Country-Band auf der Bühne zu applaudieren.

Mike Landrum, Polizeibeamter bei der Prince George's County Police, fiel Bremer ebenfalls wegen dieses unheimlichen Grinsens auf.[144] Er fand es auch seltsam, wie dieser Mann rhythmisch vor- und zurückwippte, gleichsam wie in Trance. Landrum machte einen der Secret-Service-Agenten in der Nähe des Absperrseils ebenfalls auf Bremer aufmerksam. Er war sich nicht sicher, wo der Agent als Nächstes hinging; er sah jedenfalls nie, dass der Agent auf Bremer zugegangen wäre.

Wallace näherte sich dem Ende seiner Rede und kritisierte nun die »sinnlosen und idiotischen« staatlichen Schulbustransfers, die die Kinder aus der Schulumgebung ihrer unmittelbaren Nachbarschaft herausrissen. »Ihr könnt ihnen eine Botschaft senden«, sagte Wallace und brachte wie üblich seinen Wahlkampfslogan zum Abschluss des Auftritts an. »Gebt eure Stimme morgen George Wallace!«

Die Menge klatschte und jubelte. Wallace winkte vom Rednerpult herab und trat dann die vorderen Stufen der auf einem Anhänger aufgebauten provisorischen Bühne herab, ein Polizist vorneweg, Taylor und Dothard unmittelbar dahinter. Der Gouverneur gab der Wahlkampfhelferin Dora Thompson ein Bussi auf die Wange, als er unten vor der Bühne angekommen war, dann schrieb er für sie und ein paar andere Autogramme.[145]

Als Mann an der Front trat dann Agent Bill Breen vom Sockel der Bühne nach vorne, um Wallace in Empfang zu nehmen, sobald dieser die Stufen herunterkam, und ihn nach rechts zu seinem wartenden Auto zu geleiten.[146] Just als Wallace begann, sich hinter Breen einzureihen, kamen Rufe aus der Menge hinter dem Absperrseil links von der Bühne. »Hey, George, hierher. Händeschütteln, Händeschütteln, Händeschütteln!«, rief Bremer laut und vernehmlich.

Ein paar andere in der Menge schlossen sich an. »George, kommen Sie doch hier rüber«, war eine Frauenstimme zu vernehmen.[147]

»Ich denke, ich sollte hingehen und Hände schütteln«, raunte Wallace Taylor zu. Er zog sein blaues Jackett aus und reichte es seinem Helfer Frank Daniel.

»Gehen Sie da nicht hin, Gouverneur«, sagte Taylor.

»Ist schon okay«, meinte Wallace.[148]

Der Personenschützer folgte der von Wallace vorgegebenen Richtung. Taylor, ein schlaksiger Mann, fast einen Kopf größer als der Gouverneur, ging hinter Wallace in Richtung Absperrseil und platzierte sich unmittelbar zur Rechten von Wallace, genau wie es jeder Leiter von Personenschutzteams schon hundertmal zuvor praktiziert hatte. Trooper Dothard tat dasselbe an Wallace' linker Flanke. Weitere Agenten reihten sich links und rechts ein, andere schirmten Wallace auch von hinten ab.[149]

Aber an dieser Absperrung in Laurel, Maryland, gab es in der üblichen Choreographie des Secret Service wieder einmal Abweichungen. Und das spontane Ändern der routinemäßigen Abläufe des Secret Service hatte noch nie etwas Gutes verheißen. Bei einer normalen Absperrung mit einem Seil hätte sich Wallace beim Begrüßen der einzelnen Leute an der Absperrung immer weiter nach links bewegt und ihnen die rechte Hand gereicht. Agenten von beiden Seiten würden sich dabei im Gleichschritt mit ihm bewegen. Die Agenten ganz links würden die Menge genau im Blick behalten – vor allem ihr Verhalten allgemein und die Hände –, bevor der Gouverneur zu ihnen gelangte. An diesem Tag machte Wallace jedoch ein paar Schritte nach rechts, offenbar, um sich mehr in Richtung seines Autos und zum Ausgang nach Abschluss der Veranstaltung zu bewegen.

Allerdings stand der Gruppe ein Hindernis im Weg. Taylor erkannte das, nachdem er versucht hatte, einen Schritt nach vorne zu machen, tat dann ein paar Schritte nach rechts und stieß mit Agent Ralph Peppers unmittelbar vor ihm zusammen. Taylor verlangte nach mehr Platz; Peppers trat vom Absperrseil einen Schritt zurück. Dann sah Taylor, dass eine große Lautsprecheranlage im Weg stand. Der Gouverneur und sein Team wurden dort aufgehalten.

»Gouverneur, weiter geht's nicht«, sagte Taylor.

In dieser kaum wahrnehmbaren Zeitspanne von drei oder vier Sekunden drängte sich der 1,68 Meter kleine Bremer nach vorne an die Seilabsperrung durch Reihen größerer Schaulustiger und fand eine winzige Lücke im toten Winkel der Personenschützer.[150] Bremer schob seinen linken Arm zwischen den Umstehenden hindurch, als wollte er Wallace die Hand reichen.

Bremer gab mit seinem Revolver Kaliber 38 einen Schuss ab, hielt kurz inne und feuerte dann weitere vier Mal kurz nacheinander.

Bis auf eine trafen alle Kugeln den Gouverneur. Wallace fiel rückwärts auf den schwarzen Schotterweg, ein blutgetränktes Loch war auf der Höhe des Brustbeins in seinem blauen Hemd zu erkennen, die Arme hatte er seitlich von sich gestreckt. Trooper Dothard, dessen rechter Arm dicht am linken Arm von Wallace anlag, als die Schüsse fielen, sah, wie Wallace nach hinten fiel, dann erkannte er, dass auch er selbst zu Boden stürzte. Eine Kugel hatte seinen Unterleib durchschlagen.

Agent Nick Zarvos drehte sich nach links hinten um, er hatte noch nicht bemerkt, was passiert war.[151] Er griff sich ans Kinn und begann, Blut zu spucken.

Taylor und Agent James Mitchell sahen beide die gesichtslose Hand mit der Waffe und stürzten sich auf den Körper dahinter. Mitchell landete auf Bremer, die Knie in dessen Rücken, er verlor in dem Gerangel einen Schuh. Agent Peppers fixierte Bremers Kopf, seitwärts auf den Boden gedrückt. Er und Mitchell mussten am Ende Bremer schützen, während ein paar Leute aus der Menge brüllten: »Schnappt ihn euch! Tötet ihn! Tötet ihn!«

Cornelia Wallace hatte in dem Moment gerade mit Wahlkampfhelfern gesprochen und eilte zu ihrem Mann. Sie fiel auf die Knie und warf sich schützend auf seinen Oberkörper, breitete sich regelrecht über ihm aus.

»Ich glaubte, sie würden noch mal auf ihn schießen. Deshalb sprang ich auf ihn, versuchte, seinen Kopf und sein Herz und die lebenswichtigen Organe zu schützen, seine Lungen. Und es war sonst einfach niemand da um ihn herum. Das heißt, der Bodyguard aus Alabama hatte selbst einen Schuss abbekommen, war außer Gefecht und lag am Boden. Der Secret-Service-Agent unmittelbar vor Ort – die zwei hatten die Aufgabe, seinen Körper abzuschirmen – war in den Kiefer getroffen worden und spuckte, er spuckte Blut«, erinnerte sich Cornelia Wallace in einem Dokumentarfilm von PBS. »Ich sagte die ganze Zeit: ›George, ich bringe dich nach Hause. Ich bringe dich nach Hause. Und jetzt gehen wir nach Hause.‹«[152]

Der Wahlkampfmanager von George Wallace hatte sich einst damit gebrüstet, Cornelias fotogene Erscheinung, ihr tolles Aussehen und ihre energische Persönlichkeit würden dazu beitragen, ihren Ehemann bis ins Weiße Haus zu tragen. Er gelobte, sie zur »Jackie Kennedy der Rednecks« zu machen, und dieser Kosename erschien ihr sehr verlockend. An jenem heißen Montagnachmittag, als sie auf jenem Parkplatz in Laurel auf Knien den Körper ihres Mannes abzuschirmen versuchte, erhielt der Vergleich mit Jackie Kennedy eine ganz und gar makabre Note.

Blut quoll aus dem Einschussloch im Bauch von George Wallace, und ein immer größer werdender, feuchter brauner Kreis zeichnete sich auf seinem Hemd ab. Kleinere Blutspritzer wurden dort sichtbar, wo die Kugeln seinen Arm getroffen hatten. Cornelia hatte den Körper ihres Mannes in den Sekunden nach dem Sturz voll bedeckt. Als die Agenten des Secret Service und die Polizisten sie hochzogen, damit ein Arzt den Gouverneur versorgen konnte, zeichneten sich Tropfen vom Blut ihres Mannes auf dem Saum ihres gelben Kleids ab.[153]

Kapitel 6

DIE SPIONE DES PRÄSIDENTEN

Nach einem Nachmittag voller Besprechungstermine über den Haushalt befand sich Präsident Nixon gegen 16:30 Uhr montags im Oval Office. Er hatte gerade einen Termin mit seinem Außenminister und dem Vorstand von Pepsi begonnen, bei dem es um seinen bevorstehenden Moskau-Besuch ging.[154] Rund 15 Minuten nach Beginn des Meetings unterbrach Bob Haldeman, der Stabschef des Präsidenten, und bat seinen Boss um einen Moment unter vier Augen. Er zog Nixon in einen an das Oval Office angrenzenden Nebenraum.[155] Er hatte alarmierende Neuigkeiten zu berichten.

»Wir haben gerade über den Secret Service erfahren, dass bei einem Wahlkampfauftritt in Maryland auf George Wallace geschossen wurde«, sagte Haldeman. Nixons engster Vertrauter berichtete das wenige, das er bis dahin wusste: Wallace war schwer verletzt ins nahe gelegene Holy Cross Hospital in Silver Spring, Maryland, gebracht worden. Im Schockraum bereiteten die Ärzte dort alles vor, um Wallace eine Kugel aus dem Bauchraum zu entfernen.

Geradezu zwanghaft darauf gepolt, strategische Vorteile für sich selbst herauszuschlagen, begann Nixon im Geiste augenblicklich zu kalkulieren, wie dieses Attentat ihm wohl dienlich sein könnte. Nixon saß an dem Tag bis spät in die Nacht am Schreibtisch und rief noch nach Mitternacht Leute an. Er hatte zwei Ziele im Visier: Zuerst wollte er das Attentat auf einen politischen Gegner als Rechtfertigung dafür nutzen, einen anderen Rivalen beschatten zu lassen. Dann wollte der

Präsident die Ermittlungen über den Schützen unter seine Kontrolle bekommen und eine Möglichkeit finden, den Anschlag kurzerhand der Linken anzulasten. Und für beide Unterfangen gedachte der Präsident, die Agenten des Secret Service als Handlanger einzuspannen.

Nixon war klar, dass er ernst und besorgt wirken musste, gerade weil das Opfer einer seiner Widersacher aus der Demokratischen Partei war. Er rief seine Frau Pat an, um ihr vom Attentat zu berichten und sie wissen zu lassen, dass er an dem Abend nicht zu einem Dinner-Empfang kommen könnte, den sie für eine Gruppe von Sponsoren organisiert hatte. Die gut betuchten Spender waren aus dem ganzen Land nach Washington gekommen, um die Neueröffnung des Blue Room festlich zu begehen. Es würde einen ganz schlechten Eindruck machen, lächelnd und Champagner schlürfend im Smoking fotografiert zu werden, während Wallace im Krankenhaus um sein Leben kämpfte, sagte er.

Anschließend bestellte Nixon Finanzminister John Connally, dem der Secret Service offiziell unterstand, ins Oval Office ein. Die Schüsse von Laurel hatten alles verändert, sagte er. Der Präsident meinte, wegen dieses Mordversuchs an einem demokratischen Kandidaten müsse Connally den letzten noch lebenden der Kennedy-Brüder unverzüglich davon überzeugen, die Bewachung durch den Secret Service zu akzeptieren.

Rein juristisch befinde sich der Präsident dabei auf dünnem Eis, wandte der Rechtsberater des Weißen Hauses ein. Senator Kennedy war kein Präsidentschaftskandidat, also war der Service auch nicht autorisiert, Personenschutz für ihn bereitzustellen. Aber Nixon blieb hartnäckig. Der Präsident betonte gegenüber Connally, dass Kennedy schon wegen des berühmten Namens seiner Familie ein Attentatsziel sei, außerdem würde er aktiv Wahlkampf für George McGovern betreiben, Nixons demokratischen Gegenkandidaten bei der Wiederwahl.

Unerwähnt ließ der Präsident dabei, dass er schon seit zwei Jahren wie besessen nach Dingen suchte, mit denen er den Ruf des jungen Senators beschmutzen konnte – ein Aspekt seines seit langem gehegten Neids auf die Familie Kennedy. Seit Nixon 1960 das Rennen um die Präsidentschaft gegen John F. Kennedy verloren hatte, trieb ihn eine Mischung aus Verbitterung und Bewunderung gegenüber Amerikas politischem Königshaus um.

Edward Kennedy hatte zwar einen Anlauf aufs Weiße Haus im Jahr 1972 für sich ausgeschlossen, galt aber als wahrscheinlicher Bewerber für 1976. Nixon hoffte, durch das Streuen verfänglicher privater Informationen den politischen Glanz des Senators trüben zu können.[156] »Ich hätte nur zu gerne Tonbandaufnahmen von Kennedy«, hatte Nixon ein Jahr zuvor, im April 1971, zu Haldeman gesagt.

Nixons Minister rief Ted Kennedy vom Oval Office aus an, der Präsident stand daneben und lauschte. »Ted … der Präsident hat mich gerade einbestellt. Er meinte, es sei ihm egal, was das Gesetz vorsieht, die Bedenken unseres Rechtsberaters hin oder her«, sagte Connally zu Kennedy. »Er denkt, von allen Leuten, die durch irgendwelche Spinner gefährdet sind, sind Sie wahrscheinlich am meisten gefährdet, von George Wallace einmal abgesehen. Und er möchte Ihnen noch heute Nachmittag den vollen Schutz durch den Secret Service anbieten, und ich rufe Sie an, um Ihnen zu sagen, dass diese Bewachung für Sie zur Verfügung steht, und zwar noch ab heute Abend, wenn Sie dies wünschen, Ted.«

Insgeheim verfolgte und quälte Ted Kennedy zwar noch immer der Tod seines Bruders Bobby, aber ihm war vollkommen bewusst, wie sehr Nixon die politische Dynastie der Kennedys verachtete. Es war kein Wunder, dass der Präsident Connally als Botschafter vorschickte. Der ehemalige Gouverneur von Texas diente in der Nixon-Regierung, aber es gab auch ein gemeinsames Trauma, das ihn mit den Kennedys verband. Connally hatte bei dem tödlichen Attentat von Dallas in derselben offenen Limousine gesessen wie Teds älterer Bruder, Präsident John F. Kennedy, und war dabei angeschossen und verletzt worden.

Der jüngste der Kennedy-Brüder zögerte einige Sekunden und überlegte schweigend, was er von dem Angebot halten sollte. »John, vielleicht können Sie das als gelegentliche Maßnahme einsetzen, mal

hier, mal da, wenn es sich anbietet, mal sehen«, antwortete Kennedy
mit seinem leichten Bostoner Akzent.

Connally drängte auf ein eindeutiges Ja. »Ich denke, der Präsident
möchte die Sache unter Dach und Fach bringen und offiziell mitteilen, dass es so vereinbart ist«, sagte er in seinem gedehnten texanischen Tonfall. »Wir geben Ihnen den vollen Schutz. Ich denke, Ted,
Sie sollten nicht lange überlegen und sich einfach darauf einlassen.
Teufel noch mal, ich weiß auch nicht, ich kann nicht versprechen,
dass sie Ihnen das Leben retten werden, aber es gibt eine verdammt
gute Chance, dass sie es tun, wenn irgendein Irrer auftaucht. Ich weiß,
dass Sie kein Präsidentschaftskandidat sind, aber Sie stehen in der
Öffentlichkeit. Ich weiß, wovon ich rede, das wusste ich schon immer.«

»Wieso versuchen wir es nicht vorübergehend, von Fall zu Fall …
ganz herzlichen Dank, John«,[157] sagte Kennedy mit tonloser, ruhiger
Stimme, und er klang weder dankbar noch begeistert. »Dann können
wir daran denken.«

Connally war einverstanden. Sie würden gleich am nächsten Morgen ein Agententeam zu Kennedy schicken. Als die beiden das Gespräch beendeten, bedankte sich Nixon bei Connally, und der Minister verabschiedete sich. Der Präsident hatte bekommen, was er wollte.

Nur Augenblicke zuvor hatte der Präsident Cornelia Wallace
im Holy Cross Hospital angerufen und ihr gesagt, er würde sich
»schreckliche« Sorgen um den Gouverneur machen und dass er und
seine Frau für ihn beten würden. Die Frau des Gouverneurs erzählte
Nixon, sie sei zunächst gar nicht sehr besorgt gewesen, aber auf
den Röntgenaufnahmen im Krankenhaus war eine Kugel zu sehen,
die in Wallace' Wirbelsäule steckte. »Er hat kaum Gefühl, und er
kann sich von der Taille abwärts nicht bewegen«, sagte sie Nixon.
»Das ist schon sehr besorgniserregend.«

»Sagen Sie ihm, er dürfe einfach den Mut nicht verlieren«, sagte
Nixon.[158] »Sagen Sie ihm, dass wir alle in der Politik mit bestimmten
Gefahren rechnen müssen und dass wir, Mrs. Nixon und ich, ihm
unsere allerbesten Wünsche aussprechen möchten, und Sie können

sicher sein, dass wir ihn in unsere Gedanken und unsere Gebete einschließen.«

Bevor man sich verabschiedete, hatte Cornelia Wallace eine scherzhafte Warnung für den Präsidenten bereit, begleitet von einem kleinen Lachen: »Na ja, er muss ja wieder auf die Beine kommen, um im November gegen Sie anzutreten.«[159]

Nixon lachte tonlos und meinte »Alles klar«, dann beendete er das Gespräch rasch. Nach diesen wichtigen Telefonaten ging Nixon in seine Wohnung, zog sich um und begleitete anschließend seine Frau zu einem Empfang im East Room. Er begrüßte die Gäste, dankte ihnen für ihre Beiträge und entschuldigte sich zügig wieder.[160] »Sie werden sicher verstehen, dass ich unter den gegebenen Umständen wieder an die Arbeit muss, um zu sehen, wie sich die Situation hinsichtlich des Zustands von Gouverneur Wallace darstellt«, ließ Nixon die Gäste wissen.

Später, als er in seinem privaten Büro im Executive Office Building mit seinen drei engsten Beratern und Helfern ungefiltert sprechen konnte, schob der Präsident Wallace selbst die Schuld an dem Attentat in die Schuhe. »Das haben wir doch schon immer gesagt, wieder und wieder, dass irgendwann jemand auf Wallace schießen wird, oder nicht?«, meinte Nixon zu Haldeman und seinem Sonderberater Charles Colson. »Hat er es nicht geradezu herausgefordert? Er facht den Hass doch an.«[161]

Nixon legte sich über den ganzen Abend zusammen mit Untergebenen seine weitere Strategie zurecht, immer noch umgetrieben von seinem zweiten Ziel. Er beharrte darauf, der Secret Service und das FBI müssten dem Weißen Haus sämtliche Informationen über den Schützen offenlegen, sobald sich etwas ergab. Er wollte, dass sie Informationen festhielten und eine zu frühe Weitergabe an die Presse verhinderten. »Wir müssen unbedingt über alle Details Bescheid wissen, bevor die Presse etwas erfährt, Jim«, warnte Haldeman Direktor Rowley, als er gegen 19 Uhr telefonisch ein Update für den Präsidenten anforderte. »Lassen Sie uns alles wissen, sobald Sie können. …

Das Entscheidende ist jetzt die Identität des Attentäters und alle Einzelheiten in diesem Zusammenhang, bevor die Presse irgendetwas darüber bringt.«

Nixon schäumte vor Wut, weil das Weiße Haus bisher so wenig Informationen über den Verdächtigen vorliegen hatte. Er gab die Order aus, dem Secret Service die Leitung der Ermittlungen zu entziehen. »Dieser Drecksack Rowley ist ein totaler Blödmann, wissen Sie. Der ist doch strohdumm«, reagierte sich Nixon gegenüber Haldeman ab. »Wir müssen da sofort jemanden reinbringen. Setzen Sie Ehrlichman darauf an! Schicken Sie Ehrlichman sofort hin, Bob, damit er die Sache in die Hand nimmt. Finden Sie nicht? Der Secret Service versaut sonst noch alles!«

Gleich nach dem Rowley-Telefonat rief Nixon Richard Kleindienst an, den stellvertretenden Generalstaatsanwalt. Er wies ihn an, das FBI solle die Ermittlungen übernehmen und schleunigst mehr über den Schützen in Erfahrung bringen. »Schicken Sie jemanden da hin … einen von uns, der da reingeht und den Dreckskerl verhört, bevor die linke Presse und der Rest an ihn rankommt und ihn ausquetscht«, sagte Nixon. »Haben Sie verstanden?«

Kleindienst wunderte sich über Nixons Sorge und erklärte, der mutmaßliche Schütze sitze hinter Schloss und Riegel, wo bestimmt keine Reporter hinkämen und ihm Fragen stellen konnten.

»Ich will betonen, dass die ersten Meldungen auf keinen Fall in der *Washington Post* kommen dürfen«, fuhr der Präsident fort. »Sehen Sie verdammt noch mal zu, dass das FBI auf der Matte steht, bevor die es tun.«

Rowley und sein Chefinspektor wiesen das Weiße Haus korrekt darauf hin, dass Bremer der Schütze war und sie davon ausgingen, dass er alleine gehandelt hatte. Aber schon Minuten nach diesem Telefonat hatte ein führender Justizmitarbeiter Nixon fehlerhafte und veraltete Informationen zur Kenntnis gebracht. Kleindienst beharrte darauf, die Polizei habe drei männliche Teenager als Verdächtige in Gewahrsam, einer davon sei als Schütze identifiziert worden, die anderen zwei seien seine Komplizen.[162]

Nixon haute mit der Faust auf den Schreibtisch, weil er Fakten haben wollte, aber was er eigentlich wollte, waren seine »bevorzugten Fakten«. Im Laufe des Abends sagte er seinen Helfern, sie sollten irgendwelche fingierten »Beweise« an wohlgesinnte Journalisten durchstechen. Sie sollten behaupten, die Ermittlungen hätten ergeben, der Wallace-Attentäter hätte Verbindungen zu linken Kreisen und zur Wahlkampagne von McGovern. »Schieben Sie es gleich den Linken in die Schuhe«, wies Nixon seine Leute an. »Sagt einfach, er sei ein Anhänger von McGovern und Kennedy. Gebt das einfach so weiter. Behauptet einfach, ihr hättet eindeutige Beweise.«

Haldeman verwies auf Bremers Vorstrafenregister, was konkrete Rückschlüsse auf seine mentalen Probleme erlaube. »Scheiß auf die Vorstrafen«, unterbrach ihn Nixon. »Sagen Sie einfach, er sei Anhänger von ›dem‹ und ›dem‹, und geben Sie das so weiter. Sagen Sie einfach, wir hätten bestätigte Berichte vorliegen.«

Der Präsident war einzig und allein auf seine Wiederwahl fixiert. Er tat laut und deutlich seine Sorge kund, wenn die Ermittler herausfänden, dass Bremer Verbindung zur politischen Rechten hätte oder ein Nixon-Anhänger wäre, dann könnte Nixon das Weiße Haus verlieren. Später saß Nixon mit Colson in seinem Büro im Executive Office Building zusammen. Er nippte an einem Cocktail, was nicht oft vorkam, und dachte laut über Möglichkeiten nach, das Problem zu lösen. »Ach, wäre es nicht wunderbar, wenn man linkes Propagandamaterial in seiner Wohnung finden würde«, sagte Nixon. »Zu schade, dass wir keinen haben, der so etwas dort einschleusen könnte.«

Colson kannte bereits Nixons übliche Praxis, auf diese indirekte Weise Forderungen und Wünsche zu äußern, entschuldigte sich und rief Howard Hunt an, einen ehemaligen CIA-Mitarbeiter. Hunt hatte mehrere Male inoffiziell im Auftrag des Weißen Hauses daran gearbeitet, schmutzige Informationen über Feinde des Präsidenten auszugraben, auch über Ted Kennedy. Colson sagte, er brauche ihn für eine kleine Mission, und er solle sich für diese Sache am nächsten Morgen nach Milwaukee begeben.[163]

Allerdings ging keiner von Nixons Plänen so auf wie erhofft. Nach dem Attentat war auch Direktor Rowley entschlossen gewesen, noch am selben Abend alles über Arthur Bremer in Erfahrung zu bringen, was er herausfinden konnte. Der Service musste wissen, ob dieses Attentat Teil einer umfassenden Verschwörung war. Rowley wies einen vorübergehend in Milwaukee stationierten Agenten an, Bremers Wohnung unter die Lupe zu nehmen.[164]

Der Hausmeister ließ den Agenten unverzüglich in die Wohnung. Er durchsuchte die schmuddelige Zweizimmerwohnung und fand mehrere Zeitungsausschnitte zum Wahlkampf, eine mit der Überschrift »Triff Nixon im Sheraton-Schroeder«, sowie Pamphlete der Black Panther Party und der American Civil Liberties Union. In einem Porno-Comic kam unter anderem ein Schwein namens Arthur Herman vor, welches seine sexuellen Vorhaben mit anderen Schweinen en détail beschrieb.[165] Der Agent nahm einen von Bremers Notizblöcken für eine Schriftprobe zur Analyse durch den Service an sich. Spiralblöcke waren voll mit zusammenhanglosen Gedanken und unverständlichem Gekritzel.

»Kannst Kanu zu mir sagen, Mama hat mir oft genug mit dem Paddel eins übergebraten.«

»Nixon braucht ein Nachtlicht.«

»In Amerika lebte einst ein Schwein namens Arthur Herman.«[166]

FBI-Agenten, die für den nächsten Morgen eine richterliche Verfügung erwirken wollten, befragten die Nachbarn und hörten eine Stimme aus Bremers Wohnung kommen. Sie drangen in die Wohnung ein, und der Streit darüber, wer die Ermittlungen im Fall Bremer führte, artete beinahe in eine Schlägerei aus. Als beide Seiten übereinkamen, ihren juristischen Disput außerhalb von Bremers Wohnung fortzusetzen, erspähten ein paar Lokalreporter eine Lücke und baten den Hausmeister, sie in die Wohnung zu lassen. Sie machten ausgiebig Fotos – und eine formlose Bestandsaufnahme der Habe des Verdächtigen.

Der Plan, falsche Beweise einzuschleusen, war damit gestorben.[167] Colsons Sekretärin rief Hunt an, um den Trip nach Milwaukee abzusagen. Der Präsident war stinksauer über das Dazwischenfunken des Secret Service und verlangte, das FBI solle die Kontrolle über sämtliche Beweise in dem Fall an sich ziehen.

Bald darauf trennten sich die Wege von Kennedy und seinen Bewachern vom Secret Service. Es war nicht allgemein bekannt, aber Kennedy hatte seit dem gewaltsamen Tod seines Bruders Robert unter posttraumatischen Stresssymptomen gelitten und diesen Stress mit massivem Alkoholgenuss zu bekämpfen versucht. Das Wallace-Attentat in Laurel löste einen weiteren Schock für die ganze Familie Kennedy aus, vor allem bei seiner Mutter Rose und auch bei Patrick, dem kleinen Sohn des Senators.

Trotz der Angst, die Familie könnte unter einem Fluch stehen, kündigte Kennedy formell seinen Personenschutz am 5. Juni auf, rund drei Wochen nachdem Nixon diesen angeordnet hatte. Kennedy sagte zu Rowley, er brauche keine Bewachung mehr, weil er nicht mehr in McGoverns Wahlkampf eingespannt sei und den Sommer mit der Familie in Cape Cod verbringen würde. Kennedys Helfer sagten der Presse auch, die streng dreinblickenden Bodyguards hätten ungewollt den Stress noch verschärft, unter dem die Familie stehe. »Er will auch nicht immer seinen Kindern erklären müssen, wieso diese bewaffneten Männer ständig um sie herumstreiften«, sagte sein Pressesprecher Dick Drayne zu Reportern.[168]

Der Secret Service hatte Mühe, mit seinem – nach eigener Wahrnehmung – kollektiven Versagen bei dem Wallace-Attentat zurechtzukommen. Ja, Wallace hatte sich selbst in Gefahr gebracht, als er den Rat Taylors ignorierte. Ja, Wallace hatte überlebt, allerdings würde er für den Rest seines Lebens gelähmt sein. Und ja, die Sicherheitsvorkehrungen des Secret Service im Umfeld von Nixon hatten Bremer entnervt und ihn erst veranlasst, von seinen Mordplänen gegen den Präsidenten abzulassen.

Dennoch nahmen sie an, ihr Sicherheitssystem hätte versagt. Der Vorfall legte offen, was die Agenten bereits wussten: Der Schutz der Kandidaten war niemals so akribisch durchgeplant und routiniert

eingespielt gewesen wie der für den Präsidenten und den Vizepräsidenten. Viele Agenten wechselten zu Wahlkampfzeiten so oft in
die Teams hinein und wieder hinaus, dass ein kohärentes Teamwork
in aller Regel nicht möglich war. »Die Dinge waren nicht so präzise
strukturiert, und die Agenten arbeiteten nicht unbedingt zusammen«,
sagte Joseph Petro, der für den Schutz des Vizepräsidenten arbeitete
und später Leiter des Personenschutzes von Präsident Reagan wurde.
»Es gab ständig personelle Wechsel in den Teams. Es bedurfte dieses
tragischen Ereignisses, damit alle auf das Problem aufmerksam wurden.«

Nach dem Wallace-Attentat führte der Service häufigere und in-
tensivere Übungen zum Umgang mit verschiedenen Arten von Angreifern an einer Seilabsperrung durch. Agenten und Beamte spielten
die Situationen immer wieder durch und übernahmen dabei die Rollen von Personenschützern und Schaulustigen auf beiden Seiten der
Absperrung. Der Ausbilder warnte die Agenten frühzeitig vor einer
Person in der Menschenmenge, die die Rolle des Attentäters innehatte und sich mit einer Waffe in Richtung des Chefs bewegen würde.
Der Ausbilder zeigte sogar an, wer diese Person war.

»Den Agenten wurde gesagt, wer eine Waffe hatte«, sagte ein ehemaliger Agent. »Und die Jungs arbeiten an der Absperrung, halten
ständig Ausschau nach diesem Typen und warten darauf, dass er die
Waffe zieht. Sie wissen, wer es ist.«

Die Agenten wandten den Blick ständig zwischen den Schaulustigen vor sich und dem Bewaffneten in der Menge hin und her. Sie versuchten, seine Angriffsbewegung zu antizipieren und sich auf einen
möglichst schnellen Schritt oder Sprung in Richtung des Täters einzustellen. Aber so oft sie diese Übung auch absolvierten, das Ergebnis
war immer das gleiche. »Sie schafften es niemals, ihn vor den ersten
zwei Schüssen aufzuhalten«, sagte der Ex-Agent.

Die unmittelbare Reaktion des Präsidenten auf das Attentat auf Gouverneur Wallace – nämlich dieses gegen seine Feinde zu nutzen –
war nur ein winziges Element einer viel größeren Geheimoperation,

durchgeführt von Nixons wichtigsten Helfern und Verbündeten. Er und seine politischen Gefolgsleute hatten große Pläne in der Mache, wie man die liberale Linke anschwärzen und die Wiederwahl des Präsidenten sicherstellen könnte.

Nur einen Monat nach den Schüssen auf Wallace jedoch wurden ein paar der Handlanger des Präsidenten ertappt. Am 17. Juni 1972 verhaftete die Polizei in Washington fünf Männer, die gegen 2:30 Uhr nachts in die Büros des Democratic National Committee im Watergate-Hotelkomplex eingebrochen waren.[169] Die *Washington Post* berichtete, einer der Männer, die während des Einbruchs mit Abhörgerätschaften erwischt worden waren, hatte früher für die CIA gearbeitet. Dieser Mann, James McCord, arbeitete auch als Sicherheitsberater für die Kampagne zur Wiederwahl Nixons.[170]

Schon bald vergaßen die Öffentlichkeit und die Medien diesen unbedeutenden, merkwürdigen Einbruch wieder. Es brauchte etwas mehr als zwei Jahre, ein Team von FBI-Agenten mit zwei Reportern der *Washington Post* auf den Fersen und eine Untersuchung durch den Senat, um letztendlich den Beweis aufzudecken, dass Nixon nicht nur von Anfang an über die Rolle seiner wichtigsten Helfer bei dem Einbruch Bescheid wusste, sondern auch die Vertuschung der Vorgänge angeordnet hatte.

Im engeren Kreis des Weißen Hauses dagegen herrschte bei Nixon und seinen Helfern in jenem Sommer helle Aufregung angesichts der Tatsache, dass FBI-Agenten den Einbruch vielleicht auf sie zurückverfolgen konnten. Obwohl es seine eigene Regierung war, die damals den Watergate-Einbruch untersuchte, legte Nixon seinen Helfershelfern das Verbiegen von noch mehr Regeln, den Bruch von noch mehr Gesetzen nahe.

Der Präsident forderte geradezu besessen die unbedingte Loyalität seiner wichtigsten Beamten ein. Er beharrte auf seinem Verlangen, Agenten des Secret Service als Horchposten des Weißen Hauses zu benutzen. Beide Themen – Loyalität und Spionage – beherrschten ein langes Gespräch, das der Präsident in jenem Juli mit Haldeman in Camp David führte.

»Ich gehe nicht davon aus, dass wir irgendeinen Draht zum McGo-
vern-Lager über deren Secret Service haben?«, fragte Nixon.

»Wir sollten es auf jeden Fall probieren, aber ich weiß nicht, wie
wir das anstellen könnten«, antwortete Haldeman. »Wir haben schon
gewisse Möglichkeiten … meines Wissens nutzen wir sie im Moment
nicht, und ich bin mir nicht sicher, ob wir sie nutzen sollten. Wenn
wir dabei erwischt werden …« Der Stabschef führte den Satz nicht
zu Ende.

Bei dieser Unterhaltung in Camp David ging Nixon eine Liste hoher Beamter durch, die damals in der Regierung arbeiteten, und be-
wertete ihre Loyalität zum Weißen Haus. Bei jedem einzelnen Namen
auf der Liste diskutierten der Präsident und sein wichtigster Helfer,
wen man fallen lassen und durch einen vertrauenswürdigeren Jasager
ersetzen sollte.

Zuerst sprachen sie über den amtierenden FBI-Direktor Pat Gray,
der die Ermittlungen leitete. Nixon war der Ansicht, er müsse
gehen.

Dann kam Nixon auf den Direktor des Secret Service zu sprechen.
»Das ist übrigens eine Sache, die wir ändern werden«, sagte Nixon.
»Wer zum Teufel ist das – Rowley –, der Chef des Ladens?«

»Dieses Kapitel können wir schließen«, höhnte Nixon.

»Ja, ja, das sollten wir«, pflichtete Haldeman bei. »Das Problem
ist nur, bisher hatten wir noch keinen Plan, wen wir an seine Stelle
setzen könnten.«

Der Stabschef sagte, er habe sich den stellvertretenden Direktor
des Secret Service, den aus Kalifornien stammenden Lilburn »Pat«
Boggs, etwas genauer angesehen, und er sei sehr angetan von ihm.
Er sagte, Boggs mache einen gehorsamen Eindruck und könnte die
geforderte Loyalität durchaus erbringen. Es war Boggs gewesen, der
Nixons leitenden innenpolitischen Berater John Ehrlichman am
Abend des Watergate-Einbruchs alarmierte und ihn auf die Verhaf-
tung eines ehemaligen CIA-Mitarbeiters hinwies.

»Wir haben ein paar Tests gemacht, und er hat ganz hervorragend
dabei abgeschnitten«, sagte Haldeman. »Er ist der eine, der einzige

Kerl in diesem ganzen investigativen Bereich, dem wir vertrauen
konnten und der gemacht hat, was wir ihm sagten.«

»Ich will einen von unseren Jungs«, sagte Nixon. »Da machen wir
keine halben Sachen.«[171]

Gleich nach dem Labor Day (erster Montag im September, Anm.
d. Ü.), als die Wahlkampagnen von Nixon und McGovern wieder
richtig Fahrt aufnahmen, drängte Nixon erneut auf die Bewachung
von Senator Kennedy durch den Secret Service.

In einem Gespräch am 7. September instruierte Nixon Haldeman
und dessen Stellvertreter Alexander Butterfield, sie sollten Bob Newbrand, einen leitenden Agenten von der Außenstelle in Miami, als
neuen Leiter des Personenschutzes für Kennedy einteilen. Nixon
kannte Newbrand aus dessen Zeit als Personenschützer des Vizepräsidenten, und Helfer des Weißen Hauses hielten ihn für einen überaus loyalen Gefolgsmann Nixons.

Der Präsident sagte, er wolle, dass Newbrands Truppe dazu bei-
trägt, Kennedy bei irgendeiner politischen Peinlichkeit zu ertappen,
die sie dann an die Presse durchstechen konnten. Es gab Gerüchte,
der junge Senator hätte eine Affäre mit der New Yorker Prominenten Amanda Burden. Nixon war diese Idee nicht mehr aus dem Kopf
gegangen, seit ihm sein Außenminister Henry Kissinger einige Geschichten erzählt hatte, Kennedy sei gesehen worden, wie er sich bei
einem gesellschaftlichen Ereignis in Manhattan an eine andere Frau
herangemacht haben und sogar zudringlich geworden sein soll.

»Rowley wird diese Einteilung nicht vornehmen«, sagte Nixon zu
Butterfield. »Versteht er das?«

»Er muss Newbrand dafür einteilen«, sagte Haldeman.

»Ist ihm klar, dass er das zu tun hat?«, fragte Nixon.

»Er hat es im Prinzip bereits getan«, antwortete Butterfield. »Und
wir sind mit voller Besetzung im Einsatz, mit 40 Leuten.«

»Ein großer Personenschutz ist richtig«, sagte der Präsident. »Einer, der ihn rund um die Uhr bewachen kann, auf Schritt und Tritt.«

Nixon und Haldeman lachten.

»Und … Rowley macht keine Zicken, oder?«, sagte Nixon später zu Haldeman.

»Der macht keine Zicken«, versicherte ihm Haldeman.

»Und Sie reden mit Newbrand?«, sagte Nixon.

»Und ich rede mit Newbrand und sage ihm, wie er die Sache angehen soll, denn Newbrand tut alles, was ich ihm sage«, versicherte Haldeman. »Er ist schon zweimal zu mir gekommen, und er hat mir absolut ernsthaft versichert: ›Bei allem, was Sie für mich getan haben und was der Präsident für mich getan hat, will ich Ihnen nur sagen, wenn Sie wollen, dass jemand umgebracht wird, oder wenn Sie sonst irgendetwas wünschen, ganz egal, was immer es sein mag.‹«

»Vielleicht haben wir ja Glück und ertappen den Dreckskerl und versauen ihm seine Kandidatur für '76«, sagte Nixon über Kennedy. »Das wird bestimmt lustig.«

Haldeman hatte Butterfield gesagt, er solle den Service wegen der Ernennung von Newbrand zum Leiter des Personenschutzes anrufen, aber Clint Hill widersetzte sich der telefonischen Anweisung des Stabschefs des Weißen Hauses. Hill, inzwischen stellvertretender Direktor für den Personenschutz, erläuterte, die Einteilung sei bereits erfolgt, und die Männer seien einsatzbereit und quasi schon auf dem Sprung. Die Männer beendeten das Telefonat.

Gene Rossides, der stellvertretende Finanzminister, rief anschließend wegen Newbrand bei Hill an. Hill wiederholte, dass der Service bereits ein Team zusammengestellt habe. Der Gesandte des Finanzministeriums fiel ihm ins Wort. »Sie erkennen offenbar nicht, worum es geht, Clint«, sagte Rossides. »Das ist keine Bitte, das ist ein Befehl.«[172]

Hill wusste, dass Newbrand, ein Eigenbrötler, der den Agenten offenbar lieber aus dem Weg ging, eng mit den Leuten Nixons verbandelt war, und er hatte das Gefühl, hier wäre etwas faul. Hill würde sich immer dem Schutz der Familie Kennedy verpflichtet fühlen, vor allem aber beleidigte ihn der Gedanke, dass Agenten für politische Zwecke missbraucht werden sollten.[173]

Hill weihte Jim Burke, den stellvertretenden Vizedirektor, zuständig für die Außenstellen und Newbrands Vorgesetzter, in seinen Verdacht ein. Burke rief Newbrand in dessen Außenstellen-Büro an und warnte ihn vor irgendwelchen politischen Spionageaktionen oder sonstigen zwielichtigen Geschäften im Bereich des Personenschutzes.

Am 8. September, dem Tag, an dem der neue Personenschutz seinen Einsatz beginnen sollte, sagte Butterfield zu Haldemans Sekretärin, er müsse dringend mit dem Stabschef wegen Kennedy sprechen. Es ist nicht klar, was Butterfield Haldeman so dringend mitteilen wollte. Aber während sie sprachen, machte sich Haldeman eine knappe Notiz über den Boss, der für die Einteilung von Secret-Service-Agenten zuständig war: »Hill weiß, was abgeht.«

Um 15:15 Uhr rief Haldeman Newbrand in dessen Büro in Miami an.[174] Es ist unklar, wer das Tauziehen um die Loyalität Newbrands gewann – der Ehrenkodex des Secret Service oder Nixons Stabschef. Newbrands Einteilung als Leiter des Kennedy-Personenschutzes endete nach zwei Monaten, als Nixon seine Wiederwahl geschafft und McGovern mit einem Erdrutschsieg in der ersten Novemberwoche geschlagen hatte. Über den jungen Senator tauchten keine peinlichen Fotos oder heiklen Geschichten in der Öffentlichkeit auf.

Newbrands Karriereweg führte hinterher mit dem Segen Nixons steil nach oben. Er wurde Sprecher des Secret Service während Nixons zweiter Amtszeit und wurde später zum Leiter der Außenstelle in Miami befördert.

Nixons heftige Reaktion auf das Wallace-Attentat unterstrich einige der menschlichen Schwachstellen des Präsidenten, die am Ende zu seinem Rücktritt und Untergang führen sollten. Weil er in seinen politischen Rivalen regelrecht Dämonen sah, betrachtete er sich selbst stets als das unbescholtene Opfer, das jedes Recht hatte, die Regierung für seine eigenen Zwecke zu manipulieren. Nixon machte es sich immer mehr zur Angewohnheit, seine Helfer anzuweisen, Gesetze zu umgehen und zu brechen.

Aber die Episode unterstrich auch, inwiefern das Gebaren eines Präsidenten den Secret Service beeinflussen und beschädigen kann. Unter Nixon legten der Präsident und seine Helfer eine Arroganz gegenüber dem Service an den Tag, die dessen Moral und Mission beschädigte.

1969 und 1970 hatten Nixons Anwalt und sein Stab den Secret Service unter Druck gesetzt, kostspielige Anschaffungen und Renovierungsarbeiten in Nixons privaten Anwesen in San Clemente und Key Biscayne zu genehmigen und zu bezahlen. Zu diesem Zweck sorgte Nixon dafür, dass der Service die betreffenden Ausgaben als aus Sicherheitsgründen erforderlich etikettierte. So brachte er es fertig, sich die schmucke Ausstattung seines Anwesens in Kalifornien mit neuem Mobiliar und edlen Stoffen vom Steuerzahler finanzieren zu lassen. Auf die gleiche Tour ließ er, ebenfalls auf Kosten der Steuerzahler, eine neue Abwasserleitung und ein neues Heizsystem in sein Haus in Key Biscayne einbauen sowie eine baufällige Gartenlaube erneuern, die seiner Frau wegen des Blicks auf den Ozean besonders am Herzen lag. Nixon und sein enger Freund Bebe Rebozo waren als Hauseigentümer Nachbarn in Key Biscayne;[175] Nixons Helfer drängten den Secret Service, einen Hubschrauberlandeplatz und Andockausrüstung für Rebozos Jacht zu bezahlen und einen »Zusatztransformator« für den Betrieb einer Sauna im Haus seines Kumpels, wie aus vorliegenden Arbeitsaufträgen hervorgeht.

Eine der Rechtsanwaltsgehilfinnen des Präsidenten brüstete sich mit ihrem Erfolg, ein neues Abluftgebläse für den Kamin des Hauses als sicherheitsbedingt notwendige Ausgabe durchgebracht zu haben, als Nixon sich beschwerte, der Abzug würde nicht ordentlich funktionieren.[176] »Ken Iacovone informierte mich, der Secret Service würde für die Installation des Kaminabzugs bezahlen, nachdem ich ihm gesagt hatte, es ginge definitiv um eine sicherheitsrelevante Maßnahme, und wie er es denn finden würde, wenn er erfahren müsste, dass ›Du weißt schon wer‹ erstickt oder an einer Rauchvergiftung gestorben wäre«, schrieb sie.

Direktor Rowley, in Sorge wegen der Kosten, die auf die Bilanz seiner Agentur draufgeschlagen wurden, bat im Vertrauen den Vorsitzenden des Haushaltsausschusses für Mittelzuweisungen im Repräsentantenhaus, der das Budget des Secret Service zu beaufsichtigen
hatte, gemeinsam mit ihm San Clemente einen Besuch abzustatten,
aber der Vorsitzende fand nie die Zeit dafür. »Ich denke, er wollte mir
damit sagen, dass die hohen Tiere im Weißen Haus versuchten, ihn
dazu zu bringen, für einen Haufen leichtfertiger Ausgaben den Kopf
hinzuhalten«, erzählte Tom Steed, ein demokratischer Abgeordneter
aus Oklahoma, dem Washingtoner Kolumnisten Jack Anderson im
Juli 1973. »Sie haben versucht, Rowley den Schwarzen Peter dafür zu-
zuschieben.«

Nixon versuchte auch, den Service dazu zu bringen, ihm bei der
Aufführung seines politischen Theaters zur Hand zu gehen. Mehr als
einmal wies er Agenten an, sie sollten Gegendemonstranten bei seinen Auftritten aus dem Weg räumen.

Der gefährlichste Fall dieser Art entwickelte sich bei einem Besuch in San Jose am 29. Oktober 1970. Nixon und sein Stab brachten
Agenten mit dem Versuch auf die Palme, Gegendemonstranten vor
dem Eingang der Stadthalle zu provozieren, in der Nixon vor den
Zwischenwahlen eine Rede zur Unterstützung der Republikaner hielt,
darunter auch Gouverneur Ronald Reagan.

Die Agenten hatten in den Tagen vor der Veranstaltung in Erfahrung gebracht, dass die Mitarbeiter des Weißen Hauses hofften,
unvorteilhafte Fotos von einem wilden Mob zuwege zu bringen, um
die Sympathie der Öffentlichkeit für Nixon und die Republikaner zu
gewinnen. Larry Newman, ein Agent, der an den Vorbereitungen für
die Veranstaltung beteiligt war, traute seinen Ohren nicht, als er an
der Hotelbar mitbekam, wie ein Helfer des Weißen Hauses den Plan
beschrieb, Strohmänner in die Reihen der Demonstranten einzuschleusen, damit der Eindruck von Gewalttätigkeit und Sachbeschä-
digung entsteht. »Wenn Sie das machen, werden Menschen verletzt
werden, und wir werden Sie festnehmen«, sagte Newman. »Versuchen Sie's gar nicht erst.«

Als Nixon zu seiner für 19 Uhr geplanten Rede eintraf, hatte sich draußen eine Menge von mehr als tausend Menschen versammelt. Die meisten waren Studenten der San Jose State University, die von einer friedlichen Antikriegsdemo in der Nähe direkt zur Stadthalle herübergekommen waren. Darunter hatten sich auch einige gemischt, die gegen die hohen Arbeitslosenzahlen im Valley demonstrierten, sowie ein paar militante Aktivisten. Und da waren auch noch eine ganze Menge Leute, die den Auftritt Nixons verfolgen wollten, aber keine Karten mehr bekommen hatten. Die kunterbunte Menge hielt Schilder in die Höhe und stimmte Gesänge an, und alles wartete auf das Erscheinen des Präsidenten.

Ein Polizeihauptmann gab einem für die Koordination der Sicherheitsvorkehrungen zuständigen Secret-Service-Agenten den Hinweis, er glaubte gesehen zu haben, wie freiwillige Helfer Nixons versuchten, Türen zu öffnen und Demonstranten in die Halle zu lassen. Der Senior Agent folgte dem Polizisten zum Ort des Geschehens und traf dort auf Ron Ziegler, den Sprecher des Weißen Hauses.

»Was zum Teufel tun Sie hier?«, wollte der Agent wissen.

»Wir wollen eine aussagekräftige Konfrontation«, antwortete Ziegler.

»Schieben Sie sich Ihre aussagekräftige Konfrontation gefälligst sonst wo hin«, beschied ihn ein örtlicher Polizeihauptmann.

Die Menschenmenge draußen blieb friedlich, aber es war ein beständiges Trommeln zu vernehmen, und ebenso Sprechchöre mit dem üblichen Antikriegs-Slogan: »One, two, three, four, we don't want your fucking war.«

Nach rund vierzig Minuten verließ Nixon die Stadthalle, mit Reagan und einem weiteren Republikaner, Senator George Murphy, im Schlepptau. Aber der Präsident fuhr nicht sofort, wie eigentlich vorgesehen, mit seiner Fahrzeugkolonne davon. Stattdessen verweilte seine Entourage einige Zeit auf einem großen, etwas abgelegenen Parkplatz, der an zwei Seiten von Demonstranten eingerahmt wurde, größtenteils hinter Absperrungen.

Dann aber sprang der Präsident zum Entsetzen der Agenten und

Polizisten um ihn herum plötzlich, gestützt durch einen Helfer, auf die Motorhaube seiner Limousine. Nixon reckte beide Hände in die Höhe und hielt der Menge höhnisch das »Victory«-Zeichen entgegen.

Ray Blackmore, Polizeichef von San Jose, riss die Augen auf, »als würde er einen Horrorfilm sehen«, wie sich ein Agent erinnerte. Der Chief hatte im Führungsauto gesessen und war davon ausgegangen, dass sich die Kolonne zügig in Bewegung setzen würde. Ein für die Sicherheitskoordination zuständiger Kriminalbeamter meinte, er sei »erschrocken« bei dieser waghalsigen Aktion, zumal angesichts der Attentate, die in der Zeit davor geschehen waren.

Auch die Gegendemonstranten waren perplex. Ein junger Mann meinte, er und einige Leute in seiner Nähe hätten schnell zu Boden geschaut, ob sich vielleicht ein Stein oder ein anderes geeignetes Wurfgeschoss finden ließe, aber »Steine waren dort leider Mangelware«.

Trotzdem berichteten Polizisten, die wenige Meter von Nixon entfernt standen, von kleinen Steinen, die ihnen bei dem Vorfall um die Ohren geflogen waren. Nervöse Secret-Service-Leute schoben den Präsidenten hastig in seine Limousine, und Sekunden später setzte sich die Wagenkolonne in Bewegung.

»Das hassen sie so richtig«, raunte Nixon kichernd einem Helfer zu, als er in seinem Wagen Platz nahm.

Der Präsident hatte die Menschenmenge aufgewiegelt.[177] Sein Personenschutzkommando vom Secret Service nahm dann im letzten Moment eine Änderung an der Exit-Strategie vor, laut einem Bericht, den Chief Blackmore Jahre später öffentlich machte.

Blackmore hörte im Führungsauto, wie der Secret-Service-Agent neben ihm eilig per Funk die Motorrad-Eskorte der Kolonne anwies, nach links in die Park Avenue einzubiegen. »Nein, nach rechts«, sagte Blackmore. Laut Plan hätte die Kolonne nach rechts abbiegen müssen, wo seine Polizisten als Barriere zwischen der Straße und der Menschenmenge postiert waren. »Unsere gesamten Einsatzkräfte stehen rechts.«

»Das wissen wir«, sagte der Agent.[178] »Wir wollen die Presse an die

Wölfe verfüttern. Wir kommen bei diesem Trip nicht mit denen klar.«
Der Agent sagte Blackmore, der vordere Teil der Kolonne habe genug
Zeit, um den Demonstranten durch schnelles Abbiegen nach links zu
entwischen, aber die Pressebusse am Ende, die ohne Polizeibarriere
schutzlos wären, würden »eins auf die Mütze kriegen«.

Später, als die Karawane auf dem Rollfeld des Flughafens auf den
Weiterflug nach San Clemente wartete, zog ein junger Helfer in einem gestreiften Hemd einen Vorschlaghammer hervor und begann,
von der Seite auf die Präsidentenlimousine einzuschlagen.

Mindestens ein Agent sah es mit ungläubigem Staunen.

Der Helfer erklärte dazu: »Wir wollen einfach nur zeigen, was für
Leute das sind.«

Der Agent sagte ihm, er solle sofort damit aufhören. »Das ist ein
Regierungsfahrzeug«, sagte der Agent. »Was Sie da machen, ist Zer-
störung von Staatseigentum.«

Der junge Mitarbeiter ließ endlich von seinem Gehämmer ab.

Nixon konnte es nicht erwarten, aus dem Auftritt an dem Abend
Honig zu saugen. Er sagte Ziegler, der solle noch auf dem Weiterflug eine Stellungnahme veröffentlichen, sein Auto sei mit Steinen
beworfen worden. »Die Steinwürfe von San Jose sind ein Beispiel für
die Bösartigkeit der gesetzlosen Elemente in unserer Gesellschaft«,
hieß es darin. »Das war die Aktion eines wilden Mobs, der das
Schlechteste in Amerika repräsentiert.«

Eine Überschrift in *The Sacramento Bee* vom nächsten Tag tönte:
»Demonstranten in San Jose schmeißen Steine auf Nixons Delega-
tion«. Eine weitere Schlagzeile in einer Lokalzeitung behauptete:
»Militante attackieren Nixons Fahrzeugkolonne«.

Zuschauer wie Reporter, die selbst dabei waren, rätselten über die
nach ihrer Ansicht aufgebauschten Berichte über eine angebliche Gefährdung des Präsidenten.[179] Die Polizei räumte ein, dass die Steinwürfe erst nach Nixons provokanter Victory-Geste begannen und
zunahmen, als Nixons Limousine längst unterwegs war. Die Steine
hätten »geringfügige Auswirkungen« auf das Präsidentenfahrzeug
gehabt, sagte Blackmore, seien aber auf die folgenden Fahrzeuge der

Kolonne und den Reisebus mit den Presseleuten eingeprasselt, der den Abschluss der Kolonne bildete.

Das Weiße Haus hatte wieder erreicht, was es gewollt hatte. »San Jose wurde zu einem echten Knüller«, hielt Haldeman an jenem Abend in seinem Tagebuch fest. »Wir wollten eine Konfrontation, es waren keine Zwischenrufer in der Halle, deshalb zögerten wir die Abfahrt ein wenig hinaus, damit sie draußen etwas veranstalten konnten, und das taten sie natürlich auch.«[180]

Im Herbst 1973 implodierte Nixons Weißes Haus regelrecht. Seine beiden treuesten Helfer, Haldeman und Ehrlichman, hatten Ende April auf Nixons Wunsch den Hut genommen. Ihre Rücktritte erfolgten, nachdem der Anwalt des Weißen Hauses Nixon gesagt hatte, er würde mit der Bundesanwaltschaft kooperieren, und die Bundesanwälte setzten den Präsidenten davon in Kenntnis, dass Haldeman, Ehrlichman und andere Vertreter des Weißen Hauses in den Watergate-Einbruch und die damit verbundene Vertuschung verwickelt waren. Der Senat und ein unabhängiger Justiziar kamen in ihren separaten Untersuchungen der Verbindung des Weißen Hauses zum Watergate-Einbruch gut voran. Ein ehemaliger hoher Mitarbeiter behauptete, Nixon habe persönlich darüber gesprochen, wie man die Rolle des Weißen Hauses in der Sache vertuschen könnte. Butterfield hatte eine potenzielle Fundgrube enthüllt, mit deren Hilfe sich das Ganze beweisen lassen könnte: ein geheimes Tonbandaufnahmesystem im Oval Office und in den Büros im Westflügel, das nahezu alle Telefonate und Gespräche Nixons aufzeichnete. Nixons Präsidentschaft hing nun an diesen Tonbändern.

Auch der Ruf des Secret Service stand auf dem Spiel. Die Öffentlichkeit wusste noch nicht, wie massiv das Weiße Haus seine Schutztruppe manipuliert und für die eigenen politischen Zwecke eingespannt hatte. Aber Rowley wusste das, und in jenem Herbst konnte der Direktor klar erkennen, dass das Fass dabei war überzulaufen.

Am 6. September berichtete die *Washington Post*, der Secret Service habe sich bereit erklärt, Nixons Bruder heimlich abzuhören,

auf Anweisung des Präsidenten.[181] Die Abhöraktion schien illegal zu
sein, wie die Quellen der *Post* vermeldeten. Nixon wollte angeblich
verhindern, dass sein in finanzielle Schwierigkeiten geratener Bruder ihn in eine peinliche Lage bringen konnte. Tags darauf schickte
der Untersuchungsausschuss des Senats zum Fall Watergate eine formelle Bitte an Rowley, er möge sich zu der Abhöraktion und der juristischen Rechtfertigung dafür erklären.[182]

Es gab noch weitere Geheimnisse, die bei den intensiver werdenden Ermittlungen ans Tageslicht gelangen würden, und Rowley war
das klar. Ein laufendes juristisches Verfahren, in dem Rowley persönlich erwähnt wurde, würde enthüllen, dass Agenten des Secret Service Anti-Nixon-Demonstranten bei öffentlichen Auftritten auf Anweisung des Weißen Hauses entfernt hätten. Interne Memos würden
zeigen, wie Nixons Helfer den Secret Service genötigt hatten, die Kosten für teure Renovierungsarbeiten an seinen Häusern in Kalifornien
und Florida zu übernehmen, indem sie behaupteten, diese Arbeiten
seien »aus Gründen der Sicherheit« notwendig gewesen.

Wochen nach der Abhörgeschichte erreichte der Kampf um die
Tonbänder des Weißen Hauses einen Höhepunkt. Am Abend des
20. Oktober feuerte Nixon den unabhängigen Rechtsberater, der verlangt hatte, er müsse sich einem neuen Gerichtsbeschluss fügen und
den Ermittlungsbehörden die Tonbänder des Weißen Hauses aus-
händigen. Der Justizminister und sein Stellvertreter, die sich beide
Nixons Anweisung widersetzt hatten, den Rechtsberater zu entlassen, traten aus Protest zurück. Die Zeitungen tauften das Ganze das
»Saturday Night Massacre«.[183]

Zwei Tage später informierte Direktor Rowley Kollegen darüber,
dass auch er seinen Hut nehmen werde. Er erklärte, die Zeit sei reif;
er habe 35 Jahre im Service Dienst getan, zwölf davon als Direktor.
Der Verlust von Präsident Kennedy hatte sich wie das schwerste
Versagen in seiner gesamten Karriere angefühlt, aber er sei stolz
auf seine Arbeit zusammen mit den Agenten, die den Secret Service
nach der Tragödie stärker gemacht habe.

Insgeheim räumte Rowley ein, er würde mit tiefem Bedauern aus dem Amt scheiden. Er und einige seiner vertrauten Mitstreiter hatten widerstanden, so gut es ging. Aber Rowleys Methode war der stille Widerstand, nicht der große Wirbel. Er war nicht in der Lage gewesen, Nixon daran zu hindern, den Secret Service zu seinem willigen Werkzeug zu formen.

Dennoch wusste der scheidende Direktor, dass er das Schiff in fähige Hände übergeben würde. Nixon hatte Stuart Knight, einen seiner Stellvertreter, als möglichen Nachfolger ins Spiel gebracht. Der Präsident kannte Knight vor allem als den mutigen Personenschutzagenten, der ihm wahrscheinlich das Leben gerettet hatte, als er Nixon in dessen Zeit als Vizepräsident half, einem wütenden Mob in Venezuela zu entkommen. Rowley kannte Knight als kluge und leidenschaftlich unabhängige Führungspersönlichkeit. »Diese Ernennung ist anders als frühere Personalentscheidungen Nixons; er gehört nicht zu Nixons früheren Hilfstruppen«, erzählte ein Regierungsvertreter einem Reporter auf eine Frage zur Ernennung Knights. »Er ist ein eigenständiger Kopf – und er schuldet niemandem irgendwas.«

In Rowleys Amtszeit hatte Nixon den Secret Service benutzt, als wäre er bloß ein weiteres Werkzeug bei seinen politischen Machenschaften. Er hatte versucht, Ermittler des Secret Service mit dem Sammeln von Fakten über den Wallace-Attentäter zu beauftragen, damit der Präsident den Anschlag irgendeinem mordlustigen linken Aktivisten in die Schuhe schieben konnte. Er hatte in drei Fällen versucht, Agenten dazu zu bringen, seine politischen Gegner Edward Kennedy und George McGovern auszuspionieren, um diese anschwärzen zu können. Nixon befahl dem Secret Service, seinen eigenen Bruder zu überwachen, um mehr über potenziell schädliche Aktivitäten herauszufinden, die Nixons Feinde hätten nützen können, und um diese Informationen unter seine Kontrolle zu bringen. Er hatte versucht, Anti-Nixon-Demonstranten als gewalttätigen Mob hinzustellen, und er schaffte es, den Secret Service dazu zu bringen, seine eigenen Sicherheitsregeln zu missachten, damit er einen Aufruhr anzetteln konnte. Er hatte Agenten angewiesen, Gegendemonstranten vom Schutzzaun des Weißen Hauses und aus seinem Blickfeld wegzuschaffen, wenn sie ihn störten, obwohl es Vorschriften gab, die den Agenten genau dies untersagten. Und dann seine vielleicht kleinkarierteste Aktion: Nixon und seine Helfer gingen sehr großzügig mit der Wahrheit um, damit der Secret Service die Kosten von Renovierungsarbeiten an seinen Privathäusern übernahm, mit der Behauptung, diese wären aus Sicherheitsgründen erforderlich.

Knight gelobte, Rowleys Schwerpunktsetzung der Agentenausbildung fortzuführen und zu erweitern, und »die Lücke zwischen dem Istzustand und dem Idealzustand [im Secret Service] zu schließen«. Das war eine vornehme Umschreibung seiner neuen Aufgabe:[184] Wiederherstellen des guten Rufs des Service, der beschmutzt worden war durch Nixons ständige Versuche, ihn für eigene Zwecke zu missbrauchen.

Dennoch sollte Knight nicht sehr lange für das Weiße Haus unter Nixon tätig sein. Runde neun Monate nach der Auswahl eines neuen Direktors für den Secret Service, der den alten ersetzen sollte, welchen Nixon als »Dummkopf« bezeichnet hatte, sollte Nixon selbst das Weiße Haus mit Schimpf und Schande verlassen. Ironischerweise sollte eine Maßnahme, die der Secret Service auf Anweisung Nixons zu Beginn von dessen erster Amtszeit getätigt hatte, eine zentrale Rolle beim tiefen Fall des Präsidenten spielen.

Nach einem Jahr im Amt hatte Nixon den Secret Service angewiesen, ein neuartiges, durch Stimmen aktiviertes Aufnahmesystem im Weißen Haus, in Camp David und in anderen wichtigen Büros zu installieren, in denen er seinen Geschäften nachging. Haldeman sagte Butterfield, er solle die entsprechenden Vorkehrungen treffen.

Im Februar 1971 trat Butterfield auf Al Wong zu, den Leiter der Abteilung für technische Sicherheit im Service. Er kannte Wong gut, weil dessen Team regelmäßig das Oval Office, wichtige Besprechungsräume und Hotels, in denen der Präsident logierte, nach elektronischen Abhörgeräten durchforstete. Als Nixon am 12. Februar zu einem Wochenende in Key Biscayne aufbrach, installierte Wongs Team sechs unscheinbare Mikrophone im Schreibtisch des Präsidenten im Oval Office und vier weitere in Lampen am Kaminsims des Cabinet Room. Das System nahm vertrauliche Gespräche auf Tonbandkassetten auf, die in einem zugemauerten Abschnitt im Keller des Gebäudes aufbewahrt wurden.

Wong warnte Butterfield, der Service habe ähnliche Tonbandsysteme auch für Kennedy und Johnson eingebaut, und »diese Dinge funktionieren nicht immer so, wie man es eigentlich geplant hatte«.[185]

Nixon hatte vor allem eine Frage, als er an jenem Dienstag zurückkam und Butterfield ihn über das Bandsystem in Kenntnis setzte. »Wegen dieser Tonbandsache«, fragte er, »wer weiß davon?«

Mindestens vier Agenten und Techniker des Secret Service waren an der Installation beteiligt gewesen und wüssten darüber Bescheid, sagte ihm Butterfield.

»Verdammt«, blaffte Nixon. »Das darf niemals herauskommen.«[186]

Die Geheimniskrämerei um die Bänder begann just nach dem Nationalfeiertag, dem 4. Juli 1973, Kreise zu ziehen, als Nixons stellvertretender Stabschef, Alexander Butterfield, mit Mitarbeitern zu einer Befragung durch den für die Watergate-Untersuchungen zuständigen Senatsausschuss einbestellt wurde. Der Ausschuss führte einige zufällige Vorabbefragungen von Mitarbeitern des Weißen Hauses durch. Butterfield hoffte, sie würden nicht gar zu viel wissen – oder wissen wollen. Die Befragung ging dem Ende zu, und er dachte schon, alles sei in Butter. Aber just als er glaubte, aus der Befragung entlassen zu werden, fragte der stellvertretende Justiziar der Republikaner, Donald Sanders, warum die wörtliche Wiedergabe in einem Bericht, der dem Ausschuss vorgelegt worden war, eigentlich so präzise sei. Er wies Butterfield darauf hin, dass darin wörtliche Zitate des Präsidenten und wichtiger Helfer aus einer bestimmten Besprechung vermerkt seien.

»Gab es dort irgendwelche Aufnahmegeräte, abgesehen von dem Diktaphonsystem, das Sie erwähnt hatten?«, wollte Sanders wissen.

Bevor Butterfield den Saal betrat, hatte er beschlossen, auf eine direkte Frage nicht zu lügen.

»Ja«, brachte er mühsam hervor.[187]

Die Ermittler im Saal waren augenblicklich elektrisiert. Butterfield spürte Panik aufsteigen, die Aufregung der Ausschussmitglieder war mit Händen zu greifen. Hier war der Beweis, den die Ermittler des Senats brauchten, um die Rolle des Präsidenten bei der Vertuschung des Einbruchs belegen zu können. Einer von Nixons engsten Vertrauten hatte das Geheimnis gelüftet, das der Präsident unbedingt unter Verschluss hatte halten wollen.

Ein Jahr lang kämpfte Nixon mit allen Mitteln – bis hinauf zum Obersten Gericht –, um die Herausgabe der Tonbänder zu verhindern. Nixons Anwälte machten geltend, diese heimlich aufgenommenen Gespräche seien durch das Exekutivprivileg des US-Präsidenten geschützt. Aber knapp ein Jahr, nachdem Butterfield die Existenz der Aufnahmen enthüllt hatte, am 24. Juli 1974, entschied der Supreme Court mit 8:0 Stimmen, den Präsidenten zur Herausgabe der Bänder zu zwingen.

Fünfzehn Tage später erklärte Richard Nixon, der 37. Präsident der Vereinigten Staaten, seinen Rücktritt.[188]

TEIL 2

FEUERPROBE

Ford bis Clinton
(1974 bis 1999)

Kapitel 7

EIN SPAZIERGANG
ZUR KIRCHE

Hi, Bobby. Sie kommen wohl besser rüber. Wir gehen so in zwanzig Minuten in die St. John's.« Mike Deaver, stellvertretender Stabschef unter Präsident Reagan, meldete dem Service Supervisor am Weißen Haus an diesem Sonntag eine spontane Planänderung. Der neue Präsident und seine Frau wollten die Kirche besuchen, die einmal über den Platz vor den Toren des Weißen Hauses lag. Die beiden Reagans würden sich gerne die Beine vertreten und etwas frische Luft schnappen – und zwar zu Fuß.

Es war kurz vor elf Uhr am 29. März 1981, und Bob DeProspero war für die Sicherheit des Präsidenten zuständig. Ronald Reagan war gerade acht Wochen im Amt, und DeProspero war zur Nummer zwei seines Einsatzkommandos ernannt worden. Entweder er oder Jerry Parr, der Kommandoanführer, mussten sich immer auf dem Gelände des Weißen Hauses aufhalten, falls Reagan einmal den präsidentiellen Kokon verlassen wollte.

DeProspero war überrascht von der Ankündigung dieses Kirchgangs und rümpfte die Nase. Der Senior Agent, besser bekannt als Bobby D, galt als strenger Chef, der nichts für Abkürzungen oder Überraschungen übrig hatte. Als ehemaliger Wrestling-Trainer verlangte er von seinen Agenten, auch bei Erschöpfung oder Langeweile, immer wachsam zu bleiben. »Niemals nachlassen«, gehörte zu seinen Standardsprüchen. Seit Reagans Ernennung hatte Bobby D mehrfach mit Deaver die grundsätzlichen Regeln durchgesprochen. Der Service begleitete den Präsidenten nicht auf spontane Trips vom Gelände, das Kommando benötigte dafür mindestens eine Stunde Vorlauf. DeProspero atmete in seinem Büro im Old Executive Office Building hörbar in den schwarzen Telefonhörer aus. »Mike, ich dachte, wir seien darin übereingekommen, dass ich Zeit brauche«, sagte DeProspero mit seinem leichtem Südstaatenakzent, bei dem er die Vokale dehnte. »Ich weiß, ich weiß. Ich kann nichts machen. Sie haben gerade entschieden, zu gehen«, fügte Deaver schnell mit leicht gereiztem Unterton hinzu. Deaver war während Reagans Gouverneurszeit einer seiner engsten Mitarbeiter gewesen, und es gehörte zu seinem Job, das Image des Präsidenten aufzupolieren.

»Dann lassen Sie mich wenigstens die Autos holen«, sagte DeProspero.

»Nein. Wir werden zu Fuß gehen«, gab Deaver zurück.

DeProspero machte eine Pause, bevor er zu einer höflichen Anweisung ansetzte. »Also, Mike«, sagte er langsam, kontrolliert, fast spitzfindig, wodurch sein Südstaatenakzent noch stärker zum Tragen kam, »das können Sie nicht *machen*.« Deaver unterbrach ihn und erteilte stattdessen selber eine Anweisung: »Bobby, ich würde vorschlagen, Sie kommen her«, sagte er, »denn wir werden uns bald auf den Weg machen.« Damit legte der stellvertretende Stabschef des Weißen Hauses auf. Jetzt musste DeProspero sich tummeln, der Präsident der Vereinigten Staaten würde gleich durch einen öffentlichen Park und die Pennsylvania Avenue entlanggehen, ohne dass es irgendein Sicherheitskonzept gäbe. Der Kommandochef legte den Hörer nieder, sprang vom Schreibtisch auf und joggte den Gang in Richtung West Wing hinunter.

Den ganzen Weg über sprach er in sein Ärmelfunkmikrofon. Er alarmierte sein Team in W-16, einem Bereitschaftsraum unter dem Oval Office, den die Agenten als Zentrale nutzten, um sich und die Limousinenkolonne rechtzeitig in Stellung zu bringen. Der POTUS war unterwegs.

DeProspero hoffte noch immer, rechtzeitig zu kommen, um Dea-

ver von seinem Plan abzubringen. Er spurtete über den Hof des Executive Office Building zu einer ebenerdigen Auffahrt, die zur West
Executive Avenue führte, und ging dabei gedanklich Möglichkeiten
durch, wie er diesen Ausflug unterbinden könnte. Als er durch die
Lobby des Westflügels trabte, traf er vor dem Oval Office auf den
frischgebackenen Präsidenten und seine First Lady, bereits im Mantel
und bereit für ihren Spaziergang.

Jetzt steckte der Agent in der Klemme, der Ausflug würde stattfinden.

Die kleine Gefolgschaft setzte sich in Bewegung, sie gingen gemeinsam durch das Nordwesttor. DeProspero heftete sich an die
rechte Seite des Präsidenten, blieb direkt an seiner Schulter. Über das
Funkgerät in seinem Ärmel vergewisserte er sich, dass seine Agenten die Limousine und ein Begleitfahrzeug zur Kirche bringen würden. Egal, was Deaver sagte, Bobby D würde den Präsidenten für den
Rückweg ins Weiße Haus hinter kugelsicheres Glas und gepanzerte
Türen packen.

Acht Agenten der Schicht hatten einen Spurt hingelegt, um ihre
Ausrüstung für den Spaziergang zusammenzusuchen. Sie gingen
in Position und bildeten eine amöbenförmige Schutzformation um
»Rawhide« und »Rainbow«, wie die Reagans mit ihren Codenamen
genannt wurden. Als sie die Pennsylvania Avenue hinter sich ließen
und den Lafayette Park betraten, blühten die Reagans auf, sie freuten
sich über jede Gelegenheit, wieder einmal *draußen* zu sein.

Nancy Reagan war ganz baff gewesen[1], seit der Wahl nicht mehr
einfach spazieren gehen oder Freunde zum Essen treffen zu können.
Nun sog sie die frische Frühlingsluft ein und ließ die knospenden
Magnolienbäume auf sich wirken. Augenzwinkernd winkte der Präsident ein paar überraschten Spaziergängern zu, die in den fröhlich
Flanierenden das berühmte Paar erkannten.

Auch Deaver hatte sich den Reagans an die Fersen geheftet. Fast
den gesamten sechzigminütigen Weg über zofften sich DeProspero
und Deaver im Flüsterton, wie Eheleute, die es nicht geschafft hatten,
vor einer Party einen Streit beizulegen.

»Mike, das können Sie nicht machen«, sagte DeProspero, der ruhig zu bleiben versuchte, aber spürte, wie sein Gesicht heiß wurde. »Wenn ich Zeit gehabt hätte, mit dem Präsidenten zu sprechen, hätte ich ihm gesagt, dass das nicht geht.«

Deaver, der dafür zuständig war, Reagans Ruf in der Öffentlichkeit zu verbessern, feuerte zurück, dass die Regeln des Secret Service erdrückend seien, wenn nicht sogar lächerlich. Der Präsident wollte in der Öffentlichkeit gesehen werden und sollte es auch, so Deaver.

»Mike, ich sage Ihnen – «, begann DeProspero.

Deaver fiel ihm ins Wort, und dieses Mal wurde er laut:

»Bob, wollen Sie mir sagen, dass der Präsident der Vereinigten Staaten nicht die Pennsylvania Avenue entlanggehen kann? Wollen Sie mir sagen, es ist nicht einmal sicher für ihn, in der Stadt eine Straße entlangzugehen?«

DeProspero holte genauso laut zum Gegenschlag aus, er polterte:

»Genau das will ich Ihnen sagen, Mike!«

Nun drehte sich ebenjener Präsident der Vereinigten Staaten zu ihnen um.

»Worüber streiten Sie beide denn?«, fragte Reagan stirnrunzelnd. Deaver deutete mit einer Handbewegung an, dass es sich um eine Nichtigkeit handelte.

»Oh, alles in Ordnung, Mr. President«, sagte er, »kein Grund zur Sorge.«

DeProspero rauchte vor Zorn. Es war ihm egal, wie unbeliebt er unter den Agenten und Mitarbeitern des Weißen Hauses war. Ihm war bewusst, dass viele es übertrieben fanden, wie nachdrücklich er stets auf Bedrohungen hinwies. Er wusste, dass er im Recht war, aber er wollte den Präsidenten nicht reizen und beließ es deshalb jetzt dabei.

Er würde sich später darum kümmern.

Ungefähr 24 Stunden später sollten sich die beiden Männer mit Schaudern an dieses Gespräch erinnern. Deaver würde bestürzt über seine eigenen Worte sein und bald zu DeProsperos größtem Unterstützer werden.

Fürs Erste hatte man ihrem Gezanke ein Ende bereitet, die Reagans betraten die Kirche und nahmen in den hinteren Reihen Platz.

Zur selben Zeit, ungefähr zehn Häuserblocks entfernt, stieg am Greyhound-Terminal ein 25-jähriger Rumtreiber, der an schizophrenen Wahnvorstellungen litt, aus dem Bus. Seine wohlhabenden Eltern hatten ihn auf Anraten eines Therapeuten von zu Hause weggeschickt, damit er sein Leben auf die Reihe bekäme. Er bestellte sich beim Burger King des Busterminals einen Whopper und studierte seine Karte von der Washingtoner Innenstadt. Er hatte eine Mission.

Er wusste, dass er das Herz einer berühmten jungen Schauspielerin gewinnen konnte. Alles, was er dafür tun musste, war, den Präsidenten der Vereinigten Staaten zu erschießen.

In den sieben Jahren zwischen dem Ende von Richard Nixons Regierungszeit und dem Amtsantritt von Ronald Reagan durchlief der Secret Service eine dringend fällige Phase der Erholung und Reform. Der Service hatte in den Nixon-Jahren schwer gelitten. Als der Präsident im August 1974 dann zurücktrat, konnte Service-Direktor Stu Knight sich endlich auf das konzentrieren, was er sich vorgenommen hatte, seit er die Stelle angetreten hatte: den Secret Service zu professionalisieren. Die Mission des Service würde nun nicht länger zurückstecken müssen wegen eines umkämpften Präsidenten, der versuchte, Agenten zu seinen politischen Handlangern zu machen. Mit Gerald Ford war ein freundlicher, bescheidener Präsident, der den Verlockungen von Macht und Ruhm aus dem Weg ging, ins Weiße Haus eingezogen; sein Kommando war erstaunt, wie sehr sein bodenständiges Familienleben dem ihren ähnelte. Manchmal lud er Agenten ein, etwas mit ihm zu trinken oder ein Sandwich zu essen, und er forderte wenig von seinem Secret Service – außer, ihre Sicherheitsanweisungen zu verstehen.

In der Zeit, als Ford Nixon ablöste, brodelte es jedoch unter der Oberfläche des Service gewaltig. Während Nixons Amtszeit hatten sich zwei verschiedene Lager herausgebildet, einige Kommandomitglieder formierten einen eingeschworenen Zirkel um den Präsidenten und übernahmen sein Misstrauen und seine Arroganz gegenüber Außenstehenden. Wenn damals die Leibwächter des Präsidenten aus der Presidential Protective Division bei der Arbeit auf andere Agenten trafen, rümpften sie die Nase über diese unterlegenen Außenseiter, die es in Schach zu halten galt. Die Schichtleiter von Nixons Service betrachteten das Weiße Haus als ihr Revier und verlangten von allen anderen »niederen« Agenten eine Rechtfertigung, was sie hier zu suchen hatten. Dabei war es doch offensichtlich: Sie machten ihren Job, taten das, was im Kommando ihre Aufgabe war, schützten also entweder Vizepräsident Ford oder Außenminister Henry Kissinger.

Am Abend, als Nixon seinen Rücktritt bekanntgab, blieben Fords Agenten über Nacht bei ihm, kampierten im Keller seines einfachen Ziegelhauses in der Quaker Lane in Alexandria, während fast 10 000 Menschen auf den umliegenden Straßen den Rücktritt des Präsidenten feierten. Nur noch ungefähr zwölf Stunden, am 9. August, und Fords Agenten würden ihre Position als seine Beschützer verlieren. Wie es die Tradition gebot, würden Nixons erfahrene Personenschützer übernehmen und Fords Agenten ersetzen, die sie jahrelang wie Dreck behandelt hatten.

Am folgenden Morgen kamen sowohl die Agenten des Präsidenten als auch die des Vizepräsidenten zum Weißen Haus und warfen sich feindselige Blicke zu. Noch nie zuvor hatte es beim Secret Service eine dermaßen verbissene Übergabe gegeben. »Am nächsten Morgen kam die PPD ... und die Anspannung war förmlich greifbar«, erinnert sich Joseph Petro, der damals zu Vizepräsident Fords Agententeam gehörte. »Sie kommandierten gleich alle herum und führten sich divenhaft auf.«

Ungefähr um neun Uhr hielt Nixon eine schmerzerfüllte Abschiedsrede[2] vor seinen im East Room versammelten Beratern, Kabinettsmitgliedern und Mitarbeitern. Seine Familie stand während der Rede hinter ihm, und Nixon bedankte sich bei den Mitarbeitern für »ihr großes Herz« und ihre Aufopferung, die Tränen standen ihm in den Augen, und ab und an brach ihm die Stimme. Unter den Sekretären wurde vereinzelt geschnieft. Nixon verließ das Weiße Haus mit dem Hubschrauber vom Südrasen aus. Kurz nach 12 Uhr wurde im selben Saal Ford als 38. Präsident vereidigt. Der aus dem Mittleren Westen stammende Ford, dem das große Drama nicht lag, hielt eine kurze Ansprache, die im Fernsehen übertragen wurde. Er räumte ein, dass die amerikanischen Bürger ihn nicht gewählt hatten und versprach, sie über jegliche politische Zugehörigkeit zu stellen. »Liebe amerikanische Mitbürger«, verkündete er, »unser langer nationaler Albtraum ist vorüber. Unsere Verfassung funktioniert, unsere große Republik ist eine Regierung der Gesetze, nicht der Menschen. Hier regiert das Volk.«

Dick Keiser, der unter Nixon erst ein Jahr als Sonderagent für den Schutz des Präsidenten tätig war und nun der Hauptverantwortliche für Fords Schutz sein würde, hatte damit zu kämpfen, alles aufzunehmen und zu verarbeiten, was er fühlte. »Ich war in einer sehr emotionalen Verfassung«[3], erinnert er sich. »Es ist unglaublich, was an diesem Tag geschah. Man wurde Zeuge, wie das Leben und die Karriere eines Mannes zusammenbrachen und das Leben und die Karriere eines anderen sich vollkommen veränderten, wie er es sich vielleicht nie erträumt hätte. Für mich ging es jedoch nur darum, für ihre Sicherheit zu sorgen.«

Nach der Rede traf sich Ford allein mit seinem Kabinett. Die Stimmung unter seinen Leibwächtern war weiterhin aufgeheizt und angespannt. Ein Stockwerk tiefer, unter der Hall of States, bellte der Leiter des neuen Präsidentenkommandos dem ehemaligen Ford-Team Befehle zu, um zu zeigen, wer hier jetzt den Hut aufhatte. Der andere Schichtleiter, der nun seine Schutzpflicht für Vizepräsident Ford niederlegte, keifte zurück. Die Spucketropfen flogen, als sie sich irgendwann gegenseitig direkt ins Gesicht brüllten. Die Agenten, die nahe bei ihnen standen, fürchteten, einer dieser beiden hochrangigen Kommandoführer würde zum Schlag ausholen und heute, am ersten Amtstag von Präsident Ford, eine Schlägerei anzetteln, die einem ganzen Hockeyteam angemessen gewesen wäre. Doch die Krise wurde abgewandt, als ein paar Agenten die Streithähne trennten.

Um den Korpsgeist des Service wiederherzustellen, schritt einen

Tag später Präsident Ford persönlich ein. Er hatte Wind von den
Spannungen bekommen und bot allen ehemaligen Kommandomit-
gliedern aus seiner Vizepräsidentenzeit an, sich der neuen Gruppe
um ihn als Präsidenten anzuschließen, wenn sie wollten. Nur einer
der Männer kam darauf zurück, so verhärtet waren die Fronten zwischen den beiden Parteien damals. Aber Fords Geste gab einen neuen
Ton an, und nach und nach entspannte sich die Lage.

Da Fords Fokus vor allem darauf lag, das Vertrauen der Menschen
in die Regierung wiederherzustellen, hatten Knight und sein Secret
Service ausreichend Freiraum, ihre Arbeit zu machen. Der neue Ansatz des Präsidenten half Knight auch dabei, das Image des Service als
unpolitische Instanz, die die Demokratie und nicht nur einen einzigen Mann schützte, wiederherzustellen. Diese Phase gab Knight auch
den nötigen Raum, die Maßnahmen zum Schutz des Präsidenten neu
einzuschätzen. Nach dem Wallace-Attentat regte Knight an, neue
Schutzformationen zu erproben und die besten davon zu übernehmen. Er drängte darauf, sich intensiver mit der elektronischen Er-
fassung von Bedrohungen auseinanderzusetzen, ein mächtiges neues
Werkzeug, das während Direktor Rowleys Amtszeit noch in den Kin-
derschuhen steckte. Knight war auch dahinter, aus dem Service weitaus mehr zu machen als eine Phalanx austauschbarer Bodyguards.
Seine eigenen Erfahrungen während eines Ausbildungsstipendiums
für Führungskräfte an der Universität Princeton motivierten ihn
dazu, mit einer seit langem bestehenden Tradition des Secret Service
zu brechen: Er stellte nicht mehr ausschließlich ehemalige Polizisten
und Soldaten als Agenten ein, sondern auch Personen mit einem pri-
vatwirtschaftlichen oder buchhalterischen Hintergrund. Ende der
siebziger Jahre überraschte er altgediente Secret-Service-Leute mit
dem radikalen Vorstoß, die Agenten einer ausführlichen und geheimen Befragung durch einen Außenstehenden zu unterziehen. Er ließ
den renommierten Psychologen Frank Ochberg im Rahmen einer
einjährigen Studie die genauen Stressauslöser für Agenten herausar-
beiten und analysieren, ob ihr Job die Wahrscheinlichkeit für Alkoholmissbrauch oder Scheidungen erhöhte.

Die Zeitspanne zwischen Nixon und Reagan war außerdem von einer Phase kurz aufeinanderfolgender Ereignisse geprägt, die den Service an seine Grenzen brachten. Ein paarmal ging es nur um Haaresbreite gut aus, und die albtraumhaften Tage nach Kennedys letzter Limousinenfahrt in Dallas kamen wieder hoch. Der September 1975 brachte dem Service zwei unabhängig voneinander stattfindende erschütternde Anschläge auf Präsident Ford.

Am Morgen des 5. September 1975 erwachte Präsident Ford in seiner Suite im Italianate Senator Hotel in Sacramento; er sollte am Vormittag zum kalifornischen Parlament sprechen, das Kapitol mit seiner weißen Kuppel lag nur einen Steinwurf entfernt. Im Programm ging es um die Eindämmung von Gewaltverbrechen.

»Wir kamen also in der Nacht vorher an und stiegen in einem Hotel gleich beim Park ab, mit Blick auf das Kapitol«, erinnert sich Larry Buendorf, der damals Fords Kommando leitete. »Deswegen entschied er, als er an diesem schönen Morgen aufstand, zu Fuß zu gehen«, anstatt in seiner Autokolonne zu fahren.

Buendorf ging direkt hinter Ford,[4] als der Präsident und sein Team das Hotel durch den Haupteingang verließen, und während des kurzen Spaziergangs durch den Stadtpark über einen Gehweg, der zum Kapitol führte. Buendorf, den seine Freunde Boonie nannten, war ein schlaksiger Mann in den Vierzigern mit zerzaustem blondem Haar, das die silbernen Bügel seiner coolen, verspiegelten Sonnenbrille verdeckte. Im Kommando bewunderte man ihn dafür, wie er sich selbst nach einem harten Tag seinen Sinn für Humor bewahrte – und für seine einwandfreien Skikünste. Aufgrund dieser Fähigkeiten durfte er das »Ski-Team« des Präsidenten anführen, was im Grunde bedeutete, dass er um Weihnachten und in der Frühlingssaison viele Stunden damit verbrachte, in Vail an Fords Seite die Pisten hinabzugleiten. Der Präsident war ein passionierter Skifahrer und hatte ein Ferienhaus in dem Coloradoer Urlaubsort. Der heutige Einsatz würde weitaus weniger glamourös sein, als über verschneite Hänge zu segeln. Stattdessen galt es für Buendorf, Ford sicher durch die schwitzende Menschenmenge zu manövrieren.

Als sie jedoch durch den Haupteingang nach draußen traten, fand Buendorf ein komplettes Chaos vor. Ein Pulk an Menschen hatte sich vor dem Hotel auf der Parkseite der Straße versammelt, Kamerateams der lokalen Medien inklusive, die ihre Hälse nach der besten Aufnahme reckten. Ford zögerte keine Sekunde: sofort ging er auf die ausgestreckten Arme all dieser amerikanischen Wähler zu. Die Spitze der Agenten, die vor Ford ging, war vorausgeeilt, um den Weg frei zu machen. Sie drängten die Menge an den Rand des Wegs, der zum Kapitol führte, sodass der Präsident sicher hindurchlaufen konnte. Auch eine koboldhafte Frau – 52 Kilo, 26 Jahre alt, rotbraunes Haar – namens Lynette Fromme befand sich in der Menge. Wegen ihrer Fiepsstimme, die zu ihrem zierlichen Körperbau passte, nannte man sie »Squeaky« – Quietschie. Sie gehörte zu den ersten und hingebungsvollsten Anhängerinnen von Charles Mansons gewalttätigem Kult, der »Manson Family«, und sie war an jenem Tag sicher nicht hergekommen, um dem Präsidenten zu winken. Sie stand heute auf dem Parkweg vor dem Senator Hotel, weil sie eine Botschaft für die Politiker hatte, die nichts gegen die Umweltverschmutzung unternahmen, die Tiere und Pflanzen tötete. Fromme trug ein scharlachrotes Cape, die Kapuze in die Stirn gezogen und eine Pistole Kaliber .45 in einem Holster am Knöchel.

An diesem sonnigen, warmen Tag in Kalifornien hatte es Buendorf mit der üblichen Menge an lächelnden, erwartungsvollen Gesichtern zu tun, die sich chaotisch auf den Betonbürgersteigen drängten. Er musste auf alles vorbereitet sein, hauptsächlich jedoch sicherstellen, dass niemand nach Fords Uhr griff oder seine Hand zu lange festhielt. Doch schon nach den ersten dreißig Metern, die er den Präsidenten begleitete, entdeckte der Kommandoführer etwas Ungewöhnliches: ein Metallstück auf Kniehöhe, von zwei Händen gehalten, tauchte nur einen Meter von Ford entfernt auf.

»Ich schaue also runter. Squeaky war hinten in der Menge, vielleicht mit noch einer Person zwischen uns, und sie trägt einen Knöchelholster mit einer .45er drin«, so Buendorf. »Das ist eine ziemlich große Waffe für so einen Knöchel. Als sie sie dann hochnahm, kam sie von weit unten, ich schaute zufällig in die Richtung. Ich sehe es also kommen, und stelle mich vor ihn, weiß nicht genau, was es ist, nur dass es ziemlich schnell nach oben kommt.«[5]

»Waffe!«, schrie Buendorf seinem Kommando das entscheidende Stichwort zu.

Im selben Moment legte er seine Hand auf den Lauf der Waffe. Am anderen Ende war Fromme, die zarte Frau mit roter Kapuze, die gerade den Schlitten der Pistole zurückzog, um eine Patrone zu laden. Buendorf blockierte mit seinem Finger den Schlitten und hinderte sie so daran.

Beim Wort »Waffe« waren der Präsident und Buendorfs Kollegen verschwunden. Das Team nahm Ford in seine Mitte und schob ihn durch den Park, wobei es in der Eile ein paar Zuschauer umrannte. Es war also an dem Hundert-Kilo-Mann Buendorf, ehemaliger Marineoffizier, mit einer kleinen jungen Frau zu ringen. Fromme schrie – und ebenso die panische Menge. In Buendorfs Kopf überschlugen sich die Gedanken, alles geschah in wenigen Sekunden:

Ich habe meine Weste nicht an. Sie ist wahrscheinlich nicht allein. Woher wird der nächste Schuss kommen?

Fromme schrie noch immer, als sie versuchte, sich aus dem Griff des Agenten zu winden. Der drehte ihr den Arm auf den Rücken und warf sie zu Boden.

»Sie ist nicht losgegangen«, jammerte sie, »sie ist nicht losgegangen!«[6]

Buendorf half dabei, Fromme Handschellen anzulegen, übergab sie dann der Polizei und sprintete durch den Park davon. Dem Kommando fehlte heute ohnehin ein Mann, also reihte sich Buendorf schnell wieder in die Formation ein, um Ford für den Rest seines Besuches abzuschirmen.

Im Kapitol tat Ford so, als wäre nichts geschehen. Er erwähnte das Handgemenge nicht einmal, als er sich kurz vor seiner Ansprache im Parlament mit Gouverneur Jerry Brown traf.

»Nun ja, ich fand es nicht sonderlich höflich, zu sagen, jemand habe versucht, mich vor Ihrem Kapitol zu erschießen«, sagte Ford, als man ihn darauf ansprach. Als jedoch später die FBI-Agenten mit den Fragen an Buendorf fertig waren, nahm Ford den Agenten zur Seite, um ihm privat zu danken. Seine Chefs und der Direktor lobten seine schnelle Reaktion.

»Es war heldenhaft«, sagte Buendorfs Freund Joseph Petro. »Er packte die Waffe von Squeaky Fromme [...] die ansonsten losgegangen wäre. So schnell kann so etwas sonst gehen.« Aber der Agent, der nur einen blutenden Finger davongetragen hatte, fand nicht, dass er etwas Besonderes geleistet hatte. Das Geheimnis von Buendorfs schneller Reaktionsfähigkeit war sein Training. Er grübelte oft darüber nach, was hätte passieren können. Was wäre gewesen, wenn er in jenem Moment beispielsweise gerade jemand anderen im Blick gehabt hätte. Er und der Präsident könnten beide tot sein. »Wäre ihre Waffe geladen gewesen, hätte ich es nicht rechtzeitig geschafft«, so Buendorf. »Die Kugel wäre durch mich und den Präsidenten durchgegangen. Man muss zur rechten Zeit am rechten Ort sein«, meinte Buendorf. »Schauen Sie sich die Ermordung Kennedys an, haben viele dieser Agenten Schuldgefühle? Ja, ich denke schon, denn sie waren nicht zur rechten Zeit am rechten Ort. Sie reagierten, als es schon zu spät war.«

Lediglich 17 Tage später, am 22. September, gab es erneut um ein Haar einen Vorfall. Ford fuhr für ein Wochenende voller öffentlicher Veranstaltungen ins nördliche Kalifornien. An jenem Montagmorgen betrat er in San Francisco das St. Francis Hotel, um eine Rede vor dem World Affairs Council zu halten. Draußen, mitten unter den Schaulustigen, wartete eine 54-jährige Mutter von fünf Kindern, die bei einer Wartungsfirma die Buchhaltung machte und außerdem eine ungesunde Obsession für Patty Hearst hegte und von der Vorstellung besessen war, im radikalen Untergrund jemand zu sein. Sie war als FBI-Informantin tätig gewesen, aber die Behörde beendete das Dienstverhältnis, als sie sich selbst in einem Zeitungsinterview enttarnte. Doch auch weiterhin bot sie der lokalen Polizei gegen Geld Hinweise an.

Agenten des Secret Service hatten Sara Jane Moore noch spät am

Abend zuvor befragt, da die Polizei von San Francisco sie als potenzielles Risiko benannt hatte. Zu einem polizeilichen Ermittler sagte
sie, sie würde auf eine Veranstaltung in Stanford mit Ford eine Waffe
mitnehmen, um »das System zu testen«. Die Polizei kassierte an diesem Abend ihre Waffe ein, und die Agenten, die sie befragt hatten,[7]
kamen zu dem Schluss, sie würde tatsächlich, wie sie es behauptete,
bloß groß daherreden und wolle Ford nichts zuleide tun.

Moore sah die Konfiszierung ihrer Waffe jedoch als Versuch der
Polizei an, ihr Leben zu kontrollieren. Frühmorgens rief sie zweimal im San Franciscoer Büro des Secret Service an, weil sie mit den
Agenten sprechen wollte, die sie befragt hatten, aber niemand hob
ab. Daher rief sie einen Waffenhändler an, den sie kannte, um einen
gebrauchten Revolver Kaliber .38 zu erwerben, eilte gegen elf Uhr zu
ihm und bezahlte mit einem Scheck über 145 Dollar. Dann machte
sie sich auf zum Hotel St. Francis[8] und schloss sich der Menge an, die
auf Ford wartete. Als der Präsident um circa halb vier das Gebäude
verließ, überlegte er kurz, ob er Hände schütteln sollte und verharrte
einen Moment vor der Tür seiner Limousine. Ungefähr zwölf Meter
entfernt, auf der anderen Straßenseite, stand Moore; sie richtete ihre
Pistole auf ihn und drückte ab. Was Moore nicht wusste, war, dass
Kimme und Korn ihrer Pistole nicht justiert waren, ihr Projektil verfehlte Fords Kopf um Zentimeter.

Ein paar Schritte von Moore entfernt stand Oliver Sipple, ein
kriegsversehrter Marine- und Vietnamveteran. Er hörte den Schuss
und griff sofort nach ihrer Waffe, schob Moores Arm weg und hielt
sie von einem zweiten Versuch ab. Die Agenten aus Fords Einsatzkommando standen ein paar Sekunden wie gelähmt da, während
Ford sich hinter die Limousine geduckt hatte. Dann riss einer der
Agenten die Hintertür des Autos auf, ein anderer drängte den Präsidenten mit dem Kopf voran hinein, damit sie davonrasen konnten.
Ein lokaler Polizeibeamter[9] riss Moore die Waffe aus der Hand, ein
anderer Service-Agent packte sie.

Bei beiden dieser Vorfälle hatte Special Agent Dick Keiser den Präsidenten nicht auf seiner Reise begleitet. Einige der abergläubische-

ren Agenten gerieten darüber ins Grübeln – forderte der Präsident
das Schicksal heraus, wenn er ohne den Kommandochef unterwegs
war? »Es tat mir sehr leid, dass ich nicht dort war«[10], erinnert sich
Keiser. »Weder der Secret Service noch sonst irgendwer hat das je
verstehen können. Warum Präsident Ford? Er war einer von den Guten, Vanilleeis, ein Musterpfadfinder, der dafür sorgen würde, dass es
uns allen besser ging.«

Auf Anweisungen von Direktor Knight verschärfte der Service
seine Bestimmungen hinsichtlich der Distanz zum Präsidenten. Für
die meisten zukünftigen Reisen galt, dass die Agenten große, nicht
überprüfte Menschenmengen mindestens viereinhalb Meter vom
Präsidenten fernhalten sollten. Als sie das Videomaterial vom Attentatsversuch vor dem Hotel in San Francisco analysierten, waren
die Supervisoren geschockt, wie lange es gedauert hatte, Ford in sein
sicheres Auto zu bugsieren. Von nun an mussten die Agenten die Li-
mousinentür offen und bereithalten, wenn der Präsident sich näherte.

Auch als Präsident Carter nur zwei Jahre später gewählt wurde,
blieb Keiser Kommandochef. Unter Carter brach eine merkwürdige
Zeit für den Service an. Die Agenten beklagten, dass Carter nicht
warmherzig wie Ford war, sich dem Service gegenüber sogar herablassend zeigte. Uniformierte Beamte und Agenten am Weißen Haus
unterrichtete man, dass Carter es bevorzuge, wenn sie sich von ihm
fernhielten und nur wenn notwendig das Wort an ihn richteten.[11] Als
Ronald Reagan Carters angepeilte Wiederwahl vereitelte, kritisierten
die Demokraten die Entscheidung des Landes, einen konservativen
Filmstar an seine Spitze zu setzen. Viele Mitarbeiter des Secret Service bekannten jedoch öffentlich, für Reagan gestimmt zu haben, und
bejubelten die Wahl dieses neuen Chefs als willkommene Veränderung.

Zwar überprüfte der Service Hunderte Menschen, die Drohungen
gegenüber Carter ausgesprochen hatten, doch es gab nicht einen Plan
oder Angreifer, der für den Präsidenten eine ernst zu nehmende Gefahr bedeutet hätte. Das größte Risiko für Carters Leib und Leben
ging von einem seltsamen Mann aus, der niemandem auffiel. Bis zum

Ende von Präsident Carters Amtszeit würde der Service ihn absolut nicht auf dem Schirm haben.

Nach Präsident Reagans denkwürdigem Sonntagsspaziergang zur Kirche verlief die restliche Schicht ruhig. Am Montag stand Jerry Parr vor Sonnenaufgang auf und schnürte seine Joggingschuhe für eine schnelle Dreikilometerrunde im kalten Nieselregen durchs Grün um seinen Standort in Montgomery County. Der fünfzig Jahre alte Special Agent, dem die Schutztruppe des Präsidenten unterstand, war nicht gerade ein Joggingfan, aber er kriegte dabei einen klaren Kopf. Tatsächlich kristallisierte sich auf seiner Runde ein Gedanke heraus: Er musste seinen Plan für den Tag ändern, den Papierkram verschieben und etwas Zeit an der Seite des neuen Präsidenten verbringen.

Parr, früher Leitungsmonteur bei einem Energieversorger und Air-Force-Veteran, war im Alter von 31, und damit später als die meisten, zum Secret Service gekommen. Doch sein Interesse an diesem Beruf war bereits in jungen Jahren geweckt worden. Es war etwas Besonderes für ihn, der er im depressionsgebeutelten Miami aufwuchs, als sein arbeitsloser Vater mit ihm den B-Movie *Code of the Secret Service* anschauen ging. Parr war wie hypnotisiert vom Protagonisten,[12] dem Geheimdienstagenten Brass Bancroft, einem mutigen, verwegenen Verbrechensbekämpfer, der auf der Jagd nach Fälschern um die Welt reiste.

Den Agenten gab damals ein Schauspieler namens Ronald Reagan. Jetzt, vier Jahrzehnte später, kreuzten sich durch eine seltsame Fügung ihrer beider Leben. Der Schauspieler war mittlerweile ein siebzigjähriger Politiker und der neue Präsident der Vereinigten Staaten, Parr ein fünfzigjähriger Special Agent, der das Kommando anführte, das für die Sicherheit dieses Präsidenten zuständig war.

Parr stand dem Kommando von Carter vor, als dieser 1980 um seine Wiederwahl kämpfte und behielt auch nach Reagans Triumph seinen Posten. Aber während der ersten beiden Monate von Reagans Amtszeit hatte Parr sich hauptsächlich am Federal Executive Institute aufgehalten, einem renommierten Stipendienprogramm für hohe Regierungsvertreter in Charlottesville. Die Zeit, die er verpasst hatte, machte Parr Sorgen, er hatte das Gefühl, aufholen zu müssen. Er wollte den Rhythmus seines neuen Chefs kennenlernen und eine Vertrauensbasis schaffen.

Als Parr an jenem Montagmorgen in den Raum W-16 kam, traf er auf Johnny Guy, einen seiner Kommando-Supervisoren. Parr bat Guy, auf dem kurzen Weg zum Hotel Washington Hilton seinen Platz an der Seite des Präsidenten einzunehmen, Reagan würde dort am Nachmittag eine Rede vor Gewerkschaftsvertretern halten. Guy war schnell einverstanden.

Parr stufte die Veranstaltung im Hilton als Routinetermin ein, risikoarm. In den vergangenen Jahren hatte der Service sowohl den Präsidenten als auch den Vizepräsidenten fast monatlich ins Hilton begleitet. Daher befand Parr kugelsichere Westen für den Präsidenten und sein Kommando als nicht notwendig. Draußen war es feucht und schwül, es war eine Erleichterung, sich diese zusätzliche Kleidungsschicht zu sparen.

Routinetermin hin oder her, Agent Bill Green hatte trotzdem fünf Tage damit verbracht, ein detailliertes Sicherheitskonzept für den Auftritt zu erarbeiten. Green, der bei dem Besuch die Vorhut bilden würde, hatte ein Rechercheteam aus Agenten den Hintergrund aller Personen überprüfen lassen, die den Präsidenten treffen oder ihm nahekommen würden. Greens Team hatte jeden Winkel des Hotels, von den Müllcontainern bis zum Keller, nach versteckten Gefahren abgesucht. Sie hatten jeden Schritt, den Reagan tun würde, ausgelotet, vom VIP-Eingang zum Aufzug, vom Vortragssaal zur Bühne und zurück.[13]

Für diesen »Routinetermin« war ein Team aus 67 Agenten notwendig, die mit ihren Körpern, Waffen und Technologien einen Schutzwall um »den Boss« bilden würden.[14] Mehr als zwei Dutzend zusätzliche Agenten hielten im Festsaal, auf dem Dach, in den Gängen, am Eingang und in der näheren Umgebung Wache. Zahlreiche weitere würden mit Spürhunden auf Sprengstoffsuche gehen, Nachforschungen über die Gäste und Hotelmitarbeiter anstellen, die Menge draußen im Auge behalten und dabei helfen, die Straßen für die Autokolonne zu sichern. Green war an allen fünf Tagen vorab vor Ort gewesen und am Morgen des Besuchs alles einmal abgelaufen.

Der Leiter des Vorausteams, Rick Ahearn, wollte die angereisten Presseleute gerne vorne im Festsaal haben, aber die Gewerkschaftsleute beschwerten sich, dass die Kameras ihren Mitgliedern die Sicht versperren würden und baten darum, ihnen weiter hinten einen Platz zuzuweisen. Einige einfallsreiche Kameraleute dreier großer lokaler TV-Sender fanden jedoch eine viel bessere Position für eine gute Nahaufnahme vom neuen Präsidenten. Sie stellten sich vor dem Hilton bereit, nur fünf Meter hinter der Rückseite von Reagans Limousine. Hier durfte man sich hinstellen, ohne von den Agenten überprüft zu werden.

Nach den zwei Attentaten auf Präsident Ford in Kalifornien hielt der Secret Service die Zuschauer normalerweise immer auf mindestens 15 Meter Distanz zum Präsidenten. Diese Regel galt jedoch eigentlich eher für auswärtige Auftritte, hier, zu Hause, drängten sich die Gaffer hinter dem Kameramann zusammen, die unbedingt einen Blick aus nächster Nähe erhaschen wollten.

Zu ihnen gesellte sich ein blonder Studienabbrecher, als die Fotografen ihre Ausrüstung gerade aufbauten und einen guten Aufnahmewinkel suchten. Er ging nervös auf und ab und fummelte an seiner Hosentasche herum.

»Kommen raus«, funkte Agent Bill Green um circa 14:20 Uhr, die Agenten draußen und die Autokolonne sollten sich für den Präsidenten bereit machen.

Reagan hatte seine wenig inspirierende Rede vor einem wenig begeisterten Publikum gehalten. Die bauwirtschaftliche Gewerkschaft Building Trades Union war zutiefst besorgt über Reagans wirtschaftsfreundliche Politik, applaudierte aber dennoch höflich am Ende seiner Rede. Drei Minuten nachdem der Präsident sich winkend verabschiedet hatte, geleitete ihn das Agententeam durch das weitläufige Hotel in einen Warteraum, bis die eigens angereiste Presse sich bereit gemacht hatte, seine Abreise zu filmen. Dann nahm er den VIP-Aufzug zum VIP-Ausgang im Erdgeschoss Richtung T Street.

Als Reagan auf den abfallenden Gehweg des Hotels trat, bildeten vier Agenten den klassischen »Diamanten« um ihn, eine Schutzformation mit 360-Grad-Wirkung, die sie seit dem Wallace-Attentat 1972 häufiger einsetzten. Der Agent Tim McCarthy mit seinem breiten Brustkorb übernahm die Frontposition. Parr und sein Kollege, Supervisor Ray Shaddick, waren nur einen halben Meter hinter Reagan. Der Präsident winkte mit seiner Rechten einer Gruppe Zuschauern zu, die auf der anderen Seite der T Street gegenüber vom Hotel standen.[15]

Er war nun nur noch 25 Schritte entfernt von der offenen Tür seiner Limousine. Parr ging davon aus, den Boss in zehn Minuten sicher zurück im Westflügel zu haben.

»Mr. President, Präsident Reagan«, zwitscherte eine Frau von der Hilton-Zufahrt her, wo sich ein paar lokale Kameraleute, Pressevertreter und zufällige Passanten versammelt hatten.

Der Präsident hielt für eine Sekunde inne, wandte den Kopf in Richtung der Frauenstimme und lächelte, wie es seiner freundlichen Natur entsprach. Die einheimischen Kameraleute aller drei großen Nachrichtensender filmten mit. Eine Stunde lang hatten sie hier verharrt und auf eine gute Aufnahme gewartet, jetzt schaute Reagan aus nächster Nähe direkt zu ihnen.

Deaver ging schnellen Schrittes vor dem Präsidenten, um etwaige Pressefragen abzufangen. Reagan hob nun die linke Hand zu einem freundlichen Abschiedswinken in Richtung der Frauenstimme und der Kameras. Er war nur noch knappe zwei Meter von seinem gepanzerten Wagen entfernt.

Dann ging ein Knallen los, das Parr in den Ohren wehtat: *Peng! Peng!* In Kampfstellung neben einen der Kameramänner gekauert, hatte der psychisch kranke Herumtreiber vom Greyhound-Bahnhof, John W. Hinckley jr., abgedrückt. Zwei Schüsse fielen gleich nacheinander, Reagan verzog das Gesicht und drehte sich nach links in die Richtung, aus der der Lärm kam.

Fast 19 Jahre lang hatte Parr immer und immer wieder geübt, was er in der Sekunde, in der er Schüsse hörte, tun würde, sodass sich seine Reaktion automatisierte. Dieses Training verdankte er zum Teil Direktor Rowley, der nach dem Kennedy-Attentat von allen Agenten forderte, für jegliche Gefahr gewappnet zu sein. Agenten in Parrs Generation absolvierten eine Übungsabfolge namens AOP – Attack on the Principal, Angriff auf die Schutzperson – und lernten so, in Sekundenschnelle auf verschiedene Gefahrenszenarien zu reagieren.[16]

Endlich, nach all den Jahren, war der Moment gekommen, und Parrs antrainierte Reaktion setzte sofort ein. Instinktiv wusste er, dass er den Präsidenten abschirmen und evakuieren musste. Das waren die Anweisungen, die der Service jedem seiner Leibwächter eingebläut hatte.

Parr hatte keine Zeit zum Nachdenken oder auch nur aufzuschauen. Daher sah er nicht, dass die ersten beiden Kugeln bereits zwei Männer auf dem Bürgersteig niedergestreckt hatten. Pressesprecher Jim Brady wurde in den Kopf getroffen; Thomas Delahanty von der Metropolitan Police erwischte der Schuss am Hals.

Parr funktionierte einfach: Er packte den Präsidenten mit der Linken an der Schulter, beugte seinen Oberkörper weiter nach vorne und schob seinen gesamten Körper Richtung Limousinenrücksitz. So manövrierte Parr sich und den Präsidenten hinter den Schutzschild von McCarthys Körper und der Autotür, die dieser offen gehalten hatte. Reagan knallte mit der Brust auf den Kardantunnel im hinteren Fußraum des Wagens, mit Parrs 85 Kilo obenauf. Shaddick fasste den Kommandochef an den Füßen, die nun aus der Tür baumelten, und klappte sie ins Auto, dann knallte er die Tür hinter dem Präsidenten und seinem Chef zu.

Während Parr und Shaddick Reagan instinktiv in seinen gepanzerten Wagen verfrachteten, schoss John Hinckley noch vier weitere Male auf den Präsidenten. McCarthy hatte sich in die Richtung gedreht, aus der die Schüsse tönten, sie gingen aus dem Bereich hinter der roten Samtabsperrschnur auf das Heck der Limousine.

Er streckte den ganzen Körper und die Arme weit aus und verdeckte so die Autotür. Der bullige Rotschopf in seinem neuen hellblauen Anzug hatte sich damals initiativ an der Universität von

Illinois für das Football-Team der Illinois Fighting Illini beworben. Jetzt nahm er eine Verteidigungsposition ein, wie sie auf Footballfeldern eher selten vorkommt. Er pumpte sich auf, sodass sein Körper möglichst viel Raum einnahm. McCarthy, der Jahre voller AOP-Übungen hinter sich hatte, steckte die Kugeln ein, die dem Präsidenten galten.

Der dritte Schuss traf McCarthy rechts in den Bauch, gerade als Shaddick die Tür hinter Parr und dem Präsidenten zuschmiss. Der Aufprall hob ihn kurz von den Füßen, seine neunzig Kilo drehten sich einmal nach hinten entgegen dem Uhrzeigersinn, wie ein Kreisel. Die beiden nächsten Schüsse, der vierte und der fünfte, trafen die Limousine, die den Codenamen »Stagecoach« – Postkutsche – trug. Die sechste und letzte Kugel segelte über die Autokolonne hinweg und traf das Gebäude auf der anderen Seite der T Street.

Im Auto lag Reagan stöhnend am Boden. Parr brüllte dem Agenten Drew Unrue, der auf dem Fahrersitz gewartet hatte, zu: »Fahr *weg* hier! Los, los, los!«[17]

Agent Unrue gab ordentlich Gas, doch das Entsetzen packte ihn, als er Richtung Ausfahrt lenkte. Er hatte durchs Fenster gesehen, wie sich sein Freund McCarthy im Kugelhagel gedreht hatte und zu Boden gegangen war. Jetzt konnte er nicht genau sagen, ob dessen Arme oder Beine irgendwo in den Fluchtweg der zwei Tonnen schweren Limousine zur Hilton-Ausfahrt hereinragten.

Bitte, lass mich Timmy nicht überfahren, Gott, betete Unrue stumm. Ich hoffe, ich überfahre Timmy nicht.[18]

Dennis McCarthy, ein ranghoher Agent, der an diesem Tag für die Überwachung der Menge zuständig war, setzte über die Zuschauer hinweg, um sich den Schützen zu greifen. In wenigen Sekunden hatte er Hinckley erreichet, aber dem nervösen Amateur hatten zwei Sekunden genügt, um sechs Schüsse abzugeben. »Du Wichser!«, brüllte McCarthys Juniorpartner Danny Spriggs. Mit gezogener Waffe sprintete er zu Dennis McCarthy, um ihn bei der Überwältigung des Schützen zu helfen. »Bringt ihn weg!«, schrie Spriggs die Zuschauermenge und das Team an. Verzweifelt versuchte er, die Masse dazu zu bringen, einen Weg für die Limousine frei zu machen. »Bringt ihn weg, bringt ihn weg von hier!«

Als die Postkutsche davonbrauste, rappelte sich Parr auf und entdeckte die feinen, golfballgroßen Verästelungen eines Risses am Seitenfenster der Limousine. Eine der Kugeln – die vierte, die Hinckley abgefeuert hatte – war am Panzerglas des Wagens abgeprallt. Parr half Reagan in der Limousine auf den Rücksitz. Er überprüfte sein Hemd – kein Blut. Er tastete unter seinem Mantel, ob er Verletzungen oder etwas Feuchtes spürte. Nichts.

Parr merkte, dass sich sein Funkgerät vom Gürtel gelöst hatte und schnappte sich Unrues Gerät vom Armaturenbrett.

»Rawhide ist okay, followup«, informierte er Shaddick, der im Auto direkt hinter der Limousine saß, »Rawhide ist okay.«

»Wollen Sie ins Krankenhaus oder zurück zum Weißen Haus?«, wollte Shaddick wissen.

»Wir fahren nach Crown«[19], antwortetet Parr und nutzte dabei den Codenamen fürs Weiße Haus.

Als er sich seinem Sitznachbarn zuwandte, fand er diesen vor Schmerz stöhnend und leichenblass vor. Er habe Schmerzen in der Brust, seit Parr auf seinem Rücken gelandet war.

»Ich glaube, Sie haben mir eine Rippe gebrochen«, keuchte er heiser, »ich kann kaum atmen.«

»Ist es Ihr Herz?«, fragte Parr.

Reagan schüttelte hustend den Kopf. Er zog eine weiße Hilton-Papierserviette aus der Tasche und tupfte sich damit die Lippen ab. Als er die Serviette wegzog, waren darauf helle rote Blutflecke zu sehen. Parr hatte ein Erste-Hilfe-Training absolviert, das sich an den militärischen Kursen zur Diagnose von Verletzungen auf dem Schlachtfeld orientierte. Das leuchtende, helle Rot ließ ihn vermuten, dass es sich um sauerstoffreiches Blut handelte, frisch aus der Lunge. Parrs Gedanken überschlugen sich. Reagan war verletzt, aber wie konnte das sein?

»Mr. D, Sie müssen herkommen«, sagte ein geschockter junger Agent ins Telefon. »Am Hilton gab es Schüsse.«

Kurz vor 14:30 Uhr an diesem Montagnachmittag überprüfte De-Prospero in seinem Erdgeschossbüro ein paar der Sicherheitspläne seines Vorausteams für bevorstehende Termine des Präsidenten. Der besorgte Anruf des diensthabenden Agenten aus dem W-16-Raum riss ihn aus den Gedanken.

Wieder einmal joggte DeProspero mit wehendem Jackett durch das Executive Office Building in den Westflügel – das zweite Mal innerhalb von zwei Tagen. Als er W-16 betrat, hörte er Shaddicks Funkspruch, der Präsident fahre vom Hilton aus los.

»Zurück zum Weißen Haus. Zurück zum Weißen Haus. Rawhide ist okay«, sagte Shaddick über den Kommandokanal.

DeProspero funkte ihn an, er erhoffte sich weitere Informationen. Agenten berichteten, dass der militärische Berater des Weißen Hauses, Oberstleutnant Louis Muratti, der im Falle einer nuklearen Bedrohung dem Präsidenten nicht von der Seite weichen durfte, im Durcheinander irgendwie von Reagan getrennt worden war.

»Halfback, Crown«, sagte DeProspero. »Muratti fragt nach einem Statusbericht zu Rawhide.«

»Sagen Sie ihm, er soll erst mal abschalten«, sagte Shaddick schnell. »Rawhide geht es gut.«

»Vielen Dank«, sagte DeProspero höflich wie immer, war aber nicht wirklich beruhigt. Er hatte zwar gehört, wie Shaddick schnell versicherte, alles sei in Ordnung, aber der kurz angebundene Ton ließ das Gegenteil vermuten. DeProspero suchte den Blick von George Opfer, Mrs. Reagans Personenschützer. Er hatte sich von seinem Stuhl erhoben, um dem hektischen Funkverkehr zu folgen. DeProspero wies ihn an, schnell die First Lady in den Wohnräumen aufzusuchen und sie behutsam von den Schüssen am Hilton zu unterrichten. Der Agent eilte davon.

Gleich darauf bestätigte ein Funkspruch vom Fahrer der Präsidentenlimousine DeProsperos Verdacht. »Wir wollen in die Notaufnahme des George Washington fahren«, sagte Unrue via Funk und hielt dann inne.

»Ins George Washington, schnell.«

Als Nächstes konnte DeProspero die Stimme seines Chefs Jerry Parr hören.

»Holen Sie einen Krankenwagen, also ich meine, die, die Trage hierher«, war der Kommandoführer vom Rücksitz zu vernehmen. »Beeilung.«[20]

Sicher wurde Präsident Reagan angeschossen, dachte DeProspero, wartete jedoch keine Bestätigung ab und nahm sich auch nicht die Zeit, sein Auto bei der »Ellipse«, einem Park südlich des Weißen Hauses, abzuholen. Er verließ das Gelände durch das Nordwesttor, bog auf der Pennsylvania Avenue nach Westen ab und ging im Stechschritt die sechs Blocks zum George Washington University Hospital.

Als George Opfer das ruhige Sonnenzimmer »Solarium« im dritten Stock der Präsidentenwohnung erreichte, schluckte er erst heftig und tischte der First Lady dann eine Notlüge auf – hoffentlich würde sie eine Weile tragen.

Der schlaksige blonde New Yorker tat sein Bestes, um nicht atemlos zu wirken, war er doch vom Kommandoposten vier Treppen hierher nach oben gespurtet. Unterwegs hörte er über den Knopf in seinem Ohr, dass Parr den Kurs gewechselt hatte und man Reagan ins Krankenhaus brachte. Kein gutes Zeichen. Der Agent fand die First Lady im Gespräch mit ihrem Dekorateur und dem White House Usher in der lockeren Atmosphäre des Sonnenzimmers vor.

Opfer war ziemlich sicher, dass es den Präsidenten erwischt hatte, wollte Mrs. Reagan ohne konkrete Informationen jedoch nicht beunruhigen. Er bedeutete ihr durch ein Winken, zu ihm zu kommen. Sie war sogleich alarmiert, denn die Agenten betraten selten die Wohnräume.

Agent Opfer zwang sich, langsam zu sprechen und sagte ihr, dass am Hilton Schüsse gefallen seien, als der Präsident es nach seiner Rede verließ.[21] »Es gab Verletzte, aber Ihr Mann wurde nicht getroffen«, sagte er.

»Sie sind alle im Krankenhaus. Am besten bleiben Sie hier, dort herrscht das totale Chaos«, fügte er hinzu.

»Warum bringen sie ihn ins Krankenhaus, wenn er doch nicht verletzt ist?«, fragte sie mit hochgezogenen Augenbrauen.

»Vielleicht möchte er unbedingt wissen, wie es um die Leute steht,
die verletzt wurden«, mutmaßte der Agent.[22]

Das kaufte ihm Mrs. Reagan nicht ab und folgte dem Agenten
direkt zum Aufzug. Er ersuchte sie dringend dazubleiben, aber sie
drohte, zum Krankenhaus zu laufen, wenn der Kommandochef sie
nicht augenblicklich dorthin bringen würde, und Opfer gab nach.
Die aus zwei Limousinen bestehende Kolonne wurde ungefähr einen
Block vor dem Krankenhaus vom Verkehr ausgebremst. Die First
Lady lehnte[23] sich über die Rückenlehne von Agent Opfer und fasste
ihn an der Schulter: »George, wenn sich der Verkehr nicht auflöst,
renne ich den Rest des Weges.«[24]

»Nein, nein, das können Sie nicht machen«,[25] antwortete Opfer
und war erleichtert, dass er daran gedacht hatte, die Hintertüren vor
der Abfahrt automatisch zu verriegeln.[26]

Während Mrs. Reagan auf dem Weg ins Krankenhaus war, posi-
tionierten Parr und DeProspero ihre Agenten so, dass ein Sicherheitsbereich um das Gebäude entstand. Sie waren nicht sicher, ob
die Schüsse am Hilton Teil eines größeren Plans waren und vielleicht
noch weitere Angriffe drohten. Außerdem mussten sie Schaulustige
und unbeteiligtes Krankenhauspersonal auf Distanz halten, damit sie
nicht in den Gängen herumlungerten, um einen Blick auf den neuen
berühmten Patienten zu erhaschen.

Die Ärzte eilten in Schockraum 5, um den Zustand des Präsidenten einzuschätzen. Er war, nachdem sie in die Notaufnahme gelaufen waren, den Agenten direkt in die Arme gesunken, sie vermuteten
einen Herzinfarkt. Parr wurde übel, als er jemanden aus der Pflege
sagen hörte, es sei kein Puls messbar. Der Blutdruck des bewusstlosen Patienten war gefährlich niedrig. Da kam Parr der Gedanke: *So
müssen sich Kennedys Agenten im Parkland Memorial Hospital gefühlt
haben.*[27]

Pfleger schnitten Reagan mit großen Scheren den blauen Anzug
vom Leib. Der Unfallchirurg des George Washington Hospital, Jo-

seph Giordano, untersuchte die Brust des Präsidenten. Mit Hilfe eines chirurgischen Assistenzarztes, der in Vietnam einige Schussverletzungen gesehen hatte, entdeckte er den gut versteckten Einschuss unter Reagans linkem Arm, eine kleine Wunde. Sie konnten die Kugel noch nicht richtig erkennen, wohl aber, dass sie deformiert war. Sie musste an etwas Hartem abgeprallt sein. Die Ärzte hatten großes Glück gehabt, dass sie sie so schnell fanden.

Ebenfalls im Schockraum befand sich der stellvertretende Stabschef Mike Deaver und half dabei, die ersten ungeordneten Informationen aus dem Krankenhaus in die Pennsylvania Avenue 1600 weiterzugeben. Dabei hatte er eine schmerzliche Wahrheit zu verarbeiten: Zwei Sekunden Schüsse reichten, um in jeder beliebigen Washingtoner Straße Verwüstung anzurichten.

Kurz nach seiner Ankunft hatte Deaver den Stabschef Jim Baker und den Stellvertreter Ed Meese alarmiert und sie telefonisch von den Vorfällen am Hilton unterrichtet. Pressesprecher Jim Brady und ein Secret-Service-Agent seien von den Schüssen des Attentäters getroffen worden. Glücklicherweise, so berichtete er, sei der Präsident mit einer lädierten Rippe davongekommen.

Kurz darauf hatte einer von Reagans Ärzten im Schockraum jedoch Neuigkeiten. Fünf Minuten später rief Deaver daher mit weitaus düstereren Aussichten im Weißen Haus an. »Anscheinend hat es den Präsidenten erwischt«, gab er durch, er verliere außerdem viel Blut.

Am telefonierenden Deaver vorbei wurde eine Trage mit Jim Brady durch den Schockraum geschoben, und ihm entfuhr ein Seufzer angesichts dessen schlimm geschwollenen Kopfes. »Sein Zustand ist äußerst schlecht«, erklärte Deaver.

Er drängte Baker und Meese, Mrs. Reagan zu Hause aufzusuchen und sie zu überreden, nicht ins Krankenhaus zu kommen. Zu viel Blut, so sagte er, zu chaotisch. Sie stimmten zu und schickten jemanden Richtung Präsidentenwohnung – nicht ahnend, dass die First Lady bereits unterwegs war.

Deaver war geschockt, als er dann zehn Minuten später Mrs. Reagan in ihrem roten Regenmantel in den Schockraum platzen sah, Special Agent Opfer hinterdrein.

»Er wurde getroffen«, berichtete Deaver Mrs. Reagan.

»Aber mir wurde gesagt, er wurde *nicht* getroffen«, gab diese zurück.

»Doch, wurde er. Aber sie sagen, es sei nichts Ernstes«, so Deaver. »Wo?«, fragte sie. »Wo hat es ihn erwischt?«

»Sie wissen es nicht. Sie suchen jetzt nach der Kugel.«

Mrs. Reagan hatte genug gehört. »Ich muss ihn sehen!«, rief sie. Deaver bereitete es große Sorge, was sie da sehen würde. Die First Lady wusste nicht, dass ihr Mann inzwischen bewusstlos war, schnell Blut verlor und die Ärzte nicht ganz sicher waren, wie sie die Blutung stillen konnten.

Daher sagte Deaver ihr, er müsse erst mit den Ärzten sprechen. Er brauchte einen Ort, wo er sie für ein paar Minuten lassen konnte, und fand einen kleinen Büroraum. Darin wartete eine väterliche Person, von der Deaver wusste, dass sie der First Lady Trost spenden konnte: John Simpson vom Secret Service.

John Simpson, einer der beiden Agenten des Service mit der engsten Bindung zu Präsident Reagan, war samt Polizeieskorte ins Krankenhaus gerast. Er war der stellvertretende Direktor für alle Schutzeinsätze und hatte an jenem Tag im Bethesda Naval Hospital einen Untersuchungstermin gehabt. Vom Attentatsversuch hatte er zuerst nichts erfahren, denn das Funkgerät in seinem Auto war kaputt. So schickte der Secret Service eine dringende Anfrage an die lokale Polizei und ließ Simpsons Auto über sein Nummernschild suchen. Ein Polizist hielt ihn unter Blaulicht auf der Rockville Pike an.

»Sir, Sie werden sofort gebraucht«, sagte er. »Der Präsident wurde angeschossen.« Schon düsten sie los ins George Washington University Hospital.

Für Simpson war Reagan nicht nur irgendein Auftrag. Der gebürtige Bostoner hatte eine besondere Beziehung zu dem Präsidentenpaar entwickelt, die bis zu der Zeit zurückging, als Reagan 1968 zum ersten Mal im Rennen ums Weiße Haus antrat und Simpson sein Kommando anführte. Der Agent war klein, kompakt und athletisch gebaut, das feine weiße Haar trug zu seiner würdevollen Ausstrahlung bei. Für viele Agenten im Service war er ein Mentor gewesen. Sie schauten zu ihm auf, weil er ihnen ruhevolle Stärke und persönliche Integrität vorlebte. Er war kein Moralist, sah es aber nicht gerne, wenn Agenten zu viel tranken oder Frauen nachstellten. Simpson hatte früher Präsident Carters Kommando vorgestanden und sorgfältig viele der Agenten ausgewählt, welche die Reagans beschützten, auch DeProspero und Agent Opfer.

Als er im Krankenhaus ankam, suchte er zuerst Parr, um Genaueres darüber in Erfahrung zu bringen, was am Hilton geschehen war. Er war besorgt um Parr, der seiner Meinung nach etwas geschockt wirkte, aber versicherte, ihm gehe es gut.

Dann sprach Simpson in einem freien Krankenhausbüro, das zu einer kleinen Kommandozentrale umfunktioniert worden war, mit DeProspero. Sie besprachen die Schutzmaßnahmen, die er mit der Metropolitan Police aufgestellt hatte. DeProspero berichtete, wie weit die Agenten damit waren, einige ihrer wichtigsten Schutzpersonen ausfindig zu machen – die Kinder der Reagans, die Familie Bush. Sie mussten mit der Möglichkeit rechnen, dass das Attentat Teil eines größeren Angriffs auf die Nation war.

In dem kleinen, leeren Büro versicherte Simpson nun der First Lady, wie fit und gesund ihr Mann war. Es würde schon alles gut gehen, beteuerte Simpson.

»Ich wusste einfach, was für eine außerordentlich starke Person er ist, sowohl auf mentaler als auch auf körperlicher Ebene«, erinnerte sich Simpson später. »Wenn es irgendjemand schaffen würde, dann er.«

Derweil entdeckten die Chirurgen, dass die Kugel in Reagans Lunge eingedrungen war, man musste sie operativ entfernen und herausfinden, woher die konstante Blutung kam. Gegen 15 Uhr fuhr man ihn in den OP.

Auch Simpson schlüpfte in die grüne OP-Kleidung und schloss sich dann Parr an, der hinten in einem riesigen Operationssaal Wache stand. So verharrten die beiden für die nächsten drei Stunden. Dabei fielen ihnen zwei Dinge besonders auf: Ehrfürchtig beobachteten sie die Chirurgen, einen Mann mittleren Alters und eine junge Assistenzärztin, die auf der Suche nach der deformierten Kugel und dem Ursprung der Blutung nicht aufgeben wollten. Und dann hatten sie noch die neben dem Operationstisch baumelnden Blutkonserven im Blick, die Operationsschwester hängte immer wieder neue Beutel an. Der Präsident hatte fast die Hälfte seines gesamten Blutes verloren, bis die Chirurgen eine Verletzung in einer kleinen Arterie unterhalb der Lunge fanden und sie zunähten.

»Ich betete alle Gebete, die ich als Katholik kenne«, erinnert sich Simpson. »Das Vaterunser, das Ave-Maria, alle hab ich sie gebetet.«[28]

Reagan überlebte die OP. Am ärztlichen Personal und den Pflegekräften hatte die Angst genagt, der Präsident könnte auf dem OP-Tisch sterben, doch bereits am nächsten Morgen verkündete Reagans Chirurg, der Patient würde sich gänzlich erholen. Aber das Leben so vieler Menschen, die an jenem Tag zu seinem Schutz beigetragen hatten, würde nie mehr dasselbe sein. Der beim Attentat verletzte James Brady würde bleibende Schäden davontragen. Teile seines Verstandes waren noch intakt, aber die Verbindung zwischen ihnen war gekappt worden. Auf traurige Nachrichten reagierte er mit Lachen oder weinte zu fröhlichen Anlässen. Er erinnerte sich, »berufliche Fragen« beantwortet zu haben, wusste aber nicht, wem. Doch Brady war am Leben, und er hatte es Rick Ahearn aus dem Vorausteam zu verdanken, der hartnäckig darauf bestanden hatte, dass der Krankenwagen nicht wie geplant in ein Unfallkrankenhaus fuhr, sondern in das nächstgelegene, das George Washington.

McCarthy war am glimpflichsten davongekommen. Die Ärzte entfernten die Kugel aus seiner Brust, und ein paar Stunden später konnte ihn seine Familie besuchen und sich mit ihm unterhalten.

Auf der anderen Seite der Stadt, im Washington Hospital Center, ließen die Ärzte das Projektil in Officer Delahantys Hals erst an Ort und Stelle, um schlimmere Schäden zu vermeiden. Drei Tage später wies das FBI die Ärzte jedoch darauf hin, dass es ein Explosivgeschoss sei. Sie besprachen sich mit Delahanty, der einer weiteren OP zur Entfernung zustimmte.[29] Dabei trug er Nervenschäden davon, bald darauf ging er in Rente.

Jerry Parrs Ehefrau Carolyn erlitt an diesem Tag den Schock ihres Lebens. Die Anwältin arbeitete im Gebäude gegenüber vom Hilton. Sie war dem Vorschlag ihres Mannes gefolgt, auf die T Street zu kommen, um den Präsidenten abfahren zu sehen. Als die Schüsse ertönten und die Limousine davonraste, war der gellende Schrei einer Frau zu hören. Carolyn Parr rannte über die Straße, direkt auf den blutigen Bürgersteig und einen Agenten zu, der mit einer Uzi herumfuchtelte. »Mein Mann! Mein Mann!«, rief sie in dem Glauben, er sei einer derjenigen, die zu Boden gegangen waren. »Jerry Parr ist mein Mann.«

Der Agent, der sich die Uzi in Erwartung weiterer Angriffe geschnappt hatte, verstand, wen er da vor sich hatte. »Er ist im Auto«, schrie er über den Lärm hinweg und deutete in die Richtung, die die Limousine genommen hatte. »Er ist beim Boss!«[30]

Wieder in ihrem Büro, rief Carolyn Parr bei der Kommandozentrale W-16 an, um nach ihrem Mann zu fragen. Jerry Parr hatte Reagan direkt in den OP begleitet und keine Zeit gehabt, sie anzurufen, von den Agenten erfuhr sie jedoch, dass es Jerry gut gehe. Schnell rief sie an jenem Nachmittag ihre drei Töchter an, bevor sie aus den Nachrichten erfuhren, dass es Schüsse auf Agenten des Secret Service gegeben hatte. Ihrem Vater gehe es gut, versicherte sie ihnen. Die beiden älteren brachen am Telefon zusammen, sie hatten bereits vom Attentatsversuch am Hilton gehört, ihre Mutter sprach mit ruhiger Stimme weiter, wollte sie doch nicht zeigen, wie sehr sie die Geschehnisse vor dem Hotel erschüttert hatten.

Jemand fuhr Carolyn Parr nach Hause.[31] Als sie durch den Wäscheraum das Haus betrat, hielt die Frau des Agenten inne und brach in Tränen aus – an einem Haken vor ihr hing die kugelsichere Weste ihres Mannes.

»Geht es dir gut, Jerry?«, fragte der stellvertretende Direktor Parr. John Simpson merkte, dass der Kommandochef noch immer voller Adrenalin war. Sie hatten den OP verlassen, nachdem der leitende Chirurg ihnen berichtet hatte, der Präsident verliere jetzt kein Blut mehr. Reagan war zwar noch nicht über den Berg, sein Zustand jedoch mittlerweile stabil. Die beiden Männer gingen nun in die provisorische Kommandozentrale in einem Büroraum der Intensivstation. Es war das erste Mal, dass sich Parr setzen konnte, der Angriff lag nun fast vier Stunden zurück.

»Was passiert jetzt?«, fragte Parr.

Simpson fasste die nächsten Schritte zusammen: Das FBI würde das Attentat auf Reagans Leben untersuchen. Der Service würde eigene interne Ermittlungen einleiten, um zu überprüfen, ob es in ihrem Sicherheitskonzept unerkannte Lücken gab oder es versagt hatte. Parr würde kurzfristig beurlaubt werden, um zu überprüfen, ob er physisch oder psychisch einen Schock davongetragen hatte. Simpson fand, Parr habe perfekt reagiert, war aber in diesem Moment froh, dass es einen Grund gab, der Parr zu einer Pause zwang.

Eine Sache musste Parr jedoch noch erledigen, bevor er nach Hause fuhr. Er ging zurück in die W-16-Zentrale, um einen Bericht aus erster Hand über alles zu verfassen, was an jenem Tag geschehen war, solange er es noch frisch im Gedächtnis hatte. Er tippte mehrere Seiten zusammen, angefangen bei der Konzeption des vorläufigen Sicherheitsplans fünf Tage zuvor, bis hin zum Part, als man den kollabierten Präsidenten in die Notaufnahme geschleift hatte. Es war nach neun, als Parr mit dem Bericht fertig wurde, und als er merkte, dass er seit dem Frühstück nichts gegessen hatte, trottete er in die Kantine des Weißen Hauses. Dort traf er auf Ed Hickey, einen ehemaligen Agenten, der 1968 in Reagans Kommando gewesen war. Er war ausgeschieden, um das Sicherheitsteam von Gouverneur Reagan zu leiten und zählte zu Reagans Freunden fürs Leben, mittlerweile war er im Weißen Haus angestellt.[32]

»Lassen Sie uns einen trinken«, schlug Hickey vor. Parr trank zwei Wodka, als wäre es Wasser. Er fühlte nichts.

»Ich glaube, Sie haben dem Präsidenten das Leben gerettet«,[33] sagte Hickey. Parr war erstaunt. Immer wieder war im Krankenhaus die bohrende Frage hochgekommen, was er alles falsch gemacht haben könnte. Er hatte nicht innegehalten, um darüber nachzudenken, was er alles richtig gemacht hatte.

Kapitel 8

DIE SCHOTTEN DICHTMACHEN

Während die Chirurgen noch dabei waren, Ronald Reagans Leben zu retten, begannen am Montag, dem 30. März bereits die ausführlichen Untersuchungen der Secret-Service-Inspectors zur Zuverlässigkeit des Schutzschildes um den Präsidenten. Direktor Stuart Knight und seine Assistenten sichteten die Videoaufnahmen der Nachrichtenteams aus jedem Winkel und stoppten bei jedem Einzelbild, um es genauer in Augenschein zu nehmen.

Präsident Reagan war an jenem Nachmittag dem Tod näher gewesen, als irgendjemand im Weißen Haus oder im Secret Service öffentlich zugeben wollte. Aber die schnellen Reflexe und das Urteilsvermögen der Agenten hatten den Präsidenten gerettet, McCarthy hatte sogar eine Kugel für ihn eingesteckt. Die Agenten hatten gezeigt, dass es eine weise Entscheidung gewesen war, nach Kennedys Tod so viel Wert auf Routinetraining zu legen. Sie waren einem Attentäter entwischt.

Knight war unheimlich stolz auf ihrer aller Leistung. Der Secret Service und die Regierung feierten sie zu Recht als Helden. »Nachdem wir die Videos gesehen haben, glauben wir, dass der Präsident so effektiv geschützt wurde wie irgendwie möglich«, sagte Pressesprecher Jack Warner am nächsten Morgen vor den Reportern. »Diese Männer mussten gegen Kugeln antreten.«[34]

Die Öffentlichkeit, die dieselben Aufnahmen sah, stimmte von ganzem Herzen zu. »Der Secret Service hat unheimlich gute Arbeit

geleistet«, sagte am nächsten Tag der republikanische Senator Ne-
vadas, Paul Laxalt, in einem Interview der NBC-Nachrichtensendung
Today. »Diejenigen, die ganz nahe am Geschehen waren, glauben,
dass der Secret Service außergewöhnlich gut reagiert hat.«[35]

Aber innerhalb des Secret Service war man sich bewusst, dass das
Attentat schwerwiegende Mängel aufgedeckt hatte, was das Protokoll
anging, den Präsidenten zu Veranstaltungen zu begleiten. Es war
einer bewaffneten Person gelungen, sich bis auf fünf Meter der am
besten geschützten Person des Landes anzunähern und das Feuer zu
eröffnen. Die Gewerkschaftsmitglieder, die die Rede im Hilton gehört hatten, waren vom Secret Service weitaus strenger kontrolliert
worden. Am nächsten Morgen erteilte die First Lady Deaver seinen
Marschbefehl: »Geben Sie dem Secret Service, was immer er braucht«,
sagte sie. »So etwas wird nie wieder geschehen – sorgen Sie dafür.«

Dann erinnerte sie Deaver noch: »Ronnie hätte sterben können!«

In der Hierarchie des Secret Service stand Deaver John Simpson
am nächsten, dem stellvertretenden Direktor für den Personenschutz,
mit dem Deaver sich angefreundet hatte, als Simpson Reagans Kommando während seiner Präsidentschaftskampagne 1968 leitete. Beiden teilte die First Lady direkt mit, dass die Sicherheitsmaßnahmen
verschärft werden müssten. Wie genau das aussehen sollte, wusste sie
nicht, nur dass es zu geschehen hatte. Als sie allein waren, diskutierten Deaver und Simpson über die nächsten Schritte, um sie – und
sich selbst – zu beruhigen. Simpson hatte dafür jemanden im Auge,
den es seit Jahren in den Fingern juckte, die Sicherheitsmaßnahmen
für das Weiße Hause und den Präsidenten aufzumotzen: Bobby De-
Prospero. Simpson war sein Mentor gewesen, und DeProspero war
stolz auf seinen Ruf, bei der Risikoreduktion auf zu viel des Guten
zu setzen. Schutzmaßnahmen waren für Bobby D eine Art Religion.

Jerry Parr, Tim McCarthy, Ray Shaddick hatten zusammen mit
anderen gerade das Leben von Präsident Reagan gerettet. Simpson
glaubte, Bob DeProspero könne den Secret Service dabei unterstützen, dass die nächste Kugel nicht so nahe kam.

DeProspero, der von italienischen Migranten abstammte, die sich im Kohlestaat West Virginia niederließen, hatte in seiner Jugend gewrestlt, Football gespielt und davon geträumt, Pilot bei der Air Force zu werden. Er heiratete seine Highschool-Freundin Pat und wollte an der Travis Air Force Base seine Ausbildung machen; ein Offizier erteilte ihm aber fälschlicherweise eine Absage für die Flugschule, weil ihm zwei Backenzähne fehlten. So trat DeProspero eine Stelle als Biologielehrer und Wrestling-Coach in Vienna, Virginia, an. Als er eines Nachmittags vom Training nach Hause fuhr, hörte er im Radio, dass der Präsident in Dallas erschossen worden war. DeProspero war überrascht, wie sehr ihn das mitnahm. Er fuhr rechts ran, um sich zu beruhigen, spürte Tränen über seine Wangen laufen. Ein Gedanke ließ ihn da am Straßenrand nicht los: *Wie fühlen sich wohl die Männer gerade, die für den Schutz des Präsidenten verantwortlich sind?* Damals trainierte DeProspero die Söhne zweier hochrangiger Agenten des Secret Service, einer von ihnen der Sohn von Lem Johns, dem Leiter des Präsidentenschutzteams. Sie ermutigten DeProspero, sich beim Service zu bewerben, und im Sommer 1965 wurde er als einer der zweihundert neuen Agenten aufgenommen, für die Direktor Rowley so unermüdlich zur Verstärkung seiner Truppe gekämpft hatte. Als der 26-jährige DeProspero gerade einmal neun Monate als Agent arbeitete, holte Johns ihn ins Team um Präsident Johnson. Kein Neuling hatte es je so schnell in die Eliteeinheit des Präsidenten geschafft. Viele der alteingesessenen Agenten rümpften die Nase über die schnelle Beförderung dieses neuen Lieblingskindes.

Er konnte nicht alle von sich überzeugen, doch er lernte die merkwürdige Kunst des Personenschutzes von einem Mann, der sein wichtigster Mentor werden sollte: John Simpson. DeProspero beobachtete ihn dabei, wie er für den Vorausplan über jedem einzelnen Eingang, jeder Autobahnauffahrt und jeder Ladenfront brütete.

Als DeProspero erst drei Jahre beim Service vorzuweisen hatte, rief man ihn eines Morgens um vier von der Zentrale aus an und erteilte ihm einen Auftrag, der Geschichte schreiben würde. Eine Stunde nachdem der Präsidentschaftskandidat Robert F. Kennedy in einem

Hotel in Los Angeles erschossen wurde, rief Präsident Johnson Direktor Rowley zu sich in den Westflügel. Mit sofortiger Wirkung ordnete der Präsident an, dass alle Kandidaten unter den Agentenschutz gestellt würden. Roy Kellerman, der, als John F. Kennedy in Dallas ermordet wurde, Einsatzleiter war und jetzt die Operation überwachte, riss DeProspero mit seinem Anruf und den barschen Anweisungen aus dem Schlaf. »Gehen Sie packen. Packen Sie viel ein«, sagte Kellerman zu ihm. »Keine Ahnung, wohin Sie gehen, keine Ahnung, wann Sie zurück sein werden.«

DeProspero verließ sein Zuhause in Northern Virginia beim ersten Tageslicht dieses Junimorgens und kehrte erst nach den Wahlen Ende November zu seiner Frau Pat und den beiden Kindern zurück. In den ersten sechs Wochen erarbeitete DeProspero eigenhändig die Sicherheitskonzepte für das Vorausteam in den elf Städten, in denen Rockefeller Wahlkampf machte – Rekordtempo für einen einzelnen Agenten, ungefähr so, als würde man alle vier Tage eine kleine Hochsicherheitshochzeit durchchoreographieren.

Nachdem Rockefeller Ende Juli dann ausgeschieden war, schickte man DeProspero nicht nach Hause. Stattdessen flog ihn der Service nach Chicago, um den demokratischen Kandidaten George McGovern auf dem Parteitag vor Steine werfenden Antikriegsdemonstranten abzuschirmen. Pat erkannte ihren Mann kaum, als er fünf Monate später wieder vor der Tür stand. Er, der sonst Gewichte stemmte und vor Muskeln strotzte, hatte 25 Pfund abgenommen.

Als Richard Nixon dann die Wahl gewann, schloss sich DeProspero dem Agententeam für den Vizepräsidenten Spiro Agnew an. Jeden Tag fuhr er im Morgengrauen vom Norden Virginias nach Annapolis und kehrte erst spätnachts zurück. »Ich glaube, dass ich oftmals in einem bedenklichen Zustand Auto fuhr«, sagt er im Rückblick. »Manchmal musste ich mich kneifen, alles tun, um wach zu bleiben. Ab und an sagte ich zu Pat: ›Ich kann mich gar nicht an den letzten Teil der Heimfahrt erinnern.‹«

Als er in leitende Positionen aufstieg, galt DeProspero als taffer Boss, der keine Ausnahmen duldete. Dabei erwartete er von seinem

Team nicht mehr als von sich selbst. Er beriet seine Agenten, wenn sie auf Veranstaltungen, bei denen der Präsident mit der Öffentlichkeit interagierte, oder in ihren Strategieplänen etwas übersehen hatten – aber immer unter vier Augen, um sie vor ihren Kollegen nicht bloßzustellen. Er ergriff für sein Vorausteam Partei, wenn sich die Mitarbeiter des Weißen Hauses gegen deren strenge Regeln auflehnten. Er war etwas steif und sprach Männer oft mit »Mister« an, baute keine engen persönlichen Beziehungen zu Agenten auf, da er nicht wollte, dass eine Freundschaft sein Urteil über ihre Arbeit trübte.

Auch seine eigenen Schwächen versuchte Bobby D unvoreingenommen einzuschätzen. »Ich bin nicht übermäßig intelligent«, sagte er einmal, »auch nicht sonderlich gewandt, habe nicht die tollste Persönlichkeit. Aber ich glaube, ich habe Führungsqualitäten.«[36]

Als er als zweitwichtigster Mann in Präsident Reagans Leibwache anfing, hatte er bereits einen Großteil seiner 16 Jahre im Berufsleben mit der aufreibenden Arbeit der Schutzkommandos verbracht. Das war länger als jeder andere Agent zuvor – und wahrscheinlich auch danach. Simpson hatte gehört, wie DeProspero sich dafür einsetzte, mehr Agenten als menschlichen Schutzwall mitzuschicken, wenn der Präsident das Weiße Haus verließ. Er reagierte immer sichtbar gereizt, wenn die politischen Mitarbeiter des Weißen Hauses seine Forderung abwiesen, die Personenschützer nahe am Präsidenten zu positionieren. Sie argumentierten, dass es einen unsympathischen Eindruck auf die Öffentlichkeit mache oder Fotos ruiniere, die die Medien von der Veranstaltung bringen würden. Das Personal des Weißen Hauses nannte DeProspero hinter seinem Rücken Dr. No oder Agent No. Er war einer der wenigen Kommandoführer, die ihren Schutzpersonen sagten, dass sie etwas nicht tun sollten.

An einem von Nelson Rockefellers ersten Tagen als Fords Vize trat er aus seinem Büro im Obergeschoss des Old Executive Office Building, als würde er über das Gelände seines Anwesens in Tarrytown spazieren. Er erwähnte beiläufig vor seinem Kommandochef DePros-

pero, dass er rüber ins New Executive Office Building gehen wolle,
bei Mitarbeitern vorbeischauen. Von Tür zu Tür waren es vielleicht
zwei Blocks über den Lafayette Square.

»Ich mache die Limousine bereit«, sagte DeProspero.

»Ach, ich werde zu Fuß gehen«, sagte der Vizepräsident, der keinen großen Aufstand machen wollte.

»Nein, Sir«, sagte DeProspero ruhig, »wir nehmen das Auto.« Der
Präsident zuckte mit den Schultern, er war etwas überrascht.

»Okay, Bobby.«

Agent Tom Quinn, der gerade Dienst hatte, blinzelte ungläubig. Er
hatte nein zum Vizepräsidenten gesagt!

»Das hatte es vorher noch nicht gegeben, dass ein Supervisor das
zu einer Schutzperson sagt«, erinnert sich Quinn.[37] DeProspero
würde noch viel mehr Gelegenheit haben, nein zu sagen – und zwar
zum Präsidenten der Vereinigten Staaten.

An jenem Montagabend, an dem nach dem Attentatsversuch auf
Reagan und seiner OP noch alles ungewiss war, schob die Krankenschwester den Präsidenten um circa 6:30 Uhr in einen großen Aufwachraum. Die Agenten hatten einen provisorischen Sichtschutz
aufgestellt, um ihn von den anderen Patienten abzuschirmen. DeProspero löste Parr nun nach seinem turbulenten Tag ab. Der stellvertretende Chef stand bis ungefähr neun Uhr am nächsten Morgen einen
Meter hinter Reagans Bett Wache.

DeProspero war an jenem Abend dabei, als der Präsident wieder
zu sich kam und zahlreiche Fragen hatte. Die Ärzte erklärten ihm,
dass er angeschossen worden sei, man die Kugel entfernt habe und es
ihm jetzt gut gehe. Da sein Beatmungsschlauch Reagan am Sprechen
hinderte, brachte man ihm einen Stift und einen rosa Notizblock.
Mehrfach in jener Nacht und in den frühen Morgenstunden drehte
der Präsident den Kopf zu DeProspero, um ihm zu signalisieren, dass
er etwas Neues geschrieben hatte.

Meistens wollte der Präsident in seinen Notizen Witze machen,
wie: »Können wir die Szene noch mal drehen?« Als eine Schwester

nachts hereinkam, um seine Vitalzeichen zu überprüfen, schrieb er:
»Weiß Nancy über uns Bescheid?«

Er kritzelte aber auch eine Frage nieder, bei der es DeProspero
nicht übers Herz brachte, sie zu beantworten.

»Wurde noch jemand verletzt?«, schrieb er.

»Sie müssen sich ausruhen, Mr. President«, sagte der Agent. »Lassen Sie uns nicht jetzt darüber reden.«[38] Als Reagan später an diesem
Tag von Bradys bleibendem Hirnschaden hörte, strömten ihm Tränen
über die Wangen. Leise fluchte er: »Oh verdammt, oh verdammt.«

Um circa 15 Uhr verlegten die Ärzte den Präsidenten in einen
kahlen Raum im Intensivbereich. DeProspero ging wieder in Stellung, schaute von hinten über Reagans Schulter Richtung Tür. Als der
Morgen graute und seine denkwürdige Nachtschicht ein Ende fand,
war DeProspero seit 28 Stunden wach. Parr oder DeProspero, einer
von beiden musste eben immer an der Seite des Präsidenten bleiben,
jetzt, wo er sich nicht im Weißen Haus aufhielt. Da Parr jedoch in
den Nachwehen des Attentats temporär beurlaubt worden war, fühlte
DeProspero sich verpflichtet, seinen Part zu übernehmen. Am Ende
ließ er sich doch von einem anderen Agenten ablösen. Obwohl
DeProspero vollkommen erschöpft war, ging er mit einem gewissen
Gefühl der Erleichterung heim zu seiner Frau und seinen Kindern.
Die Ärzte, die den Patienten am nächsten Tag untersuchten, gaben
ihm grünes Licht. Der Präsident würde es überleben.

Die restlichen zwölf Tage von Reagans Genesungszeit im George
Washington übernahm DeProspero regelmäßig Schichten an seinem
Bett. Einmal erwachte Reagan benebelt von den Schmerzmitteln und
hatte Schwierigkeiten, sich zu orientieren. Aber dann erblickte er das
bekannte, ernste, zerfurchte Gesicht am Fußende seines Bettes.

Die ersten Worte des Präsidenten waren doch eine Überraschung
für DeProspero. Der Agent hatte sich im Vorfeld dafür eingesetzt,
dass der Präsident eine kugelsichere Weste trug, was Reagan nicht
gerne tat.

Jetzt sagte er leise: »Bobby, von nun an werde ich diese Weste immer tragen, wenn Sie es mir sagen.«

Präsident Reagan kehrte am 11. April, einem verregneten Sonntag, ins Weiße Haus zurück. Vizepräsident Bush, seine Frau Barbara und ganze 250 Freunde und Mitarbeiter standen mit Regenschirmen am South Lawn Spalier, um ihn willkommen zu heißen. Reagan hob den linken Arm und winkte. Deaver lief es bei diesem Anblick eiskalt den Rücken herunter, denn genau so hatte der Präsident auch dagestanden, kurz bevor auf ihn geschossen wurde.[39]

Der Präsident und seine Frau machten dem Secret Service in Bezug auf das Attentat nie Vorwürfe. Mrs. Reagan dankte Parr wiederholt dafür, »dass Sie mir mein Leben zurückgegeben haben«, man hatte ihren Ronnie gerettet. Doch die Begegnung mit dem Tod hatte sie verändert. Von nun an saß sie Deaver und den Leitern des Kommandos unerschütterlich als ängstliche Stimme im Nacken.

»Er ist siebzig Jahre alt«, sagte sie ihnen immer wieder, »er würde so etwas nicht noch einmal überleben.«

So rang Deaver, als Reagan ins Weiße Haus zurückkehrte, innerlich mit sich: Einerseits sollte sich der Präsident in der Öffentlichkeit zeigen, damit die Leute sahen, dass er wieder fest im Sattel saß und in der Lage war, das Land zu führen. Doch Deaver musste auch das Versprechen an Mrs. Reagan halten, ihrem Mann durfte nichts geschehen.

Nach dem Angriff sah Deaver in DeProspero einen neuen, wertvollen Verbündeten. Die beiden Männer, die sich noch am Tag vor dem Attentat gestritten hatten, welche Gefahren dem Präsidenten auf einer normalen Straße in der Stadt begegnen konnten, zogen nun an einem Strang.

Deaver berief für den Dienstag nach Reagans Rückkehr eine Sitzung im Westflügel ein. Spitzenkräfte des Secret Service, die Mitarbeiter des Weißen Hauses und Militärs sollten Ideen über ihre neue dringendste Mission austauschen: die Sicherheitsmaßnahmen um den Präsidenten zu verschärfen. DeProspero legte drei getippte Seiten, einfacher Zeilenabstand, mit 34 neuen Maßnahmen vor, die das Weiße Haus in Betracht ziehen sollte. Ehrlich gesagt wollte er am liebsten, dass alle sofort in Kraft träten, sagte das aber nicht.

Die Vorgehensweisen, die DeProspero an jenem Tag vorschlug, würden sich im nächsten Jahrzehnt durchsetzen und als selbstverständlich gelten, damals waren sie aber alles andere als Standardverfahren.

Als die Schüsse vor dem Hilton fielen, hatte sich der Präsident zu lange ungeschützt draußen auf der Straße befunden. Von nun an, so DeProspero, sollte der Präsident im Schutze eines Zeltes ein Gebäude betreten und verlassen. Somit wäre er vor potenziellen Attentätern in nahe gelegenen Gebäuden verdeckt und abgeschirmt. Wenn dies nicht machbar war, sollte seine Limousine ihn in der Garage eines Gebäudes oder an einer Laderampe absetzen.

Des Weiteren wollte DeProspero, dass sich bei allen Veranstaltungen stets eine gepanzerte Limousine oder ein Schutzraum in der Nähe des Präsidenten befand, ein Ort, an den ihn die Agenten im Falle eines Angriffs schnell bringen konnten. Außerdem wollte DeProspero, dass der Präsident bei jeder öffentlichen Rede von einem gepanzerten Pult geschützt wurde. Zwei Agenten sollten sich die ganze Zeit über in Reichweite des Präsidenten befinden, es sei ihm auch egal, so DeProspero, wenn die Mitarbeiter des Weißen Hauses sie in den ach so wichtigen Fotos nicht im Bild haben wollten. Die Leibwächter mussten nahe genug an ihm dran sein, um ihn in Sekundenschnelle wegbringen zu können. Hinckley hatte in 1,7 Sekunden sechsmal auf den Präsidenten geschossen. »Keine zwanzig Sekunden«, schrieb DeProspero über die kurze Zeit, die der Präsident beim ersten Anzeichen einer Bedrohung exponiert sein konnte, »sondern weniger als zwei.«

DeProsperos oberste Priorität bestand jedoch darin, dass es Waffen gar nicht erst in die Nähe des Präsidenten schafften. Dafür wollte er eine Kontrollmaßnahme einführen, die bereits seit Jahren existierte und über deren Einsatz die Agenten schon eine Weile diskutierten. Das Weiße Haus hatte sich jedoch immer dagegen gewehrt – zu radikal, zu unangenehm. Aber Hinckleys Vorstoß, so erklärte der Agent, mache es notwendig.

DeProspero wollte, dass alle Gäste bei Veranstaltungen mit Hilfe eines Durchgangsmetalldetektors auf Waffen überprüft wurden.

»Wir haben darüber gesprochen«, sagte DeProspero der Gruppe, »und jetzt müssen wir es durchziehen.«

Einige Mitarbeiter des Weißen Hauses waren fassungslos. Metalldetektoren würden die angenehme Atmosphäre ruinieren, die doch der Grund war, aus dem sich der Präsident überhaupt in der Öffentlichkeit zeigte. Vonseiten des Weißen Hauses wollte man nicht, dass sich Gäste und Wähler wie Tatverdächtige fühlten und schon gar nicht, dass die großzügigen Sponsoren und VIP-Unterstützer des Präsidenten in langen Schlangen warten mussten.

In einem Treffen am 11. Mai – es waren nur noch wenige Tage, bis Reagan sich zum ersten Mal seit dem Attentatsversuch außerhalb des Weißen Hauses zeigen sollte – kochte die Diskussion hoch. Seine Mitarbeiter planten im Hintergrund, dass Reagan an der University of Notre Dame am 17. Mai eine Festrede hielt. Sein Auftritt würde die Öffentlichkeit beschwichtigen und ihm auch auf emotionaler Ebene Punkte einbringen. Reagan hatte in einem Film über den legendären Coach der Universität Notre Dame, Knute Rockne, den Footballspieler Gipp, genannt »The Gipper«, gespielt.

»Sie haben also ein Problem mit diesem Trip, Bobby«, sagte Stabschef Jim Baker zu Beginn des Meetings am 11. Mai.

DeProspero wiederholte daraufhin seine Bedenken hinsichtlich versteckter Waffen. Der Service hatte von der britischen Regierung Informationen erhalten, dass es Leuten gelungen war, Waffen auf Veranstaltungen zu schmuggeln, die eigentlich als geprüft und sicher galten, führte er aus.

»Was wollen Sie dagegen tun?«, fragte Baker.

»Meiner Meinung nach ist es an der Zeit, dass wir Magnetometer einsetzen, wenn der Präsident sich außerhalb vom Weißen Haus aufhält«, so DeProspero. »Dieser Trip ist einfach zu gefährlich für ihn, wenn wir nicht gründlichere Checks machen.«

Baker bat nun nacheinander Deaver, das Vorausteam, den Militärberater und den Leibarzt des Weißen Hauses um ihre Meinung. Dann war Joe Canzeri an der Reihe, Planungschef und hochrangiges Mitglied des Vorausteams. Scherzhaft nannte er sich den bestbezahlten Pagen Amerikas, aber er genoss das Vertrauen des Präsidenten. Er hielt sich nicht zurück: »Das ist absolut lächerlich!«, so Canzeri, »die Menschen werden denken, dass der Präsident Angst hat. Ehrlich gesagt werden sie beleidigt sein, dass wir ihre Integrität infrage stellen. Das wird zu großen Verzögerungen führen. Wir können die Leute nicht draußen darauf warten lassen, durch ein Magnetometer zu laufen.«

DeProspero gab zurück, der Service würde eine Möglichkeit finden, die Wartezeiten zu reduzieren, aber Canzeri glaubte nicht, dass sich Verzögerungen vermeiden ließen. Ungefähr fünfzehntausend Absolventen, Familienmitglieder, Universitätsdozenten, Mitarbeiter und Freunde wurden für die Verabschiedungszeremonie der Universität Notre Dame erwartet. Das Risiko, dass jemand eine Waffe hineinschmuggelte, war DeProspero einfach zu hoch.

»Na, wenn es so schlimm ist, sollte der Präsident vielleicht einfach gar nicht nach Notre Dame fahren«, polterte Canzeri.

»Ja!«, sagte DeProspero laut, »wenn wir keine Magnetometer bekommen können, sollte er das vielleicht wirklich nicht!«

Baker versuchte, die Debatte etwas herunterzufahren. »Moment mal, Leute«, warf er ein, »der Trip steht ja nicht sofort an, es bleibt noch Zeit. Wir sollten das ein andermal besprechen.«

Zwei Tage später geschah etwas, das DeProsperos Argumentation untermauerte. Am Mittwoch, dem 13. Mai, schoss ein entflohener türkischer Sträfling vier Mal auf Papst Johannes Paul II. Der Attentäter näherte sich dem Pontifex während seiner wöchentlichen Generalaudienz, als dieser mit dem offenen Papamobil über den Petersplatz fuhr, und feuerte seine halb automatische Pistole ab. Die Schüsse erwischten die linke Hand des Papstes und seinen Bauch, er blutete heftig. Man brachte ihn schnell ins Krankenhaus, und letztendlich erholte er sich von dem Attentat. Bei behördlichen Untersuchungen wurden später Beweise dafür gefunden, dass der Schütze Teil einer größeren KGB-Aktion war.

Am Tag nach dem Papst-Attentat traf sich das Team wie geplant in Bakers Büro, um die Sicherheitsmaßnahmen für die Notre-Dame-

Veranstaltung zu besprechen. Es war ganz still im Raum, als alle ihre Plätze einnahmen. Bevor Baker irgendetwas sagen konnte, wandte sich Canzeri DeProspero zu und hob ergeben die Hände. »Ich kapituliere. Sie gewinnen!«, rief er, »wir werden Magnetometer einsetzen!«

Die besten Methoden des Secret Service, so heißt es bei den Agenten, entstehen im Angesicht einer Krise, einem lehrreichen Moment, der eine Schwachstelle offenlegt. Nach jedem Mordversuch oder Angriff hatte die Agentur ihre Taktik verändert, sie wappneten sich gegen Bedrohungen, die sie nicht hatten kommen sehen oder abwehren können.

Nach der Ermordung Kennedys gab es eine ganze Latte an Änderungen. Die Agenten brüteten über jeder möglichen Blickachse zum Präsidenten und darüber, mit welchen Hindernissen sich jegliche Schussbahn blockieren ließe. Sie überprüften von nun an die Gebäude entlang ihrer Autokolonnenroute, um vor Scharfschützen gefeit zu sein. Zwar fügte sich Präsident Johnson nur zähneknirschend, aber der Service schaffte es letztendlich, dass die Präsidenten nicht mehr im offenen Cabrio fuhren. Auch die ersten Schritte ins Computerzeitalter standen an, der Service setzte nun auf technische Lösungen, um den Überblick über Tausende Verdächtige und psychisch kranke Menschen zu behalten, die für den Präsidenten eine potenzielle Gefahr darstellen könnten. Der Kongress verdoppelte das Budget der Agentur, die damit zweihundert neue Agenten einstellen konnte. Nachdem George Wallace angeschossen worden war, führte der Service ein neues Protokoll für öffentliche Veranstaltungen ein, auf denen der Präsident mit der Menge interagierte. Immer und immer wieder übten die Agenten, wie sie den Präsidenten schnell an der Zuschauerfront entlanggeleiten konnten, ohne dass es ein Durcheinander gab. Verstärkt beschäftigten sie sich mit der Beobachtung von Menschenmengen, wie ein Rettungsschwimmer, der einen Pool nach gefährlichen Situationen absucht. Für den Service könnte das ein gehobener Arm, eine schnelle Bewegung oder ein merkwürdiger Blick in den Augen sein. »Ich habe meinen Agenten beigebracht, sich bestimmte Gebiete auszuwählen, die Augen offen zu halten und niemandem zu vertrauen«, schrieb Parr 1981 in einem Bericht. »Man sucht nach einem Blick, der hasserfüllt funkelt – einem feindseligen, wütenden Augenpaar. Die meisten Leute sind neugierig, erwartungsvoll, fröhlich. Aber dann und wann erwischt man ein solches Augenpaar.«

Nach dem Angriff auf Reagan fügte der Service über zwei Dutzend neue Sicherheitsmaßnahmen hinzu oder justierte nach. Die wichtigste davon war, dass es nun bei allen Veranstaltungen mit dem Präsidenten Magnetometer gab.

»Für die Vorgehensweise des Secret Service ist Blut geflossen«, so Jonathan Wackrow, damals Agent in Präsident Obamas Schutztruppe. »Man kann nur so gut beschützen, wie es der aktuelle Kenntnisstand erlaubt. Jedes Mal, wenn der Service auf die Probe gestellt wird, wird er besser.«

Rick Ahearn, der beim Hilton-Vorfall Teil von Reagans Vorausteam war, hatte über zwei Jahrzehnte lang miterlebt, wie der Service auf Angriffe reagierte und sich anpasste, bevor es zu dem schicksalhaften Tag 1981 kam. 1968, nachdem Kennedy erschossen wurde, fing er im Vorausteam an. Vor dem Hilton hatte er miterlebt, wie drei Männer, die neben ihm standen, zu Boden gingen. Später sollte er die Vorhut bei den chaotischen Wahlkampfkundgebungen Donald Trumps beraten. »Der Secret Service hat seine Strategie und sein Protokoll nach jedem Ereignis, bei dem Schüsse fielen, geändert«, so Ahearn. »Seit der Ermordung Kennedys haben wir keine offenen Limousinen mehr. Nach den Schüssen auf George Wallace, als er einfach in die Menge watete … setzte man vermehrt auf [einheitliche] Absperrungen, um die Menschenmenge in Schach zu halten. Und nach März 1981 schaffte es niemand in Pistolenschussweite an den Präsidenten heran, ohne einen Metalldetektor durchlaufen zu haben.«

Nachdem Reagan dem Tod gerade so von der Schippe gesprungen war, wurden außer den Magnetometern noch weitere Vorschläge von DeProspero umgesetzt. Darunter auch die neue Taktik einer

»verdeckten Ankunft«, bei der die Präsidentenlimousine in eine versteckte Garage oder Lieferzone einfuhr. Zwar waren die Lieferzonen
von Tagungsorten und Hotels wenig glamourös, eigneten sich aber
hervorragend, um den Boss vor Amokschützen oder Angreifern abzuschirmen. »Wir haben diese Jahre damit zugebracht, bei den Sicherheitsmaßnahmen gehörig anzuziehen«, so Joe Petro, der DeProspero 1985 als Special Agent für Reagans Personenschutzkommando
beerbte.

Einmal öffnete Petro die Autotür für Präsident Reagan, damit er
über die Lieferzone in ein Hotel gelangte, in dem er eine Rede halten
würde. Reagan scherzte über diese neue, einschneidende Veränderung der Sicherheitsmaßnahmen: »Ich würde ja denken, ich bin hier
falsch, wenn es nicht nach Müll riechen würde.«

Kapitel 9

NACHT DER LANGEN MESSER

Der Direktor des Secret Service, Stu Knight, hatte vielerlei Gründe, stolz auf seine Arbeit und sich seiner Position sicher zu sein. Mit dem Mordanschlag auf Reagan hatte das Land einen Schock erlitten, aber vom Sprecher des Repräsentantenhauses Tip O'Neill bis zum ABC-Nachrichtensprecher Sam Donaldson applaudierten alle dem Secret Service für das Abwenden einer nationalen Tragödie. Knight konnte in dem Gedanken etwas Trost finden, dass er mit seinem Engagement für die Ausbildung der Agenten dazu beigetragen hatte, dem Präsidenten das Leben zu retten.

Was die meisten Kongressmitglieder und die Öffentlichkeit jedoch nicht wussten, war, dass seit Reagans Amtsantritt und dem Einzug seiner Leute ins Weiße Haus Knights Job auf der Kippe stand. Die Führungsriege des Secret Service hatte sich in zwei verfeindete Lager aufgespalten. Nach dem großen Schrecken, den der vereitelte Anschlag ausgelöst hatte, eskalierte der Kampf um die Vormacht im Service.

Die eine Partei stand hinter Direktor Knight, einem scharfsinnigen Denker und unpolitischen Chef, der nach Präsident Nixon die Flecken aus der weißen Weste des Service wusch. Knight hatte großen Wert auf eine Professionalisierung der vielen Aufgaben des Service gelegt, auch im Personenschutz. Aber er glaubte nicht, dass der Secret Service den Präsidenten ausschließlich mit Herz und Hand beschützen konnte. Er wollte auch auf den Grips seines Teams zurückgreifen, um potenziellen Killern zuvorzukommen, und ermutigte die Agenten, sich in Ermittlung, Finanzwesen und Management weiterzubilden.

Das andere Lager versammelte sich hinter Knights größtem Rivalen, Bob Powis, einem Vietnamveteranen, der seine Anhänger mit klaren Anweisungen und einem dominanten Auftreten erreichte. Neben seinen Macho-Vibes zeichnete ihn seine gute Spürnase aus. Der ehrgeizige Supervisor hatte vorher die große Zweigstelle in Los Angeles geleitet. Wegen seiner Machtbasis an loyalen Agenten und Unabhängigkeit von Knight nannte man ihn den »West-Coast-Director«. Powis war außerdem an der Gründung eines Counter Assault Teams beteiligt gewesen, einer schwer bewaffneten Gruppe an Präzisionsschützen, die ausschwärmen und Angriffe auf den Präsidenten verhindern sollten.

Bereits vor Reagans Amtseinführung und dem Attentat hatte Knight über Möglichkeiten nachgedacht, wie man die Methoden des Service zum Schutz der Staatsführung modernisieren könnte. Der Absolvent der renommierten Michigan State University und Princeton-Stipendiat Knight interessierte sich für Wissenschaft und wandte sich im Zuge seiner Recherchen irgendwann der Verhaltensforschung zu. Sein Ansatz war, dass der Service mehr über das typische Profil möglicher Attentäter erfahren und sie finden musste, bevor sie zuschlagen konnten. Seit Jahren versuchte er, die Regierung aufzurütteln, da der Service immer weniger Informationen über lauernde Killer erhielt. Denn 1970 hatte es eine Gesetzesänderung gegeben, mit der man verhindern wollte, dass das FBI die Amerikaner ausspionierte. Jetzt, 1981, bekam der Service nur halb so viele Hinweise wie noch ein Jahrzehnt zuvor auf Personen, die Drohungen gegen den Präsidenten ausgesprochen hatten.

Knight griff auch auf die Verhaltensforschung zurück, um etwas zu messen, was seiner Meinung nach in seiner überlasteten Agentur ebenfalls zu schwinden drohte: die Arbeitsmoral. Mit dieser Sorge stand er in der Geschichte des stoischen Secret Service allein da. Er war der erste Direktor überhaupt, der eine tiefgehende Verhaltensstudie seiner Arbeitskräfte in Auftrag gab. Knight fürchtete, die Agenten würden zum Ausgleich für das stressige Schichtwechselsystem trinken und dass die Arbeit sich auch auf ihre Ehen und Familien auswirken könnte. Daher fragte er beim auf psychische Störungen spezialisierten Forschungszentrum National Institute of Mental Health den Psychiater Frank Ochberg an. Dieser sollte ein ganzes Jahr lang eine Studie mit tausendzweihundert Agenten durchführen und in deren Rahmen einige der Männer und ihre Frauen befragen.

Das Ergebnis der Studie war, dass Ochberg die Agenten insgesamt als »bewundernswert engagierte und reife Menschen« einschätzte. Aber das Land könne nicht von ihnen erwarten, dass sie Roboter seien.

Der Forscher war beeindruckt, wie professionell und pflichtbewusst viele der Agenten sich zeigten. Einmal hatte er ein Interview mit einem von ihnen während dessen Schicht vereinbart. Erstaunt stellte er fest, dass der Agent mit über vierzig Grad Celsius Fieber und beschleunigtem Puls auftauchte.

»Was machen Sie hier?«, fragte der Psychiater.

»So läuft das«, kam die matte Antwort. »Hier meldet sich keiner krank.«

Ochberg unterhielt sich für die Studie auch mit Service-Agenten, die psychisch Kranke befragten, die den Präsidenten bedroht hatten. Seiner Meinung nach waren viele von ihnen geschickter darin, eine Verbindung mit einer fremden Person aufzubauen und Informationen zu erhalten als viele Experten seines Fachgebiets.

Ochbergs einzigartige Ethnographie des Service wurde nie veröffentlicht. Die Studie ergab letztendlich, dass ein paar Agenten von Alkoholmissbrauch und einer belasteten Ehe betroffen waren, aber keinesfalls die Mehrheit. Was sich im Rahmen der Studie jedoch herauskristallisierte, war eine überraschende Stressquelle: Der größte Stress wurde nicht etwa von einer bestimmten Aktivität während der Einsätze ausgelöst, sondern durch den strengen, autoritären Führungsstil beim Service.

Eine alteingesessene Führungsriege verbat sich Diskussionen über die Anordnungen des Service von ganz oben und ignorierte die Fragen jüngerer Agenten zu Methoden und Abläufen. Die älteren Vertreter aus der Kennedy-Ära erzählten stolz Geschichten, wie viele Weihnachts- und Thanksgiving-Feste mit der Familie sie verpasst hatten. Die jüngere Generation Agenten, deren Frauen weniger Lust hatten, mit dem Secret Service verheiratet zu sein, sahen das ganz anders. Sie empfanden es als Zeichen beruflicher Geringschätzung, wenn der Chef ihnen die Flexibilität verwehrte, bei wichtigen Familienereignissen zugegen zu sein.

»Das Motto war: ›Frag nicht, wieso, weshalb, warum, mach einfach, sonst kommst du um‹«, so Ochberg. »Die jüngere Generation fühlte sich beleidigt, wenn sie wie Kinder behandelt wurde.«

Mit Ochbergs Ergebnissen bewaffnet, sorgte Knight dafür, dass die Leiter mehrerer Stabsstellen in Frührente gingen, die sich eher wie Tyrannen denn wie Anführer benahmen. Außerdem setzte er auch der verhassten Sparmaßnahme ein Ende, wonach die Agenten sich im Hotel ein Zimmer teilen mussten. Es war mit Abstand die am meisten gefeierte Entscheidung in der Geschichte des Service. Für die Agenten bedeutete sie etwas Privatsphäre auf Reisen – und schlafen zu können, ohne vom Schnarchen oder Furzen eines Kollegen aufgeweckt zu werden.

Knight war zwar mit diesem Änderungsprozess beschäftigt, wusste aber um Powis als ernsthaften Rivalen. Ende der siebziger Jahre hatte der Direktor versucht, etwas Kontrolle über Powis zu gewinnen, indem er ihn zwang, als stellvertretender Ermittlungsleiter nach Washington zurückzukehren. Das mochte erst wie eine Beförderung wirken, aber Powis wollte nicht unter Knights wachsamem Blick arbeiten, lieber hätte er sein eigenes Leben in Kalifornien behalten.

Nachdem er widerstrebend den Posten in der Zentrale angenommen hatte, machte Powis sich keine große Mühe, seine Geringschätzung für Knight zu verbergen, nannte ihn beispielsweise oft vor seinen Untergebenen »dieses Arschloch«. Zudem ignorierte er Knights direkte Anordnungen und lobbyierte privat bei den Abgeordneten, damit die Agentur ihre Fühler Richtung FBI-Terrain ausstrecken und Bankbetrug untersuchen konnte. Knight war außer sich, hatte er doch kein Interesse an einem Revierkampf mit dem FBI. Als die Fronten sich immer weiter verhärteten, kam bei einer Überprüfung der Zentrale heraus, dass Powis in Los Angeles Gelder, die für vertrauliche Informanten bestimmt waren, veruntreut hatte, um Agenten ein Essen zu spendieren, die Doppelschichten arbeiteten. Damit verstieß er genau gegen den Kodex, der ihn in den Augen einiger seiner Arbeitstiere zum Helden machte. Knight fand die Sache zwar nicht übermäßig skandalös, wohl aber, dass Powis als hochrangiger Amtsträger ein schlechtes Vorbild abgab. Als Folge dessen degradierte er Powis um mehrere Rangstufen und schickte ihn an die Niederlassung in Washington. Powis stimmte unter der Bedingung zu, 1980 in Rente zu gehen, dass Knight ihn für sein letztes Jahr den Dienstsitz leiten ließ.

Als jedoch Ronald Reagan die Präsidentschaftswahl gewann, tat sich für Powis und seine Verbündeten ganz unverhofft eine direkte Verbindung zum Thron auf. In Los Angeles hatte Powis ein freundschaftliches Verhältnis zum Team um Gouverneur Reagan aufgebaut, als dieser für die Wahlen antrat. Besonders eng war Powis mit zwei Männern, die Reagans Vertrauen und Freundschaft genossen: dem Berater des Weißen Hauses Ed Hickey und Stabschef Ed Meese. Während Reagan sich von seiner Schussverletzung erholte, drängten diese beiden im Stillen darauf, Powis eine Stelle als Assistent des stellvertretenden Finanzministers zu verschaffen, der dem Secret Service vorstand, was ihn de facto zu Knights Vorgesetzten machen würde. Knight und seine Leute arbeiteten dagegen an und argumentierten, die Behörde würde damit auf unrechte Weise politisiert. Aber Knight hatte keine Chance, das Weiße Haus entschied, dass Powis ab Juni die Stelle im Finanzministerium über Knight antreten würde.

Im November verkündete Knight öffentlich, er würde sich zum Jahresende zur Ruhe setzen. Das habe, wie er betonte, nichts mit Powis' Beförderung zu tun.

»Absolut nicht«, sagte er einem Reporter. »Mir ist klar, dass dies die gängige Meinung ist, und aus gewisser Perspektive eine logische oder berechtigte Einschätzung, aber es ist absolut nicht wahr.«[40]

Im Secret Service glaubte ihm das kaum einer. Knight hatte insgeheim das Weiße Haus bearbeitet und bei seinen Stellvertretern geklagt, er könne sich niemals Powis beugen. Bevor sein Rivale befördert wurde, hatte Knight seinen Stellvertreter Myron »Mike« Weinstein als Nachfolger geplant, doch daraus würde jetzt nichts werden. Er entschloss sich zu gehen, ohne groß für öffentliches Aufsehen zu sorgen.

In der folgenden Woche kündigte das Weiße Haus an, dass John Simpson – einer von Reagans obersten Bodyguards und ein Verbündeter Powis' – in Zukunft den Secret Service leiten würde. Am Freitag, dem 4. Dezember wurde er im Rahmen einer kleinen Zeremonie vereidigt, an der Baker, Deaver und Meese teilnahmen. Die drei Männer standen nach dem Attentat unter dem Schutz des Secret Service.

Weihnachten stand vor der Tür, das erste, das die Reagans im Weißen Haus verbringen würden. Eine Weihnachtsfeier nach der anderen richteten sie in der Villa aus, für Geldgeber, Freunde, Freiwillige, Mitarbeiter, die Agenten und sogar Journalisten. Normalerweise freute sich der Secret Service auf den Dezember, der mit einem gewissen Gefühl des Heimkommens verbunden war. Ehemalige Direktoren und ältere Kommandoführer schauten in der Weihnachtszeit zum Mittagessen und ganz zwanglos bei ihren alten Freunden vorbei.

Dieser Dezember aber wurde von einer Säuberungsaktion der Service-Leitung überschattet. In einem dramatischen spätabendlichen Treffen fanden sich Powis' und Simpsons wichtigste Leute in der Woche vor Silvester zusammen und pickten sich Agenten für zentrale Führungspositionen heraus. Dieses geheime Zusammentreffen hieß bei den Agenten »Die Nacht der langen Messer«.

Ein paar Agenten, die in jener Nacht Dienst in der Zentrale auf der 1800 G Street hatten, entdeckten eine ominöse Namensliste auf dem Schreibtisch von Powis' rechter Hand, dem stellvertretenden Leiter der Ermittlungsabteilung. Auf einem gelben Notizblock standen auf der einen Seite die Namen der von Powis und Simpson bevorzugten

Agenten, auf der anderen diejenigen, die als Knight-treu angesehen wurden.

Nach dem Treffen an diesem Abend wurden circa sechzig Agenten entweder auf Traumposten in der Zentrale befördert, oder sie mussten diese räumen. »Auf das Fußvolk, das dies mitbekam, machte das großen Eindruck«, erinnert sich eine mittlere Führungskraft an jene Zeit, »das war wirklich ein Führungsstil wie aus dem 19. Jahrhundert.« Joe Petro, ein weiterer junger, aufstrebender Supervisor, hatte zuvor als Bindeglied zum Treasury Department für Direktor Knight gearbeitet sowie für dessen entthronten Erben Weinstein. Zwar war Petro nie aktiv für eine Seite eingetreten, glaubte aber, dass sein Ende gekommen war. *Das war's mit meiner Karriere*, dachte er, *ich trage die Farben der falschen Mannschaft.*

Doch Petro, der in Vietnam gedient hatte, war Powis wegen seiner angeborenen Führungskompetenzen aufgefallen. Powis hatte Petro zu einem früheren Zeitpunkt damit beauftragt, eine Weile die Ausbildung des frischgebackenen Counter Assault Team zu beaufsichtigen. Als Petro gerade im Urlaub bei seiner Mutter war, erhielt er einen Anruf von einem Vertreter des Powis-Simpson-Teams. Ob er im neuen Team des Direktors als Pressesprecher für die Agentur anfangen wolle? Ihm diese Position anzubieten, war ein Vertrauensbeweis. *Meine Karriere ist dann wohl doch nicht vorbei,* dachte sich Petro.

Viele andere mussten jedoch feststellen, dass sie in Ungnade gefallen waren. Agenten und Manager hatten sich in Cliquen zusammengeschlossen und hofften so, dem Secret Service ihren Stempel aufzudrücken. Die kleine, eng miteinander verbundene Familie, der sich Agenten unter Präsident Kennedy angeschlossen hatten, war nur noch eine schöne Erinnerung. Auch früher schon hatte es Grüppchenbildung gegeben, aber nun riss ein regelrechter Bürgerkrieg der rivalisierenden Gruppen den Service entzwei.

Die einfachen Agenten respektierten sowohl Knight als auch Powis und viele ihrer hochrangigen Stellvertreter. Einige der leitenden Manager, die sich in der epischen Schlacht um den Direktorposten 1981 für eine Seite entschieden hatten, erkannten durchaus auch die Stärken der anderen Partei an. »Ich sehe die Vorzüge von beiden«, so ein ehemaliger stellvertretender Direktor, der sich für Knight einsetzte und es sich damit später verscherzte. »Zwischen den beiden gab es große Spannungen. Aber beide hatten ihre Vision eines … besseren Secret Service, auf sehr unterschiedliche Weise.«

In ihrem Machtkampf hatte Powis den Vorteil einer freundschaftlichen, langjährigen Beziehung zu Präsident Reagan und seinen engsten Mitarbeitern, die noch auf Reagans Zeit als kalifornischer Gouverneur zurückging – ein Schuss Vitamin B, den auch Knight gut hätte brauchen können. Powis' Verbündeter John Simpson rühmte sich sogar einer noch wichtigeren persönlichen Beziehung. Er hatte Reagans Schutztruppe während des Präsidentschaftswahlkampfes 1968 angeführt und er war derjenige, den Mrs. Reagan nach dem Attentat von 1981 im Krankenhaus an ihrer Seite haben wollte.[41] Reagan hob die Degradierung des Secret-Service-Direktors von Powis auf und beförderte ihn zu einem hohen Finanzbeamten, und kurz darauf ernannte er Simpson zum neuen Direktor des Service.

Es steht jedem Präsidenten zu, sich seinen Secret-Service-Direktor selbst auszuwählen. Aber in der kurzen Zeitspanne, in der der Schutz des Präsidenten erst in den Kompetenzbereich des Service fiel, hatte das Weiße Haus normalerweise die Tradition der Agentur respektiert, eigene interne Nachfolgelinien aufzubauen und Direktoren aus diesem Anwärterkreis zu berufen. Nach Kennedys Ermordung hatte Präsident Johnson in einer paranoiden Anwandlung zwar mehrfach darüber nachgedacht, die Direktoren auszuwechseln, es aber nie tatsächlich getan. Den erstaunlichsten Bruch mit dieser Nachfolgeregelung hatte es 1948 gegeben, als Präsident Truman nach seiner überraschenden Wiederwahl einen Secret-Service-Direktor auswechselte. Der damalige Amtsinhaber, James J. Maloney, hatte den Präsidenten verärgert, indem er nach und nach einige seiner Agenten nach New York schickte, um den New Yorker Gouverneur Thomas Dewey zu schützen. Direktor Maloney hatte, so wie viele andere, die die Wahl verfolgten, vermutet, Dewey würde Truman schlagen und sein neuer

Boss werden.[42] Als sich diese Annahme als falsch herausstellte, musste der Direktor dafür mit seinem Posten bezahlen.

Dass Präsident Reagan gegen die Tradition des Service verstoßen hatte, sollte noch ein Nachspiel haben. Mit seiner Entscheidung, Powis und Simpson zu befördern, stellte er eine der rivalisierenden Parteien im Service über die andere. Reagan glaubte, er entscheide sich damit einfach für die bequemere Lösung und zuverlässige Mitarbeiter, Simpson würde weiterhin zu den beliebtesten Direktoren in der Geschichte des Service gehören. Aber Simpsons Beförderung schickte eine Botschaft an die gesamte Agentur, vom ehrgeizigen Schichtleiter mit großen Plänen bis hin zu den jüngsten, neuesten Rekruten: Dem Präsidenten zu gefallen, zahlte sich aus.

Nachdem Reagan dem Tod so knapp entronnen war, musste sich das politische Team des Weißen Hauses sehr viel öfter dem Secret Service beugen – zumindest für eine gewisse Zeit. Politische Berater, die Reagan normalerweise so nah wie möglich an den Zuschauern sehen wollten, waren nun damit einverstanden, ihn mehrere Meter auf Distanz zu halten.

Aber das übliche Tauziehen zwischen dem Weißen Haus und dem Secret Service kam dann und wann wieder auf. Als das Attentat bereits eine Weile zurücklag und nicht mehr ganz so präsent war, streckte das Weiße Haus seine Fühler aus; sie wollten wieder weniger Distanz zwischen Reagan und die Wähler bringen. DeProspero erinnert sich, wie er jede Arbeitswoche begann und »wusste, dass ich in Kauf nehmen musste, für die Forderung nach strengeren Sicherheitsmaßnahmen gefeuert zu werden ... und dafür, hochrangige Mitarbeiter zu verärgern«.

Er war zwar keine 1,75 Meter groß, konnte mit seinen breiten Schultern und gerunzelten Brauen aber die Angestellten des Weißen Hauses und auch seine eigenen Leute einschüchtern. Sein gesamtes Berufsleben über hielt er sich an strenge Ernährungsvorgaben und einen Krafttrainingsplan. Der Kommandoführer konnte beim Bankdrücken das doppelte Körpergewicht des Präsidenten stemmen. »Er war einschüchternd«, so Petro, der versicherte, wie glücklich er sich geschätzt habe, ihn als Vorgesetzten zu haben. »Er ist nicht sonderlich groß. Aber ernsthaft, für mich war er ein Riese.«

Es gelang DeProspero auch, das Team des Weißen Hauses niederzustarren, als Reagan während des Wahlkampfs in den Mittleren Westen tourte. DeProspero zufolge hatte man dem Service damals Informationen über Terrorgruppen zugespielt, die mit Lkw-Bomben Anschläge auf Staatsoberhäupter verüben wollten. Er informierte Deaver, dass der Service plane, die wichtigsten Kreuzungen auf Reagans Fahrt durch den Mittleren Westen mit Sattelschleppern abzusperren. Das Weiße Haus könne die Route des Autokorsos nicht wie sonst veröffentlichen, um die Menschen auf die Straßen zu holen.

»Aber die Leute wollen den Präsidenten sehen«, warf Deaver ein.

»Ja, Mike, aber jetzt ist nicht der richtige Zeitpunkt«, antwortete DeProspero.

Am Abend vor der Abreise rief einer der Vorausagenten DeProspero an, der vermutete, das Weiße Haus würde Informationen über die Reiseroute an die lokale Presse durchsickern lassen. In diesem Falle, so sagte ihm DeProspero, würde man die alternative Strecke wählen. Tatsächlich wussten die Journalisten am nächsten Tag über die Route Bescheid, und DeProspero informierte seinen Vorausagenten, dass sie die andere Strecke fahren würden.

»Was glauben Sie eigentlich, wer zum Teufel Sie sind? Einfach so die Route zu ändern?«, schrie Mike Deaver DeProspero an, als sie das Auditorium erreichten, wo Reagan auftreten sollte. »Dazu hatten Sie kein Recht.«

DeProspero wiederholte seine Bedenken wegen Lkw-Bomben und des Risikos einer Explosion. Während er sich rechtfertigte, dachte er, *vielleicht habe ich es jetzt versaut, das wird mich wohl meine Stelle kosten*, und ging dann los zum Präsidenten. Reagans Mitarbeiter sprachen den Vorfall nie wieder an.

DeProspero hielt Vorträge für neue Mitarbeiter des Weißen Hauses, in der Hoffnung, dass sie dadurch besser verstünden, welchen

Druck die Bitte für einen Agenten bedeuten konnte, nur mal eine kleine Ausnahme zu machen, dass es um Leben und Tod gehen konnte. Die Verantwortung für das Leben des Präsidenten und die Stabilität des Landes lastete schwer auf den Agenten. »Ich will hier nicht die Verantwortung auf Sie abwälzen«, sagte DeProspero den politischen Mitarbeitern. »Aber ich möchte, dass Sie sie spüren.«

Er rief ihnen Kennedys Vorausteam in Dallas in Erinnerung, das von Wallace in Laurel, Rick Ahearn aus Reagans Vorhut am Hilton; er erzählte ihnen, wie Ahearn nach einem Taschentuch rief, um die Blutung an der Stirn von Pressesprecher Jim Brady zu stoppen. Der Service und Ahearn hatten an jenem Tag das Standard-Sicherheitsprotokoll befolgt – und waren am Ende am Boden zerstört. »Denn ich kann Ihnen versichern, der Mann, der im Hilton vorausging, spürt die Kugel noch immer!«, schloss DeProspero.

Er erzählte auch gerne von seinem Treffen mit dem Leiter der Schutzbrigade des südkoreanischen Präsidenten, wenige Wochen nach einem tragischen Attentatsversuch auf dessen Schutzperson. Sie hatten sich im November 1983 im Zuge der Vorbereitungen eines Besuchs von Reagan in Seoul kennengelernt, mit dem er Südkorea seine Solidarität im Kampf gegen den Kommunismus demonstrieren wollte. Der südkoreanische Präsident sollte im Oktober bei einer Gedenkveranstaltung für Aung San feierlich in einem Mausoleum im burmesischen Rangun einen Kranz niederlegen. Seine Sicherheitsleute hatten es burmesischen Beamten überlassen, den Veranstaltungsort zu überprüfen, statt das Gebiet selbst gründlich zu durchsuchen. Präsident Chun Doo-hwan war ein paar Minuten zu spät, doch seine hochrangigen Regierungsvertreter nahmen bereits ihre Plätze auf dem Podium ein. Nur wenige Augenblicke vor Ankunft der Präsidentenlimousine explodierte im Dach eine Bombe. Die nordkoreanischen Attentäter hatten sie zu früh gezündet. Vierzehn hochrangige südkoreanische Spitzenbeamte, darunter vier Kabinettsmitglieder und zwei Leibwächter des Präsidenten, starben bei dem Anschlag. »Ich wünschte, wir hätten es so gemacht wie Sie«, sagte der Leiter des koreanischen Schutzteams zu DeProspero.

Wenn DeProspero später zu den Mitarbeitern des Weißen Hauses sprach, sagte er: »Ich will Ihren Job nicht kleinreden, aber wenn Sie es einmal übel versauen, haben Sie schlimmstenfalls schlechte Presse. Wenn wir aber so etwas zulassen würden wie in Rangun, würde es sicher die gesamte Welt beeinflussen.«

Die ohnehin schon zierliche Nancy Reagan nahm nach den Schüssen auf ihren Mann vor lauter Stress zehn Pfund und zwei Kleidergrößen ab. Aber auch in Größe XS hatte die First Lady die massigen Beschützer ihres Mannes fest im Griff. Nach März 1981 saß sie den Anführern des Service beständig im Nacken, wurde jedoch auch zur glühendsten Verteidigerin der Agentur.

Mrs. Reagan befürchtete nach dem Attentatsversuch, sie werde immer, wenn ihr Mann das abgesicherte Gelände des Weißen Hauses verließ, in Angst leben. Die Panik, dass man erneut auf ihren Ehemann schießen könnte, kam während seiner beiden Amtszeiten immer wieder bei ihr hoch. Wie ein von Turbulenzen geschüttelter Flugzeugpassagier, der kraft seiner Gedanken eine sichere Landung bewirken möchte: Sie befasste sich zeitweise recht obsessiv mit Astrologie, um das Risiko besser einschätzen zu können.

Zusammen mit der Astrologin Joan Quigley analysierte sie gute und schlechte Omen für die Tage, an denen ihr Mann einen öffentlichen Auftritt oder eine größere Reise vorhatte. Sie hatte Angst um ihn, wenn er allein fuhr, da sie ihn damals nicht ins Hilton begleitet hatte. Wenn er die Stadt verließ, war sie besonders nervös, obwohl sie wusste, dass das irrational war, schließlich war ihr Mann in Washington angeschossen worden.[43] Nachdem sie mit ihrer astrologischen Beraterin konferiert hatte, rief sie Deaver zu sich und schlug vor, die Abreise ein, zwei Tage nach hinten zu verlegen oder die Veranstaltung zu verschieben. Deaver unterrichtete dann die für Reagans Termine zuständige Person und den Kommandochef über die Planänderung in allerletzter Minute, oftmals ohne Erklärung.

»Die wenigsten können wirklich nachvollziehen, wie es sich anfühlt, wenn dein Mann angeschossen wird und fast stirbt und danach die ganze Zeit großen Menschenmengen ausgesetzt ist, Zehntausenden, von denen jeder ein Verrückter mit einer Waffe sein könnte«, schrieb Nancy Reagan in ihren Memoiren. »Man hat mich dafür kritisiert und belächelt, dass ich mich der Astrologie zugewandt habe, aber irgendwann war mir das egal. Ich tat alles, was in meiner Macht stand, um meinen Mann zu beschützen und am Leben zu erhalten. Ein Leben ohne Ronnie konnte ich mir nicht vorstellen: Ich war bereit, alles zu tun, was ihn vielleicht schützen könnte. [...] Die Astrologie hat mir geholfen, damit fertigzuwerden, und es gab nie Anzeichen dafür, dass sie Ronnie oder dem Land in irgendeiner Weise schadete.«

Zuerst widmete sich Mrs. Reagan der Astrologie im Geheimen, ihr Mann wusste nicht, dass sie und Deaver seinen Terminplan anpassten. Aber einmal hörte Präsident Reagan, wie seine Frau am Telefon mit Quigley sprach und fragte sie, worum es gehe. Mrs. Reagan sagte es ihm.

»Wenn es dir dann besser geht, mach weiter damit«, sagte er. »Aber sei vorsichtig. Es könnte etwas seltsam aussehen, wenn es rauskommt.«[44]

Mrs. Reagan fragte oftmals Deaver und auch die Kommandoleiter Bob DeProspero und Joe Petro, ob sie sich hinsichtlich einer Reise »sicher fühlten«. Immer wieder wollte sie wissen, ob sie Reagan seine kugelsichere Weste tragen lassen würden. Reagan hasste das warme, schwere Ding. Aber er gehorchte immer, wenn die Agenten ihn aufforderten, sie zu tragen – wie er es im Aufwachraum versprochen hatte. Als sie einmal mit dem Hubschrauber Marine One zum Ostergottesdienst zu einer Kirche flogen, sah Petro, wie ihm die First Lady von ihrem Mann unbemerkt ein Zeichen gab, sie tippte sich mit der Rechten ans Brustbein. »Der Mordversuch hat sie traumatisiert, wie man sich vorstellen kann«, so Petro. »Sie setzte sich sehr für seine Sicherheit ein. Meiner Erfahrung nach lag sie dabei oft richtig.«

1983 eröffnete der Secret Service, angespornt von Nancy Reagans Vorstoß bei der Gelder-Akquise, ein über zweihundert Hektar großes Übungsgelände auf staatseigenem Grund in Beltsville, Maryland.

Dort trainierten die Agenten in einer originalgetreuen Nachbildung einer Stadtstraße mit angrenzenden Gebäuden ihr Vorgehen bei Bombenanschlägen und Schusswechseln. In Simulationen übten sie, wie man den Präsidenten schnell in einen Gebäudeeingang hinein- oder herausbrachte, die Evakuierung bei einem medizinischen Notfall, wie sie sich im Falle eines Scharfschützenangriffs zur Deckung vor ihn werfen würden oder seine Limousine durch Straßensperren lenken, um der Gefahr zu entgehen. Der Service taufte die Anlage zu Ehren des ehemaligen Direktors, der so viel angestoßen hatte, James Rowley Training Center.

Reagan schien von allen, die den Angriff am Hilton erlebt hatten, am wenigsten beeindruckt zu sein. McCarthy, der Agent, der einen Bauchschuss abbekommen hatte, war sehr beeindruckt, dass es dem Präsidenten während seiner Genesungsphase gelang, John Hinckley zu vergeben. In seinem Kommando fanden es außerdem einige bemerkenswert, dass er den Einsatz des Service für seine Sicherheit nie infrage stellte. Zwar nahm Reagan die Bedenken seiner Schutztruppe ernst, spielte aber auch gerne das Risiko herunter. »Ich habe nie mitbekommen, dass der Präsident sich nach dem Attentat ängstlich oder besorgt zeigte. Nie«, so Petro, der DeProspero als Leiter der Personenschützer des Präsidenten beerbte.

Im Sommer 1986 fürchtete Petro, Reagan könne auf der bevorstehenden UN-Generalversammlung Ziel eines Attentats sein. Wenn es nach dem Weißen Haus ginge, sollte der Präsident eine ganze UN-Sitzung lang bei der amerikanischen Delegation bleiben, was zwei Probleme mit sich brachte: Erstens war das UN-Gebäude nicht überprüft worden, und zweitens würde Reagan direkt vor den libyschen Abgesandten sitzen. Wenige Monate zuvor hatte Reagan nach einem libyschen Attentat auf Amerikaner in Berlin einen Vergeltungsluftangriff befohlen. Bei diesem Bombenangriff im April wurden Teile von Muammar al-Gaddafis Anwesen zerstört und seine Tochter getötet. Petro bat Reagans Stabschef, Don Regan, dringend, den Präsidenten von der Teilnahme eines dermaßen offenen Forums abzuhalten.

»Nein, wir wollen das tun, das ist wichtig. Es gibt diplomatische Gründe dafür, warum wir es tun müssen. Sorgen Sie einfach dafür, dass es klappt«, sagte Regan dem Leiter der Schutztruppe.

»Don, mir ist nicht wohl dabei, ich will mit dem Präsidenten sprechen«, sagte Petro.

»Tun Sie sich keinen Zwang an«, schnaubte Regan.

So marschierten die beiden Männer zum Oval Office. Reagan war gerade in den letzten Zügen eines Mittagessenstermins mit Vizepräsident Bush. Er forderte Bush und einen Leiter des Vorausteams dazu auf, der Besprechung dieser, wie die Berater es nannten, dringenden Sicherheitssache beizuwohnen.

Petro und Regan brachten ihre gegensätzlichen Argumente vor, ein Wort gab das andere. Petro erklärte, al-Gaddafi sei unberechenbar, und es wäre einfach, eine Waffe ins UN-Gebäude zu schmuggeln. Regan parierte, das Weiße Haus müsse sich erhobenen Hauptes auf internationaler Bühne präsentieren. Es müsse einen Weg geben, die Risiken in Schach zu halten.

Reagan schaltete sich ein: »Nun, ich denke, ich stimme Joe zu. Ich glaube nicht, dass ich es machen sollte.« Mit gerunzelter Stirn fügte er hinzu: »Aber vielleicht könnte George das übernehmen.« Alle, inklusive des Vizepräsidenten, mussten lachen.

»Ja, genau, malen Sie mir doch gleich eine Zielscheibe auf den Rücken«, sagte Bush. Reagan brach in dröhnendes Gelächter aus. Der Präsident hatte es geschafft, dass sich sein gesamtes Team angesichts eines möglichen Mordversuchs vor Lachen bog.

Kapitel 10

DIE STIMMUNG IM
SECRET SERVICE STEIGT –
DIE GEFAHR AUCH

Wenn man den Agenten und Officers Glauben schenken darf, erlebte der Service eine seiner schönsten Zeiten, als George H. W. Bush ins Weiße Haus einzog.

Der neue Präsident stammte von einer Adelslinie ab, die sich bis zur Königin Elisabeth I. zurückverfolgen ließ. Sein Vater, ein US-Senator, hatte ihm das Credo aller wohlhabenden WASPs (weißer angelsächsischer Protestanten) eingetrichtert: »Wem viel gegeben wird, von dem wird viel erwartet.«[45]

An seinem 18. Geburtstag trat George H. W. Bush zum ersten Mal in den Dienst des Staates. Mit seinem Abschluss von der renommierten Philipps Academy ging Bush nicht wie geplant gleich nach Yale, sondern trat nach dem Angriff auf Pearl Harbor 1941 in die US Navy ein. Als damals jüngster Pilot in der Geschichte der US-Marine zog er in den Zweiten Weltkrieg. Später gründete er mit dem Geld seiner Familie eine Öl- und Gasfirma in Texas, die ihm seine eigenen Millionen einbrachte. In den sechziger Jahren ging er zu den Republikanern und diente seinem Heimatland in einer Reihe von hohen Positionen: Abgeordneter, Leiter des Verbindungsbüros der USA in China, Direktor der CIA und Vizepräsident.

Trotz seines Wohlstands und seiner Privilegien baute er gute Beziehungen zu seinen Kollegen im öffentlichen Dienst in weit weniger gehobenen Positionen auf. Die Secret-Service-Agenten, die für seinen Schutz und den seiner Familie zuständig waren, erarbeiteten sich seinen Respekt und wuchsen ihm ans Herz. Bush, der wie jeder Präsident die Nähe zum Volk suchte, hielt sich höflich zurück und akzeptierte die einschränkenden Sicherheitsempfehlungen seiner Agenten. 1981 war er Vizepräsident gewesen und hatte miterlebt, wie Ronald Reagan nach dem Attentat vorm Hilton dem Tod gerade so von der Schippe gesprungen war. Dass Reagan überlebt hatte, schrieb Bush den Leuten vom Service und ihrem Instinkt zu. Bush und seine Frau Barbara behandelten die Agenten, die mit ihrem Schutz und dem ihrer zahlreichen Sprösslinge beauftragt waren, wie die erweiterte Familie, nicht wie Angestellte. Die Bushs bezogen die Service-Leute stärker in ihr ganz normales Familienleben mit ein, als die meisten anderen Präsidentenfamilien es zugelassen hatten, man mochte sich. Die Agenten waren dabei, als der Präsident ruhig auf sein zorniges Enkelkind einredete, und hatten ihn weinen sehen, als er daran dachte, wie seine dreijährige Tochter an Leukämie verstorben war. Auch nach Kindern und Familie der Agenten erkundigten sich die Bushs immer wieder, und der Präsident und seine Kinder ließen die Service-Leute oft an ihren legendären Sportwettkämpfen teilhaben, als vierten Mann oder als tatkräftige Unterstützung beim Footballspielen. Barbara Bush versorgte die Agenten mit Sandwiches und Häppchen, die von offiziellen Veranstaltungen übrig waren; sie wies ihre Angestellten an, den Agenten, die draußen standen, Kaffee zu bringen. Für diese First Lady war es vollkommen natürlich, die Agenten zu bemuttern – und herumzukommandieren.

»Würden Sie vielleicht ans Telefon gehen, mein Lieber?«, rief sie im Urlaub einem der Männer durch das Sommerhaus der Familie in Kennebunkport zu, und im Winter befahl sie einem Agenten, die Strickmützen ihres Mannes, die sie ihm hinhielt, aufzusetzen – keine Widerrede.

»Tun Sie lieber, was Bar sagt«, riet Präsident Bush.

Ein Mitglied des Kommandos um Bush, Marc Connolly, war sogar doppelt Teil der erweiterten Familie: Er heiratete das Kindermädchen von Bushs Tochter Doro.

Die Familie Bush drückte ihre Dankbarkeit gegenüber ihren Beschützern in kleinen und großen Gesten aus. Präsident Bush hatte es sich angewöhnt, sich am Ende eines Arbeitstags, wenn er für die Nacht in die Executive Residence zurückging, namentlich bei seinen Agenten zu bedanken. Wenn die Bushs planten, mehrere Sommerwochen in Kennebunkport zu verbringen, luden sie die Familien der Agenten zu großen Grillfesten und zum Baden in Walker's Point ein.[46]

Bereits als Vizepräsident war George H.W. Bush bestürzt gewesen, als er erfuhr, dass die Agenten ihren Weihnachtsurlaub mit der eigenen Familie immer verschoben, um stattdessen beim Präsidenten und seiner Familie zu sein. Daher fuhr er damals erst direkt am Weihnachtstag nach Houston, damit die Agenten wenigstens etwas freie Zeit mit der eigenen Familie verbringen konnten. Als er dann Präsident wurde, verbrachten die Bushs den Heiligabend aus demselben Grund immer in Camp David. Die Erholungsanlage in Maryland wird nämlich das ganze Jahr sowieso von Militärs bewacht, sodass mehr Agenten vom Service den Tag frei machen konnten.

»Wirklich unglaublich, dass der mächtigste Mann der Welt sich so sehr um andere kümmert, dass er seinen Urlaub um 24 oder 48 Stunden verschiebt, nur damit auch andere bei ihren Familien sein können«, so Rich Miller, der ehemalige Kommandochef unter Bush.[47] »Aus diesem Grund würden die Leute alles für den Präsidenten und Mrs. Bush tun.«

Bush und sein Kommando pflegten eine Kultur des gegenseitigen Respekts und der Zuwendung, die in der Geschichte des Weißen Hauses wohl ihresgleichen sucht. Das hatte jedoch natürlich auch seine Nachteile. Gerade bei dem Versuch, es einem ihrer Lieblingspräsidenten recht zu machen, brachte der Service ihn in große Gefahr.

Im April 1989, nur drei Monate nach Präsident Bushs Amtseinführung, arbeiteten die Mitarbeiter des Weißen Hauses zusammen mit

dem Secret Service daran, politisch ein paar Punkte zu sammeln. Sie
wollten, dass man ihm den ungebrochenen Siegeszug der USA über
das kommunistische Regime Osteuropas als Verdienst anrechnete –
einer der Hauptgründe, weshalb Reagan in den USA so beliebt gewesen war. Das Weiße Haus arbeitete unter Hochdruck daran, Bush die
perfekte politische Bühne zu bereiten, um einen ähnlichen »Sieg« in
Polen hervorzuheben. Doch diese Bemühungen verschafften einem
geheimen Stalker des Präsidenten, einem Mann namens John Spencer Daughetee, von dem sie damals überhaupt nichts wussten, eine
Gelegenheit, auf den Präsidenten zu schießen.

Daughetee lag, ohne dass der Secret Service es ahnte, schon zu
Bushs Vizepräsidentenzeiten auf der Lauer, als dieser im Herbst 1988
als Präsidentschaftskandidat der Republikaner ins Rennen ging.

In diesem Frühling wollte das Weiße Haus Bushs Einsatz für die
polnischen Arbeiter hervorheben, die sich gegen das staatliche Verbot der Solidarność aufgelehnt hatten. Daher schlug das Vorausteam
vor, Bush solle in eine stark polnisch geprägte Stadt des Landes fahren: eine Enklave bei Detroit. Diese Bühne würde er nutzen, um zig
Millionen Dollar an Wirtschafshilfen für Polen in Aussicht zu stellen,
und zwar genau zu dem Zeitpunkt, wenn die polnische Regierung die
populäre, reformorientierte Gewerkschaft anerkennen würde. Man
entschied, dass Hamtramck, ein fünfeinhalb Quadratkilometer großer Ort im Bundesstaat Michigan mit dicht gedrängten Backstein-
häusern und Wohnungen, der symbolträchtigste Ort für diese Ankündigung wäre. Über ein Jahrhundert lang hatte es Migranten in die
polnische Gemeinschaft Hamtramcks gezogen, zum Essen und der
Sprache ihrer Heimat, wo es sichere Arbeitsplätze in nahe gelegenen
Autofabriken gab. Bush wollte die finanzielle Unterstützung für Polens bekannten Gewerkschaftsführer Lech Wałęsa in dem Zeitraum
verkünden, in dem man erwartete, dass das Oberste Gericht Polens
die Organisation wieder zulassen würde. Könnte es einen besseren
Ort mit jubelnden Unterstützern für Bushs Ankündigung geben als
diese Stadt voller polnischer Amerikaner, die Wałęsa die Daumen
drückten?[48]

Doch in der Zentrale des Service entbrannte eine hitzige Diskussion zwischen Agenten und ihren Vorgesetzten, wie klug es wäre, den Präsidenten nach Hamtramck zu bringen. Die Agenten in der Zentrale und der Niederlassung Detroits rieten davon ab, denn die beengte Bauweise der Stadt mache es schwierig, den Präsidenten vor einem Angriff zu schützen.

Die Straßen in dem Arbeiternest waren schmal, oft mussten die Autos abbremsen, um einander vorbeizulassen. Hamtramck war nicht an den Highway angebunden, die Hauptstraße lediglich ein enger Korridor, eingekesselt von einem Backsteinhaus neben dem anderen. Sollten die Agenten den Präsidenten schnell wegbringen müssen, gäbe es keinen Fluchtweg. »Es gab nicht wirklich eine Schnellstraße und kein Krankenhaus in der Nähe«, so ein ehemaliger Agent, der mit Bush nach Hamtramck fuhr. »Überhaupt keine Hubschrauberlandemöglichkeit. Es war einfach ein sehr voller Ort ... Sehr schwierig, den Präsidenten schnell rein- oder rauszubringen. [...] Manchmal muss man einfach sagen: Das ist ein furchtbarer Ort, wir können das hier nicht machen.«

Aber es war die Bühne, die das Weiße Haus wollte. Ein Agent aus dem Vorausteam fuhr nach Hamtramck und erstattete Bericht, seiner Meinung nach konnte der Service das hinkriegen; sehr zur Freude der politischen Mitarbeiter, die ihren Präsidenten für seine Rede unbedingt rechtzeitig zur Entscheidung des Obersten Gerichts im Herzen einer polnisch-amerikanischen Gemeinde haben wollten.

Um die Sicherheitsmaßnahmen für den Präsidenten etwas aufzumöbeln, forderte das Vorausteam in Detroit eine Reihe an Schulbussen an, die sie Stoßstange an Stoßstange aufstellten. So gab es zu beiden Seiten des Hamtramcker Rathauses, wo der Secret Service eine Bühne für den Präsidenten aufstellte, einen abgesicherten Weg. Ungefähr 4000 Hamtramcker und andere Schaulustige kamen an diesem 17. April zusammen, um den Präsidenten zu sehen, und wurden vom Service auf einer Rasenfläche mit Blick auf das Rathaus eingepfercht.

»Wir haben all diese Schulbusse geholt und sie einfach in zwei parallelen Reihen geparkt und dann alle buchstäblich in den Park gesperrt«, so der Ex-Agent. »Es war schwierig, das im Weißen Haus durchzusetzen, weil es furchtbar aussah.«

Zwischen diesen Bussen lugte jedoch das strähnige Haar eines ehemaligen Soldaten hervor, der es für seine Aufgabe hielt, Präsident Bush zu töten.

Daughetee, ein gescheiterter Medizinstudent, war damals 33 Jahre alt und lebte mit seiner Mutter in der Kleinstadt Flora, Indiana. Er hatte von Bushs viel beworbenem Besuch in der örtlichen Zeitung gelesen und fuhr am Tag zuvor vier Stunden nach Hamtramck. Dies wäre, so glaubte er, die einmalige Gelegenheit für ihn, den Präsidenten zu ermorden.

Daughetee, dunkelblauer Anzug, weißes Hemd, stopfte sich eine Handfeuerwaffe Kaliber .38 in den Bund, die er vor zehn Tagen gekauft hatte. In diesem Aufzug, so hoffte er, würde er als Agent des Secret Service durchgehen und unbemerkt die Sicherheitsabsperrungen passieren können, um näher an die Bühne heranzukommen. Am Tag vor Bushs angekündigter Ankunft inspizierte Daughetee den Park und entschied sich für ein Fleckchen links von der Bühne, von wo aus er den Präsidenten gut treffen zu können glaubte.

In den letzten Jahren hatte Daughetees Verstand seine Spielchen mit ihm getrieben – und ihn zum Töten angestachelt. Nach seinem Abschluss in Zoologie an der Universität Wyoming hatte Daughetee zwei Jahre an der riesigen US-Militärbasis in Korea verbracht. Danach hatte er ein Medizinstudium begonnen, das er nach dem zweiten Jahr abbrach. Es war schwierig für ihn, Freundschaften zu pflegen und seinen Job nicht zu verlieren. Außerdem hörte er immer wieder Stimmen, die ihm befahlen, den Präsidenten zu ermorden. Wenn er das nicht könne, so flüsterten sie ihm ein, solle er stattdessen versuchen, eine Gruppe Schulkinder zu töten.

Dem Secret Service war Daughetee bereits bekannt. 1987, während seiner Zeit in Indiana, hatte er vor einem Freund damit angegeben, Präsident Reagan ermorden zu wollen. Daher befragten ihn die Agenten des Service damals, schlossen aber, er sei psychisch krank und nur verwirrt. Es gab keinen Hinweis darauf, dass dieser Mann einen ernst zu nehmenden Plan hatte, dem Präsidenten etwas anzutun, so glaubten sie. Daher konnten sie ihn auch nicht dafür belangen, es auf das Leben des Staatsoberhauptes abgesehen zu haben. Die Agenten in Indiana entschieden sich dagegen, ihn in die Datenbank des Secret Service als »beobachtenswerte Person« aufzunehmen. Sie befanden ihn also für nicht gefährlich genug, um ab und an zu überprüfen, was er trieb. Daher wusste der Service auch nicht, dass Daughetee mehrere Monate nachdem er in Indiana die Drohung ausgesprochen hatte, zweimal ins Krankenhaus der Veterans Administration in Indianapolis eingewiesen werden musste. Seinen Ärzten sagte er, dass ihn die Stimmen in seinem Kopf immer noch zum Töten aufriefen.

1988, ein Jahr später, trat Vizepräsident Bush im Präsidentschaftswahlkampf an, und Daughetee erfuhr aus den Nachrichten, Bush wolle die umkämpften Staaten und die großen Städte seiner Heimat besuchen: Detroit, Indianapolis und Chicago.

In den letzten hektischen Wahlkampfwochen Ende Oktober 1988 wartete Daughetee vor der Heritage High School in Saginaw, Michigan, um nach einer spätnachmittäglichen Veranstaltung einen Blick auf Bush zu erhaschen. Nur wenige Wochen nachdem dieser zum neuen Präsidenten gewählt worden war, hatte Daughetee genug Geld für eine Reise nach Washington beisammen. Er stand vier Stunden vor einem Gebäude in der Washingtoner Innenstadt – ganz ähnlich, wie John Hinckley es getan hatte – und wartete, dass Bush nach einer öffentlichen Veranstaltung heraustrat.

Doch tatsächlich auf den Vizepräsidenten schießen, sollte Daughetee nie – weder in Saginaw noch in Washington. Frustriert musste er feststellen, dass er nicht nahe genug an ihn herankam. Aber den Agenten fiel er nie auf, und er beschloss dranzubleiben.

An jenem kalten Apriltag stand er am Rande des Stadtparks in Hamtramck und blickte über die Köpfe der Zuschauer hinweg zu dem Gebäude, in dem Bush seine Rede halten würde. Gleich würde Bush die Bühne betreten, 11:45 Uhr laut dem genauen Zeitplan, und Daughetee fühlte sich in die Enge getrieben. Die lokale Polizei lotste ihn und die anderen Zuschauer auf eine Reihe Magnetometer zu, die sie passieren mussten, um in den vorderen Teil des Parks zu gelangen. Daughetee befürchtete, nicht an den Ort seiner Wahl zu kommen, ohne dass die Polizei die Waffe in seinem Hosenbund fände. Er hielt nach einem alternativen Weg Ausschau, fand aber keine Öffnung, joggte auf der Suche nach weiteren Erhöhungen durch den Park, hinter den Magnetometern. Aber als er endlich eine Position mit freier Schussbahn gefunden hatte, war Bushs Rede zu Ende, und er ging von der Bühne. Daughetee blieb niedergeschlagen zurück.

Als die Agenten des Secret Service den Präsidenten von der Bühne geleiteten, wussten sie nicht, wie nahe Daughetee an ihn herangekommen war. Merkwürdigerweise zeigte sich an jenem Tag dafür eine Bedrohung ganz anderer Art. Nach Bushs Rede jagte die Autokolonne zurück zum Militärflugplatz Selfridge Air National Guard Base nördlich von Detroit, wo der Präsident die Air Force One zurück nach Washington nehmen sollte. Unterwegs sahen die Agenten im nachfolgenden Auto, wie ihnen etwas in die Fahrbahn flog, was sie für einen Armbrustpfeil hielten. Der Präsident bemerkte nichts davon. Da jedoch die Möglichkeit bestand, dass es sich tatsächlich um einen Angriff handelte, alarmierten die Agenten aus der Kolonne ihre Kollegen am Veranstaltungsort. Ein Agententeam aus der Detroiter Zweigstelle wurde zusammen mit der Michiganer Polizei in die umliegenden Wälder entsandt. Tagelang durchkämmten sie das Gebiet entlang der Straße nach den Spuren eines Angreifers. Sie fanden nichts. »Sie zogen tagelang zusammen mit der State Police durch die Wälder, um herauszufinden, was zur Hölle da passiert war«, so ein ehemaliger Agent aus der Zentrale. »Da draußen war jemand.«

Die Agenten fanden nie heraus, woher das Geschoss kam, das sie zu sehen geglaubt hatten. Vier Monate später erfuhren sie jedoch – und zwar vollkommen zufällig –, dass Daughetee geplant hatte, Bush in Hamtramck zu töten. Im August 1989 schnappte die kalifornische Polizei aus Oakland Daughetee, als er versuchte, eine Bank in der Bay Area zu überfallen. Sie griffen ihn im Garten einer nahe gelegenen Grundschule auf, wo er sich mit seiner Waffe versteckte.

Er erzählte den Kriminalbeamten, dass er versuchte, genug Geld für seine Mission zusammenzukriegen. Die Stimmen in seinem Kopf hätten ihm befohlen, den Präsidenten zu töten. Der Mann, den sie Jahre zuvor wegen einer Morddrohung gegenüber Präsident Reagan befragt hatten, gestand bereitwillig, dass er noch immer versuchte, einen Präsidenten zu töten. Schon fast ein Jahr lang arbeitete er an seinen Plänen, Bush zu ermorden.

Was er als Nächstes gestand, haute die lokalen Ermittler vollkommen um.

»Ich habe Präsident Bush fast getötet, als er in Detroit war, aber ich habe es nicht durch die Sicherheitskontrollen geschafft«,[49] sagte er. Vierzig Jahre später lässt der Fall Daughetee einem der Agenten, der den Hamtramck-Besuch mitgeplant hatte, noch immer keine Ruhe. Nicht einmal nach diesem Vorfall und nach all den Jahren, die seit dieser gerade noch einmal abgewandten Katastrophe vergangen sind, konzentriert sich der Service seiner Meinung nach genug auf die Ermittlungen um psychisch Kranke, von denen eine große Gefahr ausgeht, dass sie zu Attentätern werden.

Am Anfang sprechen diese potenziellen Mörder wahllose, mitunter lächerlich wirkende Drohungen aus, die ihre Kollegen oder die Familie vielleicht als einmaligen Ausbruch abtun, aber mit der Zeit nehmen ihre Pläne und Ziele Gestalt an. Laut Psychologen, die für den Secret Service Attentäter analysiert haben, ist diese Kategorie potenzieller Mörder überzeugt, mit einem Mord, der viel Aufmerksamkeit erregt, ihre Bestimmung zu erfüllen. Manche sind darauf fixiert, eine Menschengruppe bei einer großen öffentlichen Zusammenkunft zu erschießen, andere, einen Präsidenten zu töten. Dabei geht es nicht um Politik, sondern um Ruhm. So ist es auch egal, ob der Präsident Carter oder Reagan heißt, wie im Falle John Hinckleys, und für Daughetee spielte es keine Rolle, ob er Reagan oder Bush tötete, es musste einfach ein Präsident her.

Vier Jahre lang feilte Daughetee an seinem Mordplan, bis man ihn schnappte. Wenn der Service Personen, die sich mit Mordphantasien am Präsidenten trugen, herausfiltern und aufhalten konnte, ließen sich auch andere Attentate verhindern.

Die Agentur hatte eine groß angelegte psychologische Studie in
Auftrag gegeben, um das genaue Profil von Personen herauszuarbei-
ten, bei denen eine Wahrscheinlichkeit bestand, dass sie versuchen
würden, den Präsidenten zu ermorden. Bei diesem sogenannten
Exceptional Case Study Project wurden die Viten von 83 Personen
analysiert, die zwischen 1949 und 1996 eine bekannte öffentliche
Persönlichkeit Amerikas angegriffen hatten oder dies beinahe getan
hatten. Das Ergebnis war eindeutig: Die meisten Möchtegernmörder
wollten als berühmt-berüchtigt gelten, die Politik derjenigen, auf
die sie es abgesehen hatten, interessierte sie herzlich wenig. Oftmals
waren sie gebildet, lebten aber isoliert. Viele hatten einem Nachbarn,
Verwandten oder Arbeitskollegen einen beunruhigenden Hinweis
auf ihren Plan gegeben. Fast alle hatten ihrem Opfer nachgestellt und
waren angesichts von Hindernissen sogar auf andere Personen um-
geschwenkt.

Tony Ball, ein schwerfälliger Muskelmann mit kahlem Kopf und
strahlendem Lächeln, sah aus wie eine Mischung aus dem NFL-Spie-
ler Terry Crews und dem Schauspieler Morris Chestnut.

Er hatte mit Anfang zwanzig begeistert beim Service in Houston
angefangen, wo er früher Polizist gewesen war. Der Job hatte viele
gute Seiten: Ball traf Queen Elizabeth und Margaret Thatcher und
durfte Privatkonzerten von Barbra Streisand, Diana Ross und Stevie
Wonder für den Präsidenten und seine Gäste beiwohnen. Aber wie
viele der Agenten war er stolz darauf, sich von all diesen Stars und
VIPs in seinem Arbeitsumfeld nicht aus der Ruhe bringen zu lassen.
»Du musst deinen Job machen und darfst nicht zu aufgeregt sein«, so
Ball. »Als ich zum ersten Mal H. W. Bush sah, sagte ich mir: ›Okay,
jetzt bin ich geheilt. Ich habe gerade den Präsidenten gesehen.‹«

Doch einer von Balls VIP-Jobs überschnitt sich mit einem Ereignis, das ein gefährliches neues Zeitalter in den USA einläutete. Als
der Agent im September 1990 spätnachts seine Schicht in der Housto-
ner Niederlassung beendete, sagte ihm ein Supervisor, er würde zeitweise in das Team abkommandiert, das den Staatschef von Kuwait bei

einem Besuch abschirme. Damals rang George H. W. Bush damit, ob
er die USA im Nahen Osten in den Krieg führen sollte. Der Emir von
Kuwait, Dschabir al-Ahmad al-Dschabir as-Sabah, war vor kurzem
ins benachbarte Saudi-Arabien geflohen, nachdem irakische Truppen
am Nachmittag des 2. August 1990 in sein kleines ölreiches Land einmarschiert waren und ihm die Ermordung drohte. Nun, sieben Wochen später, flog der Emir im Privatjet zum Weißen Haus und erbat
eine Privataudienz bei Präsident Bush.[50] Er wollte ihn anhalten, die
US-Truppen zu senden, um Saddam Husseins Leute aus dem Land zu
vertreiben. Balls einzige Aufgabe für die nächsten sieben Tage wäre
einfach, dafür zu sorgen, dass dem Emir, der quasi vogelfrei war, auf
amerikanischem Boden nichts zustieß. »Dann denkt man sich, alles,
was ich tun muss, ist sicherstellen, dass ihn keiner abmurkst, bevor er
wieder abreist«, so Ball. »Das war's.«

Der Mann trug quasi eine Zielscheibe auf dem Rücken. Quellen
des US-Geheimdienstes glaubten, dass die Iraker den Emir bei ihrem
Einmarsch vor einem Monat eigentlich hatten entführen oder töten
wollen. Dadurch, dass er den Emir beschützte, wurde der nüchterne
Agent ohne sein Wissen Teil eines im Stillschweigen geschlossenen
Pakts, der den Nahen Osten erschüttern und noch Jahrzehnte später
einen dunklen Schatten auf die USA werfen würde.

Der Emir musste Präsident Bush nicht lange überreden, sich mit
Saddam Hussein anzulegen, denn der war sich bereits vollkommen
mit Premierministerin Thatcher und seinem Verteidigungsminister
Dick Cheney einig: tatenlos zuzusehen, wie Irak in Kuwait einmar-
schierte, würde einen gefährlichen Präzedenzfall schaffen. Andere
mächtige Staaten, die mit dem Gedanken spielten, kleinere Nach-
barländer zu überfallen, könnten sich dadurch ermutigt fühlen. Vor
allem bereitete es der US-Regierung aber Sorge, dass Saddam seine
Fänge nun nach einem weiteren Land ausstrecken würde, das ein
treuer Ölexporteur nach Amerika war und über zwanzig Prozent der
weltweiten Ölreserven verfügte. Sollte Irak als Nächstes das benachbarte Saudi-Arabien einnehmen, würden Hussein über 45 Prozent der
weltweiten Erdölvorkommen gehören. Ab August bereitete Bush ei-

nen umfassenden Einsatz von US-Truppen auf Stützpunkten in Saudi-Arabien und in dessen Nähe vor. In kürzester Zeit wurden an die 250 000 Soldaten in der Region stationiert.

Im November 1990 verhängte der Sicherheitsrat der Vereinten Nationen auf Drängen der USA Sanktionen gegen Irak wegen der Invasion Kuwaits. Der Weltsicherheitsrat verfügte, Saddam habe seine Truppen bis zum 15. Januar 1991 aus dem Land abzuziehen, sonst habe das Land mit weiteren Konsequenzen zu rechnen. Bush kündigte an, die USA würden ganze zweihunderttausend Einsatzkräfte an die Grenze schicken, um noch mehr Druck zu machen.

Doch der irakische Premier gab sich nicht geschlagen. Nach dem Stichtag, am 16. Januar um 23:30 Uhr, entfachte in Bagdad eine von den USA angeführte Koalition die Operation Wüstensturm. Bei diesen beispiellosen Luftangriffen fielen über 88 000 Tonnen Bomben im Rahmen Hunderter unabhängiger Einsätze auf irakische Militärstützpunkte, Waffenarsenale, Luftwaffenstützpunkte und Kommunikationssysteme. Die Angriffe dauerten 43 Tage, in denen die irakischen Soldaten zermürbt und ein Großteil des Verteidigungs- und Stromnetzes des Landes lahmgelegt wurde.

Der Wüstensturm wurde fast in voller Länge nahezu zur gleichen Zeit im US-Fernsehen übertragen. Zum ersten Mal konnten die Zuschauer gemütlich von der Wohnzimmercouch oder vom Fitnesslaufband aus die Technologie ihrer Streitkräfte bestaunen. Live-Satellitenbilder zeigten die hämmernde Explosion von Tomahawk-Marschflugkörpern und neue Nighthawk-Stealth-Kampfflugzeuge, die zig Bomben unbemerkt vom Radar abwarfen. CNN brachte ein Video von einer Bombe, die im Lüftungsschacht des Bagdader Hauptquartiers der Revolutionsgarde hochging. Bilder von Zielobjekten im neongrünen Fadenkreuz der Kampfjetkameras waren in den Abendnachrichten so allgegenwärtig, dass der Wüstensturm in den Medien bald einen neuen Spitznamen weghatte: Videospielkrieg.

Nach einem viertägigen Luftwaffeneinsatz war der Krieg wieder vorbei. Ein Großteil der irakischen Kräfte hatte entweder kapituliert

oder sich zurückgezogen. Die Amerikaner hatten einen entscheidenden Sieg eingefahren und dabei nur 147 Soldaten in der Schlacht verloren. Das Land Kuwait, für die USA ein wichtiger Ölexporteur, war
befreit, das Königreich und die Prinzen im nahe gelegenen Saudi-
Arabien atmeten erleichtert auf.

Die von Amerika angeführte Verwüstung der arabischen Halbin-
sel gehört zu den asymmetrischsten Konflikten der Geschichte. Doch
mit der Stationierung von über 450 000 US-Soldaten auf saudi-ara-
bischem Boden begann noch an einer weiteren Stelle ein Konflikt
zu brodeln, der jeden Moment überzukochen drohte. Im Golfkrieg
hatte sich das US-Militär leistungsfähig wie nie gezeigt, aber diesen
neuen Feind konnte die traditionelle amerikanische Kriegsmaschine-
rie trotzdem nicht ausmachen.

Osama bin Laden war der Sohn eines millionenschweren saudischen
Baulöwen, dessen Familie schon lange gute Beziehungen zum Königshaus Saud pflegte.[51] Der fast zwei Meter große bin Laden galt als strategischer Denker und introvertiert. Ein Jahr vor dem Golfkrieg war er
als Kriegsheld in sein Heimatland zurückgekehrt. In Saudi-Arabien
feierte man ihn, weil er die Mudschaheddin-Kämpfer finanziell unterstützt und mit ausgebildet hatte, welche erfolgreich die sowjetische
Invasion Afghanistans abwehrten. Bin Laden machte aus der Armee,
die er während des zehn Jahre andauernden Kriegs in Afghanistan
aufgebaut hatte, gemeinsam mit einem Partner ein einsatzbereites
Netzwerk an Kämpfern, die sie bei Bedarf für den späteren Dschihad
an Brennpunkten rund um den Globus würden abrufen können. Sie
nannten sie al-Qaida, »die Basis«.

Bin Laden lehnte die geplante Ankunft der US-Truppen im heiligen Land der Saudis ab und kritisierte die saudische Führung dafür,
dass sie dies zuließ. Er nannte den Anblick von US-Frachtflugzeugen
mit Kurs auf Riad den »schrecklichsten Augenblick meines Lebens«.
Bin Laden stellte den saudischen König bloß, indem er ihn in öffentlichen Reden und Schreiben beschuldigte, eine »Besetzung« des heiligen muslimischen Landes durch die amerikanischen »Kreuzritter«

zu fördern. In seinem Feldzug führte er auch die Lehren des Propheten Mohammed an und verkündete, dass niemals zwei Religionen auf saudischem Boden existieren dürften, Ungläubige sollten nicht im heiligen Land leben und arbeiten, in dem Mekka und Medina lagen. Außerdem machte sich der islamistische Extremist die Schriften eines ägyptischen Rebellen zu eigen, der die Muslime aufstachelte, zum Schutz des Islams mit Waffengewalt gegen Nichtgläubige vorzugehen. Dass Saudi-Arabien die amerikanischen Truppen willkommen hieß, kränkte bin Laden nicht nur in seinen religiösen Ansichten, sondern auch persönlich. Nachdem Saddam Ende 1990 in Kuwait einmarschiert war, hatte bin Laden dem saudischen Königshaus seine Dienste angeboten. Er könne seine geübte Armee an muslimischen Kämpfern losschicken, um die Iraker zurückzuschlagen. Aber die Saudis zogen ihm Präsident Bush und die amerikanischen Truppen vor und stellten ihn, als er den Disput öffentlich machte, anschließend unter Hausarrest. 1991 wurde er des Landes verwiesen und ließ sich daher im Sudan nieder.

Nach dem Golfkrieg verblieben die US-Soldaten in der saudi-arabischen Basis, was bin Laden zur Weißglut trieb. »Sie können die amerikanische Armee nicht hier in der Golfregion bleiben lassen, uns das Öl wegnehmen, unser Geld«, predigte er seinen Anhängern im neuen Hauptsitz. »Wir müssen etwas unternehmen, um sie loszuwerden. Wir müssen sie bekämpfen.«[52]

Anfang der neunziger Jahre konnte das Sicherheitsprotokoll zu Präsident Bushs Schutz nicht mehr mit dem enormen technologischen Fortschritt mithalten, der alles von Mobiltelefonen bis hin zur elektronischen Überwachung revolutionierte. Die Maßnahmen, die zu seinem Schutz getroffen wurden, wirkten dürftig im Vergleich zu dem riesigen Arsenal an Hightech-Spielereien, die das US-Militär im ersten Golfkrieg entwickelt hatte. Um Reisen zu organisieren und Agententeams zusammenzustellen, griffen die Supervisoren immer wieder aufs Telefon zurück, Computer nutzten sie kaum. Ihre allerneuesten Technikspielzeuge waren die Magnetometer, mit denen der Service seit dem Attentat auf Reagan 1981 Veranstaltungsgäste scannte. Seit Kennedy hatte sich nichts daran geändert, dass der Service sich noch immer hauptsächlich auf den schieren Willen und die Entschlossenheit seiner Leute verließ. Schweiß und Muskeln, das war die Standardlösung des Service für die meisten Sicherheitsprobleme. »Es hieß immer: ›Sollen die Körper das Problem lösen‹«, so ein ehemaliger Agent. »Keine Strategie, nur Reaktion.«

Bushs Kommandoführer John Magaw, ein mürrischer Typ aus dem Mittleren Westen mit kantigem Kinn, verkörperte diesen traditionellen Ansatz à la schierer Wille und Entschlossenheit. Er war in Ohio bei der Polizei gewesen und wurde ein paar Jahre nach der Ermordung Kennedys Special Agent.

Magaw war dafür bekannt, an genau den Standards, die ihm lieb und teuer waren, festzuhalten. Bushs Assistent Joe Hagin respektierte Magaw sehr, aber er schrieb es auch einmal Magaws peinlich genauer Art zu, dass er nicht schneller im Service aufstieg. Ein anderer hochrangiger Mitarbeiter Bushs formulierte es so: Magaw sei »zu ernst, zu geradlinig, zu gut gekämmt, um einer von denen zu sein«.

Der Kommandoführer Magaw hatte keine enge Beziehung zu den Agenten. Er war dafür bekannt, bis zur letzten Minute am Sicherheitskonzept zu tüfteln und die Positionen der Agenten nur um ein paar Zentimeter oder Meter zu verschieben, wenn er glaubte, dass ansonsten ein Loch durch ihre Platzierung entstand. Einmal schnappten Agenten Gesprächsfetzen auf, wonach Magaw einen von ihnen anwies, sich nahe zwischen Präsident Bush und einen vorbeilaufenden Sprengstoffspürhund zu stellen. Als der Mann nach dem Grund fragte, antwortete Magaw: »Falls der Hund beißt, will ich, dass es Sie erwischt und nicht den Präsidenten.«

Magaw schreckte manchmal mitten in der Nacht hoch, weil er eine Schwachstelle in einem Sicherheitskonzept entdeckt zu haben glaubte, griff zum Telefon und gab Änderungsvorschläge durch. Die von ihm geforderten Vorschriften zu Dresscode und Körperpflege kamen aus den fünfziger Jahren: Seine Agenten sollten glatt rasiert sein, kurz geschnittenes Haar haben, sie alle mussten Schnürschuhe tragen. Keine

Slipper. Niemals. Sollten sie in einem Notfall rennen müssen, so seine Begründung, könnten sie die Schuhe verlieren.

Auch was die Schutzmaßnahmen anging, war er ein Traditionalist. Er konzentrierte sich auf die Bedrohung, von der er wusste, dass sie den Präsidenten am ehesten das Leben kosten konnte: ein einzelner Schütze. Er impfte seinen Agenten ein, wie man eine Menge kritisch beobachtete und verdächtige Bewegungen ausmachte – besonders die eines irren Amokläufers, der auf Ruhm aus war.

Mit der Zeit waren Präsident Bush und Magaw gute Freunde geworden, ihre Beziehung gründete auf gegenseitigem Respekt und einigen ähnlichen Charakterzügen. Sie beide hatten eine trockene Art, die Dinge auf den Punkt zu bringen, und beide waren stolz darauf, für den Staat zu arbeiten. Im Februar 1992, im letzten Jahr von Bushs Amtszeit, belohnte der Präsident den loyalen Beschützer und Staatsdiener mit dem Posten des nächsten Secret-Service-Direktors.

Im selben Monat richtete sich Osama bin Laden vom sudanesischen Exil aus an seine islamistischen Kämpfer auf der ganzen Welt. Nur wenige im Service kannten zu jener Zeit den Namen des saudischen Emporkömmlings oder seine Ziele. Doch jetzt erklärte der von der saudischen Königsfamilie aus seinem Heimatland verbannte bin Laden seinem auserkorenen Feind den Krieg: den US-Streitkräften im Ausland. Gemeinsam mit anderen al-Qaida-Führern rief er mit einer Fatwa den Dschihad gegen die westliche »Besetzung« muslimischer Länder aus, besonders gegen die amerikanischen Truppen. »Wir müssen der Schlange den Kopf abschlagen und ihnen Einhalt gebieten«, verkündete bin Laden seinen Anhängern in einer Reihe von Vorträgen. »Die Schlange ist Amerika.«

Mit dem Ende des Golfkriegs machte sich bin Laden daran, sein Netzwerk an islamistischen Kämpfern zu erweitern, die er in den Bergen Afghanistans mit ausgebildet und zusammengebracht hatte. Seine alten Kameraden und ihn einte der Hass auf den Westen. Bin Laden in seinem sudanesischen Exil verfügte über geschätzte 25 Millionen Dollar Erbe und Geld von anderen reichen Unterstützern, um seine neue Mission zu finanzieren.

Bereits ein Jahr, nachdem die USA im Golfkrieg triumphiert hatten, hatte bin Laden einen von mehreren Anschlägen geplant. Er hatte große Pläne, Amerikaner zu töten, angefangen mit einem Bombenangriff auf die US-Soldaten, die Präsident Bush im Rahmen einer Hilfsmission im Dezember 1992 ins hungergeplagte Somalia gesandt hatte.

Bald schon würde er auch die US-Präsidenten auf seine Todesliste setzen.

Kapitel 11

ROCKSTAR-PRÄSIDENT

Im Jahre 1992 nahm eine neue Präsidentschaftswahlkampagne Fahrt auf, und einem unbekannten Gouverneur aus Arkansas gelang das Undenkbare. Während Bill Clinton sich gegen ein halbes Dutzend anderer demokratischer Kandidaten durchsetzen musste, um überhaupt wahrgenommen zu werden, beschuldigte ihn die Klatschzeitschrift eines Lebensmittelladens, eine ehebrecherische Affäre mit einer hübschen ehemaligen Fernsehreporterin und Nachtclubsängerin zu haben. Diese Behauptung drohten den jungen Politiker bei seinen ersten Schritten auf den überaus wichtigen parteiinternen Vorwahlen, der Primary, in New Hampshire auszubremsen. Doch bereits wenige Tage später war es Clinton nicht nur gelungen, unbeschadet aus der Sache herauszukommen, sondern, so unwahrscheinlich dies auch klingt, sogar noch berühmter und beliebter. Jetzt führte er im Rennen um das höchste Amt des Landes.

Auf dem Cover der Zeitschrift *Star*[53] vom 23. Januar prangte das Bild einer hübschen Blondine namens Gennifer Flowers, darüber die grelle Überschrift: »Meine 12 Jahre dauernde Affäre mit Bill Clinton«. In dem Artikel erzählte Flowers, wie sie und Clinton sich kennengelernt und eine sexuelle Beziehung begonnen hatten. Das war 1977, nur zwei Jahre nachdem Clinton Hillary Rodham geheiratet hatte. Flowers beschrieb weiter ihre Versuche, die Affäre geheim zu halten, vor allem, als Clinton dann Gouverneur wurde. Er drängte Flowers dazu, in ein Hochhaus in Little Rock zu ziehen, in dem auch einige seiner

Berater lebten. Wenn er sie dort besuche, sei das weniger auffällig, so meinte er. Flowers, die Berichten zufolge hunderttausend Dollar für das Interview erhielt, stellte später auch zusammengestückelte Tonaufnahmen zur Verfügung, auf denen Clinton erklärte, es gebe keine Story, wenn zwei Menschen es leugneten, eine Affäre miteinander zu haben. »So eine Story können sie nicht bringen, solange keiner sagt: ›Ja, ich hatte was mit ihm‹«[54], sagte er.

Bill und Hillary Clinton wussten, dass der Flowers-Skandal das Aus für seinen Wahlkampf bedeuten konnte, und beide wollten zurückschlagen. Das Paar stimmte einem gemeinsamen Interview zu, das drei Tage später auf CBS im Rahmen der beliebten Sendung *60 Minutes* ausgestrahlt wurde, direkt nach dem Super Bowl. Clinton sagte dem Interviewer Steve Kroft, er kenne Flowers, sie sei eine nette Bekannte und Staatsangestellte, aber sie habe »ihre Story geändert«, als das Klatschblatt anbot, für ihre Schilderung zu bezahlen. Die Aussage von Gouverneur Clinton und seiner Frau, Flowers' Behauptungen seien falsch, klang ganz aufrichtig, war aber exakt getaktet. Sie ließen durchblicken – ohne dies tatsächlich zu sagen, dass sie Flowers' Anschuldigungen allesamt zurückweisen würden. Der Gouverneur deutete an, dass er auf irgendeine Weise, die er nicht näher ausführte, gegen Regeln verstoßen habe, seine Frau und er seien durch eine schwierige Phase in ihrer Ehe gegangen.

»Sind Sie heute Abend bereit dazu, zu sagen, dass Sie nie eine außereheliche Affäre hatten?«, fragte Steve Kroft.

»Ich bin heute Abend nicht dazu bereit, zu sagen, dass ein Ehepaar das mit jemand anderem als dem Partner besprechen sollte«, antwortete Clinton. »Ich gebe zu, dass ich in meiner Ehe für Kummer gesorgt habe.«[55]

Flowers, die tatsächlich die Wahrheit über ihre Affäre mit Clinton gesprochen hatte, sagte zu Journalisten, sie sei »angewidert«. »Ich habe eine vollkommen neue Seite an Bill gesehen«, so Flowers.[56] »Er log nach Strich und Faden.«

Doch obwohl er wirklich log,[57] kam er sympathisch und aufrichtig rüber, ohne defensiv zu wirken. Außerdem servierte er den vielen

Journalisten, die ohnehin schon skeptisch waren, wenn es darum ging, eine Geschichte über eine vergangene Affäre zurückzuverfolgen, einen plausiblen Konter: Die Staatsangestellte und ehemalige Nachtclubsängerin Flowers hatte sich ein hübsches Sümmchen für ihre Clinton-Geschichte zahlen lassen, was Bill Clinton als »Bares für Blödsinn« bezeichnete.

Das Interview des Ehepaars in *60 Minutes* brachte Rekordzuschauerzahlen. Seine Ausstrahlung machte den Gouverneur aus Arkansas über Nacht zum führenden Präsidentschaftskandidaten der Demokraten. In den beiden folgenden Monaten gewann Clinton weitere Staaten, Vorwahl nach Vorwahl. In der obersten Etage des Secret Service war man sich einig: Es wurde Zeit, Clinton »auf dem Schirm zu haben«. Das bedeutete im Service-Jargon, dass man Clinton nun nicht mehr als Außenseiter sah, sondern als Spitzenkandidaten, der per Gesetz Anspruch auf ständigen Schutz während der Wahlkampftour hatte. Der Schutz der Top-Kandidaten durch den Secret Service war nach dem Attentat auf Kennedy gesetzlich verankert worden.

Innerhalb weniger Wochen erfuhr Clintons neues Agententeam, was der Öffentlichkeit verborgen blieb: Dieses Klatschblatt war hinsichtlich seiner außerehelichen Aktivitäten tatsächlich auf etwas gestoßen. Eine kleine Gruppe an Agenten der neuen Clinton-Schutztruppe bekam ein ungutes Gefühl, als sie nach und nach feststellten, dass es zu ihrem neuen Job gehörte, diskret zur Seite zu blicken, wenn der Gouverneur zu einem Stelldichein unterwegs war.

Ab Februar informierte die Zentrale zwei Dutzend im ganzen Land verteilte Agenten, dass sie für Clintons frischgebackenes Kommando ausgewählt worden waren, Arbeitsbeginn im März. Der Schutz der Präsidentschaftskandidaten war nur ein kurzfristiger Job, für den der Service alle vier Jahre Agenten aus seinen Außenstellen abziehen musste. Aber es war ein Job, auf den die betroffenen Agenten vorbereitet waren und den sie nachvollziehen konnten. Sie mussten dafür in Wechselschichten arbeiten, drei Wochen Clinton dorthin begleiten, wo auch immer ihn sein Wahlkampf hinführte, dann wieder drei

Wochen zurück in ihren normalen Dienst in der Außenstelle oder Zentrale.

Die drei Schichtleiter des Kommandos, die dafür vorübergehend in Little Rock stationiert waren, unterrichteten ihr Team über Clintons Gewohnheiten, wenn er zu Hause und nicht für den Wahlkampf unterwegs war. Besonders wichtig: Er joggte gerne morgens vom Gouverneurshaus ins YMCA in der Stadt, ein historisch anmutendes Backsteingebäude mit Fitnessstudio, Pool und Büroräumen auf dem South Broadway.

Je nach Strecke lief Clinton mit zwei Agenten im Schlepptau knappe zwei Meilen in nördliche Richtung, sie hatten ungefähr einen Schnitt von neun oder zehn Minuten pro Meile. Dabei nahmen sie die ruhigeren Seitenstraßen fernab der Hauptstraße, um zum YMCA zu gelangen. Dort angekommen verkündete Clinton, er werde kurz trainieren oder schwimmen, ihm stand ein privater Raum zum Umziehen und Duschen zur Verfügung. Wenn er fertig war, folgte ihm das Team noch einen weiteren Block zu Fuß zum nächsten McDonald's, Ecke Seventh und Broadway, wo er sich einen entkoffeinierten Kaffee und manchmal einen Egg McMuffin holte. Dann führten ihn die Agenten zurück nach Hause.

Doch einigen Agenten fiel bei Clintons YMCA-Besuchen ein Sicherheitsverstoß auf: Das Protokoll der beispiellosen Service-Sicherheitsstandards verlangte es, dass sich ein Agent immer in nächster Nähe der Schutzperson aufhielt. Keiner der Männer ging jedoch mit ins YMCA und befand sich während Clintons Workout in Reich- oder Sichtweite. Während der Gouverneur im Fitnessstudio war, stand das Kommando meist nur vor dem Gebäude und der Eingangstür Wache. Keiner war drinnen an seiner Seite und konnte im Falle einer Gefahrensituation in der öffentlichen Einrichtung voller nicht überprüfter Fremder eingreifen. Ein paar neue Agenten waren erstaunt über diese Trainingsgewohnheit, diskutierten untereinander darüber und kamen zu dem Schluss, hier müsse ein Fehler vorliegen. Einigen von ihnen lag es auf der Zunge zu fragen: Was zum Henker …?

»Warum ist keiner von uns mit ihm da drin?«, fragte einer der Agenten einen Vorgesetzten.

»Das ist kein Problem«, antwortete der.

»Aber …«, setzte der Neuling an.

»Lassen Sie's gut sein«, sagte der ältere Agent mit Nachdruck.

Die Schicht bestand größtenteils aus Frischlingen, die wahllos zusammengewürfelt worden waren, aber sie hatten in derselben Schule gelernt. Kein Agent hatte einem anderen zu raten, es »gut sein« zu lassen, wenn jener Sicherheitsbedenken äußerte. Zu den größten Stärken der Kommandokultur gehörte es, aufeinander achtzugeben; man erwartete von den Agenten, auf jede Schwachstelle, die ihnen auffiel, hinzuweisen. Der Service lebte das Motto »See something, say something« – wenn dir was auffällt, sag was –, lange bevor es nach dem 11. September in Amerika zum bekannten Slogan der New Yorker Verkehrsbetriebe wurde.

Der jüngere Agent sprach noch einmal den älteren auf das Thema an.

»Da wird trainiert«, sagte er, »er könnte verletzt werden. Es könnte auch ein Irrer dort sein, wir müssen reingehen. Da drin könnte etwas passieren.«

Der Ältere seufzte und schüttelte den Kopf.

»Da drin wartete eine Frau auf ihn«, sagte er, »sie haben Sex.«

Der andere ließ diese Information erst einmal sacken. Das Kommando war nun also darin verwickelt, einer List Vorschub zu leisten, sodass der Kandidat so tun konnte, als würde er mehrmals die Woche trainieren, wo er doch in Wirklichkeit nur seine Techtelmechtel hatte. Nach einer Weile fragte der neue Schutzagent des Gouverneurs dasselbe, was Kennedys Schutztruppe Jahrzehnte zuvor gefragt hatte: »Woher wissen Sie, dass sie ihm nichts tun wird?«

Zu Clintons Schutz hatte bereits ein Agent, der mit der Absicherung des Gebäudes betraut war, das private Zimmer überprüft, in dem sich Clinton mit einer seiner Geliebten traf. Agenten zufolge war man zu dem Schluss gekommen, dass diese Vorsichtsmaßnahmen das Risiko einschätzbar machten. Ein Clinton-Sprecher nannte es

vollkommen unglaubhaft und wider das grundlegende Sicherheitsprotokoll, dass ein Präsidentschaftskandidat ein großes, überaus ge-
schäftiges Gebäude ohne jemanden aus seinem Elitesicherheitsteam
betreten durfte. »Da war einfach was faul«, so der Sprecher Angel
Ureña.

Manche Agenten fanden, diese morgendliche Gewohnheit Clintons im Jahre 1992 – also ins YMCA zu gehen und sich dort manchmal mit Frauen zu treffen – sei eine geschickte Anpassung an seine
neue hohe Stellung als Präsidentschaftskandidat. Als er noch lediglich der Gouverneur von Arkansas gewesen war, hatte er frühmor-
gendliche Joggingrunden vorgeschoben, um sich davonzustehlen
und eine seiner ständigen Freundinnen zu treffen. Die Frauen gabel-
ten ihn irgendwo auf seiner Strecke mit dem Auto auf und fuhren mit
ihm an einen privaten Ort. Später sammelten Clintons Polizisten ihn
mit seinem Lincoln Town Car wieder in der Stadt bei McDonald's ein.
Manchmal neckten sie ihn, weil er nach dem Joggen noch gar so ge-
schniegelt wirkte, weder im Gesicht schwitzte, noch Schweißflecken
auf der Kleidung hatte – selbst in der Sommerhitze.[58]

»Er sagte dann, er sei nur fünf Meilen gelaufen«, so der ehemalige
Polizist Roger Perry. »Und ich sagte darauf: ›Herr Gouverneur, Sie
sollten lieber mal zum Arzt gehen. Mit Ihren Schweißdrüsen stimmt
was nicht.‹«

Einmal antwortete Clinton anscheinend: »Euch kann ich wohl
nichts vormachen, oder?«[59]

Nach diesen morgendlichen Ausflügen machte Clinton oftmals
noch einen Zwischenstopp auf der Polizeiwache und spritzte sich im
Bad Wasser auf Gesicht und Shirt, sodass es aussah, als hätte er ge-
schwitzt.

Interessanterweise erinnern sich ein paar Frauen daran, dass Clinton sie zum Training ins YMCA eingeladen hatte, als er 1992 antrat.
Der Schürzenjäger Clinton schäkerte oft mit den hübschen jungen
Stewardessen der in Dallas stationierten Crew des für seinen Wahlkampf gemieteten Privatflugzeugs Express One.

Die damals 27-jährige Christy Zercher war eine von sechs jungen blonden Frauen, die in Clintons Flugzeug mit dem Spitznamen Longhorn One als Stewardessen arbeiteten. Sie war auf einem Bauernhof im ländlichen Osten von Texas aufgewachsen und arbeitete für eine kurze Zeit als Oben-ohne-Tänzerin in einem Luxus-Stripclub in Dallas, bevor sie ihre Stelle bei der Express One antrat. Als sie zum ersten Mal mit Clinton flog, nur wenige Wochen, nachdem der Skandal um die Flowers-Geschichte losbrach, habe Clinton versucht, sie anzugraben, wie sie dem ehemaligen Reporter der *Washington Post*, Michael Isikoff, erzählte. Clinton war Zerchers Aussage zufolge nach hinten in die Bordküche gekommen, hatte sie anerkennend gemustert und verkündet: »Oh, diese blauen Augen. Wir sollten die Kampagne hinschmeißen und nach Bermuda abhauen.«

Derlei Geschäker mit den Stewardessen gab es während Clintons gesamtem Wahlkampf. Auf weiteren Flügen fragte er Zercher, wie der Sex in ihren früheren Ehen gewesen sei, machte ihr Komplimente zu ihrer Figur und legte ihr den Kopf auf die Schulter. Er ließ vor den Stewardessen vielsagende Bemerkungen fallen wie: »Sie wissen gar nicht, was Ihr Outfit mit mir macht.«[60]

Zerchers Aussage zufolge lachte sie diese aufdringlichen Annäherungsversuche meist einfach weg. Aber eine Sache war schon merkwürdig. Er fragte sie und einige ihrer Kolleginnen mehrfach, ob sie mit ihm im YMCA trainieren wollten, wenn sie in Little Rock landeten. Die Frauen hatten wegen der häufigen Flüge im Wahlkampf öfter Zwischenaufenthalte in der Stadt.

Oft schritt Bruce Lindsey aus Clintons Wahlkampfteam ein und nahm die Einladung seines Bosses zurück: »Das wäre keine gute Idee«, druckste er vor den Frauen herum.[61]

Außerdem bat er die Stewardessen immer wieder, ihm einen Gefallen zu tun, wenn sie landeten: Ob sie wohl warten würden und das Flugzeug nicht gemeinsam mit Clinton verlassen? Er wollte nicht, dass die Pressefotografen den Präsidentschaftsanwärter mit einem Schwarm hübscher junger Blondinen im Schlepptau ablichteten.

Clinton hatte loyale Mitarbeiter, die Überstunden machten, damit er in der Öffentlichkeit als liebender Vater und Ehemann bekannt

wurde, als tüchtiger Staatsdiener, der sich um die Bedürfnisse seiner
Wähler kümmerte – und tatsächlich verfügte er über die meisten
dieser edlen Eigenschaften. Seine Frau und er schienen hauptsächlich politische Partner zu sein, aber seine Tochter liebte er abgöttisch,
und er saß bis in die frühen Morgenstunden an der Ausarbeitung von
Gesetzen, von denen er glaubte, sie würden den Bürgern Arkansas'
zugutekommen. Andererseits hatte er in seiner Gouverneurszeit ein
paar vertrauenswürdige State Trooper abkommandiert, damit sie
ihm dabei halfen, seinen sexuellen Hunger zu stillen, sich mit Frauen
aus diversen Hintereingängen zu verdrücken und seine Liebschaften
vor seiner Ehefrau und der Öffentlichkeit zu verbergen.[62] Seit er unter
dem bundesbehördlichen Schutz des Secret Service stand, erwartete
er von seinen Leibwächtern dasselbe.

Clinton preschte zu einem laut Meinungsforschern günstigen
Zeitpunkt an die Spitze des riesigen Rudels von demokratischen Kandidaten. In der Vergangenheit hatten es die neuen Anwärter schwer
gehabt, gegen einen amtierenden Präsidenten anzutreten. 1992 sah
das ganz anders aus. Die Hälfte der amerikanischen Wähler war einer
Umfrage von Anfang Februar zufolge unzufrieden damit, wie Präsident George H. W. Bush den Konjunkturrückgang anging, ein Demokrat könne ihrer Meinung nach bessere Arbeit leisten. Gleichzeitig
versetzte der Gouverneur von Arkansas die Experten in Erstaunen,
brachte er es doch auf mehr als doppelt so viele Delegiertenstimmen
wie jeder der anderen fünf Kandidaten, und bald darauf nominierten
ihn die Demokraten für die Wahlen im November.[63] Mit seinem Sieg
über Bush wurde Clinton bei diesen Wahlen der 42. Präsident der
USA. Das Timing war ideal gewesen, er war als neues Gesicht auf
den Plan getreten, als die Bürger in einer Phase des wirtschaftlichen
Abschwungs von ihrer derzeitigen Führung enttäuscht waren. Dem
charmanten Gouverneur war es gelungen, mit politischem Geschick
und einer ordentlichen Portion Glück einen brandheißen Skandal im
Keim zu ersticken.

Das Verhältnis der Clintons zum Secret Service begann nicht unter den besten Voraussetzungen – tatsächlich war das Misstrauen fast greifbar.

Bereits als der neue Präsident und seine First Lady ins Weiße Haus einzogen, brachten sie der Agentur kein großes Vertrauen entgegen, besonders den Führungspersonen des Präsidentenkommandos und der Zentrale. Während die Clintons über neun Monate Tag und Nacht mit einer kleinen Gruppe Agenten verbrachten, machten sie sich ein eigenes Bild von der Kultur des Service. Schnell merkten sie, wie tief die Loyalität für Präsident Bush noch bei vielen Agenten verankert war. Hinterm Weißen Haus parkten zum Beispiel Autos, deren Stoßstangenaufkleber zur Wiederwahl Bushs aufriefen. Wie es die Tradition gebot, hatte Clinton die erfahrensten Agenten aus der Truppe geerbt, als er Präsident wurde – Bushs Truppe.

Schon kurz vor der Wahl, auf den letzten Metern seiner Wahlkampagne, deutete sich bei den Clintons Argwohn an. Eine Gruppe an Agenten lauschte aufmerksam, als Clinton und seine Mitarbeiter vor einer Detroiter Highschool, wo der Kandidat eine Kundgebung eröffnen sollte, ihr wahres Gesicht zeigten.

An jenem Sonntag, dem 25. Oktober 1992, landeten beide Wahlkampfflugzeuge – das von Präsident Bush und das von seinem demokratischen Herausforderer – für getrennte Veranstaltungen auf dem Flughafen von Detroit. Bushs Team[64] kam am Morgen an, und als der Präsident für seine Rede vor der International Association of Chiefs of Police im Detroiter Tagungszentrum vorgestellt wurde, gab es vom Publikum Standing Ovations. Im Anschluss hob Bushs Maschine mit dem Präsidenten und seinem Kampagnenteam an Bord wieder vom Detroiter Flughafen ab und flog weiter nach South Dakota und Montana. Nur wenige Minuten später landete Clintons Flugzeug auf demselben Flughafen, da der demokratische Kandidat bei einer Kundgebung an einer Highschool im nahe gelegenen Utica, Michigan, sprechen würde.

Der Direktor des Secret Service, John Magaw, war mit Bushs Air Force One nach Detroit angereist, doch merkwürdigerweise flog er nicht mit ihnen weiter, sondern blieb vor Ort, um Clintons Team zu treffen. Der silberhaarige Magaw, immer etwas steif und wortkarg, war seit Bushs erstem Wahlkampf um das Weiße Haus Ende der siebziger Jahre an der Spitze seines Schutzkommandos gewesen. In Clinton-Kreisen war er nicht wohlgelitten.

»Was tut *der* denn hier?«, zischte einer von Clintons leitenden Beratern dem Gouverneur zu, als ihre Limousine die Highschool erreicht hatte. Auch Clinton erblickte jetzt Magaw, der früher einmal bei der Polizei gewesen war, bevor er zum Secret Service wechselte. Hier stand er nun, in seinem immergleichen Trenchcoat, zusammen mit einem Grüppchen anderer Agenten am Eingang zum Footballfeld der Schule. Clinton und sein Wahlkampfteam sahen in ihm nicht den zukünftigen Chefberater und Leiter des Personenschutzes, sie sahen ihn ihm einen Spion für die andere Seite. Sie wussten, wie weit die Beziehung von Magaw und Präsident Bush zurückreichte und wie eng sie miteinander waren. Der Präsident hatte Magaw erst vor ein paar Monaten, im Februar, zum Direktor ernannt. Clintons wichtigste Berater kochten vor Zorn. Es war das erste Mal, dass Magaw bei einem Clinton-Event auftauchte, und Clintons Team hatte da so eine Ahnung, warum er ausgerechnet jetzt kam. Der Wind hatte sich gedreht, und die Umfragen zeigten, dass Magaws Boss wahrscheinlich bald das Weiße Haus verlassen musste. Meinungsforscher hatten in dieser Woche verkündet, dass Clinton mit einem großen Vorsprung in die letzten beiden Wahlkampfwochen ging, und Bushs Wahlkampfteam räumte ein, dass dieser schwierig aufzuholen wäre. Zog Magaw hier eine moderne Version des berühmten Manövers vom Secret-Service-Direktor ab, der aufgrund von Berichten, dass Herausforderer Thomas Dewey Präsident Truman schlagen würde, in der Wahlnacht in Deweys Wahlkampfzentrale stürmte?

»Jetzt lässt er sich also blicken«, rümpfte ein weiterer Clinton-Berater die Nase. Die Agenten, die den Veranstaltungsort überwachten und Clinton auf Schritt und Tritt folgten, hörten sehr wohl den abfälligen Ton, in dem George Stephanopoulos, James Carville und Bruce Lindsey sich über Magaws Kommen ausließen. Die Agenten wussten, was das zu bedeuten hatte: Wenn die Umfragen richtig lagen, würde Magaw seinen Job verlieren. Sollte Clinton die Wahl gewinnen, würde Magaw als Direktor mit der kürzesten Amtszeit in die Annalen des Secret Service eingehen. »Die Körpersprache war eindeutig«, so einer der Agenten, der das Gespräch mithörte. »Sein letztes Stündchen hatte geschlagen.«

Als Clinton dann die Wahl gewann und ins Weiße Haus einzog, spürten er und seine Frau gleich die Spannungen zum Secret Service. Clinton, der jetzt den Codenamen des Service »Eagle« – Adler – trug, fürchtete, keine Kontrolle mehr über seine liebste Beschäftigung zu haben: Zeit mit Leuten zu verbringen. Er geriet mit dem Supervisor seines Kommandos aneinander, als dieser ihn, jetzt, wo er Präsident war, in seiner Bewegungsfreiheit einschränkte und ihm nahelegte, nicht mehr durch die Stadt zu joggen. Doch Clinton bestand darauf, damit weiterzumachen und auch zu stoppen, um Leute zu grüßen. Clinton liebte es, spontan irgendwo vorbeizuschauen und wollte auch weiterhin an den lokalen Diners haltmachen und die Bürger überraschen.

»Es ist kein Geheimnis, dass der Gouverneur diesen direkten Kontakt mit den Menschen liebt«, der Secret Service müsse sich daran anpassen, äußerte Max Parker, ein Sprecher im Übergangsteam Clintons vor Journalisten. »Immer, wenn es einen neuen Präsidenten gibt, braucht es eine kurze Phase des Aneinandergewöhnens.«[65]

Der pensionierte Agent Dennis McCarthy, der 1981 geholfen hatte, den Reagan-Attentäter zu überwältigen, sagte einem Reporter: »Die Agenten werden durchdrehen mit ihm.«[66]

Nach der Amtseinführung fürchtete das Präsidentenpaar um seine Privatsphäre. In der ersten Woche im Weißen Haus war Bill Clinton vollkommen baff, dass er nicht einfach das Telefon nehmen und allein jemanden anrufen konnte. Er bestand darauf, das Telefonsystem vor Ort müsse geändert werden, denn er wollte sichergehen, dass niemand seine privaten Gespräche belauschte.[67] Auch auf die vier Agenten, die sich morgens immer im Gang vor dem Schlafzimmer herumdrückten, reagierte er gereizt. Er ging gerne morgens joggen, hasste es aber, dass er es am Abend vorher planen musste. Das Kommando ließ sich erweichen und hielt dafür jeden Tag eine Gruppe Agenten in Sporthosen und eine andere in Business-Anzügen bereit, damit er sich spontan zum Joggen entschließen konnte. An einem Abend fluchte Clinton, weil er nicht kurz entschlossen auf die Buchpremiere eines Freundes gehen konnte, da der Schichtleiter ihm erklärte, sie hätten nicht genügend Zeit, den Veranstaltungsort abzusichern.

Seit Reagans Amtszeit waren die Agenten üblicherweise im ersten Stock untergebracht, im Herzstück der Präsidentenwohnung, damit sie im Notfall schnell reagieren konnten. Ein Agent war am Fuße einer Treppe neben dem Präsidentenaufzug stationiert, ein weiterer oben an der Grand Staircase, gegenüber vom Treaty Room. Doch Mrs. Clinton verfügte, dass die Agenten nicht mehr im Obergeschoss standen und der Familie ihre Privatsphäre ließen.

»Es spart ein paar Sekunden, wenn es ein Problem gibt«, so ein früherer Agent unter Clinton. Wenn die Männer oben positioniert waren, konnten sie im Falle eines Falles den Präsidenten oder die First Lady schneller evakuieren. »Aber während der Clinton-Jahre wollten sie uns nicht sehen.« Hillary Clinton ließ außerdem über ihre Mitarbeiter die Information weitergeben, dass sie auch keinen Agenten oder Officer sehen wollte, wenn sie durchs Weiße Haus ging. Sie sollten zurücktreten und schweigen.

Diese Anweisungen der First Lady mögen auf den ersten Blick kalt erscheinen, aber ein guter Freund hatte sie gewarnt, sich vor ihren Hütern zu hüten.

Nach der Amtseinführung hatten ihre Freunde Harry und Linda Thomason zeitweise im Weißen Haus gewohnt. Eines Nachts kam Harry Thomason von einer Party mit einer Gruppe Journalisten zurück und überbrachte der First Lady schlechte Nachrichten: Er hatte gehört, Agenten aus Clintons Kommando spielten Journalisten Informationen über private Momente des Präsidentenehepaars zu.

Hillary Clinton wandte sich an ihren Vertrauten Vince Forster, den stellvertretenden Berater des Präsidenten, und schlug vor, das gesamte Kommando auszutauschen, eventuell mit Agenten, die im

Wahlkampf für sie zuständig gewesen waren. Doch Foster sprach sich vehement dagegen aus, eine dermaßen radikale Veränderung würde an die Presse durchsickern und die Clintons schlecht dastehen lassen, obwohl sie sich nichts hatten zuschulden kommen lassen.

Dann erschien am 19. Februar 1993 in der *Chicago Sun-Times* eine Kolumne, die die Clintons zur Weißglut brachte und sie in ihrem Misstrauen gegenüber den Agenten bestätigte. In dem Artikel stand, einer anonymen »Quelle aus dem Weißen Haus« zufolge sei die First Lady jähzornig und habe während eines Streits eine Lampe nach ihrem Mann geworfen.[68] Das Paar rief einige Mitarbeiter zusammen, darunter Foster und Special Assistant David Watkins, um zu besprechen, ob man das gesamte Kommando austauschen sollte. »Sie waren beide sehr wütend darüber, wie der Secret Service mit der Berichterstattung zum Vorfall mit der Lampe umging«, so Watkins. »Sie wollten, dass die besagten Agenten sofort aus dem Weißen Haus versetzt würden.«

Ein paar Tage später suchten Foster und Watkins Magaw in seinem Büro auf, um noch einmal im Vertrauen über den Kummer der Clintons zu sprechen. Sie gingen die paar Blocks von der Zentrale des Secret Service zu Fuß und wurden seltsamerweise an den Toren des Weißen Hauses von einem Secret-Service-Officer gescannt und durchsucht. Beide hatten ihren Ausweis für das Weiße Haus und den Personalausweis dabei, aber es war das erste Mal, dass sie überhaupt auf diese Weise überprüft wurden. »Uns dämmerte dann, dass Magaw geglaubt haben musste, wir seien verwanzt«, so Watkins. »Wir konnten es einfach nicht fassen, wir waren also nicht vertrauenswürdig.«[69]

Nach diesem Vorfall wurde Foster paranoid, und die Clintons fühlten sich zunehmend unwohl mit dem Service. Eine Sache gab es, die der Präsident ändern konnte, ohne infrage gestellt zu werden: den Direktor. »Die Clintons konnten es kaum erwarten, Magaw loszuwerden«, so ein ehemaliger Supervisor, der mit beiden Kommandos gearbeitet hatte.

Es war üblich, dass der Präsident nach ungefähr einem Jahr, in dem er die Leute des Secret Service kennengelernt hatte, selbst einen eigenen Direktor auswählte, meist einen der bewährten Assistant Directors. »Sie wollen einen ihrer eigenen Leute drin haben, der die Familie beschützt«, erklärt ein inzwischen pensionierter Supervisor, der während Clintons Amtszeit Kommandos anführte.

Normalerweise sattelten die neuen Präsidenten jedoch nicht überstürzt um. Erst einmal konzentrierten sie sich auf die Kabinettsbildung und Ernennung wichtiger politischer Amtsträger, machten sich mit ihren neuen Aufgaben vertraut und arbeiteten an der Umsetzung einiger vorrangiger Versprechen aus ihrem Wahlkampf. Die Clintons jedoch hatten das Gefühl, dem Secret Service mit Magaw am Steuer niemals vertrauen zu können

Im Spätsommer von Clintons erstem Jahr tat sich von ganz allein eine Möglichkeit für eine Veränderung auf. Das Finanzministerium würde bald seine internen Ermittlungen im Bureau of Alcohol, Tobacco and Firearms, ATF (Amt für Alkohol, Tabak, Schusswaffen und Sprengstoffe), zur tragisch stümperhaften Razzia auf dem Gelände der Religionsgemeinschaft Branch Davidians im texanischen Waco abschließen. Bei der unangekündigten Durchsuchung, die als einer der schlimmsten Fehlschläge in der Geschichte der Strafverfolgung gilt, hoffte man, einen Vorrat an illegalen Waffen beschlagnahmen zu können. Stattdessen kam es zu einer 51-tägigen Belagerung, die damit endete, dass der Anführer der Gemeinschaft ein tödliches Feuer legte. Die Zahl der Todesopfer war erschütternd: Vier Vollzugsbeamte und fünf Davidianer kamen bei der Razzia ums Leben, und fünfundsiebzig Bewohner, davon fünfundzwanzig Kinder, starben bei dem Feuer. Der stellvertretende Finanzminister Ron Noble, der die Untersuchungen leitete, informierte das Weiße Haus über den Ermittlungsstand: Ehemalige Supervisoren aus dem ATF hatten bei der Planung gepfuscht und später gelogen, um ihre Versäumnisse zu verschleiern, und der Direktor des Amtes stellte sich automatisch vor sein Team. Das Weiße Haus würde im ATF einmal ordentlich aufräumen müssen.

Noble, der auch dem Secret Service vorstand, schlug Magaw als neuen Direktor des ATF vor, und die Clintons waren sofort Feuer und Flamme. »Ron Noble eröffnete ihnen eine Möglichkeit, wie sie ihn ohne großes Aufheben loswerden konnten, ohne allzu hart zu wirken«, so der pensionierte Supervisor. Im Anschluss wählte Clinton einen Direktor aus, zu dem er eine gute Beziehung hatte, Assistant Director Eljay Bowron. Der massige Ex-Footballspieler von der Michigan State war damals erst 42 Jahre, im selben Alter wie Clinton. Obwohl er in Detroit aufgewachsen war, hatte er einen südlichen Einschlag, zuvor hatte er die Service-Niederlassung in Atlanta geleitet.

Beim Secret Service herrschte eine Kultur der Hochachtung und Diskretion gegenüber der First Family, aber einige Agenten reagierten äußerst negativ auf die Clintons und gaben sich keine große Mühe, das vor ihren Freunden und Kollegen zu verbergen. Politisch waren die meisten republikanisch eingestellt, für Law and Order, sie konnten sich daher nicht recht mit der sozialpolitischen Agenda des Demokraten Clinton anfreunden. Ein Großteil der Agenten hatte außerdem die letzten zwölf Jahre unter zwei republikanischen Präsidenten, denen sie große Bewunderung entgegenbrachten, gearbeitet. Doch wenngleich Clinton erst gereizt auf das Protokoll des Service reagiert hatte, mochten, ja bewunderten die meisten Kommandomitglieder ihn sogar irgendwann. Er konnte herzlich und ungekünstelt sein, erzählte aus seinem Leben und fragte die Agenten nach dem ihrigen, er war gut im Erzählen. Wenn etwas schiefging und er deswegen fluchte, entschuldigte er sich später für den Ausbruch. Er machte keinen Hehl aus seiner hohen Position, spielte sich aber nicht groß auf. Einer der Agenten erinnert sich, wie ihn Clinton während einer Autofahrt zu einer Veranstaltung im ländlichen Corn Belt, die länger als gedacht dauerte, in eine langwierige politische Debatte verwickelte. Hitzig diskutierten die beiden das Für und Wider von Clintons Unterstützungsprogramm für arme Familien. Clinton argumentierte, dass es mehr leistungsfähige Steuerzahler hervorbringe, der Agent gab zurück, dass Sozialprogramme bisher auch keine große Motivation gewesen seien und den Steuerzahlern ein enormes Defizit beschert hatten.

»Denken Sie denn gar nicht an die Kinder?«, sagte Clinton in einem übertriebenen Südstaatenakzent und versuchte so, die Situation zu entschärfen.

Tatsächlich entlockte er dem Agenten ein leises Lachen. Clinton konnte jeden um den Finger wickeln, wenn er wollte. Laut einem pensionierten Supervisor des Präsidentenkommandos war Clinton ganz aufrichtig zu seinen Agenten, nicht »kumpelhaft«, aber respektvoll. Er stellte den Agenten persönliche Fragen und bedankte sich nach einem harten Tag bei ihnen. »Er war einfach einer, der eine gute Zeit haben wollte.«

Die First Lady jedoch hassten die meisten Leute beim Service. Einige kamen nicht damit zurecht, wie anders Mrs. Clinton doch war als Mrs. Bush. Die ehemalige First Lady hatte die Agenten wie die erweiterte Familie behandelt, ihre Frauen und Kinder zu sich nach Hause zum Grillen und Schwimmen eingeladen. Barbara Bush führte in ihrer Familie ein strenges Regime, den Agenten gegenüber verhielt sie sich jedoch großmütterlich, versorgte diejenigen, die draußen auf dem Gelände stationiert waren oder in der Kälte stehen mussten, immer mit Kaffee und Snacks. Die neue First Lady schimpfte und verfluchte ihren Mann zu Hause und schnaubte bei der Vorstellung, Kekse zu backen, wo sie doch auch Politikerin war. Dass sie die traditionelle Rolle einer Ehefrau so vehement ablehnte, wurmte die konservativeren Agenten, die eine herzlichere, femininere Mutterfigur im Weißen Haus gewohnt waren; und ihr abschätziger Umgang mit ihnen brachte sie zur Weißglut. Einige Personenschützer von Mrs. Clinton murrten, dass sie kaum etwas zu ihnen sagte, obwohl sie schon monatelang fast jeden Tag an ihrer Seite waren, sie begrüßten, wenn sie morgens aus der Privatwohnung trat, ihr in die Limousine halfen, bei jeder öffentlichen Veranstaltung mit Bürgerkontakt ein Auge auf sie hatten. Doch wer am Ende die größere Schuld an diesem unterkühlten Verhältnis mit seinem ungünstigen Start trägt, ist schwer zu sagen. Waren ihr Misstrauen und ihre Reserviertheit eine verständliche Reaktion auf die anfänglichen Solidaritätsbekundungen der Agenten zur Familie Bush und die durchgesickerten Informationen aus ihrem Privatleben? Oder war sie so schweigsam und schroff, weil sie sich für etwas Besseres hielt als die niederen Angestellten? Auf jeden Fall ging Mrs. Clinton beim Secret Service als die unbeliebteste First Lady in die Geschichte ein.

Laut einem mittlerweile pensionierten Supervisor, der als Personenschützer für das Ehepaar Clinton gearbeitet hatte, knöpfte sich die First Lady immer dann jemanden vor, wenn sie spürte, dass er sich vor ihr fürchtete. Sie zögerte nicht, Hausverwalter, Beamte oder junge Agenten zu entlassen oder auszuschelten, die ihr nicht Kontra geben konnten. Die paar Agenten, die sich trauten, ihr zu widersprechen, schien sie jedoch zu respektieren.

»Hillary ist ein böser Mensch«, so ein pensionierter Supervisor. »Menschen, die Leute, die ihre Wohnung putzen, nicht respektieren, machen mich wütend. Menschen, die Leute schlecht behandeln, die sich nicht wehren können. So eine war sie.«

Junge Agenten, die in Hillary Clintons Kommando kamen, wissen noch gut, wie einer der leitenden Supervisoren, Faron Paramore, sie vor den Befindlichkeiten der First Lady warnte: »Man darf sie auf gar keinen Fall anfassen«, riet er ihnen. Aber guten Leibwächtern war klar, dass sie ihre Schutzperson ab und an würden anfassen müssen, sie schnell ins Auto stoßen, sich bei einer Veranstaltung mit vielen Menschen an ihrem Gürtel festhalten, damit sie nicht in einer chaotischen Menge unterging. »Sie hasst uns, okay?«, sagte ein Kommandomitglied. »Aber wenn sie bei einer Veranstaltung mit Publikumskontakt merken würde, dass da kein Agent direkt hinter ihr ist und sie schützt, würde sie nach ihm Ausschau halten.«

Agenten, die sie begleiteten, waren schockiert von ihrem losen Mundwerk und ihrer Janusköpfigkeit. Einige ihrer Leibwächter fanden sie nicht nur als Privatperson unsympathisch, sondern sahen auch, wie sie sich in der Öffentlichkeit verstellte. Einer erinnert sich daran, wie Hillary Clinton auf dem Rücksitz der Limousine mit ihrer Beraterin lästerte, wie wenig sie eine junge Spendensammlerin, die sie gleich treffen würden, ausstehen konnte. Bis die Limousine zum Stehen kam, machte Hillary Clinton sich darüber lustig, wie ignorant diese Frau sei. Als der Agent die Autotür öffnete und Mrs. Clinton ausstieg, begrüßte sie das Objekt ihrer Kritik strahlend: »Oh, Julie, wie schön, Sie zu sehen.«

Wie ein Lauffeuer verbreitete sich im Weißen Haus und im Service die Geschichte über den seltsamen Zwischenfall, der sich am Anfang der Clinton-Ära zwischen der dreizehnjährigen Chelsea Clinton und einem Kommandomitglied zutrug. Der Agent war in den ersten Stock des Wohnbereiches gegangen und wartete im Gang auf die Tochter der Clintons, die gerade telefonierte. Es war Zeit, dass der Agent sie in die ein paar Meilen entfernte Sidwell Friends Highschool brachte.

»Ich muss los«, sagte Chelsea am Telefon, »die Schweine sind da.«[70]

Einen Moment lang war der Agent einfach nur geschockt. Dann sagte er zu Chelsea: »Ms. Clinton, ich möchte Ihnen gerne etwas sagen. Mein Job ist es, zwischen Ihnen, Ihrer Familie und einer Kugel zu stehen. Verstehen Sie?«

»Na ja, so nennen Mama und Papa euch«, antwortete Chelsea.

Viele der Agenten sahen die Schuld bei der First Lady. Sie gaben Chelsea einen neuen Codenamen: »Eagle Droppings« – Adlermist.

Cheryl Montgomery, die damals zur kleinen Gruppe schwarzer Agentinnen des Secret Service gehörte, verfolgte, wie die Macho-Leibwächter sofort etwas gegen Mrs. Clinton hatten, obwohl sie sie kaum kannten. Für den Service prallten hier Welten aufeinander. Montgomery sah in der First Lady eine scharfsinnige Denkerin, die sich an ihren Mann als Gleichberechtigten richtete und »nur versuchte, ihm zu helfen«. Andere sahen in ihr ein knallhartes Biest, eine Xanthippe, der es an Herzlichkeit fehlte. Ganz anders als Barbara Bush schwärmte die First Lady nicht gerade für ihren Mann – oder die Agenten.

»Ich glaube nicht, dass sie ihr wirklich eine Chance gegeben haben«, so Montgomery. »Sie brachte ihnen keinen Kuchen oder Reste. Barbara Bush brachte ihnen nach einer Party immer Essen oder sagte zu ihnen: ›Bitte, nehmen Sie das.‹ Sie kümmerte sich ein bisschen um sie wie eine Mama, und wem würde das nicht gefallen? Hillary war da ganz anders.«

Aber laut Montgomery war Mrs. Clinton überraschend versöhnlich. Im Wahlkampf von 1992 war Montgomery der Clinton-Truppe als Unterstützung zugeordnet worden. In ihren ersten Tagen beim Clinton-Kommando reiste der Gouverneur nach Tampa, Florida, und an einer der Absperrungen, an denen der Kandidat seine Unterstützer begrüßte, beging Montgomery, wie sie später bemerkte, einen Kardinalfehler. Sie war eingeteilt, Gouverneur Clintons rechte Seite frei zu halten während er die Reihen abschritt, damit nichts seinen Weg verstellen würde. Doch während Montgomery sich weiter nach rechts vorarbeitete, merkte sie, dass sie immer wieder in dieselbe Frau hineinlief.

Als ihr das erste Mal diese Unbekannte vor die Füße stolperte, dachte Montgomery, es müsse eine Mitarbeiterin sein und bat sie, bitte den Weg frei zu machen. Das zweite Mal sagte sie es mit Nachdruck: »Gute Frau, Sie müssen hier Platz machen.« Das dritte Mal wollte Montgomery dann Hand anlegen, um den Agenten den Weg frei zu machen, dann sah sie, dass ein Polizist, der damals für die Clintons arbeitete, sie entsetzt mit offenem Mund anstarrte. Also packte Montgomery die Frau stattdessen und platzierte sie neben Clinton. Die »Mitarbeiterin«, an der sich Montgomery vergriffen hatte, war natürlich niemand anderes gewesen als die Frau des Gouverneurs, Hillary Rodham Clinton.

Am nächsten Tag, zurück in Little Rock, wartete Montgomery in einem Auto des Secret Service draußen vor dem Gouverneursanwesen darauf, dass ihre Schicht begann. Die First Lady von Arkansas schritt die Seitentreppe des Hauses hinab und kam auf die Agenten zu, die in der Auffahrt warteten. Sie suchte nach Montgomery.

Montgomery kurbelte das Fenster runter: »Guten Morgen«, sagte sie nervös.

»Hi«, sagte Clinton lächelnd. »Ich glaube, wir haben uns gestern in Tampa kennengelernt. Ich bin Hillary Clinton.«

»Hallo«, antwortete die Agentin. »Ich bin ... Cheryl Montgomery.«

»Ich wollte Ihnen nur sagen, dass ich von nun an mit meinem Mann reisen werde«, sagte Clinton.

Die Agentin bedankte sich, Clinton lächelte strahlend, und Montgomery tat es ihr gleich. Dann verabschiedeten sie sich.

»Das hat sie wirklich sehr cool gelöst«, erinnert sich Montgomery. »Sie hätte sich stattdessen auch beschweren und mich feuern lassen können«, aber sie tat es nicht. »Als sie dann ihre eigene Truppe bekam, hieß es, dass sie nur Frauen im Team haben wollte, aber das wurde abgelehnt.« Laut Leitung des Secret Service war dies nicht möglich. Montgomery war enttäuscht, aber nicht überrascht von der Antwort der durchweg männlichen Macho-Führung. Ein Vizechef der Garde um den Präsidenten hatte den Service einmal mit der National Football League verglichen, als er eine Bewerberin auf seine Schicht ablehnte: »Frauen spielen nicht in der NFL.«

Hillary Clintons besten Freunden zufolge war ihr schwieriges Verhältnis zum Service unglücklich und bereits von Anfang an zum Scheitern verurteilt. Sie hatte in dieser ersten Zeit gute Gründe für ihr Misstrauen, war es doch hinreichend bekannt, wie sehr der Service den Bushs hinterhertrauerte. Außerdem gab es Belege dafür, dass die Agenten Geschichten aus ihrem Privatleben weitertratschen. Später entwickelte sie eine enge Beziehung zu einzelnen Kommandoleitern und Agenten, vor allem zum inzwischen verstorbenen Donnie Flynn. Trotzdem blieb sie dieser Bastion an republikanischen Cops gegenüber argwöhnisch – waren die größten Geheimnisse der Clintons bei ihnen sicher?

Bill Clintons unersättliches Bedürfnis nach Kontakt mit der Öffentlichkeit brachte das System des Secret Service in den neunziger Jahren ähnlich durcheinander, wie es Anfang der sechziger Jahre Kennedy getan hatte. Beide waren junge, dynamische Männer in den Vierzigern, als sie ins Weiße Haus kamen. Sowohl »Lancer« als auch »Eagle« hatten genug Energie, um von frühmorgens bis spätabends unterwegs zu sein und nahezu jeden Tag zu einem öffentlichen Auftritt zu fahren. Beide stürzten sich gerne Hals über Kopf in die Menge. Genau wie Kennedy liebte Clinton den direkten Wählerkontakt und unterhielt sich gerne mit den Bürgern, die lächelnd an Flughäfen oder

auf Festplätzen auf sie warteten. Er war geradezu süchtig danach –
und die Menge war süchtig nach ihm.

»Nie habe ich ein Naturtalent wie Bill Clinton kennengelernt«, so
sein ehemaliger stellvertretender Stabschef Harold Ickes. »Er konnte
dir in die Augen schauen – Männern und Frauen – und dir, solange
er wollte, das Gefühl geben, dass du das einzig Wichtige für ihn warst,
dass das, was du zu sagen hattest, ihm am allerwichtigsten war.«

Supervisor Pete Dowling, der zu Clintons ersten Agenten im
Wahlkampf gehörte und eine enge Bindung zu ihm aufgebaut hatte,
wurde nach Clintons Ernennung zum stellvertretenden Direktor für
Schutzmissionen befördert. Er berichtet, dass Clintons Bedürfnis,
sich unters Volk zu mischen, sein Kommando ganz schön ins Schwitzen brachte.

»Es war eine Herausforderung«, so Dowling. »Präsident Clinton
war jünger und aktiver als Reagan und Bush. Sie mochten die Ruhe
von Camp David, Clinton fuhr kaum dorthin. Er kam gerne mal raus.
Ich kann mich noch daran erinnern, dass wir ihn an einem Samstagabend auf Martha's Vineyard bekniehen mussten, nicht nach draußen
zu gehen, um sich ein Eis zu kaufen, denn das hätte den gesamten Ort
lahmgelegt. Jemand anders zog los und holte ihm ein Eis.«[71]

Die Agenten bemerkten auch bald, wie Clintons Blick bei nahezu jeder Veranstaltung mit Publikumskontakt abschweifte und er
hübschen Frauen neckisch zuzwinkerte. Schnell erkannten sie das
Schema, nach dem er immer auf die heißesten Frauen zusteuerte.
Ihre Aufgabe war es, ihn davon abzuhalten, zu lange bei einer Frau
zu verweilen. »Einmal war da eine Blondine, die die ganze Zeit kicherte, kurzes Kleidchen, großer Busen«, erinnert sich ein ehemaliger
Leibwächter an einen der Trips, der sehr gut Clintons Angewohnheit
illustriert. »Oh, Präsident Clinton. Und er steuert geradewegs auf sie
zu, er dachte, Hillary sei schon zum Auto gegangen.«

Viele Agenten, die in Clintons Schutztruppe waren und auch Officer des Service, die das Weiße Haus bewachten, gaben an, nie direkt mitbekommen zu haben, dass Clinton Sex hatte. Aber sie seien
schließlich auch keine Idioten und wussten, was bei diesen geheimen

Treffen hinter den Türen vorging, die sie bewachten. Wer würde nicht die offensichtlichen Anzeichen erkennen, wenn ein Mann sich absetzt, um ungestört Zeit mit einer Reihe von hübschen Mittzwanzigerinnen zu verbringen? Die Agenten und Officers standen an der Tür, wenn Clinton gut aussehende junge Mitarbeiterinnen für eine bestimmte Zeit in sein Büro geleitete, und sie sahen die zerzausten Frauen eine halbe Stunde oder Stunde später mit zerknitterten Blusen und unordentlichem Haar wieder herauskommen. Außerdem bekamen sie über Funk mit, wenn Clinton sein Kommando spätnachts anwies, ihn wieder einmal allein zu einer neuen, unbekannten Adresse in die nahe gelegenen Vororte Virginias zu fahren oder zu einem privaten Reihenhaus in Georgetown.

»Ich weiß gar nicht, wie oft ich Präsident Clinton habe sagen hören: ›Heute Abend will ich einen inoffiziellen Besuch machen‹«, so ein pensionierter hochrangiger Agent, der jahrelang die Clintons schützte. »Er müsse diesen und jenen besuchen. Wir alle wussten, worum es ging.«

Waren sich die Agenten des Kommandos wirklich so sicher, dass Clinton sich wegstahl, um Sex zu haben?

»Absolut. Ohne Zweifel«, so der pensionierte Supervisor. »Der POTUS ging spätnachts in sein privates Büro [...] Dann sah man, wie eine Frau ihm folgte. Sie wird wohl kaum ein Diktat aufgenommen haben. Und wenn er spätnachts Leute besuchte – um elf oder zwölf Uhr –, dann werden sie wohl keinen Film angeschaut haben.«

Nur wenige der Agenten verurteilten Clintons außereheliche Aktivitäten hart, hatten doch auch die Verheirateten unter ihnen unterwegs haufenweise Affären. Die gut aussehenden und fitten Agenten zogen in jeder Hotelbar, in der sie nach Ende ihrer Schicht landeten, bewundernde Blicke von Frauen auf sich. Einige Agenten hatten in jedem Hafen eine Freundin. »Unter den Agenten gab es damals die Regel: Es ist keine Affäre – kein echter Verstoß –, wenn es Hunderte Meilen von zu Hause geschieht«, berichtet ein langjähriger Agent aus der Ära Clinton. »So viele der Agenten haben unterwegs Affären. Sie decken einander. Es ging mich nichts an, aber ich habe es die ganze Zeit mitgekriegt.«

Clintons Bad-Boy-Frauengeschichten jedoch – egal, ob es sich dabei um längst vergangene oder neue Gerüchte über seine Missetaten handelte – sorgten im Weißen Haus für große Aufregung. In seinem ersten Amtsjahr brach eine Reihe an innenpolitischen und internationalen Herausforderungen über den Präsidenten herein, die seine Führungsqualitäten auf die Probe stellten. Seine Regierungsspitzenleute, George Stephanopoulos, James Carville und Bruce Lindsey, hatten neben den Regierungsaufgaben und der Gewährleistung der nationalen Sicherheit die Herausforderung zu meistern, Clintons politische Weste reinzuhalten. Bereits kurze Zeit nach seiner Amtseinführung mussten sie immer wieder die episodenhaft aufwallende Panik niederkämpfen und Schadensbegrenzung betreiben, als neue Anschuldigungen zu Clintons sexuellen Aktivitäten und Fehltritten aufkamen. Während des Wahlkampfes hatte Betsey Wright diese Momente »Bimbo Eruptions« getauft, womit die Glaubwürdigkeit derjenigen, die mit dem Finger auf Clinton zeigten, untergraben werden sollte. Als Clinton dann Präsident war, behauptete er, die Berichterstattung zu seinen früheren sexuellen Eskapaden entspringe rechten Intrigen, man fabriziere Geschichten, um einem beliebten Präsidenten der Demokraten zu schaden. Doch einige der neueren Skandale waren definitiv hausgemacht.

In Clintons erstem Sommer herrschte große Aufregung: Während seine politischen Mitarbeiter dabei waren, die Gerüchte über seine früheren Affären zu zerstreuen, hatten seine militärische Dienststelle und der Geheimdienst mit etwas zu tun, was sich später als gefährliche globale Bedrohung herauskristallisieren sollte: islamistischer Terrorismus. Während Clintons Präsidentschaft erschienen bisher unbekannte Gruppen radikalisierter Muslime auf der Bildfläche, die Attentate auf Amerikaner verüben wollten. Sie waren untereinander kaum vernetzt, hatten aber ein gemeinsames Ziel für ihre Angriffe: US-Soldaten im Ausland oder, etwas waghalsiger, Bürger auf amerikanischem Grund.

Fast genau einen Monat nach Clintons Amtsantritt, am 26. Februar 1993, hielt ein solcher Angriff Lower Manhattan in Atem und verbreitete Angst und Schrecken. In der Tiefgarage vom Nordturm des World Trade Center wurde eine rund siebenhundert Kilogramm schwere Bombe, die sich in einem Transporter befand, gezündet. Der Hauptattentäter Ramzi Yousef hoffte, durch die Explosion würde der Nordturm einstürzen und dabei den Südturm mitreißen, Zehntausende Menschen sollten sterben. Doch die Detonation richtete hauptsächlich Schäden in den Untergeschossen an. Sechs Menschen starben, über tausend wurden durch herabstürzende Trümmer verletzt oder erlitten eine Rauchvergiftung, voller Panik evakuierte man das Gebäude. Zwar hatte Yousef nicht so viele Menschen töten können wie geplant, aber es war der erste islamistische Terroranschlag auf US-amerikanischem Boden. Die Dreistigkeit des Attentats rief Osama bin Laden auf den Plan, der Yousefs Onkel Chalid Scheich Mohammed aus seiner Zeit bei der Mudschahid-Armee in Afghanistan kannte.

Während Clinton 1993 seine ersten Schritte als Präsident tat, suchte bin Laden unter Hochdruck nach einer Möglichkeit, der Schlange den Kopf abzuschlagen, die Soldaten der Vereinigten Staaten zu treffen. Im Laufe des Jahres visierte er ein mögliches Ziel an: Präsident Bush hatte die Truppen im Jahr zuvor inmitten einer Hungersnot auf eine Hilfsmission nach Somalia gesandt, wo sie die UN beim Transport von Nahrungsmitteln unterstützen sollten. Doch die Situation wurde über die Monate eher schlimmer und gipfelte schließlich darin, dass aufstrebende somalische Milizen humanitäre Helfer angriffen und töteten. Daraufhin sandte der neue Präsident Clinton im Sommer 1993 Unterstützung, um den Anführer dieser Gruppen gefangen zu nehmen und seine Basis zu stürzen. Weitere US-Soldaten starben durch die Bomben der Rebellen, und der Präsident bewilligte schließlich den Einsatz von Spezialkräften, die die wichtigsten Rebellenführer in Mogadischu ergreifen sollten.

Das Einsatzteam machte sich am Abend des 3. Oktober für den Auftrag bereit, von dem sie glaubten, er würde sie eine Stunde kosten. Doch die von bin Laden ausgebildeten somalischen Milizen hatten seine Kämpfer auf ihrer Seite und schossen mit Panzerabwehr-Granatwerfern die beiden Black-Hawk-Hubschrauber ab. Während des blutigen Feuergefechts, das die ganze Nacht andauerte, kesselten sie die Soldaten der Spezialeinheit, die in ihren Humvees durch die Straßen fuhren, wie Beutetiere ein. Am nächsten Morgen schleiften die Rebellen triumphierend die getöteten US-Soldaten durch Mogadischus Straßen, die Bilder wurden live im Fernsehen übertragen. Damals wusste niemand aus der Clinton-Regierung, dass bin Laden hier die Strippen zog.[72]

In Washington ermittelten der Präsident und seine Vertrauten an allen Fronten eine weitere »Bimbo-Eruption« und suchten sie zu verhindern. Beamte aus Arkansas, die ein gutes Verhältnis zu Clinton hatten, warnten seine Berater vor herumschnüffelnden Journalisten, die sich mit Polizisten trafen und sie auf Behauptungen ansprachen, die State Trooper hätten Clinton dabei geholfen, sich heimlich zum Sex mit Frauen zu treffen. Stabschef Mack McLarty beauftragte Clintons Vertraute Betsey Wright, den Aussagen der Trooper nachzugehen.[73]

Bill Rempel, ein Investigativjournalist der *Los Angeles Times*, und David Brock vom konservativen Magazin *The American Spectator* erhielten denselben Tipp, der sie zu vier Polizisten mit Wissen aus erster Hand führte. Im August wollten sie sie interviewen, aber nachdem Brock sich zum ersten Gespräch getroffen hatte, erhielten drei der vier Beamten unerwünschte Anrufe vom ehemaligen Leiter von Clintons Sicherheitskommando, Captain Buddy Young. Im Monat zuvor war Young von Clinton auf eine Stelle im Katastrophenschutz von Texas befördert worden. Er nahm sich Roger Perry, der damals bereits 16 Jahre für die Polizei gearbeitet hatte und der Arkansas State Police Association vorstand, zur Brust, weil er mit der Presse gesprochen hatte. Perry berichtete seinen Freunden, dass Young sehr deutlich geworden war: »Ich repräsentiere den Präsidenten der Vereinigten Staaten, warum wollen Sie ihn hiermit zerstören. Sie wissen doch sowieso nichts. Das ist keine Drohung, aber Sie sollen wissen, dass Ihre Handlungen schwerwiegende Folgen nach sich ziehen können.«[74] Später gab Young zu, bei den Polizisten angerufen zu haben, stritt aber ab, dass er es in Absprache mit dem Weißen Haus getan hatte. »Ich habe Roger als Freund angerufen und ihm gesagt, dass ich es für falsch und unethisch hielt und eine Schande für jemanden aus der Personenschutzbranche«, so Young. »Aber ich habe nie gesagt, dass ich für den Präsidenten spreche, denn das tue ich nicht.«

Ein anderer Trooper, Danny Ferguson, gab an, dass Clinton ihn zweimal persönlich wegen des Interviews mit dem Journalisten angerufen hatte. Laut Perry habe Clinton Ferguson angeboten, ihm mit Jobs behilflich zu sein und darauf gedrungen, der Beamte solle ihm »sagen, welche Geschichten [die Polizisten] erzählen«, sodass Clinton versuchen könne, »da aufzuräumen«.

Am Sonntag, dem 19. Dezember 1993 brach der als Troopergate bekannte Skandal sich schließlich Bahn. An diesem Abend brachte CNN Interviews mit zwei Polizisten aus Arkansas, die in Clintons Kommando gearbeitet hatten und über die Jahre aus dem Nähkästchen plauderten, in denen sie dem Gouverneur seine Schäferstündchen ermöglicht hatten und diese vertuschten. Roger Perrys und Larry Pattersons Enthüllungen wurden ausgestrahlt, direkt bevor der konservative *American Spectator* die Ergebnisse seiner monatelangen Recherche zum selben Thema brachte. Der Artikel, der dann an jenem Montag erschien, enthielt all die schmutzigen Details, die ein paar der Trooper gesehen hatten: wie Clinton im Auto einen Blowjob von einer Kaufhauskosmetikverkäuferin bekam; seine langjährigen Affären mit einer Büroangestellten, einer lokalen Richterin, der Frau eines Richters, einer Journalistin. Wie er Polizisten auf die Suche nach attraktiven Frauen losschickte, die sie dann zu ihm in ein Büro oder eine Hotelsuite brachten.

Zwei der Trooper unterschrieben eidesstattliche Erklärungen, dass ihre Berichte der Wahrheit entsprachen, und zwei weitere steuerten zusätzliche Informationen bei, wollten aber anonym bleiben. Am Dienstag veröffentlichten dann die Journalisten der *Los Angeles Times,* die am selben Fall dran gewesen waren, ihren eigenen erschöpfenden Bericht.[75]

Die Agenten erklärten, dass sie jetzt an die Öffentlichkeit gingen, weil sie Clinton nicht mehr decken wollten und teils das Gefühl hatten, er habe sie unter falschen Voraussetzungen in diesen Job gelockt. »Wir haben für ihn gelogen und ihm geholfen, seine Frau zu betrügen, und er hat uns wie Dreck behandelt«, sagte der Trooper Larry Patterson einem Reporter vom Magazin *The American Spectator*.[76]

In allen Einzelheiten beschrieben die Polizisten ihren Part bei den zahlreichen Verschleierungsaktionen eines notorischen Schürzenjägers und legten nahe, dass Clinton die Wähler während seiner Kampagne ständig getäuscht hatte, auch über seine lange Affäre mit Gennifer Flowers. Die Polizeibeamten lieferten zudem hinreichenden Verdacht, der Untersuchungen zum Missbrauch staatlicher Gelder rechtfertigte. Dazu schrieb der *Spectator*:

Sie wurden von Clinton regelmäßig aufgefordert, Frauen anzusprechen und sie um ihre Telefonnummer für den Gouverneur zu bitten, ihn in Dienstfahrzeugen zu Rendezvous zu bringen und während des Geschlechtsverkehrs Wache zu stehen; Hotelzimmer und andere Treffpunkte für Geschlechtsverkehr zu sichern, Clinton ihre Dienstwagen zu überlassen, sodass er sich davonstehlen und heimlich Frauen besuchen konnte; Geschenke von Clinton an verschiedene Frauen zu überbringen (von denen einige, wie Flowers, Staatsangestellte waren) und Clinton bei der Verschleierung seiner Aktivitäten zu helfen, indem sie die Aufenthaltsorte von Hillary überwachten und diese hinsichtlich der Aufenthaltsorte ihres Mannes anlogen.

Als die Story Sonntagabend öffentlich wurde, geriet Clintons Team in Panik. Bruce Lindsey trat mit einer unerschrockenen Erklärung an die Öffentlichkeit, in der er die Anschuldigungen als »lächerlich« abtat. »Während des Wahlkampfs gab es ähnliche Behauptungen, denen man nachging und auf die man reagierte, daher ist in keiner Weise eine weitere Reaktion vonnöten«, so Lindsey weiter.

Er bestätigte, dass Clinton einen der Trooper angerufen hatte, bevor die Geschichte öffentlich wurde, daran sei jedoch »nichts Anstößiges«, der Präsident habe schließlich jedes Recht, falscher Berichterstattung über sich nachzugehen. »Jegliche Behauptung, der Präsident habe berufliche Vorteile im Gegenzug für Stillschweigen angeboten, ist eine Lüge«, so Lindsey.

Im West Wing, hinter den Kulissen, wussten die alteingesessenen Mitarbeiter, dass diese Geschichten, im Speziellen die, die von mehreren Polizeibeamten bestätigt wurden, keine Lügen waren. Dass an den Behauptungen etwas dran sein musste, ließ sich bereits an der Körpersprache des Präsidentenehepaars ablesen. Als der Artikel herauskam, verhielt sich Clinton gegenüber seiner Frau zerknirscht und beschämt, laut David Gergen wie ein »fröhlicher Golden Retriever, der auf den Wohnzimmerteppich gemacht hat« und dabei erwischt wurde.

Vor guten Freunden zeigte sich Hillary Clinton gedemütigt und traurig, aber sie machte ihr Leid nicht öffentlich. Gemeinsam mit den Mitarbeitern regte sie sich darüber auf, was die Sache politisch für Schaden anrichten würde. Damals verhandelte sie mit dem Kongress über eine große Reform des Gesundheitssystems und sagte zu McLarty: »Das wird alles entstellen, was wir tun.«[77]

Troopergate brachte auch einige der jüngeren Mitarbeiter des Weißen Hauses ins Grübeln, ob Präsident Clinton tatsächlich seine Frau belogen hatte, die Wähler und auch sie selbst. Clintons enge Vertraute – Lindsey und Stephanopoulos – hatten dafür nur Spott übrig. Clinton sei das Opfer eines politischen Anschlags geworden, behaupteten sie, der bekennende Clinton-Gegner Cliff Jackson habe die Trooper zu ihren Geschichten angestiftet. Er habe sie mit der Aussicht auf einen profitablen Buchvertrag geködert. Wenn es all diese Affären tatsächlich gegeben hätte, so fragten sich manche Mitarbeiter, warum war dann nicht eine einzige Frau an die Öffentlichkeit gegangen, um es zu bestätigen? Im Grunde war es ja genau das, was Flowers getan hatte, aber damit hielt sich Clintons Team nicht weiter auf. Dee Dee Myers flehte die Journalisten an, doch zur Vernunft zu kommen.

»Es stimmt einfach nicht«, sagte sie. Joe Klein, der für die *Newsweek* eine Kolumne schrieb und die Berichterstattung zu Clintons Wahlkampf übernommen hatte, griff die Phrase aus dem Weißen Haus in einem Artikel auf: »Bürger von Bimbo-Land – Wo sind die Frauen?«

Nach ein, zwei Wochen legte sich das Beben um Troopergate wieder – doch ein Nachbeben stand noch bevor.

Am 6. Mai 1994 zog Paula Corbin Jones gegen Bill Clinton vor Gericht, sie sei eine der Frauen aus der Troopergate-Affäre. Der Präsident habe sie in ein Hotelzimmer gelockt und zum Oralverkehr gedrängt, in einer Zeit, in der sie für 6 Dollar 35 Cent pro Stunde für den Staat arbeitete. Die quirlige Frau mit dem dunkelbraunen Haar hatte bereits früher versucht, Journalisten davon zu überzeugen, dass Clinton sie 1991 in einem Hotel in Little Rock sexuell belästigt hatte. Da sie jedoch keine Einzelheiten nennen wollte, waren die großen Zeitungen und Nachrichtenagenturen misstrauisch gegenüber ihrer Geschichte gewesen.

Jetzt breitete sie mit ihren Anwälten im Rahmen einer Zivilklage mit 79 Punkten das Geschehen in aller Ausführlichkeit aus und forderte siebenhunderttausend Dollar Schadenersatz.[78] Sie trete jetzt an die Öffentlichkeit, so Jones, da in der Berichterstattung zu Troopergate ein wichtiges Detail falsch war. Doch, doch, die Trooper waren auf sie zugekommen, als sie bei einer Gouverneurskonferenz im Excelsior Hotel in Little Rock arbeitete. Sie hätten ihr gesagt, Gouverneur Clinton würde sich gerne mit ihr in einem der Hotelzimmer treffen, die für seine privaten Treffen reserviert waren. Jones dachte, vielleicht würde ihr das beruflich etwas nützen und ließ sich von den Polizisten zu dem Zimmer begleiten.

Aber, und darauf bestand Jones, anders, als die Polizisten es in ihren Geschichten geschildert hatten, war sie darüber ganz und gar nicht erfreut gewesen, noch fügte sie sich bereitwillig. Sobald sie mit dem Gouverneur allein war, sei sie zurückgewichen, als er sie an sich ziehen und küssen wollte. Doch er folgte ihr auf die Couch, ließ seine Hose fallen und entblößte seinen erigierten Penis.

»Küss ihn«, sagte er.[79]

Jones sagt, sie sei aufgesprungen und wollte weg.

»So eine bin ich nicht«, sagte sie, »schau, ich muss gehen.«

Seitens des Weißen Hauses blieb man vor Journalisten bei der Geschichte, dass Jones' Behauptungen nichts als Hirngespinste waren. Doch im stillen Kämmerlein sprachen sie mit Clintons Anwälten darüber, welche Auswirkungen Jones' Zivilklage haben könnte. Sollte der Prozess weitergehen, wäre Clinton der erste Präsident, der sich während seiner Zeit im Oval Office einer Aussage unter Eid und einem Prozess stellen müsste.

Hillary Clinton hatte diese Bedrohung schon drei Monate vorher kommen sehen, als Jones zum ersten Mal öffentlich behauptete, Clinton habe sie sexuell belästigt. Sie flehte Wright an – erprobte Spezialistin für Bimbo-Eruptionen –, nach Arkansas zu fahren und Nachforschungen über diese Frau anzustellen.

Clinton habe Wright »angefleht, die Sache zu stoppen.«[80]

Der neue Anwalt der Clintons, Bob Bennett, spürte instinktiv, dass es besser wäre, sich auf einen Vergleich zu einigen. Als er sich dann jedoch mit dem Ehepaar persönlich traf, wurde deutlich, dass Hillary Clinton kein Interesse an einer solchen Einigung hatte und der Präsident nicht sicher war, was zu tun war. Er schien vor allem darauf aus, die Leute – darunter auch seine Gattin – davon zu überzeugen, dass er nicht irgendeine Frau in ein Hotelzimmer gelockt hatte, um dort sein Ding rauszuholen.

»Bei Gott, ich schwöre, es ist nicht passiert«, beteuerte Clinton vor Bennett.

Am 12. September 1994 hatte es der Präsident mit einer ganz anderen Art von Bedrohung zu tun, und zwar in Gestalt eines gestohlenen rot-weißen Propellerflugzeugs. Um circa Viertel vor zwei Uhr nachts flog die kleine zweisitzige Cessna tief über die Bürogebäude entlang der 17th Street in der Washingtoner Innenstadt, drehte am Washington Monument ab und flog direkt Richtung South Lawn am Weißen Haus. Der Pilot schaltete die Triebwerke der Cessna aus, als er zum Gleitflug ansetzte, entdeckte dann aber ein Meer aus Metalltribünen, die bereits für eine Veranstaltung am Nachmittag aufgebaut waren, und versuchte daher, die Nase wieder leicht nach oben zu bringen.

Das Flugzeug machte den riesigen Magnolienbaum einen Kopf kürzer, der während Präsident Jacksons Amtszeit gepflanzt worden war, wurde noch 15 Meter weitergeschleudert und kam nur Zentimeter vor der Sandsteinwand des Bankettsaals zum Stehen. Das zerschellte Wrack mit dem toten Piloten darin brannte nur zwei Stockwerke unter dem Schlafzimmer der Clintons ab. Glücklicherweise schlief das Ehepaar wegen Reparaturarbeiten am Lüftungssystem in dieser Nacht ohnehin nicht dort, sondern im nahe gelegenen Blair House.

Weder der Secret Service noch sonst jemand tat etwas, um Crown zu schützen – hauptsächlich, weil keiner mit einem Flieger gerechnet hatte. Ein paar der Offiziere, die am Südportal stationiert waren, sahen ein tieffliegendes Flugzeug über der Mall, ihnen blieben jedoch nur Sekunden, um aus dem Weg zu hechten, als es auf das Weiße Haus zuflog. Danach strömten Feuerwehrautos auf den Südrasen und begannen mit den Löscharbeiten. Ein Bombenentschärfungsteam fieselte sich auf der Suche nach Sprengstoff vorsichtig durch das Wrack. Der Secret Service Deputy Guy Caputo rief zu nachtschlafender Stunde bei wichtigen Vertretern der Agentur an, um sie über den Vorfall zu informieren. Auch Clinton wurde von einem Agenten geweckt, man berichtete von dem Unfall, und dann ging der Präsident wieder zu Bett.

Der depressive Lkw-Fahrer Frank Corder hatte nach dem Scheitern seiner dritten Ehe und dem Tod seines Vaters jegliche Hoffnung verloren. Gen Mitternacht stahl er das Flugzeug am Flughafen von Harford County, Maryland. Laut Aussage eines Freundes hatte Corder einmal damit gedroht, Selbstmord zu begehen, indem er ins Weiße Haus flog.

Sein amateurhafter Plan zeigte klar auf, dass der Secret Service keinerlei Strategie hatte, um Luftangriffen beizukommen. Trotzdem beteuerten die Agenten am nächsten Morgen vor Beamten des Wei-

ßen Hauses und Journalisten, dass Clinton zu keinem Zeitpunkt in
Gefahr gewesen sei, es gebe keine Anzeichen dafür, dass Corder es
auf sein Leben abgesehen hatte. Der Service behauptete, im Falle eines sich nähernden Flugzeuges existiere ein Protokoll, um den Präsidenten schnell in Sicherheit zu bringen, aber keine Strategie, ein
Luftfahrzeug zu stoppen.

Clintons Leute aus dem Weißen Haus und der dem Service vor-
stehende Finanzminister Lloyd Bentsen waren von den Beteuerun-
gen der Agenten an jenem Montagmorgen nicht überzeugt. Zwar war
es Flugzeugen verboten, in das Luftsperrgebiet P-56 um das Weiße
Haus einzudringen, aber der Service hatte kein Konzept, wie man
bei Zuwiderhandlung reagierte. Bei der Bundesluftfahrtbehörde FAA
gab es keinen automatischen Mechanismus, der den Service vor Bedrohungen aus der Luft warnte. Außerdem hatte sich Corders kleine
tieffliegende Maschine anscheinend unterm Radar der FAA hin-
durchgemogelt, als er die Innenstadt überflog. Der Service hatte jede
Möglichkeit durchgespielt, die physische Barriere um den Präsidenten zu erhöhen, aber gegen ungewöhnlichere Gefahren hatten sie sich
nicht gewappnet.

Von zwei Uhr morgens an über den gesamten langen Montagvormittag gab es ein heftiges Hin und Her, wer bei den Untersuchungen
dieser Beinahekatastrophe den Hut aufhaben würde: der Service oder
das Weiße Haus. Der Service, der sofort zumachte, wenn sich jemand
in seine Angelegenheiten einmischte, wollte den Vorfall wie jeden in
der Vergangenheit handhaben, nämlich vollkommen allein. Doch
das Weiße Haus bestand darauf, das Ganze zu koordinieren, und
nachdem man eine Weile mit Direktor Bowron, der fast die ganze
Nacht wach gewesen war, und Bentsen herumtelefonierte, der wegen
des Vorfalls nach Washington flog, fand man einen Kompromiss.

Einem der seltenen präsidentiellen Beschlüsse folgend, ernannte
Bentsen seinen Untersekretär Ron Noble zum Leiter einer externen
Untersuchung. Bei dieser sollten Sicherheitslücken herausgearbeitet
werden, sowie Möglichkeiten, diese zu schließen, der Secret Service
würde als Ermittlungspartner fungieren. Bei einer Pressekonferenz

um 14:45 Uhr an diesem Montag stellten sich Noble und Special
Agent Carl Meyer in einem Raum voller Journalisten einem Grana-
tenhagel an Fragen. Sie alle schienen geschockt, dass es so einfach
war, in den Umkreis des Weißen Hauses einzudringen. Einige in Washington waren davon ausgegangen, dass der Secret Service und die
Armee eine Art Meldesystem für Flugzeuge hatten, vielleicht sogar
Flugabwehrraketen auf dem Dach des Weißen Hauses bereithielten.

»Mr. Noble, können Sie uns nach bestem Wissen und Gewissen
erklären … wie so etwas passieren konnte?«, fragte ein Reporter.

»Das ist genau die Art von Fragen, die ich nicht beantworten
kann«, sagte Noble finster.

Sowohl Noble als auch Meyer versuchten, detaillierte Fragen dazu
zu umgehen, ob der Service in irgendeiner Weise von Corders Flugzeug erfahren oder Maßnahmen getroffen habe, um die Bedrohung
abzuwenden.

Die Journalisten wollten auch wissen, ob die Agenten denn, als
sie das Flugzeug entdeckten, genug Zeit gehabt hätten, »einen Schuss
abzusetzen«. Noble sagte, er wisse es nicht.

»Wurde seitens Ihrer Agenten auf das Flugzeug geschossen?«,
fragte ein Journalist Meyer.

»Es ist noch etwas früh, das zu beantworten«, so Meyer.

»Aber das müssen Sie doch wissen«, so der Journalist. »Hier geht
es um ja oder nein, Sir – ja oder nein.«

Ein weiterer Reporter schaltete sich ein: »Außerdem, inwiefern
würde das die Sicherheit des Präsidenten beeinträchtigen, wenn Sie
uns sagen, ob oder ob nicht …«

»Die Antwort lautet nein«, gab sich Meyer schließlich geschlagen.

Um bei der Koordinierung der Ermittlungen zu helfen, stellte
Noble ein Anwaltsteam zusammen, während das Weiße Haus eine
beeindruckende Reihe an Führungskräften zur Beaufsichtigung der
Untersuchungen vorschlug, darunter der frühere CIA- und FBI-Direktor William Webster. Doch gerade als diese sich an die Arbeit machen wollten, wurde das Weiße Haus aufs Neue in Angst und Schrecken versetzt.

An einem schönen Samstagnachmittag im Oktober stand ein Mann
namens Francisco Duran auf der Pennsylvania Avenue vor dem Weißen Haus. Er zog die chinesische Kopie eines halb automatischen Ge-
wehrs unter seinem beigen Trenchcoat hervor, zielte durch die Gitter-
stäbe des eisernen Zauns und eröffnete das Feuer auf das Weiße Haus.
Es gelang dem vorbestraften Duran, der die Regierung und Clinton
hasste, 29 Schüsse abzugeben, von denen elf die Nordfassade trafen,
ein Fenster im Presseraum ging dabei zu Bruch, bevor ihn drei Passanten niederrangen.

Präsident Clinton war nicht in Gefahr, denn er hielt sich die gesamte Zeit in einem südlich gewandten Raum in der Executive Mansion auf. Trotzdem waren die Mitarbeiter im Weißen Haus erschüttert. Clintons Stabschef Leon Panetta bat Nobles Team, auch Durans
Angriff in ihre Untersuchungen miteinzubeziehen.

Die darauffolgenden achtmonatigen Nachforschungen gehörten
zu den umfangreichsten in der Geschichte des Secret Service, nur
noch übertroffen von Warrens Kommission, die Kennedys Ermordung untersucht hatte. Sie überprüften jeden Aspekt der Sicherheits-
strategie vom Weißen Haus aufs genaueste und holten sich die Meinung der ehemaligen Präsidenten Bush, Carter und Ford ein. Das
Team wurde bei seinen Recherchen unter anderem von Spezialisten
für Radar- und Röntgendetektoren, Luftfahrt, Sprengstoff und Terrorismusbekämpfung beraten.

Der Secret Service hängte es nicht an die große Glocke, dass ein
paar seiner zuverlässigsten ranghohen Supervisoren sich in Fort
Bragg mit einem Commander der US-Army-Spezialeinheit Delta
Force trafen. Sie sollten neue Möglichkeiten besprechen, das Weiße
Haus auf Herz und Nieren zu prüfen. Der Secret Service wollte, dass
die Delta-Einheit zu Übungszwecken versuchte, an den Sicherheitskräften des Service vorbei und vielleicht ins Weiße Haus zu gelangen.

Beim Treffen, bei dem über diesen Einsatz gesprochen werden
sollte, begrüßte der stämmige Offizier der Delta Force seine Gäste
aus Washington in einem Konferenzraum, holte dann ein halbes Dutzend seiner Leute hinzu und stellte sie den Leibwächtern des Prä-

sidenten vor. »Sie wollen euch damit beauftragen, das Weiße Haus anzugreifen«, sagte der Commander und ließ diesen Gedanken kurz sacken. Vollkommen ausdruckslos fügte er hinzu: »Unter anderen Umständen würden wir Sie jetzt sofort verhaften.«

Der Spezialeinheit gelang es nicht, ins Weiße Haus einzudringen. Aber nach ihren Einbruchsübungen warnten sie davor, sollte ein Hubschrauber oder ein Leichtflugzeug mit sechs bis acht Angreifern an Bord auf dem Gelände des Weißen Hauses landen, dass es in der Verwirrung sehr wahrscheinlich mindestens ein Killer ins Innere schaffen würde.

Im April 1995 hatte Nobles Untersuchungsausschuss den Entwurf für den Bericht fast fertiggestellt und plante einen hochkontroversen Schritt. Sie wollten die Pennsylvania Avenue vor dem Weißen Haus sperren und so den Bannkreis um Crown vergrößern, die Straße jedoch war eine der Hauptverkehrsadern des Washingtoner Zentrums. Bevor der finale Entwurf öffentlich wurde, geschah etwas, das dem Vorschlag des Ausschusses Dringlichkeit verlieh. Am 19. April jagten zwei Army-Veteranen mit einem Lkw voller Sprengstoff ein Regierungsgebäude in Oklahoma City in die Luft. Bei dem Attentat starben 168 Menschen, darunter elf Agenten des Secret Service und Regierungsmitarbeiter. Ein paar Wochen später fügte Präsident Clinton sich widerstrebend dem Vorschlag des Service und verkündete die Sperrung der Pennsylvania Avenue.

Die wohl wichtigste neue Sicherheitsmaßnahme, die nach der Überprüfung von 1994 eingeführt wurde, war ein neues, geheimes Programm namens Tigerwall. Damit konnte der Secret Service den Radar der FAA in Echtzeit verfolgen und sehen, ob Flugzeuge verdächtig nah an Washingtons gesperrten Luftraum herankamen. So wäre der Service rechtzeitig gewarnt, sollte sich jemals wieder ein Flugzeug in den Himmel überm Weißen Haus verirren. Die Agenten hofften, dass sie es niemals brauchen würden.

Kapitel 12

DIE PRAKTIKANTIN

Habt ihr eine junge Kongressmitarbeiterin gesehen?«

Präsident Clinton hatte die Tür des Oval Office aufgerissen und steckte den Kopf heraus, um mit seinen Personenschützern zu sprechen. Im kleinen Vorraum saß Lewis Fox, ein silberhaariger Beamter des Secret Service, neben einem Agenten aus dem Einsatzkommando des Präsidenten. Das ganze Wochenende hatte es ungewöhnlich stark geschneit, aber im Westflügel verbrachte man einen normalen Sonntagnachmittag. In der Ecke des Raumes lief leise ein Fernseher; ein Footballmatch wurde übertragen, aber Fox und der Agent hatten nur ab und zu einen Blick darauf geworfen. Für Fox war es eine ziemlich langweilige Wochenendschicht in E-6, wie der Codename des Secret Service für diese Position außerhalb des Oval Office lautete.

»Nein, Sir«, antwortete er.

»Ich erwarte eine«, sagte Clinton und bat den Beamten, ihn wissen zu lassen, wenn die Mitarbeiterin auftauchte.[81]

»Okay, Sir«, erwiderte Fox und nickte.

Nachdem Clinton die Tür geschlossen hatte, sagte Fox zu dem Agenten, er könne sich vorstellen, von wem der Präsident, ganz allein, an einem Wochenendnachmittag einen Besuch erwarte: »Ich wette, es ist Monica.«[82]

Keine zehn Minuten später kam, genau wie Fox vorausgesagt hatte, Monica Lewinsky mit ihrer Mähne aus glänzendem, fast schwarzem Haar und einem breiten Lipgloss-Lächeln im Gesicht den Flur entlang. Die quirlige 21-Jährige war erst im Sommer als Praktikantin ins Weiße Haus gekommen, aber ungewöhnlich schnell befördert worden, nachdem sie im Herbst im Büro von Stabschef Leon Panetta gearbeitet hatte. Eingestellt worden war sie einige Wochen zuvor als feste Mitarbeiterin des Ostflügels im Büro für Kongressangelegenheiten. Sie begrüßte Fox mit einem herzlichen »Hi« und nannte dann den Grund für ihren Besuch: Sie habe einige Briefe für den Präsidenten.

In diesem Winter war es so weit gekommen, dass die Wachen des Secret Service begonnen hatten, ihre Uhren nach diesem heiklen Wochenendtanz zu stellen: Der Präsident kam an einem Samstag- oder Sonntagnachmittag aus seiner Privatwohnung herunter und schritt ohne Referenten im Schlepptau ins Oval Office. Ungefähr zehn bis dreißig Minuten später tauchte Lewinsky im Flur auf und sagte, sie habe dem Präsidenten etwas zu überbringen.

An diesem Sonntagnachmittag klopfte Fox an die Tür des Oval Office. Er hörte Clinton »Ja« sagen, und die geschwungene weiße Tür öffnete sich. Der Präsident nickte Lewinsky zu und geleitete sie ins Oval. Dann drehte er sich zu Fox um und gab ihm ein Zeichen, die Tür zu schließen. »Sie wird eine Weile hier sein«, sagte Clinton.

Fox, ein Beamter mit 25 Dienstjahren, von denen er, das Kommen und Gehen der Präsidenten beobachtend, mehr als die Hälfte im Weißen Haus gearbeitet hatte, spürte, dass »Eagle« und die Praktikantin nicht dienstlich zusammengekommen waren. Er hatte mit Lewinsky seit ihren ersten Tagen im Weißen Haus eine informelle Freundschaft entwickelt, nachdem er ihr im Herbst an einem Sicherheitskontrollpunkt im Keller des Westflügels begegnet war. Er hatte sie lang genug dort verweilen lassen, dass sie Clinton auf seinem Weg zum Executive Office Building abpassen und sich mit ihm fotografieren lassen konnte. Lewinsky hatte, was Fox damals nicht wusste, offensiv mit dem Präsidenten geflirtet, seit sie im Juli ihre Praktikantinnenstelle im Büro des Stabschefs bekommen hatte. Sie hatte immer wieder versucht, sich an Orten zu positionieren, von denen sie wusste, dass der Präsident sie passieren würde. Eine Woche nach der Begegnung im Keller hatte Lewinsky Fox eine Schachtel Godiva-Pralinen geschenkt, zum Dank dafür, dass er ihr zu dem Foto verholfen hatte. Kollegen hatten begonnen, Fox zu necken, indem sie Lewinsky »dein Mädchen« nannten, obwohl zwischen ihm und ihr nichts war.

Doch nach dem Foto und den Pralinen in jenem Herbst berichteten die Kollegen Fox immer wieder von Besuchen Lewinskys im Westflügel – vor allem an ruhigen Wochenenden. »Dein Mädchen war gestern wieder hier«, sagte einer. Fox selbst sah Lewinsky zweimal im Oval, als er Wochenendschicht hatte: einmal im Januar mit den Schriftstücken und ein andermal, als sie das Büro des Präsidenten schnell durch einen Nebenausgang verließ. Im April 1996 nahm ein anderer Beamter des Secret Service, Gary Byrne, Fox zur Seite, um ihn zu warnen: »Es gibt da etwas, was du vielleicht wissen willst.« Byrne sagte, er habe sich bei einem Mitarbeiter des Weißen Hauses beschwert, dass Lewinsky den Gang vor dem Oval Office ungewöhnlich oft betrete – so als würde sie sich dort herumtreiben, um nahe am Geschehen zu sein. Kurz darauf erhielt er zu Hause einen Anruf von Evelyn Lieberman, der stellvertretenden Stabschefin für Operationen und obersten Vollstreckerin des Weißen Hauses. Sie wollte mit Byrne umgehend unter vier Augen sprechen, und er sagte zu, sie vor seiner Schicht am nächsten Tag aufzusuchen. Bei diesem Treffen berichtete Byrne, was er gesehen hatte.

Lieberman hatte Lewinsky schon einmal gescholten, als sie sie Ende November vor dem Oval erwischte und daran erinnerte, dass Praktikanten nicht nahe dem Büro des Präsidenten »herumhängen« sollten. Daraufhin hatte Lewinsky Lieberman mit der Mitteilung überrascht, dass sie mittlerweile feste Mitarbeiterin sei, woraufhin sich Lieberman entschuldigt hatte. Doch nun sorgte das Verhalten dieser jungen Mitarbeiterin für Klatsch und Tratsch bei den Beamten des Secret Service. *Ich muss sie loswerden*, dachte Lieberman.

Sie teilte Stabschef Leon Panetta mit, dass sie Lewinsky in eine andere Behörde versetzen wolle, und bezeichnete sie als »Klammer«, die zu viel Energie darauf verwende, mit dem Präsidenten persönliche Gespräche führen zu können. Der Anschein, der dadurch entstehe, sei nicht gut für Clinton, sagte sie. Panetta, ein langjähriger Regierungsmann, vertraute dem Instinkt seiner Stellvertreterin, wenn es darum ging, Unannehmlichkeiten abzuwenden, und genehmigte das Vorhaben.

Ein paar Tage später sah Fox Lewinsky während seiner Morgenschicht im Westflügel weinend auf dem Gang. Er fragte, was los sei.

»Ich arbeite nicht mehr hier«, sagte sie mit hoher Stimme und wischte sich Tränen aus den Augen. »Ich wechsle zum Pentagon.«

Lewinsky war innerhalb von nur zehn Monaten von der Praktikantin zur festen Mitarbeiterin aufgestiegen und dann als Bedrohung für den Ruf des Präsidenten aus dem Weißen Haus geworfen worden. Jennifer Palmieri, eine der ranghöchsten Mitarbeiterinnen Panettas, war schon bald, nachdem Lewinsky im Westflügel zu arbeiten angefangen hatte, in Sorge gewesen, »dass zwischen dem Präsidenten und Lewinsky eine Affäre begonnen« habe, und andere hatten diese Befürchtung geteilt. Sie hatten bemerkt, dass Lewinsky wie eine Klette am Präsidenten hing und dass sie in seiner Gegenwart einen »aufgedrehten« Eindruck machte. Und Clinton hielt sich im Herbst 1995 an so vielen Nachmittagen an ihrem winzigen Arbeitsplatz vor dem Büro von Stabschef Panetta auf, dass hochrangige Mitarbeiter begannen, davon Notiz zu nehmen, und witzelten, der Präsident habe das Büro seines Stabschefs noch nie so oft besucht.

»Der Präsident hat sicher viel Zeit für Sie«, sagte ein Mitarbeiter Panettas zu Lewinsky.

Lewinsky klimperte bei Clinton mit den Wimpern, kicherte über seine Witze, und als die beiden eines Abends allein im Westflügel waren, gestanden sie einander ihre Zuneigung. Am 15. November arbeitete das Weiße Haus aufgrund eines Shutdowns, der am Vortag begonnen hatte, nur mit einem Teil seines Personals. Unbezahlte Praktikanten und Praktikantinnen waren in dieser Phase wichtig, um das Weiße Haus am Laufen zu halten. Clinton geleitete Lewinsky gegen 20 Uhr in einen fensterlosen Flur zwischen seinem Ess- und seinem Arbeitszimmer. Die Praktikantin hob spielerisch ihre Jacke an, um ihm hinten den Bund ihres Tanga-Bikinihöschens über ihrer Hose zu zeigen. Die beiden küssten sich und gingen dann auseinander. Ein paar Stunden später führte Clinton Lewinsky in sein Arbeitszimmer, wo er ihr den BH öffnete, um ihre Brüste zu streicheln und zu küssen. Sie begann, ihn mit Oralsex zu verwöhnen.[83] Auf halber Strecke musste Clinton einen Anruf von einem Mitglied des Kongresses entgegennehmen.[84]

Von den heißen Dingen, die hinter verschlossenen Türen geschahen – vom heftigen Petting im privaten Badezimmer des Präsidenten und von Lewinskys Oralsex unter dem Schreibtisch –, sahen die Agenten und Beamten des Secret Service, die das Kommen und Gehen des Präsidenten beobachteten, nichts. Aber einige von ihnen, darunter Officer Fox, hatten ein Bauchgefühl, dass etwas nicht stimmte.

Und Fox hatte recht: Die »Schriftstücke«, die Lewinsky dem Präsidenten an jenem Tag im Januar 1996 angeblich brachte, waren nur ein Vorwand, den Clinton und Lewinsky sich ausgedacht hatten, damit ihr Wochenend-Rendezvous wie ein dienstliches Zusammensein aussehen konnte: Sie sollte mit einigen Dokumenten den Gang entlanggehen, Clinton würde dafür sorgen, dass die Tür zum Büro offen wäre, wenn sie käme, und dann würde er sie hereinbitten.

Er hatte sie vorher in ihrer Watergate-Wohnung angerufen, um ihr zu sagen, dass er demnächst in sein Büro gehen würde.

»Oh, darf ich Ihnen Gesellschaft leisten?«, hatte Lewinsky ihn anzüglich gefragt.

»Das wäre großartig«, hatte der Präsident geantwortet.

Nachdem Fox die Tür hinter den beiden geschlossen hatte, setzten sie sich auf die Sofas im Oval und plauderten ein paar Minuten. Schließlich führte Clinton Lewinsky ins Badezimmer, wo niemand sie sehen konnte. Sie fingen an, sich zu küssen, und es wurde schnell heiß. Der Präsident deutete an, dass er Lewinsky gern im Intimbereich lecken würde, aber sie hielt ihn davon ab: Sie habe gerade ihre Periode. Stattdessen blies sie ihm einen.

Nach etwa zwanzig Minuten im Bad kehrten die beiden ins Oval Office zurück, wo Clinton auf dem Kopfende einer Zigarre zu kauen

begann, um diese dann in die Hand zu nehmen und sie mit einem
lasziven Blick anzustarren.

»Das können wir auch mal machen«, sagte Lewinsky. Dann verabschiedete sie sich; sie glaubte, das Rendezvous sei unbemerkt geblieben.[85]

Den ganzen Winter über schien der Präsident gute Chancen auf
eine zweite Amtszeit zu haben. Er fühlte sich sicher und war sogar
ein bisschen übermütig. Niemand würde behaupten können zu wissen, was er und Monica bei ihren Wochenendintermezzi getan hatten.
Er hatte niemandem davon erzählt, und ihr schien das Geheimnis,
das sie verband, zu gefallen. Sie hatten nur in einem fensterlosen Flur
oder in geschlossenen Räumen, in die nicht einmal der Secret Service hineinsehen konnte, miteinander rumgemacht. Der Service und
einige Mitarbeiter des Weißen Hauses konnten vielleicht Verdacht
schöpfen, aber das war es auch schon.

Im Dezember 1997 jedoch hatte Präsident Clinton erneut Gründe
zu befürchten, dass seine Techtelmechtel mit anderen Frauen nicht
privat bleiben würden. Er war zwar mit deutlichem Vorsprung wie-
dergewählt worden und befand sich im ersten Jahr seiner zweiten
Amtszeit. Aber es bestand die Gefahr, dass geschwätzige Agenten
seiner Präsidentschaft ein Ende bereiten würden, und er wusste das.
Sonderermittler Kenneth Starr, der seit mehr als zwei Jahren Clintons
Whitewater-Transaktionen untersuchte und jetzt auch in den Beziehungen des Präsidenten zu Frauen herumschnüffelte, war ihm auf
den Fersen.

Zu dieser Zeit prallten zwei Generationen von Secret-Service-
Agenten in einem Konflikt aufeinander, der zu einem spannungsgela-
denen Patt führte. Eine ältere Generation von Agenten, die Präsident
Kennedy beschützt hatten, traten mit Erinnerungen an ihre Dienstzeit hervor und gaben ein sie belastendes Geheimnis preis, das sie
mehr als drei Jahrzehnte lang gehütet hatten. Aber sie leisteten ihren
Beitrag zur Geschichtsschreibung, als der aktuelle Präsident mit seinem eigenen »Kennedy-Problem« zu kämpfen hatte.

Clinton war genötigt, im Rahmen eines Prozesses wegen sexueller Belästigung unangenehme Fragen über sein Sexualleben zu beantworten. Geklagt hatte Paula Jones, jene Angestellte des Bundesstaats Arkansas, die Clinton in ein Hotelzimmer gelockt hatte. Die Anwälte des Präsidenten waren mit der Forderung, das Verfahren bis nach Clintons Ausscheiden aus dem Amt zu verschieben, bis zum Supreme Court gegangen, hatten aber im Mai 1997 ihre letzte Berufung verloren. Außerdem war das Weiße Haus im August des Jahres von einem *Newsweek*-Artikel erschüttert worden, in dem über Anschuldigungen berichtet wurde, wonach Clinton Kathleen Willey, einer Volontärin im Weißen Haus, an die Brust gefasst habe. Sie hatte Freunden erzählt, der Präsident habe sie gegen ihren Willen geküsst und ihre Hand auf seine Genitalien gepresst, als die beiden in seinem privaten Arbeitszimmer neben dem Oval Office allein waren.

Während das Team des Präsidenten an mehreren Fronten kämpfte, strahlte ABC News am 4. Dezember 1997 zur besten Sendezeit ein zweistündiges Geschichtsspecial über Präsident Kennedys »Camelot« aus. In dieser Doku schilderten renommierte Agenten, wie unbekümmert JFK vor ihren Augen Frauen nachgestellt hatte. Sie sprachen dem Moderator Peter Jennings gegenüber von ihren zwiespältigen Gefühlen, den Führer der freien Welt schützen zu sollen, damit er nackt im Swimmingpool des Weißen Hauses mit seinen jungen Sekretärinnen schwimmen und sich zu One-Night-Stands mit Frauen schleichen konnte, deren Namen sie meistens nicht einmal kannten. Die Agenten, vier bedrückte Herren im Rentenalter, sprachen mit der Autorität von Männern, die ihrem Land zweimal gedient hatten – beim Militär und in der Präsidentengarde.

Larry Newman, ein ehemaliger Agent aus dem Kommando des Präsidenten, erzählte Jennings, er habe vieles an Kennedy bewundert. Und er war zu Tränen gerührt, als er schilderte, wie Kennedy in einer Abteilung eines Bostoner Krankenhauses haltmachte, um sich die Zeit zu nehmen, für Kinder, die Verbrennungen erlitten hatten, ein paar aufmunternde Worte zu schreiben. Wobei man wissen müsse, dass Kennedy die wohl schlimmste Stunde seines Lebens durchlebte, da sein neugeborener Sohn in einer benachbarten Station dem Tode nahe war (er verstarb noch am selben Tag). Gleichwohl war Newman erschüttert über Kennedys Rücksichtslosigkeit bei der Verfolgung einer endlosen Reihe sexueller Eroberungen. »Man hatte die elitärste Aufgabe im Secret Service, aber man beobachtete einen Aufzug oder eine Tür, weil der Präsident mit zwei Nutten in dem Zimmer war.« Tony Sherman, ein Kollege Newmans, sagte, Kennedys Mangel an Rücksichtnahme auf sein Amt und der Strom x-beliebiger Frauen, die in sein Schlafzimmer geführt wurden, habe ihn schließlich wütend gemacht.

Die Reporter bekamen damals nicht mit, welche Panik diese sexlastige Geschichtsdoku in Clintons Weißem Haus auslöste. Wenn Agenten, die den verstorbenen Präsidenten Kennedy auf Schritt und Tritt begleitet hatten, jetzt über seine unersättliche Schürzenjägerei auspackten, was würden dann wohl die Mitarbeiter des Secret Service ausplaudern, die Präsident Clinton auf Schritt und Tritt begleiteten, fragten sich Clinton und seine Berater. Später vertraute der Präsident Lewinsky an, dass er befürchte, die für den Komplex des Weißen Hauses zuständigen Beamten des Secret Service würden außerhalb der »Familie« tratschen.[86]

Lew Merletti, den Clinton kürzlich zum Direktor des Secret Service ernannt hatte, war für den Schutz der physischen Sicherheit des Präsidenten verantwortlich. Seine Reaktion auf die ABC-Sendung über Kennedy in jenem Dezember wurde jedoch als Maßnahme gewertet, die Clinton vor *politischer* Gefahr schützen sollte. In einer seiner ersten profilierteren Handlungen als Direktor forderte Merletti alle Agenten auf, für sich zu behalten, was sie vom Privatleben des Präsidenten gesehen und gehört hatten. Wenn sie nicht schwiegen, warnte er, würden sie das Leben des aktuellen Präsidenten und aller zukünftigen gefährden.

Merletti, ein energischer, drahtiger Agent mit dunklem Haar und festem Blick, war von einigen der Besten, wie Bob DeProspero, gefördert worden und hatte sich in untergeordneten Positionen der Sicherheitskommandos von Präsident Reagan und Präsident Bush gute

Noten verdient. Im Sommer 1995 hatte sich der Traum eines jeden Agenten für ihn erfüllt: Er war zum Special Agent geworden, verantwortlich für das Sicherheitskommando des Präsidenten. Doch sein Timing hatte unter einem schlechten Stern gestanden: Wenige Wochen nachdem er das Kommando übernommen hatte, sollte Clinton seine sexuelle Beziehung zu Lewinsky beginnen.

In einem Brief vom 5. Dezember, der an alle aktiven Agenten und an das Alumni-Netzwerk ehemaliger Agenten ging, bezeichnete Merletti die Aussagen der ABC-Doku als »sehr beunruhigend und kontraproduktiv für den Auftrag des Secret Service«. Merletti bat das gesamte Secret-Service-Korps, »keinerlei Information, die irgendeinen Aspekt des Privatlebens unserer Schutzbefohlenen betrifft, an irgendein Medium weiterzugeben«.

Merletti sagte, der Service müsse sich das Vertrauen eines Präsidenten erhalten, auch in Bezug auf dessen privateste Momente. Andernfalls würden die Präsidenten die Agenten auf Distanz halten, und der Service wäre nicht in der Lage, sie hinreichend zu schützen. Er bestand darauf, dass es ihm nicht um Clintons persönlichen Vorteil gehe. »Ich bin kein Clinton-Mann, ich bin kein Bush-Mann, ich bin kein Reagan-Mann«, sagte er, als er in einem Interview nach seiner ernsten Warnung gefragt wurde. »Es geht um das Präsidentenamt.«[87]

Kennedys Agenten fanden Merlettis Brief jedoch beleidigend. »Der Direktor des Secret Service, einer vom Steuerzahler finanzierten Behörde, hat einen Brief verschickt, der mein Recht auf freie Meinungsäußerung unterdrückt und angreift«, sagte Sherman gegenüber der *New York Times*. »Er insinuiert, dass wir vier vielleicht nicht vertrauenswürdig sind. Das ist eine Ohrfeige für uns. Ich denke, was wir gesagt haben, war ein Beitrag zur Geschichte der Vereinigten Staaten.«[88]

»Ich mochte JFK«, fügte Sherman hinzu. »Er war einer der nettesten Typen, die ich je kennengelernt habe. Aber in moralischer Hinsicht war er rücksichtslos. Und 35 Jahre lang habe ich den Mund gehalten.«

Seymour Hersh spekulierte, dass es für Merlettis Brief noch einen anderen Grund gegeben haben müsse. »Billigt er, dass etwas ver-

tuscht wird?«, fragte er. »Warum sollte sich das Weiße Haus dafür
interessieren, was vor 35 Jahren geschah? Zwei plus zwei ergibt immer vier, und gewisse Dinge sind offensichtlich.«[89] Sherman und sein
Kollege Tim McIntyre verlangten von Merletti später eine öffentliche
Entschuldigung. Sie nannten seine Kommentare diffamierend und
forderten ihn auf, seine Behauptung, sie hätten künftige Präsidenten
gefährdet, zurückzunehmen.[90]

Merletti aber blieb standhaft. Ja, er war im Begriff, noch eins
draufzusetzen.

Am selben Tag, an dem Merletti die Agenten dafür kritisierte, dass
sie aus dem Nähkästchen geplaudert hatten, begannen sich zwei
Stürme zu vereinigen, die Clintons Präsidentschaft bedrohen konnten. Gegen 17:40 Uhr an jenem Freitag, dem 5. Dezember, faxten die
Anwälte von Paula Jones an Clintons Anwalt eine Liste von Zeugen,
die sie in ihrem Prozess gegen Clinton befragen wollten. Die beiden
Seiten hatten wochenlang vor Gericht darum gestritten, ob Clinton
beantworten müsse, ob er zu anderen Frauen sexuelle Kontakte gehabt hatte. Auf Jones' Zeugenliste tauchte jetzt ein neuer Name auf:
Monica Lewinsky. Clintons Anwalt Bob Bennett wusste gar nicht, wer
das war.

Am nächsten Morgen, also am Samstag, dem 6. Dezember, erschien
Lewinsky um zehn Uhr am Nordwesttor des Weißen Hauses. Vierzig
Minuten später verschwand sie wieder, nachdem sie vor den an der
Wache postierten Beamten des Secret Service vor Wut in die Luft gegangen war. Ihr Koller hatte nichts damit zu tun gehabt, dass sie als
Zeugin benannt worden war – Lewinsky und der Präsident hatten
noch nichts von der Liste erfahren, die dem Anwalt geschickt worden
war. Lewinsky war an jenem Samstag vielmehr vorbeigekommen, um
als letzte Geste, nachdem das heimliche Duo nun offiziell auseinan-
dergegangen war, einige Geschenke für Clinton abzugeben und einen
persönlichen Brief an ihn. Der Präsident aber hatte seiner Sekretärin, Betty Currie, gesagt, sie solle Lewinsky ausrichten, er würde mit
seinen Anwälten zusammenkommen und daher zu beschäftigt sein,
um sie an diesem Tag zu sehen. Sie könne ihre Mitbringsel aber da-

lassen. Als die Beamten am Tor Currie anriefen, um die Erlaubnis zu erhalten, Lewinsky hineinzulassen, sagte Currie ihnen, Lewinsky solle vierzig Minuten lang am Tor warten, bis sie, Currie, persönlich herauskommen könne, um sie zu treffen. Currie ließ durchblicken, dass sie momentan beschäftigt sei, weil der Präsident einen Gast habe. Während Lewinsky wartete und sich mit den Secret-Service-Beamten unterhielt, erwähnte einer von ihnen, dass Eleanor Mondale den Präsidenten besuche. Daraufhin stürmte Lewinsky davon, eifersüchtig und wütend, weil sie sicher war, dass Clinton sich jetzt mit der hübschen Blondine treffe. Später rief sie Currie von einem Münztelefon aus an und schrie, dass sie es nicht schätze, darüber belogen zu werden, mit wem der Präsident sich treffe. Daraufhin erschien Currie bei den Beamten – mit zitternden Händen und kurz davor, in Tränen auszubrechen.

»Der Präsident ist außer sich! Er will, dass jemand dafür gefeuert wird«, sagte Currie zu Secret-Service-Captain Jeff Purdie, der an diesem Tag das Kommando über die Wache am Weißen Haus hatte. Currie drängte ihn und einen Kollegen herauszufinden, welche Beamten so indiskret gewesen waren und diesen Krawall verursacht hatten. Später erschien die Sekretärin wieder und erklärte, es gebe eine Möglichkeit, zu verhindern, dass Köpfe rollen müssten: Wenn die Beamten nichts von Lewinskys dramatischem Ausraster publik werden ließen, würde nichts geschehen.

Der Präsident zitierte Purdie auch in sein Büro. »Ich hoffe, Sie sind diskret«, sagte Clinton zu ihm.

Captain Purdie kam mit einer Warnung an seine Beamten zurück: Erzählt niemandem etwas. Und seinen Stellvertreter wies er an, über Lewinskys Besuch keine schriftliche Notiz zu machen. »Ich war gerade beim Präsidenten im Oval Office; er fordert den Kopf von jemandem von uns«, erklärte Purdie. »Soweit es euch betrifft ... das vorhin ist nie passiert.«

Für Clinton gab es an diesem Abend weitere schlechte Nachrichten. Seine Anwälte sagten ihm bei einer Besprechung, Jones' Anwälte hätten Lewinsky als mögliche Zeugin auf ihre Liste gesetzt. Der Präsident wollte wissen, wie sie mit diesem anderen Fall in Verbindung gebracht worden war. Seine Sorge, dass Beamten des Secret Service tratschten, wuchs.[91]

Am 19. Januar 1998 kam das Geheimnis, von dem Clinton befürchtet hatte, es werde herauskommen, tatsächlich heraus, was einen Tsunami in den Medien auslöste, dessen Wogen über dem Weißen Haus zusammenschlugen und die engsten Mitarbeiter des Präsidenten bald mit der Sorge erfüllte, er werde von seinem Amt zurücktreten müssen. Eine neue, von Matt Drudge betriebene konservative Website berichtete, dass *Newsweek* eine Story zurückhalte, in der behauptet werde, dass Clinton ein sexuelles Verhältnis zu einer Praktikantin des Weißen Hauses namens Monica Lewinsky gehabt habe.[92] Die Quelle der alarmierenden Nachricht war kein Agent oder Beamter des Secret Service gewesen, sondern die Literaturagentin Lucianne Goldberg, die Lewinskys Freundin Linda Tripp vertrat und dazu gedrängt hatte, heimlich die vertraulichen Telefongespräche aufzuzeichnen, die sie mit Monica führte. Goldberg hatte mit dem *Newsweek*-Reporter gesprochen und aus Enttäuschung darüber, dass sein Magazin kalte Füße bekommen und entschieden hatte, die Story nicht zu bringen, die Bombe platzen lassen.

Natürlich stürzten sich alle wichtigen Medien darauf. Sie beeilten sich, die Details zu bestätigen, und wetteiferten miteinander in den nächsten 48 Stunden mit Storys über die angebliche Affäre. Clinton beschwor einige seiner besten ehemaligen Berater, ins Weiße Haus zurückzukehren, um ihm bei der Bewältigung der Krise zu helfen. Es handele sich um eine Lüge, schwor der Präsident bei privaten Treffen mit seinem Kabinett und live im Fernsehen ein paar Tage später bei einer Veranstaltung im Weißen Haus, die für erstklassige Nachmittagsbetreuung von Schulkindern warb.

»Ich möchte dem amerikanischen Volk etwas sagen. Ich möchte, dass Sie mir zuhören. [...] Ich hatte keine sexuelle Beziehung zu dieser Frau, Miss Lewinsky«, sagte Clinton bei der Veranstaltung am 26. Januar, während seine Frau an seiner Seite stand. Aber die Geschichte beherrschte weiterhin alle Zeitungen und Fernsehkanäle.

In derselben Woche frühstückte der 54-jährige Lew Fox, der die ersten Monate nach seinem Ausscheiden beim Secret Service genoss, in Waynesburg, Pennsylvania, 550 Kilometer von Washington entfernt, mit einigen Freunden in einem Restaurant in der Nähe seines Hauses. Seine Kumpel waren erregt über die Nachrichten aus Washington und fragten Fox, ob er in seiner Zeit im Weißen Haus von dieser Praktikantin namens Monica gehört habe. »Klar«, sagte Fox. »Ich kenne sie.« Er gab ein paar Details über die Freundschaft zum Besten, die sie geschlossen hatten, und erwähnte, dass Lewinsky oft allem Anschein nach versucht habe, den Präsidenten abzupassen.

Nicht lange nach diesem Frühstück erhielt Fox einen Anruf von einem Fernsehreporter des Senders WPXI im nahe gelegenen Pittsburgh, der ihn um ein Interview zur sensationellsten Neuigkeit des Landes bat. Fox erklärte sich bereit und sagte, was er seinen Freunden erzählt hatte: Er kenne Lewinsky und habe sie oft im Westflügel gesehen. Obwohl er nicht viel sagte, löste die Sendung in Washington eine Kettenreaktion aus – Erregung in Ken Starrs Büro und Panik im Westflügel. Daraufhin rief ein Secret-Service-Agent, der in der Abteilung für Öffentlichkeitsarbeit tätig war, Fox zu Hause an und fragte ihn barsch, ob er vorhabe, weitere Interviews zu geben. Fox machte ein paar Witze, aber er verstand den Wink. Seine Antwort: Nein, das habe er nicht vor.

»Sie werden wegen des Interviews wahrscheinlich eine Vorladung erhalten«, warnte ihn der Sprecher des Secret Service.

»Ich habe nichts zu verbergen«, erwiderte Fox.[93]

Auch der Berufsverband ehemaliger Secret-Service-Agenten, eine mächtige Alumni-Organisation, die oft zur Verteidigung des Service mobilisiert wurde, rief Fox zu Hause an. Ein Mitglied des Verbands riet dem Ex-Beamten davon ab, mehr von dem zu verraten, was er gesehen hatte, wenn er vor dem Oval Office stand.[94]

In der Zwischenzeit wurde Starrs Büro aktiv. Man lud einen Vertreter des Fernsehsenders vor, um eine Kopie des Interviews mit Fox zu erhalten. Unbemerkt von der Öffentlichkeit, suchten FBI-Agenten

Fox am 6. Februar zu Hause auf und stellten ihm viele Fragen zu dem, was er gesehen hatte, wenn Lewinsky beim Präsidenten war.

Fox beschrieb, wie er Lewinsky auf Clintons Wunsch an einem Wochenendtag, als der Präsident allein zu arbeiten schien, ins Oval Office geleitet hatte, und er erwähnte, dass sie dort etwa vierzig Minuten lang geblieben sei. Er glaubte sich zu erinnern, dass das Ende 1995 gewesen sei.

Fox wusste damals nicht, dass er ein Tatsachenzeuge war, der der vereidigten Aussage von Präsident Clinton zu widersprechen schien. Denn wenige Wochen zuvor – nur zwei Tage vor dem Bekanntwerden der Lewinsky-Sache – hatte der Präsident in einer nichtöffentlichen Anhörung zum Fall Paula Jones ausgesagt, mit Lewinsky nie allein gewesen zu sein. Der pensionierte Beamte des Secret Service, der seine Geschichte ein paar Tage später auch der *Washington Post* erzählte, war die erste Person, die das Gegenteil behauptete.

Direktor Merletti war über die Nachrichten in Sachen Lewinsky sowohl persönlich als auch beruflich besorgt. Er befand sich auf dem Weg zur Arbeit in der 1800 G Street und zermarterte sich das Hirn, als er auf NPR ein Interview über die Behauptungen hörte, der Präsident habe eine Affäre mit einer Praktikantin des Weißen Hauses gehabt. Als Leiter des Secret Service hoffte er, dass keine dieser Nachrichten auf Klatsch seiner Agenten und Beamten beruhte. Er hatte aber auch einen persönlicheren Bezug zu den Ereignissen. Wenn diese Storys wahr waren, hatte sich einer der größten Präsidentschaftsskandale direkt vor seiner Nase abgespielt. Er war für Clintons persönliches Kommando zu ebenjener Zeit zuständig gewesen, als Clinton und Lewinsky sich – so die Behauptungen – heimlich in den beengten Räumlichkeiten des Westflügels getroffen hatten. Anderen sagte Merletti, dass er sich nicht erinnern könne, Lewinsky begegnet zu sein oder von Agenten seines Kommandos von ihr gehört zu haben. Später wurde ihm gesagt, dass Lewinsky ihm einen Brief geschrieben habe, in dem sie ihn für seine Arbeit zum Schutz des »Big Guy« beglückwünschte, aber auch daran konnte er sich nicht erinnern.

Einige Tage nach dem Paukenschlag des *Drudge Report* erschienen die ersten Geschichten über andere angebliche Augenzeugen der Vorgänge im Weißen Haus. ABC News berichtete, dass eine Quelle aus dem Weißen Haus behaupte, Clinton und Lewinsky beim Geschlechtsverkehr gesehen zu haben. Die *Dallas Morning News* veröffentlichte eine Geschichte auf ihrer Website, in der es hieß, ein Secret-Service-Agent habe mit Starr gesprochen und sei bereit zu bezeugen, dass er den Präsidenten und Lewinsky in einer »kompromittierenden Situation« gesehen habe. Das mit der »kompromittierenden Situation« widerrief die Zeitung später. Am 22. Januar beschlagnahmte Starrs Büro Protokolle und Aufzeichnungen des Secret Service. John Kelleher, der Justiziar des Secret Service, erschien in Merlettis Büro, um ihn darauf hinzuweisen, dass Starr sich darauf vorbereite, aktive Agenten und Beamte des Secret Service vorzuladen. Merletti sagte Kelleher, sie müssten sich sofort mit Starr treffen und ihm klarmachen, welche Gefahr er damit heraufbeschwören würde.[95] Der Direktor war entschlossen, nicht zuzulassen, dass der Service für eine politische Ermittlung ins Blaue hinein benutzt wurde.

Ein paar Tage später brachte Merletti das, was er für ein ernüchterndes und starkes Argument hielt, Agenten nicht zu Zeugen zu machen, in den Büros des Sonderermittlers in der Pennsylvania Avenue vor. In einem Konferenzraum erinnerte er Starr und seinen Stellvertreter Robert J. Bittman mit einer Diashow an die bis zur Ermordung Lincolns zurückreichenden Attentate auf amerikanische Präsidenten und wies darauf hin, dass in jedem dieser Fälle der Abstand des Personenschützers vom Präsidenten über Leben und Tod entschieden habe.

Präsident Lincoln? Tot, weil sein Personenschützer die Präsidentenloge im Theater verlassen hatte, um sich auf der anderen Straßenseite einen Drink zu holen. Präsident McKinley? Tot, weil sein Agent gebeten worden war, einen Schritt zurückzutreten, um Platz für einen anderen Beamten zu machen. Präsident Reagan? Am Leben, weil Agent Jerry Parr direkt hinter ihm gestanden und ihn innerhalb von

Sekunden nach John Hinckleys erstem Schuss in ein wartendes Auto geschoben hatte.

Dann zeigte Merletti einen Ausschnitt aus dem alten Zapruder-Film sowie Schwarz-Weiß-Fotos von dem Tag, an dem John F. Kennedy in seiner offenen Limousine erschossen wurde. Er wies darauf hin, dass Kennedys Agenten von den hinteren Trittbrettern des Wagens gestiegen waren, weil der Präsident sie darum gebeten hatte – er hatte nicht den Anschein erwecken wollen, vor der Öffentlichkeit geschützt werden zu müssen. Was ihn und das Land teuer zu stehen kam!, so Merletti. Als hinter dem Fahrzeugkonvoi der erste Schuss zu hören war, befanden sich die Agenten in einem Begleitfahrzeug hinter der Limousine – zu weit weg, um Kennedy helfen zu können. Merletti zeigte auch den herzzerreißenden Ausschnitt aus Mike Wallace' *60-Minutes*-Interview mit Clint Hill, einem Agenten aus dem für Jackie Kennedy zuständigen Kommando, in dem dieser, den viele Angehörige des Service für einen Helden hielten, zusammengebrochen war, als er von seinen Schuldgefühlen sprach. Weil er nicht rechtzeitig zur Stelle gewesen war, um die dritte, tödliche Kugel auf den Präsidenten abzufangen, wäre er an diesem Tag lieber gestorben, hatte Hill gesagt, als er sich zwölf Jahre später an das Attentat erinnerte. Obwohl er in Sekundenschnelle eine Autolänge zu Kennedys Limousine gesprintet war, hatte er sich immer noch mit der Frage gequält, ob er nicht hätte schneller sein können.

»Aber das war unmöglich, Clint«, hatte Wallace ungläubig gesagt. »Sie waren in weniger als zwei Sekunden da. Sie können deswegen keine Schuldgefühle haben.«

»Doch, die habe ich. Es war meine Schuld«, hatte Hill gesagt. »Hätte ich nur ein kleines bisschen schneller reagiert …« Dann hatte ihm die Stimme versagt. »Und damit werde ich leben müssen, bis ich sterbe.«[96]

In der Stille nach dem Ende der Präsentation versuchte Merletti, die Staatsanwälte in die Lage eines Agenten zu versetzen. »Das Krachen eines Schusses ist das, worauf sich jeder Secret-Service-Agent sein Leben lang vorbereitet«, sagte er. »Es geht um eine Sekunde.«

Er sagte Starr und Bittman, Präsidenten würden Agenten unweigerlich auf Distanz halten, wenn ihre Beschützer später gezwungen werden könnten, als Zeugen über das Privatleben eines Präsidenten auszusagen. Und das würde die Agenten letztlich nutzlos machen. »Die Geschichte des Secret Service hat bewiesen, dass *Diskretion* Voraussetzung für die Nähe ist, ohne die unser Einsatz nicht erfolgreich sein kann«, sagte Merletti. »Wenn unsere Schutzbefohlenen uns nicht vertrauen können, weil sie glauben, wir könnten vor einer Grand Jury aussagen und Vertraulichkeiten preisgeben müssen, werden sie uns diese wichtige Nähe nicht gewähren.«

Merletti spürte aber, dass Starr gleichgültig, ja kühl auf seine Präsentation reagierte. »Es ist, als könnte es ihn nicht weniger interessieren«, dachte er. »Er hört nicht zu.«[97] Als Merletti ging, war er nicht weniger beunruhigt als zuvor – im Gegenteil.

Starr bejahte die Null-Fehler-Mission des Service, dachte aber, hier gehe es um eine rechtliche Angelegenheit. Und das Gesetz verlange eindeutig, dass alle Gesetzeshüter, auch die des Secret Service, Zeugnis ablegen müssten, wenn dies für eine strafrechtliche Untersuchung notwendig sei.

Einige Tage später kamen Finanzminister Rubin und Merletti überein, dass die Anwälte ihrer Behörden ein sogenanntes »Executive Protection Privilege« anstreben würden. Sie wollten davon vor Gericht Gebrauch machen, um Agenten vor Starrs Vorladungen zu bewahren, sodass sie niemals vor einer Grand Jury über etwas aussagen müssten, was sie vom Tun des Präsidenten gesehen oder gehört hatten. Einen juristischen Präzedenzfall dafür gab es nicht, und Rechtswissenschaftler schnaubten bei der Vorstellung, Sicherheitsbeamte könnten eine besondere, privilegierte Beziehung zu ihrem Klienten haben, die mit der eines Anwalts oder eines Psychologen vergleichbar sei. Einige altgediente Anwälte des Justizministeriums schüttelten den Kopf; sie waren sicher, dass die Richter darüber nur lachen würden. Merlettis Team bemühte sich trotzdem darum, mit der Begründung, das Leben von Präsidenten stehe auf dem Spiel.

Starr hatte Gründe, an Merlettis Motiv zu zweifeln. Sein Stellvertreter hatte um Silvester herum einen Anruf von einem altgedienten Washingtoner Journalisten erhalten, der von einem Mann mit engen Beziehungen zur Führungsebene des Secret Service kontaktiert worden war. Dieser Mann hatte sich aus Angst vor Vergeltung nicht getraut, an die Öffentlichkeit zu treten, hatte aber gesagt, führende Persönlichkeiten des Secret Service hätten ihm erzählt, dass Clinton Merletti im Dezember in sein Büro bestellt habe, als die Anwälte von Paula Jones versuchten, ihn, Clinton, und weitere mögliche Zeugen über seine Beziehungen zu anderen Frauen als seiner eigenen zu befragen. Diese Anwälte wollten auch Agenten des Secret Service über Clintons einschlägige Aktivitäten befragen. Nach Angaben jener führenden Persönlichkeiten des Secret Service hatte Clinton Merletti gesagt: »Ich möchte, dass Sie Wege finden, Ihre Jungs davon abzuhalten, im Paula-Jones-Fall auszusagen. Prüfen Sie das.«

Als Merletti später von einem FBI-Agenten zu der Hypothese befragt wurde, dass er sich mit Clinton zu einer Vertuschung verschworen habe, antwortete er, das sei Blödsinn. Die Idee, das angestrebte Privileg geltend zu machen, sei von ihm gekommen.[98]

Viele Agenten stimmten Merletti feierlich zu, dass fehlende Nähe zum Präsidenten die Gefahr weiterer Attentate mit sich brächte. Merletti schrieb einen Rundbrief an alle pensionierten Agenten (einschließlich Hill und Parr), die Zeugen von Attentaten gewesen waren, und erhielt ergreifende Zeugnisse, die sein Bemühen um Befreiung der Agenten von der Aussagepflicht vor Gericht unterstützten. Tim McCarthy, der eine für Präsident Reagan bestimmte Kugel abbekommen hatte, sagte, Reagan hätte sterben können, wenn man ihn, McCarthy, aufgefordert hätte, auch nur einen Meter mehr Abstand zum Präsidenten zu halten. Die ehemaligen Präsidenten selbst aber waren verschiedener Meinung. Während Bush sich auf Merlettis Seite schlug, sagten Ford und Carter, dass die Suche der Ermittler nach der Wahrheit in einer strafrechtlichen Untersuchung die möglichen Risiken aufwiege.

Louis Freeh, der damalige FBI-Direktor, dessen Agenten Starrs Ermittlung unterstützten, sagte, die Clinton-Regierung habe wiederholt

versucht, von juristischen Tricks Gebrauch zu machen, um den Ermittlern den Zugang zu Zeugen und Unterlagen zu verwehren, und
sie habe dies damit begründet, dass dem Präsidenten das Privileg zugestanden werden müsse, den Rat seiner hochrangigen Berater im
Vertrauen auf deren Verschwiegenheit einzuholen. Die zweifelhafte
Behauptung, es gebe eine Art von Secret-Service-Privileg, so Freeh,
sei der Moment gewesen, in dem die Clinton-Regierung ihren »Tiefpunkt« erreicht habe. Dieses Privileg habe nämlich auf einer faden-
scheinigen Logik basiert, die darauf hinausgelaufen sei, dass ein
Präsident die Gefahr für sein Leben erhöhen könnte, indem er seine
Agenten auf Distanz hielte. Denn natürlich »will ein Präsident den
Secret Service nicht dabeihaben, wenn er ein Verbrechen begeht«.

»Das Argument war völlig verrückt«, schrieb Freeh später. »Ein
Dutzend Comedy-Autoren könnten sich nichts Lachhafteres ausden-
ken. Aber der Secret Service musste es natürlich unterstützen, und
die Anwälte des Präsidenten mussten ihren Teil beitragen, und das
Gericht musste seine Zeit damit verschwenden, die Sache zu prüfen,
bevor es das offensichtlich Gebotene tat und das ›Executive Protection Privilege‹ verwarf.«[99]

Der Rechtsstreit zog sich über sechs Monate hin, wobei der Anspruch auf das Privileg von allen Richtern, die ihn prüften, entschieden verneint wurde, von dem Bundesbezirksrichter, der den Fall als
Erster erhielt, bis zu sämtlichen Berufungsgerichten in Washington.
Mitte Juli 1998 schließlich erklärte William Rehnquist, der Oberste
Richter des Supreme Court, das Privileg für tot. Rehnquist veröffentlichte eine zweiseitige Stellungnahme, in der er seine Weigerung
begründete, die Agenten am Aussagen zu hindern, und ergänzte, die
Ablehnung des Anspruchs durch die Vorinstanz sei »schlüssig und
richtig« gewesen. Er sagte, er sei sicher, dass seine Richterkollegen
ihm einmütig beipflichten würden. Daraufhin beschloss das Justizministerium, nicht weiterzukämpfen. Präsident Clinton betonte jedoch weiterhin in öffentlichen Erklärungen, dass der Secret Service
selbst sich entschieden habe, diesen Kampf gegen die Vorladung zu
führen, und lamentierte, dass die Entscheidung des Gerichts »›eine

abschreckende Wirkung‹ auf die Arbeitsweise von Präsidenten haben könnte«.

Merlettis Niederlage war Starrs Sieg. Der Sonderermittler begann noch am selben Tag mit der Befragung von Mitarbeitern des Secret Service. Zuvor jedoch versicherten er und seine Stellvertreter dem Service, dass sein Team keine Fragen stellen werde, die sensible Sicherheitsgeheimnisse gefährden könnten. Am Nachmittag traten dann die Secret-Service-Beamten Gary Byrne und John Muskett sowie der pensionierte Agent Bob Ferguson in den Zeugenstand der Grand Jury im Bundesgericht in Washington. Sie stellten sich den Fragen von Starrs erstem Stellvertreter und schilderten die zahlreichen Male, die Lewinsky vor ihren Augen das Oval Office betreten hatte, um den Präsidenten – nur ihn allein – zu besuchen.

Als Nächster stand Larry Cockell vor der Grand Jury, der für das Kommando des Präsidenten zuständige Special Agent. Starrs Team glaubte, Cockell könne die größten Clinton betreffenden Geheimnisse preisgeben. Seine Aussage, so hofften sie, würde enthüllen, ob der Präsident versuchte, die Untersuchung zu behindern und mit seinen Lügen durchzukommen. Doch sie wurden bitter enttäuscht.

Cockell, ein hochseriöser Profi, hatte wenig Zeit für Politik oder die Verdrehung von Tatsachen. In einem Agentenkorps, das zu achtzig Prozent weiß war, war er der erste schwarze Agent, der ein präsidiales Kommando leitete. Obwohl er seine Beförderungen mehr als verdient hatte, missgönnten ihm einige weiße Agenten seinen Aufstieg. Und einige schwarze Agenten waren enttäuscht von ihm, weil sie meinten, er habe nicht hart genug gegen ein Beförderungssystem gekämpft, das noch immer die Weißen bevorzugte. Wie auch immer, Cockell war es gewohnt, unnachgiebig zu sein, und er hatte nicht vor, für irgendjemanden die Wahrheit zu vergolden.

Cockell kannte Monica Lewinsky nicht einmal persönlich und konnte daher weit weniger Informationen über sie liefern als viele seiner Kollegen. Den größten Teil des Zeitraums, den Starr untersuchte, war er nicht im Weißen Haus stationiert gewesen. Gehört hatte Cockell den Namen Lewinsky zum ersten Mal im Januar 1998, zwei Tage bevor die Affäre publik wurde. Er hatte neben Clinton gesessen, als der Präsident in seinem Anwaltsbüro unter Eid im von Paula Jones angestrengten Verfahren aussagen musste und einer der Anwälte von Jones Clinton über seine Beziehung zu einer Praktikantin namens Monica fragte.

Cockell sagte zu Starrs Staatsanwalt: »Es gab zwar Gerüchte über diese Situationen, aber ich denke, ich wäre der Letzte gewesen, dem Agenten von diesen Gerüchten erzählt hätten. Ich hatte das nämlich ausdrücklich verboten, weil so viele falsche Berichte im Umlauf waren, dass es für uns kontraproduktiv gewesen wäre, uns auf das zu konzentrieren, was die Gerüchte besagten. Deshalb hatte ich den Agenten ausdrücklich verboten, Gerüchte zu verbreiten.«

Cockell zog eine klare Linie zwischen den Grundsätzen eines Abteilungsleiters und den gesetzlichen Pflichten eines Agenten. Als Abteilungsleiter dränge er seine Agenten, dem, was privat sei an den Gesprächen des Präsidenten und seiner Besucher, keine Beachtung zu schenken und Klatsch und Tratsch zu unterbinden. Als Agent aber weise er die Vorstellung zurück, er oder seine Kollegen hätten einen Eid geschworen, die Geheimnisse eines Präsidenten bis in alle Ewigkeit zu bewahren.

»Ich habe einen Eid geleistet, mich an die Gesetze der Vereinigten Staaten zu halten und als Agent das Leben des Präsidenten und all jener Personen zu schützen, die der Secret Service zu schützen beauftragt ist«, sagte Cockell.

»Haben Sie einen Eid geleistet – oder haben Sie sich als Teil dieses Eides, den Sie gerade charakterisiert haben, zu irgendeiner Form von Diskretion verpflichtet?«, fragte der Staatsanwalt.

»Nein, Sir«, sagte Cockell.

Letztlich erfuhr Starrs Team zwar doch etwas von Cockell, aber es war weit weniger als das, was sie erwartet hatten, und die meisten Amerikaner bekamen es nie zu hören. Immerhin gab Cockell im Saal der Grand Jury die bis dahin klarste Begründung dafür, warum es dem Secret Service egal war, wenn der Präsident in seinem privaten Arbeitszimmer von Praktikantinnen Blowjobs bekam.

Einer von Starrs Ermittlern fragte Cockell, ob der Secret Service im Rückblick etwas hätte unternehmen sollen, um Clintons Möglichkeiten einzuschränken, so viele Stunden ungesehen von seinen Personenschützern mit einer jungen Frau in privaten Ecken und Winkeln des Weißen Hauses zu verbringen. Als Antwort wies Cockell darauf hin, dass das Weiße Haus ein Büro sei und dass Lewinsky die Erlaubnis zum Betreten desselben erhalten hatte. »Sir, mein Fokus liegt auf der Sicherheit des Präsidenten«, sagte Cockell. »Und wenn die Besuche seine Sicherheit nicht bedrohen, dann endet da meine Verantwortung.«[100]

Cockells Aussage war zwar nicht die Bombe gewesen, die Starr erhofft hatte, doch hatte der Special Agent ihm einen anderen Zeugen benannt, der Starr schließlich half, seine Anklage aufzubauen, dass der Präsident unter Eid gelogen habe. Cockell hatte nämlich gesagt, Nelson Garabito, ein Agent, habe ihm nach Publikwerden der Geschichte anvertraut, dass auch er gesehen habe, wie Lewinsky das Oval Office betrat, als der Präsident dort allein war.

Vier Monate später – Clinton hatte inzwischen zugegeben, eine sexuelle Beziehung zu Lewinsky gehabt zu haben, Starr hatte einen Bericht veröffentlicht, in dem Clintons Lügen detailliert aufgeführt waren, und das Repräsentantenhaus hatte ein Amtsenthebungsverfahren gegen den Präsidenten eingeleitet – schockierte Direktor Merletti den Secret Service, indem er seinen Abschied ankündigte. Am 12. November 1998 gab Merletti bekannt, dass er nach nur siebzehn Monaten als Direktor aus dem Amt scheiden werde. Er hatte einen Job als verantwortlicher Sicherheitsmanager bei den Cleveland Browns, einem Footballteam im Besitz von Al Lerner, angenommen und war damit einem langjährigen Gefährten beim Secret Service gefolgt, der vor kurzem gekündigt hatte, um weltweiter Sicherheitschef bei der MBNA Bank, Lerners gigantischem Kreditkartenunternehmen, zu werden. Die Agenten, die Merletti betreut hatte, waren fassungslos. Merletti hatte sich auf einer landesweiten Tour durch Au-

ßenstellen befunden, auf der er den Agenten von seinen langfristigen
Plänen für den Service erzählte, und dann hatte er die Tour abgebrochen, um seinen Rücktritt zu verkünden. Einigen kam der Zeitpunkt
verdächtig vor. Merletti aber bestand darauf, dass der Job einfach zu
gut sei, um ihn abzulehnen. Am nächsten Tag legte Clinton seinen
Rechtsstreit mit Paula Jones durch die Zusage bei, ihr 850 000 Dollar
zu zahlen.

Clinton musste jetzt einen neuen Direktor ernennen. Die aus-
sichtsreichsten Anwärter waren beide ehemalige Leiter seines Kommandos: Larry Cockell und Brian Stafford. Beide hatten auch ihre
Fähigkeit zu führen bewiesen. Finanzminister Rubin empfahl dem
Präsidenten, sich für Cockell zu entscheiden. Er hielt Cockell für einen strategischen Denker und seine ethischen Grundsätze für über
jeden Zweifel erhaben. Für Stafford sprach, dass er sich energisch für
das Budget des Service einsetzte und eine äußerst loyale Gefolgschaft
hatte. Beide Männer hatten Vorzüge und Nachteile. Von Stafford, der
verheiratet war und Vater, wusste man im Weißen Haus, dass er mindestens einen Fehltritt gehabt hatte, der sich als kompromittierend
erweisen könnte. Die Wahl von Cockell wiederum könnte, so die
Befürchtung von Clintons Beratern, eine schlechte Presse nach sich
ziehen und Anlass zu der Vermutung geben, Clinton belohne den
Agenten dafür, dass er Starr nichts Peinliches über ihn verraten hatte.
Sie spielten die Optionen durch, aber die Entscheidung lag natürlich
beim Präsidenten. Er entschied sich für Stafford, der im Mai 1999 als
neuer Direktor vereidigt wurde. Stafford sollte eine größere Erweiterung der Aufgaben des Secret Service leiten, zu denen in der Folge
von Columbine die neue Rolle des Service bei der Untersuchung von
Schießereien an Schulen sowie beim Schutz von Großveranstaltungen wie dem Super Bowl und den Olympischen Winterspielen in Salt
Lake City gehörte. Nur ein Jahr nachdem Stafford Direktor geworden war, hatte eine Gruppe schwarzer Agenten des Secret Service den
Mut, ihre Behörde zu verklagen und sie eines systemischen Rassismus zu beschuldigen, der Staffords Aufstieg und den seiner weißen
Stellvertreter ermöglicht habe.

TEIL 3

TERROR UND POLITIK

Die Bush-Jahre
(2000 bis 2007)

Kapitel 13

VERWIRRUNG AM
11. SEPTEMBER

Für das Weiße Haus und die Presse war die Reise des Präsidenten nach Sarasota im Herbst 2001 eine relativ unbedeutende Angelegenheit. Bush und sein Gefolge würden am Montag, dem 10. September, abends landen und die Nacht in einem Luxusresort auf Longboat Key, einer im Golf von Mexiko der Küste vorgelagerten Insel, verbringen. Am nächsten Morgen würden sie eine örtliche Grundschule besuchen. Bushs kurzer Zwischenstopp an der Schule war Teil einer einwöchigen Veranstaltungsreihe zur Förderung der Lese- und Schreibkompetenz und, was wichtiger war, zur Vorstellung eines Gesetzes zur Bildungsreform, das Bush unter dem Titel *No Child Left Behind* (Kein Kind soll zurückbleiben) im Kongress durchsetzen wollte.[1] Die gesamte Aufenthaltsdauer in der Region Tampa Bay würde weniger als achtzehn Stunden betragen. Am Dienstag, den 11. September, sollte der Wanderzirkus des Präsidenten zurückkehren.

Für die Reporter im Pressekorps des Weißen Hauses war Bushs Besuch ein »Scrub Trip«: eine Reise, die man sausen lassen, sich schenken könne, weil von ihm keine wichtigen Nachrichten zu erwarten waren. Die Sender und andere Medienorganisationen konnten die zweite Garnitur ihrer Mitarbeiter in die Air Force One entsenden, um den altgedienten Reportern des Weißen Hauses eine Pause zu gönnen. Wichtig war nur, dass sich jemand an der Quelle befände, falls etwas Unerwartetes geschehen sollte.

Bushs ranghöchste Mitarbeiter, darunter sein Berater Karl Rove und Andy Card, der Stabschef des Weißen Hauses, flogen im Wesentlichen aus einem zweitrangigen politischen Grund mit: Sie wollten am Abend an einem privaten Abendessen teilnehmen, das der Präsident und sein Bruder Jeb, der Gouverneur von Florida, in dem Resort für wichtige Spendensammler der »Grand Old Party« geben würden.

Und so geschah es. Der Präsident genoss das Steak und die Tortilla-Suppe, scherzte locker mit vertrauten Freunden und begab sich deutlich später als zu seiner normalen Schlafenszeit (22 Uhr) zurück in seine Suite. Trotzdem stand er am nächsten Morgen um 6:30 Uhr auf, um ein paar Meilen um den Golfplatz des Resorts zu laufen. Ein schlaksiger, Bush sympathischer Reporter, der zu der kleinen Gruppe gehörte, die an diesem Tag mit dem Präsidenten reiste, schloss sich ihm an, während ein Mitglied des Secret-Service-Kommandos in einem Golfcart folgte. Die Agenten bemühten sich, einen üblen Geruch zu ignorieren, der über der Insel lag: den Geruch von totem Fisch, der von einer giftigen »roten Flut«, die die Golfküste in diesem Monat heimsuchte, an Land gespült worden war.

Kurz vor 8 Uhr empfing Bush – inzwischen geduscht und präsidial gekleidet – Andy Card und Mike Morell, seinen CIA-Briefer an diesem Tag, in seiner Suite zu seinem Daily Intelligence Briefing. Morell gab einen ziemlich routinemäßigen Bericht: einige heftige Scharmützel zwischen palästinensischen Kämpfern und israelischen Soldaten, aber keine Krise, die ein Eingreifen der USA erforderte. Anschließend ging der Stabschef den Zeitplan für den Schulbesuch durch, während das Kommando Bush für die zehnminütige Fahrt zur Emma E. Booker Elementary School zu seiner Limousine brachte.

»Dies sollte ein einfacher Tag werden«, sagte Card zu dem Präsidenten.

Auch der Secret Service stufte die Reise nach Sarasota als vergleichsweise unproblematisch ein. Schon vor Wochen hatte man jeden Schritt geplant, den Bush in der verschlafenen Stadt der Tampa Bay Area gehen würde. Man hatte Scharfschützen und Boden-Luft-

Raketen auf dem Dach des Colony Resorts platziert. Die Küstenwache patrouillierte direkt vor der Küste. Carl Truscott, der Leiter des für den Präsidenten zuständigen Kommandos, hatte sich entschlossen, auf die Reise zu verzichten und in Washington zu bleiben. Eddie Marinzel, ein erfahrener Leutnant, sollte »Trailblazer« als führender Agent beschützen. Es gibt einen gewissen Aberglauben im Secret Service, der auf eine unheimliche Koinzidenz am Tag der Ermordung von Präsident John F. Kennedy zurückgeht: Jerry Behn, der Leiter von Kennedys Kommando und sein ständiger Schatten, hatte im November 1963 beschlossen, auf die Reise nach Dallas zu verzichten, um einen Kurzurlaub – seinen ersten seit drei Jahren – zu machen.

Jetzt also war Truscott, der Leiter von Bushs Kommando, in Washington geblieben, während der Präsident am 11. September Sarasota besuchte.

»Kein Mitglied des Service kann das vergessen«, hat ein pensionierter Agent über den Tag gesagt, an dem Kennedy erschossen wurde.

Bush war gut gelaunt, als er gegen 8:50 Uhr vor der Emma E. Booker Elementary School in Sarasota aus seiner Limousine – Spitzname »Beast« – stieg. Marinzel ging einen Schritt rechts hinter ihm, als der Präsident selbstsicher dem Empfangskomitee auf dem Gehweg vor der Schule zustrebte. Der Agent, ungefähr genauso groß und schwer wie Bush, war ihm dicht auf den Fersen, als der Präsident begann, den versammelten Lokalpolitikern und Schulleitern die Hände zu schütteln.

Karl Rove, Bushs ranghöchster Berater, telefonierte einige Meter entfernt mit seinem Assistenten, der aus dem Westflügel des Weißen Hauses mit Neuigkeiten angerufen hatte. Rove beendete das Gespräch und beugte sich vor, um Bush leise zu informieren. »Ein Flugzeug ist ins World Trade Center gerast«, sagte er. »Vielleicht eine Propellermaschine, wir wissen es nicht.«[2]

Bush zog die Augenbrauen hoch und sagte dann: »Besorgen Sie mehr Einzelheiten.«

Marinzel, der einen halben Schritt hinter dem Präsidenten ging, hatte mitgehört. Wie fast jeder im offiziellen Washington und im ganzen Land, der diese Nachricht von CNN erfuhr, nahm er an, dass es sich um einen tragischen Unfall handele, und ging weiter. Er hatte keinen Grund, eine Propellermaschine in Manhattan mit der Sicherheit des Präsidenten im Südwesten Floridas in Verbindung zu bringen und deshalb jede Person kritisch zu mustern, die POTUS beim Betreten der Schule nahe kam. Als Leiter des Kommandos hatte er gelernt, sich ausschließlich auf den Schutz des »Pakets« vor seinen Augen zu konzentrieren und nicht auf einen Fernsehbildschirm zu schauen. Sollte es etwas geben, worüber er sich Sorgen machen musste, würde er vom Hauptquartier einen Hinweis erhalten. Er blieb dem Präsidenten auf den Fersen, als Bush mit der Schulleiterin das Gebäude betrat und zur Bibliothek ging, um dort um 9 Uhr die Lesestunde einer Gruppe von Zweitklässlern zu besuchen.[3]

In Washington kam Nelson Garabito ein paar Minuten zu früh zur täglichen 9-Uhr-Sitzung in Sachen Sicherheit des Weißen Hauses. Die regelmäßige Besprechung fand im Emergency Operations Center statt, in einem der oberen Stockwerke des Old Executive Office Building direkt neben dem Weißen Haus. Einige der Agenten, die sich zu der Sitzung eingefunden hatten, spekulierten bereits über das Flugzeug, das nur wenige Minuten zuvor in Downtown Manhattan ins World Trade Center gestürzt war. War es ein kleines Privatflugzeug oder etwas Größeres? Hatte der Pilot einen epileptischen Anfall gehabt?

Garabito war besonders besorgt. Er war der Verbindungsmann des Secret Service zur Federal Aviation Administration, ein Supervisor in dem für Bush zuständigen Kommando, der mit der FAA zusammenarbeitete, um sichere Flüge für den Präsidenten zu koordinieren und den Luftraum um das Weiße Haus zu überwachen. Auf einem Overhead-Fernsehbildschirm an einer Wand konnten die versammelten Agenten die Live-Übertragung von CNN sehen und damit das Feuer und den Rauch im Nordturm oberhalb des 90. Stockwerks. Den Ton hatte man abgestellt, damit die Sitzung nicht gestört wurde.

»Das Feuer ist gewaltig«, bemerkte ein Agent.

Doch ein paar Minuten nach Beginn der Besprechung platzte ein anderer Agent heraus: »Was zum Teufel ist das?«

Die Live-Übertragung schien jetzt andere Bilder zu zeigen, mit viel mehr Rauch und Flammen. Da der Ton abgestellt war, glaubten Garabito und seine Kollegen zunächst, neue Bilder vom ersten Crash zu sehen. Aber dann zeigte CNN die beiden Türme aus einer anderen Perspektive, und neuer Horror wurde sichtbar: Ein zweiter Passagierjet war im Sturzflug über die Skyline von Manhattan gerast und hatte ein Loch in die Rückseite des Südturms gerissen. Alle Agenten wussten: Das war ein Terroranschlag.[4]

Mit Ausnahme von Garabito eilten alle Sitzungsteilnehmer in ihre Büros, um nach ihren Teams zu sehen. Garabito griff zum Telefon vor ihm, um seine Kontaktperson in der FAA-Zentrale anzurufen: Terry Van Steenbergen, einen Fluglotsen mit zwanzig Jahren Berufserfahrung. Nachdem 1994 ein gestohlenes Flugzeug auf den Südrasen des Weißen Hauses gestürzt war, hatten der Secret Service und die FAA eine Beziehung zum Informationsaustausch aufgebaut. Dank eines geheimen FAA-Radarsystems mit dem Namen Tigerwall hatte der Service daher die Möglichkeit, in Echtzeit alle Flugzeuge zu sehen, die in den Luftraum der Bundeshauptstadt einflogen und dem Weißen Haus gefährlich nahe kamen. Garabito wollte an diesem Morgen so viel wie möglich über den beispiellosen, mit Flugzeugen verübten Terroranschlag in New York erfahren.

»Terry, hier ist Nelson. Was hast du?«, fragte Garabito.

Steenbergen sagte Garabito, dass er versucht habe, ihn in seinem Büro zu erreichen, um ihn vor etwas zu warnen, das der Secret Service auf Tigerwall noch nicht sehen konnte.

»Wir haben vier Flugzeuge, die ihren Kurs geändert haben«, begann Steenbergen. »Zwei haben die Türme getroffen. Zwei sind auf dem Weg in Richtung Washington.«

Die FAA vermutete, dass auch diese beiden vom Kurs abgekommenen Flugzeuge, mit denen sie nicht kommunizieren konnte, entführt worden waren.

»Eines befindet sich über Cleveland, fünfundvierzig Minuten entfernt«, sagte Steenbergen. »Ein anderes über Pittsburgh, dreißig Minuten entfernt.«

»Was sollen wir tun?«, fragte Garabito.

»Wir müssen alle Flugzeuge von Washington fernhalten«, antwortete Steenbergen.[5]

Garabito, ein großer, schlanker Agent mit mehr als zehn Jahren
Berufserfahrung, setzte sich aufrecht hin. Der 9/11-Kommission sollte
er, ein langjähriges Mitglied des für den Präsidenten zuständigen
Kommandos, später sagen, er habe einem Untergebenen an einem
Schreibtisch in der Nähe befohlen, »oben Meldung zu machen«, dass
noch zwei fehlgeleitete Flugzeuge in der Luft seien. »Oben« war das
Gehirn und Kommunikationszentrum für die Sicherheit des Weißen
Hauses, das Joint Operations Center im obersten Stockwerk des Old
Executive Office Building. Das JOC konnte Bewegungen von Flugzeugen auf dem Tigerwall-Radar beobachten und den Schutztrupps
sowie Beamten im gesamten Komplex des Weißen Hauses eilige
Warnhinweise geben. Aber irgendetwas ging schief. Der Untergebene
rannte hinauf, aber der Aufsicht führende Agent, der das JOC leitete, schlug keinen Alarm. Aus nach wie vor unbekannten Gründen
wurde Van Steenbergens frühe Warnung vor zwei weiteren verdächtigen Flugzeugen, die nur dreißig Minuten von Washington entfernt
waren, nicht an die Vorgesetzten des Secret Service weitergegeben.

Daher wusste niemand in der Führung des Secret Service oder in
der Kommandozentrale des Direktors, dass Downtown Washington
ein wahrscheinliches nächstes Ziel war. Niemand sagte den Agenten,
die Vizepräsident Cheney beschützten, den Nachfolger des Präsidenten, sollte Bush ausfallen, dass er in seinem Büro im Westflügel des
Weißen Hauses ein leicht zu treffendes Ziel wäre.

Doch überall in der Umgebung von D. C. wussten die Agenten des
Secret Service instinktiv, dass Gefahr im Anzug war. Agenten, die
nicht im Dienst waren und weit von Washington entfernt wohnten,
sahen die Nachrichten, sprangen in ihre Autos und rasten zum Weißen Haus, um zu helfen. Auch Agenten der Washingtoner Außen-

stelle machten sich schnurstracks auf den Weg zur Crown. Uniformierte Beamte der Abteilung eilten zu den Kreuzungen rund um den Komplex, um die Außensicherung zu verstärken.

In Sarasota führte Marinzel, der Leiter des Kommandos, Bush eine Minute nach neun Uhr in ein Klassenzimmer mit sieben- und achtjährigen Kindern. Deren Lehrerin stellte den Präsidenten vor, und er nahm neben ihr Platz. Er grinste, als die Kinder, gefragt von der Lehrerin, Antworten riefen und dann aus einem Buch über die gefräßige Hausziege eines Mädchens vorlasen. Die bunten Bilder hinter Bush an der Wand hatten Künstler aus dem Personal des Weißen Hauses geschaffen – alles Teil der Inszenierung für den Fototermin bei diesem Präsidentenbesuch, der für das »No Child Left Behind«-Gesetz warb.

Da Marinzel hinter den Kindern stand und den Präsidenten im Auge behielt, bekam er kaum etwas mit von dem, was im Lehrerzimmer hinter ihm geschah. Normalerweise hätte der Rest des Kommandos schweigend in diesem Raum gewartet, bis es an der Zeit war, den Präsidenten zurück zur Autokolonne und dann zur Air Force One zu bringen. Aber nachdem Marinzel und sein Stellvertreter Dave Wilkinson die Schule betreten hatten, hatten sie aus dem Hauptquartier die vage Nachricht erhalten: »Es gibt einen Zwischenfall in New York.« Jetzt bemühte sich das Kommando in aller Eile, mehr zu erfahren.

Ein Agent des Secret Service rief die Intelligence Division an, jenen Zweig des Service, der für die Einschätzung von Bedrohungen für den Präsidenten zuständig ist. »Gibt es irgendeinen Anhaltspunkt dafür, dass die Sache auf den Präsidenten zielt?«, fragte der Agent. »Oder ist dies nur ein Angriff auf New York?«

Die Frage blieb im Raum stehen. Die Intelligence Division wusste es nicht. Unterdessen sahen sich einige Agenten gemeinsam mit Karl Rove, Paul Montanus, dem militärischen Berater des Weißen Hauses, und dem örtlichen Sheriff nach einem Fernseher um. Sie fanden schließlich einen im Schulbüro und schalteten ihn rechtzeitig ein, um Zeugen eines Albtraums zu werden: Um drei Minuten nach neun Uhr wiederholten die Nachrichtensender die Aufzeichnung des Einschlags von United-Airlines-Flug 175 in den Südturm.[6]

CNN hatte auf eine ABC-Sendung umgeschaltet, in der in eben diesem Moment, als die dunkle Silhouette eines Flugzeugs über die rechte Seite des Bildschirms schwebte, ein Augenzeuge zum Einschlag im Nordturm interviewt wurde. Das CNN-Signal flackerte kurz, als gäbe es eine technische Störung, dann stieg aus dem Südturm ein weiterer Feuerball auf.

»O mein Gott! Es gibt noch mehr Explosionen, halten Sie sich fest!«, rief der Augenzeuge.[7]

Montanus, der Offizier des Marine Corps, begriff, was er sah, und wandte sich an den Sheriff. Dessen Beamte halfen, die Straßen für die Autokolonne des Präsidenten zu räumen.

»Wir müssen hier verschwinden!«, sagte Montanus. »Können Sie dafür sorgen, dass alle bereit sind?«

Wilkinson und andere Agenten begannen, sich mit dem JOC abzustimmen, die rasche Evakuierung des Präsidenten zu planen und zusätzliche Polizeifahrzeuge anzufordern, um alle Kreuzungen auf dem Weg zur Air Force One zu blockieren. Es gab gute Gründe, von einer größeren Verschwörung mit dem Ziel, die Regierung lahmzulegen und Bush zu töten, auszugehen und in Alarmbereitschaft zu sein. Schließlich war der Termin in Tampa vor mehr als einer Woche öffentlich bekanntgemacht worden. Es konnte sein, dass ein weiteres Flugzeug im Anflug war, um genau in diesem Moment die Schule zu bombardieren. Doch Bushs politische Berater und die Agenten des Secret Service waren uneins, was als Nächstes zu tun sei; die Spannung im Lehrerzimmer stieg. Das politische Team mit Card an der Spitze wollte die Lesung nicht abrupt abbrechen, um den Kindern keine Angst zu machen – oder den Zuschauern, die Bushs Termin live im Fernsehen verfolgten. Sie wollten den Präsidenten die Veranstaltung im Klassenzimmer beenden lassen und dann zu einem Ort in der Nähe gehen, damit der Präsident eine Erklärung zu dem Angriff abgeben und die Nation hoffentlich beruhigen konnte. »Das können Sie nicht vor Zweitklässlern machen«, sagte ein Mitarbeiter.[8]

Doch der Secret Service meinte, es gehe um Sekunden. Für den Fall, dass auch nur die geringste Gefahr bestand, ein unsichtbarer Feind habe den Präsidenten ins Visier genommen, wollte das Kommando, dass POTUS sich sofort auf den Weg machte. Und zwar vorzugsweise auf den Weg zu einem Flugzeug, das dafür entwickelt worden war, feindliches Radar zu stören und Raketen abzufangen. Bush sollte nicht an einer weiteren exponierten Stelle am Boden verweilen. »Wir müssen ihn in Sicherheit bringen«, sagte ein Agent.

Der Secret Service und das Weiße Haus kämpften wieder ihren uralten Kampf: was wichtiger sei – die Fähigkeit des Präsidenten, zur Öffentlichkeit zu sprechen, oder seine Sicherheit.

Währenddessen wusste Card, dass er den Präsidenten, der immer noch gemeinsam mit der Klasse vor der Kamera las, informieren musste. Rove sah, wie der Stabschef auf der Schwelle zögerte und seine Gedanken ordnete. Card überlegte, wie er die furchtbare Nachricht diskret überbringen konnte. »Ich muss es so sagen, dass der Präsident sich nicht genötigt fühlt, eine Frage zu stellen«, dachte Card.

Es war 9:07 Uhr. Card beugte sich hinunter und flüsterte Bush ins rechte Ohr: »Ein zweites Flugzeug ist in das World Trade Center geflogen. Amerika wird angegriffen.«

Bushs Miene erstarrte. Nachdem sich Card aus dem Kamerabild zurückgezogen und Marinzel dieselbe Nachricht zugeflüstert hatte, blieb der Präsident noch sieben Minuten lang an seinem Platz und hörte zu, während die Kinder weiterlasen. Irgendwann merkte Bush, dass die Reporter im hinteren Teil des Raumes ihre Handys ans Ohr hielten, um eingehende Anrufe mitzubekommen. Sie erhielten die gleiche Warnung wie Bush. Ari Fleischer, Bushs Pressesprecher, hielt auf einer Längsseite des Raumes ein Blatt Papier hoch, auf dem in großen Blockbuchstaben geschrieben stand: DON'T SAY ANYTHING YET. (SAGEN SIE NOCH NICHTS.)[9]

Als das Lesen um 9:15 Uhr beendet war und Marinzel Bush in das Lehrerzimmer neben dem Klassenraum führte, erkannten er und die

leitenden Mitarbeiter den sonst so freundlichen, entspannten Mann
nicht wieder.

»Wir befinden uns im Krieg«, sagte Bush. »Verbinden Sie mich mit
dem Vizepräsidenten und dem Direktor des FBI.«

Bush erreichte Cheney und besprach mit ihm die aktuellen Ge-
heimdienstinformationen über die Anschläge sowie den Befehl der
FAA, alle Flugzeuge am Boden zu halten. Dann kritzelte Bush, von
Fleischer und Card beraten, auf einen Notizblock die Erklärung, die
er vor der Nation abgeben wollte.

Doch Marinzel drängte darauf aufzubrechen. Er befürchtete, die
Angreifer könnten vorhaben, ein Flugzeug in die Schule zu fliegen. Jeder halbwegs organisierte Feind, der ein Attentat plante, hatte den vor
drei Tagen auf einer öffentlichen Website geposteten Aufenthaltsort
des Präsidenten in Erfahrung bringen können. »Wir müssen Sie zur
Air Force One bringen und dafür sorgen, dass Sie in der Luft sind«,
sagte Marinzel dem Präsidenten.[10]

Card schlug einen Kompromiss vor. Er sagte, mehr als hundert
Eltern, Lehrer und Schüler würden in diesem Moment in der Schul-
bibliothek warten, wo Bush einen Vortrag über Lesen und Schreiben
hatte halten sollen. Bush könne bei dieser Gelegenheit über die jüngsten Anschläge sprechen und die Öffentlichkeit beruhigen. Dann würden sie sich aus dem Staub machen. Marinzel willigte widerstrebend
ein. Es gab zwar keine Hinweise auf einen bevorstehenden Angriff
auf POTUS. Aber diese Verzögerung widersprach allem, was jeder
Agent in seiner Ausbildung lernte.[11]

Unmittelbar nach dem Einschlag des zweiten Flugzeugs berief
Truscott eine Dringlichkeitssitzung ein, um mit den Teilnehmern zu
besprechen, wie die Sicherheitsvorkehrungen rund um das Weiße
Haus verschärft werden könnten – eine seiner allgemeinen Aufgaben
als Leiter der Presidential Protective Division. Er rief drei hochrangige Leutnants an und befahl ihnen, so schnell wie möglich in sein
Büro zu kommen, um mit ihm über die Postierung weiterer Scharfschützen und Notfallteams zu diskutieren. Von verdächtigen Flug-

zeugen, die in Richtung Washington flogen, wusste er nichts. Als die
vier sich um 9:18 Uhr in Raum 10 des Old Executive Office Building
versammelten, kam die Bedrohung für den Komplex bereits auf sie
zu; sie war nur noch ungefähr dreißig Meilen entfernt.

Zur gleichen Zeit versuchten Fluglotsen in Cleveland, eine Maschine ausfindig zu machen, von der sie annahmen, dass sie abgestürzt sei: American-Airlines-Flug 77. Der Jet war dreißig Minuten
zuvor von ihrem Radar verschwunden. Um 9:27 Uhr entdeckte Da-
nielle O'Brien, Fluglotsin am Dulles International Airport im Norden von Virginia, einen grünen Blip in der Südwestecke ihres Ra-
darschirms. Wie sie erkennen konnte, deuteten alle Anzeichen auf
Probleme hin: Die Piloten des Jets, der sich zu diesem Zeitpunkt
zwölf Meilen von Washington entfernt befand, hatten den Transpon-
der ausgeschaltet und den Funkkontakt abgebrochen. Die Maschine
flog mit Vollgas – ungefähr fünfhundert Meilen pro Stunde – nach
Osten in Richtung D. C. O'Brien wusste nicht, dass es dasselbe Flugzeug war, das die Kollegen in Cleveland verloren hatten. Sie konnte
aber sehen, dass es Kurs direkt auf das Gebiet P-56 genommen hatte.
(P-56 war der Codename für den gesperrten Luftraum um das Weiße
Haus.) Sie machte ihren Vorgesetzten darauf aufmerksam, der sich
mit dem Hauptquartier des Secret Service in Verbindung setzte, um
es zu warnen. Es war ungefähr 9:30 Uhr.[12]

Etwa zur gleichen Zeit hatte Danny Spriggs das Krisenzentrum des
Direktors betreten, eine Gefechtsstation im neunten Stock. Da Terroristen New York angriffen, hatte er vor allem ein Ziel vor Augen:
dafür zu sorgen, dass alle neunzehn Personen, die der Secret Service
beschützte, darunter die First Family, an einem sicheren Ort untergebracht wurden. Spriggs hatte noch am Anfang seiner Agentenkar-
riere gestanden, als er nach den Schüssen auf Präsident Reagan half,
die Kontrolle außerhalb des Washington Hilton wiederherzustellen.
Jetzt, zwei Jahrzehnte später, war er ein Vertrauter des Direktors und
stellvertretender Leiter der Schutzmaßnahmen.

Das Krisenzentrum war ausgestattet mit einer Reihe von Live-
Kamera-Feeds und Monitoren, mit einer Ortungstafel für die First

Family und mit Schreibtischen, an denen die Teams der nachrichtendienstlichen Informationsbeschaffer minutengenaue Berichte verarbeiten konnten. Von diesem Raum im neuen Hauptquartier des Secret Service in der G Street in Chinatown aus sollte der Direktor in der Lage sein, jeden Notfall zu managen. Doch diese Krise überforderte Direktor Staffords neue Zentrale schnell. Die Agenten der Intelligence Division wurden mit einer Flut von Berichten überschwemmt und verloren viel Zeit damit, auf Meldungen zu reagieren, die sich später als falsch herausstellten.[13] Vieles hätte leicht überprüft und verworfen werden können. So wurde ein Team losgeschickt, das sich mit einer Autobombe befassen sollte, die angeblich vor dem Außenministerium explodiert war. Aber es hatte keine solche Bombe gegeben. Oder man beeilte sich, mehr über eine Maschine herauszufinden, die angeblich in der Nähe von Camp David abgestürzt war. Ebenfalls eine Falschmeldung. Außerdem stellte Spriggs fest, dass viele Telefone nicht funktionierten. Um Pläne zu besprechen, alle Mitglieder der First Family so rasch wie möglich in Sicherheit zu bringen und die Absperrung um das Weiße Haus zu verstärken, hatte Spriggs versucht, Becky Ediger zu erreichen, die stellvertretende Leiterin der Presidential Protective Division, von der er glaubte, sie befinde sich im Joint Operations Center. Doch hatte ein Mitarbeiter des JOC ihm gesagt, sie sei gerade in einer Notfallbesprechung mit Truscott. Also hatte Spriggs Truscott angerufen.[14]

Aber Spriggs hatte sein Telefonat mit Truscott kaum begonnen, da eilte Larry Cockell, der stellvertretende Direktor des Secret Service, herbei, um ihm eine wichtige Nachricht von den örtlichen Fluglotsen zu überbringen: Die FAA warne das Hauptquartier vor einem Flugzeug, das sich mit hoher Geschwindigkeit Downtown Washington nähere.[15] Dies war ein Update der Warnung, die Garabito kurz nach 9:05 Uhr erhalten und seiner Aussage nach an das JOC weitergegeben hatte.

Als Truscott Spriggs' Bericht hörte und laut wiederholte, war Ediger auf einer zusätzlichen Telefonleitung; sie starrte Truscott ungläubig an. Garabito, der in Truscotts Büro angerufen hatte, um ihn auf die beiden näher kommenden Flugzeuge hinzuweisen, berichtete Ediger das Gleiche. Die entscheidenden Sätze klangen in ihren Ohren: »Zwei weitere auffällige Flugzeuge ... antworten dem Tower nicht ... gelten als verdächtig ... mindestens eines fliegt in Richtung D. C.«

Alle Top-Bosse des Secret Service erfuhren diese beängstigende Nachricht zur selben Zeit – allerdings viel zu spät, nämlich zwanzig bis dreißig Minuten nachdem die FAA den Secret Service erstmals vor den beiden außer Kontrolle geratenen, in Richtung Washington fliegenden Maschinen gewarnt hatte. Truscott dankte Spriggs und legte auf. Dann besprach er sich mit seinem Team im Weißen Haus, um eine Notfallevakuierung zu veranlassen.

Einige Angestellte des Weißen Hauses hatten schon, nachdem das zweite Flugzeug in den Südturm des World Trade Centers eingeschlagen war, beschlossen, das Gebäude auf eigene Faust zu verlassen, und strömten ruhig zu ihren Autos, die sie in der Nähe der Ellipse, der Metro oder der Kindertagesstätten ihrer Söhne und Töchter geparkt hatten. Doch nachdem die Warnung der FAA nun auch die leitenden Angestellten erreicht hatte, rannten Beamte und Agenten des Secret Service, Letztere zum Teil mit Sturmgewehren an der Seite, von Raum zu Raum. An einigen Eingängen machten die Agenten kurz halt und brüllten: »Verlassen Sie das Gebäude. Alle müssen raus. Raus hier, sofort!«

Die Angestellten haben später einen chaotischen Exodus beschrieben: Einigen sei gesagt worden, sie sollten nach Norden zum Lafayette Park gehen, weil sich das Flugzeug angeblich von Süden her näherte. Andere hätten, durch die nächste Tür hinausgescheucht, das Gebäude nach Süden verlassen. Im Ostflügel stießen die Agenten auf gut gekleidete junge Frauen in Stöckelschuhen, die für Laura Bush, die First Lady, arbeiteten. Die Frauen hätten große Augen gemacht, als sich die brüllenden Agenten näherten.

»Ziehen Sie Ihre Schuhe aus«, befahl ein Agent, »und laufen Sie!«

Als die Referenten flohen, rannten einige Beamte und Agenten mit Langwaffen in der Cross Hall und den Treppenhäusern an ihnen vorbei in die entgegengesetzte Richtung der Ausgänge. Eine kleine

Gruppe von Agenten stürmte, zwei Stufen auf einmal nehmend, die Treppe des Weißen Hauses hinauf. Ihre Chefs hatten ihnen befohlen, aufs Dach zu steigen.

»Was zum Teufel sollen wir da oben?«, fragte einer der Agenten. Sie würden niemals in der Lage sein, ein Flugzeug mit Gewehren vom Himmel zu schießen. Wenn der Jet auf seinem derzeitigen Kollisionskurs blieb, hätten sie alle gerade ihren letzten Auftrag angenommen.

O'Brien beobachtete das Flugzeug am Radar des Dulles International Airport und spürte, wie ihr Herz in der Brust pochte, als sie, ihr Sitznachbar und ihr Vorgesetzter die Entfernung herunterzählten. Noch elf Meilen entfernt. Noch zehn Meilen. Noch neun. Aber sie hoffte weiterhin, dass das Flugzeug den Kurs ändern oder antworten würde.

Bei acht Meilen krampfte sich O'Brien der ganze Körper zusammen. Mit dieser Geschwindigkeit konnte der Jet in sechzig Sekunden das Weiße Haus treffen. Ein Supervisor im Tower am Reagan National Airport auf der anderen Seite des Flusses beobachtete das Geschehen ebenfalls und rief die Hotline des Secret Service im JOC an. Es war 9:33 Uhr. Officer Gregory LaDow meldete sich.

»Wir haben ein Flugzeug, das sich sehr schnell bewegt, auf Sie zukommt und nicht mit uns spricht«, sagte der Supervisor.[16]

Das war ein überaus düsteres Update der Warnung, die die FAA-Zentrale fast eine halbe Stunde zuvor an Garabito übermittelt hatte. LaDow wollte gerade den Notrufknopf drücken, um die Nachricht an den gesamten Komplex durchzugeben, da meldete der Supervisor im Tower des Reagan National plötzlich eine Kursänderung. »Das Flugzeug dreht ab«, sagte er. »Sieht so aus, als käme es zurück zum Airport.«[17]

Der grüne Blip, der auf Kollisionskurs mit dem Weißen Haus gewesen war, war in einem Halbkreis nach Süden abgedreht, so als wollte er in einer Schleife zum Reagan National Airport zurückfliegen. Im Kontrollturm des Dulles International lehnte sich O'Brien in ihrem Stuhl zurück und holte zum ersten Mal seit einer gefühlten Stunde wieder tief Luft. *Gott sei Dank*, dachte die Fluglotsin und nahm an, es müsse sich um ein Kampfflugzeug handeln, das zum Schutz der Stadt aufgestiegen war. *Es ist einer von unseren Jets. Es ist einer von unseren.*[18]

Während die Agenten das Personal aus dem Weißen Haus scheuchten, sagte Truscott zu seinen in seinem Büro versammelten Leutnants, sie sollten sich alle in den unterirdischen Schutzraum des Weißen Hauses begeben. Der unterirdische Bunker war Anfang der fünfziger Jahre für Präsident Truman aus Stahlbeton gebaut worden und sollte der Explosion einer Atombombe standhalten. Jetzt würden der Vizepräsident, Mitglieder des Kabinetts und das nationale Sicherheitsteam in aller Eile zu ihrem Schutz dorthin gebracht werden. Sie würden das Land auf absehbare Zeit aus dem PEOC, dem unterirdischen Presidential Emergency Operations Center, regieren müssen.

Becky Ediger jedoch, die aus Kansas stammte und gewohnt war, Klartext zu sprechen, schüttelte den Kopf. »Nein«, sagte sie zu Truscott. »Ich muss wieder nach oben.«

»Wir haben keine Zeit mehr«, warnte Truscott.

Ediger, die nach dem Bombenanschlag in Oklahoma in ihre alte Außenstelle zurückgekehrt war, um bei der Bergung der Leichen ihrer Kolleginnen und Kollegen zu helfen, war aufgrund ihrer leitenden Funktion als stellvertretende Verantwortliche für den Schutz des Präsidenten eine Wegbereiterin für Frauen. Jetzt bot sie tatsächlich an, sich einem Flugzeug entgegenzustellen – würde die auf das Weiße Haus zusteuernde Maschine doch wahrscheinlich durch das Dach des JOC krachen müssen, um auf die stattliche weiße Villa stürzen zu können. Obwohl Truscott den höheren Dienstrang hatte, willigte er ein. Beide wussten, dass er im Bunker sein musste, um Nachrichten an Marinzel weiterzuleiten, der mit POTUS unterwegs war, während sie oben im JOC, in einem der oberen Stockwerke des Old Executive Office Building, sein musste, um mit allen Teams des Secret Service den Schutz anderer Beamter und Familienmitglieder zu koordinieren.

»Ich komme später nach«, rief sie, während sie die fünf Stockwerke bis zu den Dachsparren des OEOB hinauflief.

Als Ediger das Emergency Operations Center erreichte, stellte sie fest, dass das Büro offen war. Sie sah, dass Garabito im zentralen Konferenzraum stand und eine unterbesetzte Stellung hielt. Er hatte sich einen Telefonhörer ans Ohr geklemmt und vier weitere offene Leitungen auf laut gestellt. Auf einer dieser Leitungen war das Krisenzentrum des Direktors, auf einer anderen der Tower des Reagan National Airport.

Als Ediger ankam, warnte ein Techniker in einer offenen Konferenzschaltungsleitung zur FAA, dass ein Flugzeug, das im Verdacht stehe, entführt worden zu sein, etwa fünf Minuten entfernt sei, worauf die FAA den Secret Service alarmierte. Es handelte sich um die niedrig und schnell fliegende Maschine von American-Airlines-Flug 77. Sie war am frühen Morgen am Dulles International Airport gestartet, hatte aber in der Nähe von Cleveland gewendet und war auf dem Weg zurück nach D.C. Bei einer Geschwindigkeit von fünfhundert Meilen pro Stunde legte das Flugzeug alle sieben Sekunden eine Meile zurück. Ediger holte tief Luft, wandte sich dann an einen diensthabenden Spezialisten und diktierte eine Textnachricht, die er an Truscott mehrere Stockwerke unter der Erde senden sollte. »Warten Sie nicht auf mich«, stand darin. »Ich bleibe oben bei den Jungs.«

Als das Flugzeug nur noch drei Minuten entfernt war, fragte ein Beamter, der bei der Evakuierung des Weißen Hauses half, ob sie das JOC evakuieren wolle. Ediger sagte der Crew, dass jeder, der gehen wolle, dies tun könne. Es würde keine negativen Folgen haben. Das Weiße Haus stand jetzt im Mittelpunkt des Fadenkreuzes.

Alle blieben.

Kurz darauf übermittelte der FAA-Supervisor eine neue Warnung: Das Flugzeug sei vom Radar verschwunden, was bedeute, dass es auf den Boden zusteuere. Ediger und Garabito sahen sich an. Sie bereiteten sich auf das vor, was sie als Nächstes erwarteten: den Aufprall.

Nachdem dieser furchtbare Morgen damit begonnen hatte, dass das erste Flugzeug um 8:46 Uhr in Lower Manhattan in den Nordturm des World Trade Center einschlug, wusste der Vizepräsident zunächst nicht, was passiert war. Er hatte eine vertrauliche Besprechung in seinem Büro. Doch ein hochrangiger Haushaltsberater, der kurz vor neun zu einer Sitzung mit Cheney eintraf, drängte den Vizepräsidenten, seinen Bürofernseher einzuschalten und sich anzusehen, was in New York geschah.

»Wie zum Teufel konnte ein Flugzeug ins World Trade Center rasen?«, fragte sich Cheney.[19]

Draußen vor der Tür plauderte ein wartender Agent des für den Vizepräsidenten zuständigen Kommandos mit John McConnell, Cheneys wichtigstem Redenschreiber. McConnell wartete ebenfalls, in der Hoffnung, nach der Haushaltssitzung mit dem Vizepräsidenten über eine bevorstehende Veranstaltung sprechen zu können. Nachdem die Sitzung mit Cheney begonnen hatte, erhielt der Agent einen Anruf von der Intelligence Division, in dem ihm mitgeteilt wurde, dass das Flugzeug, das am Morgen in den Turm gestürzt war, ein Jumbojet gewesen sei. Der Agent runzelte die Stirn und gab die Nachricht an McConnell weiter, worauf der Redenschreiber ein flaues Gefühl im Magen bekam. *Ein Passagierflugzeug stürzt nicht ins World Trade Center*, dachte McConnell. Der Agent und der Redenschreiber dachten laut über die Wahrscheinlichkeit eines solchen Ereignisses nach. Irgendetwas stimmte nicht.

James Scott, der Einpeitscher für Cheneys Kommando an diesem Tag, hörte vom zweiten Crash kurz nach 9:05 Uhr im Old Executive Office Building. Er informierte die Schicht per Funk und beriet sich mit seinem Vorgesetzten in dem Kommando darüber, was zu tun sei. Nach dem zweiten Crash wussten sie, dass eine geheimnisvolle Terrorzelle oder eine ausländische Macht New York angegriffen hatte. Gegen 9:30 Uhr begab sich Scott zum Westflügel des Weißen Hauses, um die Agenten der Schicht vor Cheneys Büro einzeln zu informieren. Anschließend ging er die Notfallpläne durch, die sie in Kraft setzen sollten, wenn für Washington Gefahr im Anzug war.[20] Scott konnte nicht wissen, dass die Gefahr rasch immer näher kam.

Im JOC im Old Executive Office Building glaubte Officer Greg LaDow, sie hätten gerade das Harmagedon in der Bundeshauptstadt abgewendet. Die weiße Boeing 757, die sich Downtown mit rasender Geschwindigkeit genähert hatte, war nicht ins Weiße Haus gestürzt, sondern hatte sich nach Süden gewandt. Doch wenige Augenblicke später zuckten die Fluglotsin O'Brien am Dulles International Airport und ihr Kollege im Tower des Reagan National zusammen, als das Flugzeug seine Schleife fortsetzte. LaDow hörte, wie der Supervisor im Reagan-Tower den Weg beschrieb: Das Flugzeug flog wieder in Richtung Weißes Haus.

Diesmal drückte ein JOC-Officer den Notrufknopf. Es war 9:33 Uhr. Der Rundruf wurde über die Frequenzen Charlie und Tango verbreitet, die für das Weiße Haus und den Vizepräsidenten verwendet wurden:

»Ein nicht identifiziertes Flugzeug nähert sich dem Weißen Haus!«

Die Agenten vor Cheneys Büro hörten ein vertrautes Knistern in ihren Funkgeräten und verstummten instinktiv. Scott zögerte keine Sekunde: Er musste den Vizepräsidenten in Sicherheit bringen. Er riss die Tür zu Cheneys Büro auf und stürmte mit vier Kollegen hinein. Der überraschte Vizepräsident verfolgte die Berichterstattung auf einem Fernseher neben seinem Schreibtisch.

»Sir, wir müssen sofort gehen«, sagte Scott und baute sich vor dem Schreibtisch auf.[21]

Cheney wollte eine Frage stellen, aber Scott schlug mit der flachen Hand auf den Schreibtisch und rief: »Jetzt sofort!«

Dann legte er seine Linke hinten auf Cheneys Schulter und die Rechte auf Cheneys Gürtel und schob den Vizepräsidenten einige Schritte Richtung Tür. Cheney begriff. Dann eilten er und Scott im Laufschritt einen schmalen Korridor im Westflügel entlang – dorthin, wo sie, wie Scott hoffte, in Sicherheit wären.

Scotts zupackende Art machte ein großes Manko in der Notfallplanung des Secret Service wett: Weder Scott noch irgendein anderes wichtiges Mitglied des für den Vizepräsidenten zuständigen Kommandos war befugt, in den vom Militär kontrollierten Schutzraum unter dem Weißen Haus zu gelangen.[22] Jetzt rief ein Agent, der in der Nähe des normalerweise von einem Beamten besetzten Echo-One-

Postens – unweit der Anmeldung des Westflügels – stand, Anweisungen, um sicherzustellen, dass die Agenten wussten, wie sie zur Treppe und zum Tunnel gelangen konnten, die zum Schutzraum unter dem Ostflügel führten. So seltsam es klingt – niemand hatte die Möglichkeit eines Angriffs ins Auge gefasst, der den Präsidenten vom Weißen Haus fernhielt und es erforderte, den Vizepräsidenten in dem Amtsgebäude in Sicherheit zu bringen.

Als Scott und Cheney am Fuß der Treppe in einem Tunnel ankamen, der zu dem Bunker – dem Presidential Emergency Operations Center – führte, hatte Scott ein weiteres großes Problem. Er durfte den Schutzraum nicht eigenmächtig betreten. Das Militär bewachte den Zugang zum PEOC streng, und im Unterschied zu den Top-Agenten aus dem Kommando des Präsidenten hatten viele Agenten des Vizepräsidenten die für den Zutritt notwendigen Zugangscodes nicht erhalten.

Der Secret Service hat später behauptet, Cheney und sein Kommando seien unterirdisch in Sicherheit gewesen, hätten ungefähr eine Minute vor dem Einschlag der dritten Maschine ins Pentagon einen »sicheren Ort« erreicht. Sie berichteten, er sei um 9:37 Uhr in Sicherheit gewesen.

Die Wahrheit über das, was geschah, war jahrelang ein streng gehütetes Geheimnis. Das verdächtige entführte Flugzeug stürzte um 9:38 Uhr in die Westseite des Pentagon. In diesem Moment stand Cheney noch am Fuße der Treppe außerhalb des Bunkers. Hätte es einen Crash gegeben, wäre er viel exponierter gewesen. Cheney musste noch einige Augenblicke warten, bis jemand die Tür öffnete und ihn in den Schutzraum ließ. Wäre AA 77 an diesem Morgen weiter auf das Weiße Haus zugeflogen, wären Vizepräsident Cheney und sein Kommando wahrscheinlich auf die lange Liste der Opfer der Anschläge vom 11. September gesetzt worden.

Um 9:30 Uhr sprach Präsident Bush vom Podium der Bibliothek in der Emma E. Booker School zur Nation. Die versammelten Schüler, Eltern und Lehrer hatten eigentlich einen kurzen Vortrag über die Bildungsreform erwartet. Daher blieb einigen Lehrern der Mund offen stehen, und einige Kinder schauten verwirrt, als Bush die ersten Sätze sprach. »Wir haben heute eine nationale Tragödie erlebt«, sagte er. »Zwei Flugzeuge sind ins World Trade Center gestürzt – es handelt sich offenkundig um einen Terrorangriff auf unser Land.« Bush sagte seinen Zuhörern, er habe alle Ressourcen der Nation mobilisiert, um den Opfern zu helfen und der Feinde habhaft zu werden. »Terrorismus gegen unser Land wird nicht geduldet«, versicherte er.[23]

Der Präsident hatte zu diesem Zeitpunkt keine Ahnung, dass das Weiße Haus evakuiert wurde, weil eine entführte Maschine mit hoher Geschwindigkeit und in geringer Höhe in Richtung Downtown Washington flog. Seine Rede dauerte eine Minute und siebzehn Sekunden. Als er fertig war, verschwanden er und sein Gefolge.

»Und weg war er«, erinnerte sich Schulleiterin Gwendolyn Tosé-Rigell später.[24] Nachdem Bush wieder das »Beast« bestiegen hatte, preschte seine aus vierzehn Wagen bestehende Kolonne mit achtzig Meilen pro Stunde, fast dem Doppelten ihrer normalen Geschwindigkeit, davon. Als sie über den leeren Highway rasten, bemerkte Bush eine Reihe von Polizeiautos neben ihm. Der Service hatte darum gebeten, sie dort fahren lassen zu dürfen – für den Fall, dass der Feind versuchen sollte, eine Panzerfaust in die Seite der Limousine zu schießen.[25]

Während der achtminütigen rasanten Fahrt zum Flughafen von Sarasota nahm der Präsident gegen 9:40 Uhr in der Limousine einen Anruf von der Nationalen Sicherheitsberaterin Condoleezza Rice entgegen. Marinzel auf dem rechten Vordersitz und Rove auf dem Rücksitz konnten nur hören, was der Präsident sagte.

»Oh nein!«, sagte Bush; er schien beunruhigt zu sein. Nach einer Pause fragte er: »Ist Rumsfeld am Leben?«

Nachdem der Präsident das Gespräch beendet hatte, erfuhren Bushs Mitreisende die grauenvolle Nachricht: Ein entführtes Flugzeug war um 9:37 Uhr in die Westseite des Pentagon eingeschlagen und hatte ein großes Feuer verursacht. Man rechnete mit zahlreichen

Opfern.[26] Es war fast zu viel, fast nicht zu verkraften. An diesem Tag
wusste niemand, wo und wann das nächste Flugzeug vom Himmel
fallen würde.

Innerhalb von 51 Minuten waren drei kommerzielle Passagierflug-
zeuge als Raketen benutzt worden, um Symbole amerikanischer
Macht anzugreifen. Nachdem die US-Regierung erfahren hatte, dass
sie angegriffen wurde, hatte das für Bush zuständige Kommando des
Secret Service dem Präsidenten der Vereinigten Staaten erlaubt, dreißig Minuten lang an ein und demselben Ort zu bleiben. Bushs Berater
und Agenten hatten seinen Aufenthaltsort in die Welt hinausposaunt,
indem sie ihm erlaubten, einen Teil dieser Zeit live vor Fernsehkameras auf einem Stuhl zu sitzen oder an einem Rednerpult zu stehen.
Auch der Vizepräsident war ein angreifbares Ziel gewesen, ohne dass
er und sein Kommando es wussten – obwohl es dreißig Minuten vor
seiner Evakuierung eine Warnung vor verdächtigen, auf Washington
zusteuernden Flugzeugen gegeben hatte. Weil niemand für den Fall
eines solchen Angriffs Vorkehrungen getroffen hatte, hatte Cheney
die Sicherheit eines bombensicheren Bunkers erst erreicht, nachdem
ein drittes Flugzeug eine halbe Meile vom Weißen Haus entfernt abgestürzt war.

Die Anschläge vom 11. September 2001 hatten die Bundesbehörden
auf dem falschen Fuß erwischt. Zwar hatten viele Einzelpersonen heldenhaft und mit sicherem Instinkt gehandelt, aber in der Fähigkeit
der Regierung, Risiken zu erkennen und auf Krisen zu reagieren, hatten die Anschläge große Defizite offenbart. Die Aufgabe des Service
war es gewesen, die Stabilität der Demokratie zu gewährleisten, aber
an diesem Tag hatten seine Mitarbeiter Glück, dass sie nicht den Kopf
der Regierung verloren hatten. Nach den Anschlägen hat der Service
im Stillen seine Notfallpläne geschreddert und neue geschrieben: Im
Fall eines Terroranschlags oder atomaren Störfalls wäre es die erste
Aufgabe des Service, den Präsidenten an einen unbekannten sicheren Ort zu bringen. Kein Mitglied der politischen Führung hätte das
Recht, die Agenten daran zu hindern.

Das Joint Operations Center und das Emergency Operations Center – beide bis dahin untergebracht im obersten Stockwerk des Executive Office Building, in unmittelbarer Nähe des Weißen Hauses, des Hauptziels der Terroristen – müssten verlegt werden. Die Leiter des Secret Service erkannten, dass der Absturz eines Flugzeugs auf das Weiße Haus an diesem Tag die Kommandozentrale des Secret Service und damit die gesamte Kommunikation und Entscheidungsfindung hätte lahmlegen können.

»Es gibt eine Demarkationslinie im Service: vor 9/11 und nach 9/11«, hat Jonathan Wackrow gesagt, ein ehemaliger Agent der Schutztruppe des Präsidenten. Vor 9/11 »sprachen wir über einen Angriff wie den von Squeaky Fromme. Die Möglichkeit eines *solchen* Angriffs aber konnte sich niemand, auch das Militär nicht, vorstellen. Das Militär hielt einen Atomangriff für denkbar. Der Secret Service fragte sich besorgt: Was ist, wenn auf den Präsidenten geschossen wird? Aber *diese* Art von Angriff war völlig unbekannt.«

Nach 9/11 haben die Agenten des Secret Service immer wieder geübt, auf einen Terroranschlag zu reagieren, der den Angriffen dieses Tages ähnlich wäre, mit mehreren Bombenanschlägen oder Freisetzungen von Chemikalien im ganzen Land. »Ziel ist es, den Präsidenten innerhalb von Minuten in die Luft zu bringen. Darüber wird nicht einmal mehr debattiert«, sagte Wackrow. »Intern haben wir viel Zeit damit verbracht, die an diesen Tagen getroffenen Entscheidungen zu kritisieren. Aber niemand hatte vorher je über eine Verlagerung nachgedacht. Verlagerung von wo überhaupt? Eine solche Entscheidung hatte noch nie getroffen werden müssen. Es zeigt sich wieder, dass die Richtlinien und Verfahrensweisen des Secret Service aus Blut geboren werden. Der Service wird besser, wenn er auf die Probe gestellt wird. Jedes Mal, wenn er auf die Probe gestellt wird, wird er besser. Da das globale Bedrohungsumfeld sich ständig verändert, muss sich auch der Service verändern.«

Kurz vor Mitternacht an diesem furchtbaren Tag erhielt ein Agent der Spätschicht, der auf Posten F8 stand, einen Funkspruch mit einer erschreckenden Warnung – und einer unangenehmen Aufgabe: Die bewaffnete Luftraumüberwachung der Air National Guard hatte ein Flugzeug gesichtet, das sich Downtown Washington näherte und nicht mit dem Tower kommunizierte.

»Sie müssen sofort den Präsidenten und die First Lady wecken«, erklärte der Vorgesetzte. »Holen Sie sie und bringen Sie sie in den Keller.«

Der Agent wusste, das war wichtig – und furchtbar.

»Ich kann Ihnen sagen, es war ihm unangenehm, in dieses Schlafzimmer gehen zu müssen«, erinnerte sich ein Kollege.

Der Präsident war auch nicht begeistert. Truscott, der Leiter seines Kommandos, hatte zuvor vergeblich versucht, Bush und seine Frau zu überreden, im unterirdischen Bunker zu übernachten: Bush hatte den staubigen Raum mit ausziehbarem Bett gesehen und abgelehnt. Aber trotz der Annehmlichkeiten seines eigenen Bettes oben hatte Bush in dieser Nacht verständlicherweise Mühe einzuschlafen. Plötzlich bemerkte er, dass jemand schwer atmend, als wäre er gerannt, an der Tür stand. »Mr. President«, sagte der Agent, »Sie müssen sofort kommen. Das Weiße Haus wird angegriffen!«

Der Präsident stieg in eine Jogginghose, die First Lady zog sich ihren Bademantel an. Gemeinsam schnappten sie sich Ms. Kitty, ihre Katze, und Barney, ihren Scottish Terrier, und forderten Spot, ihren Springer Spaniel, auf, ihnen zu folgen. Zwei Agenten mit automatischen Gewehren an den Hüften rannten, einer vorn und einer hinten, mit dem First Couple und den Haustieren Richtung Keller.[27]

Unten im Bunker – noch im Stil der vierziger Jahre – wurden die Bushs von Condoleezza Rice empfangen, die aus Sicherheitsgründen im Weißen Haus geblieben war. Ein militärischer Berater der Air Force war ebenfalls anwesend.

»Was zum Teufel ist los?«, fragte Bush.

Der Mann von der Air Force erklärte die Unannehmlichkeiten: Das Militär hatte eine verdächtige, südlich des Kapitols fliegende Maschine gesichtet, die nicht kommunizierte. Sie entpuppte sich als eine F16, die auf dem Rückflug zur Andrews Air Force Base den falschen Transpondercode eingeschaltet hatte …

»Keine Sorge, Mr. President, es ist einer unserer Jets«, sagte er.

Der Präsident schnaubte. Sein Tag hatte in Florida mit Jogging im Morgengrauen begonnen, gefolgt von einer Welle schockierender grausamer Angriffe. Achtzehn Stunden später endete er mit einer vermeintlichen Bedrohung. Bushs Personenschützer brachten ihn und seine Frau zurück nach oben, damit sie noch etwas Ruhe fänden.

Kapitel 14

»SIE GEHÖREN HIER NICHT HER«

Der 11. September erschütterte das Land in seinen Grundfesten und das Vertrauen der Öffentlichkeit in den Schutzschild der Nation. Dass die Terroristen so bestürzend erfolgreich gewesen waren, offenbarte einen »Mangel an Phantasie« – ein Unvermögen, die sich anbahnende Bedrohung durch al-Qaida zu erkennen und abzuwenden. Die Anschläge hatten auch elementare Schwächen in der Fähigkeit der Nation, auf eine Krise zu reagieren, deutlich gemacht: So war der Secret Service auf einen Versuch, die Regierung zu enthaupten, nicht vorbereitet gewesen.

»Neunzehn mit Messern, Teppichmessern und Pfefferspray bewaffnete Männer durchbrachen die Verteidigungsanlagen der mächtigsten Nation der Welt. Sie fügten unserem Volk ein unerträgliches Trauma zu«, sagte Thomas Kean, der Vorsitzende der 9/11-Kommission, als er den umfangreichen Bericht seines Gremiums veröffentlichte. »Wir waren an jenem Tag im September nicht vorbereitet.«[28]

Der Secret Service glaubte, nach dem Absturz eines Flugzeugs auf das Südgelände des Weißen Hauses im Jahr 1994 auf einen Angriff aus der Luft vorbereitet zu sein. Aber das Tigerwall-System der FAA hatte am 11. September nicht viel genützt. Alle Flugabwehrwaffen, über die der Service verfügte, wurden entweder als unzureichend eingeschätzt oder als ungeeignet verworfen, weil ein Flugzeug in Downtown Washington zum Absturz zu bringen zu einem Blutbad führen könne. Die Agenten waren baff, als ihre Chefs ihnen befahlen, mit ih-

ren Gewehren aufs Dach des Weißen Hauses zu steigen. Schon Jahre
vor 9/11 hatte Richard Clarke, einer der wichtigsten nationalen Berater in Sachen Terrorismusbekämpfung, seine Sorge geäußert, dass
die Lösung des Secret Service unzureichend sei. 1998 hatte er eine
Krisenstabsübung mit dem Secret Service, der FAA und dem Verteidigungsministerium geleitet, in der durchgespielt wurde, was getan
werden könnte, wenn Terroristen versuchen würden, einen entführ-
ten und mit Sprengstoff beladenen Learjet auf ein Ziel in Downtown
Washington zu steuern.[29]

Das Land ist nach den katastrophalen Verlusten vom 11. September entschlossen zu verhindern, dass die Regierung der Vereinigten
Staaten noch einmal in dieser oder ähnlicher Weise überrumpelt
werden kann. In den Tagen und Wochen nach dem Einsturz der
Türme des World Trade Center waren das Weiße Haus und der Kongress vor allem mit der Frage befasst, wie die Verteidigungsmaßnahmen der Nation verbessert werden könnten. Im Secret Service wies
Direktor Stafford seine Mitarbeiter an, einen Plan zur Verstärkung
der Grenzsicherung des Weißen Hauses auf allen vier Seiten auszuarbeiten.[30] Nach Rücksprache mit Stabschef Andy Card entschied
sich der Service gegen die Schließung der 15th und der 17th Street,
zweier Hauptverkehrsadern in Downtown, die östlich und westlich
des Weißen Hauses liegen. Aber am Montag nach 9/11 beendeten
die Arbeiter um 1:30 Uhr die Installation der Betonschutzwände,
mit denen die E Street zeitlich unbegrenzt für den Autoverkehr
gesperrt und die Südflanke des Weißen Hauses beträchtlich er-
weitert werden könnte. Im Vergleich zu den viel größeren Veränderungen, die auf den Secret Service zukamen, war das aber reine
Kosmetik.

Am 20. September, neun Tage nach den Anschlägen, bei denen in
zwei der größten Städte Amerikas fast dreitausend Menschen getötet
worden waren, hielt Präsident Bush vor dem Kongress eine Ansprache. »Die Nacht brach über eine veränderte Welt herein«, sagte der
Präsident nach den Anschlägen auf New York und Washington vor
den beiden in Trauer und Schweigen versunkenen Kammern. »Wir

sind heute Nacht ein Land, das der Gefahr ins Auge geblickt hat und
aufgerufen ist, die Freiheit zu verteidigen.«

Er kündigte an, dass das Militär bald zum Einsatz kommen werde –
die Bombardierung und Besetzung Afghanistans, der Operations-
basis von al-Qaida, warf ihre Schatten voraus. Die Nation müsse
aber auch einen neuen koordinierten Plan schmieden, um die Heimat zu schützen, sagte Bush. »Unsere Nation hat zur Kenntnis nehmen müssen, dass wir gegen Angriffe nicht immun sind. Wir werden
Verteidigungsmaßnahmen gegen den Terrorismus ergreifen, um die
Amerikaner zu schützen. Unbeantworteter Terror kann nicht nur
Gebäude zum Einsturz bringen, er kann auch die Stabilität legitimer
Regierungen bedrohen. Und wissen Sie was? Wir werden das nicht
zulassen.«

Bush gab bekannt, dass er den Gouverneur von Pennsylvania, Tom
Ridge, einen Vietnamveteranen, gebeten habe, dem Stab des Weißen
Hauses als sein Ansprechpartner für den Schutz der Heimat beizu-
treten.

Von der demokratischen Seite des Saales, von Senator Joe Lieberman aus Connecticut, kam müder Beifall.

Lieberman wäre damals Vizepräsident gewesen – wenn der Supreme
Court knapp ein Jahr zuvor in dem bitteren Streitfall *Bush versus
Gore* über eine Neuauszählung der Stimmen für die Präsidentschaftswahl des Jahres 2000 anders entschieden hätte. Er war nicht davon
überzeugt, dass die bloße Einsetzung eines Zaren für Heimatschutz
das Problem lösen würde. Vor dem 11. September hatten einige seiner
demokratischen Parteifreunde auf eine umfassende Reorganisation
der vielen mit Sicherheitsfragen befassten Behörden gedrängt. Lieberman glaubte, dass der 11. September die Notwendigkeit einer solchen Reorganisation nochmals erwiesen habe. Die Tausenden von
Beamten, die mit der Grenzkontrolle, mit der Flugsicherung und mit
Ermittlungen beauftragt waren, sowie die Geheimagenten – sie alle
über verschiedene Abteilungen verstreut und verschiedenen Minis-
tern unterstellt – mussten zusammenarbeiten.

Anfang Oktober versuchte Lieberman, Präsident Bush diesen Plan bei einem privaten Treffen mit einer kleinen Gruppe von Parlamentariern im Weißen Haus schmackhaft zu machen. Ein Sicherheitszar brauche die Macht eines neuen Ministeriums mit eigenem Budget und eigenen Mitarbeitern, sagte der Senator. Doch der Präsident winkte höflich ab. Wie Vizepräsident Cheney vor den Anschlägen, so warnte auch Bush, dass die Schaffung eines neuen Beamtenapparats eine reflexartige Reaktion sei.

»Das ist nur eine weitere große Regierung, Joe«, sagte er.

Doch Lieberman verließ das Treffen im Weißen Haus mit der gleichen Entschlossenheit, mit der er gekommen war. Und in den ersten Wochen des Jahres 2003 hatte er unter seinen Kollegen so viel Unterstützung für ein neues Heimatschutzministerium, das Department of Homeland Security, eingeworben, dass der Kongress kurz davor war, einen Gesetzentwurf für die Schaffung dessen zu verabschieden, was der Präsident abgelehnt hatte. Das White House Office of Legislative Affairs zählte die Stimmen: Sie reichten aus für Liebermans Heimatschutzgesetz. Für das Weiße Haus und die Führung der Grand Old Party war das eine schlechte Nachricht, denn weder die Regierung noch die Partei gönnte den Demokraten einen Erfolg in Sachen nationale Sicherheit. »Das war die treibende Kraft hinter den Entscheidungen«, sagte ein hochrangiger Berater von Ridge der *Washington Post*.[31]

Für die Öffentlichkeit verschanzte sich das Weiße Haus hinter einer Fassade milder Opposition. »Die Schaffung eines Kabinettsbüros löst das Problem nicht«, sagte Bush-Sprecher Ari Fleischer im März zu Reportern.[32] Insgeheim jedoch traf sich seit April ein von Stabschef Andy Card zusammengestelltes Team von Mitarbeitern des Weißen Hauses in einem Konferenzraum im Keller der Villa, um ein solches neues Ministerium ins Leben zu rufen. Seine Aufgabe: eine neue Zivilschutzbehörde aufzubauen und zu entscheiden, welche Teile von vierzig verschiedenen Behörden ihr angehören sollten. Das Team arbeitete sechs mühevolle Wochen lang, ohne dass etwas nach außen drang, an einem Entwurf, der Zehntausende von Mitarbeitern neu zuordnen und wahrscheinlich die Hälfte von ihnen verärgern würde.

Mitte Mai erhöhte eine verheerende Enthüllung den Druck auf Bush, konkrete Maßnahmen zu ergreifen. CBS News berichtete unter Berufung auf anonyme Quellen, dass der Präsident in den Wochen vor dem 11. September vage vor einem möglichen Komplott von Osama bin Laden gewarnt worden sei. In Bushs Daily Intelligence Briefing sei Anfang August ausdrücklich erwähnt worden, dass für den Anschlag möglicherweise Flugzeuge entführt würden.

Am 6. Juni, einen Tag bevor er die Öffentlichkeit informieren wollte, überraschte Bush seine Minister mit dem Plan für die Schaffung des neuen Ministeriums. Ridge, der von den Mitgliedern des Kabinetts mit endlosem Gezeter überzogen worden war, als er einen ähnlichen Reorganisationsplan vorlegte, musste sich ein Lachen verkneifen, als sie Bush mit gespielter Zustimmung anlogen: »Gute Idee, Mr. President!«

In Wahrheit war die Idee bei fast allen verhasst. Einige, wie Gesundheitsminister Tommy Thompson, riefen noch im Kabinettssaal ihre Berater an und setzten wie wild alle Hebel in Bewegung, um Teile ihres Ressorts, die das neue Ministerium schlucken würde, zurückzuerobern.

Ein Kabinettsmitglied indessen wehrte sich nicht. Finanzminister Paul O'Neill hielt die Zentralisierung der Sicherheitsbehörden durch den Präsidenten für undurchdacht und wahrscheinlich nicht in der Lage, das Land sicherer zu machen. Dennoch verzichtete er bereitwillig auf die Exekutivorgane seines Ministeriums, die Cards »Kellerteam« in das neue, größere Homeland Security Department einzugliedern vorhatte. Eines davon war der Secret Service der Vereinigten Staaten. Ohne eine Träne zu vergießen, verabschiedete sich O'Neill von einer Behörde mit dreitausend Beschäftigten, die seit 1865 zum Finanzministerium gehört hatte.[33]

O'Neill hatte das für ihn selbst zuständige Kommando des Secret Service mehrmals loswerden wollen, und jedes Mal hatte sein Stab ihm das ausgeredet. Seit den ersten Tagen des Service war jedem

Finanzminister ein Team von Personenschützern zur Verfügung gestellt worden, aber O'Neill hatte es als Verschwendung und als lästig
empfunden. »Seiner Ansicht nach halfen sie einem nur, über Kreuzungen zu kommen«, sagte ein ranghoher Mitarbeiter O'Neills.

O'Neills Überzeugung, dass der Secret Service weder für seine
Sicherheit noch für sein Ministerium gar so wichtig sei, verfestigte
sich in diesem Frühjahr. Das Weiße Haus sendete Signale, dass das
Finanzministerium zugunsten einer kompakten Grenzbehörde auch
den U.S. Customs Service verlieren würde. Da der Minister den Exodus des Zolls zuließ, war klar, dass ihm auch an den übrigen Exekutivorganen des Finanzministeriums nichts lag. Was hatten, so fragte
er, das Bureau of Alcohol, Tobacco and Firearms, das Federal Law Enforcement Training Center oder der Secret Service mit der zentralen
Aufgabe des Finanzministeriums zu tun, die nationale Wirtschafts-
politik zu bestimmen? »Ich glaube, es war O'Neill selbst, der fragte:
›Warum haben wir überhaupt diese anderen Exekutivorgane?‹«, sagte
Richard Bonner, der damalige Zollbeauftragte. »Mein Eindruck war,
dass er sagen wollte: ›Trennen wir uns von ihnen.‹«

Der Entwurf des Präsidenten verunsicherte viele Mitarbeiter des
traditionsbewussten Secret Service. Einige bestanden darauf, Teil des
Ministeriums zu bleiben, dem sie bisher angehört hatten, aber Staffords Stellvertreter Paul Irving argumentierte, dass das Finanzministerium sie lange ignoriert habe und dass dem Service im Department
of Homeland Security höhere Budgets winken dürften. Stafford selbst
hatte sich noch keine abschließende Meinung gebildet, was das Beste
sei, aber er wusste, dass die Entscheidung nicht bei ihm lag – hatte
Card ihm doch am Tag vor dem Treffen mit dem Präsidenten mitgeteilt, dass die Sache beschlossen sei. Der Secret Service würde sich
dem neuen Ministerium anschließen. »Der Secret Service hätte dafür
kämpfen können zu bleiben«, hat Bonner gesagt. »Meiner Meinung
nach hatte er genügend Einfluss, um im Finanzministerium bleiben
zu können, wenn er dies wollte. Aber man glaubte, dass es besser sei,
aus dem Finanzministerium auszuscheiden, da in ihm die Exekutive
ein bloßes Anhängsel sei.«

Am 6. Juni verkündete Bush seinen Reorganisationsplan in einer
im Fernsehen übertragenen Rede an die Nation, wobei er Liebermans
Namen aus dem Gesetzentwurf entfernte und einfach vom »Homeland Security Act« sprach. Er sagte, dass dieses neue Department of
Homeland Security, das das Land in einem »titanischen Kampf« verteidigen solle, über 169 000 Mitarbeiter und ein Budget von 37 Milliarden Dollar verfügen werde. Nur das Verteidigungsministerium
werde noch größer sein.

»Ich bitte heute Abend den Kongress, gemeinsam mit mir ein
einziges ständiges Ministerium ins Leben zu rufen, das eine übergeordnete und vordringliche Aufgabe haben wird – die Sicherung der
amerikanischen Heimat und den Schutz des amerikanischen Volkes«,
sagte Bush. »Tausende ausgebildete Killer planen, uns anzugreifen.
Die Mitarbeiter dieser neuen Behörde werden jeden Morgen in dem
Wissen zur Arbeit kommen, dass es ihre wichtigste Aufgabe ist, ihre
Mitbürger zu schützen.«

Viele Agenten des Secret Service, vor allem aber der mächtige
wehrhafte Alumni-Club ehemaliger Agenten, blickten sorgenvoll in
die Zukunft. Als traditionsbewusste Menschen beäugten sie die Veränderung mit Argwohn, und einige kritisierten im Nachhinein Direktor Staffords Entscheidung, der Idee seinen Segen zu geben. Vier
Tage später jedoch wurde das Genörgel und Gezeter zur Nebensache,
als der Ruf des Secret Service einen fulminanten Tritt in den Bauch
bekam.

Am 11. Juni 2002 veröffentlichte das Nachrichtenmagazin *U. S. News
& World Report* die Ergebnisse einer monatelangen Untersuchung,
die mehrere Fälle skandalösen, von den höchsten Rängen des Secret
Service tolerierten Verhaltens aufgedeckt hatte. Mitglieder des Kongresses sprachen damals vom peinlichsten Augenblick in der Geschichte der Behörde. Die Untersuchung, die einschlug wie eine
Bombe, zeichnete ein Bild vom Secret Service als einem Team von
arroganten Rüpeln, in dem hochrangige Führungskräfte Gesetzes-
brecher und unfähige Mitarbeiter in ihrer Befehlskette deckten oder

sogar selbst von Fehlverhalten befleckt waren. Der Artikel berichtete
zum Beispiel von einem ranghohen, später sogar noch beförderten
Agenten, der eine Informantin zu Drinks und Sex in seine Wohnung
mitgenommen hatte; die Informantin war in seinem Bad an einer
von Drogen verursachten Hirnblutung gestorben. Herausgekommen
war auch, dass ein Agent aus Los Angeles mit der 16-jährigen Tochter
eines Freundes Sex gehabt und ihr anschließend Methamphetamine
gegeben hatte, damit sie am nächsten Morgen in der Highschool
nicht einschlief. Der Bericht erwähnte außerdem mehrere Fälle, in
denen Agenten staatliche Gelder veruntreut hatten. In einem anderen
Fall hatten Agenten nach dem Einkaufen während der Olympischen
Winterspiele in Salt Lake City einen hochsensiblen, detaillierten Plan
zum Schutz von Vizepräsident Cheney in einem Snowboard-Laden
vergessen.

All das verursachte Sodbrennen bei Andy Card, dem Stabschef
von Präsident Bush. Card hätte vielleicht Verständnis gehabt, wenn
es sich um ein paar schwarze Schafe auf niederen Rängen gehandelt
hätte. Aber die Vorwürfe von Fehlverhalten an der Spitze verlangten
nach Maßnahmen. Die Untersuchung zitierte Quellen und eidesstattliche Erklärungen von Mitarbeitern des Secret Service, die behaupteten, Direktor Stafford, der ehemalige Direktor Lewis Merletti und
A. T. Smith, ein Top-Supervisor, der seinerzeit das für Hillary Clinton
zuständige Kommando geleitet hatte, hätten während Clintons Präsidentschaft außereheliche Affären mit Mitarbeiterinnen und Referen-
tinnen gehabt, was im Übrigen allgemein bekannt gewesen sei. Smith
und Stafford lehnten es damals und wiederholt auch später ab, zu
den Vorwürfen Stellung zu beziehen. Merletti bestritt in einem Brief
an das Magazin, eine sittenwidrige Beziehung unterhalten zu haben,
und behauptete fälschlich, diese Gerüchte seien vom Sonderermittler
untersucht und entkräftet worden. Starrs Büro bestand jedoch darauf,
dass nichts dergleichen untersucht worden sei.

Außereheliche Affären galten als schwarzer Fleck auf der Sicherheitsfreigabe eines Agenten, weil das Geheimnis den Agenten erpressbar machte. Das Protokoll des Service riet von engen persön-

lichen Beziehungen zu Schutzbefohlenen oder deren Mitarbeitern ab. Mehrere Agenten hatten jedoch anonym eidesstattliche Erklärungen unterzeichnet, die bezeugten, dass das Wissen um Merlettis und Staffords Affären innerhalb der Behörde weit verbreitet gewesen sei. Die Agenten hätten insbesondere von Staffords Beziehung zu einer hübschen Blondine gewusst, die als politische Mitarbeiterin des Weißen Hauses die Planung für Mrs. Clinton übernommen hatte.

Seit ein Washingtoner Kolumnist die Frage aufgeworfen hatte, ob die Agenten an dem Morgen, an dem Kennedy erschossen wurde, verkatert und tranig gewesen seien, hatte der Service keine solche öffentliche Teerung mehr erlebt. Für Stafford, dessen Sohn damals die Ausbildungsakademie des Secret Service besuchte, weil er sich der Behörde anschließen wollte, war die Ohrfeige besonders schmerzhaft. Sie warf auch Fragen bezüglich der Toleranz ehemaliger Direktoren für Fehlverhalten auf. Die Untersuchung zitierte interne Quellen des Service, die behaupteten, die ehemaligen Direktoren hätten Stafford wiederholt befördert, obwohl seine Affäre in der Führungsetage weithin bekannt gewesen sei. Privat beschuldigte Stafford die schwarzen Agenten um Ray Moore, die den Service wegen Diskriminierung verklagt hatten, versucht zu haben, ihm zu schaden, indem sie dem Magazin gegenüber Gerüchte aufgebauscht hätten.

Stafford, ein gut aussehender, athletischer Mann, wurde innerhalb des Service scherzhaft »Elvis« genannt, weil er wie der Rock-'n'-Roll-Sänger und Frauenschwarm eine rauchige Stimme, einen Südstaatenakzent und gewelltes braunes Haar hatte. Er war nicht nur 1,93 Meter groß und breitschultrig, sondern pflegte sich auch schick zu kleiden. Beispielsweise trug er häufig maßgeschneiderte Hemden mit Manschettenknöpfen oder, bei zwangloseren Anlässen, schwarze Rollkragenpullover, wie sie unter Hipstern beliebt waren.

Als Agent hatte Stafford einen sehr guten Ruf. Sein Image, besonders engagiert zu sein, hatte sich gefestigt, als er in der zweiten Amtszeit von Präsident Clinton dessen Kommando leitete. Er hatte sich vehement für das Budget des Secret Service eingesetzt und mehrmals erfolgreich vom Finanzminister Geld für die Einstellung von zusätzlichem Personal und damit für die Entlastung der gestressten Agenten und Beamten gefordert. Er hatte sich aber auch, wie Clinton, den Ruf erworben, die Gesellschaft einer Frau zu genießen, die nicht seine eigene war.

Card entschied sich schnell. Der Direktor des Secret Service musste über jeden Zweifel erhaben sein. Einige Wochen nach Erscheinen des Artikels informierte Card wichtige Vertreter des Weißen Hauses, dass der Präsident beim Secret Service einen Wechsel vornehmen wolle, und bat Finanzminister O'Neill, Stafford zum Rücktritt aufzufordern. Als Stafford Card fragte, warum er abserviert werde und ob das etwas mit dem in *U. S. News* erschienenen Artikel zu tun habe, verneinte Card dies und deutete vage an, dass es um mehrere Dinge gehe. »Wir wollen einfach in eine andere Richtung gehen«, sagte Card. Einem hochrangigen Berater Bushs zufolge war Card durch die Anschuldigungen in dem Artikel jedoch beunruhigt. »Die Position ist so sensibel«, so der Berater, »dass ein solches Verhalten sofortiges Handeln erforderte. Es zeugt von unglaublicher Arroganz.«

Staffords Tage als Direktor waren ohnehin gezählt; schließlich hatte jeder neue Präsident einen Direktor seiner Wahl ernannt. Der Artikel aber beschleunigte den Vorgang ein wenig und sorgte dafür, dass Staffords Abgang weniger würdevoll war. Card suchte im Stillen nach einem Ersatz.

Die negative Publicity kam für den Service zu einem ungünstigen Zeitpunkt. Als der Kongress gerade über die Bildung des neuen Department of Homeland Security diskutierte, wurde eine der Autorinnen des Artikels, Chitra Ragavan, in der Sendung *All Things Considered* des National Public Radio zu ihren Erkenntnissen befragt. Die Reporterin warnte, die Tatsache, dass der Service nicht rechenschaftspflichtig sei, bleibe bestehen, und seine Probleme in Sachen Moral würden wahrscheinlich noch viel größer werden, wenn er in diesen umfassenderen Apparat eingegliedert würde. »Es wird eine nagelneue Behörde geben, die zumindest anfangs sehr wenig Zeit haben wird, irgendein Problem zu beheben«, sagte sie dem NPR-Moderator. »Unserer Analyse zufolge wird jede Behörde, die den Secret

Service erbt, auch diese Probleme erben. Sie können sich also vorstellen, dass diese Probleme ungelöst bleiben, ja, sich in der neuen Behörde verschlimmern werden.«

Am 9. Juli erschien »Elvis« vor dem Justizausschuss des Repräsentantenhauses, um über das neue Ministerium und den Reorganisationsplan auszusagen. Stafford erklärte dem Ausschuss, dass er den Plan, den Service mit viertausend Agenten dem neuen Department of Homeland Security mit 169 000 Mitarbeitern anzugliedern, voll und ganz unterstütze.

Doch als die Anhörung voranschritt, bat ein freundliches Mitglied des Ausschusses Stafford, zu den Anschuldigungen des *U. S. News & World Report* Stellung zu nehmen. Die Bitte war harmlos – sie sollte dem Direktor eine Chance geben, die Behauptungen zu widerlegen –, stach aber trotzdem.

»Direktor Stafford, eines der großen nationalen Nachrichtenmagazine hat vor kurzem einen investigativen Bericht über den Secret Service veröffentlicht, der die Behörde hart kritisierte«, sagte der republikanische Kongressabgeordnete Bob Goodlatte aus Virginia. Und weiter:

Er [der Bericht] sprach buchstäblich Dutzende von Problemen verschiedener Art an: von Verstößen gegen die Sicherheitsvorkehrungen bis hin zu Veruntreuung oder Diebstahl, Sexskandalen, Schlägereien in Bars und Problemen in puncto Moral. Ich möchte die Anhörung nicht zu einer Überprüfung all der Anschuldigungen machen, die in dieser Story vorgebracht wurden. Ich möchte Ihnen vielmehr Gelegenheit geben, uns zu sagen, wie die Behörde darauf reagiert, ob Sie sich mit den in dem Artikel geäußerten Sorgen auseinandersetzen, und vor allem, wie die Überführung des Secret Service vom Finanzministerium ins Heimatschutzministerium Ihre Bemühungen um eine Reform der Behörde Ihrer Meinung nach beeinflussen wird.[34]

Stafford sah mit versteinerter Miene und grimmigem Blick auf. Er war offenkundig verärgert, dass dieses Thema angeschnitten worden war. »Ähm, dieser Artikel war Boulevardjournalismus«, sagte er. »Ich denke, immer wenn man in der Geschichte einer Behörde dreißig Jahre zurückgeht – und das haben Sie getan …«

Er setzte neu an.

»Was dieses Magazin veröffentlicht hat, war kein investigativer Report«, sagte Stafford. »Es war eins zu eins einem 28-seitigen Dokument entnommen, das dem Magazin, wie ich hinzufügen möchte, anonym zugeschickt worden war, von Leuten, die vom Secret Service vielleicht gefeuert worden waren und die den Secret Service möglicherweise verklagen; von zwielichtigen Leuten, die sich rächen wollen. Dieser Artikel vermischte einige Tatsachen, die – noch einmal – bis zu dreißig Jahre zurückliegen, mit einigen Entstellungen und einer Reihe von Unwahrheiten. Ich weiß nicht, warum sie das getan haben.«

Agenten, die den Direktor beobachteten, wussten, dass er die Dinge für die Kameras und die Abgeordneten tendenziös darstellte, sie sahen aber, dass er nichts, was in der Geschichte stand, ausdrücklich als unzutreffend zurückwies. Viele der in dem Artikel von *U. S. News & World Report* beschriebenen Vorfälle waren von Zeugen, Gerichtsverfahren, Polizeiberichten und den internen Inspektionsberichten des Service untermauert worden. Die Agenten, die für die Kommandos des Präsidenten und der First Lady zuständig gewesen waren, wussten auch, dass der Abschnitt über Staffords außereheliche Affäre wahr war. Die Frau, mit der er sich getroffen hatte, hatte in Gesprächen mit einem kleinen Kreis von Mitarbeitern kein Geheimnis aus der Beziehung gemacht.

Ein Agent, der die von Stafford aufgestellten Behauptungen hörte, erinnerte sich, als Neuling im Clinton-Kommando in einem Hubschrauber gewartet zu haben, weil sich der Abflug des Kommandos zur Andrews Air Force Base verzögerte: Die Mitarbeiterin von Mrs. Clinton verspätete sich. »Sorry. Wir dürfen nicht ohne die Freundin des Special Agent in Charge abfliegen«, hatte ein Agent, der schon länger dabei war, dem Neuen damals gesagt.

Im November gab Stafford öffentlich bekannt, dass er Ende des Jahres in den Ruhestand gehen werde. Wie all seine Vorgänger stellte auch der scheidende Direktor eine Liste möglicher Nachfolger auf. Sie enthielt ausnahmslos Namen ranghoher Führungskräfte, die für ihn arbeiteten.

Doch das Weiße Haus war an Staffords Vorschlägen nicht interessiert. Als der Dezember kam, hatte keiner seiner Mitarbeiter eine Einladung für ein Vorstellungsgespräch erhalten. Bushs Stabschef hatte sich stattdessen auf eine Reihe pensionierter Führungskräfte des Secret Service fokussiert, die der Familie Bush gut bekannt waren, und nach letzten Gesprächen in der Woche nach dem 10. Dezember hatte er das Feld auf zwei Kandidaten eingegrenzt. Einer der beiden war Ralph Basham, ein vertrautes Mitglied der erweiterten Bush-»Familie«, der im Kommando von Bush-Vater gedient hatte und 1996 als stellvertretender Direktor des Secret Service in den Ruhestand getreten war. Der andere war William Pickle, ein weiterer ehemaliger stellvertretender Direktor; Pickle hatte das Kommando von Vizepräsident Al Gore geleitet und war seit dem Jahr 2000 im Ruhestand.

Das gehe nicht, sagte Stafford seinen Mentoren und langjährigen Verbündeten in der Familie des Secret Service. Aus Staffords Sicht politisierte das Weiße Haus unter Bush die Behörde, indem es, statt sich aus dem derzeitigen Führungsteam zu bedienen, im Rückspiegel nach einem Spezi Ausschau hielt. So etwas würde den neuen Direktor einem Präsidenten verpflichten und mit einer heiligen Tradition in der Nachfolge beim Secret Service brechen.

Das Land war vom traumatischsten Angriff seit Pearl Harbor getroffen worden und brauchte eine vorausschauende, unabhängige Führungspersönlichkeit, die für eine nie da gewesene Sicherheit des Präsidenten sorgen würde. Stafford behauptete, dass Basham und andere pensionierte Agenten schon zu lange außer Dienst und der neuen Herausforderung daher nicht gewachsen seien. Er selbst hatte mit beiden zusammengearbeitet – mit Basham als stellvertretendem Direktor und mit Pickle als dessen Kollege und Chef. Basham war für den Job übrigens einmal abgelehnt worden: Er hatte sich 1997 für den Posten des Direktors beworben, aber Clinton hatte sich für Lew Merletti, den ehemaligen Leiter seines Kommandos, entschieden.

»Ich habe sieben Leute, die bereit sind, mich zu ersetzen«, beschwerte sich Stafford gegenüber Kollegen. »Basham war stellvertretender Direktor und wurde übergangen. Er hat es nicht geschafft, Direktor zu werden, als er im Dienst war. Er verdient es auch jetzt nicht.« Aber Stafford ärgerte sich nicht nur über die aus seiner Sicht mangelhafte Qualifikation von Cards Kandidaten. Er war auch persönlich beleidigt, weil Card so wenig von seinen Vorschlägen hielt, dass er mit keiner einzigen der empfohlenen Personen ein Vorstellungsgespräch geführt hatte.

Stafford bat den Alumni-Club der Special Agents in Charge um Hilfe – den Club der ehemaligen Leiter der für den Präsidenten und den Vizepräsidenten zuständigen Kommandos, von denen er viele gut kannte. Zwölf von ihnen sollten Mitte Dezember zur jährlichen Weihnachtsfeier ins Weiße Haus kommen und an einem Mittagessen und kleinen Informationsveranstaltungen teilnehmen, die eigens für sie organisiert wurden. Normalerweise wurden die ehemaligen Special Agents in Charge in Anerkennung ihres Dienstes im Weißen Haus mit einer Privataudienz beim derzeitigen Direktor, dem Stabschef des Präsidenten und dem Vizepräsidenten geehrt, in der sie etwas über das Weiße Haus und den aktuellen Stand in Sachen Sicherheit erfahren konnten.

Am Tag ihres Besuchs schaute Card im Old Executive Office Building vorbei, um die alte Garde zu begrüßen, die sich in einem Konferenzraum versammelt hatte, um Kaffee zu trinken und sich Geschichten aus vergangenen Präsidentschaften zu erzählen. Aber nach der Begrüßung und den Artigkeiten nutzten einige der ehemaligen Special Agents in Charge die Gelegenheit, um sich zu beschweren. Sie meldeten sich zu Wort und äußerten die Befürchtung, Card werde die Tradition des Secret Service, den neuen Direktor aus den eigenen Reihen auszuwählen, über den Haufen werfen. John Magaw, damals 67, war im letzten Amtsjahr von Bush-Vater Direktor gewesen und hatte Grund zu der Annahme, dass seine Stimme bei der Bush-Familie und dem Weißen Haus von Bush-Sohn ein gewisses Gewicht habe. Der Purist in Sachen Tradition hatte Stafford als Mentor gefördert und ins Kommando des Präsidenten gehievt, und nun wiederholten er und andere einige der Beschwerden des Direktors. Einen ehemaligen Agenten aus dem Ruhestand zu holen würde mit dem traditionellen Modus für die Wahl des Direktors brechen, sagte er, und das sei »ein Fehler«.

Card hatte schweigend zugehört, geriet jetzt aber in Wut. Er sagte, er verstehe, dass die ehemaligen Leiter des Secret Service dezidierte Meinungen hätten, wer der nächste Direktor sein sollte, stimme jedoch mit ihrer Einschätzung nicht überein, da er gehört habe, dass es in Staffords Chefetage keine besonders starken Führungspersönlichkeiten gebe. »Weder der Präsident noch ich fragen Sie nach Ihrer Meinung, meine Herren«, sagte er.

Dann wünschte der Stabschef des Weißen Hauses allen ehemaligen Einsatzleitern schöne Feiertage, entschuldigte sich und ging.

»Sie wissen, dass Sie nicht hierhergehören«, sagte Stafford grob.

Der Direktor stand hinter seinem Schreibtisch auf und wandte sich an Ralph Basham, den Mann, der die besten Chancen hatte, sein Nachfolger zu werden. Stafford gab sich wenig Mühe, sein Stirnrunzeln angesichts von Bashams Besuch im Hauptquartier zu unterdrücken. Der kräftige ehemalige Footballspieler war auch als 54-Jähriger noch topfit und, ohne es darauf anzulegen, eine imposante Erscheinung.

»Ich bitte Sie, die Stelle nicht anzunehmen«, sagte er. »Wenn Sie sie annehmen, wird sie zu einer politischen Position werden.«

Stafford war gewohnt, seinen Willen zu bekommen, aber er ahnte, dass er den Kampf um seine Nachfolge als Direktor des Secret Service wahrscheinlich verlieren würde. Dank des Weißen Hauses waren seine Tage gezählt, und seine Meinung in dieser Angelegenheit war verworfen worden.

Basham sah den scheidenden Direktor an und überlegte einen Moment, wie er am besten reagieren sollte. Er entschied sich dafür, sich an das Credo der Familie Bush zu halten: Höflichkeit geht vor. »Ich verstehe, dass Sie nicht glücklich sind«, sagte Basham zu Stafford. »Aber ich habe nicht um diesen Job gebeten. Ich bin hier, weil der Präsident mich gebeten hat.«

Mit seinen 1,70 Meter, den grauen Haaren und einer Brille mit Metallgestell machte Basham eine weitaus weniger stattliche Figur als Stafford; er glich eher einem geselligen College-Dekan als einem Sicherheitsbeamten. Der sechzigjährige pensionierte Verwaltungsbeamte hatte in Bushs Weißem Haus jedoch einen Stein im Brett. Basham hatte seit Ende der achtziger Jahre, als er im Kommando des Vizepräsidenten diente, eine enge Beziehung zu George H. W. Bush, dem ersten Präsidenten Bush. Er war gelegentlich sogar Bushs Partner auf dem Tennisplatz gewesen. Im Laufe der Jahre war er dann in Führungspositionen bei anderen Exekutivorganen des Bundes aufgestiegen und unter anderem eben stellvertretender Direktor des Service geworden. Einer seiner engsten Freunde aus den Tagen, in denen er mit dem Vizepräsidenten unterwegs war, war Joe Hagin, der damalige »Bodyman« (persönliche Sekretär) von Präsident Nummer 41. Inzwischen war Hagin zum stellvertretenden Stabschef von Nummer 43 aufgestiegen. Der Präsident würde den neuen Direktor ernennen, aber Hagins Rat einholen.

Diejenigen, die das Drama von außerhalb des Service verfolgten, fanden Bashams Wahl weniger seltsam. Basham war ein Agent, den der Präsident und seine Berater gut kannten, so wie Clinton Stafford gut gekannt hatte. »Ich kann verstehen, warum sie sich für ihn entschieden haben: Er ist ruhig, beständig, ein Vorbild an Rechtschaffenheit«, sagte ein ehemaliger hochrangiger Mitarbeiter Bushs. »Er war irgendwann Leiter von [George H. W. Bushs] Kommando. Das ist der Weg, um Direktor zu werden. Vielleicht ist es nicht der beste Weg, den Direktor auszuwählen. Aber so lernt das Weiße Haus die Agenten kennen.«

Basham und Pickle waren von Freunden informiert worden, Stafford habe sich hinter den Kulissen darüber beschwert, dass ehemalige Agenten in Betracht gezogen wurden und dass diese Kritik auch beim

Weihnachtslunch der ehemaligen Special Agents in Charge vorgebracht worden war. Sie hatten ebenfalls von Freunden erfahren, dass Stafford so weit ging, hochrangige Agenten zu wichtigen Abgeordneten zu schicken, um diese gegen ihre Wahl einzunehmen.

In dem »Steh-Duell« an jenem Tag im Januar hatte Stafford zu Basham gesagt: »Sie wissen, dass das falsch ist.«

Basham hatte mit zusammengebissenen Zähnen gelächelt, wusste er doch etwas, was der aktuelle Direktor noch nicht wusste: Er hatte Staffords Job bereits angenommen.

Kapitel 15

»ER HAT DAS
ALLES VORHERGESAGT«

Im Spätsommer 2005 stand der Secret-Service-Beamte Charles J. Baserap auf seinem Posten an der Ecke 15th Street/E Street und beobachtete, wie zwei Vorgesetzte näher kamen. Der von den Beamten als South Park 15 bezeichnete Posten befand sich an einer östlichen Einfahrt zu dem Gelände mit Blick auf den grasbewachsenen Platz zwischen dem historischen Hotel Washington und dem Handelsministerium. Die beiden Männer wirkten entspannt, freundlich. Sie sagten, sie würden gern Baseraps Meinung zu einer bestimmten Sache erfahren.

Die Vorgesetzten fragten Baserap, einen College-Absolventen, der noch kein Jahr im Secret Service diente, ob er Ideen zur Verbesserung der Sicherheit für den Komplex des Weißen Hauses habe. Er gehörte zur Uniformed Division des Service, einer Einheit mit zwölfhundert Beamten, die in erster Linie für die Bewachung des Weißen Hauses zuständig war, aber auch für die Sicherheit der Residenz des Vizepräsidenten, ausländischer Botschaften und wichtiger Veranstaltungen sorgte. Die meisten Leute dachten an Agenten mit Ohrhörern, wenn sie den Begriff »Secret Service« hörten. Aber Beamte wie Baserap waren die Wachposten, die eine entscheidende Rolle beim Schutz des Weißen Hauses und des Präsidenten spielten. Die beiden Vorgesetzten Baseraps sagten ihm, sie würden ein Security-Awareness-Team zusammenstellen und diese informelle Umfrage unter den Beamten durchführen, um Vorschläge für eine bessere Verteidigung der »Crown« zu sammeln.

Sie waren an den Richtigen geraten. Baserap strahlte, als er hörte, dass seine Chefs ihn um Ideen baten. Er hatte eine ganze Menge. Nach acht Monaten im Job war er zu dem traurigen Ergebnis gekommen, dass Terroristen leicht in den Komplex des Weißen Hauses eindringen könnten, wenn sie wollten. Der frischgebackene Absolvent der Fordham University hatte sich im Haus seiner Eltern in der Bronx befunden, als am 11. September die Türme des World Trade Center fielen, und er befürchtete, dass das Land allmählich selbstgefällig wurde, was das Risiko weiterer Anschläge anging. Im Laufe der Monate, wenn er mitten in der Nacht, am frühen Morgen oder am Nachmittag an der einsamen Südflanke des Weißen Hauses oder auf einem der anderen Posten rund um den Komplex stand, hatte Baserap im Kopf eine Reihe von Löchern im Sicherheitsnetz um das Haus des Präsidenten katalogisiert: Die Beamten des Secret Service, die das Weiße Haus bewachten, hatten nur Handfeuerwaffen, mit denen sie Angreifern, die mit Gewehren oder Schrotflinten auftauchten, unterlegen waren. Bei Personalknappheit wurden die Posten am Weißen Haus häufig unbesetzt gelassen. An einigen Posten würden die Beamten in einem Krisenfall nicht zuverlässig mit anderen Teilen des Komplexes kommunizieren können, weil die Funkgeräte oft defekt waren oder nur punktuell Empfang hatten. Wenn Mitarbeiter der Verwaltung den Komplex zu Fuß betraten, wurden sie von den Beamten nur unregelmäßig auf Waffen oder Sprengstoff kontrolliert. Und aus für Baserap unerfindlichen Gründen ließen seine Vorgesetzten die jüngsten, unerfahrensten Beamten an den am weitesten entfernten Zugangspunkten zum Sicherheitsbereich stehen, an der ersten Verteidigungslinie gegen Verschwörer, die in den Komplex eindringen wollten; die mit den ältesten, erfahrensten Beamten besetzten Posten waren die, die dem Haus am nächsten waren. Officer Baserap sah auch, dass die schwindende Moral unter den Beamten der Uniformed Division das Sicherheitsnetz ausfasern ließ. Alle leitenden Positionen in der Behörde waren mit Agenten besetzt; diese, besser bezahlt und angesehener, beherrschten den Service. Ihre Jobs waren begehrter, die Bewerber mussten einen College-Abschluss haben und eine strenge Durchleuchtung durch ranghohe Agenten bestehen. Die Agenten forderten Respekt. Dagegen bestand der weniger beachtete Teil des Secret Service aus Leuten wie Baserap: aus Beamten mit niedrigen Diensträngen, Männern, die müde und niedergeschlagen waren, weil ihre Leistungen von der Führung des Service als selbstverständlich betrachtet wurden. Sie hatten die typischen Wachaufgaben, besetzten die Sicherheitsposten am Weißen Haus, an der Residenz des Vizepräsidenten und bei Veranstaltungen des Präsidenten. Die Führung des Service strich den Beamten willkürlich Urlaubstage und zwang sie regelmäßig zu strapaziösen Schichten, zwischen denen weniger als acht Stunden lagen. Zu ihren schlechten Arbeitszeiten kam hinzu, dass die Beamten oft herablassend behandelt wurden: Agenten erteilten ihnen knappe Befehle und nannten sie »Box Trolls«, nach den kastenartigen Verschlägen, in denen sie auf dem Gelände des Weißen Hauses Wache standen.

In ihrem kräftezehrenden Dienstplan-Hamsterrad hatten die Beamten zum Beispiel eine volle achtstündige Nachmittagsschicht von 14:30 Uhr bis 22:30 Uhr, fuhren dann eine Stunde in einen der weit entfernten Vororte, wo zu wohnen sie aufgrund ihrer niedrigen Gehälter gezwungen waren, bekamen vier oder fünf Stunden Schlaf und mussten sich am nächsten Morgen um 6:30 Uhr wieder zum Dienst melden. Ihre nächste Schicht konnte aber auch ohne weiteres die Mitternachtsschicht sein, die noch am selben Tag begann. Ein solcher Dienstplan verlangte von einem Beamten, vierundzwanzig von vierzig Stunden wach zu sein. Das Ergebnis war vorhersehbar. Die Beamten fühlten sich schlecht behandelt, wie gesichtslose Fabrikarbeiter am Fließband.

Im Sommer und Herbst 2005 kündigten mehr Beamte, als neue eingestellt und ausgebildet werden konnten. Im schlimmsten Monat verließen dreißig Beamte den Service – im Durchschnitt einer pro Tag. Das vergrößerte die Belastung derjenigen, die im Dienst geblieben waren, und verringerte das Durchschnittsniveau an Erfahrung in jeder Schicht weiter. In Baserap keimte jetzt Hoffnung. Er bot sich an, für die Chefetage ein paar Gedanken aufzuschreiben, und begann am nächsten Tag, ein Memorandum zu verfassen. Mehrere Freunde und sogar sein unmittelbarer Vorgesetzter warnten ihn jedoch vertraulich, seine Gedanken schriftlich festzuhalten. Sollte er es dennoch tun, dürfe er auf gar keinen Fall seinen Namen daruntersetzen, sagten sie. Es könne sein, dass sein Memo es bis in den achten Stock schaffen werde – in die Etage des Direktors im Hauptquartier des Secret Service. »Und Sie wollen doch nicht in den Ruf eines Querulanten kommen«, sagte Captain Bill Vucci zu Baserap.

»Alle haben versucht, es ihnen zu sagen. Seit Jahren«, warnte ein älterer Beamter und wunderte sich über Baseraps Naivität. »Es führt zu nichts.«

Aber andere Beamte waren es leid, zu schweigen. Agenten und Vorgesetzte hatten gerade einen Kollegen gerüffelt. Sein einziges Vergehen war gewesen, dass er die Frechheit besessen hatte, bei einer geselligen Veranstaltung auf Direktor Ralph Basham zuzugehen und ihm seine Sorgen über die Arbeitsmoral der Truppe mitzuteilen.

Doch Baserap fuhr fort, seine Gedanken aufzuschreiben. Er war vorsichtig, aber er war auch begeistert von der Chance, etwas für den Service zu tun und dabei zu helfen, die Probleme zu lösen, die er in den vielen sinnlosen Stunden auf seinem Posten erkannt hatte.

Anfang Dezember bekam Baserap das, was er für eine offene Einladung hielt, und zwar von keinem Geringeren als einem Mann mit dem Rang dessen, was beim Secret Service einem Vier-Sterne-General entsprach. Joseph Clancy, die neue Nummer zwei im Kommando von Präsident George W. Bush, besuchte den Appell der Beamten im Ostflügel. Als stellvertretender Special Agent in Charge des Kommandos war Clancy nicht nur einer der beiden Leiter des wichtigsten Schutztrupps des Service, sondern er trug auch die Gesamtverantwortung für die Sicherheit des Weißen Hauses. Der Chef der Beamten machte ihm Meldung.

Clancy hatte den Spitznamen »Father Joe« erhalten, weil er vor sei-

nem Eintritt in den Service Theologie studiert hatte, um Priester zu
werden. Und weil er dafür bekannt war, *sanfte* Ratschläge zu erteilen,
war ihm der Spitzname geblieben. An diesem Tag sagte Clancy der
Gruppe beim Appell, dass er ein offenes Ohr für ihre Anliegen habe.
»Auch wenn einige Agenten und andere Beamte sind – wir alle spielen im selben Team mit demselben Ziel«, erklärte er. »Wenn jemand
von Ihnen Sorgen oder Probleme hat, kann er mich gern fragen. Sie
können jederzeit zu mir oder zu Nick Trotta kommen.«

Baserap nahm Clancy beim Wort. Ein paar Tage später, am 12. Dezember, schrieb er eine E-Mail an Clancy und Trotta, in der er stich-
wortartig Sicherheitsbedenken auflistete, die er sich notiert hatte. Er
offenbarte auch seine Ängste: »Ich möchte eine Chance haben, meinen Job gut zu machen [...], aber ich fürchte, gebrandmarkt zu sein,
wenn ich [die Führung] offen kritisiere«, schrieb er.

Einige Tage später rief Clancy Baserap auf seinem Handy an und
bat ihn, am 22. Dezember um 17 Uhr in sein Büro im Old Executive
Office Building zu kommen. Baserap erschien pünktlich in Clancys
Büro in Raum 60. Clancy fragte ihn, was genau er in seiner Liste der
Sicherheitsbedenken aufführen würde und wer seine Liste schon
gesehen habe. Baserap sagte dem stellvertretenden Special Agent
in Charge, dass er seine Bedenken einigen Beamten mitgeteilt habe,
um ein Feedback zu erhalten, dass er sie aber niemals außerhalb des
Service diskutieren würde. Daraufhin fragte Clancy, ob er eine Kopie
dessen, was Baserap verfasst hatte, haben könne. Baserap hatte eine
Kopie in seiner Jacke und gab sie Father Joe. »Das ist das, was ich
habe«, sagte er. »Es ist nicht vollständig. Aber wenn es fertig ist, bekommen Sie auch davon eine Kopie.«

Das Treffen endete herzlich. Ja, für Baserap waren die siebzig Minuten ein Rausch gewesen. *Er schien wirklich an meinen Gedanken
interessiert zu sein*, dachte er, als er die Tür schloss und sich auf den
Heimweg machte.

Über die Weihnachtsfeiertage war es ruhig auf dem Gelände; Familie Bush war über Heiligabend in Camp David und zog sich dann
bis nach Neujahr auf ihre Ranch in Crawford zurück.[35]

Doch am Montag, dem 3. Januar 2006, erhielt Baserap einen Anruf von einer anderen hochrangigen Führungspersönlichkeit des Service. Er war überrascht, dass Julia Pierson, die stellvertretende Direktorin für Schutzmaßnahmen, ihn an seinem freien Tag zu Hause anrief. Pierson, damals eine der ranghöchsten Frauen in der Behörde, schlug ein Gespräch »außerhalb des Campus« vor und bat Baserap, sich mit ihr in einer Lieblingslocation des Secret Service zu treffen: im Starbucks in der G Street nahe dem Hauptquartier. Vor dem Starbucks jedoch bedeutete Piersons Fahrer Baserap, in einen schwarzen Chevrolet Tahoe des Secret Service einzusteigen. Während der Fahrer den Wagen schweigend zu einem nahe gelegenen Parkplatz fuhr, unterhielten sich Baserap und Pierson.

»Ich dachte, es wäre angenehmer, wenn wir uns auf neutralem Boden treffen«, erklärte Pierson. »Ich habe erfahren, dass Sie Sicherheitsbedenken bezüglich des Komplexes des Weißen Hauses haben, und auch Sorgen bezüglich Ihrer Karriere.«

Daraufhin gab Baserap Pierson in groben Zügen wieder, was er Clancy gesagt hatte: Er habe Schwachstellen in der Sicherheit des Weißen Hauses bemerkt und sie formlos zusammengetragen, nachdem zwei Vorgesetzte ihn gefragt hatten, was er verbessern würde.

»Was erhoffen Sie sich mit diesem Memo zu erreichen?«, fragte Pierson. »Wo wollen Sie damit hin?«

Terroristen wollen in den Komplex des Weißen Hauses eindringen, antwortete Baserap, und er glaube, dass der Komplex viel sicherer sein könnte. Er ging die Liste durch, die sich mittlerweile in seinen Kopf eingebrannt hatte: gestresste Beamte, unerfahrene Mitarbeiter, die auf den schwierigsten Posten eingesetzt wurden, Posten, die unbesetzt blieben, defekte Funkgeräte, unzureichende Feuerkraft, das Versäumnis, Inhaber von Ausweisen beim Betreten des Gebäudes zu kontrollieren. Beim letzten Punkt äußerte er seine Befürchtung, dass ein unzufriedener Mitarbeiter oder Lieferant leicht eine Waffe oder eine Bombe einschmuggeln könnte. »Es gibt keinen Grund, warum er das nicht tun sollte«, monierte Baserap. »Die Waffe oder Bombe könnte innerhalb von vierundzwanzig Stunden platziert werden.«

Nach dreißig Minuten dankte Pierson Baserap für seine Offenheit und setzte ihn an der U-Bahn-Haltestelle Chinatown ab. Trotz der etwas merkwürdigen Umstände kletterte Baserap mit einem guten Gefühl aus dem Wagen der stellvertretenden Direktorin. »Sie war wirklich aufgeschlossen«, sagte er später seinen Freunden.

Wieder an der Arbeit erkannte Baserap schnell, dass Pierson zugehört hatte: Er sah zum ersten Mal, wie ein Mitglied eines Fahrzeuginspektionsteams mit einem Handstab über den Körper einer Person fuhr, die mit ihrem Wagen auf der 15th Street in die Sicherheitszone einfahren wollte. Bisher hatten die Teams immer die LKW und PKW überprüft, die in den Komplex einfuhren, aber nie die Fahrer und Insassen. Und beim Appell an diesem Morgen teilte ein Sergeant den Beamten mit, dass das Fahrzeuginspektionsteam Personen, die bei South Park 15 einfahren wollten, immer mit dem Handstab kontrollieren müsse.

In der darauffolgenden Woche, am Morgen des 9. Januar, rief ein Sergeant Baserap auf seinem Posten neben dem Gebäude des Finanzministeriums an und bestellte ihm, Clancy wünsche, dass er um 1:30 Uhr in sein Büro komme. Das bevorstehende Gespräch war wichtig genug, dass der Sergeant als Ablösung für Baserap einen anderen Beamten schickte. Baserap beeilte sich und ging quer durch die Anlage zum Old Executive Office Building, vorbei an den Posten, die er wie seine Westentasche kannte: Baker 14, Alpha 1, Charlie 3, Charlie 6, Delta 10. *Was für eine Ehre*, dachte er und hoffte, seine Vorgesetzten beeindrucken oder zumindest in einigen Punkten überzeugen zu können.

Aber diesmal stieß er auf einen ganz anderen Clancy. Als er eintrat, saß Kevin Simpson, der stellvertretende Leiter der Uniformed Division, gegenüber von Clancys Schreibtisch. Clancy wies Baserap an, Platz zu nehmen, Funkgerät und Handy auszuschalten und seinen Ohrhörer abzunehmen.

»Officer, befindet sich in Ihrer Tasche ein Tonbandgerät oder ein Mikrophon?«, fragte Simpson mit finsterem Blick. Baserap verneinte erstaunt. Simpson fragte noch einmal. »Weil ich ein Klicken gehört habe.«

Die einzigen Dinge in Baseraps Bereitschaftstasche waren eine Gasmaske, ein Schlüsselbund und eine Flasche Pepto-Bismol. »Wäre es Ihnen lieber, wenn ich meine Tasche ablegen würde?«, fragte Baserap. Clancy und Simpson nickten. Baserap hängte seine Tasche und seine Jacke an einen Haken an der Wand außerhalb des Raumes und kehrte zu seinem Platz zurück.

»Officer, als wir uns im Dezember trafen, habe ich Ihnen einen beträchtlichen Teil meiner Zeit geschenkt«, sagte Clancy. »Ich hatte seither Gelegenheit, Ihren Bericht über die Sicherheitslücken im Komplex zu lesen, aber ich muss Ihnen sagen, dass er *vollkommen* unzutreffend ist. Viele Dinge, die Sie sagen, sind einfach nicht wahr.« Baserap sei wortgewandt und meine es zweifellos gut, aber er sei auch sehr unerfahren und ein wenig anmaßend, wenn er seine Kollegen befrage und glaube, Probleme könnten an der Befehlskette vorbei gelöst werden. Clancy bestand darauf, dass die Angestellten des Weißen Hauses immer ordnungsgemäß abgetastet würden, dass es keinen Bedarf für zwei Beamte an Posten gebe, an denen jetzt einer stehe, und dass Beamte nicht mit Langwaffen angeben sollten.

»Dies ist nicht die Grüne Zone von Bagdad, Officer Baserap«, sagte Clancy. »Sie glauben, Sie haben tolle Ideen. Aber Sie sind noch nicht lange genug dabei, um zu wissen, was Sie nicht wissen. Sie haben keinen Überblick über das große Ganze.« Clancy weiter: »Sie scheinen zu glauben, dass Sie, weil Sie aus New York kommen, ein höheres Interesse daran haben, einen weiteren Terroranschlag zu verhindern. Aber das haben Sie nicht.«

Baserap erklärte stammelnd, dass viele seiner Kollegen seine Sorgen über die Sicherheitslücken des Komplexes teilten. Er durchforschte sein Gedächtnis nach jemandem, dessen Urteil für Clancy zählte, und erwähnte einen Ausbilder von Team 6 der Navy SEALs, der beim Service an Übungen arbeitete und Langwaffen als wichtige Abschreckung an der Grenze des Sicherheitsbereichs empfohlen hatte.

»Langwaffen würden die Öffentlichkeit in Panik versetzen«, unterbrach Clancy. »Und wir machen hier nichts mit Umfragen, Officer Baserap.«

Dann stellte Clancy eine wichtige Frage: Wem unter seinen Kollegen hatte Baserap von seinen Sorgen erzählt? Wem hatte er seinen Berichtsentwurf gezeigt? »Haben Sie davon weitere Kopien gemacht und sie Leuten außerhalb des Secret Service gegeben?«

»Nein, Sir, das habe ich nicht«, antwortete Baserap. Clancy wiederholte seine Frage zweimal.

»Haben Sie das *jemals* jemandem außerhalb des Service gegeben?«, fragte Clancy.

»Sir, ich weiß nicht, was hier los ist«, stammelte Baserap. »Meine Absicht war zu keinem Zeitpunkt, dies Leuten außerhalb meiner Befehlskette zu geben.« Er konnte nicht verstehen, warum es zu diesem Umschwung gekommen war. Clancy beschuldigte ihn, die Sicherheitslücken, auf die er, Baserap, aufmerksam machen wollte, damit sie behoben würden, publik machen zu wollen. Clancy schien zu glauben, dass das Aufschreiben von Bedenken mit der Drohung verbunden sei, diese Bedenken an die Öffentlichkeit gelangen zu lassen.

»Officer, Sie sind nahe daran, die Grenze der Verschwiegenheitserklärung zu überschreiten«, warnte Clancy. »Und das könnte ein Entlassungsgrund sein. Sie haben der Organisation einen Bärendienst erwiesen, indem Sie Ihre Ansichten zu Papier gebracht haben. Wenn Sie so weitermachen und wenn dieses Material an die Öffentlichkeit gelangt, könnte das der Sicherheit des Weißen Hauses abträglich sein – und Ihnen auch.«

Damit war die Besprechung beendet. »Sie dürfen auf Ihren Posten zurückkehren«, sagte der stellvertretende Special Agent in Charge.

Baserap verließ Raum 60 schockiert und bestürzt. In den Tagen darauf vertraute er sich einer Handvoll Kollegen an. Einige Beamte verfluchten die Führung. Andere erinnerten Baserap daran, dass sie ihm gesagt hatten, was geschehen würde. »Wir versuchen es schon seit Jahren«, sagte ein älterer Beamter. »Sie wollen es nicht hören.«

Später bemerkte Baserap, dass eine Handvoll Verbesserungen in puncto Sicherheit, die er empfohlen und die Clancy alle abgelehnt hatte, am Weißen Haus fast über Nacht vorgenommen worden waren. Er hatte vor der Unzuverlässigkeit der Kommunikationseinrichtung im Wachhaus South Park 17 gewarnt. Tage später entdeckte er ein Handy, das als Backup in dem Wachhaus lag.

Die Erregung, die Baserap bei dem Gedanken verspürt hatte, eine führende Rolle bei der Verbesserung der Sicherheit des Weißen Hauses zu spielen, schlug in Zorn um: »Ich wurde wütend. Man hatte mich wie einen gewöhnlichen Kriminellen behandelt, obwohl ich nichts falsch gemacht hatte. Ich hatte auf die Sicherheitsrisiken hinweisen wollen und auf die Kultur der Angst, die dazu führte, dass die Leute sich nicht getrauten, den Mund aufzumachen. [...] Sie taten so, als wäre ich drauf und dran, nach Pebble Beach zu fahren und anzufangen, Kopien an die Presse zu verteilen.«

Am 21. März, seinem freien Abend, um 22:30 Uhr nach dem Appell der Mitternachtsschicht, wurde Baserap verwegen und aufmüpfig. Er ging in den Aufenthaltsraum der Beamten im Old Executive Office Building zu einem gesicherten Computer des Secret Service, machte eine Anzahl von Kopien eines fünfzehnseitigen Memos – genug für alle Mitglieder seiner Befehlskette bis hinauf zum Chef – und legte in jedes Postfach eine. Das Memorandum dokumentierte nicht nur die Sicherheitsrisiken, auf die er hingewiesen hatte, sondern auch die Art und Weise, wie er von seinen Vorgesetzten zu Unrecht beschuldigt und lächerlich gemacht worden war. Das sprach sich schnell herum.

Früh am nächsten Morgen rief ein Kollege Baserap auf seinem Handy an. »Kumpel, wir haben dein Memo gelesen«, sagte der Kollege. »Es ist unglaublich. Es wird an alle Posten verteilt.« (Womit gemeint war: an alle Positionen rund um den Komplex des Weißen Hauses, an denen Beamte Wache zu stehen hatten.)

Baserap erfuhr, dass sein Memorandum mehrere Dutzend Mal kopiert und an fast alle in der Truppe verteilt worden war. Beamte, die er gar nicht kannte, feierten, dass endlich jemand für die rothaarigen Stiefkinder, die Beamten der Uniformed Division, den Mund aufgemacht hatte. Die Beamten hatten dem Memo sogar einen Namen gegeben: Manifest für die Beamten der Uniformed Division.

Als Baserap das nächste Mal zur Arbeit erschien, begrüßten ihn die Beamten voller Anerkennung für seine Chuzpe mit Schulterklopfen und Abklatschen. Ein ehemaliger Klassenkamerad aus Aka-demiezeiten suchte ihn auf seinem Posten in der Nähe des Finanz-ministeriums auf und sagte ihm, dass er empört darüber sei, wie er behandelt worden war. »Ich habe dich schon einige dumme Dinge tun sehen«, sagte der Klassenkamerad, »aber eines hast du nie getan: gelogen. Dieses Memo trifft ins Schwarze.« Er sagte Baserap, dass er stolz auf ihn sei, aber auch Angst um ihn habe. Baserap war jetzt ein gebrandmarkter Mann.

Baserap war besessen von dem, was er für das Versäumnis des Service hielt, für einen ernsthaften koordinierten Angriff Vorsorge zu treffen. Aber jeder Beamte oder Agent, der die Art und Weise, wie etwas gemacht wurde, infrage stellte, war dem Hauptquartier zutiefst suspekt, weil er für Unruhe sorgte. Die Leiter wollten nicht, dass Mitarbeiter über Sicherheitsmaßnahmen diskutierten oder Beden-ken schriftlich formulierten. Das, so glaubten sie, würde nur dazu verwendet werden, sie später für Fehler verantwortlich zu machen. Hinter den Kulissen hieß es auf der achten Etage und beim Chef, dass Baserap ein Unruhestifter sei, der vielleicht gehen müsse. »Officer Baserap hat wiederholt gesagt, dass er nicht vorhabe, damit an die Öffentlichkeit zu gehen, aber ich empfehle, ihn trotzdem im Auge zu behalten«, schrieb Clancy in einem Memorandum an die oberste Führungsebene.

Im Sommer 2006 übernahm ein neuer Direktor, Mark Sullivan, die Leitung des Service. Als er am Ende eines Diversity-Trainingssemi-nars für Beamte Fragen entgegennahm, erwähnte ein Beamter, dass viele seiner Kollegen in der Uniformed Division für den Fall, dass sie jemals Sicherheitsbedenken äußern sollten, Vergeltung fürchteten.

»Es überrascht mich, das zu hören«, sagte Sullivan. »Wenn jemand dafür konkrete Beispiele geben kann, würde ich mich freuen, sie zu hören.«

Einer der Männer deutete quer durch den Raum auf Baserap. »Vielleicht möchten Sie mit diesem Beamten sprechen«, sagte er. Sul-livan sah Baserap an und sagte ihm, er könne ihm seine Bedenken gern mitteilen, solle dafür aber den Weg durch seine Befehlskette

wählen. Dann sagte er, er habe noch einen anderen Termin, und entschuldigte sich.

Baserap beschloss, die Verzweiflung und Frustration innerhalb der
Wachmannschaft des Weißen Hauses wissenschaftlich zu dokumentieren. Er war zum Don Quijote im Beamtenkorps des Secret Service
geworden und startete in seiner Freizeit eine Umfrage unter 136 Beamten des Weißen Hauses, um ihre Meinung zu den Sicherheitspro-
tokollen und Schwachstellen des Komplexes zu erfahren.

»Sind Sie sicher, dass Sie das machen wollen – nach dem, was letztes Mal passiert ist?«, fragte ihn Captain Vucci. Baserap nickte.

»Absolut«, antwortete er. »Es muss gemacht werden.«

Im Januar 2007, am selben Tag, an dem Präsident Bush seine Rede
zur Lage der Nation hielt, reichte Baserap die 42-seitige Umfrage bei
seinen Vorgesetzten ein, indem er jedem in der Kette bis hinauf zum
Direktor eine Kopie zur Verfügung stellte. Er betitelte sie »The Secret
Service State of the Union« (»Zur Lage des Secret Service«).

Baseraps Umfrage hatte überwältigende Zustimmung zu der Aussage erbracht, dass das Sicherheitsnetz des Weißen Hauses anfällig für
Angriffe sei. Neun von zehn Befragten hatten gesagt, dass es an Personal und Training fehle, um gleichzeitige Angriffe auf den Komplex
zu vereiteln. Eine überwältigende Mehrheit der Beamten hatte ihre
Auffassung kundgetan, dass sie nicht über geeignete Waffen verfügten, um eine tödliche Bedrohung des Präsidenten und seiner Familie
auf dem Komplex abzuwehren, und dass politisch motivierte Wünsche, das Weiße Haus zu beschwichtigen, regelmäßig vernünftige
Sicherheitsentscheidungen verhinderten. Neun von zehn Beamten
hatten auch darin übereingestimmt, dass die Führung des Secret Service die Sicherheit des Präsidenten in seinem Haus gefährde, indem
sie chronische Probleme ignoriere. Zu diesen Problemen gehörten
permanente Personalknappheit, ausgebrannte Beamte und der Einsatz unerfahrener Beamter an den isoliertesten Zugangspunkten. Die
Umfrage schloss damit, dass sich die Beamten beklagten, von ihren
Vorgesetzten und ihren Agentenkollegen respektlos behandelt zu
werden.[36]

In den Büros der Vorgesetzten schlug der Bericht wie eine Stink-
bombe ein. Ende der Woche nahm ein Sergeant Baserap zur Seite,
um ihm mitzuteilen, was er im Büro des Chefs gehört hatte. »Sie
schließen die Reihen und überlegen, was sie mit Ihnen machen sollen«, sagte er.

Clancy bestellte Baserap zu einem weiteren Gespräch. »Ich stimme
mit [Ihren] Schlussfolgerungen nicht überein, aber Sie haben sich auf
sehr respektvolle Weise geäußert«, sagte Clancy. »Sie werden vom
Direktor keine Antwort erhalten. Er hat Ihr Memo erhalten, aber wir
können nicht bestätigen, dass er es gelesen hat. Es ist durch die Befehlskette gegangen.«

Die Sache beruhigte sich dann für eine Weile. Ein paar Monate
später, im September 2007, wurde Baserap – eine Standardrotation –
in die Foreign Missions Branch, die Abteilung für Auslandseinsätze,
versetzt, wo er helfen sollte, Botschaften und Staatsoberhäupter auf
Besuch zu schützen.

Der Dezember sollte eigentlich einen wichtigen Meilenstein in Baseraps Karriere markieren: Nach drei Jahren und 120 Tagen im Service würde der Beamte Karrierestatus erlangen, sodass er nicht mehr
ohne Grund gefeuert werden konnte. Doch am Tag vor dem Erreichen dieses Meilensteins rief ein Inspektor des Secret Service Baserap
zu Hause an und bat ihn, ins Hauptquartier zu kommen. Es habe
ein Problem gegeben, sagte er: Man habe herausgefunden, dass er gegen die Richtlinien für krankheitsbedingte Fehlzeiten verstoßen und
nach einer Kieferoperation ohne ordnungsgemäß dokumentierte Erlaubnis einige Tage Urlaub genommen habe.

Zum ersten Mal gab Baserap auf. Ihm war klar, dass er verlieren
würde. Der Service sagte, sie würden seinen Vertrag nicht verlängern.

Nach seinem Ausscheiden versuchte der Service weiter, Baserap
zu bestrafen. Nachdem ihm ein Job bei einem Waffenlieferanten angeboten worden war, erfuhr er, dass sein zukünftiger Arbeitgeber das
Angebot aufgrund einer Mitteilung des Secret Service zurückgezogen
hatte, er sei wegen eines Fehlverhaltens entlassen worden. Das war
weder wahr noch rechtens. Nach einem 18-monatigen Rechtsstreit

einigte sich der Service mit ihm auf einen Vergleich: Er zahlte ihm einen bescheidenen Betrag, der seine Anwaltskosten deckte, und änderte seine Personalakte, sodass sie korrekt angab, dass sein Vertrag ausgelaufen war. Baserap und seine Frau empfanden das als Niederlage, aber sie arbeiteten weiter und versuchten, ihre größer werdende junge Familie zu versorgen.

Im Weißen Haus bewahrten Dutzende von Beamten und Agenten ihre eselsohrigen Kopien von Baseraps Manifest auf, ja, sie kopierten die Seiten immer wieder, um sie neuen Mitarbeitern zu geben, die sich über Unlogik in den Sicherheitsregeln für den Komplex beklagten: Die Neuen sollten wissen, dass schon jemand versucht hatte, diese Bedenken vorzubringen. Für viele Beamte war der drahtige, schnell sprechende Officer Baserap ein Held. Ein ehemaliger Kollege Baseraps, kein enger Freund, sagte, dass seine Haltung immer noch legendär sei. Der Beamte, der seinen Dienst nicht lange nach Baserap quittierte, empfahl, anonym zu bleiben, um die eigene Karriere in der Regierung nicht zu gefährden. Die Erfahrung, die Baserap hatte machen müssen, hatte bewiesen, wie weit die Führung des Service zu gehen bereit war, um ihre Kritiker zu bestrafen.

»Die Leute mit dem größten Herzen für ihren Dienst werden in dieser Behörde aufs Abstellgleis geschoben«, sagte er. »Man darf den Mund nicht aufmachen, aber er hat es getan. Meine Meinung war damals: Er versucht nur, seinen Job zu machen. Wir alle sahen die Sicherheitslücken im Weißen Haus. Nichts von dem, was geschah – die Salahis, das Fahrzeug, das reinkam,[37] der Eindringling[38] –, nichts davon hat mich überrascht. Baserap hatte es schließlich vorhergesagt.«

TEIL 4

ES LÄUFT
AUS DEM RUDER

Die Obama-Jahre
(2008 bis 2015)

Kapitel 16

»ER WIRD
TODSICHER ERSCHOSSEN«

Als Barack Obama die Bühne in Boston betrat, um 2004 die Grund-
satzrede auf dem Parteitag der Demokraten zu halten, war er ein
unbedeutendes Mitglied des Senats von Illinois, ein politischer Niemand. Auf dem vorherigen Parteitag vier Jahre zuvor in Los Angeles war Obama nicht einmal wichtig genug gewesen, um Zutritt zum
Saal zu erhalten. Niedergeschlagen hatte er die Reden auf einem der
Großbildschirme verfolgt, die über das Staples Center verteilt waren.
Im Jahr 2004 vertrat er mit seinem Wahlbezirk im Zentrum von Chicago gerade einmal 600 000 Menschen, aber er hatte die Aufmerksamkeit des von der Partei nominierten Präsidentschaftskandidaten
John Kerry erregt, der ihm einen prestigereichen Auftritt auf dem
Parteitag angeboten hatte.[1]

Obamas siebzehnminütige Rede an diesem Juliabend fesselte die
Zuhörer und die Pressevertreter. Als er seine persönliche Geschichte
erzählte, weckte er eine tief empfundene patriotische Sehnsucht nach
Amerikas besten Werten. Er war das Kind einer resoluten alleinerzie-
henden Mutter und eines abwesenden Vaters afrikanischer Herkunft.
Aufgewachsen in einem Haushalt mit wenig Geld, aber der Moral des
Mittleren Westens teilte er die Bereitschaft seiner Eltern zu harter
Arbeit und ihren »unerschütterlichen Glauben an die Möglichkeiten
dieser Nation«. »Ich stehe hier in dem Wissen, dass meine persönliche Geschichte Teil der größeren amerikanischen Geschichte ist«,

erklärte er, »und dass meine Geschichte in keinem anderen Land der Welt überhaupt möglich ist.«[2]

Die Propagandisten der Demokraten begannen umgehend damit, sich die Ausstrahlung dieser elektrisierenden Stimme während der Wahlkampfsaison zunutze zu machen. Obama gewann seine eigene schwierige Wahl im November und wurde dadurch auf einen Schlag vom Senator eines Bundesstaates zu einem mächtigen US-Senator. Und wenige Jahre später bereitete eine handverlesene Gruppe demokratischer Königsmacher ihn heimlich darauf vor, Präsident zu werden.

Harry Reid, der stets vorausschauende Fraktionsführer im Senat, war eine von Obamas Geheimwaffen. Die 66-jährige demokratische Parteigröße war von Obamas Redekunst beeindruckt, als dieser 2005 in den Senat einzog, und merkte sich seinen Namen. Er hegte die Befürchtung, die voraussichtliche Spitzenkandidatin seiner Partei für die Präsidentschaftswahlen 2008, Hillary Clinton, könne angreifbarer und unbeliebter sein, als sie selbst das wahrhaben wollte. Reid nahm Obama unter seine Fittiche und gab ihm mehrere öffentlichkeitswirksame Gelegenheiten, sich zu profilieren. Im Jahr 2005 überließ er Obama die Führung in einer Kampagne zur Reformierung des Lobbywesens und der politischen Ethik, und er wurde Zeuge, wie Obama komplexe Gesetzestexte zu eingängigen Statements umformulierte. Der Fraktionsführer im Senat ließ den jüngeren Senator im Juli 2006 in sein Büro kommen; Obama nahm zunächst an, dass es ein Problem mit ihm gebe.

»Ich weiß, dass Sie mit Ihrem derzeitigen Tätigkeitsbereich nicht zufrieden sind«, sagte Reid zu Obama. Der junge Senator schaute verwirrt, also erklärte Reid ihm, was er damit meinte. »Wenn Sie schon immer Präsident sein wollten, dann hätten Sie jetzt die Möglichkeit dazu«, sagte er.

Vor dem Thanksgiving-Wochenende des Jahres 2006 unterhielten sich Obama und Senator Dick Durbin, einer seiner Freunde und Mentoren, am Ende einer politischen Spendengala im Union League

Club in Chicago. Durbin fragte Obama, ob er weiterhin eine Kandidatur in Betracht ziehe. Obama sagte, seine schwarzen Freunde rieten ihm davon ab, weil sie sich um seine Sicherheit sorgten. Seine Frau hegte die gleichen Befürchtungen und war überdies nicht glücklich darüber, dass eine landesweite Wahlkampagne ihr harmonisches Familienleben durcheinanderbringen würde. Durbin konnte jedoch erkennen, dass Obama sein Vorhaben trotzdem verwirklichen wollte.

»Du musst mit Michelle reden«, sagte Obama mit einem Augenzwinkern zu Durbin. Also luden Durbin und seine Gattin Loretta die Obamas zum Essen ein. In einem Restaurant in Chicago plauderten die vier Anfang Dezember über ihre jeweiligen Urlaubspläne. Dann, mitten im Hauptgang, wechselte Durbin plötzlich das Thema und kam auf das Wahljahr 2008 zu sprechen. »Jetzt ist der richtige Zeitpunkt«, sagte er zu den beiden Obamas. Er schaute Michelle beim Sprechen fest in die Augen.

Sie hatte Durbin in der Vergangenheit damit geneckt, dass er Barack vorantrieb: »Was wollen Sie uns antun?« Aber dieses Mal meinte der ältere Senator es ernst. Sie hätten eine seltene Gelegenheit, etwas Großes für die Nation zu tun, sagte er zu ihnen. Was halte sie davon ab?

Die Obama-Familie fuhr in den Weihnachtsferien des Jahres 2006 nach Hawaii, um Baracks Familie zu besuchen, einschließlich seiner gebrechlichen Großmutter, die ihn mit aufgezogen hatte. Madelyn Dunham hatte genug Zeit, sich intensiv mit ihren beiden Urenkelinnen, die gerade fünf und acht Jahre alt geworden waren, zu beschäftigen, während Michelle und Barack lange Spaziergänge am Strand unternahmen und über das Für und Wider einer Kandidatur diskutierten. Michelle teilte ihm ihre Ängste ganz offen mit.[3] Er würde seine Töchter nur noch selten sehen können, warnte sie ihn. Ihre Familie würde möglicherweise nicht robust genug sein, um die Angriffe zu überstehen, denen man im Rahmen einer Präsidentschaftskampagne ausgesetzt ist. Und außerdem, sagte sie zu ihm, könne er auch ermordet werden.

Nur sechs Monate zuvor hatte Michelle die Witwe von Dr. Martin Luther King jr. bei einem glamourösen Mittagessen getroffen, dessen Gastgeberin Oprah Winfrey war.[4] Bei Tisch im Garten von Winfreys Anwesen in Santa Barbara sagte Coretta Scott King zu Michelle, sie solle keine Angst davor haben, künftig mit ihrem Mann als Paar in der Öffentlichkeit zu stehen. Gott werde sie beschützen, sagte sie, und sie versprach, für die beiden zu beten. Beschämt dachte Michelle daran, welchen Gefahren für ihr Leben diese Ikone des Kampfs für gleiche Rechte ausgesetzt gewesen war.

Dieses kurze Gespräch sollte ihr im Gedächtnis bleiben und sie daran erinnern, welcher Gefahr ihr Mann ausgesetzt war; aber gleichzeitig schöpfte sie auch Kraft daraus. Am Ende ihrer Diskussionen am Strand in jenem Dezember erklärte Michelle sich bereit, ihren Mann bei der Kandidatur zu unterstützen.[5] Aber sie hatte auch einige Forderungen an ihn. Er musste versprechen, mit dem Rauchen aufzuhören. Für sie müsste es möglich sein, ihre eigene berufliche Aktivität fortzusetzen, denn wenn Barack getötet würde, wäre sie es, die für den Unterhalt der Familie würde sorgen müssen. Und er müsse sich bald vom Secret Service beschützen lassen, sagte sie.[6]

Michelle und Barack Obama konnten es damals noch nicht wissen, aber der 45-jährige Senator, der sich in Chicago für Belange des Gemeinwesens engagiert hatte, sollte der am stärksten gefährdete Präsident in der Geschichte der Vereinigten Staaten werden. Und der Secret Service, dem die Obamas ihr Leben anvertrauen würden, war geschwächt und stand kurz vor dem Zusammenbruch. Wie Michelle Obama befürchtet hatte, würde die Vorstellung, dass ein schwarzer Senator ernsthaft beabsichtigte, Präsident zu werden, bald den rohen, bösartigen Rassismus zum Auflodern bringen, der in diesem Land immer noch schwelte.

An einem eiskalten Februarmorgen verkündete Barack Obama in Springfield, Illinois, auf den Stufen des State Capitol, wo fast einhundertfünfzig Jahre zuvor Abraham Lincoln seine eigene politische Karriere begonnen hatte, offiziell seine Kandidatur. Michelle Obama ließ sich nach außen hin nichts anmerken, während sie ihn dabei unterstützte, aber innerlich verdrängte sie keineswegs die Tatsache, dass ihr Mann durch den amerikanischen Rassismus gefährdet war.

»Es ist nicht so, dass ich deswegen nicht schlafen könnte, denn es ist leider nun einmal so, dass Barack als Schwarzer auch einfach auf dem Weg zur Tankstelle erschossen werden kann«, sagte sie in ihrem ersten Fernsehinterview nach der offiziellen Bekanntgabe seiner Kandidatur.[7] »Nun ja ... Man kann ja seine Entscheidungen nicht nur aufgrund von Befürchtungen treffen und genauso wenig aufgrund dessen, was alles passieren könnte.«

Was sie nicht erwähnte, waren die Vorsichtsmaßnahmen, die das Paar bereits getroffen hatte. Auf Drängen von Michelle Obama hatte die Wahlkampforganisation ihres Mannes eine private Sicherheitsfirma verpflichtet, die geleitet wurde von einem ehemaligen Personenschützer Bill Clintons, Joe Funk. Aber Funk konnte nicht den Verkehr umleiten oder Gebäude durchsuchen. Seine Mitarbeiter kampierten nicht nachts vor Obamas Haus oder vor den Hotels, in denen er sich aufhielt. Michelle drängte ihren Mann, sich so schnell wie möglich um den rund um die Uhr währenden Schutz des Secret Service zu bemühen. Sie hatte Angst, nicht so sehr um sich selbst, sondern um ihren Mann und ihre Töchter. Jeder ernsthafte Präsidentschaftskandidat konnte den Schutz des Secret Service beantragen, aber noch nie hatte jemand so früh – zwei Jahre vor der Wahl – um diesen Schutz gebeten. Obamas Wahlkampfteam befürchtete, dass ein derartiges Ersuchen politisch kontraproduktiv sein würde. Seine Helfer wollten vermeiden, dass er in diesem frühen Stadium seiner Kampagne dazu gezwungen sein würde, den latenten Rassismus der USA zum Thema in der Öffentlichkeit zu machen.

»In unserem Wahlkampf-Narrativ waren wir gerade dabei, zu behaupten, Amerika sei bereit, einen Afroamerikaner zu wählen, eine neue Art von politischem Führer«, bemerkte Chris Lu, Obamas Freund und Berater im Senat. »Das Letzte, was man in dieser Situation sagen will, ist: ›Oh, ein beträchtlicher Teil der Bevölkerung ist aber noch gar nicht dazu bereit.‹ Die Vorstellung, dass es Leute gab, die einen Anschlag auf Barack Obama verüben wollten, war nicht vereinbar mit unserem Narrativ.«

Nach den formalen Kriterien der Agentur hatte Obama keinen Anspruch auf den Schutz des Secret Service. Die Präsidentschaftskandidaten mussten mindestens zwei Millionen Dollar Unterstützungsgelder sammeln und einen bestimmten Prozentsatz der Stimmen in zwei aufeinanderfolgenden Vorwahlen gewinnen, bevor sie einen Sonderausschuss des Kongresses um einen Personenschützer bitten konnten; dieser Ausschuss konnte dem Ministerium für Innere Sicherheit dann empfehlen, den Schutz zu genehmigen. Aber die Bundesstaaten würden erst in knapp einem Jahr, im Januar 2008, mit den Vorwahlen beginnen.

Es dauerte jedoch nicht lange, bis das Obama-Team besorgniserregende Botschaften im elektronischen Postfach des Senators entdeckte. Im Februar begann Lu, einige der Drohungen zu sammeln, die per E-Mail an Obamas Senatsbüro und seine Wahlkampfadresse geschickt wurden. Lu recherchierte auch selbst im Internet und sah sich auf den Websites des Ku-Klux-Klan und der amerikanischen Neonazis um. »Unsere Welt wird mit ihm als Präsidenten unerträglich werden«,[8] schrieb ein Beiträger in einem Chat von White Power. »Vielleicht wird es jemanden geben, der es riskiert und ihn Lincolns Schicksal erleiden lässt?«

Andere anonyme Schreiber behaupteten, sie wüssten, wo die Obamas wohnten, und erwähnten dabei deren Töchter. Derartige E-Mails waren eine große Belastung für die Obamas. »Diese Leute sagten: ›Wir werden Sie und Ihre Familie in Chicago erwischen‹«, berichtete ein langjähriger Mitarbeiter der Fraktionsführung im Senat. »Als Familie nahmen sie es sehr persönlich. Ich glaube, es hat sie zu Tode erschreckt.«

In der Öffentlichkeit gab Barack Obama jedoch nie zu erkennen, dass er Angst hatte. Er fuhr fort, die Gefahr für ihn und die Bedeutung seiner Hautfarbe herunterzuspielen. »Ich stehe vor denselben Sicherheitsproblemen wie jeder andere auch«, sagte er in einem Interview Ende Februar. »Wir sind zufrieden mit den Maßnahmen, die wir getroffen haben.« Von Reportern wurde Obama gefragt, ob er irgendwelche Morddrohungen erhalten habe. Der Kandidat weigerte sich, darauf zu antworten.

Hinter den Kulissen taten Obamas Senatsunterstützer Reid und Durbin ihr Möglichstes, um ihm den Schutz des Secret Service zu verschaffen. In der zweiten Märzwoche berief Reid eine private Sitzung eines von ihm gesteuerten, unscheinbaren Gremiums des Kongresses ein, das in jedem Wahljahr Empfehlungen aussprach, ab wann die wichtigsten Präsidentschaftskandidaten jeder Partei geschützt werden sollten. Er bat die Mitglieder des Gremiums darum, in Erwägung zu ziehen, Vollzeitschutz für Obama zu empfehlen. Im April folgte Reids Gremium seinem Wunsch und drängte die Bush-Regierung, Obama aufgrund der »verbreiteten Besorgnis« um die körperliche Unversehrtheit des prominenten schwarzen Kandidaten einen Personenschützer zuzuteilen.

In der ersten Maiwoche genehmigte Michael Chertoff, der Minister für Innere Sicherheit, einen Personenschutz, der ungefähr 30 000 Dollar pro Tag kosten würde. Die Entscheidung, Obama so früh Schutz zu gewähren, sollte den Finanzhaushalt des Secret Service ins Wanken bringen. Die Kosten für den Schutz der Kandidaten stiegen von 74 Millionen Dollar im Jahr 2004 auf 112 Millionen Dollar im Jahr 2008. Bereits mehr als ein Jahr vor dem Nominierungskongress seiner Partei und achtzehn Monate vor der Wahl begann Obama mit einer rund um die Uhr für ihn zuständigen Sicherheitseinheit zu reisen – der früheste Zeitpunkt in der Geschichte des Secret Service, zu dem ein Kandidat jemals Schutz erhalten hatte.

Journalisten, die den Wahlkampf begleiteten, bemerkten die Veränderung erstmals, als Obama am Donnerstag, dem 3. Mai, eine abendliche Spendengala in New York besuchte. Anstatt seine Fans auf der West 44th Street vor dem Harvard-Club zu begrüßen, wurde Obama von Männern in dunklen Anzügen durch die Hintertür hinausgeführt. Am nächsten Tag fragten die Reporter nach dem Grund dafür, und Durbin erklärte ihnen, dass er von rassistischen Drohungen gegen Obama erfahren habe. Er betonte, dass er es gewesen sei – und nicht Obama –, der auf den Einsatz von Personenschützern gedrängt habe. »Leider haben wir Hinweise auf rassistische Einstellungen gefunden«, sagte er. »Es ist eine traurige Wahrheit, dass Mr. Obamas afroamerikanische Herkunft bei einigen Menschen auch heutzutage noch sehr gewalttätige und hasserfüllte Reaktionen auslöst.«[9]

Nachdem ein Team von Sicherheitsleuten begonnen hatte, ihn rund um die Uhr zu begleiten, erhielt Obama ironischerweise mehr Beachtung und machte größeren Eindruck in der Öffentlichkeit. Wenn er in einer neuen Stadt ankam, um eine Rede zu halten oder eine Fabrik zu besuchen, erregten die SUVs mit ihren blinkenden Lichtern auf der Motorhaube die Aufmerksamkeit von mehr Menschen. Mehr Fernsehkameras von nationalen Sendern waren auf Obama gerichtet und folgten den Reisen des Kandidaten. In *Good Morning America* und auf den Titelseiten der *Washington Post* und der *New York Times* betonten Experten die historische Bedeutung von Obamas Kandidatur und die Gefahren, denen er als führender schwarzer Kandidat ausgesetzt war.

Es dauerte nicht lange, bis auch extremistische Gruppen auf ihn aufmerksam wurden. Zwei Wochen, nachdem Obama zum ersten Mal mit Personenschutz gereist war, erklärte sich der Grand Wizard der National Knights of the Ku Klux Klan in einem seiner seltenen Interviews dazu bereit, einen Fox-News-Reporter aus Chicago zu einem Gespräch in einem geheim gehaltenen Hotel in Indiana zu treffen. Das Thema: Barack Obamas Kandidatur für das höchste Staatsamt.

Wizard Railton Loy, ein hochgewachsener Mann mit Drahtbrille und gezwirbeltem Schnauzbart, erschien zum Fernsehinterview in seinem lilafarbenen Zauberergewand aus Satin und mit einem kegelförmigen Hut. Loy erklärte ganz beiläufig, dass Obama niemals ins Weiße Haus kommen werde. »Ich werde mir seinetwegen keine Sorgen machen müssen, denn ein anderer unten im Süden wird ihn ausschalten«, sagte Loy. »Er wird todsicher erschossen, falls er zum Präsidenten gewählt wird.«

Als Obamas Wahlkampf in jenem Frühjahr und Sommer besser lief als erwartet, wurde er immer häufiger zum Thema der Chats auf den Websites der weißen Rassisten. Obamas Mitarbeiter waren schockiert über Drohungen, die von jüngeren Helfern entdeckt worden waren.

Am 15. Februar 2008 schrieb ein anonymer Beiträger in einem White-Power-Blog: »Der KKK oder irgendein anderer WIRD Obama ermorden! Wenn wir einen N*****-Präsidenten bekommen, werden alle N*****s [sic] denken, dass sie gewonnen haben und dass die Weißen sich ihnen unterwerfen müssen. FUCK THAT. Obama wird sterben, es lebe der KKK.«[10]

Am 22. April, als Hillary Clinton und Obama noch um die Nominierung kämpften, versprach ein anonymer Autor seinen Online-Freunden: »WENN OBAMA PRÄSIDENT WIRD, WERDE ICH IHN EIGENHÄNDIG UMBRINGEN, DAS STEHT FEST.«[11]

Diese Funken rassistischen Hasses gegen Obama zeigten sich mit alarmierender Häufigkeit, aber sie waren auch Ausdruck eines lange schwelenden Rassismus innerhalb des Secret Service, der langsam an die Öffentlichkeit drang. Die Behörde, die den am stärksten bedrohten Kandidaten in der Geschichte der Präsidentschaftswahlen schützen sollte, hatte ihre eigene dunkle Vergangenheit der Ungleichbehandlung und Verhöhnung von schwarzen Menschen. Der Dienst mochte ein nationales und elitäres Profil haben, aber genau wie eine Kleinstadtpolizei beschäftigte er einfache Agenten und höhergestellte Mitarbeiter, die meinten, sie könnten es sich erlauben, rassistische Witze zu machen – oder Schlimmeres.

Im April 2008 fand ein schwarzer Beamter des Secret Service in der Schulungseinrichtung in Beltsville eine Schlinge in einem Raum, der von einem der schwarzen Ausbilder des Zentrums genutzt wurde. Der schwarze Beamte teilte dies nicht seinem unmittelbaren Vorgesetzten mit, denn er befürchtete, der Vorfall würde vertuscht werden. Stattdessen alarmierte er eine hochrangige schwarze Führungskraft im Hauptquartier. Die Ermittler fanden den schuldigen weißen Agenten, der jedoch bestritt, dass es sich um eine Galgenschlinge handelte.

Aber als die Nachricht von dem Vorfall an die Presse durchsickerte, bestand Mark Sullivan, der Direktor des Secret Service, auf der Beurlaubung des Agenten bis zum Abschluss der Ermittlungen. Unabhängig davon, ob dies tatsächlich eine Galgenschlinge darstellen sollte oder nicht, wurde der Fund vom Dienst als Einzelfall verharmlost; die Existenz eines weiter verbreiteten Problems wurde ausgeschlossen.

Doch am 10. Mai 2008 veröffentlichte die *New York Times* einen Artikel, der Sullivan und die Mitglieder seines Führungsteams in ihren Büros im achten Stock des Secret Service Headquarters aufschreckte. Darin wurde beschrieben, wie zwanzig Führungskräfte, einige von ihnen aus dem Hauptquartier, rassistische Witze und Kommentare in internen E-Mails ausgetauscht hatten. Ein Witz erwähnte die positiven Folgen eines Raketenabschusses von Jesse Jackson während einer seiner Flugreisen. Ein anderer trug den Titel »Harlem-Buchstabierwettbewerb« und spottete über die schlechten Englischkenntnisse der schwarzen Schüler. Einige der vermeintlich witzigen Definitionen der Beispielwörter für den Buchstabierwettbewerb lauteten wie folgt:

»*Überraschungsbesuch:* Ich war gerade mit der Nutte ins Bett gestiegen, als wir einen Überraschungsbesuch von meiner Frau erhielten.«

»*Wohnungsnachbarin:* Als Wohnungsnachbarin habe ich im Stockwerk unter mir eine gut aussehende Hure.«

Diese Gossenkultur an der Spitze des Secret Service wurde dank einer acht Jahre alten Klage gegen rassistische Diskriminierung aufgedeckt, die von schwarzen Agenten im Jahr 2000 eingereicht worden war und die der Secret Service seitdem zu unterdrücken versucht hatte. Angeführt von Roy Moore, einem Personenschützer des Präsidenten, hatten die schwarzen Agenten erklärt, dass eine rassistische Grundeinstellung ihre Möglichkeit, in der Organisation aufzusteigen, blockiert und verzögert habe. Die oberste Führungsriege des Dienstes traf Beförderungsentscheidungen informell und führte keine offiziellen Akten, die sie dokumentierten. Moore und seine Kollegen riskierten ein von ihnen selbst verursachtes Ende ihrer beruflichen Laufbahn, als sie Klage einreichten, um herauszufinden, ob bei der Gewohnheit ihrer Vorgesetzten, Weiße so viel häufiger auf höhere Positionen zu berufen, die Hautfarbe eine Rolle spielte. Im Jahr 2004 hatte ein Richter den Secret Service aufgefordert, dem Gericht die internen E-Mails der Vorgesetzten zur Verfügung zu stellen. Aber bis Ende 2007 versuchte der Dienst noch, die Aufklärung zu verzögern, indem er behauptete, es würde noch Jahre dauern, bis die überlastete Behörde die diesbezüglichen Materialien gesammelt hätte.

In einer dreitägigen Gerichtsanhörung zu dem Fall Ende 2007 sagte die Bundesrichterin Deborah Robinson, sie sei mit ihrer Geduld am Ende, und rügte den Secret Service für seine Blockadehaltung. Sie setzte dem Dienst eine Frist, innerhalb derer er die Informationen zu liefern hatte, und drohte ihm danach mit täglichen Geldstrafen: Entweder Sie übergeben uns innerhalb von drei Monaten alle E-Mails zwischen Beamten der Führungsebene, oder Sie müssen die Konsequenzen tragen. Der Dienst beauftragte PricewaterhouseCoopers mit der Überprüfung von 20 Millionen elektronischen Aufzeichnungen über Beförderungen und ethnische Merkmale; dabei wurden mehr Missstände entdeckt als erwartet. In ihren privaten E-Mail-Unterhaltungen hatten einige der höchstrangigen Beamten des Secret Service rassistische Witze über die Genitalien schwarzer Männer, das Analphabetentum schwarzer Erwachsener und die sexuellen Fähigkeiten von Menschen verschiedener Hautfarben ausgetauscht. Da der Dienst bereits wegen der im Ausbildungszentrum gefundenen Schlinge in Verdacht geraten war, entschied Sullivan, dass den Klägern alle Aufzeichnungen, in denen die Hautfarbe erwähnt wurde, ausgehändigt werden sollten.

Zwei Wochen später tauchte eine kleine Auswahl dieser E-Mails in der *New York Times* auf. Der wichtigste Teil war die E-Mail über den »Harlem-Buchstabierwettbewerb«, die der damalige stellvertretende Direktor Thomas Grupski mit einigen anderen Beamten geteilt hatte. Am Morgen, an dem der Artikel veröffentlicht wurde, riefen Mitarbeiter des Heimatschutzministers Michael Chertoff bei Sulli-

van an und fragten ihn, was er tun würde, um diesen Zuständen ein
Ende zu bereiten. Sullivan beschloss, Grupski zu beurlauben. »Wir
sind zutiefst enttäuscht von jeder Äußerung oder Handlung unserer
Mitarbeiter, die bezüglich der Hautfarbe oder anderer Aspekte die
Betroffenen verletzt haben könnte«, sagte Eric Zahren, der Sprecher
des Secret Service, gegenüber der *Times*.

Aber als fünf Tage später eine weitere Auswahl von E-Mails in den
Nachrichten auftauchte, an denen einige von Sullivans engsten Mitarbeitern beteiligt waren, war die Reaktion des Secret Service mehr von
Zorn als von Bedauern bestimmt. Zwei hochrangige Führungskräfte
waren in den Fall verwickelt, darunter der hispanoamerikanische
Beamte Victor Erevia, einer der drei für Barack Obama zuständigen
Personenschutzleiter. Er hatte mit zwei Kollegen einen Witz geteilt, in
dem es darum ging, wie man eine Frau zum Sex überreden könne, mit
einer klischeehaften Darstellung der sexuellen Eigenschaften amerikanischer Männer jüdischer, südstaatlicher und indigener Herkunft.

David O'Connor, einer der wichtigsten leitenden Beamten, der
alle Details des Personenschutzes überwachte, und ein enger Verbündeter von Sullivan, war ebenfalls in den Fall verwickelt. Er hatte von
seinem Bruder, einem bereits im Ruhestand befindlichen Mitarbeiter
des Dienstes, eine Reihe von rassistischen Witzen und Schimpftiraden über Al Sharpton erhalten, in denen es auch darum ging, wie die
Bevorzugung von schwarzen Menschen »fast jeden Aspekt der amerikanischen Lebensart ruiniert«. O'Connor antwortete ihm, er würde
den Witz gerne an einen anderen »vertrauenswürdigen« Pensionär
weiterleiten. In einer öffentlichen Erklärung sagte Zahren, dass diese
E-Mails in ihrem privaten Rahmen als harmlose Witze verstanden
werden sollten. Er fügte hinzu, die Offenlegung des E-Mail-Verkehrs
sei ein »absichtlicher Versuch, die Agentur in Schwierigkeiten zu
bringen«, und das während »eines in dieser Form noch nie dagewesenen Präsidentschaftswahlkampfes«.[12]

Der Erhalt eines rassistischen Witzes in einer E-Mail sagte wenig
über den Empfänger aus. Das Versenden dieses Witzes war jedoch
vor der Öffentlichkeit nur schwer zu rechtfertigen. Der Dienst ver-

setzte Erevia, der später dabei helfen sollte, den Personenschutz während der Wahlkampagne des ersten bedeutenden schwarzen Kandidaten zu organisieren, vorübergehend und beförderte ihn auf eine leitende Position in der technischen Sicherheitsabteilung der Agentur. Es ist nicht bekannt, ob Obama Erevia jemals um eine Rechtfertigung gebeten hat.

In der Zwischenzeit, im Juni 2008, beendete Hillary Clinton ganz offiziell ihre Kampagne und überließ Obama die Kandidatur der Demokraten. Fast sofort radikalisierte sich der rassistische Widerstand gegen einen afroamerikanischen Kandidaten von bloßen Schmähungen im Internet hin zu realen Anschlagsplänen mit echten Waffen. Noch bevor Obama seinen Amtseid ablegte, heckten weiße Rassisten, Milizionäre und geistig verwirrte Einzelgänger in mindestens vier Fällen Pläne zu seiner Ermordung aus – ein stetiger Strom von Hass, wie ihn der Secret Service noch nie bei einem Kandidaten erlebt hatte.

Ein besonders besorgniserregendes Komplott betraf den Nationalkongress der Demokraten in Denver Ende August 2008. Obama entschied sich, die Nominierung seiner Partei im Invesco Field, dem Heimatstadion der Footballmannschaft Denver Broncos, anzunehmen. Ein Vorausteam arbeitete in Denver monatelang an einem Sicherheitsplan für den Parteitag, und am Wochenende davor strömten Heerscharen von Agenten des Secret Service und Polizeibeamten nach Denver, um diesen Plan in die Tat umzusetzen. Der viertägige Kongress würde am Montag, dem 25. August, beginnen.

Am späten Samstagabend rauchten drei Männer und ihre Freundinnen Crystal Meth in einem Hyatt Regency Hotel südlich des Stadtzentrums. Berauscht von einer Mischung aus Methamphetaminen und Alkohol feierten sie und diskutierten darüber, wie man Obama umbringen könne, so ein Informant. »Kein N***** sollte jemals im Weißen Haus wohnen«,[13] sagte der inoffizielle Anführer der Gruppe, Shawn R. Adolf.

Adolf, sein Cousin Tharin Gartrell und sein Freund Nathan Johnson waren am Vorabend des Kongresses aus dem Umland nach Denver gereist. Sie glaubten fälschlicherweise, Obama würde im gleichen Hotel übernachten wie sie. Sie sprachen laut über ihre Hoffnung, ihn dort antreffen und erschießen zu können. Adolfs Freundin hatte eine Idee: Sie könnten eine Waffe in eine Kamera stecken und ihn ermorden, während sie vorgeben würden, Fotos zu machen. Adolf schlug vor, Obama mit einem Hochleistungsgewehr von einem erhöhten Standort aus zu töten, wie die »Schüsse von einem Grashügel«, denen Kennedy zum Opfer gefallen war.

Adolf, der behauptete, ein Mitglied der einem weißen Nationalismus anhängenden Gruppierung namens Sons of Silence zu sein, sagte, dass er unter ihnen derjenige sei, der am wenigsten zu verlieren habe, weil er ohnehin mit mehreren Haftbefehlen wegen Raubüberfällen und unerlaubten Waffenbesitzes gesucht werde. »Ich könnte ihn ohne weiteres umbringen«, sagte Adolf zu ihnen.

Nach Mitternacht wollte Gartrell sich Zigaretten holen. Adolf gab ihm die Schlüssel zu seinem gemieteten blauen Dodge-Truck. Ein Polizeibeamter aus Aurora bemerkte, dass Gartrell ihm auf der Straße auswich und hielt ihn an. Im Laderaum des Trucks fand er ein schockierendes Arsenal: ein geladenes Ruger Repetiergewehr mit Zielfernrohr und Zweibeinständer, ein Remington Repetiergewehr mit Zielfernrohr, Kisten mit Munition, zwei Perücken, eine kugelsichere Weste und Walkie-Talkies. Drei Rucksäcke enthielten ein mobiles Drogenlabor mit allen Chemikalien und Glasgefäßen, die nötig waren, um eine beträchtliche Menge Crystal Meth herzustellen. Die Agenten des FBI und des Secret Service hatten Verkünder des weißen Rassismus überwacht, die mit der Absicht nach Denver kamen, Obama etwas anzutun. Der Fund schien ihre schlimmsten Befürchtungen zu bestätigen.

Gartrells Verhaftung führte dazu, dass er und seine zwei Begleiter von FBI- und Secret-Service-Agenten gründlich verhört wurden. Johnson gab zu, dass er glaubte, Adolf und Gartrell seien nach Denver gekommen, um Obama zu ermorden. Er bekräftigte die Existenz dieser Pläne in einem Interview mit einem Nachrichtensender, das er am darauffolgenden Tag vom Gefängnis aus gab. »Ja, sie waren hier, um das zu tun, um ihn umzubringen«, sagte Johnson. »Er sollte kein politisches Amt anstreben. Schwarze sollten keine politische Verantwortung übernehmen dürfen. Deshalb muss man ihn erschießen.«

Doch bereits einen Tag, nachdem die FBI-Agenten einem Bundesrichter mitgeteilt hatten, sie hätten ein ernsthaftes Vorhaben zur Ermordung eines Präsidentschaftskandidaten aufgedeckt, bezweifelte der Bundesanwalt Troy Eid in Denver, dass sich dies tatsächlich beweisen lasse. In einer Pressekonferenz erklärte er, hinter dem Gerede des Trios im Hotel stecke »wohl mehr Wunschdenken als die Fähigkeit zur Tat«.[14] Eid sagte, die Männer würden sich wegen illegalen Drogen- und Waffenbesitzes verantworten müssen, aber die Agenten hätten keine Beweise dafür, dass die Männer mehr getan hätten, als darüber zu reden, Obama etwas anzutun. »Das war ein Treffen von ein paar Junkies, deren Handlungsabsichten völlig unklar sind«, sagte Eid. »Wenn man eine echte Bedrohung feststellen will, muss man belegen können, dass sie nicht nur ihrer Phantasie freien Lauf gelassen haben, vor allem dann, wenn sie aufgrund von Drogenkonsum nicht zurechnungsfähig sind.«

Nick Trotta, der Leiter der Schutzoperationen des Secret Service, spielte die Bedrohung durch weiße Rassenfanatiker herunter, obwohl das FBI eindeutige Beweise dafür hatte, dass noch eine weitere Gruppe von weißen Rassenhassverkündern nach Denver gereist war, um dort Ärger zu machen. »Ich glaube, dass dieses Thema von den Medien manchmal etwas aufgebauscht wird«, sagte Trotta in einem Interview. »Wir haben diese Leute immer unter Beobachtung, genauso wie wir alle anderen potenziell gefährlichen Gruppen beobachten.«

Dass sich der hochrangige Staatsanwalt und der Secret Service einig waren, diese bewaffneten Männer nicht wegen der Planung eines Anschlags anzuklagen, überraschte andere Staatsanwälte im ganzen Land und ehemalige Secret-Service-Beamte. In der gesamten jüngeren Geschichte hatten die Personen, die kurz davorstanden, dem Präsidenten etwas anzutun, nur selten elaborierte Pläne oder klare Gedanken. Durch ihre Besessenheit konnten sie manchmal den

Mangel an Präzision wettmachen. Aber Eid bemerkte zu Recht, dass diese drei Männer nicht einmal wussten, in welchem Hotel Obama übernachtete.

Etwas besorgter zeigte sich der Secret Service in jenem Oktober, als er auf die Pläne zweier Skinheads für ein außergewöhnliches Gemetzel aufmerksam wurde. Daniel Cowart aus Tennessee und Paul Schlesselman aus Arkansas verband die Abscheu vor der Vorstellung eines schwarzen Präsidenten. Sie lernten sich im Internet über einen gemeinsamen Freund kennen und taten sich bald zusammen, um einen Aktionsplan zu schmieden. Zuerst würden sie vierzehn schwarze Kinder enthaupten und dann achtundachtzig weitere erschießen, beginnend an einer von afroamerikanischen Kindern besuchten Schule vor Ort. Gekleidet in weiße Smokings und Zylinder würden sie anschließend Senator Obama ermorden, indem sie aus mehreren Gewehren feuernd auf seine Autokolonne zufahren würden.

In der Unterwelt der Skinheads wurde die Numerologie geschätzt. Die Zahl 88 verwies auf die Buchstaben HH, die für »Heil Hitler« standen. Ein 14-Wörter-Credo leitete die White-Power-Gruppen: »Wir müssen gemeinsam die Existenz unseres Volkes und eine Zukunft für weiße Kinder sichern.«

Dass ein Hilfssheriff die beiden verhaften konnte, war größtenteils Zufall. Die Männer hatten einige Übungsschüsse auf eine von schwarzen Menschen besuchte evangelische Kirche abgefeuert, wenige Kilometer von Cowarts Haus entfernt. Niemand wurde verletzt, aber es kam in die Nachrichten, und sie prahlten später mit ihrer Tat vor einem Freund. Die Mutter des Freundes zeigte sie bei der Polizei an. Als sie verhört wurden, gestanden die beiden Skinheads ihren Plan für eine weitaus gravierendere Aktion.

Laut der Aussage eines Agenten »gaben beide Personen an, sie hätten gewusst, dass sie bei dem Versuch sterben würden und dass sie dies in Kauf genommen hätten«.

Am 4. November 2008, kurz nach 23 Uhr, meldete CNN, dass Barack Obama die Präsidentschaftswahl gewonnen hatte. Die Obamas verfolgten die Auszählung der Stimmen mit ihrer Großfamilie in einem Hotelzimmer in der Nähe von Chicagos Grant Park, wo sich eine schnell wachsende Schar von Unterstützern seiner Kandidatur versammelte. Die dicht gedrängte Menschenmenge, die dort zusammengekommen war, jubelte und tanzte, als die Nachrichtensprecher seinen Sieg verkündeten.

Die begeisterte Menge war doppelt so groß wie für diesen Anlass erwartet – etwa 240 000 Menschen –, als Obama schließlich um ein Uhr nachts die Bühne betrat. Nur wenige davon konnten ahnen, welche Anstrengungen der Secret Service unternommen hatte, um den designierten Präsidenten während dieser denkwürdigen fünfundzwanzigminütigen Rede zu schützen. Der Service hatte zwei schaufenstergroße Scheiben aus kugelsicherem Glas – 3 Meter hoch und 4,5 Meter breit – auf der rechten und linken Seite von Obamas Rednerpult installiert.[15] Die Fernsehzuschauer konnten das Glas nicht sehen, aber wenn man unmittelbar davorstand, war es so gut erkennbar wie ein zwei Tonnen schwerer Eisblock. Die fünf Zentimeter dicken Platten sollten Obama vor möglichen Heckenschützen in den Hochhäusern am Rand des Parks abschirmen. Agenten überprüften die Platzierung der Scheiben, indem sie in hoch gelegenen Wohnungen Stellung bezogen und rote Laserstrahlen auf Kollegen »abschossen«, die als Platzhalter für Obama fungierten. Außerdem wurde der Luftraum rund um den Park während dieser Nacht zur Flugverbotszone erklärt. Der hochrangige Beamte, der den Schutz für die Veranstaltung beaufsichtigte, dankte dem Wahlkampfteam von Obama für die sofortige Zustimmung zu einer Reihe von zusätzlichen Vorsichtsmaßnahmen.

»Sie haben keinen Moment gezögert, als wir ihnen sagten, dass wir das Glas installieren müssen«, sagte der Supervisor. »Sie haben verstanden, dass es nötig war.«

In dieser Nacht feierte ein großer Teil des Landes. Aber für Obama hatte sich die Gefahr buchstäblich über Nacht exponentiell verschärft.

Die Geheimdienstabteilung, die die Bedrohungslage für den Präsidenten zu beurteilen hatte, sah sich plötzlich vor die Aufgabe gestellt, eine in die Höhe schießende Zahl von Gefährdungen zu sortieren und zu bewerten. Die Agenten schätzten, dass Obama in den Monaten unmittelbar vor und mehrere Monate nach seinem Amtsantritt viermal so viele Morddrohungen erhielt wie seine Vorgänger – bis zu dreißig pro Tag.[16]

Am Wochenende nach der Wahl lud ein Schild in einem Lebensmittelladen in Maine die Kunden dazu ein, an einer Wette darüber teilzunehmen, wann Obama ermordet werden würde. »Hoffen wir, dass es einen Gewinner gibt«, stand auf dem Schild. In Vay, Idaho, fand die Polizei ein Schild an einem Baum, das eine »kostenlose öffentliche Hinrichtung« von Obama anbot. An der North Carolina State University in Raleigh hatten anonyme »Künstler« die Sätze »kill that n*****« und »shoot Obama« an die Wand eines Tunnels gesprüht, der von Studenten auf dem Weg über den Campus benutzt wurde.

Andere Aufrufe zur Gewalt waren nicht ganz so offensichtlich. So wie Obama die sozialen Medien genutzt hatte, um Wähler zu erreichen und seine Kampagne anzukurbeln, so nutzten seine Feinde dieses riesige Forum, um Ideen zu verbreiten, wie man ihm etwas antun könne. Die Allgegenwärtigkeit von Chatgruppen machte es 2008 für die Leute viel einfacher, über eine Tastatur Drohungen zu formulieren. Binnen eines einzigen Tages – der 5. November 2008, der Tag, nachdem Obama die Präsidentschaft gewonnen hatte – registrierten sich mehr als zweitausend Personen bei Stormfront, der ältesten und größten Website weißer Rassisten in den USA.[17] Wegen des überwältigenden Datenverkehrs stürzte die Seite vorübergehend ab.

»Ich möchte, dass der Hurensohn in eine Kiste gelegt wird, damit alle sehen, welches Ende solche ›Messiasse‹ erwartet«, schrieb ein Stormfront-Poster in einem Chat einen Tag nach Obamas Wahl. »Gott hat uns im Stich gelassen, dieses Land ist dem Untergang geweiht.«

Das altbewährte Regelwerk des Secret Service sah vor, zu jeder einzelnen Person, die eine Drohung gegen das Leben des Präsidenten aussprach, einen Agenten vor Ort zu schicken, um sie zu befragen. Aber die Intelligence Division hatte keine realistische Chance, jede Person aufzuspüren, die auf Facebook oder in einem virtuellen Chatroom ankündigte, Obama etwas antun zu wollen. Welche Drohungen waren spontane Schimpftiraden eines Betrunkenen oder hohlen Wichtigtuers? Welche kamen von geistig verwirrten Soziopathen, die eine echte Gefahr darstellten?

Kapitel 17

SULLIVANS TRUPPE

Behördenleiter müssen – genau wie Generäle – zwei Dinge beherrschen, um erfolgreich zu sein: Sie müssen führungsstarke Offiziere auswählen, um ihre Pläne vor Ort zu verwirklichen, und sie müssen sich vehement für das Geld und die Ausrüstung einsetzen, die ihre Truppe braucht, um den Job richtig erledigen zu können.

Der neue Direktor des Secret Service, Mark Sullivan, war ein großer, stattlicher Mann mit tiefliegenden Augen und silbernem Haar. Er war Vater von drei Mädchen, ein begeisterter Sportler und ein ehemaliger College-Hockeyspieler, der auch in seinen Fünfzigern noch häufig auf dem Sportplatz aktiv war. Er wirkte ebenso vital wie seriös. Er hatte zwanzig Jahre Erfahrung im Personenschutz und war ein Meister darin, die Gunst der Mächtigen zu gewinnen. Auf den ersten Blick schien Sullivan alle Voraussetzungen zu besitzen, um auf dieser Stelle erfolgreich zu sein.

Dennoch hatte Sullivan während seiner sieben Jahre als Direktor immer wieder Schwierigkeiten, eine schlagkräftige Mannschaft aufzubauen und die notwendigen Ressourcen zu mobilisieren. Obwohl er dem Secret Service gegenüber zutiefst loyal war, war die Behörde nach seinem Ausscheiden schwächer, als sie vorgefunden hatte.

Mark Sullivan war im weißen Bostoner Mittelklassevorort Arlington, Massachusetts, als ältester Sohn einer vielköpfigen katholischen Familie aufgewachsen. Schon kurz nach dem College bewarb er sich das erste Mal beim Secret Service, wurde aber abgelehnt. Er sortierte sich neu, arbeitete ein paar Jahre als Ermittler für das Büro des Generalinspektors der Bundesbehörde für Wohnungswesen, um seinen Lebenslauf anzureichern, und wurde 1983 als Anfängeragent in der Außenstelle Detroit eingestellt. Schnell beeindruckte er seine Vorgesetzten mit seiner Fähigkeit, komplexe Betrugsermittlungen zu meistern. Hochrangige Beamte hielten ihn auch für ein Naturtalent im Bereich des Personenschutzes, was er als neuer Agent beim Schutz für die Clinton-Familie unter Beweis stellen konnte sowie später als stellvertretender Leiter des Sicherheitsteams von Vizepräsident Cheney.

Sullivans Kollegen war außerdem klar, dass er große Karrierepläne für sich selbst hegte. Er hatte immer die nächste Beförderung im Visier und bemühte sich ständig um persönlichen Kontakt mit den VIPs, die der Dienst beschützte. Als Neulingsagent bei der Clinton-Familie beschwerte er sich bei seinen Vorgesetzten darüber, dass er zum Personenschutz der Tochter Chelsea abkommandiert worden war, und drang darauf, andere Agenten ersetzen zu dürfen, die viele Einsätze bei deren Mutter Hillary hatten.

Nach der Amtseinführung von George W. Bush wäre Sullivan an der Reihe gewesen, die Leitung des Personenschutzes für den Präsidenten zu übernehmen. Aber Stafford verärgerte Sullivan, indem er ihn in die Vice President's Protective Division (VPPD) versetzte. Das war zwar eine wichtige Aufgabe, aber gegenüber dem Einsatz beim Präsidenten nur zweitrangig. Angesichts von Sullivans Ehrgeiz fühlten sich damals einige hochrangige Beamte unwohl.

Kollegen sagten, Sullivan habe sich hintergangen gefühlt und einen heimlichen Groll darüber gehegt, dass er es nicht in die eigentliche »Präsidenten-Show« geschafft hatte. Ein Agent aus dem Schutzteam von Vizepräsident Cheney bemerkte: »Als er bei uns ankam, kannte ich ihn noch nicht so gut, aber ein Freund warnte mich vor Mark, und es stellte sich heraus, dass er recht hatte: ›Dieser Typ wird sich dir gegenüber als dein Freund ausgeben, aber hinter deinem Rücken wird er über dich lästern, um besser dazustehen.‹«

Sullivan war nach einem umstrittenen Wechsel in der Leitung des Secret Service im Jahr 2003 schnell aus dem Personenschutz des Vizepräsidenten in eine höhere Position aufgestiegen. Präsident George W. Bush hatte Ralph Basham zum neuen Direktor ernannt, trotz des heftigen und lautstarken Widerstands des vorherigen Direktors, Brian Stafford. Sullivan wurde zu Bashams rechter Hand. Als Basham sich drei Jahre später, im Juni 2006, dazu bereit erklärte, die Leitung einer noch größeren Bundesbehörde, der U. S. Zoll- und Grenzschutzagentur, zu übernehmen, setzte er sich im Weißen Haus erfolgreich dafür ein, Sullivan zum neuen Direktor des Secret Service zu ernennen.

Als es sich im Mai 2008 abzeichnete, dass Obama vermutlich der Kandidat der Demokraten werden würde, sah sich Direktor Sullivan mit einer Reihe von Rücktritten in seiner Führungsriege konfrontiert. Er hatte nun die Chance, sein eigenes Führungsteam zusammenzustellen. Seine Entscheidungen würden den Dienst durch eine Zeit führen, die nicht mehr von der Reaktion auf die Anschläge im September 2001 bestimmt war, sondern von einer historisch neuartigen Präsidentschaft. Einige dieser Entscheidungen sollten sich jedoch als katastrophal erweisen. »Er hat keine starke Mannschaft aufgebaut«, sagte ein ehemaliger stellvertretender Direktor.

Sullivan folgte dem Beispiel früherer Direktoren und wählte einige Stellvertreter aufgrund ihres Dienstalters und ihrer persönlichen Loyalität zu ihm aus, während er andere auswählte, um verschiedene Fraktionen des Secret Service zufriedenzustellen. Der demokratische Abgeordnete Bennie Thompson aus Mississippi, Vorsitzender des Heimatschutzausschusses des Repräsentantenhauses, der den Secret Service beaufsichtigte, hatte Sullivan dazu gedrängt, schwarze Agenten stärker zu berücksichtigen, vor allem angesichts der Erwartung, dass Obama das Weiße Haus erobern würde. Nach dem Vorfall mit der Schlinge sagte Thompson zu Sullivan, es sei an der Zeit, sein Engagement für ethnische Vielfalt auf der Führungsebene seiner Behörde zu zeigen. Im darauffolgenden Monat machte Sullivan Keith Prewitt, eine erfahrene afroamerikanische Führungspersönlichkeit, zu seinem stellvertretenden Direktor.

Aber Sullivan wählte auch einige Spitzenbeamte aus, die an anderen Arbeitsstätten wegen ihres unlängst festgestellten Fehlverhaltens
dafür möglicherweise nicht infrage gekommen wären. Im Mai 2008
entdeckten Prüfer bei der Durchsicht der E-Mails, die im Rahmen
der Klage der schwarzen Agenten wegen ethnischer Diskriminierung
ausgehändigt worden waren, dass sechs hochrangige Vorgesetzte
pornographische oder sexuell freizügige Bilder und Nachrichten
heruntergeladen oder mit Kollegen und Untergebenen ausgetauscht
hatten. Von vielen Agenten als »Porngate« bezeichnet, wurde diese
anrüchige Entdeckung totgeschwiegen und gelangte nie an die Presse.
Die höchstrangige Person, die in diese Affäre verwickelt war, war
George Luczko, ein stellvertretender Assistenzdirektor, der Bildmate-
rialien mit sexuellem Inhalt angesehen und an einen anderen hohen
Beamten geschickt hatte. Ein zweiter hochrangiger Mitarbeiter, Mike
Merritt, hatte weit weniger schwerwiegende, aber ebenfalls sexuell
anzügliche Inhalte in E-Mails an untergeordnete Kollegen weitergeleitet.

Nur wenige Monate, nachdem er ein vertrauliches Briefing darüber
erhalten hatte, was Luczko und Merritt getan hatten, beförderte Sullivan beide auf Stellen mit dem zweithöchsten Rang in der Behörde. Im
August 2008 wurde Luczko von Sullivan zum stellvertretenden Direktor des Office of Professional Responsibility ernannt, der Abteilung
für interne Angelegenheiten der Behörde. Er würde dadurch fortan
für die Überwachung aller Untersuchungen von Fehlverhalten von
Mitarbeitern zuständig sein. Merritt wurde von Sullivan zum stellvertretenden Direktor des Office of Investigations befördert, eines der
beiden wichtigsten Büros des Service. Merritt würde dadurch knapp
die Hälfte des Budgets der Behörde kontrollieren sowie alle Außenstellen beaufsichtigen, die mit der Untersuchung finanzieller Delikte
betraut waren.

Luczko sicherte sich diese Stelle, indem er dem Direktor vollständige und uneingeschränkte Loyalität versprach, wie er später seinen
Freunden erzählte. Er sagte zu Sullivan, dass er dringend Leute brauche, die ihm den Rücken freihielten, und versprach, dass er Sullivan

zuverlässig unterstützen werde, wenn er ihm die Beförderung ermöglíche.

Viele Agenten bewunderten Merritts Fähigkeiten bei Einsätzen, und einige sahen in ihm sogar einen idealen zukünftigen Direktor. Merritt war vom ehemaligen Direktor Brian Stafford aufgebaut worden, und indem er Merritt beförderte, würde Sullivan eine respektierte Führungspersönlichkeit bekommen, aber auch die mächtige Alumni-»Familie« zufriedenstellen, die Wert darauf legte, dass ihre Schützlinge aufstiegen. »Mark machte Friedensangebote«, sagte der ehemalige Assistenzdirektor. Sullivan würde später sagen, dass die beiden Männer die am besten qualifizierten Kandidaten waren. Ob es nun Sullivans Absicht gewesen ist oder nicht, jedenfalls war eine subtile Botschaft gesendet worden: Loyalität und Verbindungen waren der Schlüssel zum Aufstieg im Service.

Anschließend schob Sullivan seine Assistenzdirektorin für Personalwesen und Ausbildung, Julia Pierson, auf eine weniger wichtige Stelle ab. Sie hatte als Agentin in Miami angefangen, an den Schutzmaßnahmen von drei Präsidenten mitgearbeitet und war nun in der Chefetage angekommen. Nur wenige Monate zuvor hatte er Pierson, die ranghöchste Frau in der Behörde, gebeten, das Fehlverhalten von Luczko und Merritt zu überprüfen und eine Bestrafung für ihre beim »Porngate« entdeckten Vergehen zu empfehlen. Beide erhielten einen Verweis, der in ihren Personalakten vermerkt wurde. Jetzt, nur wenige Wochen später, beförderte Sullivan die beiden Männer und degradierte insgeheim deren Bestraferin. Er schuf eine neue Position für Pierson, die des Stabschefs, aber jeder im achten Stock, auch sie selbst, wusste, dass Sullivan sie aus dem Weg räumte.

Pierson hatte mehrere von Sullivans Assistenzdirektoren in ihrer Rolle als Kontrolleurin von Einstellungen und Schulungen sowie in ihrer früheren Tätigkeit als leitende Verwaltungsdirektorin gegen sich aufgebracht. In einem denkwürdigen Fall hatte sie sich gegen die geplante Beförderung eines ehemaligen Personenschutzagenten gewehrt, der der Vergewaltigung beschuldigt worden war. Dessen Vorgesetzte argumentierten, dass der Agent das Verhalten zwar zu-

gegeben hatte, aber nie verurteilt worden war – der Vater des Mädchens hatte seine Strafanzeige zurückgezogen. Pierson hatte auch die
Leiter großer Außenstellen verärgert, weil sie bemerkt hatte, dass
diese größere Büros angemietet hatten, als nötig gewesen wäre, und
weil sie die Außenstellen ständig drängte, die Waffen und Computer
der ausscheidenden Agenten abzugeben, damit sie wiederverwendet
werden konnten. »Sie hat nie gelernt, sich einfach um ihre eigenen
Angelegenheiten zu kümmern«, sagte ein anderer ehemaliger Assistenzdirektor.

Sullivans innerer Kreis, auf den er vertraute, bestand zumeist aus
weißen Männern in den späten Vierzigern und frühen Fünfzigern,
mit denen er beim Personenschutz zusammengearbeitet hatte. Sie
hatten sich als hart arbeitende und belastbare Agenten bewährt. Allerdings machte dies aus ihnen nicht immer gute Manager. Vielen
von ihnen fehlte das Fachwissen in den Bereichen Technologie, Terrorismus und Finanzmanagement, das ihre in einem Transformati-
onsprozess befindliche Behörde benötigte.

Sullivan hatte eine Behörde zu leiten, und er verließ sich dabei auf
andere, um die Finanzen dieser Behörde zu überwachen. Aber das
war von jeher die Achillesferse des Service gewesen: Man bemühte
sich nicht ausreichend um das Geld und das Personal, die für die Er-
ledigung der Aufgaben nötig waren. Die Agenten bekamen zu Gehör,
dass einige Direktoren nicht gerne umfangreiche Anträge bezüglich
der Ausstattung stellten, weil das den Eindruck erwecken könnte, der
Präsident sei mit der aktuellen Ausstattung nicht sicher. Obwohl der
Service ein abenteuerliches Image im Stil von James-Bond-Filmen
hatte, musste er sich mühsam mit veralteten Technologien behelfen
und einige seiner wichtigsten Informationen auf Computern aus
den achtziger Jahren speichern. Kontakt zu den zahlreichen Mitarbeitern wurde mit Hilfe einer unübersichtlichen Mischung aus Tele-
fonanrufen, E-Mails und Papierprotokollen gehalten. Es fehlte eine
automatisierte Möglichkeit, die finanziellen Ausgaben in Echtzeit zu
überwachen. Man reagierte immer nur auf die aktuellen Erforder-
nisse, erholte sich gerade von einer Großveranstaltung, um dann die

Kreditkarte der Agentur zu zücken und eilig Schwärme von Agenten einzufliegen, um die nächste Veranstaltung zu bewältigen. Mit anderen Worten: Der Service hätte dringend in Technologie investieren müssen, aber stattdessen verschwendete er seine begrenzten Mittel für kurzfristige Bedürfnisse.

Jahrelang hatte sich der Service über Wasser gehalten, ohne besonders gut begründete Argumente für die Bewilligung zusätzlicher Finanzmittel vorzubringen. Die für die Finanzen zuständigen Mitarbeiter sahen sich einfach das Budget des vorhergehenden Jahres an und rechneten ein wenig Inflation sowie zusätzliche Veranstaltungen oder Projekte hinzu, von denen sie wussten, dass der Service die Kosten dafür tragen musste. Die Argumente, die Sullivans Team vorbrachte, wurden vom Weißen Haus und dem Kongress sehr schlecht aufgenommen. Im Jahr 2008 stellte Sullivans Mannschaft ihren Strategieplan für die Ausgaben der nächsten sechs Jahre fertig. Der Plan erklärte seltsamerweise die Untersuchung von Finanzkriminalität zur obersten Priorität des Service – noch vor dem Schutz des Präsidenten. Sullivans Top-Leute wollten damit eine für sie lukrative Einnahmequelle sichern. Nach der Einrichtung von mehreren Task Forces für Computerkriminalität in den späten neunziger Jahren hatten erfahrene Beamte immer wieder im hohen sechsstelligen Bereich bezahlte Jobs an der Wall Street ergattert.

Doch die dem Secret Service neuerdings übergeordnete Behörde, der Heimatschutz, hielt es für ihre zentrale Aufgabe, Terroranschläge zu vereiteln. Das Weiße Haus und der Kongress wollten unbedingt Geld ausgeben, um Terroristen von Flugzeugen fernzuhalten und die Grenzen der USA zu sichern. Jede andere Mission würde es schwer haben, Dollars von ihnen zu bekommen.

Sullivans nicht immer nachvollziehbare Auswahl hochrangiger Beamter und sein Versäumnis, Geld zu beantragen, das die Behörde dringend benötigte, hatten bislang noch keine Krise verursacht. Aber diese Faktoren würden während seiner Amtszeit und noch mehrere Jahre danach zum Niedergang der elitären Schutzbehörde führen.

Nach dem Direktor ist die mächtigste Figur des Secret Service der Special Agent, der für den Personenschutz des Präsidenten zuständig ist. Die Person, die diese Rolle schließlich an der Seite von Präsident Obama übernehmen sollte, kam nur widerstrebend zu diesem Job.

Anfang 2007 gelangte Vic Erevia in die dritte und letzte Phase seiner 23-jährigen Karriere beim Secret Service. Damals war er achtundvierzig und arbeitete als stellvertretender Special-Agent-Leiter in der Außenstelle Atlanta, eine komfortable Stelle mit wenig Stress. Bald würde er in den Ruhestand gehen, seine Pension kassieren und wahrscheinlich sein Einkommen mit einem privaten Sicherheitsjob verdoppeln.

Erevia erzählte Freunden, er sei froh, den Problemen und Palastintrigen des Hauptquartiers entkommen zu sein. Er war in seine »Vorruhestandsjahre« eingetreten, wo er sich sicher fühlte. Dann erhielt er einen Anruf von David O'Connor, der den Personenschutz für die zahlreichen Kandidaten im Präsidentschaftswahlkampf 2008 koordinierte. Er brauchte Erevia als einen von drei Leitern des Sicherheitsteams, das sie schon recht früh für einen noch nicht lange amtierenden Senator namens Barack Obama organisieren wollten.

Erevia konnte gegenüber O'Connor offen sein, sodass er diese Bitte höflich ablehnte. Aber O'Connor hatte ihn nicht ausdrücklich um seine Zustimmung gebeten, sodass Erevia nichts anderes übrig blieb, als seine Dienstpflicht zu erfüllen.

Erevia entsprach nicht dem Klischee eines Leiters des Personenschutzes für den Präsidenten: der zugeknöpfte, schneidige, durchtrainierte Typ. Die meisten der beim Personenschutz beschäftigten Agenten sahen aus wie Marines, die versuchten, sich in Anzügen von Men's Wearhouse zu verstecken. Erevia, der oft seinen Alltagstrenchcoat trug, ähnelte eher dem Detektiv, der der Fernsehserie *Columbo* seinen Namen verlieh, mit dem Unterschied, dass Erevia einen struppigen Ziegenbart besaß. Doch der zerzaust wirkende, leicht zu erzürnende Personenschutzleiter und der große, schlanke und zurückhaltende Senator Obama verstanden sich prächtig.

Zwischen Erevia und Obama entwickelte sich eine Art Männer-

freundschaft. Die beiden scherzten miteinander und zogen sich gegenseitig auf, was Obama eine Verschnaufpause vom Stress des Tages
verschaffte. Obama war ein heimlicher Raucher und spottete über die
von Erevia gerauchten billigen Swisher-Sweet-Zigarren. Der Senator
rauchte immer noch gerne, und obwohl er seiner Frau sagte, dass er
damit aufhören würde, gönnte er sich hier und da heimlich eine Zigarette. Erevia war ein recht guter Geschichtenerzähler, und sie kamen
sich näher, als sie über die Herausforderungen sprachen, mit denen
sie beide konfrontiert waren als Angehörige von Minderheiten, die in
höhere Positionen aufstiegen. Erevia bemühte sich auch, Obama mehr
Freiraum zu verschaffen, indem er mehr Unternehmungen »off the
record« organisierte: Zeiten, während derer Obama mit einem reduzierten Personenschutz auskommen konnte und nicht von der Presse
begleitet wurde. Erevia verstand auch die unterschiedlichen Haltun-
gen in der Ehe der Obamas. Michelle machte sich Sorgen wegen der
Drohungen gegen ihren Mann, aber Barack zog es vor, diese Gefahren
herunterzuspielen, zum Teil, weil es ihm auf die Nerven ging, ständig
von Bewachern umgeben zu sein. Erevia verschaffte Obama Gelegenheiten, gefahrlos aus seiner schützenden Isolation auszubrechen.

Die Karriereleiter eines Agenten kann steil nach oben ragen, wenn
er zufällig mit dem richtigen Kandidaten zusammentrifft. Schafft
es der hoffnungsvolle Präsidentschaftskandidat bis ins Weiße Haus,
wird der Agent wahrscheinlich zum Leiter des Personenschutzes
für den Präsidenten, der zweithöchste Posten im Secret Service. Er
könnte sogar dessen Direktor werden, und in der Geschichte des
Secret Service waren bereits mehrere Agenten auf diese Weise an
die Spitze gelangt. Auf diesem althergebrachten Weg gab es jedoch
immer ein grundlegendes Problem: Die Präsidenten beurteilen dabei vor allem, ob ihnen die Agenten persönlich sympathisch sind.
Sie berücksichtigen nicht deren Managementfähigkeiten noch deren
Vermögen, für Korpsgeist im Sicherheitsteam zu sorgen. Stattdessen
stellen sich alle Präsidenten unweigerlich die gleiche Frage: »Bei wem
fühle ich mich am wohlsten?«

Erevia sorgte dafür, dass Obama sich wohlfühlte.

Die meisten First Ladys haben einen besonderen Draht zur amerikanischen Öffentlichkeit. Mit wenigen Ausnahmen waren sie immer das menschlichere Gegenstück zu ihren politisch schwergewichtigen Ehemännern. Im Gegensatz zu ihren Gatten wurden sie von der Öffentlichkeit oftmals parteiübergreifend ins Herz geschlossen.

Deswegen hielt der Secret Service es im 20. Jahrhundert meist für weniger wahrscheinlich, dass der First Lady etwas zustoßen könnte. Entsprechend dieser Risikoeinschätzung wies man ihr nur eine geringe Anzahl von Agenten zu. Jackie Kennedy begann ihr Leben im Weißen Haus mit nur einem Personenschützer. Zu der Zeit, als Hillary Clinton und Laura Bush dort wohnten, spielten die First Ladies bereits weitaus häufiger eine Rolle bei politischen Veranstaltungen, aber immer noch erhielten sie weniger als ein Viertel der Anzahl von Wachen, die ihre Ehemänner umgaben.

Für die Agenten bedeutete der Einsatz bei der FLOTUS (First Lady of the United States) eine niedrigere Rangstufe in der statusbesessenen Hackordnung des Secret Service. Clint Hill, Jackie Kennedys erster Agent, hatte das Gefühl, seine Karriere sei ins Stocken geraten, als er diesen Auftrag erhielt. Dennoch beschatteten die Agenten pflichtbewusst die Gattin des Präsidenten, begleiteten sie bei Wohltätigkeitsessen und Öffentlichkeitsveranstaltungen ebenso wie bei privaten Besuchen beim Friseur und in der Schule der Kinder. Die Agenten hatten einen eigenen parodistischen Spitznamen für das Personenschutzteam der First Lady, das den Codenamen FLD trug: die »Fine Living and Dining Crew«.

Nach den Terroranschlägen vom 11. September 2001 stieg das Prestige der Einsätze im Personenschutz der First Lady deutlich an. Zum ersten Mal wurde von Laura Bushs Schutzagenten die Anwendung einiger der gleichen Standards für die Vorausplanung erwartet, wie sie für den Präsidenten galten. Dadurch erhöhten sich die Anforderungen für den Einsatz in der FLD-Einheit, was die Chancen der Agenten auf eine Beförderung steigerte. Doch die größte Veränderung für die »Fine Living and Dining«-Crew kam, als Michelle Obama, Codename Renaissance, im Weißen Haus eintraf.

Preston »Jay« Fairlamb III, der für den Schutz von Renaissance zuständige Special Agent, bemerkte sofort, dass Michelle Obama nicht eine First Lady wie zu Großmutters Zeiten war. Fairlamb, ein großer und durchtrainierter Agent in den späten Dreißigern, erkannte die besondere Beziehung, die sie zu einer Nation hatte, die begeistert war von dieser jungen First Family, die ein geschichtliches Novum darstellte. Seit Jackie Kennedy hatte keine First Lady mehr eine so große Fangemeinde, vergleichbar mit der Anhängerschaft ihres Mannes und diese vielleicht sogar in den Schatten stellend.

Michelle Obamas Anziehungskraft kam in gewisser Weise daher, dass sie das Gegenteil von Jackie war. Sie war ein Mädchen aus Chicagos South Side, das redete, wie ihm der Schnabel gewachsen war, eine umgängliche Everymom, die sich gerne in J. Crew-Pullovern oder Workout-Tights zeigte. Sie verdankte ihren Erfolg harter Arbeit, nicht dem Reichtum ihrer Familie. Junge Leute und Afroamerikaner sahen zum ersten Mal jemanden im Weißen Haus, mit dem sie sich identifizieren konnten, und kamen in Scharen, um einen Blick auf sie zu erhaschen oder ihre Lebensgeschichte zu hören. Sie hielt mit ihrer Meinung nicht hinter dem Berg. Sie riet den jungen Leuten, sich besser zu ernähren und Sport zu treiben. Sie empfahl ihnen, eifrig zu lernen, um ihr Schicksal selbst in die Hand nehmen zu können. Auch sie selbst war nicht mit der Hilfe von »Magie oder Feenstaub« in die Hörsäle der Harvard Law School gekommen.[18]

Fairlamb, der Sohn eines New Jersey State Troopers, erkannte bald, dass der Dienst sein Schutzkonzept verbessern musste, um ihre Sicherheit zu gewährleisten. Wenn sie öffentliche Veranstaltungen besuchte, wurden zusätzlich Magnetometer-Kontrollen durch uniformierte Division Officers durchgeführt. Mrs. Obama war auch die erste First Lady, zu deren Autokolonne regelmäßig ein Counter Assault Team gehörte. Die einzige Aufgabe des CAT bestand darin, sich mit etwaigen Angreifern ein Feuergefecht zu liefern, damit die Agenten des Secret Service ihren Schützling schnell in Sicherheit bringen konnten.

Einige ältere Vorgesetzte, die in der Zentrale und in den Außenstellen stationiert waren, zeigten sich schockiert, als sie erfuhren, dass Michelle Obama auf vielen ihrer Reisen einen CAT-Truck dabeihatte. Viele bezweifelten, dass dies notwendig oder angemessen war. Die Beamten, die in der Abteilung für Schutzmaßnahmen des Hauptquartiers saßen und sich für die Kosten jedes Besuchs verantwortlich fühlten, befürchteten, pleitezugehen, wenn sie Michelle routinemäßig Ressourcen auf Präsidentenniveau zur Verfügung stellten. Im Stillen stritt der Secret Service untereinander darüber, wie viel Sicherheit die neue First Lady bekommen sollte.

Dieser Konflikt spitzte sich ausgerechnet mitten in der Nacht während eines Ausflugs zu, den Mrs. Obama in ihrer Rolle als Mutter mit ihren beiden Töchtern nach Disneyland unternahm.

Michelle hatte sich Mitte Juni 2010 mit der damals elfjährigen Malia und der neunjährigen Sasha auf einen Kurztrip zum Auftakt der Sommerferien begeben. Sie besuchten einen Hollywood-Filmset, besichtigten einen geschlossenen Bereich von Disneyland, schlenderten über den Santa Monica Pier und besuchten ein Spiel der Lakers. Müde nach einem ereignisreichen Tag machte sich die Familie mit der Abendschicht der Personenschützer auf den Weg zurück zum Beverly Hilton Hotel. Die Mitternachtsschicht wartete darauf, die Agenten abzulösen, die bereits seit zwei Uhr nachmittags im Einsatz waren. Die First Lady und ihre Kinder wurden' in die Präsidentensuite begleitet, ein 173 Quadratmeter großes Penthouse im achten Stock, wo die drei übernachten wollten.

Gegen 4:30 Uhr am frühen Morgen wurden alle Supervisoren, die mit auf die Reise nach Los Angeles gegangen waren, durch das Summen der Telefone auf den Nachttischen ihrer Hotelzimmer geweckt. Es gab einen Vorfall in der Penthouse-Etage. »Bitte melden Sie sich im Sicherheitsraum«, sagte ein diensthabender Agent. »Wir haben ein Problem.«

Ein desorientierter Obdachloser war vom nahe gelegenen Wilshire Boulevard in den Seiteneingang des Hotels gelangt. Irgendwie war es ihm gelungen, unbemerkt eine Innentreppe zu benutzen, in den Lastenaufzug zu steigen und mit diesem hinauf in die Penthouse-Etage des Hotels zu fahren. Dann ging er einfach den Flur entlang, schnurstracks auf die Tür der Suite zu, in der die First Lady logierte.

Ein einziger Secret-Service-Agent aus der Mitternachtsschicht, Vince Stofa, stand zwischen einem geistig verwirrten Fremden und der schlafenden Michelle Obama.

Stofa, ein ehemaliger CAT-Agent, war gut ausgebildet in Krisentaktik, sodass er instinktiv richtig reagierte. Er blaffte den Mann an, er solle stehen bleiben und fragte ihn, was er dort mache. Als der Eindringling nicht reagierte, schnappte sich Stofa die MP5-Maschinenpistole, die an der Tür lehnte. Rasch zwang er den Landstreicher, sich mit dem Gesicht nach unten auf den Boden zu legen, während er in sein Ärmelmikrofon nach Verstärkung rief.

Die von außen hinzukommenden Agenten, die Stofa zu Hilfe eilten, waren schockiert. Warum hatte man den Obdachlosen nicht im Erdgeschoss oder unten auf der Treppe aufgehalten?

»Wo sind die ganzen anderen Jungs?«, fragte einer der Vorgesetzten. »Tut mir leid, Chef, die im Treppenhaus wurden eingespart«, sagte der Agent und bezog sich dabei auf eine frühere Entscheidung, auf die Agenten, die nachts auf der Treppe im Einsatz waren, zu verzichten.

Die Streichung dieser Männer bedeutete eine wesentliche Änderung des im Voraus erstellten Sicherheitsplans, den ein Mitglied von Mrs. Obamas Schutzteam bis ins kleinste Detail ausgearbeitet hatte. Der als Vorhut entsandte Beamte hatte festgelegt, dass die Agenten, die von der regionalen Außenstelle zur Verfügung gestellt wurden, in den Treppenhäusern stehen sollten, um die Suite der First Lady zu jeder Zeit abzuschirmen. Aber Paul Le, der Supervisor der Außenstelle in Los Angeles, dessen Team mehrere Agenten für dieses Vorhaben zur Verfügung stellte, hatte in letzter Minute einige Änderungen vorgenommen. Dabei entfernte er die für die Mitternachtsschicht im Treppenhaus vorgesehenen Agenten vor Ort. Gemäß den Richtlinien des Secret Service für den

Schutz der First Ladys war dieses hohe Maß an Sicherheit einfach nicht die ganze Nacht über erforderlich. Der Dienst erwartete von den Außenstellen und dem Büro für Schutzoperationen, dass sie die vorab erstellten Pläne überprüften und sicherstellten, dass dabei kein Geld verschwendet wurde. Am nächsten Morgen hatte Le auf dem Parkplatz des mondänen Beverly Hilton Hotels die Gelegenheit dazu, seinen Standpunkt in einem Schreiduell zu verteidigen.

Fairlamb, der Leiter des Personenschutzes für Mrs. Obama, war 1,95 Meter groß, Paul Le nur 1,76 Meter. Fairlamb beugte sich zu Le herab, und die Agenten konnten beobachten, dass die Diskussion stellenweise sehr lebhaft verlief. »Prestons ganze Existenz war darauf ausgerichtet, sicherzustellen, dass dieser Dame nichts passierte«, sagte einer seiner Kollegen. »Wenn etwas vorfiel, das dieses Ziel gefährden konnte, wurde er zum Pitbull.«

Dennoch hatten Fairlamb und Le den gleichen Rang, beide gehörten zur Dienststufe GS-14. Deswegen hielt sich keiner von ihnen zurück, und es flogen Schimpfwörter hin und her. Fairlamb beharrte darauf, dass es falsch gewesen sei, in letzter Minute Personal abzuziehen. Dadurch sei das Fachwissen ignoriert worden, das der als Vorhut entsandte Agent in den Sicherheitsplan gesteckt habe. Le argumentierte, dass die Richtlinien auf seiner Seite gewesen seien: Darin waren keine Wachen vor Ort in der Mitternachtsschicht vorgesehen. Le wies Fairlamb darauf hin, dass er für den Finanzhaushalt seiner Außenstelle verantwortlich sei. Auch wenn es sich um einen Besuch der First Family handelte, würden die während der Dauer des Besuchs täglich anfallenden Überstunden für die Mitternachtsschicht sein Büro teuer zu stehen kommen.

»Ich hätte ihm am liebsten eine in die Fresse gehauen«, sagte Fairlamb später zu seinen Freunden.

Den Anlass seines Zorns teilte Fairlamb dem Special Agent Vic Erevia mit, der für Präsident Obamas Sicherheit zuständig war. Erevia gab Fairlamb sofort recht. Er konnte nicht glauben, dass das Büro in L. A. einen im Voraus ausgearbeiteten Sicherheitsplan in letzter Minute ändern würde. Er rief Les Vorgesetzten an, den verantwortlichen Special Agent der Außenstelle.

»Er fragte ihn geradeheraus: ›Was zum Teufel soll das?‹«, berichtete ein Kollege von Fairlamb. »Bei anderen Problemen scheute [Erevia] die Konfrontation, aber diesmal nicht.«

Kapitel 18

DIE NACHT, IN DER SCHÜSSE
DAS WEISSE HAUS TRAFEN

Der Schütze parkte seinen schwarzen Honda unmittelbar südlich des Weißen Hauses, auf einer gesperrten Fahrspur der Constitution Avenue. Es war etwa zehn Minuten vor neun am Abend des 11. November 2011. Er richtete ein halbautomatisches Gewehr aus dem Beifahrerfenster, zielte direkt auf das Haus des Präsidenten der Vereinigten Staaten und drückte den Abzug. Dann noch einmal, und noch einmal.

Eine Kugel durchschlug ein Fenster im zweiten Stock, nur wenige Schritte vom offiziellen Wohnzimmer der First Family entfernt. Eine andere blieb in einem Fensterrahmen stecken, und mehrere weitere prallten vom Dach ab, von wo kleine Trümmerteile auf den Boden fielen. Mindestens acht Kugeln flogen mehr als sechshundert Meter weit über den South Lawn. Sieben von ihnen trafen die oben gelegene Wohnung der Familie Obama.

Präsident Obama und seine Frau waren an jenem kühlen Abend nicht in der Stadt. Aber ihre jüngere Tochter Sasha und Michelle Obamas Mutter Marian Robinson waren im Haus. Ihre ältere Tochter, Malia, wurde jeden Moment von einem Ausflug mit Freunden zurückerwartet.

Die Beamten des Secret Service beeilten sich, auf die Schüsse zu reagieren. Eine Agentin, die direkt unter der Terrasse im zweiten Stock, wo die Kugeln einschlugen, stationiert war, zog ihre 357er Handfeuerwaffe und bereitete sich darauf vor, eine Notfallwaffenkiste an der Seite des Gebäudes aufzubrechen. Defensive Scharfschützen auf dem Dach, die nur sechs Meter von der Stelle entfernt standen, an der eine Kugel eingeschlagen war, suchten den South Lawn mit den Zielfernrohren ihrer Gewehre nach Anzeichen eines Angriffs ab. Da der weiter entfernte südliche Bereich vor dem Weißen Haus nicht von Kameras überwacht wurde, blieb es den zum Schutz des Weißen Hauses abkommandierten Secret-Service-Beamten überlassen, herauszufinden, was vor sich ging.

Dann kam ein Befehl, der mehrere Beamte auf dem Gelände überraschte. »Es wurden gar keine Schüsse abgefeuert. Ziehen Sie sich zurück«, rief Sergeant Wallace Strong über sein Funkgerät. Denn das Geräusch, behauptete der Sergeant, sei nur die Fehlzündung eines nahe gelegenen Baufahrzeugs gewesen.

Seine Anweisung war der Beginn einer Reihe von Fehlern, da der Secret Service Schwierigkeiten hatte, einen ernsthaften Angriff auf das Weiße Haus als solchen zu erkennen. Während dieser Nacht und dem Rest des Wochenendes übersahen die Führungskräfte des Secret Service weiterhin Hinweise und machten zusätzliche Fehler. Als sie diese allmählich bemerkten, versuchte die oberste Führungsebene, alle Details zu vertuschen – sogar vor ihren eigenen Mitarbeitern.

Als Oscar Ortega-Hernandez kurz nach 21 Uhr auf das Weiße Haus schoss, waren Obama und die First Lady gerade auf dem Weg nach Hawaii, wo sie das Veterans-Day-Wochenende verbringen wollten. Unterwegs machten sie Station im Hafen von San Diego, dort sollte an Bord eines Flugzeugträgers das erste College-Basketballspiel auf einem Militärschiff stattfinden. Da das Präsidentenpaar nicht in Washington war, schaltete das Personal des Secret Service im Weißen Haus um in einen Modus, der von einigen »entspannter Freitag« genannt wurde.

Um 20:30 Uhr an jenem Abend waren die meisten der diensthabenden Agenten und Polizisten am Ende einer ruhigen Schicht angelangt. Am südlichen Rand des Weißen Hauses waren ein paar Bauarbeiter zugange. Reinigungsfahrzeuge der Washingtoner Stadtwerke wollten die Zeit des geringen Verkehrsaufkommens nutzen, um die Abwasserkanäle entlang der Constitution Avenue von Unrat zu befreien. Sie hatten auf der durch orangefarbene Kegel abgesperrten Fahrspur geparkt, die an den grasbewachsenen Park angrenzt, der zum South Lawn des Weißen Hauses führt. An dieser Stelle stoppte der Schütze in seinem schwarzen Honda Accord, Baujahr 1998.

Ortega war ein 21-jähriger Highschool-Abbrecher, der sein Zuhause in Idaho Falls einen Monat zuvor verlassen hatte, um, wie er seiner Familie sagte, Urlaub zu machen. Er und seine Freundin hatten gerade einen kleinen Jungen bekommen, aber dennoch hatte sie vor kurzem die Beziehung mit ihm beendet. Obwohl sie Ortega liebte, hatte sie erkannt, dass mit ihm etwas nicht stimmte. Ihr und seinen Freunden war aufgefallen, dass er sich zunehmend paranoid verhielt. Er steigerte sich hinein in Schimpftiraden über die amerikanische Regierung, die angeblich die Bürger überwachen wolle. Seine Freunde sagten ihm oft, er sehe aus wie Jesus, und er hielt sich für eine Art von Messias. Er nannte Präsident Obama »den Antichristen« und sagte, er müsse »gestoppt werden«.

Ortega kam am 9. November in Washington an, nachdem er fast fünftausend Kilometer weit gefahren war und nur einen kurzen Zwischenstopp im ländlichen Pennsylvania eingelegt hatte, um dort bei Freunden zu übernachten. Als er an jenem Abend in seinem Auto saß, das auf der Washington Mall stand, fühlte er sich bereit, mit seiner Tat eine Botschaft zu senden.

Er hatte 180 Schuss Munition auf dem Rücksitz. Ein in Rumänien hergestelltes halbautomatisches Gewehr der Marke Cugir, ähnlich einer AK-47, lehnte vom Fahrzeugboden der Beifahrerseite aus schräg auf dem rechten Vordersitz. Er hatte das Gewehr im Frühjahr für 550 Dollar in einem Waffengeschäft in Idaho gekauft und auf einem Schießstand in der Nähe seines Zuhauses das Schießen auf herumliegendes Gerümpel geübt. Jetzt, nachdem er mehr als die Hälfte des Staatsgebiets der USA durchquert hatte und das Domizil des Präsidenten in Schussweite war, hob Ortega seine Waffe und richtete sie aus dem Beifahrerfenster. Er begann zu feuern.

Auf dem Dach des Weißen Hauses hörten die Counter-Sniper-Einsatzkräfte Todd Amman und Jeff Lourinia sechs bis acht Schüsse in schneller Folge.[19] Sie erkannten, dass es sich wahrscheinlich um halbautomatisches Feuer handelte. Sie kamen rasch aus ihrer hüttenförmigen Kabine, entsicherten ihre Gewehre und hielten Ausschau in Richtung des südlich verlaufenden Zaunes. Unter dem Truman-Balkon, auf der Terrasse im zweiten Stock des Präsidentenwohnsitzes mit Blick auf das Washington Monument, hörte die Secret-Service-Beamtin Carrie Johnson Schüsse und etwas, von dem sie annahm, dass es sich um von oben herabfallende Trümmer handeln könnte. Mit ihrem Funkgerät erreichte sie das Joint Operations Center des Secret Service in dessen Hauptquartier in der H Street Northwest und teilte diesem mit, dass sie nun die Waffenkiste in der Nähe ihres Postens aufbrechen würde. Sie zog eine Schrotflinte heraus und ersetzte die darin befindlichen Schrotkugeln durch ein stärkeres Geschoss, um vorbereitet zu sein, falls sie einen Angreifer in ein Feuergefecht würde verwickeln müssen.

Ortega feuerte seine Schüsse in knapp vierzehn Metern Entfernung von den Polizeibeamten William Johnson und Milton Olivo ab, die in einem Chevrolet Suburban saßen, der auf der Ellipse in der Nähe der Constitution Avenue stand, aber nicht in Ortegas Richtung blickte. Sie konnten den beißenden Geruch von Schießpulver wahrnehmen, als sie mit klopfenden Herzen aus ihrem Fahrzeug sprangen. Johnson ging hinter einigen Blumentöpfen in Deckung. Olivo schnappte sich eine Schrotflinte vom Rücksitz des Suburban und duckte sich neben den Wagen.

Als Officer William Johnson sich im Gelände umsah, bemerkte er etwas Merkwürdiges: Blätter waren in nahezu gerader Linie weggeblasen worden, vielleicht durch die aus einer Schusswaffenmündung strömende Luft, wodurch ein Pfad aus freigelegtem Gras entstanden war, der von der Constitution Avenue nach Norden zum Weißen Haus führte.

Dann kam eine weitere Nachricht über das Funkgerät: die von dem vorgesetzten Sergeant, der den Agenten befahl, nicht einzugreifen. Dies verursachte einige Überraschung und Verwirrung, besonders bei den Beamten in der Nähe des Weißen Hauses, die, wie Carrie Johnson, sicher waren, Schüsse gehört zu haben. Der Polizist James Sevison, ein Hundeführer, der in einem an der Ostseite des Anwesens geparkten Streifenwagen saß, war bei dem Geräusch herausgesprungen, hatte seine Waffe gezogen und war hinter der Limousine der First Lady in Deckung gegangen. Officer Nathan Hogan, der in der Nähe stationiert war, hatte ein Gewehr in die Hand genommen und war in Richtung South Lawn gelaufen. Trotzdem befolgten sie den ihnen erteilten Befehl. Sie verstauten ihre Waffen und kehrten auf ihre Posten zurück.

Aber Zivilisten, denen jegliche polizeiliche Ausbildung fehlte, hatten keinen Zweifel daran, was sie beobachtet hatten. Eine Frau in einem Taxi, das an einer nahe gelegenen Ampel stand, berichtete sofort über Twitter von dem Zwischenfall mit »diesem Irren« in einem Auto vor ihr. »Der Fahrer vor meinem Taxi hat angehalten und fünf Schüsse auf das Weiße Haus abgefeuert«, schrieb sie und fügte hinzu: »Die Polizei hat eine Weile gebraucht, um zu reagieren.«

Ein anderer Zeuge – ein in Washington zu Besuch befindlicher Neurologe, der in einem Flughafen-Shuttle-Van vorbeifuhr – sagte später den Ermittlern, er habe einen Mann gesehen, der aus einem Auto in Richtung Weißes Haus schoss.

Officer William Johnson hatte weder Ortega noch den Lauf von dessen Gewehr gesehen. Er wusste nichts von den Zeugen, die sich auf der Constitution Avenue befanden. Aber er wusste, wie Schüsse aus der Nähe klangen, und war sich sicher, diese gehört zu haben. Er schaltete sein Funkgerät ein, um das zu melden. »Flagship«, sagte er – der Codename für die Kommandozentrale des Secret Service –, »es sind Schüsse gefallen.«

Diese in einem bestimmten Ton vorgetragene Nachricht ließ die Beamten wieder in Aktion treten. Die in der Nähe befindlichen Polizisten und die Mitglieder eines Notfall-SWAT-Teams zogen ihre Waffen und eilten in Richtung des Südgeländes.

Ortega raste derweil mit etwa hundert Stundenkilometern die

Constitution Avenue in Richtung Potomac River hinunter, wie Zeugen berichteten. Er verfehlte nur knapp ein Paar, das die Straße überquerte, bevor sein Auto ins Schleudern kam und gegen ein Hindernis prallte.

Drei junge Frauen, die in der Nähe des Vietnam Memorial spazieren gingen, hatten das Geräusch des Aufpralls gehört; eine von ihnen verständigte den Notruf. Während sie sich dem Unfallort näherten, erzählte die Frau am Telefon dem Mann in der Notrufzentrale, was sie vor Ort sahen. Der Honda hatte sich um 180 Grad gedreht und blickte nun in ihre Richtung, wodurch seine Frontscheinwerfer die vorbeifahrenden Autos blendeten. Die Reifen des Hondas standen alle auf dem Bordstein, mit der rechten Seite des Fahrzeugs in der Auffahrt zur Roosevelt-Brücke und der linken Seite etwas angehoben auf dem Betontrottoir. Die Tür auf der Fahrerseite stand zum Grasstreifen hin weit offen, das Radio lief lautstark weiter.

Der Fahrer jedoch war verschwunden.

Vom Fahrzeugboden der Beifahrerseite aus lehnte ein halbautomatisches Sturmgewehr am Armaturenbrett, neun Patronenhülsen lagen verstreut auf dem Boden und dem Sitz.

McClellan Plihcik, ein zum Personenschutz des Präsidenten gehörender Agent, der gerade unterwegs war, um sein ziviles Dienstfahrzeug in der Nähe zu betanken, reagierte auf die Funkmeldung bezüglich der Schüsse und war der Erste, der am Tatort eintraf. Ein Obdachloser erzählte ihm, er habe gesehen, wie ein junger weißer Mann nach dem Unfall aus dem Fahrzeug ausgestiegen und am Flussufer entlang nach Norden weggerannt sei, in Richtung Georgetown.

Aus dem Joint Operations Center war über die Polizeifunkgeräte wildes Stimmengewirr zu hören. Eine im JOC tätige Secret-Service-Referentin, Officer J. Robinson, wandte sich an den Notruf, um das Geräusch von Schüssen zu melden, während eine Männerstimme im Hintergrund ergänzende Details rief. Die Referentin machte gegenüber dem Telefonisten der Washingtoner Polizei widersprüchliche Angaben zum Fahrzeug und zum Verdächtigen. Zunächst berichtete sie, sowohl ein schwarzer Cadillac als auch ein schwarzer Honda hätten den Tatort verlassen. Anschließend erwähnte sie einen schwarzen Cadillac und ein gelbes Auto, womit offenbar ein gelber Bauwagen gemeint war, der in der Nähe des Präsidentenanwesens geparkt war. Einige Beamte berichteten fälschlicherweise, dass die Parkpolizei gerade das gelbe Auto auf dem Weg aus der Stadt verfolge, entweder auf dem George Washington Parkway oder der Route 66. Aufgrund der irreführenden Hinweise der Referentin und der anderen Beamten begannen die Polizisten nun, nach den falschen Verdächtigen zu suchen: nach zwei schwarzen Männern, die angeblich auf dem Rock Creek Parkway auf der Flucht waren. Der Mann hingegen, der tatsächlich auf das Weiße Haus geschossen hatte, war zu Fuß in der Washingtoner Nacht verschwunden, während der Secret Service noch immer versuchte, zu verstehen, was gerade passiert war.

Im Weißen Haus selbst wussten die Personen, die für die Sicherheit der Präsidentenfamilie verantwortlich waren, zunächst nichts davon, dass Schüsse gefallen waren. Die Beamten, die das Gelände des Weißen Hauses bewachen, verständigen sich untereinander auf der Funkfrequenz White House One, während die für den Schutz der First Family zuständigen Agenten einen anderen Kanal benutzen. Der Agent, der Sasha zugewiesen war, erfuhr von den Schüssen erst einige Minuten später von einem in der Nähe postierten Polizisten.

Die diensthabende Hausdame des Weißen Hauses, deren Aufgabe es ist, sich um die Bedürfnisse der First Family zu kümmern, wurde ebenfalls verspätet informiert. Sie machte sich sofort Sorgen um Malia, die jede Minute von einem Ausflug mit Freunden zurückkehren sollte. Die Hausdame befahl dem Personal, das von dem Schuss auf das Fenster offenbar nichts mitbekommen hatte, Sasha und ihre Großmutter nicht aus dem Gebäude zu lassen. Nachdem Malia, begleitet von ihrem Personenschützer, um 21:40 Uhr im Weißen Haus eingetroffen war, bestanden die Agenten darauf, alle Türen für den Rest der Nacht zu verschließen.

Der diensthabende Wachkommandant des Secret Service, Captain David Simmons, hatte seit den ersten Berichten über mögliche

Schüsse den verwirrenden Funkverkehr verfolgt. Als die Nachricht von dem zurückgelassenen Honda kam, verließ der Captain das neue JOC im Hauptquartier in der H Street und fuhr zum Schauplatz am Fuß der Roosevelt Bridge.

Formal betrachtet hatte Captain Simmons das Recht, zu entscheiden, ob die Ereignisse jener Nacht einen Angriff auf das Weiße Haus darstellten. Aber innerhalb der hierarchischen Struktur des Secret Service traf kein Wachkommandant diese Entscheidung allein, sondern er sprach sich zuvor telefonisch mit seinen Vorgesetzten ab. Als Simmons am Tatort angekommen war und ihn sich angesehen hatte, dachten er und die ranghöheren Beamten vom Secret Service, dass es sich auch um eine Schießerei von Bandenmitgliedern in mehreren Autos gehandelt haben könnte, die zufällig in der Nähe des Rasens vor dem Weißen Haus stattgefunden hatte. Allerdings war diese Art von Vorfall in einem relativ ruhigen, von Touristen besuchten Viertel der Landeshauptstadt eher unwahrscheinlich.

Gegen 22 Uhr übergab Simmons den Fall an die U. S. Park Police, die Behörde, die für nicht den Präsidenten betreffende Verbrechen in der Nähe der Parkanlagen des Weißen Hauses zuständig war. Der Secret Service war somit offiziell zu dem Schluss gekommen, dass es keine Beweise gab, die eine Verbindung zwischen diesen Schüssen und dem Weißen Haus nahelegten.

In der Dunkelheit wurde nur oberflächlich überprüft, ob es Tatspuren oder Schäden am Weißen Haus gab. Ed Donovan, einer der leitenden Sprecher der Behörde, erfuhr, dass eine Frau in einem Taxi getwittert hatte, sie habe gesehen, dass der Schütze direkt auf das Weiße Haus zielte. Er leitete ihre Aussage an den rund um die Uhr besetzten Sicherheitsdienst des Secret Service weiter, der potenzielle Bedrohungen untersuchte. Aber um 23 Uhr schickte der Sicherheitsdienst eine Nachricht an alle höheren Beamten auf dem Anwesen des Weißen Hauses, in der er den Vorfall als »eine Schießerei im Zusammenhang mit Drogen« beschrieb. Der Sprecher der US-Parkpolizei, David Schlosser, sagte zu den Journalisten, es sei ein bloßer Zufall gewesen, dass die Schüsse in der Nähe des Weißen Hauses gefallen seien. »Interessant ist dabei nur der Ort«, sagte er. »Sie wissen schon, wie bei Immobilien: Was zählt, ist die Lage.«

Zum Zeitpunkt der Schüsse befand sich Präsident Obama auf dem Kriegsschiff USS Carl Vinson in der Coronado-Bucht und verfolgte auf dem Flugdeck das letzte Viertel eines Basketballspiels zwischen der University of North Carolina und der Michigan State University. Er bereitete sich darauf vor, um 21:05 Uhr vom Sportsender ESPN interviewt zu werden.

Kurze Zeit später feierten die Carolina Tarheels einen 67:55-Sieg gegen die Michigan State Spartans. Der Präsident hatte gerade sein Interview beendet. Er gratulierte den Spielern zu einem tollen Spiel und plauderte kurz mit der Basketball-Legende Magic Johnson. Fünfundvierzig Minuten nach den Schüssen stiegen Barack und Michelle Obama an Bord der Air Force One, um zu einem Handelsgipfel in Honolulu zu fliegen. Direktor Sullivan reiste mit dem Präsidenten. Mickey Nelson, Sullivans Assistenzdirektor für Schutzmaßnahmen, rief den Direktor an, um ihm mitzuteilen, dass es in der Nähe von Crown eine Schießerei gegeben habe. Alles sei in Ordnung, betonte Nelson. »Es sieht nicht so aus, als gäbe es einen Zusammenhang mit dem Weißen Haus«, sagte er. Das First Couple war bis dahin noch gar nicht informiert worden, dass ein Mann mehrere Schüsse auf ihr Domizil abgegeben hatte, während eine ihrer Töchter zu Hause war und die andere auf dem Weg dorthin.

Am darauffolgenden Tag schienen die Bosse des Secret Service die vergangene Nacht hinter sich lassen zu wollen.

Officer Carrie Johnson, die überzeugt war, in der Nacht zuvor kleine Trümmerteile vom Truman-Balkon fallen gehört zu haben, lauschte aufmerksam dem Appell vor ihrer Schicht am Samstagnachmittag. Ihre Vorgesetzten behaupteten, die Schüsse seien von Personen in zwei verschiedenen Autos gekommen, wahrscheinlich aufeinander schießende Gangmitglieder. Am späten Freitagabend hatte Johnson mehreren leitenden Beamten erzählt, dass sie glaubte, das Weiße Haus sei getroffen worden. Aber am Samstag wagte sie

es nicht, der Einschätzung ihrer Vorgesetzten zu widersprechen. Sie
hielt sich zurück, »aus Angst, kritisiert zu werden«, sagte sie später
den Ermittlern.

Obwohl nun die Parkpolizei für die Ermittlungen zuständig war,
drängte Sullivan die Agenten des Secret Service, dieser weiterhin zu
helfen, während neue Hinweise auftauchten, dass die Schüsse mit
dem Weißen Haus in Verbindung stehen könnten. Dabei wurden so-
ziale Medien und andere Quellen genutzt, um Zeugen ausfindig zu
machen, wie zum Beispiel die twitternde Taxipassagierin. Den Agenten war es gelungen, Ortega als Besitzer des Hondas zu identifizieren,
woraufhin dessen Familie und Freunde kontaktiert wurden, die bald
beunruhigende Details preisgeben würden. Dennoch hielt der Secret
Service seinen Verdacht vor wichtigen Partnern bei den Strafverfolgungsbehörden und sogar vor den meisten seiner eigenen Mitarbeiter geheim. Unverständlicherweise veröffentlichten die Ermittler keinen nationalen Fahndungsaufruf, um Ortega verhaften und verhören
zu lassen, wie in solchen Fällen eigentlich üblich. Wenn sie das getan
hätten, hätte Ortega noch am selben Samstag in Arlington County,
Virginia, festgenommen werden können. Die dortige Polizei hatte die
Chance dazu, verpasste sie aber. Sie erhielt einen Anruf, es gebe einen
Mann, der durch sein merkwürdiges Verhalten im örtlichen Quincy
Park aufgefallen sei. Es war Ortega, den die Polizisten befragten, ohne
zu wissen, dass er verdächtigt wurde, der Urheber von Schüssen zu
sein, oder dass er ein Auto mit einem halbautomatischen Gewehr
darin auf der National Mall zurückgelassen hatte. Da nichts gegen
ihn vorlag, ließen sie ihn laufen.

Die Parkpolizei erwirkte erst an jenem Sonntag einen Haftbefehl
gegen Ortega aufgrund von illegalem Waffenbesitz, nachdem die
Agenten begonnen hatten, seine Freunde und Familie zu befragen
und dabei erfahren hatten, dass er von Präsident Obama besessen
war und ihn für den Antichristen hielt.[20] Seine geistige Gesundheit
hatte sich in den letzten zwei Jahren immer weiter verschlechtert,
und laut seiner Freundin war er davon überzeugt, eine Reinkarnation
von Jesus Christus zu sein. Deshalb schickte der Service nun Agenten

aus der Region von Washington in Zweierteams durch die Stadt, um diese zu durchkämmen und zu versuchen, ihn ausfindig zu machen. Aber immer noch gab der Secret Service nicht auf nationaler Ebene bekannt, dass ihm ein Fehler unterlaufen war und dass die Schüsse am Freitagabend sehr wahrscheinlich ein fehlgeschlagenes Attentat waren.

Die Situation im Weißen Haus blieb ruhig bis zum Dienstagmorgen. Die meisten leitenden Mitarbeiter des Präsidentenanwesens wussten nichts von den laufenden Ermittlungen des Secret Service. Präsident Obama flog von Hawaii aus direkt weiter nach Australien. Aber die First Lady war mit einem Nachtflug nach Washington zurückgekehrt. Sie war bald nach ihrer Ankunft um halb sechs an diesem Morgen nach oben gegangen, um sich kurz hinzulegen.

Mark Sullivan, der Direktor des Secret Service, war mit ihr zurückgeflogen. Zu diesem Zeitpunkt hatten Sullivans Agenten schon mehr Befragungen durchgeführt und wussten, dass Ortega ein Mann mit Wahnvorstellungen war, der seinen Freunden gesagt hatte, Obama sei der Teufel und »er würde ihm das Handwerk legen«. Der Direktor entschied, dass es für den Dienst noch nicht an der Zeit war, diese Erkenntnisse mit dem First Couple zu teilen. Sullivan sagte später, er habe weitere Informationen benötigt, um die Ernsthaftigkeit der Drohung zu bestätigen.

Reginald Dickson, ein Assistent der Hausverwaltung des Präsidentenanwesens, war früh zur Arbeit gekommen, um die Wohnräume für die First Lady vorzubereiten. Gegen Mittag bat eine Haushälterin Dickson, auf den Truman-Balkon zu kommen, wo sie ihm das zerbrochene Fenster und einen weißen Steinbrocken auf dem Boden zeigte. Dickson sah das Einschussloch und die Sprünge im antiken Glas eines mittleren Fensters, wobei das Panzerglas auf der Innenseite intakt geblieben war. Dickson entdeckte eine Delle in einer anderen Fensterbank, was sich als eine im Holz steckende Kugel erwies. Er rief daraufhin den für den Komplex zuständigen Secret-Service-Agenten an.

Damit wurde Ortega zum Verdächtigen eines Mordanschlags auf

den Präsidenten der Vereinigten Staaten, und wenig später würde die
landesweite Suche nach ihm beginnen.

Gegen Mittag eilten Helfer herbei, um Bill Daley, den Stabschef
des Weißen Hauses, über den Fund von Gewehrkugeln im zweiten
Stock der Residenz in Kenntnis zu setzen. Die First Lady schlief
noch, aber Daley und die stellvertretende Stabschefin Alyssa Mastromonaco wussten, dass es ihre Aufgabe war, sie und den Präsidenten
zu informieren. Sie diskutierten darüber, ob sie sie aufwecken und
ihr die Nachricht überbringen sollten. »Ich kenne die beiden«, sagte
Mastromonaco. »Lassen Sie mich das erledigen.«

Sie beschlossen, dass sie Mrs. Obama schlafen lassen würden.
Mastromonaco sagte, sie werde den Präsidenten benachrichtigen, damit er entscheiden könne, wie er es seiner Frau sagen solle.

Dickson, der Hausverwalter, war inzwischen nach oben in den
dritten Stock gegangen, um zu sehen, wie es Michelle Obama ging. Er
nahm an, dass sie alles über die Kugeln wusste und begann, den Fund
auf dem Balkon und die Aufräumarbeiten zu beschreiben. Aber sie
war erst fassungslos und wurde dann wütend. Laut den Personen, die
mitbekamen, wie die First Lady in dieser Situation reagierte, fragte sie
sich, warum weder Sullivan noch ihr eigener Personenschützer während ihres langen gemeinsamen Rückflugs von Hawaii die Schüsse
erwähnt hatten.

An jenem Nachmittag, vier Tage nach den Schüssen, begannen die
Ermittler des Secret Service damit, Polizisten und Agenten über das
zu befragen, was sie während ihres Dienstes in der vorhergehenden
Freitagnacht gesehen und gehört hatten. Sie gaben eine Fahndungs-
meldung für Ortega heraus und verbreiteten sein Foto. An der gesamten Ostküste wurde den Polizeibeamten vor Ort der Auftrag erteilt,
die Bahnhöfe und Busstationen zu überwachen. Währenddessen traf
sich am frühen Abend ein Team von FBI-Agenten, um zu planen, wie
sie die Ermittlungen übernehmen und den Tatort am Weißen Haus
sichern würden.

Um 7:45 Uhr am nächsten Morgen trafen FBI-Agenten auf dem
Anwesen des Weißen Hauses ein. Sie befragten einige der Secret-Ser-

vice-Beamten, die an jenem Freitagabend Dienst gehabt hatten, und suchten auf dem Truman-Balkon und in dessen unmittelbarer Umgebung nach Patronenhülsen, Geschossfragmenten und anderen Beweisen. Sie stellten Schäden in Höhe von 97 000 Dollar an der Außenfassade des Hauses fest.

Der Secret Service hatte Bilder von Ortega an Orte geschickt, an denen er zuvor gesehen worden war, und die Leute gebeten, auf der Hut zu sein. An jenem Dienstagmorgen rief aus einem Hampton Inn in Indiana, Pennsylvania, ein Hotelangestellter bei der Polizei an, nachdem er den Gesuchten an seinem auffälligen Nackentattoo erkannt hatte. Einem Hinweis des Secret Service zufolge wurde Ortega von der Bundesstaatspolizei verhaftet und in einer Zelle festgehalten, bis FBI-Agenten eintrafen und ihn verhören konnten.

Michelle Obama war immer noch aufgebracht, als ihr Mann fünf Tage später aus Australien nach Hause kam. Auch der Präsident war wütend, wie seine damaligen Berater berichteten. Nicht nur, dass die Reaktion des Secret Service auf den Vorfall unzureichend war, sondern seine Vertreter hatten es auch versäumt, die First Lady sofort zu alarmieren. »Als der Präsident zurückkam …, da platzte ihm wirklich der Kragen«, sagte ein ehemaliger leitender Berater. »Er war empört, dass dies hatte passieren können und erst nachträglich durchgesickert war. Er war verärgert, dass die First Lady nicht früher informiert worden war; zweifellos hatte auch sie selbst sich bei ihm darüber beschwert.«

Es herrschte eine angespannte Atmosphäre, als Sullivan ins Weiße Haus gerufen wurde, um dort mit der First Lady, mit Valerie Jarrett, einer wichtigen Beraterin des Präsidenten, sowie weiteren Angestellten über den Vorfall zu sprechen. Michelle Obama versuchte, ihre Empörung zu zügeln. »Ich spreche zu Ihnen jetzt nicht als First Lady, sondern als Mutter«, sagte sie betont ruhig. Aber im Laufe der Unterredung fuhr sie den Direktor und dessen Mitarbeiter so laut und scharf an, dass dies durch die geschlossene Tür hindurch vernehmbar war, wie Zeugen dieses Austausches anschließend berichteten.

Sie hatte viele Fragen. Warum waren ihre Töchter und ihre Mutter nicht an einen sichereren Ort gebracht worden, als die ersten Schüsse zu hören waren? Warum war die Bedrohungsstufe im Weißen Haus nicht auf Alarmstufe Rot erhöht worden, was mehr Sicherheitsvorkehrungen für ihre Familie nach sich gezogen hätte? Wie konnten die Agenten und Polizisten die Kugeln eines Sturmgewehrs in den Wänden vor ihrem Wohnzimmer übersehen? Eine der Kugeln hatte das Fenster des Yellow Rooms, einer ihrer Lieblingsplätze zum Lesen und Entspannen, getroffen. Sie war entsetzt, als sie erfuhr, dass die Sicherheitsmaßnahmen auf dem Anwesen »gelockert« wurden, wenn der POTUS nicht da war. »Sie dachte sich: ›Oh! Wenn *er* nicht im Haus ist, darf man *uns* also zu Hackfleisch verarbeiten?‹«, erzählte ein ehemaliger Personenschützer Obamas.

Bei den Mitarbeitern des Weißen Hauses war der Secret-Service-Direktor relativ beliebt und man vertraute ihm; deshalb durfte er trotz des für ihn peinlichen Umgangs mit den Schüssen auf seinem Posten bleiben. Aber die First Lady und Bill Daley, der Stabschef des Weißen Hauses, betonten, dass derartige Vorfälle nicht unbedingt halfen, das Vertrauen in die Zuverlässigkeit des Secret Service zu stärken. »Sie haben ihm klargemacht, dass sein Service das vermurkst hat«, sagte ein hochrangiger Obama-Berater.

Sullivan bestritt später, dass Mrs. Obama ihn angeschrien habe. Aber er lehnte es ab, die Unterredung näher zu beschreiben.

Für viele ehemalige Secret-Service-Beamte waren die Schüsse im Jahre 2011 ein Zeichen für weitaus tiefer liegende Probleme. Der Dienst zog es vor, ein derartiges Versagen der Sicherheitsmaßnahmen geheim zu halten, während eine offene Diskussion der aufgetretenen Probleme dazu hätte beitragen können, den Schutz des Präsidenten in Zukunft zu verbessern. Gegenüber der Öffentlichkeit und sogar gegenüber den eigenen Mitarbeitern taten Sullivan und seine hochrangigen Stellvertreter so, als hätte es die Schüsse nie gegeben. Eine offizielle Nachuntersuchung wurde von Sullivan nie angeordnet. Auch die Aufnahmen der in der Umgebung des Schauplatzes stehenden Überwachungskameras wurden vom Secret Service erst am

15. November ausgewertet, als die Haushälterin das Einschussloch im Fenster des Yellow Rooms fand.

Der Service betonte, dass Ortega beim Treffen seines Ziels auf eine bizarre Weise viel Glück gehabt habe. Der Service hatte nicht damit gerechnet, dass es möglich sein würde, mit einem Gewehr aus dieser Entfernung, etwa sechshundertachtzig Meter, das Domizil des Präsidenten zu treffen. Aber genau das war das Problem: Man hatte eine Gefahr nicht vorhergesehen, die durchaus vorhersehbar war und tatsächlich eintrat.

Durch die Schüsse stellten Sullivan und seine Stellvertreter gravierende Sicherheitslücken fest. Ohne darum viel Aufheben zu machen, nahmen sie einige Änderungen vor, um diese Lücken zu schließen. Die Polizei von New York besaß Unmengen von über die Stadt verteilten Kameras, um mit ihnen Kriminelle identifizieren und verhaften zu können. Sullivan musste widerstrebend zugeben, dass ausgerechnet auf dem besonders gefährdeten Gelände am Südende des Weißen Hauses keine einzige Kamera stand. Im Jahr 2012 kaufte der Secret Service mehrere Kameras, um sie dort zu installieren. Auf Drängen des neu auf diesen Posten beförderten leitenden Special Agent Vic Erevia erhöhte der Dienst die Anzahl der Beamten an den Grundstücksgrenzen des Weißen Hauses und fügte zusätzliche Überwachungspatrouillen hinzu. In typischer Secret-Service-Manier glaubte die Behörde, das Problem mit erhöhtem Personalaufwand lösen zu können. Eine weitere neue Richtlinie sah vor, dass die vor dem Weißen Haus stationierten Beamten das Publikum aus dem Bereich der E Street vor dem Südgelände vertreiben mussten, wenn die Obamas den Truman-Balkon benutzten.

Ortega wurde wegen Mordversuchs angeklagt und bekannte sich später schuldig im Sinne einer etwas reduzierten Anklage. Er wurde zu fünfundzwanzig Jahren Haft verurteilt.

Es stellte sich heraus, dass Ortega ein schwer verwirrter Mensch war, was aber für Attentäter auf den Präsidenten durchaus typisch war: ein junger Mann, der in seinen Zwanzigern eine paranoide Schizophrenie entwickelte und sich gezwungen fühlte, drastische

Maßnahmen zu ergreifen, um ein nicht genau definierbares Unrecht zu bekämpfen. Zwar gelang es ihm, mit seinem Gewehr das Domizil des Präsidenten zu treffen, aber zu seinem Pech war gerade zu diesem Zeitpunkt der Präsident nicht im Weißen Haus.

Laut Ortegas Freunden hatten seine Probleme etwa ein Jahr zuvor begonnen, als er sich beim Ansehen eines regierungsfeindlichen Films in etwas hineingesteigert hatte. Der Film mit dem Titel *The Obama Deception (Die Obama-Täuschung)* war von Alex Jones konzipiert und produziert worden, einem Verschwörungstheoretiker und Talkshow-Moderator aus Texas. Im Film wurde behauptet, dass eine Gruppe reicher Familien zusammen mit Präsident Obama eine Verschwörung organisiert habe; Obama sei im Weißen Haus platziert worden, um mit Hilfe der Regierung die Amerikaner zu überwachen und um den Interessen der Mehrheit der Bürger zu schaden. Kurz nachdem er diesen Film gesehen hatte, kaufte Ortega sich ein leistungsstarkes Gewehr und begann mit seinen Schießübungen.

Ortegas Angriff auf das Weiße Haus zeigte, dass die Elitetruppe des Secret Service – obwohl sie aus aufopferungswilligen und hochqualifizierten Patrioten bestand, die bereit waren, für das Wohl des Landes auf sich schießen zu lassen – immer noch nicht unter allen Umständen ihrer Aufgabe gewachsen war. »Es war natürlich sehr erschreckend, dass eine Person ohne ausgeklügelten Plan dazu in der Lage war, auf das Weiße Haus zu schießen und es zu treffen, und dass die Leute hier dann erst mehrere Tage später davon erfahren haben«, sagte Daley. »Die Reaktion auf diesen Vorfall ließ zu wünschen übrig.«

Kapitel 19

»ICH BIN IN EINEM
ALBTRAUM AUFGEWACHT«

Dave Chaney fühlte sich bereit für den Ruhestand. Er erschien immer noch früh zur Arbeit, eine Angewohnheit vieler Agenten, aber er hatte jeden Morgen weniger Schwung, wenn er sich fertig machte. Nach einundzwanzig Jahren im Dienst hatte Chaney den respektablen, aber bescheidenen Rang eines GS-14 erreicht. Jetzt war er ein Senior Supervisor und beaufsichtigte eine kleine Abteilung im Hauptquartier, die mit dem Ausland zusammenarbeitete. Seine Einheit half dabei, ausländische Sicherheitskräfte darin zu schulen, wie sie eine sichere Schutzumgebung für ihre politischen Führer schaffen konnten.

In wenigen Monaten würde der 48-jährige Supervisor seine Rente beziehen können. Er freute sich schon darauf, sich künftig seine Zeit frei einteilen zu können.

Chaney hatte eine besondere Stellung genossen, nicht nur als Secret-Service-Agent, sondern als eine Form von Erbschaft innerhalb des Secret Service. Er war der Sohn von George Chaney, einem Veteranen des Zweiten Weltkriegs, der die Enkel von Präsident Eisenhower und Präsident Johnson beschützt hatte und dann zu einem angesehenen Personalchef aufgestiegen war. Er profitierte vom guten Ruf seines Vaters, denn der ältere Chaney hatte viele der Agenten eingestellt, die später zu Dave Chaneys Vorgesetzten wurden.

Dave Chaney liebte den Service, aber nicht auf die gleiche Weise wie die Generation seines Vaters. Natürlich schätzte Chaney die Kameradschaft, die historischen Ereignisse, die er miterlebt hatte, und die Freunde fürs Leben, die er bei seiner anspruchsvollen Mission gewonnen hatte. Er wurde bekannt als der Typ, der immer sofort bereit war, Geld für einen kranken Kollegen oder eine Abschiedsfeier zu sammeln. Aber Chaney konnte auch spöttisch sein, riss gerne Witze und hatte einen klaren Blick für die Schwächen des Service. Er bemerkte, dass die oberste Führungsriege alle vier Jahre überrascht schien, wenn ein neuer Präsidentschaftswahlkampf anstand. Er war Zeuge, als in den späten neunziger Jahren eine große Zahl von Supervisoren den Secret Service verließ – eine blutende Wunde, um die sich der Dienst nicht kümmerte, bis es zu spät war. Die verbliebenen Kräfte mussten sich in der Folge ständig überarbeiten, um alle anstehenden Aufgaben bewältigen zu können, was als tapfere Pflichterfüllung schöngeredet wurde.

Chaney hatte sich schon lange nicht mehr um Beförderungen bemüht; während seiner sieben Jahre als Supervisor hatte er sich nie um höhere Stellen beworben. Das machte ihn zu einer großen Ausnahme in einer Behörde, in der es von Alphatieren nur so wimmelte, die unbedingt eine weitere Sprosse auf der Karriereleiter erreichen wollten. Eines Tages drängte sein stellvertretender Assistenzdirektor Chaney dazu, sich für eine höheren Posten zu bewerben.

»Was verdient der Direktor?«, fragte er seinen Chef und merkte an, dass seine Frau das Doppelte verdiene. »Sie wollen, dass ich deswegen nach Detroit umziehe? Um einen besseren Titel zu bekommen? Damit ich eines Tages vielleicht 10 000 Dollar mehr verdienen kann als jetzt? Nein danke.«

Für Chaney war das ein wichtiger Punkt. Als er in der Grundschule war, war sein Vater mit der gesamten Familie – fünf Kinder – von Austin nach El Paso gezogen, nur zwei Jahre vor seiner Pensionierung. Seine Schwester musste deswegen die Highschool wechseln. »Warum hast du das getan, Dad?«, fragte Chaney jr. ihn später einmal. »Ich wollte als leitender Special Agent in Rente gehen«, antwortete Chaney sr. Sein Sohn war fassungslos. Er hatte seinen Vater sehr bewundert, aber er schwor sich, dass er so etwas nie tun würde – sein

Kind die Highschool wechseln zu lassen, um einen höheren beruflichen Rang zu erhalten.

Während Dave Chaney sich auf seinen eigenen Ruhestand vorbe-
reitete, landete einer der besten Vorteile, die man als Secret-Service-
Agent erhalten kann, in seinem Posteingang: die Ankündigung einer
exotischen Auslandsreise. Er hatte sich freiwillig als zusätzlicher Unterstützer für Präsident Obamas Reise nach Cartagena Mitte April
gemeldet, und das Hauptquartier teilte ihm nun per E-Mail mit, dass
er ausgewählt worden war und mitkommen durfte nach Kolumbien.
Er würde der Supervisor des Vorausteams sein, ein ziemlich leichter Job. Die Mitglieder des Vorausteams würden mit der Limousine
des Präsidenten und anderen aufgerüsteten Fahrzeugen in zwei
Frachtflugzeugen der Air Force, die intern »Autoflugzeuge« genannt
wurden, etwa achtundvierzig Stunden vor Obama einfliegen. Während der Präsident im Land war, würden sie als Wachposten vor Ort
dienen, fleißige Arbeitsbienen, mit nicht zu anstrengenden, aber etwas langweiligen Schichten. In der Regel wurden sie am Rand von
Veranstaltungen platziert oder an Sicherheitskontrollpunkten; dabei durften sie in einem Fünf-Sterne-Hotel in einer schönen Stadt
wohnen.

Vor der Ankunft des POTUS am 13. April und nach seiner Abreise
durften die Wachposten wilde Partys feiern. Und Cartagena mit seiner bis tief in die Nacht geöffneten Club-Szene war genau hierauf
spezialisiert. »Zur Logistik siehe unten«, mailte Chaney am Montag,
dem 9. April, dem Tag vor ihrer Abreise, den vierundfünfzig Männern seines neu zusammengestellten Vorausteams.[21] »Unser Motto
für diese Reise lautet: *Una cerveza más, por favor.*« (*Noch ein Bier,
bitte.*) Nichts spricht dagegen, ein paar Nächte lang auf Onkel Sams
Kosten zu feiern, dachten sich die Männer. Das war ihnen umso mehr
zu gönnen, als die Agenten und Beamten in jenem Jahr zahlreiche
Stunden in Treppenhäusern oder auf kalten Straßen in der Mitternachtsschicht verbracht hatten, viele Kilometer pro Tag beim Personenschutz während des Wahlkampfs gelaufen waren sowie unzählige
Spiele ihrer Kinder, Jahrestage und Geburtstage verpasst hatten.

Cartagena rühmte sich auch eines lockeren Umgangs mit Sex, ähnlich wie es in Las Vegas der Fall ist. Prostitution war dort legal, und die örtlichen Clubs ließen die geschäftliche Transaktion zivilisierter erscheinen, indem die Männer für die sexuellen Dienste einer Frau über ihre Barrechnungen bezahlen konnten. All dies war so alltäglich geworden, dass die Einheimischen die Prostituierten »prepagos« nannten – »prepaids«. Einige Mitglieder des Vorausteams spielten mit dem Gedanken, die Reise mit ein bisschen Sex in der Stadt abzurunden.

Das erste Frachtflugzeug startete Dienstagnacht und landete am Mittwoch, dem 11. April, um zwei Uhr morgens. Das zweite Flugzeug kam erst kurz nach vier Uhr morgens an, da zuvor auf dem Stützpunkt noch einige technische Reparaturen durchgeführt werden mussten. In festgelegten Gruppen fuhren die Männer des Vorausteams ihre mit Waffen, Detektoren und Gepäck beladenen SUVs, Lastwagen und die Limousine des Präsidenten die Rampe aus dem Flugzeug hinunter. In einer inoffiziellen Autokolonne brachten die Fahrzeuge die Männer zu ihrem Zuhause für die nächsten fünf Tage: dem Hotel Caribe im Herzen des Touristenviertels von Cartagena.

Die Agenten scherzten oft darüber, dass sie für jeden Besuch des Präsidenten so viel Ausrüstung, Hardware und Personal in die jeweilige Stadt brachten, dass ihre Anwesenheit kaum ein Geheimnis bleiben konnte. Deshalb gaben einige Agenten ihrer riesigen Truppe den ironischen Spitznamen »Secret Circus«.

Präsident Obama sollte am Freitag im Hilton Cartagena ankommen, einem luxuriösen Hochhaus am äußersten Ende eines hakenförmigen Abschnitts unberührten Strandes. Die Voraus- und Logistikteams des Dienstes waren bereits seit einer Woche im Hilton und arbeiteten eifrig an den Vorbereitungen für seinen Wochenendbesuch.

Aber die Partyzentrale war das Hotel Caribe, etwa sechs Blocks entfernt, am anderen Ende des von Hotels gesäumten Strandes. Von den 175 Mitarbeitern des Secret Service, die in der Stadt waren, wohnten 133 im Caribe.[22] Viele der 100 Militärangehörigen, die für zusätzliche

Sicherheit, Spionageabwehr und Bombenerkennung sorgten, waren ebenfalls dort untergebracht.

Die Vorausteams von Chaney und seinem Kollegen Greg Stokes kamen am Mittwoch in den frühen Morgenstunden an und legten sich in ihren Zimmern im Hotel Caribe gleich hin, um etwas zu schlafen. Bis Mittag waren die meisten von ihnen aufgewacht und fanden im riesigen Pool des Caribe aufgedrehte Badegäste wie bei den Studentengelagen des Spring Break. Aus den Lautsprechern ertönte ein Mix aus Hip-Hop- und Country-Musik. Einige der Militärs hatten Styropor-Kühlboxen mit Bier und Schnaps aus einem örtlichen Spirituosenladen gefüllt und neben ihren Liegestühlen bereitgestellt.

Einige der Mitglieder der Secret-Service-Vorhut sprangen in den Pool oder gingen zum nahe gelegenen Lebensmittelladen, um einzukaufen. Sie vereinbarten per E-Mail, sich in der Abenddämmerung zum Abendessen zu treffen, und schmiedeten Pläne für eine Nacht in der Stadt. Chaney und Stokes trafen sich gegen 18 Uhr am Pool und begaben sich zusammen mit etwa acht jüngeren Agenten zum Abendessen. Einer der Spanisch sprechenden Agenten führte sie zu einem unscheinbaren Restaurant vor Ort, das ihm von früheren Besuchen her vertraut war. Sie zogen weiter zu einem bekannten Club in der Nähe, Mister Babilla, um dort ein paar Drinks zu nehmen.

Aber Stokes, der gerade Single war, und Chaney, der verheiratet war, hatten bereits etwas anderes vereinbart: den Besuch eines Stripclubs. Ein Agent, den sie zur Erkundung losgeschickt hatten, hatte Chaney sogar schon eine Empfehlung geschickt. »Pleyclb bosque off hook!«, schrieb der Agent etwas kryptisch und bezog sich dabei auf einen Stripclub und ein Bordell im Stadtviertel Bosque. Irgendwann gegen 22:30 Uhr stiegen die beiden Supervisoren in ein Taxi, wobei sie gegenüber den jüngeren Männern vorgaben, sie würden zurück ins Hotel fahren, um sich dort schlafen zu legen. Da sie die anderen Agenten nicht persönlich kannten und ihr Abenteuer möglichst diskret erleben wollten, fuhren sie allein los.

Sobald sie auf der Rücksitzbank des Taxis saßen, sagte Stokes zum

Fahrer: »Bring uns zu den Mädchen.« Ein paar Minuten später hielten sie vor einem fensterlosen Gebäude auf der rückwärtigen Seite der Cartagena-Bucht, an dessen Eingang ein Neonschild mit einer nackten Frau hing, die ihr Bein um einen großen Anker schwang. Die Männer nahmen an, dies müsse der Pley Club sein, aber in Wirklichkeit handelte es sich um den etwa zehn Blocks davon entfernten Club El Paraíso del Marina (Das Paradies am Meeresrand).[23] Ein Türsteher geleitete die Männer zu einem Tisch. Auf der Bühne waren gerade keine tanzenden Frauen zu sehen, aber wenig später präsentierte sich eine ganze Schar von ihnen der Reihe nach vor den beiden.

Stokes und Chaney begannen ein Gespräch mit zwei der Frauen, die sich als Escorts Juliana und María nannten; dann luden sie sie zu ein paar Drinks ein. Der Club war voller weißer amerikanischer Männer, einige vom Secret Service und einige vom Militär, wie Chaney feststellte. Er schätzte, dass es etwa 23 Uhr war, aber sie hatten keine genaue Zeitvorstellung mehr. Denn Chaney hatte mittlerweile einen Mojito und mindestens acht Biere getrunken, während Stokes etwa vier oder fünf Biere intus hatte.[24]

Juliana lächelte Stokes an. »Wir können die ganze Nacht zusammen verbringen, wenn du den Boss fragst«, sagte sie. Sie verriet ihm, dass es 200 000 Pesos – etwa 100 Dollar – plus eine »Steuer« kosten würde, wenn sie mit ihm den Club verlassen würde.[25]

Seinerseits versuchte Chaney, den Preis von María herauszufinden, aber er hatte Schwierigkeiten, sie zu verstehen, weil er kaum Spanisch konnte. Stokes ging zum Kassierer, um nach dem genauen Betrag zu fragen.

Als die Männer bezahlt hatten, was die Frauen und der Club von ihnen verlangten – etwa 140 Dollar pro Person –, stiegen sie mit den beiden Prostituierten in ein Taxi und fuhren zurück zum Caribe.

Die Männer vom Counter Assault Team begannen ihre Nacht mit einer Flasche Grey Goose Wodka im Hotel.

»Ich habe Goose und was zum Mixen in meinem Zimmer, um uns in Stimmung zu bringen«, schrieb Joe Bongino an seine Kumpel Art

Huntington und Todd Bratz.[26] »Wie wäre es mit etwas Alkohol in Zimmer 710 für ein paar Auserwählte?«

Alle drei Agenten gehörten zum CAT, einer Einsatzgruppe, die sich im Laufe der Jahre einen gewissen Ruf erarbeitet hatte. Die meisten Mitglieder hielten sich körperlich und geistig fit für ihre Mission und verbrachten jeden Monat viele Stunden auf dem Schießstand und im Fitnessstudio. Viele hatten eine beeindruckende körperliche Statur. Einige galten auch als gute Scharfschützen. Die Teammitglieder verglichen sich selbst mit einer Einheit der Special Forces und legten oft ein entsprechendes Alphamännchen-Gehabe an den Tag. In den mehr als dreißig Jahren seit der Gründung des CATs war es jedoch für sie noch nie erforderlich gewesen, einen bewaffneten Angriff mit Gegenfeuer zu erwidern.[27] Und in dieser Zeit wurden sie auch zum Inbegriff der wildesten Partygänger und Schürzenjäger im Secret Service.[28] Einige jüngere Mitarbeiterinnen des Weißen Hauses diskutierten schüchtern darüber, wer von ihnen sich »ein CAT-Hemd verdient« hatte. Wenn sie das Hemd erhalten hatten, bedeutete das, dass sie mit jemandem vom CAT geschlafen hatten.

Diese drei Teammitglieder fühlten sich bereit, in die Stadt einzufallen und loszufeiern, sobald sie im Urlaubsort gelandet waren. Nach ein paar Drinks zum Aufwärmen in Bonginos Zimmer gingen sie zum Abendessen in ein nur wenige Blocks von ihrem Hotel entferntes Steakhouse und kehrten gegen 22 Uhr auf ein paar weitere Wodka-Shots in Bonginos Zimmer zurück. Dann schlug Bratz vor, dass sie in einen Club neben dem Eingangstor der alten Stadtmauer gehen sollten: Tu Candela (Deine Kerze). Das höhlenartige Lokal zog Einheimische, Touristen und auch einige hübsche sowie relativ diskrete Escorts an. Im Inneren des Clubs trafen die Männer vom CAT auf mehrere Secret-Service-Agenten aus der New Yorker Außenstelle, und gemeinsam rotteten sie sich an einem Ende der Bar zusammen.

Dania Londono Suarez, eine zierliche 24-Jährige mit goldenen Strähnchen in ihren langen braunen Haaren, war irgendwann nach 23:30 Uhr mit drei anderen in diesem Gewerbe tätigen Mädchen ins

Tu Candela gekommen. Suarez, eine alleinerziehende Mutter mit einem Kleinkind zu Hause, erarbeitete sich das Geld, um ihre Rechnungen zu bezahlen, indem sie ein paar Nächte pro Woche die Clubs besuchte. Sie war stolz darauf, eine Escort zu sein und keine »Puta«, wie man in Kolumbien eine Hure oder ein gewöhnliches Straßenmädchen nannte. Sie kleidete sich gut, konnte selbst entscheiden, wo und wann sie arbeitete, und hatte besser zahlende Kunden. Da gerade so viele Amerikaner in der Stadt waren, ging Suarez davon aus, dass es eine gute Nacht zum Geldverdienen sein würde.

Suarez war Teil eines weiblichen Vierers, der sich einen Tisch abseits der Tanzfläche schnappte. Mariela, die als Suarez' Zuhälterin arbeitete, und zwei weitere Escorts, die auf die Namen Luciana und Vanessa hörten, schlossen sich ihr an. Die Frauen konnten nicht umhin, eine Gruppe von zehn lärmenden Amerikanern zu bemerken, die miteinander befreundet zu sein schienen und für sich an der Bar ständig neue Runden bestellten. Einer von ihnen, offenbar betrunkener als die anderen, schwankte und tanzte oben auf der Bar. Er griff nach einer Stange und ahmte die lasziven Bewegungen einer Stripperin nach.[29]

Bratz, ein unverheirateter Mann, der besser Spanisch konnte als seine Kameraden, sprach die Frauen an. Mariela beschloss, für ihn zusätzlich zu übersetzen. Sie drehte sich um zu den Escorts und erklärte diesen auf Spanisch, dass die Männer ihnen anboten, eine Flasche Wodka für ihren Tisch zu kaufen, und dass sie sich gerne zu ihnen setzen würden. Mariela schlug Bratz vor, seine Freunde mitzubringen, damit alle tanzen konnten, woraufhin Huntington und Bongino sich Bratz anschlossen. Huntington hatte sofort ein Auge auf Suarez geworfen. Alle bildeten Paare zum Tanzen.

Huntington wusste damals nicht, dass Suarez eine professionelle Escort war. Er war es gewohnt, Frauen zu treffen, die er gleich in der ersten Nacht zum Sex verführen konnte. Und Suarez wusste damals nicht, dass Huntington ein Secret-Service-Agent war. Was ihre Kunden von ihrer Arbeit erzählten, verstand sie ohnehin meist sowieso nicht.

Die Amerikaner bestellten ständig noch mehr Wodka nach.[30] Suarez fiel auf, dass sie diese klare Flüssigkeit herunterkippten, »als wäre es Wasser«. Sie fand, dass Huntington gut aussehend und höflich war, aber auch »von sich eingenommen«. Sie tanzten miteinander, und er brachte sie zum Kichern, als er immer wieder sein Hemd anhob, um ihr seine straffen Bauchmuskeln zu zeigen.

Bongino, der verheiratet war, tanzte mit Luciana. Im Laufe des Abends erzählte Luciana ihrer Kollegin Suarez, dass sie sich in den gut aussehenden, breitgesichtigen Amerikaner »verliebt« habe. Sie hatte vor, die Nacht mit ihm wie ein privates Date zu behandeln. Eine professionelle Gebühr wollte sie ihm nicht berechnen.

Eineinhalb Stunden nach Mitternacht, nachdem sie lange miteinander getanzt hatten, sagte Suarez zu Huntington, dass sie nun nach Hause gehen müsse. Er drängte sie, noch zu bleiben, was sie nicht anders erwartet hatte. Suarez rief ihrer Zuhälterin zu, sie solle Huntington den üblichen Ablauf erklären, wobei Bratz wieder als Übersetzungshilfe zum Einsatz kam. Sie ließ Huntington ausrichten, sie sei bereit, ihn ins Hotel zu begleiten, wenn er ihr dafür ein »kleines Geschenk« machen würde.[31]

Suarez war davon überzeugt, sich einen spendablen Freier geangelt zu haben. Im Laufe des Abends hatte Huntington ihr einen 50 000-Peso-Schein gegeben – was etwa 30 Dollar entsprach –, um Zigaretten zu kaufen, ohne anschließend nach dem Wechselgeld zu fragen. Er und seine Freunde zückten ihre Kreditkarten oder holten Bargeld hervor, um den Frauen mindestens drei Flaschen Wodka und verschiedene weitere Drinks zu kaufen. Suarez verlangte für eine Nacht mit einem Amerikaner normalerweise 200 bis 500 Dollar – sie konnten es sich leisten, mehr zu zahlen als die Einheimischen. Aber sie vermutete, dass bei Huntington möglicherweise für sie noch mehr zu holen war. Bevor sie den Club verließen, erwähnte Suarez noch einmal das von ihr geforderte »Geschenk«.

»Wie viel?«, fragte Huntington.

Sie hielt acht Finger hoch und sagte dann zweimal »Dollar«. Sie wollte vorab eindeutig vereinbaren, wie viel eine ganze Nacht Sex mit ihr kosten würde.[32] »Achthundert«, versuchte sie in gebrochenem Englisch zu sagen. »Kein Problem, Baby. Kein Problem«, antwortete er.[33] »Vámonos.« Aber Huntington war vermutlich zu betrunken, um alles zu verstehen, denn zu diesem Zeitpunkt hatte er schätzungsweise bereits dreizehn Wodka-Drinks hinuntergeschüttet.[34]

Bongino bezahlte die restliche Barrechnung. Dann presste er sich mit Huntington und den beiden Frauen in ein gemeinsames Taxi, um ins Caribe zurückzukehren. Bratz, der an der Theke immer noch mit einer Frau im Gespräch war, blieb im Club.

Als sie die Hauptlobby des Hotels betraten, wussten die beiden Frauen bereits, was nun zu tun war. Von den am Eingang postierten hoteleigenen Sicherheitskräften wurden sie nur kurz gemustert. Sie gingen zur Rezeption, um sich als »Übernachtungsgäste« zu registrieren – eine höfliche Umschreibung, die von den örtlichen Hotels verwendet wurde –, und händigten ihre Ausweise aus. Ihre »Gastgeber« mussten anwesend sein, und es wurde ihnen gesagt, dass sie eine zusätzliche Gebühr von 20 Dollar würden zahlen müssen, um diesen weiteren Gast mitbringen zu dürfen. Bongino und Huntington standen daneben und beobachteten belämmert diese merkwürdige nächtliche Bürokratie.[35]

Als sie mit der Registrierung fertig waren, gingen die vier zu den Aufzügen und fuhren hinauf zu den Unterkünften der zwei Agenten im siebten Stock. Bongino trug Luciana huckepack über den Flur bis in sein Zimmer mit der Nummer 710.[36]

Die Rezeptionistin des Hotels Caribe rief am frühen Donnerstagmorgen gegen 6:30 Uhr in Zimmer 707 an, und Suarez ging ans Telefon. Die Hotelangestellte sagte zu ihr, es sei bereits nach sechs und somit höchste Zeit für sie, aus dem Hotel zu verschwinden. Suarez entschuldigte sich und versprach, sofort zu gehen. Sie war vertraut mit der Bestimmung der Hotels, laut der alle Prostituierten das Haus am frühen Morgen zu verlassen hatten.[37]

Die Angestellte war verärgert. Als sie zur Arbeit erschienen war, hatte sie mehr als ein Dutzend Ausweise von Prostituierten gefun-

den, die sich noch in einer kleinen Schachtel an der Rezeption befanden. Das bedeutete für sie, dass sie eine Menge unangenehmer Er-
innerungsanrufe bei den amerikanischen Gästen des Hotels tätigen
musste.

Suarez sammelte ihre Kleidungsstücke ein, um sich anzuziehen.
Huntington, der noch unter der Bettdecke lag, bat sie, noch ein wenig
zu bleiben. Suarez antwortete, das könne sie nicht, weil sie ihren Sohn
zur »Baby-Schule« bringen müsse.

»Mein Bargeld, Schatz«, erinnerte Suarez ihn sanft.

Huntington griff nach seiner Brieftasche, die auf dem Boden lag.
Mit dem Finger blätterte er durch die darin befindlichen Banknoten, dann reichte er ihr einen 50 000-Peso-Schein – der zweite Betrag
dieser geringen Höhe nach dem Zigarettengeld im Nachtclub. Suarez
wurde wütend. Nicht nur war dies eine mickrige Summe, sondern
sie hatte auch in seiner Brieftasche gesehen, dass er nicht annähernd
genug dabeihatte, um ihr vereinbartes Honorar zu bezahlen.

»Nein«, sagte sie. »*Más dinero.*«

»No dinero«, antwortete Huntington.

Suarez begann zu weinen. Huntington sah sie an und erschrak, als
sie etwas forderte, das sich wie Hunderte von Dollars anhörte.[38] Später erinnerten sich beide daran, dem jeweils anderen damit gedroht
zu haben, die Polizei zu rufen: sie, wenn er nicht zahlen würde; er,
wenn sie nicht gehen würde.

»Jetzt aber raus, du Schlampe«, sagte er schließlich und schubste
sie zur Tür.[39]

Als Suarez endlich im Korridor war, schloss Huntington die Tür
hinter ihr ab. Er beobachtete durch das Guckloch, dass sie zur Tür
seines Freundes Joe Bongino hinüberging.[40] Huntington hatte noch
Kopfschmerzen von der vergangenen Nacht, weshalb er zurück ins
Bett wankte. Er erinnerte sich vage daran, nachts Sex mit Suarez gehabt zu haben, aber Einzelheiten waren nicht in seinem Gedächtnis
geblieben. Ebenso wusste er noch, dass sie beim Verlassen des Clubs
etwas vom Geld gesagt hatte, das er für den Sex zahlen sollte. Aber
gleich 800 Dollar?

Auf der anderen Seite des Flurs, in Zimmer 710, war nun Bongino an der Reihe, unsanft geweckt zu werden. Nachdem Suarez eine Weile mit ihren Fäusten an die Tür getrommelt hatte, öffnete ihr Luciana, die in jener Nacht bei Bongino zu Gast gewesen war, und ließ sie herein. Sich lautstark auf Spanisch beklagend kam sie ins Zimmer.

Bongino erinnerte sich noch an den nächtlichen Sex mit Luciana, hatte ihren Namen aber vergessen. Er erkannte auch die aufgeregte größere Frau – Suarez – als diejenige, die Huntington mit ins Hotel genommen hatte. Sie schnappte sich ein Kissen von Bonginos Bett und drückte es an ihre Brust.[41] »He fucky fucky, he no pay!«, schrie sie in ihrem schlechten Englisch.

Mit einer Mischung aus Spanisch und Englisch versuchte Suarez, Bongino klarzumachen, dass sie nicht bereit war, einfach zu gehen. Sein Kumpel schuldete ihr Geld, und sie forderte Bongino auf, ihr dabei zu helfen, es einzutreiben.

Suarez wurde immer wütender, weil sie merkte, dass Bongino ihr Problem egal zu sein schien. Sie zückte ihr Handy und tat so, als würde sie die Polizei anrufen. Bongino, der sich rasch angezogen hatte, nachdem er auf so ungewöhnliche Art geweckt worden war, erkannte nun, dass er etwas tun musste, um die Situation zu bereinigen. Und zwar möglichst schnell.

»Keine Polizei«, sagte er. »Bitte, bitte, keine Polizei.« Bongino hämmerte an Huntingtons Tür. Keine Reaktion. Er rief sein Zimmertelefon an. Niemand hob ab.

Um 8:33 Uhr schickte er Huntington eine E-Mail auf dessen BlackBerry: »Wir müssen dringend miteinander reden, mach die Tür auf.« Keine Antwort.

Bongino war stinksauer. Huntington war zweifellos schon wach. Er konnte sogar unter der Tür anhand seines Schattens auf dem Boden sehen, dass er sich bewegte.[42]

Entnervt und mit Tränen der Frustration in den Augen war Suarez kurz davor aufzugeben. Kurz vor neun Uhr morgens stapfte sie in ihren unbequemen Stöckelschuhen den Flur entlang. Doch vor den Aufzügen stieß sie zufällig auf einen Polizisten, der dort Wache stand.

Schniefend sagte sie zu ihm, es sei ihr ein wenig peinlich, aber sie benötige seine Hilfe. Als sie ihm ihren Streit mit einem amerikanischen Freier erklärt hatte, begab sich der Beamte zur Rezeption, um dort einen ranghöheren Kollegen zu suchen, der Englisch sprach.[43]

Am Empfangsschalter fand er einen Sergeanten der kolumbianischen Polizei. »Es gibt ein Problem im siebten Stock«, sagte der einfache Polizeibeamte zu seinem Vorgesetzten.

Der Sergeant begleitete den Beamten zurück nach oben und fand dort auf dem Flur eine große junge Frau vor, die in Tränen aufgelöst ihr Leid einer einheimischen Frau und einem weißen amerikanischen Mann klagte. Sie sagte, ein anderer amerikanischer Mann in Zimmer 707 habe ihr Honorar nicht bezahlt und sei grob zu ihr gewesen.

»Hat er Sie geschlagen?«, fragte der Sergeant.

»Nein«, sagte sie. »Sagen Sie ihm nur, dass er mir 250 Dollar geben soll, dann verschwinde ich von hier.«

Eric Johanson, ein angesehener CAT-Supervisor, der in der Nachtschicht arbeitete, hatte nun den Krawall auf dem Flur gehört und war aus seinem Zimmer getreten, um zu sehen, was los war.

Auf dem Hotelflur war es ziemlich voll geworden. Zwei kolumbianische Polizeibeamte in Uniform und zwei einheimische Frauen diskutierten gerade lebhaft mit Bongino darüber, wie er Huntington dazu bringen könne, seine Tür zu öffnen und eine Prostituierte zu bezahlen.

Einer der beiden kolumbianischen Polizisten wandte sich an Bongino und Johanson. »Das Beste, was Sie tun können, ist, die Frau zu bezahlen, bevor alles noch schlimmer wird«, sagte er.

»Was wollen Sie tun?«, fragte Johanson Bongino.

»Ich will diese Frau bezahlen, damit Art nicht verhaftet wird«, sagte er. Bongino hatte aber nur 60 Dollar in seiner Geldbörse. Johanson bot ihm an, ihm 100 Dollar zu leihen. Suarez sagte, das sei nicht genug. Sie wollte 250 Dollar.

»Wenn Sie mich jetzt nicht bezahlen, wird es später viel mehr kosten«, warnte sie ihn.

Bongino eilte zum Geldautomaten in der Lobby, um mehr Bargeld zu holen. Durch den Wechselkurs verwirrt, verlor er Zeit und musste schließlich seine Karte erneut einstecken, um eine zweite Abhebung vorzunehmen. Er kehrte mit einem Bündel Peso-Noten zurück und gab dem Sergeanten eine Mischung aus Pesos und Dollars im Wert von 250 Dollar. Dabei betonte er, dass er und Johanson nur mit dem Geld aushalfen, um weiteren Ärger zu vermeiden, und dass sie mit Suarez nichts zu tun gehabt hätten.

Der Sergeant der örtlichen Polizei übergab das Bündel Bargeld an die Escort.[44] »Ist damit alles in Ordnung?«, fragte er sie auf Spanisch.

»Ja. Das ist okay«, antwortete Suarez und nickte.

Als Suarez und ihre Freundin im Erdgeschoss angekommen waren und auf den Ausgang des Hotels zusteuerten, kam der Sicherheitsdirektor des Caribe auf die beiden Frauen zu und erteilte ihnen eine Rüge. »Sie haben gegen unsere Regeln verstoßen«, sagte er auf Spanisch. »Sie werden nicht in unser Haus zurückkehren dürfen.«

Oben in seiner Etage war Bongino endlich erlöst von dem nervenaufreibenden Konflikt auf dem Flur und konnte sich nun in den Frühstücksraum begeben. Auf dem Weg dorthin begegnete er einem anderen CAT-Agenten, der Bonginos niedergeschlagenen Gesichtsausdruck bemerkte.[45]

»Alles in Ordnung?«, fragte der Agent Bongino.

Bongino ging weiter, und seine knappe Antwort war nur über seine Schulter zu hören: »Ich bin in einem Albtraum aufgewacht.«

Suarez' Entscheidung, an diesem Donnerstagmorgen die Hilfe der örtlichen Polizei in Anspruch zu nehmen, verwandelte einen Flurstreit über ein Honorar in einen internationalen Zwischenfall. Das diplomatische Protokoll sah vor, dass die kolumbianischen Behörden die US-Botschaft benachrichtigten, wenn ihre Strafverfolgungsbeamten irgendeinen offiziellen »Kontakt« mit einem Mitglied der US-Delegation hatten. Das Gespräch des kolumbianischen Polizeisergeanten mit Bongino auf dem Hotelflur und sein Eingreifen nach

Suarez' Beschwerde über Huntington waren eindeutig als Kontakt zu werten. Um 9:15 Uhr am Donnerstag, noch bevor Suarez die Lobby verlassen hatte, war der Sicherheitsdirektor des Hotels bereits am Telefon und rief die Außenstelle der US-Botschaft in Cartagena sowie Mitarbeiter des US-Botschafters Michael McKinley an.[46]

Am Telefon erzählte der Sicherheitsdirektor des Caribe dem Sicherheitsbeauftragten von McKinley, dass die örtliche Polizei bei einem US-Secret-Service-Agenten in Zimmer 707 eingreifen musste.[47] Zwei Mitglieder des Sicherheitsteams der Botschaft fuhren schnell zum Hotel Caribe, um eine umfassende Nachbesprechung durchzuführen. Als sie dort gegen zehn Uhr ankamen, schilderte ihnen der Sicherheitsdirektor des Hotels die Beschwerde der Prostituierten noch genauer.

Dann begann er mit seiner eigenen, viel längeren und detaillierteren Liste von Ärgernissen. Neben dem Streit um die Bezahlung der Escort war der Sicherheitsdirektor aufgebracht über das in der Regel stets unerträgliche Benehmen der Amerikaner. Das Caribe-Personal hatte ihm berichtet, dass die K-9-Beamten ihre Bombenspürhunde Häufchen auf den Hotelrasen machen ließen, auf Teppiche pinkeln ließen und sogar in den Hotelbetten schlafen ließen. Mehrere Gäste hatten sich über den Lärm und die alkoholisierten Vergnügungen am Pool beschwert, an denen vor allem Militärs beteiligt waren. Obendrein hatte sein morgendlicher Empfangschef acht Gäste gezählt, die nach der Sperrstunde um sechs Uhr morgens weiter Prostituierte in ihren Zimmern hatten, obwohl dies verboten war. Er überreichte ihnen seine handgeschriebene Liste mit diesen acht Namen.

Nach dieser offiziellen und persönlichen Benachrichtigung verbreitete sich das schmutzige kleine Geheimnis der Secret-Service-Mitarbeiter sehr schnell. Die beiden Militäragenten berieten sich mit Perry Holloway, der rechten Hand von Botschafter McKinley, der auch der stellvertretende Chef der amerikanischen Vertretung war. Sie waren sich einig: Sie mussten die Vorgesetzten beim Secret Service benachrichtigen. Kurz nach 11:30 Uhr fuhr der Sicherheitsbeauftragte der Botschaft zum Hilton und traf dort auf Lonn Kalama, einen ihm bekannten Supervisor, der sein Büro in Bogotá hatte.

»Wir haben ein Problem«, sagte der Beamte zu ihm.

Kalama beeilte sich dann, die leitende Agentin mit der Gesamtverantwortung für das Secret-Service-Team in Cartagena zu kontaktieren – Paula Reid. Es war leicht für ihn, die 1,70 Meter große, stramme Supervisorin unter den vielen Secret-Service-Agenten in der Hilton-Lobby zu finden – sie war eine afroamerikanische Frau in einem Meer von weißen Männern. Während Reid ihm schockiert zuhörte, ging Holloway, McKinleys stellvertretender Missionsleiter, mit düsterem Gesichtsausdruck auf Reid zu.

»Das ist leider sehr ernst«, warnte er sie.[48] Jede Meldung, dass mehrere Agenten die Dienste von Prostituierten in Anspruch genommen hatten, würde Präsident Obama und die US-Regierung schwer in Verlegenheit bringen, sagte er.

Reid nickte, runzelte die Stirn und versprach ihm, dass sie der Sache auf den Grund gehen würde.

Aber Holloway hatte noch nicht ausgeredet. Außenministerin Hillary Clinton würde wütend sein, sagte er. Ihre Ankunft war für den nächsten Tag geplant. Ministerin Clinton betrachte diese Art von schlechtem männlichem Benehmen als eine ihrer größten Sorgen bei dem in Übersee tätigen US-Personal, fügte er hinzu. »Wenn Mitarbeiter des Außenministeriums so etwas tun würden«, erklärte Holloway, »würden sie sofort zurück nach Hause geschickt werden.«

Reid hatte in ihren zwei Jahrzehnten in diesem Job schon viel durchgemacht, aber nichts, was sich mit diesem Schlamassel vergleichen ließ. Schnell berief sie eine Besprechung mit ihren Mitarbeitern ein und bat sie, die beiden anderen leitenden Supervisoren der Reise hinzuzuziehen. Um 12:30 Uhr informierte sie sie über den Vorfall mit Huntington und gab ihnen die Liste der Agenten, die angeblich Prostituierte mit in ihre Zimmer genommen hatten. Sie bat einen Mitarbeiter ihres Teams, die Gästekartei des Caribe zu überprüfen, um festzustellen, welche Agenten in welchen Zimmern gewesen waren.

Reid war nicht überrascht, dass Agenten sich auf einer Dienstreise mit Frauen einließen, aber sie war erstaunt über die verhängnisvolle Kombination aus Besoffenen, die Gelage mit Prostituierten veranstalteten, und der Nachlässigkeit, durch die der Vorfall an die Öffentlichkeit gelangt war. Sie holte tief Luft und rief ihre Chefin in Washington an. Es gab keine Möglichkeit, den sich zusammenbrauenden Skandal zu vertuschen. Reids Vorgesetzte, ebenfalls eine Frau, kam nach den ersten Informationen schnell zu dem Schluss, dass dafür höhere Ebenen der Behörde zuständig waren. Sie sagte Reid, sie solle David O'Connor anrufen, einen Assistenzdirektor für alle Außenstellen.

O'Connor hörte sich Reids Bericht an. »Was zum Teufel haben sich diese Typen dabei gedacht?«, sagte O'Connor.

Reid teilte ihm mit, sie wolle zunächst mit der Befragung der Agenten beginnen und sich wieder bei ihm melden, wenn sie ein vollständiges Bild hätte.

O'Connor legte auf. Er ging den Flur hinunter, um Mickey Nelson zu holen, den Assistenzdirektor für das Schutzwesen. Gemeinsam würden sie ihrem Direktor Mark Sullivan die schlechte Nachricht überbringen.

Nachdem Direktor Sullivan von seinen Assistenten erfahren hatte, was vor sich ging, rief er Reid an. Sie wiederholte noch einmal die ihr bekannten Fakten. Dies war ein diplomatischer Albtraum, aber bis jetzt war es einer, der nicht an die Öffentlichkeit gelangt war und den der Dienst hoffte, eindämmen zu können. Reid erklärte dem Direktor, dass die aktuell größte Gefahr die Verärgerung der Botschaft sei. Die Nummer zwei von Botschafter McKinley hatte ihr gegenüber geäußert, die betroffenen Agenten sollten zurückgeschickt werden. Sullivan hörte ihr zu und sagte, dass dies tatsächlich notwendig sein könnte. Reid fügte hinzu, sie würde nun in Kürze mit der Befragung der beteiligten Männer beginnen, und sie vereinbarten, dass sie die Behörde über ihre Erkenntnisse informieren würde.

Etwa zur gleichen Zeit erhielten Chaney und Stokes E-Mails, in denen sie aufgefordert wurden, sich »so bald wie möglich« bei Reid in der Kommandozentrale im Hilton zu melden. Aufgrund der Gerüchte, die über einen CAT-Typen kursierten, der in einen Streit mit einer Prostituierten geraten sein sollte, vermuteten sie, dass sie zu diesem Vorfall befragt werden könnten. Keiner von beiden war besorgt, wegen eines One-Night-Stands Ärger mit dem Service zu bekommen, denn solche Vergnügungen waren auf Reisen üblich. Trotzdem hoffte Chaney, dass Reid nichts über seinen Kontakt zu einer Prostituierten herausfinden würde. Er wollte nicht, dass seine Frau, die in schwierigen Berufsjahren sein Fels in der Brandung gewesen war, etwas davon erfuhr.

Reid ließ zuerst Chaney in den Raum 819 kommen, eine Suite, die der Service zu einem behelfsmäßigen Büro umgestaltet hatte. Als ehemalige Supervisorin des Personenschutzes von Präsident Obama hatte Reid den Ruf einer kühlen Agentin und einer strengen Chefin. Einer ihrer Kollegen sagte über sie, sie »lese das Handbuch des Secret Service wie Fundamentalisten die Bibel«. Aber Reid hatte eine Schwäche für Chaney. Sie waren enge Freunde aus ihrer gemeinsamen Zeit in der Trainingsakademie des Secret Service. Als sie sich im Rahmen der Reise nach Cartagena zum ersten Mal begegnet waren – was erst am Morgen dieses Tages der Fall gewesen war –, hatte sie Chaney mit einem herzlichen »Hallo« gegrüßt.

»Hör zu, Dave, bevor wir damit anfangen, muss ich dir sagen, dass ich in Kürze dem Botschafter Bericht erstatten muss«, sagte sie und sah ihm direkt in die Augen. »Ich muss alles wissen, was passiert ist, damit ich nicht wie ein Dummkopf dastehe und mich später korrigieren muss.«

Das genügte. Chaney gab alles zu: das Abendessen mit einer Gruppe von Agenten. Den Mojito und die vielen anschließend getrunkenen Biere. Die Taxifahrt mit Stokes zu einem Stripclub. Das Entgelt, das sie dem Club zahlten, um die Prostituierten ins Caribe mitbringen zu dürfen. Alles.

Reid fragte ihn, ob die Frau, die er mit auf sein Zimmer genommen hatte, sicherheitsrelevante Details über Obamas Besuch erfahren haben könnte. Er erklärte, er habe der Frau nie gesagt, dass er ein

Agent sei, und er habe keine vertraulichen Sicherheitsinformationen in seinem Zimmer herumliegen lassen. »Es tut mir leid, dass ich dich da hineingezogen habe«, sagte Chaney, als sie ihn aus dem Zimmer geleitete.

Dann war Stokes an der Reihe, befragt zu werden. »Das hat einen riesigen Shitstorm ausgelöst, Greg«, begann sie.

Stokes beharrte darauf, dass er keine Regeln oder Vorschriften verletzt habe. Er war ledig. Prostitution war in Cartagena legal. Er hatte der Frau nicht von seinem Beruf erzählt. Er kannte mehrere Agenten und Supervisoren des Dienstes, die sich zuvor schon Ähnliches geleistet hatten – und einige auch noch viel Schlimmeres. Wenig später erzählte er Reid die ganze Geschichte ihres nächtlichen Abenteuers, und sie deckte sich größtenteils mit dem Bericht von Chaney.

Michael McKinley, der US-Botschafter in Kolumbien, war vor allem besorgt, dass diese schwerwiegende Indiskretion der Beschützer des Präsidenten ausgerechnet kurz vor dessen Ankunft an die Öffentlichkeit gelangen würde. McKinley, ein in Oxford ausgebildeter Diplomat, der die meiste Zeit seiner Kindheit und beruflichen Laufbahn in Süd- und Mittelamerika verbracht hatte, wusste, dass dies die sorgfältige Vorbereitung seines Teams für einen fruchtbaren Gedankenaustausch mit lateinamerikanischen Spitzenpolitikern zunichtemachen konnte. Die US-Regierung hatte sich auf internationalen Konferenzen verpflichtet, am Kampf gegen sexuelle Ausbeutung und Frauenhandel mitzuwirken. Nun bestand die Gefahr, dass einige Agenten ihre Regierung wie eine Schar von Heuchlern aussehen lassen würden.

McKinley, der damit beschäftigt war, die Kongressmitglieder zu begrüßen, die zum Gipfel eintrafen, erhielt an jenem Nachmittag regelmäßige Updates von seinen Mitarbeitern. Mit jedem neuen Bericht stieg die Zahl der US-Angestellten, die Frauen in ihre vom Steuerzahler finanzierten Zimmer eingeladen hatten. Beim Durchforsten der Hotelgästebücher fanden die US-Militärs des Southern Commands heraus, dass fünf von dessen Mitgliedern Übernachtungsgäste angemeldet hatten. Später stellten sie fest, dass die Zahl eher bei zehn lag, darunter auch Männer von Spezialeinheiten und Sprengkommandos. Am Ende waren insgesamt 22 Mitglieder der US-Delegation involviert – zwölf vom Secret Service und zehn vom Militär.

Nachdem die für 14:30 Uhr angesetzte Besprechung im Hotel Caribe beendet war, rief einer von McKinleys Sicherheitsbeamten an, um Reid zu warnen. McKinley wünschte ein Treffen, um zu erörtern, ob die Agenten im Land bleiben durften. »Der Botschafter war extrem verärgert«, sagte er.

Der Dienst versicherte den Botschaftsmitarbeitern, dass man nicht versuchen würde, etwas zu vertuschen. Reid sei gerade mit den Ermittlungen beschäftigt, auf deren Basis der Secret Service anschließend eine Entscheidung würde treffen können. Das Militär beharrte unterdessen darauf, dass die in die Affäre verwickelten Männer vor Ort bleiben mussten, weil sie aufgrund ihrer besonderen Ausbildung in Bombenerkennung und Personenschutz unverzichtbar waren für die Sicherheit des Präsidenten.

Gegen 16 Uhr erhielt Holloway, der stellvertretende Missionschef des Botschafters, einen Anruf von einem Reporter der *Los Angeles Times*. Dieser wollte sich erkundigen, ob Holloway etwas über einen Vorfall des Secret Service im Zusammenhang mit Prostituierten wisse. Holloway beendete das Telefongespräch schnell, ohne dem Journalisten eine Antwort gegeben zu haben. McKinley bereitete sich darauf vor, dass die Geschichte an die Öffentlichkeit dringen würde.

Zwischen 15 und 22 Uhr befragte Reid zwölf Männer, die laut den Hotelregistern des Caribe und Hilton alle einheimische Frauen als Übernachtungsgäste in ihren Zimmern angemeldet hatten. Außer den beiden Leitern des Vorausteams und den drei CAT-Mitgliedern vernahm Reid auch drei Agenten der Außenstelle in Washington, drei Angehörige eines Scharfschützenteams und einen Magnetometer-Beamten.

Der Magnetometer-Beamte versicherte Reid gegenüber, dass sie ihn zu Unrecht verdächtige, denn er habe von Mittwochnacht bis Donnerstagmorgen in der Mitternachtsschicht Dienst gehabt. Einige Männer gaben zu, Frauen mit auf ihre Zimmer gebracht zu haben, bestritten aber, Sex mit ihnen gehabt zu haben. Ein erst seit kurzem angestellter Agent hatte mit zwei Kollegen einen Club namens Isis besucht, wobei ihnen erst später aufgefallen sei, dass er ein Bordell war. Dieser neue Agent behauptete, er habe gedacht, die beiden Frauen, die er mit ins Hotel nahm, hätten nur ein Abenteuer gesucht. Er versicherte, er habe sie aus seinem Zimmer geworfen, als sie ihm sagten, dass sie für den Sex bezahlt werden wollten. Drei Männer, darunter Bongino, sagten aus, sie hätten Sex mit den von ihnen in ihre Zimmer mitgebrachten Frauen gehabt, aber dass dies harmlose One-Night-Stands gewesen seien, für die sie nichts bezahlt hätten.

Das Herumhuren mit ausländischen Prostituierten war zweifellos ein dummes Fehlverhalten für Männer mit besonderen Sicherheitsbefugnissen, die sich auf die Ankunft des Präsidenten vorbereiteten. Aber im Handbuch des Secret Service stand nicht, ob dies ein schwerer Verstoß war, noch war die dafür vorgesehene Strafe angegeben. War denn ein One-Night-Stand mit einer Ausländerin überhaupt verboten, unabhängig davon, ob man dafür bezahlte oder nicht? Galt es als verschärfendes Kriterium, wenn der Agent oder Beamte verheiratet war? Der Dienst würde all dies in der Zentrale klären müssen. Sullivan wies Reid an, alle Männer, gegen die ermittelt wurde, am nächsten Morgen per Flugzeug nach Washington zurückzuschicken.

Um Mitternacht erhielten Chaney, Stokes, Huntington, Bongino und acht weitere Agenten und Beamte des Secret Service eine E-Mail vom Logistikteam, in der ihnen befohlen wurde, ihre Sachen zu packen und sich am Freitag um acht Uhr in der Lobby des Caribe einzufinden. Sie würden dann heimgeschickt werden.

Bei der zweiten Zwischenlandung in Miami wurde Chaney, als er von Bord ging, vom stellvertretenden Leiter der dortigen Außenstelle, Vance Luce, begrüßt. »Dave, ich hasse es, der Überbringer schlechter Nachrichten zu sein, aber Sie sollen sich am Samstag um zehn Uhr morgens bei der Inspektion melden«, sagte der leitende Beamte aus Miami. »Sie sollen Ihre Dienstmarke und Ihre Waffe mitbringen.«

Damit wusste Chaney, dass sie alle bis zum Abschluss einer voll-
ständigen Untersuchung von der Behörde beurlaubt werden würden.
Was würde danach kommen? Chaney hatte ein ungutes Gefühl, dass
dies nicht mit einem leichten Tadel enden würde, wie dies sonst bei
den meisten Secret-Service-Untersuchungen der Fall war.

Nach der Landung in Miami telefonierte Stokes mit seinem Vorgesetzten im Rowley Training Center. »Wappnen Sie sich, Greg«, sagte
der Chef. »Sie müssen nun etwas Ärger überstehen. Vermutlich werden Sie für einige Tage an den Strand geschickt.«

Mehrmals während des langen Heimflugs kamen die jüngeren
Kollegen im Flugzeug auf Stokes und Chaney zu und stellten ihnen
verschiedene Versionen derselben Frage: »Kommen wir da wieder
gut heraus?« Stokes, ein bulliger Agent aus der Gegend von Boston, der die Hundestaffel leitete, beantwortete die Fragen mit einem
Schulterzucken. Vor seinem geistigen Auge ließ er eine lange Liste
von Agenten und Supervisoren Revue passieren, die schon Schlimmeres angestellt hatten: Typen, die mit Alkohol am Steuer erwischt
worden waren, die Geld der Behörde gestohlen hatten, die der Vergewaltigung beschuldigt worden waren. Die meisten waren nur kurz
beurlaubt worden oder hatten einen Eintrag in ihrer Akte bekommen,
aber hatten ihre Jobs behalten.

»Der Sturm wird sich schon wieder legen«, sagte Stokes zu ihnen.

»Nee, das wird nicht gut enden«, erwiderte Chaney. »Ein Botschafter der USA ist involviert. Zweiundzwanzig Leute auf einer Reise des
Präsidenten. Das ist ein schwerwiegender Vorfall.«

Bezüglich eines Punktes waren sich die beiden Freunde einig: Sie
machten sich Sorgen um Art Huntington. Chaney und Stokes schauten immer wieder nach ihrem Kollegen, der kaum noch mit jemandem sprach und dessen Gesichtsausdruck der eines verwundeten
Tieres war.

Auf der Heimfahrt vom Flughafen an diesem Abend dachte Chaney über den Schlamassel nach, in den er sich hineinmanövriert
hatte. Es wäre so einfach, mit dem Auto gegen diese Hindernisse zu
prallen, dachte er, aber er wusste auch, dass er es niemals tun würde.

Das Erste, was er tat, nachdem er seine Haustür hinter sich geschlossen hatte, war, nach oben in sein Schlafzimmer zu gehen und
seiner Frau alles zu erzählen. Wenige Stunden später veröffentlichte
die *Washington Post* eine Eilmeldung: US-Secret-Service-Agenten
aus Kolumbien zurückgerufen.[49]

Kapitel 20

SULLIVANS MÜHEN

Direktor Sullivan hatte schon so manche schlagzeilenträchtige Panne überlebt. Wann immer er sich in der Vergangenheit in der Klemme befand, setzte er seinen arglos und bescheiden wirkenden Charme ein. Seine Haltung vermittelte eher Vertrauenswürdigkeit, als dass sie den Gedanken an Vertuschung hätte aufkommen lassen. Wie einige frühere Direktoren war auch er ziemlich gut darin, den Egos von Politikern zu schmeicheln.

Nachdem sich 2009 ein uneingeladenes Paar am Secret Service vorbei zu einem Abendessen ins Weiße Haus geschlichen hatte – und dort Präsident Obama die Hand geschüttelt hatte –, absolvierte Sullivan eine Reihe von Wiedergutmachungsbesuchen in den Büros von Abgeordneten, um diese persönlich zu informieren. Er teilte mit ihnen die detaillierten Erkenntnisse seines Teams darüber, wie das Sicherheitsprotokoll an einem Einlasskontrollpunkt des Weißen Hauses versagt hatte. Die Abgeordneten gingen damit ins Fernsehen, um zu zeigen, wie wichtig sie waren und wie viel Insiderwissen sie besaßen, indem sie den Zuschauern von dem persönlichen Briefing erzählten, das sie vom Direktor des Secret Service erhalten hatten. Kongressmitarbeiter nannten dessen Runden auf dem Capitol Hill »die Mark-Sullivan-Selbsterhaltungstour«.

Obwohl die Öffentlichkeit nichts davon wusste, hatte Sullivan 2011 auch den Zorn der First Lady über den stümperhaften Umgang seiner Behörde mit den im November auf das Weiße Haus abgefeuerten

Schüssen überlebt. Sullivan hatte Michelle Obama versprochen, dass so etwas nie wieder passieren würde.

Diesmal aber hatte der Direktor Grund zu der Befürchtung, dass er beruflich keine weiteren Leben mehr zu verlieren haben würde. Die Wörter »Secret Service« und »Nutten« standen nun ganz oben auf den Titelseiten aller Zeitungen und waren im Newsticker in allen Nachrichtensendungen zu sehen.

Ed Donovan, der oberste Sprecher des Dienstes, sagte zu Sullivan und dessen hochrangigen Stellvertretern, die Cartagena-Geschichte werde jetzt hochgekocht, aber das Interesse daran würde wieder abflauen. Schlimmstenfalls würde man zwei Tage lang darüber reden, sagte er.

Sullivan hoffte, dass er damit recht behalten möge, vertraute aber keineswegs darauf, dass die Empörung nachlassen würde. Am Samstag genehmigte er eine Mitteilung an die Presse, in der bekannt gegeben wurde, dass der Dienst elf seiner Mitarbeiter bis zum Abschluss der Untersuchung beurlaubt hatte. Gleichzeitig kam diese Erklärung seltsamerweise – manche würden sagen, voreiligerweise – zu dem Schluss, dass diese Männer die »Null-Toleranz-Politik des Secret Service hinsichtlich persönlichen Fehlverhaltens« verletzt hatten.

Als die Presserklärung veröffentlicht wurde, bestritten einige der Männer immer noch, jemals Prostituierte angeheuert zu haben. Hatten sie sich nur deshalb eines Fehlverhaltens schuldig gemacht, weil sie nach der Arbeit etwas trinken gegangen waren? Wenn ja, dann konnte fast jeder Secret-Service-Agent und höhere Beamte des Dienstes mit Vorwürfen konfrontiert werden.

Dennoch gab es keinen Zweifel daran, dass das schlüpfrige Bild von Agenten, die mit Prostituierten verkehrten, das Ansehen des Präsidenten bei seinem eigenen Gipfel beschmutzt hatte. Viele Nachrichtenagenturen entsandten an jenem Samstag eilig Reporterteams nach Cartagena. Diese kümmerten sich nicht um das politische Treffen, sondern düsten mit dem Taxi ins Rotlichtviertel, um dort Barkeeper, Escorts und Fahrer nach anrüchigen Details zu befragen, von denen sie Kenntnis erlangt haben konnten. Der Stabschef des Weißen Hau-

ses, Jack Lew, sagte zu Sullivan, es müsse Konsequenzen dafür geben,
dass der Präsident in Verlegenheit gebracht worden sei. Das würde
einige Leute die Köpfe kosten können.

Am Sonntag gab Obama seine erste gemeinsame Pressekonferenz
mit Kolumbiens Präsident Juan Manuel Santos. Der erste Reporter,
dem es gelang, eine Frage zu stellen, erkundigte sich sofort nach dem
»Hookergate« getauften Prostituiertenskandal: »Ich würde gerne
kurz einen Vorfall ansprechen, der diesen Amerika-Gipfel überschattet hat, nämlich die Kontroverse, in die Mitglieder des Teams verwickelt sind, das geschworen hat, Sie zu schützen«, sagte Jackie Calmes,
Reporterin der *New York Times*, zu Obama. »Hat es Sie geärgert, als
Sie bei Ihrer Ankunft davon erfuhren?«

Präsident Santos sah mitleidig hinüber zum weltweit mächtigsten
Staatschef. Obama blickte vom Rednerpult aus zunächst auf den Boden, um seine Gedanken zu sammeln, und fing dann an mit ein paar
Worten über seine Hoffnung auf mehr Freiheit in Kuba. »Was hier in
Kolumbien passiert ist, wird gerade vom Direktor des Secret Service
untersucht. Ich erwarte, dass die Ermittlungen gründlich und streng
durchgeführt werden«, sagte er schließlich. »Falls es sich herausstel-
len sollte, dass einige der in der Presse zu lesenden Vorwürfe zutreffend sind, dann werde ich natürlich wütend sein, denn ich erwarte
vom Personal des Secret Service das gleiche vorbildliche Verhalten
wie von meiner Delegation hier. Wir repräsentieren das Volk der Vereinigten Staaten, und wenn wir in ein anderes Land reisen, erwarte
ich, dass wir die höchsten Standards einhalten, denn wir sind hier
im Namen unserer Nation. Und das bedeutet, dass wir uns mit der
größtmöglichen Würde und Redlichkeit verhalten.«

Er hielt inne, sein Gesichtsausdruck wirkte angespannt. »Und
ganz offensichtlich entspricht das, was berichtet wurde, nicht diesen
Standards.«[50]

Am frühen Montagmorgen wurden alle Gruppenführer im Hauptquartier dazu aufgerufen, sich an der Verteidigung zu beteiligen. Ein
mitgenommener Direktor Sullivan bat die Mitglieder seines Executive Resources Board, Strategien für einen Weg aus dem Desaster zu

entwickeln. Das Gremium bestand aus allen acht Assistenzdirektoren Sullivans und seinem stellvertretenden Direktor.

Sullivan berichtete seinen hochrangigen Mitarbeitern, dass er Anrufe aus dem Kongress erhalte, bei denen die Köpfe der Schuldigen gefordert würden, dass das Weiße Haus stinksauer sei und dass sie nun schnell handeln müssten, um den potenziellen Schaden zu begrenzen und zu zeigen, wie ernst der Dienst dieses Fehlverhalten nehme. Er setzte fast alle seiner internen Ermittler auf den Fall an und schickte ein Team unter der Leitung von Rob Merletti, des hoch angesehenen Beamten und Neffen des ehemaligen Direktors, nach Cartagena. Aber das Personal an den Lügendetektoren, die für die Sicherheitsüberprüfungen zuständigen Mitarbeiter und die Inspektoren waren schockiert, wie sehr man sie unter Druck setzte, rasche Antworten zu finden, und wie schnell ihre Vorgesetzten schwerwiegende Entscheidungen über die Karrieren der Betroffenen fällten. Jahrelang hatte der Dienst Ermittlungen zu internem Fehlverhalten verschleppt und oft ein Auge zugedrückt, wenn es um die Verfehlungen beliebter Agenten ging. Aber diese früheren Autounfälle sowie Vorwürfe der Vergewaltigung, des sexuellen Fehlverhaltens und der wiederholten sexuellen Belästigung waren nicht an die Presse durchgesickert. Nun, da diese schmutzige Wäsche in der Öffentlichkeit gewaschen wurde, musste Sullivan die Gesetzgeber überzeugen, dass der Secret Service eine anständige Behörde war, mit nur wenigen schwarzen Schafen, die auszusondern er gerne bereit war.

Der Ausschuss analysierte die voneinander abweichenden Berichte der Männer über ihre nächtlichen Aktivitäten in Cartagena. Einige leugneten immer noch, Sex mit den Frauen gehabt zu haben, die sie mit auf ihre Zimmer gebracht hatten, aber die meisten gaben zu, dass sie es getan hatten. Einige gaben zu, die Frauen bezahlt zu haben, andere bestanden darauf, dass sie nichts bezahlt hätten. Der Dienst konnte sich nicht sicher sein, wer gelogen hatte, aber man hoffte, dies bald herauszufinden, denn bereits am nächsten Morgen würden alle Betroffenen an einen Lügendetektor angeschlossen werden.

Bevor alle Fakten zusammengetragen waren, befasste sich das

Gremium mit der heiklen Frage, welche Vergehen eine Entlassung nach sich ziehen sollten. Eine endgültige Entfernung aus dem Dienst hatte es im Secret Service nur selten gegeben, und Sex mit Fremden im Ausland war keineswegs ungewöhnlich. So hatte ein hochrangiger Supervisor erst einen Monat zuvor bei einem Sicherheitsbriefing allen Mitarbeitern der Washingtoner Außenstelle mitgeteilt, dass sie One-Night-Stands mit ausländischen Staatsangehörigen auf Reisen nicht zu melden brauchten – sie mussten ihre Vorgesetzten nur dann informieren, wenn die Beziehung über eine Nacht hinausging.

Um in dieser heiklen Situation die richtige Vorgehensweise zu finden, wandte sich Sullivan an David O'Connor, einen nicht leicht zu erschütternden Agenten irischer Herkunft aus Boston. O'Connor war seit sechsundzwanzig Jahren im Secret Service und hatte in nahezu jeder Abteilung gearbeitet, von Ermittlungen gegen Geldfälscherringe in Newark über den Personenschutz für die Clinton-Familie bis hin zur Organisation der Sicherheitsmaßnahmen für den Präsidentschaftswahlkampf im Jahre 2008. Er war gerade zum Assistenzdirektor mit Zuständigkeit für alle Außenstellen befördert worden – einer der beiden wichtigsten Assistenzdirektoren-Jobs. Er stellte die entscheidende Frage: »Haben wir wirklich Gründe dafür, diese Leute zu entlassen, oder nicht?«, fragte er das um den Tisch versammelte Gremium.

Die langjährige Anwältin des Dienstes, Donna Cahill, gab als Antwort kein klares Ja oder Nein. Sie sagte, das Bezahlen von Prostituierten sei in den Vereinigten Staaten illegal und ein Verstoß gegen die Regeln der Behörde, egal wo es vorkomme. Ein einmaliges Fehlverhalten in dieser Hinsicht würde normalerweise nicht zur Entlassung führen. Aber bestimmte sexuelle Vorkommnisse und persönliches Verhalten könnten als Grund dafür dienen, jemandem die Sicherheitsfreigabe zu entziehen – wenn dies ein »fragwürdiges Urteilsvermögen« und einen »Mangel an Diskretion« erkennen lasse. Falls jemand die Behörde in Misskredit brachte – in Form von schlechter Presse –, war das ein erschwerender Faktor. Der Entzug der Sicherheitsfreigabe war eine knallharte Maßnahme, ein todsicherer Weg, um jemanden aus der Behörde zu werfen. Ohne eine Top-Secret-Freigabe konnten weder Agenten noch Beamte für den Dienst tätig sein.

Die Untersuchung befand sich noch im Anfangsstadium. Aber bereits zu diesem Zeitpunkt waren sich Sullivan und das Gremium einig, dass die Männer, die nachweislich für Prostituierte bezahlt hatten, entlassen werden würden, und dass diejenigen, die nur einen One-Night-Stand gehabt hatten, disziplinarisch belangt werden konnten. Der Dienst würde die erstgenannte Gruppe auffordern, von sich aus rasch zu kündigen, und diese Mitarbeiter darauf hinweisen, dass sie andernfalls bald ihre Sicherheitsfreigabe und dann auch ihren Posten verlieren würden.

O'Connor, den man intern den Vollstrecker nannte, war bekannt für seine strengen Grundsätze. Sullivan vertraute ihm mehr als seinen anderen Stellvertretern. Der Direktor bat ihn, sich mit mehreren der betroffenen Agenten zu einem Gespräch zu treffen. Die unausgesprochene Annahme war: O'Connor würde besser als jeder andere dazu in der Lage sein, die Typen zum freiwilligen Ausscheiden zu überreden.

Der Service war wie eine kleine Familie. Viele der Vorgesetzten hatten mit einem oder mehreren der Männer zusammengearbeitet, die jetzt in der Klemme steckten. Der Verlust der Freigabe ließ befürchten, dass einige von ihnen nie wieder als 1811er – als Bundesermittler – würden arbeiten können.

Mike Merritt, ein Assistenzdirektor für Verwaltungsangelegenheiten, räumte ein, dass das Verhalten der Agenten in Cartagena dumm und dreist gewesen sei. Aber er warnte Sullivan und seine Assistenzdirektoren-Kollegen, dass die Entlassung von Mitarbeitern, weil sie unterwegs für Sex bezahlt hatten, noch weitere unangenehme Untersuchungen im Secret Service nach sich ziehen könnte. Er betonte, dass die jetzige Bestrafung im Einklang mit der früheren Bestrafung von Agenten stehen müsse, die vor einiger Zeit das Gleiche getan hatten. »Bitte bedenken Sie, dass wir hierbei vorsichtig sein müssen«, sagte er. »Wenn wir diese Leute jetzt anders behandeln, werden einige von ihnen es uns übel nehmen, und sie werden dafür sorgen, dass die Leichen aus dem Keller geholt werden.«

Von da an schloss Sullivan Merritt von allen Diskussionen über dieses Thema aus. Aber mit seiner Warnung sollte er recht behalten.

Alle Mitglieder des nach Cartagena entsandten Vorausteams wurden nacheinander zu schonungslosen Einzelgesprächen geladen. Am Dienstagmorgen betrat Chaney den fensterlosen Besprechungsraum im Hauptquartier, wo O'Connor auf ihn wartete. Normalerweise zeichnete sich O'Connor durch einen grimmigen Gesichtsausdruck aus, aber heute sah er etwas weniger verbissen aus, sondern wirkte eher düster. Chaney interpretierte das als Zeichen des Respekts für seine zwei Jahrzehnte treuer Pflichterfüllung.

O'Connor sagte, es tue ihm leid, dass sie sich aus einem derartigen Anlass treffen müssten. Er schob ein einzelnes Blatt Papier über den Schreibtisch. Es war die vom Secret Service vorgeschlagene juristische Übereinkunft, die nur drei Absätze umfasste. Sie besagte, dass Chaney zustimmen würde, zu einem bestimmten Datum im August in den Ruhestand zu gehen – nachdem er zuvor seinen restlichen Urlaub würde genommen haben –, und dass der Dienst keine disziplinarischen Maßnahmen gegen ihn einleiten würde. Chaney überflog hastig die Schlüsselwörter und las dann noch einmal alles gründlich von Anfang an. Nach mehr als einer Minute sah er zu O'Connor auf und fragte: »Wäre das für euch ein Ausweg?«

O'Connors hartes Gesicht wurde ein wenig weicher, als er Chaneys Frage hörte. »Es sagt viel über dich aus, dass du mich das fragst, Dave«, bemerkte O'Connor. »Und die Antwortet lautet: ja. Ja, das wäre ein Ausweg.« Dann teilte er Chaney mit, er habe nun eine Stunde Zeit, sich zu entscheiden.

So viel Bedenkzeit benötigte Chaney gar nicht. Er unterschrieb das Papier sofort. Er würde seinen Abschied nehmen und seine Pension bekommen. Er übergab O'Connor seine Waffe und seine Dienstmarke und ging hinunter zu seinem Auto auf dem Parkplatz vor dem Gebäude. Weniger als zweiundsiebzig Stunden nach seiner Rückkehr aus Cartagena war Chaney praktisch schon aus dem Secret Service ausgeschieden.

Am selben Dienstag wurde Stokes angewiesen, sich um 13 Uhr im Hauptquartier zu melden. Wie Chaney betrat er den Raum, in dem O'Connor auf ihn wartete. Stokes und O'Connor kannten sich gut – seit mindestens zwanzig Jahren. Sie waren beide in und um Boston aufgewachsen und gehörten zu einer inoffiziellen Bostoner Seilschaft im Secret Service.

Aber diese Seilschaft war in diesem Fall keine große Hilfe. Im Unterschied zu Chaney war Stokes noch ganze vier Jahre von der Pensionierung entfernt, nicht bloß vier Monate. »Greg, so etwas habe ich in meiner ganzen beruflichen Laufbahn noch nie tun müssen«, begann O'Connor. »Ich würde alles dafür geben, jetzt nicht hier zu sein.«

Er schob ein Blatt Papier über den Schreibtisch zu Stokes. Die Worte auf dem Papier, die dessen Aufmerksamkeit erregten, waren »Entfernung aus dem Dienst ... aus einem wichtigen Grund«. Es war ein Vorschlag zur Beendigung des Dienstverhältnisses. In Stokes' Kopf drehte sich alles.

»Ich muss dich um deinen freiwilligen Rücktritt bitten«, sagte O'Connor.

»Dave, ich habe verstanden. Das ist eine ernste Angelegenheit, im Zusammenhang mit einer Reise des Präsidenten. Aber dass ihr mich deswegen um meinen Rücktritt bittet? Nein. Das wird nicht geschehen.«

»Ich kann dich verstehen«, sagte O'Connor. Hier standen die Karriere und die Ehre eines Mannes auf dem Spiel, so kurz vor der Ziellinie.

Stokes zog eine grüne, 7,6 mal 12,7 Zentimeter große Karteikarte aus der Brusttasche seines Jacketts. Darauf befand sich ein Bibelzitat, Johannes 8,7. Er begann die Passage aus dem Gedächtnis: »Wer unter euch ohne Sünde ist ...«

O'Connor, der ebenso katholisch war, beendete den Vers, aber lauter und schneller: »... der werfe den ersten Stein«.

O'Connor lehnte sich in seinem Stuhl zurück. Er hatte Mitleid mit

Stokes gehabt, aber jetzt ärgerte er sich. Wollte Stokes ihm womöglich etwas vorwerfen? »Was zum Teufel willst du damit sagen, Greg?«, fragte O'Connor.

Stokes sah überrascht aus – er meinte nicht O'Connor persönlich. Er wollte nur den höheren Stellen im Dienst mitteilen, dass er von weitaus schlimmeren Verfehlungen wusste. Er betrachtete es als Druckmittel, nicht als Drohung. »Du nimmst das mit nach oben und zeigst es jedem Einzelnen von ihnen«, sagte Stokes zu O'Connor. »Bring es auch zum Direktor. Sag zu ihnen: Ich würde wirklich allen empfehlen, darüber nachzudenken.«

O'Connor fuhr mit dem Aufzug in den achten Stock und ging zu Sullivans Büro. In den folgenden Minuten diskutierten sie darüber, worauf sich Stokes mit seiner Drohung beziehen konnte. In Wirklichkeit hatte Stokes nichts in der Hand, er bluffte nur. Er war überzeugt, dass der Service ihn niemals feuern würde, wenn man ihn an das schwerwiegende Fehlverhalten von anderen Mitarbeitern erinnerte, das vertuscht und entschuldigt worden war.

Während er mit dem Aufruhr wegen Cartagena außerhalb seiner Behörde fertig werden musste, sah sich Sullivan auch mit einem ernsthaften Loyalitätsproblem in seinen eigenen Reihen konfrontiert. Eine kleine Gruppe innerhalb des Führungsteams im achten Stock war der Auffassung, dass Sullivan nicht die Qualität früherer Direktoren besaß, und man gab sich keine Mühe, diese Geringschätzung zu verbergen. Rick Elias, der nachrichtendienstliche Schutzmaßnahmen für den Dienst koordinierte, und sein Stellvertreter Craig Magaw waren führende Mitglieder dieser Gruppe. Sie gehörten zu einer elitären Clique innerhalb der Behörde, die den Secret Service als eine Art Familienunternehmen betrachtete, dessen Kontrolle ihnen oblag. Elias, ein kluger, bärtiger Typ, der wie ein Professor aussah, war der hochnäsige Schwager von Brian Stafford, dem ehemaligen Direktor während der Amtszeit von Präsident Clinton. Craig Magaw war der Sohn von John Magaw, der unter Präsident Bush vorübergehend Direktor gewesen war.

Diese beiden früheren Direktoren, Brian Stafford und John Magaw, hatten ein kühles Verhältnis zu Sullivan. Gegenüber jüngeren Exkollegen lästerten sie privat über ihn, dass er den Laden nicht so gut führe, wie sie dies früher getan hätten. Er konzentriere sich zu sehr auf politische Fragen und die Rekrutierung ethnischer Minderheiten. Rick Elias und Craig Magaw waren aber nicht nur durch ihre Verwandten beeinflusst, sondern hegten auch einen persönlichen Groll gegen Sullivan. Sie glaubten, er habe ihnen nicht die Beförderungen und Befugnisse zugestanden, die sie ihres Erachtens verdienten.

Einige Jahre zuvor hatte Magaws Vater Sullivan angerufen und ihn gedrängt, seinen Sohn Craig zum Leiter des Personenschutzes für den Präsidenten zu ernennen. Laut den Behördenmitarbeitern hoffte Magaw sr., seinem Sohn damit eine günstige Ausgangsposition zu verschaffen, um eines Tages Direktor zu werden – und damit in seine eigenen Fußstapfen zu treten.

Sullivan war überrascht, äußerte aber respektvoll, dass der Sohn noch nicht so weit sei. Die beiden Männer hatten seitdem kaum je wieder miteinander gesprochen. Mit einer gehörigen Portion Schadenfreude verfolgten Elias und Magaw jr. nun, wie der Cartagena-Skandal die Nachrichten beherrschte. Sullivan war in Gefahr, seinen Posten zu verlieren. Und diese beiden Kritiker aus seiner eigenen Behörde wussten etwas, das Sullivan sogar noch verwundbarer machen konnte.

Elias' Geheimdienstabteilung hatte die CIA gebeten, die Namen der Prostituierten aus Cartagena durch eine CIA-Datenbank namens CENTS (CIA Electronic Name Trace System) laufen zu lassen, wobei ein »Treffer« bei einer Frau erzielt wurde, die ein Agent mit in sein Zimmer genommen hatte. Die Notiz beschrieb in zwei oder drei Zeilen, dass eine Person dieses Namens von Interesse für den Geheimdienst war, weil sie in der Vergangenheit ein Bankkonto besessen hatte, das mit Geldwäsche für ein Drogenkartell in Verbindung gebracht worden war.

Ein Treffer im CIA-Suchsystem war ziemlich selten. Von den vielen Tausenden von Namen, bei denen der Secret Service die CIA gebeten hatte, sie durch ihre Datenbank laufen zu lassen, hatten die Agenten nur eine Handvoll mit einem Trefferergebnis zurückbekommen. »Schon nur ein einziger Treffer ist besorgniserregend«, würde Sullivan später erklären.[51]

Als Magaw und Elias um den 19. April herum die Nachricht von dem Problem mit dem Namen einer der Frauen erhielten, ging Elias in Sullivans Büro, um ihn zu informieren. Parallel dazu erfuhren am selben Donnerstag zwei von Rob Merlettis Inspektoren eine weitere unangenehme Tatsache. Sie statteten dem Geschäftsbüro des örtlichen Hilton einen Besuch ab und erhielten dort die Namen von drei US-Angestellten, von denen das Hotel behauptete, sie hätten an der Rezeption Prostituierte als Übernachtungsgäste vorgestellt. Einer davon war ein CAT-Agent, ein anderer ein Militärbeamter, der in der White House Communications Agency tätig war. Laut den Angaben des Hotels gegenüber den Ermittlern gehörte der dritte zum freiwilligen Vorausteam des Weißen Hauses und war bei der Vorbereitung der Reisen des Präsidenten behilflich.

Der letztgenannte Verdächtige überraschte die Inspektoren. Bislang waren in den Prostitutionsskandal nur der Secret Service, das Verteidigungsministerium und die DEA (d. h. die Behörde zur Drogenbekämpfung) verwickelt. Sollte jetzt auch das Weiße Haus betroffen sein? Nachdem Merletti diese Information erhalten hatte, gab er sie über die Hierarchie des Dienstes gleich weiter an dessen Direktor.

Sullivan verständigte daraufhin das Weiße Haus von der Entdeckung, dass ein Vorhut-Mitarbeiter des Präsidentenanwesens in den Hotelbüchern identifiziert worden war. Aber Kathy Ruemmler, eine Beraterin des Weißen Hauses, und Alyssa Mastromonaco, Obamas stellvertretende Stabschefin, machten Sullivan auf unterschiedliche Weise klar, dass der Cartagena-Sexskandal zwar andere Einrichtungen mit in den Schmutz gezogen hatte, jedoch nicht das Weiße Haus betraf. Vor allem gehörte der Vorhut-Angestellte in formaler Hinsicht nicht zum Executive Office of the President, dem eigentlichen Personal des Weißen Hauses, sagte Mastromonaco. Ruemmler wies außerdem darauf hin, dass ihr Büro den Verdächtigen vernommen hatte und dieser glaubhaft versichert hatte, dass er irrtümlich mit der Affäre in Verbindung gebracht werde.

Dennoch wurde Sullivan mit mehreren Anfragen vom Capitol Hill zu dieser Angelegenheit konfrontiert. Im April schickte der Kongressabgeordnete Pete King, Vorsitzender des Heimatschutzausschusses, dem Secret Service eine Liste mit fünfzig Fragen zu dem Skandal. In einer erkundigte er sich, ob Mitglieder des Präsidentenstabs etwas mit der Prostitutionsaffäre zu tun gehabt hätten.

Sullivan antwortete schriftlich am 1. Mai: »Nein. Der USSS hat keine Anhaltspunkte dafür gefunden, dass ein Mitglied des Executive Office of the President in den Vorfall verwickelt war.« Die Antwort war formal korrekt – und eine Ausflucht.

Am 10. Mai informierte Sullivan die Mitglieder des Heimatschutzausschusses des Senats in einer geschlossenen Sitzung. Die Anstrengungen der letzten Wochen waren dem Direktor nun allmählich anzusehen. Der Behördenleiter, der einst so charmant sein konnte, wirkte jetzt bei einigen der unangenehmen Fragen, die ihm gestellt wurden, völlig hilflos.

Er ging hauptsächlich darauf ein, was er bis dahin schon alles zur Aufarbeitung des Skandals getan hatte. Er sagte den Ausschussmitgliedern, dass jeder, der eine Prostituierte bezahlt habe, seine Sicherheitsfreigabe und seinen Job verlieren würde. Senator Ron Johnson, der Vorsitzende eines Unterausschusses für Innere Sicherheit, wollte wissen, ob auch Männer, insbesondere verheiratete Männer, die nur einen One-Night-Stand mit einer Ausländerin gehabt hätten, bestraft werden würden. Sullivan erklärte ihm, dass deswegen niemand entlassen werden könne.

Die republikanische Senatorin Susan Collins aus Maine nannte diese Art von Verhalten »genauso problematisch«. Senator Lieberman stimmte zu und merkte an, dass Ehebruch beim Militär ein Vergehen sei und die Agenten erpressbar machen könne. Sullivan sagte, ein Mittel gegen die Macho-Rüpelhaftigkeit in seiner Behörde könne die Erhöhung des Frauenanteils sein, der derzeit nur bei 11 Prozent der Beschäftigten liege.

Johnson warnte Sullivan vor jeglichen Versuchen, weitere belastende Informationen zu verbergen. Seine Bemerkungen erwiesen sich als sehr hellsichtig. »Der schlimmste Ablauf wäre, wenn etwas noch Monate später enthüllt würde«, sagte er zu Sullivan. »Sie müssen sofort die ganze Wunde freilegen.«

Am 23. Mai sollte Sullivan zum ersten Mal öffentlich über den Skandal aussagen. An jenem Morgen betrat der Direktor den höhlenartigen, holzgetäfelten Anhörungsraum im Dirksen Senate Office Building und wurde sofort umgeben und erdrückt von einer Menschenmenge. Falls er zuvor noch Zweifel gehabt haben sollte, war es nun für ihn offensichtlich: Für den Secret Service war dies ein Skandal in der Größenordnung von Watergate, Tailhook und Clinton-Lewinsky in einem.

Mehr als vierzig Kameraleute und Fotografen sprangen in dem für sie reservierten Teil des Raumes gleichzeitig von ihren Sitzen auf. Eine Welle von Blitzen und Klickgeräuschen prasselte mehrere Minuten lang auf Sullivan ein. Er wirkte verständlicherweise nervös. Im Verlauf der Anhörung wurde Sullivan von Senator Joe Lieberman, dem Vorsitzenden, gefragt, was er von einem Artikel in der *Washington Post* halte, in dem die Reisen des Secret Service mit dem informellen Motto »Wheels up, rings off« (Räder hoch, Eheringe weg) beschrieben wurden – eine Anspielung auf die zügellosen Gelage, die oft begannen, wenn das Flugzeug des Präsidenten abgehoben hatte, um diesen nach Hause zu fliegen, während Dutzende von Agenten zurückblieben.

Sullivan schüttelte den Kopf. »Wissen Sie, der Gedanke oder die Vorstellung, dass so ein Verhalten geduldet oder gebilligt wird, sind meines Erachtens einfach absurd«, sagte Sullivan. »Ich bin jetzt seit neunundzwanzig Jahren im Secret Service tätig. Zu Beginn meiner Karriere war ich sieben Jahre lang in Detroit. Dann habe ich zweimal im Personenschutz für das Weiße Haus gearbeitet. Ich hatte eine große Zahl männlicher und weiblicher Vorgesetzter in dieser Behörde; keiner von ihnen hat mir gegenüber je geäußert, dass derartiges Verhalten akzeptabel sei. Ich bin mir sicher, dass auch ich nie zu einem unserer Mitarbeiter gesagt habe, das sei in Ordnung.«

In Wirklichkeit wussten Sullivan und sein Führungsteam mehr über das vom Lotterleben in Las Vegas inspirierte Verhalten, das in der internen Kultur des Service verwurzelt war, als sie zugeben wollten.

Der Direktor erwähnte nicht den relativ jungen Agenten, der sich acht Monate zuvor in Gesellschaft von einheimischen Frauen, die vermutlich Prostituierte waren, so betrunken hatte, dass sich dies auf Präsident Obamas Vier-Länder-Tour durch Asien sehr störend auswirkte. Die Ermittler fanden heraus, dass dieser Agent sich bei einem Zwischenstopp in Thailand in einem von seinen Kollegen als Bordell charakterisierten Etablissement aufgehalten hatte und am nächsten Tag erst mit vierstündiger Verspätung und nach Alkohol stinkend am Flughafen aufgetaucht war, um die nächste Etappe der Reise anzutreten. Dieser junge Agent hielt ein Team von Kollegen auf, die sich mit dem Flugzeug auf den Weg zur nächsten Station des Präsidenten in Südkorea hätten machen sollen. Einer seiner Vorgesetzten, ein sehr auf korrektes Verhalten bedachter CAT-Agent, musste im Land zurückbleiben, um sicherzustellen, dass der über die Stränge schlagende Agent sicher nach Hause zurückkehren konnte. Die für ihn vorgesehene Strafe wurde abgemildert, als ein Stellvertreter des Direktors im Hauptquartier sich über den unmittelbaren Vorgesetzten des Agenten hinwegsetzte.

Genauso wenig erwähnte der Direktor einen im Personenschutz von Präsident Obama eingesetzten Agenten, gegen den der Secret Service erst kürzlich ermittelt hatte. Nachdem eine Exfreundin angerufen hatte, um über seine Eskapaden zu berichten, fand die Behörde heraus, dass er seine Dienstreisen mit dem Präsidenten genutzt hatte, um seine Lust auf Gruppensex-Abenteuer zu befriedigen. Der Sicherheitsagent hatte pornographische Videos von sich selbst beim Sex auf eine Swinger-Site für Erwachsene hochgeladen. Dann richtete er es heimlich ein, sich unterwegs mit Swinger-Paaren und kleinen Gruppen zum Sex zu treffen, indem er online gleichgesinnte Fremde kontaktierte, jeweils kurz bevor er in eine Stadt kam, sei es mit dem Präsidenten oder mit einem anderen Auftrag.

Der Direktor verschwieg auch die alte Secret-Service-Tradition einiger Agenten vor Ort, die Badewannen von Hotels mit Eiswürfeln und Spirituosenflaschen zu füllen, um ihre Kollegen, die als Vorhut des Präsidenten in die Stadt kamen, angemessen zu empfangen.

Der Vorsitzende, Senator Lieberman, fragte Sullivan, ob einer der in die Cartagena-Affäre verwickelten Männer schon zuvor auf diese Weise negativ aufgefallen war. »Gestatten Sie mir, mich zu erkundigen, ob Sie im Rahmen Ihrer eigenen bisherigen Ermittlungen die Personen, denen unsittliches Verhalten vorgeworfen wird, bereits gefragt haben, ob sie bei anderen Gelegenheiten ein ähnliches Verhalten an den Tag gelegt haben?«

»Ja, Sir, das habe ich getan«, sagte Sullivan.

»Und was haben diese Leute geantwortet?«, fragte Lieberman.

»Sie haben geantwortet, dass dies nicht der Fall war«, erwiderte Sullivan.

Dabei behielt er jedoch einige Vorkommnisse für sich. Zwei Agenten hatten zugegeben, sich auf Präsidentschaftsreisen mit ausländischen Frauen zu unverbindlichem Sex getroffen zu haben, wie in ihren Vernehmungsprotokollen nachzulesen war. Huntington sagte aus, er habe unerlaubterweise verschwiegen, dass er auf Reisen nach Italien, Irland, Russland und in die Republik Korea jeweils Sex mit dortigen Staatsbürgerinnen und anderen Frauen gehabt hatte. Zwei Agenten, die in die Cartagena-Affäre verwickelt waren, gaben später gegenüber den Ermittlern zu, dass sie zuvor unterwegs dieselben Verhaltensweisen gepflegt oder unterstützt hatten.[52] Einer von ihnen hatte während seines Arbeitseinsatzes in El Salvador und Panama Prostituierte angeheuert. Ein CAT-Agent, der fließend Spanisch sprach, enthüllte, dass Kollegen ihm auf früheren Reisen häufig Getränke spendiert hatten – als Gegenleistung dafür, dass er ihnen als Übersetzer bei Prostituierten diente und deren Honorare aushandelte. Der CAT-Agent erzählte den Ermittlern auch, dass er sich einmal mit seinem Chef ein Taxi zurück zum Hotel der Secret-Service-Beamten

teilte und dass dieser Vorgesetzte an der Rezeption darum bat, eine
von ihm in der Nacht erwartete Besucherin auf sein Zimmer zu schicken.

Dann war Senatorin Collins an der Reihe, einige Fragen zu stellen. Sie wollte etwas über das Risiko wissen, dass diese Frauen in
den Zimmern der Agenten im Hotel Caribe womöglich Spioninnen
oder Schlimmeres gewesen sein könnten. »Konnten Sie definitiv feststellen, dass diese Frauen nicht mit ausländischen Geheimdiensten
in Verbindung standen? Dass sie nicht von Drogenkartellen bezahlt
wurden? Dass sie nicht in Menschenhandel verwickelt waren?« Sullivan sagte, der Secret Service habe mit den US-Nachrichtendiensten
zusammengearbeitet, um die persönlichen Hintergründe der Frauen
gründlich zu überprüfen.[53] »Alle Informationen, die wir erhalten haben, haben ergeben, dass es weder Verbindungen zur Spionage gab
noch zur organisierten Kriminalität«, sagte er.

Sullivans Antworten sollten ihn später verfolgen. Unabhängig davon, ob er falsch informiert war oder einer Gewohnheit des Secret
Service folgte, schlechte Nachrichten zu verschweigen, waren einige
der Dinge, die er sagte, einfach nicht wahr. Eines von Sullivans wichtigsten Zielen bei der Anhörung war es, den Gesetzgebern glaubhaft
zu versichern, dass seine Behörde keine Kultur des Saufens und der
Hurerei unterstützte – und dass er dies auch jetzt nicht tolerieren
würde. Aber der Vorsitzende und ein ranghohes Mitglied der Kommission, die er beide davon hätte überzeugen müssen, kauften ihm
das nicht ab.

Senatorin Collins formulierte Sullivan gegenüber an jenem Tag
vom Podium aus ihre eigene Interpretation der Vorfälle: »Zwei der
Beteiligten waren Supervisoren – einer mit zweiundzwanzig und der
andere mit einundzwanzig Jahren Diensterfahrung«, sagte sie. »Das
stellt zweifellos eine Botschaft an die Belegschaft dar, dass diese Art
von Aktivität auf Reisen toleriert wird. Die Anzahl der Beteiligten
sowie die Mitwirkung von zwei hochrangigen Vorgesetzten führen
mich zu der Annahme, dass dies kein einmaliges Ereignis war.«[54]

Sie hatte ihren Mitarbeitern vor der Anhörung anvertraut, sie habe den Eindruck, der Direktor sei einfach naiv bezüglich der Missstände in seiner Behörde, weshalb sie glaube, dass er absichtlich lüge.»Es fällt ihm schwer, die Tatsache zu akzeptieren, dass er ein umfassenderes Problem hat als nur diesen einen Vorfall«, sagte Collins zu Reportern, als sie die Anhörung verließ.»Er hat immer wieder behauptet, davon überzeugt zu sein, dass dies ein Einzelfall sei, aber ich glaube nicht, dass er diese Einschätzung begründen kann.«[55]

Viele einfache Agenten, die Sullivans Zeugenaussage live im Untergeschoss verfolgten, schüttelten den Kopf, als er sagte, er sei »verblüfft« über das unmoralische Benehmen seiner Agenten. Sie alle wussten es besser. Mit eigenen Augen hatten sie das unvernünftige Verhalten ihrer Vorgesetzten und Kollegen auf Reisen viele Jahre vor Cartagena gesehen.

Ein Agent erinnerte sich an einen betrunkenen Personenschutz-Supervisor auf einer vor einigen Jahren stattgefundenen »Wheels-up-Party«, der traditionellen Feier der Vorhut-Agenten und Wachposten nach der Abreise des Präsidenten am Ende eines offiziellen Besuchs. Diese besonders ausschweifende Party fand in einer höhlenartigen Bar in einem anderen südamerikanischen Urlaubsort statt. Grinsend und lallend beglückwünschte dieser Vorgesetzte die neuen Nachwuchsagenten, die im Personenschutz eingesetzt wurden, zu den Privilegien, die man als Mitarbeiter des Secret Service genoss.

»Jungs, ihr wisst gar nicht, wie viel Glück ihr habt«, sagte er zu ihnen.»Ihr könnt auf der ganzen Erdkugel nach Belieben herumficken.«

Kapitel 21

AUFGEFLOGEN

Greg Stokes meinte, ihm bliebe nur noch eine Karte zu spielen, wenn er seinen Job zurückwollte.

Die disziplinarische Untersuchung durch den Secret Service eröffnete Stokes im August die letzte Möglichkeit, in eigener Sache plädieren zu können – es handelte sich um eine informelle Anhörung, in deren Rahmen er die Entscheidung des Dienstes anfechten konnte, seine Sicherheitseinstufung aufzuheben und ihn aus seinem Job zu entfernen. Stokes' Anwalt Larry Berger warnte ihn am Abend vorher, dass der Secret Service nicht nur gute Gründe habe, ihn rauszuschmeißen, sondern angesichts der landesweiten Peinlichkeit, die es zu erdulden galt, auch jede Menge Motivation. Stokes könnte bei der Anhörung auf Nachsicht plädieren, doch die Aussichten auf Erfolg seien gering.

»Das ist ein verdammt schwieriger Fall, Greg«, sagte Berger.

Stokes war nicht bereit, klein beizugeben. Er instruierte Berger, bei seinen Vorgesetzten darum zu bitten, ihn in die Heimatschutzbehörde zu versetzen, und sei es in einer untergeordneten Position, irgendwohin, wo er seine letzten paar Dienstjahre bis zur Pensionierung ableisten konnte. Er wusste von einer Reihe Agenten, die der Service bei schlimmeren Verfehlungen erwischt und dann trotzdem bis zur Pensionierung unter seine Fittiche genommen hatte. Und er wusste von einem Intelligence Supervisor, der freiwillig zugegeben hatte, sich in Cartagena eine erotische Massage von einer Prostituierten gegeben lassen zu haben und dem es gelungen war, den Service davon abzuhalten, ihm seine Sicherheitseinstufung zu entziehen. Die Drohung mit weiteren Enthüllungen schien dabei eine Rolle gespielt zu haben. Der Anwalt des Supervisors warnte den Führungsstab, dass sich sein Mandant im Besitz kompromittierender Informationen betreffend einen der höchstrangigen Vorgesetzten während der Cartagena-Reise, Nelson Garabito, befinde, der an ähnlichen Aktivitäten beteiligt gewesen sei. Garabito, der in der Zentrale für die Überwachung sensibler Geheimdiensttätigkeiten zuständig war, erklärte den Ermittlern, dass die Behauptungen, er habe sich mit Prostituierten eingelassen, jeder Grundlage entbehrten, und verlangte, man möge die Videoaufzeichnungen des Hotels und das Protokoll der Nutzung seines Zimmerschlüssels überprüfen, um seine Unschuld nachzuweisen. Die Ermittler konnten die entsprechenden Nachprüfungen nicht zur Gänze durchführen und kamen zu dem Schluss, dass sich die Vorwürfe nicht belastbar belegen ließen. Unter einer Gruppe von Agenten sprach sich herum, dass die Zentrale panische Angst vor weiteren bösen Enthüllungen habe, besonders wenn es um einen hochrangigen Supervisor ging.

Am Abend vor der Anhörung ließ Stokes Berger wissen, er werde das achte Stockwerk über sämtliche Leichen in Kenntnis setzen, von denen er wusste, dass sie noch im Keller lagerten. Er habe die Absicht, die Heuchelei des Service zu entlarven und seinen Vorrat an Geheimnissen, die Sullivan und der Service versucht hatten unter der Decke zu halten, offenzulegen. Er hoffte, dass seine Beispiele das achte Stockwerk dazu veranlassen würden, die Entscheidung, seine Karriere zu opfern, bloß um den Direktor als verantwortungsvolle Führungsfigur dastehen zu lassen, noch einmal zu überdenken.

Stokes kam sich vor wie ein in die Ecke getriebenes Tier. Sein Name war an die Presse durchgestochen worden und verbreitete sich rasend schnell im Internet, wo Menschen auf vier Kontinenten die Geschichte von der in einen Sexskandal verwickelten Schutztruppe des Präsidenten gierig verschlangen. Er fürchtete, nie wieder einen Job zu finden. Die meisten der Agenten und Kollegen, die in das Cartagena-Desaster verwickelt waren, hatten zwischen zwei und zehn Jahren für den Dienst gearbeitet. Doch Stokes war seit einundzwanzig Jahren dabei – er stand ganze vier Jahre vor dem Ruhestand und seinen vollen Pensionsansprüchen.

Am Morgen des 13. September erschien Stokes zur Anhörung bei Pete McCauly, dem stellvertretenden Vizedirektor der Security Clearance Division. Stokes' Berufungsverhandlung hatte im August stattfinden sollen, doch starb seine Mutter unmittelbar vor dem geplanten Termin, weshalb der Service die Anhörung in den September verschob.

McCauley, ehemals ein angesehener Personenschützer bei Clinton, kannte Stokes seit fünfzehn Jahren. Doch er schaute kaum auf, als Stokes über die Schwelle in den Konferenzraum trat. »Schön, dass es heute geklappt hat, Greg«, sagte McCauley. »Ich hab gehört, bei Ihnen in der Familie gab es einen Todesfall.« McCauley setzte sich. Er fragte Stokes nicht, wer gestorben war. *Eiskalt*, dachte Stokes.

Berger machte mit ein paar vorbereiteten Bemerkungen den Anfang. Stokes sei ein mehrfach ausgezeichneter zupackender Agent, sagte er. Er hatte den Service jüngst bei einem hoch gelobten Projekt unterstützt, um einer der schlimmsten Bedrohungen Herr zu werden: Paketbomben. Als Hunde-Experte hatte er geholfen, eine 2,3 Millionen Dollar teure Methode zu entwickeln, um schwer zu identifizierende metallfreie Bomben im Weißen Haus aufzuspüren. Berger sagte, Stokes habe eingestanden, in Cartagena mit einer Prostituierten verkehrt zu haben. Berger sagte, der Mann habe dort keinerlei Sicherheitsrisiken ausgelöst und die rechtlichen Grundlagen, ihm seine Sicherheitseinstufung abzuerkennen, seien zweifelhaft.

»Wenn Sie das ganze Bild aus der Vogelperspektive betrachten, dann haben Sie es hier mit einer ausgesprochen bewahrenswerten Laufbahn zu tun. Es gibt keinerlei Grund, in einem Fall wie diesem die Sicherheitseinstufung zu revidieren«, erklärte Berger McCauley. Stokes habe einen Fehler gemacht und verdiene disziplinarische Maßnahmen, sagte sein Anwalt, jedoch keine Verbannung. »Und wir sind beunruhigt, wenn man bedenkt, wie anders mit anderen in

jüngster Vergangenheit verfahren worden ist«, fügte Berger diploma-
tisch hinzu.

Jetzt war Stokes an der Reihe. Er sah McCauley direkt ins Gesicht
und begann, während die Stenographin auf ihrer Maschine herum-
tippte, den altgedienten Kollegen an weitaus empörenderes Verhalten
zu erinnern.

Stokes erwähnte den Namen eines berüchtigten Agenten, den die
Zentrale, meist nachdem ihm von weiblichen Mitarbeitern sexuelle
Belästigung vorgeworfen worden war, von einer Außendienststelle
zur nächsten versetzt hatte. Seine Geschichte war legendär. »Reden
wir kurz über ihn, einverstanden?«, sagte Stokes. »Er ist einer unserer
Lieblingsfälle.« Stokes erinnerte McCauley daran, dass dieser hochrangige Supervisor, dem sexuelle Belästigung vorgeworfen wurde, nie
den örtlichen Behörden gemeldet worden war, obwohl es Berichte
gab, wonach er einer Frau im Büro an die Brüste gegriffen haben
sollte, was eine Untersuchung wegen sexuellen Übergriffs hätte nach
sich ziehen müssen. Der Supervisor hatte die Vorwürfe als von seinen
Feinden erfundene Übertreibungen zurückgewiesen. Er war für weit
über ein Jahr in bezahlten Zwangsurlaub geschickt und jüngst in den
Ruhestand versetzt worden, nachdem er versichert hatte, er werde
sich nicht dem Verfahren schwarzer Agenten gegen den Service anschließen.

»Klafft da nicht einiges auseinander?«, fragte Stokes und setzte die
schonende Behandlung des Supervisors ins Verhältnis zu seiner eigenen. »Ich meine, das könnte man so sehen.«

»Tja«, sagte Stokes. Dann berichtete er von den Erfahrungen eines
verheirateten Supervisors, der in einer Dienstelle in einem europäischen Land stationiert war und dabei erwischt wurde, wie er in einem
Sicherheitsbereich der dortigen Botschaft mit einer Ausländerin Sex
hatte. Der Service musste den leitenden Supervisor in die Vereinigten Staaten zurückholen, weil das Botschaftspersonal, das ihn bereits
einmal verwarnt hatte, empört war, ihn erneut zu ertappen. »Ist *er*
gemeldet worden, damit ihm die Sicherheitseinstufung aberkannt
werden konnte?«, fragte Stokes den Vorgesetzten. »Nein.«

Dann kam Stokes auf einen langjährigen Freund von McCauley zu sprechen. Er sagte, der Service solle sich an »gewisse Agenten erinnern, die während der Amtszeit Clintons beim Personenschutz tätig waren und offene Affären hatten, und dann wurden sie auf Initiative der Gattin wegen Ehebruchs schuldhaft geschieden.« Er breitete die Einzelheiten aus, die er und Dutzende anderer Agenten in der Sache Alvin »A. T.« Smith, dem leitenden Personenschützer der First Lady, Hillary Clinton, ausgiebig diskutiert hatten. »Doch diesem Mann wurde niemals die Verletzung des sexuellen Anstands vorgeworfen … Und er war seinerzeit immerhin in leitender Position beim Personenschutz des Präsidenten.«

Der Mann, von dem er sprach – Smith –, war inzwischen Vizedirektor, er bekleidete die zweithöchste Position beim Secret Service. Und er war derjenige, der über Disziplinarmaßnahmen gegen die Männer von Cartagena entschied. Während seiner Zeit beim Personenschutz der Clintons wurde Smith den Gerichtsakten zufolge von seiner Frau des Ehebruchs beschuldigt. Agentenkollegen bekundeten unter Eid, es sei beim Führungspersonal des Service allgemein bekannt gewesen, dass Smith mit Catherine Cornelius, der Mitarbeiterin und entfernten Cousine Präsident Clintons, die das Travel Office des Weißen Hauses leitete, eine offene Affäre gehabt habe. Am Ende wurde Smith von seiner Frau geschieden und heiratete erneut – und zwar Cornelius. Und nun, zwei Präsidenten später, hatte der Direktor Smith mit der Aufgabe betraut, über die Disziplinarverfahren jener Männer zu entscheiden, die in die Entgleisungen von Cartagena verwickelt waren.

Während Stokes über andere Agenten sprach, die mit weit schlimmeren Verfehlungen davongekommen waren, legte er eine sonderbare Ruhe an den Tag, doch innerlich war er wie erstarrt. McCauley mied derweil den Blickkontakt mit Stokes. Die Stenographin klapperte weiter auf ihrer Tatstatur herum in dem Bemühen, nicht den Anschluss zu verlieren. Stokes holte tief Luft. Er hatte sich das verdammenswerteste Beispiel bis zum Schluss aufbewahrt: Es ging um einen hochrangigen Supervisor beim Personenschutz des Präsidenten.

»Es gibt einen ASAIC (Assistant Special Agent-in-Charge) bei der Schutztruppe des Präsidenten, der eine langjährige außereheliche Affäre mit einer Ausländerin unterhalten hat«, sagte er. Stokes behauptete weiter, ihm sei zugetragen worden, dass der für den Schutz des Präsidenten zuständige Special Agent davon wüsste, die Angelegenheit aber nicht gemeldet habe.

Bei diesen Sätzen zog McCauley die Schultern nach vorne und neigte den Kopf über den Tisch. Er stieß einen tiefen Seufzer aus. Stokes legte den Finger in eine besonders tiefe Wunde des Service.

Stokes nannte an keiner Stelle seinen Namen, aber die Rede war von Rafael »Rafi« Prieto, einem angesehenen Supervisor der Rangstufe GS-15 beim Personenschutz des Präsidenten. Prieto war kein Agent, der x-beliebige Schichten übernahm. Er war Präsident Obama tagein, tagaus persönlich zugeteilt. Der Präsident begrüßte Rafi mit Namen. Und doch wussten einige dienstältere Supervisoren in Washington und New York, dass Prieto ein Doppelleben mit einer anderen Frau führte – eine Affäre, die vermutlich gegen die mit seiner Sicherheitsstufe verbundenen Richtlinien verstieß. Aber man ließ die Sache laufen. Prieto war beliebt, er war ein hoch angesehener Supervisor und ein ruhiger und eleganter Mann, dessen Familie aus Castros Kuba geflohen war. Prieto schien seinerseits darauf zu vertrauen, dass Kollegen und Vorgesetzte angesichts seiner Regelverletzungen ein Auge zudrücken würden.

Erst ein paar Monate vor der Cartagena-Reise war Prieto auf einer kleinen Party zu Ehren eines anderen hochrangigen hispanischen Supervisors in einem Zigarrenclub in Alexandria in Begleitung seiner mexikanischen Freundin erschienen. Unter den Gästen, größtenteils GS-15 und Persönlichkeiten in leitenden Funktionen beim Service, war auch Vic Erevia, der mächtige Chef von Obamas Personenschutz. Der Gastgeber der Party war Clubmitglied und seinerseits oberster Supervisor einer Abteilung, die mit Verstößen gegen die Sicherheitseinstufungen befasst war.

»Das ist Rafis Geliebte«, erklärte ein Agent einem anderen Gast, der sich nach der attraktiven jungen Frau mit dem langen schwarzen

Haar erkundigte. »Seine Frau lebt mit den Kindern in New York. Er lebt hier mit ihr.«

Bei seiner Anhörung verlangte Stokes nun eine Erklärung für die Uneinheitlichkeit, mit der der Dienst bei der Verhängung von Strafen verfuhr. Warum durfte einerseits dieser Personenschutzagent eine langjährige geheime Affäre mit einer Ausländerin unterhalten – und damit die Vorschrift verletzen, die ihn zu einer entsprechenden Meldung verpflichtete –, und trotzdem wurde ihm zugetraut, unmittelbar an der Seite des Präsidenten Dienst zu tun. Warum konnten der Direktor und seine Stellvertreter andererseits behaupten, dass Stokes' ausgesprochen öffentlicher One-Night-Stand mit einer Ausländerin derart gefährlich sei, dass der Service ihn rausschmeißen müsse? Stokes mochte Prieto und hoffte schlicht und ergreifend, dass diese private Drohung ausreichen würde, um seinen eigenen Rauswurf zu verhindern.

»Na denn«, sagte Stokes, als er die Anhörung verließ. »Sagen Sie den Jungs da oben, dass sie sich das sehr genau überlegen sollen.«

McCauly berichtete das Ergebnis von Stokes' Befragung die Hierarchieleiter nach oben, zunächst an Smith, seinen Freund und Vorgesetzten. Im achten Stockwerk entfaltete es eine ernüchternde Wirkung. Im gerüchteanfälligen Service hatte bereits die Nachricht die Runde gemacht, dass Stokes außer sich war und nicht zögern würde, Namen zu nennen. Die Anhörung schien das zu bestätigen, und das brachte Sullivan und seine Stellvertreter in eine ungemütliche Lage – es blieb ihnen überlassen sich auszumalen, welche schmutzigen Details nach außen dringen mochten.

Stokes kannte die Hintergründe. Tatsächlich gehörte es zur Tradition des Service, Supervisoren zu schützen und zu decken, die sich schwerer Verfehlungen schuldig gemacht, vielleicht sogar gegen Gesetze verstoßen hatten.

»In disziplinarischen Angelegenheiten gibt es beim Service schon immer zwei unterschiedliche Regelwerke«, erklärte ein ehemaliger Supervisor bei Clintons Personenschutz. »Eins gilt für die Dreizehner und drunter. Eins gilt für die Vierzehner und drüber. Die Regeln unterscheiden sich grundlegend. Ich sag Ihnen auch, warum. Wenn man einen Vierzehner drankriegt, muss man damit rechnen, dass einige von denen wissen, wo die Leichen vergraben sind.«

Sollte von den Geschichten über die bösen Jungs, die Stokes erzählt hatte, etwas nach außen dringen, konnte das die Glaubwürdigkeit des Direktors infrage stellen. Sullivan hatte bei seiner öffentlichen Anhörung im Mai und bei beinahe einem Dutzend Vieraugengesprächen mit Abgeordneten dem Kongress wieder und wieder erklärt, dass es sich bei der alkoholisierten Frauenjagd in Cartagena um einen Ausreißer handelte. Der Service hatte kein Kulturproblem, beharrte er, es gäbe keine festen Verhaltensmuster für sexuelle Eskapaden oder schlechtes Benehmen auf Reisen.

Schon bald erfuhr Erevia von der Sache. Vor Jahren hatte er in einem eigenen kurzlebigen Skandal im Licht der Öffentlichkeit gestanden, als nämlich im Rahmen eines Diskriminierungsprozesses seine rassistischen Klischees in einer privaten E-Mail an zwei Freunde aufgedeckt wurden. Inzwischen war Erevia nicht nur der oberste Leiter des Personenschutzes des Präsidenten, sondern auch der inoffizielle Dekan der dort tätigen hispanischen Agenten. Genau wie andere leitende Agenten, die entweder schwarz oder aus dem Süden oder bei der Außendienststelle in New York im Einsatz waren, kümmerte sich Erevia um seine Schäfchen. In Verbindung mit seiner neu erlangten Leitungsposition beim Personenschutz während Obamas Kandidatur hatte er auf dem Feld der Unterstützung hispanischer Agenten bei deren Weg zu höheren Positionen eine ansehnliche Erfolgsbilanz vorzuweisen.

Mit Erevias Rückendeckung war der zurückhaltende und dienstbeflissene Prieto beim Personenschutz rasch aufgestiegen. Als Kind kubanischer Eltern, die nach Spanien auswanderten und sich schließlich in Kalifornien niederließen, war er in ärmlichen Verhältnissen, aber in einem kultivierten Umfeld aufgewachsen. Sein Vater arbeitete in einem Unternehmen, das Flugzeugteile herstellte. Er selbst hatte seinen ersten Job in einer Farbpinselfabrik. Mit seinem Eintritt in den Personenschutz des Präsidenten erreichte seine Laufbahn einen Höhepunkt. Sein Privatleben hatte allerdings mittlerweile eine problematische Wendung genommen. Er lebte getrennt von seiner Frau, mit der er seit zwanzig Jahren verheiratet war und die in New York arbeitete und ihre beiden Kinder großzog. Er nannte Washington sein Zuhause, wo er den Großteil seiner Freizeit mit einer attraktiven jungen Mexikanerin verbrachte. Nun sah es so aus, als könne alles, was er auf beruflicher und persönlicher Ebene erreicht hatte, in sich zusammenbrechen.

Einer seiner langjährigen Freunde warnte Prieto nach Stokes' Aussage. Angesichts der Gefahr, dass andere Vorgesetzte von seiner Beziehung Kenntnis erhalten könnten, steckte Prieto in einer fürchterlichen Zwickmühle. Nicht nur hatte er die Beziehung unter Missachtung der Vorschriften geheim gehalten, mit einer Reihe erst kürzlich schriftlich festgehaltener Lügen hatte er seine Lage zusätzlich verschlimmert. Im Juni hatte Prieto seine routinemäßig vorzulegenden Unterlagen zur fünfjährigen Erneuerung seiner Sicherheitseinstufung eingereicht. Normalerweise hatten Agenten wenig Bemerkenswertes zu berichten, trotzdem mussten sie die Fragen in den Formularen zur Erneuerung ihrer Einstufung beantworten. Hatten sie sich scheiden lassen, hatten sie geheiratet, hatten sie Kinder bekommen? Waren sie umgezogen? Hatten sie sich nennenswert verschuldet? Sie mussten umgehend darüber informieren, ob sie Kontakt zu Ausländern hatten.

Prieto hatte, bei Androhung von Strafe oder Entlassung im Falle der Falschaussage, mit seiner Unterschrift an Eides statt versichert, dass er keinen sozialen Umgang mit Ausländern pflege. Nur unterhielt er eine langjährige Beziehung mit einer solchen Person. Und er hatte Gelegenheitssex mit einigen anderen.

Im September lagen Prietos Unterlagen noch im Büro der Security Clearance Division des Service und warteten darauf, von einem zuständigen Beamten bearbeitet zu werden, damit Prieto eine neue Bestätigung seiner Freigabe für die höchste Sicherheitsstufe mit fünfjähriger Gültigkeitsdauer ausgestellt werden konnte. Ein anderer

Supervisor beim Präsidentenschutz rief bei der Security Clearance
Division an und fragte, ob er vorbeikommen könne, um Prietos Unterlagen abzuholen. »Er braucht die Papiere zurück«, sagte der Betreffende. »Er muss ein paar kleine Änderungen vornehmen.«

So klein waren die Änderungen nicht. Als er seine überarbeiteten
Unterlagen wieder einreichte, hatte Prieto Neues zu berichten: nämlich den Kontakt mit einer ausländischen Person. Diesen bezeichnete
er in den Papieren als »privat«.

Robin DeProspero-Philpot war mit dreißig Jahren beim Service
eine alte Häsin und leitete die Security Clearance Division seit einem
Jahrzehnt mit hoher Effizienz, was ihr beim gesamten Dienst Respekt
einbrachte, weil sie willens war, sich heikler Sicherheitsprobleme der
Mitarbeiter anzunehmen. DeProspero-Philpot sprach Empfehlungen
dahingehend aus, ob Agenten ihre Sicherheitseinstufung wegen einer
schlechten Beurteilung verlieren und ob – und wenn ja, wann – sie
sie zurückerhalten sollten. Auch beriet sie den Service in der Frage,
ob Bewerber überhaupt zugelassen oder ob sie wegen irgendwelcher
Verfehlungen vom Drogenmissbrauch bis zum Frisieren ihrer Angaben vom Bewerbungsprozess ausgeschlossen werden sollten.

Direktoren und Vizedirektoren verließen sich auf sie. Sie vertrauten ihrem Urteil, auch wenn sie etwas zu murren hatten. Oft waren
sie insgeheim froh darüber, dass es jemanden gab, der die unangenehmen Anrufe erledigte. DeProspero-Philpot, eine kleine blonde
Frau mit sturem Willen, war bemüht, bei ihrer Entscheidungsfindung einen gleichbleibenden Maßstab anzulegen. Mit ihren Freunden scherzte sie darüber, dass einige Leute beim Service hinter ihrem
Rücken nicht ihren umfänglichen Bindestrichnamen verwandten.
Stattdessen firmierte sie unter einer weitaus schlichteren Bezeichnung: »Die Ziege, die mir meine Sicherheitseinstufung aberkannt
hat«. Doch dadurch ließ sie sich nicht verunsichern. Die Leute sagten
ihr, sie sei genau wie ihr Vater, Bobby D: durch und durch sachlich.

Der Fall Prieto war allerdings anders gelagert als alles, womit
DeProspero-Philpot jemals zu tun hatte. Als sie von seinen neuerdings eingeräumten ausländischen Kontakten erfuhr, schrillten bei

ihr alle möglichen Alarmglocken. Da Prieto verheiratet war und nun eine lange geheim gehaltene Affäre mit einer Ausländerin offenbarte, rechnete sie damit, dass eine Untersuchung seitens des Service unvermeidlich sei – und in der Folge auch irgendeine Bestrafung. Außerdem ging sie davon aus, dass, sollte Prieto im Laufe der Jahre geheime Informationen an seine Freundin weitergegeben haben, von einer Straftat ausgegangen werden müsse.

DeProspero-Philpot war der Überzeugung, dass die Inspection Division – die für interne Angelegenheiten zuständige Abteilung des Service – die Federführung bei den Untersuchungen von Prietos Aktivitäten übernehmen sollte. Doch die Inspection Division ließ keinerlei Interesse erkennen, Sondierungen in der Sache Prieto in die Wege zu leiten. Hochrangige Inspektoren luden zu einem außerordentlichen Treffen, bei dem sie DeProspero-Philpot drängten, ihrerseits Prieto zu vernehmen und das Ganze als eine Überprüfung der Sicherheitseinstufung zu behandeln. Nach Cartagena ging es denen nur um eines: »Um Gottes willen, dass da bloß nicht noch mehr rauskommt«, sagte sie und meinte damit den achten Stock des Service. »Noch mehr schlimme Nachrichten können wir nicht gebrauchen. Bitte erspart uns das.«

DeProspero-Philpot erklärte sich einverstanden, die Befragung zu übernehmen – in ihren Augen eine erhebliche Abweichung von regulären Verfahren. Sie erzählte McCauley, dem stellvertretenden Vizedirektor der Abteilung, dass sie ein wenig besorgt darüber sei, was sie möglicherweise zutage befördern könnte.

Sie rief Prieto an, um einen Termin für eine Befragung zu vereinbaren. Sie erinnerte ihn daran, dass er, nachdem er bei einem Gespräch ihre Fragen beantwortet hätte, sich einem Lügendetektortest würde unterziehen müssen, mit dem seine Aufrichtigkeit geprüft würde. Er willigte ein, sie am 23. Oktober zu treffen, in einer Woche, während der er nicht mit Obama auf dessen Wiederwahlkampagne unterwegs war. »Am wichtigsten ist es, ehrlich zu sein«, sagte sie freundlich, als er in ihrem Befragungszimmer Platz nahm.

Prieto gestand die Beziehung zu einer Frau, und dass diese schon lange bestehe – seit Jahren. Mit Tränen in den Augen beteuerte er wieder und wieder, wie sehr er sie liebte. Als die Leiterin der Security ihn danach fragte, leugnete er jegliche weiteren Beziehungen zu Ausländerinnen oder überhaupt anderen Frauen.

Es folgte der Lügendetektortest der National Security. Als Prieto einige Schlüsselfragen zu dem Thema gestellt wurden, ob er jemals Geheiminformationen mit anderen geteilt habe, ließen die Ausschläge des Detektors auf einen erhöhten Erregungszustand schließen. Er rang mit sich, war angespannt. Die Aufzeichnungen waren uneindeutig. Sie ließen vermuten, dass etwas nicht stimmte an Prietos Geschichte. Der Mann, der den Test durchgeführt hatte, kam kopfschüttelnd in DeProspero-Philpots Büro. »Irgendwas verschweigt er«, sagte er.

DeProspero-Philpot kam daraufhin zu dem Schluss, es sei am besten, einen zweiten Test durchzuführen. Prieto, stets höflich und liebenswürdig, ließ keinerlei Groll erkennen und stimmte einer zweiten Runde zu. Ganz ruhig sagte er, es müsse sich um einen Irrtum handeln.

Drei Tage darauf, am Freitag, dem 26. Oktober, wurde in DeProspero-Philpots Abteilung ein zweiter Lügendetektortest durchgeführt. Sie drängte Prieto: »Bitte legen Sie einfach alles ehrlich auf den Tisch. Wenn Sie nicht die ganze Wahrheit sagen, kann ich Ihnen nicht helfen.« Sie erklärte ihm systematisch, dass wenn er die ganze Wahrheit sagte, die Sache seiner Frau erzählte und seine Beziehung beendete, er das mit seinem Kontakt verbundene Risiko reduzieren würde. Er würde nicht länger etwas verheimlichen und wäre darum kein potenzielles Ziel mehr für Erpressung oder Manipulation.

Prieto versicherte der Sicherheitsbeamtin mehrmals, dass er die Wahrheit sagte. Er danke ihr noch einmal dafür, dass sie sich die Mühe machte, ihm jeden einzelnen Schritt zu erklären.

Der Mann am Lügendetektor begann mit seiner Arbeit. Bald kam er zu den detaillierteren Fragen darüber, ob Prieto geheime Informationen weitergegeben oder unvorschriftsmäßig behandelt habe. Er hatte zugegeben, dass auf Reisen mit dem Präsidenten seine Freundin

mit ihm das Hotelzimmer geteilt habe. Hatte er Sicherheitsinformationen den Aufenthaltsort des Präsidenten betreffend offen im Hotel herumliegen lassen, wenn sie dort war? Hatte er ihr, und sei es
unabsichtlich, Einblick in irgendwelche streng geheimen Unterlagen
gewährt, die Informationen darüber enthielten, wie die Einheit den
Präsidenten abschirmte? Er sagte nein.

Er fiel ein zweites Mal durch.

Da waren sie: die schlimmsten Befürchtungen von DeProspero-
Philpot. Prieto schien etwas zu verbergen – etwas, das hinausging
über seine lange verheimlichte Affäre mit einer Mexikanerin. Wie
schlimm war, was offenzulegen er sich weigerte? Nun blieb der Inspection Division keine Wahl. Sie musste ermitteln.

An jenem Freitagnachmittag traf sich DeProspero-Philpot mit dem
Rechtsberater des Service und dem stellvertretenden Vizedirektor
des Personenschutzes zu einer Besprechung. Sie mussten Prieto bis
zum Abschluss einer umfassenden Untersuchung beurlauben. Erevia
kochte vor Wut. Er setzte sich bei Sullivan dafür ein, dass Prieto die
Möglichkeit eingeräumt wurde, in aller Stille seinen Namen reinzu-
waschen. Erevia erinnerte den Direktor daran, dass Prieto auf dem
besten Wege war, Leiter des Personenschutzes von Obama zu werden.

Sullivan teilte die Einschätzung von Prietos Arbeit, neigte ansonsten aber der Meinung seiner Sicherheitschefin zu. Ein internes Untersuchungsteam war immer noch dabei, die Unterlagen des Service
im Nachhall des Cartagena-Skandals zu durchforsten. Bevorzugte
Behandlung kam nicht infrage.

Die Security Clearance Division erklärte Prieto an jenem Freitagnachmittag offiziell zu einem »Do Not Admit«: das Äquivalent beim
Service für einen blauen Brief. Eine E-Mail ging an die gesamte Behörde, in der Tausende Mitarbeiter darüber in Kenntnis gesetzt wurden, dass einem der höchsten Agenten bei Obamas Personenschutz
der Zutritt zu sämtlichen vom Secret Service beschützten Einrichtungen inklusive des Weißen Hauses verboten sei.

Mike White, einer der altgedienten Supervisoren beim Personenschutz des Präsidenten, war seit Beginn von Obamas Kampagne da-

bei. Er fuhr an jenem Tag zu Prietos Haus, um dessen Dienstmarke und Pistole abzuholen und ihn offiziell darüber zu unterrichten, dass ihm die Sicherheitseinstufung entzogen sei. Er blieb eine Weile, um sich einen Eindruck vom seelischen Zustand seines Freundes zu verschaffen. White rief auch den beim Personenschutz diensthabenden stellvertretenden Special Agent an. White berichtete, dass mit Prieto alles in Ordnung zu sein schien.

Quittungen sollten später darüber Aufschluss geben, dass Prieto an jenem Freitag am späten Abend zum Baumarkt in der Rhode Island Avenue gefahren war. Dort hatte er Isolierband, Pappe und ein paar kurze Schlauchstücke gekauft.

Neil Hegarty, einer seiner guten Freunde beim Personenschutz, telefonierte und schickte SMS, um sich zu erkundigen, wie es Prieto ging, doch er erreichte niemanden und erhielt keine Antwort. Auch andere versuchten anzurufen. Hegarty war angesichts des Schweigens beunruhigt. Am Samstag versuchte er es erneut. Aber Rafi nahm nicht ab. Besorgt fuhr Hegarty zu seinem Reihenhaus in Mount Pleasant in der Kenyon Street. Prieto wohnte zur Untermiete bei einem Sicherheitsagenten vom diplomatischen Dienst des State Department. Sein Mitbewohner war zu jener Zeit auf Reisen. Als Hegarty den schmalen Weg hinter Prietos Haus entlangging, hörte er ein Brummen aus der frei stehenden Garage.

Hinter dem weißen Garagentor lag Rafi tot auf dem Beifahrersitz eines Toyota FJ Cruiser, Baujahr 2009, den er kürzlich einem Freund abgekauft hatte. Auf dem Fahrersitz lag ein aufgeklappter Laptop, auf dem Bildschirm Fotos seiner beiden kleinen Söhne. Brookstone-Ohrhörer, verbunden mit seinem iPod, steckten noch in seinen Ohren.

Der Motor des kleinen SUV war zwölf Stunden lang gelaufen. Hier und zu seinen eigenen Bedingungen hatte sich Prieto bedacht und sorgfältig geplant das Leben genommen. Er hatte Pappstreifen mit Isolierband am unteren Rand der Garagentür befestigt, um die giftigen Abgase am Entweichen zu hindern.

Hegarty wurde übel. Er rief ein paar Personenschutzkollegen und die 911 an. Ein Krankenwagen und die Feuerwehr kamen, konnten aber nichts mehr tun. Einige von Prietos Freunden eilten zum Ort des Geschehens. Ein Supervisor, der mit ihm zusammengearbeitet hatte, erfuhr von dem Selbstmord und ging durch Prietos Haus, um nach Hinweisen auf seine letzten Augenblicke und seinen Seelenzustand Ausschau zu halten, berichteten Agenten später. Der Gerichtsmediziner des D. C. erschien und machte Fotos, und schließlich legte die Rettungsmannschaft den Leichnam auf eine Bahre und brachte ihn zur Autopsie ins städtische Leichenschauhaus.

Prietos Tod löste in der Zentrale ein Beben und bald darauf im gesamten Service schwere Erschütterungen aus. Prieto hatte·einen ganzen Schwung loyaler Freunde an wichtigen Stellen, angefangen bei Mitarbeitern des Präsidenten und bei dessen Personenschutz, bis hin zu Leuten aus seiner früheren Zeit bei der mächtigen Außendienststelle in New York, wo er beim Personenschutz des ehemaligen Präsidenten Bill Clinton gearbeitet hatte. Obama im Weißen Haus war fassungslos, als ihn die Nachricht erreichte. Er hatte keinerlei Anzeichen wahrgenommen, dass Prieto in eine persönlich dermaßen schmerzvolle Angelegenheit verwickelt war, und er hatte von der Untersuchung zu seiner Sicherheitseinstufung nichts gewusst.

Greg Stokes war Prieto nicht besonders nahe gewesen, aber er hatte vor Jahren bei ein oder zwei Einsätzen mit ihm zusammengearbeitet. Als ihm ein anderer Agent von dem Vorfall erzählte, war er zunächst sprachlos, dann brach er weinend am Telefon zusammen.

Als sich am Samstagabend und am Sonntag die Nachricht von Prietos Selbstmord beim Service herumsprach, machten viele Agenten, unter ihnen auch Erevia, den Direktor verantwortlich. Wenn die Zentrale Prieto nicht gedemütigt hätte, indem man ihn dort zum »Do Not Admit« erklärte, wäre er vielleicht weniger verzweifelt gewesen. »Ich glaube, Vic wird mir nie verzeihen«, sagte Sullivan später zu einem Kollegen.

Von Freunden erfuhr Stokes, hochrangige Mitarbeiter in der Zentrale hätten anderen beim Service erzählt, dass nicht sie, sondern Stokes schuld sei am Tod von Prieto. Er bekam mit, wie Kollegen beim Personenschutz im Weißen Haus und in New York erklärten, sie hätten keine andere Wahl gehabt, als gegen Prieto zu ermitteln, nachdem Stokes dessen mögliche Verletzungen der Sicherheitsbestimmungen zur Sprache gebracht hatte. Stokes war wütend. Schließlich hatte er nichts weiter getan, als seine Vorgesetzten mit ihrer Doppelmoral zu konfrontieren.

DeProspero-Philpot erfuhr über den Flurfunk beim Secret Service, dass sich Sullivan auch kritisch dazu äußerte, wie sie Prietos Fall gehandhabt hatte. Sein Tod machte ihr schwer zu schaffen, aber sie war dennoch überzeugt, sich richtig verhalten zu haben. Sie bestand auf einem Gespräch mit dem Direktor. Das Treffen brachte ihr keine Erleichterung. Er war gereizt. Warum hatte sie kurz nach dem ersten einen zweiten Lügendetektortest anberaumen müssen?, fragte er. Er bezweifelte die Vorschriftsmäßigkeit eines solchen Vorgehens. Warum derartigen Druck machen? »Mal ehrlich, Robin«, wollte Sullivan von ihr wissen. »Hast du wirklich geglaubt, er sei ein Sicherheitsrisiko?«

Sie war sprachlos angesichts dieser Kehrtwende Sullivans. Wie konnte der Direktor plötzlich so nachsichtig mit einem Agenten sein, der den Service belogen und sich möglicherweise eines vorschriftswidrigen Umgangs mit höchst sensiblen Daten schuldig gemacht hatte?

Am Gedenkgottesdienst für Prieto in der katholischen Kirche an der Lower East Side nahm dessen Familie reglos und mit rot geweinten Augen teil. Die kollektive Trauer von Verwandten, Freunden und Arbeitskollegen erfüllte den Raum. Doch auch die Spannungen und gegenseitigen Schuldzuweisungen innerhalb der Secret-Service-Familie hingen spürbar in der Luft.

Sullivan und Stokes hatten beide an Prietos Beerdigung teilnehmen wollen, und nicht ganz ohne Beklemmungen beschlossen sie, dass es ihre Pflicht sei hinzugehen. Sullivan hoffte, dass er mit seinem Erscheinen den Drang des New Yorker Büros mindern würde, ihm die Schuld zuzuschreiben. Dennoch murrten beim Erscheinen des Direktors Agenten leise hinter dessen Rücken.

Auch Stokes, ein Ausbund widerstreitender Gefühle, bestand darauf zu gehen. Er war am Boden zerstört, weil Prieto sich das Leben genommen hatte; er war wütend, dass die Zentrale ihm Vorwürfe wegen etwas machte, was Prietos Vorgesetzte wussten und worum sie sich längst hätten kümmern müssen. Aber Stokes hatte in der Kirche eine schlimmere Reaktion durchzustehen als Sullivan. Prietos New Yorker Kollegen starrten ihn an, als er nach der Trauerfeier die hinteren Kirchenbänke, wo sie saßen, passierte.

Doch niemand kannte an jenem Tag in der Kirche die ganze Wahrheit über Rafi, nicht einmal Stokes. Tatsächlich hatte Prieto noch über ganz andere Dinge gelogen als nur eine Liebesaffäre.

Drei Wochen nach seinem Tod hatten der Inspector General (IG) des Department of Homeland Security und der Secret Service eine gemeinsame Untersuchung in Gang gesetzt, um herauszufinden, was genau Prieto ihnen verschwiegen hatte. Schon bald ergoss sich massenhaft verschlüsseltes Material aus zehn verschiedenen elektronischen Geräten. Neben einem Laptop und einem BlackBerry, die Eigentum des Secret Service waren, hatte Prieto zwei hochverschlüsselte private BlackBerrys, drei private Laptops und drei weitere Speichergeräte in Gebrauch.

Die Verschlüsselung auf seinen privaten Handys konnten die Ermittler nicht knacken. Aber indem sie Dateien sichteten, die zwischen seinen Telefonen und anderen Geräten synchronisiert worden waren, fanden sie schließlich heraus, dass er die Handys benutzte, um mit diversen Frauen zu kommunizieren, darunter einige Ausländerinnen. Er schien die Angewohnheit gehabt zu haben, sein Liebesleben visuell zu dokumentieren. Er sammelte anzügliche Fotos und Videos von allen möglichen Frauen, mit denen er entweder eine Beziehung gehabt zu haben schien oder die er für einen kurzen Seitensprung getroffen hatte.

Prieto hatte auch heimliche Privatreisen ins Ausland unternommen, ohne sie, wie es Vorschrift war, zu melden. Er hatte beim Secret Service unter Eid ausgesagt, dass er die Staaten in den letzten sieben Jahren kein einziges Mal aus privaten Gründen verlassen habe. Er hatte gesagt, dass seine einzigen Auslandsreisen im Zusammen-

hang mit der Arbeit für den Präsidenten gestanden hätten. Doch tatsächlich, so fanden die Ermittler heraus, hatte er in diesem Zeitraum
zwanzig private Auslandsreisen unternommen, ohne die Gründe dafür anzugeben. Und einige der Frauen, mit denen er auf diesen Reisen zusammentraf, gaben dem Secret Service dermaßen zu denken,
dass er die CIA bei der Ausleuchtung ihres Hintergrundes um Unterstützung bat. Eine stammte aus einem ehemals kommunistischen
Ostblockland, was Stirnrunzeln auslöste. Die Herkunft einer anderen
Frau ließ die Ermittler allerdings zusammenzucken: Sie kam aus dem
Mittleren Osten, aus dem Iran, einer repressiven Theokratie und einem Feind der Vereinigten Staaten. Anfangs befürchteten die Ermittler, sie oder ihre Familie könnten Verbindungen zur Regierung ihres
Landes haben, das vom State Department als einer der wichtigsten
Unterstützer des Terrorismus eingestuft wird.[56] Aber beide Frauen
wurden von Analysten des US-Geheimdienstes eingehend durchleuchtet, und es tauchten keinerlei Hinweise auf, dass eine von ihnen
Verbindungen zu ausländischen Geheimdiensten unterhielt.

Prieto war in einige, wenn auch nicht alle, der sensibelsten Programme höchster Geheimhaltungsstufe eingebunden, die dem
Schutz des Weißen Hauses und des Präsidenten dienten.[57] Er kannte
die versteckten »sicheren Orte«, an die der Präsident im Notfall gebracht werden sollte – und wie man sie erreichte und wieder verließ.
Er kannte das Netz von als geheim eingestuften Maßnahmen des Militärs und der NSA, mit deren Hilfe der Präsident auf Auslandsreisen
beschützt wurde.

Und trotzdem hatte Prieto, der einen der für einen Secret-Service-
Agenten angesehensten Jobs bekleidete, auch ein geheimes Leben
führen können. Und das unter den Augen eines Teams ausgebildeter
Beobachter.

Prieto war, so die einhellige Meinung aller Beteiligten, ein entgegenkommender Mensch, der Amerika von ganzem Herzen liebte.
Zwar hatte er in seinem Privatleben ein heilloses Urteilsvermögen
erkennen lassen und sich erpressbar gemacht, aber er war vernarrt
in seinen Job. Ermittler verhörten neunzehn seiner Agentenkollegen,

Familienmitglieder und Freunde, und alle bekundeten übereinstimmend, Rafi sei ein Patriot gewesen und unter gar keinen Umständen ein Verräter. Doch was wäre, wenn er einer dieser Frauen gegenüber beiläufig den Präsidenten betreffende Geheimnisse ausgeplaudert hatte? Der Secret Service konnte das nicht mit Sicherheit ausschließen.

Keiner seiner Kollegen oder Vorgesetzten hatte Prieto wegen seiner Beziehung zu einer Ausländerin unter Druck gesetzt, weshalb auch von den anderen Geliebten niemand etwas erfuhr. »Es ist gruselig«, sagte einer der früheren Spitzenleute des Secret Service, angesprochen auf die Entdeckung der mannigfachen ausländischen Kontakte Prietos. »Und der für den Personenschutz des Präsidenten zuständige leitende Special Agent, Vic Erevia, verschließt die Augen vor alledem.« Erevia beharrte darauf, nicht gewusst zu haben, dass die Frau auf der Party Prietos Freundin war.

Stokes wurde ungerechterweise als derjenige gebrandmarkt, der Prieto bloßgestellt hatte, und der Selbstmord und die damit verbundenen Anschuldigungen brachten ihn zur Verzweiflung. Er hatte Prietos Namen an keiner Stelle genannt, er hatte seine Vorgesetzten lediglich drängen wollen, ihre Heuchelei einzugestehen: Sie tolerierten und deckten alle möglichen privaten Fehlverhalten, und dann brachte der Direktor, als Beleg seiner guten Führungsqualitäten, diejenigen Agenten an den Galgen, die unter den Augen der Öffentlichkeit bei irgendwelchen Verfehlungen erwischt worden waren. In Wahrheit war Prietos Lügengebäude längst am Einstürzen. Diverse Vorgesetzte wussten von dem Doppelleben, das Prieto jahrelang vor seiner Frau und vor dem Service geheim gehalten hatte. Prieto hatte sich das Leben genommen, so sagten seine Freunde, weil sein Selbstwertgefühl untrennbar mit seiner Identität als Agent des Secret Service verwoben war.

Auch Stokes wurde am Ende seine Secret-Service-Identität genommen. Weil er in Cartagena eine Nacht mit einer Prostituierten verbracht hatte, wurde ihm bedeutet, er müsse den Service verlassen. Monatelang kämpfte Stokes und focht die Entscheidung des Dienstes an, ihm seine Sicherheitseinstufung zu entziehen, doch am Ende verlor er den Rechtsstreit. Nur zwei Jahre vor der Pensionierung endete seine Laufbahn als Agent, womit er zugleich seine staatlichen Versorgungsansprüche verlor.

Kapitel 22

DIE NEUE

Rachel Weaver meinte, eine Vertuschung zu riechen. Die resolute Büroleiterin von Senator Ron Johnson aus Wisconsin, ranghoher Republikaner in einem Unterausschuss des Department of Homeland Security, war unersättlich neugierig und verfügte in Sachen Bockmist über eine feine Nase. Nachdem sich der überwiegende Teil Washingtons dem nächsten heißen Thema zugewandt hatte, beschloss sie herauszufinden, was im Inneren des Secret Service tatsächlich vor sich ging. Sie war hinter der Wahrheit her, aber ihre eigene politische Position und die ihres Chefs bedeutete einen zusätzlichen Ansporn. Sie waren Republikaner und stellten das verantwortungsvolle Handeln der Obama-Administration infrage.

Im Spätsommer 2012 absorbierten die bevorstehenden Präsidentschaftswahlen einen Großteil von Washingtons Energie und beherrschten die Schlagzeilen. Meinungsumfragen sahen in jenem Monat Präsident Obama knapp vor seinem republikanischen Herausforderer Mitt Romney. Der Prostituiertenskandal des Secret Service im Frühjahr war von den Titelseiten und aus den Nachrichtensendungen verschwunden.

Hinter den verschlossenen Türen in der Zentrale des Secret Service jedoch brodelte es weiter. Greg Stokes und andere, die sich über die Heuchelei und die harte Bestrafung der in Cartagena erwischten Agenten ärgerten, hatten gedroht, an die Presse zu gehen. Derweil waren Direktor Sullivan und seine obersten Stellvertreter zutiefst

beunruhigt wegen einer breit angelegten Untersuchung der Diszi-
plinierungsmaßnahmen des Secret Service durch das Department
of Homeland Security, die einiges vom Fehlverhalten des Service in
der Vergangenheit ans Tageslicht zu bringen drohte. Das fünfzigköp-
fige Team des Inspector General war weiter gegangen, als der Service
erwartet hatte, und nahm Dutzende alter interner Untersuchungen
möglicher Verstöße von Agenten und Mitarbeitern gegen Verhal-
tensregeln und Vorschriften unter die Lupe. Einige der Akten gaben
Aufschluss darüber, dass sich Agenten anstößig und sittenwidrig
verhalten hatten. Ferner enthielten sie Vorwürfe wegen häuslichen
Missbrauchs, Unzucht mit Minderjährigen, des Konsums von Porno-
graphie am Arbeitsplatz und der sexuellen Belästigung von Untergebenen. Ein hochrangiger Ermittler aus Miami, David Nieland, begann
damit zu hinterfragen, ob diese Fälle korrekt zum Abschluss gebracht
worden waren. Einige Mitarbeiter waren zu milden Strafen verurteilt
worden, obwohl die Ermittler Verstöße dokumentiert hatten, die eine
Entfernung aus dem Dienst hätten zur Folge haben müssen.

Direktor Sullivan befürchtete vor allem seine eigene Bloßstellung.
Die Untersuchung hatte einen kleinen Umweg genommen und Behauptungen von Whistleblowern einbezogen, dass der Direktor den
Kongress belogen habe, als er behauptete, dass man bei den Prostituierten in Cartagena keinerlei Hinweise auf kriminelle oder die nationale Sicherheit gefährdende Zusammenhänge gefunden habe. In
Sullivans Augen waren die Anschuldigungen aus der Luft gegriffen.
Trotzdem musste er sich einen Anwalt nehmen. Die Ermittler beabsichtigten, ihre Enthüllungen an das Justizministerium weiterzuleiten, um zu entscheiden, ob eine umfängliche strafrechtliche Untersuchung eingeleitet werden sollte.

Weaver wusste von alledem nichts, aber sie würde es bald herausfinden. Damals, im Mai, als der Kongress noch mit dem Cartagena-Skandal befasst war, hatte sie an einer Besprechung hinter verschlossenen Türen mit Direktor Sullivan teilgenommen, der ihrem
Boss, dem republikanischen Senator Ron Johnson aus Wisconsin,
und anderen Abgeordneten versichert hatte, dass ernsthafte Schritte

unternommen würden, um die Schuldigen zu bestrafen und um sicherzustellen, dass sich ein vergleichbarer Vorfall nicht wiederholen könnte. Johnson war damals ranghohes Mitglied eines Unterausschusses des Department of Homeland Security, der genau beobachtete, wie der Service die Cartagena-Affäre aufarbeitete. Weaver erinnerte sich daran, gedacht zu haben, dass Sullivan und seine Stellvertreter in den Besprechungen eine Menge Informationen lieferten, ohne viel Gehaltvolles preiszugeben. Sie nannten massenhaft Zahlen und exakte Zeitangaben: Die zweite Maschine mit den Fahrzeugen landete dann und dann, insgesamt waren soundso viele Agenten in Kolumbien, diese Gruppe von Agenten wurde dann und dann verhört. Die Besprechungen vermittelten zwar den Eindruck von Transparenz, doch keins dieser Details gab den Abgeordneten Aufschluss darüber, was genau passiert war.

Jetzt, einige Monate später, war Weaver gespannt darauf zu erfahren, was das Team des Inspector General herausgefunden hatte. Ging man davon aus, dass die Führung des Service in der Vergangenheit sexuelle Eskapaden geduldet hatte? War man in Sachen Cartagena auf Neuigkeiten gestoßen, die Sullivan bislang verschwiegen hatte?

Am Morgen des 25. September erschienen auf Drängen Weavers die führenden Ermittler des Inspector General im Capitol, um die Mitglieder des von der Homeland Security eingesetzten Ausschusses auf Stand zu bringen. Weaver hatte eine Liste mit detaillierten Fragen vorbereitet. Doch die Ermittler des geschäftsführenden Inspector General Charles Edwards erklärten kleinlaut, dass ihnen auf viele der Fragen die Antworten fehlten. Diese Ermittler waren inzwischen seit fünf Monaten mit dem Fall befasst, aber man hatte ihnen nicht erlaubt, die Abrechnungen der Hotels in Cartagena einzusehen oder die Hotelangestellten, die Besitzer der Stripclubs oder die Prostituierten, die die Secret-Service-Agenten mit aufs Zimmer genommen hatten, zu befragen. Das Justizministerium hatte die Genehmigung für Ermittlungen im Ausland verweigert mit der Begründung, dass es sich nicht um eine strafrechtliche Untersuchung handele.

Derweil erfuhren Ermittler, die für Edwards tätig waren, dass man

Supervisoren des Secret Service abgeraten hatte, sich kooperativ zu verhalten. Etwa zweiunddreißig Agenten, darunter zehn hochrangige Mitarbeiter der Zentrale, hatten eine Befragung abgelehnt.[58] Für Weaver hörte sich das an, als sei das Team des GI ausgebremst worden, indem man ihm den Zugang zu Unterlagen und Gesprächen verweigert habe.

Darüber hinaus war sie Republikanerin, die die politischen Motivationen des Obama'schen Weißen Hauses beargwöhnte und natürlich diejenigen zu überführen gedachte, die dabei waren, etwas zu vertuschen. Sie fragte sich, ob die amtierende Administration versuchte, in den letzten Monaten der Wiederwahlkampagne Obamas unangenehme Enthüllungen zu unterbinden?

Weaver war eine Straßenkämpferin in schicker, femininer Kleidung. Sie war dreiunddreißig Jahre alt, eine große attraktive Frau mit langen blonden Haaren, die in Stöckelschuhen herumlief und mit ihren Retro-Katzenaugen-Brillen zugleich ernsthaft und modisch wirken wollte. In der männlich dominierten Bastion auf dem Capitol Hill betrachteten die Abgeordneten attraktive junge Frauen als Arbeitsbienen und Augenschmaus. Doch Weaver war nicht darauf aus, sich bei irgendjemandem einzuschmeicheln. Sie war als ältestes von vier Kindern in einem bescheidenen evangelikalen Arbeiterhaushalt in Sacramento groß geworden – der Vater baute Swimmingpools. Sie war die Erste in ihrer Familie, die aufs College ging. Nach dem Abschluss an der Sacramento State wollte sie mehr und machte ihren Master im Fachbereich Sicherheitspolitik an der George Washington University, während sie gleichzeitig als Praktikantin für den Abgeordneten ihrer Heimatstadt auf dem Capitol Hill arbeitete. Ihr Karrierevorbild war Condoleezza Rice.

Weaver hatte sich die Mitwirkung in diesem Ausschuss ehrlich verdient, und es kam ihr darauf an, das Land sicherer zu machen. Sie erklärte Edwards' leitendem Ermittlungsbeamten, dass sie den Bericht seines Teams durchsehen wolle. Der Ermittler nahm sich der Sache an und erklärte, Edwards habe zugestimmt, dass sie und andere leitende Ausschussmitglieder in der Zentrale eine vertrauliche

Ausfertigung des Berichts einsehen könnten. Es würde ihnen keine Kopie überlassen.

Weaver war die Einzige aus dem Ausschuss, die das Angebot annahm, den Bericht zu lesen. Ihr demokratischer Gegenspieler sagte, er habe anderes zu tun. Am Morgen des 2. Oktober kam Weaver ins Büro des Inspector General, wo Charles Edwards sie am Eingang begrüßte. Der Mann mit dem runden Gesicht und den formellen Umgangsformen begleitete sie in einen fensterlosen Konferenzraum im zweiten Stock. Der Bericht vom Umfang eines New Yorker Telefonbuchs lag in der Mitte eines langen Tisches. Er zeigte ihr einen Laptop, auf dem sie die vertraulichen Anhänge und Dokumente sichten konnte, auf die im Bericht als Zusatzmaterial verwiesen wurde. Edwards erklärte, dass sie sich keine Notizen machen dürfe.

»Es tut mir leid. Ich muss Notizen machen«, erwiderte Weaver höflich. Edwards und Weaver starrten sich eine Weile wortlos an. »Ich muss meinem Chef Bericht erstatten. Ich kann mir das nicht alles merken«, sagte sie und zeigte auf den dicken Papierstapel auf dem Tisch. Edwards gab nach. Er erklärte sich einverstanden, dass Weaver Notizen machte, dann entschuldigte er sich.

Weaver war der Meinung, dass Edwards ihr und anderen Ausschussmitgliedern nur deshalb Einblick in den Cartagena-Bericht gewährte, weil er sich dadurch gute Beziehungen zu wichtigen Abgeordneten erhoffte. Er hatte es auf die permanente Position des Inspector General abgesehen. Mit seiner Strategie hatte er sich spektakulär verrechnet.

Weaver setzte sich, schlug die erste Seite des Berichts auf und vertiefte sich in ihre Arbeit. Schon in der Mitte der zweiten Seite stieß sie auf etwas Interessantes.

»Dem Office of Inspector General (OIG) liegen Informationen vor, wonach Mitarbeiter des USSS auch bei anderen Anlässen Fehlverhalten an den Tag gelegt haben«, stand dort. Aber Direktor Sullivan hatte vor dem Kongress darauf bestanden, dass es sich bei Cartagena um eine untypische einmalige Verirrung gehandelt habe. Sie las weiter. Einige Zeilen darunter hieß es, »OIG bestätigte Besuche bei Prosti-

tuierten während offizieller Besuche in El Salvador und Panama.«
Sullivan hatte den Kongress informiert, der Service habe Teams beauftragt, Berichte zu prüfen, nach denen sich Agenten in El Salvador
mit Prostituierten eingelassen hätten – es sei festgestellt worden, dass
sie unzutreffend waren.

Ein paar Absätze weiter las sie das Gesprächsprotokoll eines Agenten, der in Cartagena Teil des Vorausteams gewesen war. Er sagte, dass
seine Agentenkollegen ihn bei Reisen in spanischsprachige Länder
regelmäßig baten, zwischen ihnen und Prostituierten zu dolmetschen
und die Bezahlung auszuhandeln, weil er fließend Spanisch sprach.
Weiter berichtete er, eines Tages mit einem hochrangigen Supervisor
im Taxi ins Hotel zurückgefahren zu sein, wo jener Vorgesetzte an der
Rezeption hinterlassen habe, er erwarte am Abend Besuch und man
möge die Dame bitte nach oben schicken.

Weaver war schockiert, doch schon bald stieß sie auf Informationen, die selbst das in den Schatten stellten. Edwards' Ermittler hatten Dokumente entdeckt, die zeigten, dass geheimdienstliche Über-
prüfungen der Melderegister Besorgnis wegen der Identität einer
der Prostituierten von Cartagena geweckt hatten. Edwards' Team
schrieb in seinem Bericht, dass sein Büro Untersuchungen eingeleitet
habe, um zu klären, ob Direktor Mark Sullivan vor dem Kongress
falsche Aussagen gemacht habe. Beamte des USSS wussten von einer
CIA-Untersuchung, in der eine der Prostituierten identifiziert worden war, die möglicherweise Verbindungen zu einem Verbrecherkar-
tell unterhielt, hieß es in dem Bericht. Doch Sullivan hatte vor dem
Kongress ausgeführt, dass zu keiner der Frauen problematische Informationen vorlägen.

Es war schwer vorstellbar, dass ein politisch versierter und umsich-
tiger Regierungsbeamter wie Sullivan den Kongress bewusst belügen
würde. Und doch, dachte Weaver, hatte Sullivan zu einer Reihe von
Themen eindeutig nicht die ganze Wahrheit gesagt.

Es gab noch einen letzten Absatz in dem Bericht, der Weavers
Aufmerksamkeit weckte. Es ging darin kaum um den Secret Service.
Aber sie begriff schnell, dass es sich hier, zumal mitten in der Wie-

derwahlkampagne Obamas, um politisch höchst explosives Material handelte.

Ermittler berichteten, dass Mitarbeiter des Secret Service erwähnt hätten, ihnen sei aufgefallen, dass ein Mann vom Vorausteam des Weißen Hauses im Verdacht stehe, während des Einsatzes in Cartagena eine Prostituierte über Nacht auf sein Zimmer mitgenommen zu haben. Als Beleg für die Verwicklung des Mitarbeiters aus dem Vorausteam wurde in dem Bericht aus Aufzeichnungen des Hilton Hotels und aus Gesprächsprotokollen von Befragungen zitiert, die Secret-Service-Ermittler mit leitenden Hilton-Mitarbeitern durchgeführt hatten. Dieser Mann aus dem Vorausteam des Weißen Hauses war der Sohn eines namhaften Obama-Unterstützers und -Lobbyisten, der bei einer Reihe von im Fokus der Öffentlichkeit stehenden politischen Zielen das Weiße Haus massiv unterstützt hatte. Weaver war der Meinung, dass die Identität des Mitarbeiters nichts zur Sache tat; Obamas Berater würden es niemals hinnehmen, dass die Worte »Weißes Haus« in Zusammenhang mit der Prostituiertenaffäre von Cartagena auftauchten.

Sullivan und Repräsentanten des Weißen Hauses hatten in Briefen an Abgeordnete, bei Aussagen vor dem Kongress und bei öffentlichen Pressekonferenzen wiederholt betont, dass es für die Verwicklung von Mitarbeiten des Weißen Hauses in die Vorfälle von Cartagena keinerlei Hinweise gebe.

Senator Ron Johnson war in Hochstimmung. Dank der Insistenz seiner Büroleiterin hockte der frischgebackene republikanische Senator auf einem Berg pikanten Materials, das außer ihm keiner kannte. Es enthielt Hinweise darauf, dass die Obama-Administration den Kongress getäuscht hatte.

Am 19. Oktober veröffentlichte Senator Johnson eine Presseerklärung mit einem neunseitigen Memorandum, das Weaver zusammengestellt hatte.[59] Darin wurde die Differenz zwischen dem, was Sullivan und das Weiße Haus behaupteten, und dem, was die Ermittler aufgedeckt hatten, herausgearbeitet. Die Abweichungen, sagte Johnson, legten »die Vermutung nahe, dass die Administration den

Kongress in die Irre geführt oder ihm Informationen vorenthalten«
habe. Einige wenige Nachrichtenagenturen erhielten vorab Einblick
in das Material, das der offiziellen Darstellung der Obama-Administration widersprach. Breitbart News brachte die Geschichte unter
der Überschrift DEPARTMENT OF HOMELAND SECURITY UN-
TERSTELLT MEINEID. CNN äußerte sich weniger aggressiv: »Eine
neue Untersuchung lässt Widersprüche zu früheren offiziellen Stel-
lungnahmen vermuten.«

Johnson hätte sich eigentlich als Held der Grand Old Party fühlen müssen. Er hielt Beweismaterial in Händen, das den Verdacht
nahelegte, die Obama-Administration habe versucht, Hinweise darauf, dass Mitarbeiter des Weißen Hauses in den Prostituiertenskandal
verwickelt waren, zu vertuschen – und dieses Material veröffentlichte
er am Vorabend der Wahl. Der Ausschussvorsitzende Lieberman, ein
den Demokraten zuneigender Senator, kritisierte die Veröffentlichung
als eine »unzulässige Durchstecherei« und als grob unfair gegenüber
Sullivan. Doch auch Susan Collins, eine hochrangige republikanische
Kollegin Johnsons im Ausschuss, war empört. Sie rief Edwards an
und verlangte Aufklärung. Wie hatte die Mitarbeiterin eines untergeordneten Ausschussmitglieds vor ihr den Bericht einsehen können?
Wie viele andere Abgeordnete, die den Secret Service beaufsichtigten,
hatte Collins geringes Interesse daran, dieser aus aufopferungsvollen
Patrioten bestehenden Behörde allzu sehr auf den Zahn zu fühlen.

Johnson sah sich von seiner republikanischen Vorgesetzten im
Ausschuss an den Pranger gestellt. Aber Weaver legte gerade erst richtig los.

Präsident Obama erreichte in der Novemberwahl 2012 eine Mehrheit
von knapp über 51 Prozent und sicherte sich damit eine zweite Amtszeit im Weißen Haus. Derweil hoffte Direktor Sullivan, als derjenige
abtreten zu können, der im Service vor allem gute Arbeit geleistet
und nicht nur die Schmach von Cartagena zu verantworten hatte. Gegen Ende des Jahres 2012 hatte Sullivan das Gefühl, in den vergangenen sieben Monaten einen Sturm der Kategorie 3 abgewettert zu ha-

ben. Jede Woche erwartete ihn eine neue Flut von Befragungen durch
Ermittler, von Abgeordneten, die auf Antworten drängten, von Unterstellungen aus allen Lagern, auch seinem eigenen. Er musste einen
Aufstand im Inneren abwehren; einige seiner eigenen Leute hatten
den internen Ermittlern erzählt, der Direktor habe den Kongress hinsichtlich der Frage belogen, ob irgendwelche der Prostituierten von
Cartagena ein sicherheits- oder ein kriminaltechnisches Risiko darstellten, was eine strafrechtliche Untersuchung hätte nach sich ziehen
müssen. Zwei von Sullivans Vertrauten und Stellvertretern erklärten
den Ermittlern, sie hätten Sullivan am Tag vor der Anhörung Bericht
erstattet und ihn über ihre erheblichen Zweifel informiert, dass es
sich bei der in den Unterlagen der CIA aufgetauchten Person tatsächlich um die betreffende Prostituierte handelte, dass allerdings die
Verifizierung dieser Information noch nicht abgeschlossen sei und
sie weiter versuchten, Belege für ihre Vermutung zu finden. Sullivan
sollte später eine Erklärung seines Stabschefs vorlegen, in der es hieß,
einer seiner Vertrauten habe Sullivan seinerzeit berichtet, die »Iden-
tifizièrung« der betreffenden Prostituierten sei höchstwahrscheinlich
unzutreffend, er sagte wörtlich: »Das ist nicht unser Mädchen.« Auf
die Frage interner Ermittler, warum er gegenüber dem Kongress eine
derart eindeutige Aussage getroffen habe, obwohl die Untersuchungen hinsichtlich dieser Information noch nicht abgeschlossen waren,
erklärte Sullivan: »Ich weiß es nicht. Ich antworte, was meine Leute
mir sagen.« Letztendlich kamen die Ermittler zu dem Ergebnis, ihnen fehlten eindeutige Beweise dafür, dass Sullivan wissentlich gelogen habe.

Jetzt, da die Weihnachtsfeiertage vor der Tür standen, plante Sullivan
seinen Abgang, flankiert von einigen guten Nachrichten. Das Justizministerium war zu dem Ergebnis gekommen, dass die mit Sullivans
Aussagen verbundenen Tatsachen keine strafrechtliche Verfolgung
rechtfertigten. Außerdem schloss ein neuer Bericht des Inspector General mit der Einschätzung, dass Sullivan bei der Untersuchung der
Vorfälle in Cartagena »zügig und sorgfältig« vorgegangen sei.

Der Direktor wusste, dass sein Name und seine dreißigjährige Dienstzeit auf ewig mit dem flegelhaften Benehmen von Secret-Service-Agenten in Cartagena in Verbindung gebracht würde. Aber er hoffte, dieser letzte Bericht würde alle Spekulationen darüber beenden, dass ihn der Skandal zum Ausscheiden aus dem Dienst gezwungen habe. Sullivan hatte insgeheim geplant, mit Noah Kroloff, dem Stabschef der Heimatschutzministerin Janet Napolitano, eine Beratungsfirma für Sicherheitsfragen zu gründen. Sullivan hatte phasenweise heftig darum gekämpft, die nötigen Gelder bewilligt zu bekommen, um den Service zu modernisieren. Jetzt allerdings hatten die beiden hohen Regierungsbeamten einen solventen Partner aufgetrieben, der willens war, ihre neue Sicherheitsfirma zu finanzieren, mittels derer sie ihren Rat und ihr internes Wissen an Firmen und Dienstleister zu verkaufen beabsichtigten, die Zugang zu öffentlichen Geldern und politischen Einfluss suchten.

Sullivan unterrichtete Ministerin Napolitano und das Weiße Haus über seine Pläne, sich Ende Februar zurückzuziehen, und er bot an, eine Reihe von möglichen Nachfolgern zu empfehlen. Er nannte vier Kandidaten. In Wahrheit allerdings empfahl er nur einen.

Auf privater Ebene bearbeitete er Kroloff, seinen Favoriten David O'Connor zu fördern. O'Connor aus Boston war siebenundfünfzig Jahre alt und hatte sich während der Clinton-Jahre um den Schutz des Weißen Hauses verdient gemacht. Seine Rigorosität als Agent hatte ihm breite Anerkennung eingebracht, doch seine Führungsqualitäten weckten bei Untergebenen gemischte Gefühle. Einige Agenten sahen in O'Connor den gnadenlosen Chef und die furchteinflößende Persönlichkeit. Andere fanden, er stelle höchste Ansprüche und sei der beste Vorgesetzte, für den sie je gearbeitet hätten.

Sullivan informierte die Kandidaten – den Vizedirektor A. T. Smith, seine Stabschefin Julia Pierson und den stellvertretenden Direktor Faron Paramore – getrennt voneinander darüber, dass sie auf einer Vorschlagsliste stünden, die er dem Weißen Haus als Empfehlung vorgelegt habe. Sullivan bat die Beteiligten, die Sache vertraulich zu behandeln, um einen fairen Prozess zu gewährleisten. Smith ging davon aus, dass er als Vizedirektor der natürliche Nachfolger wäre. Pierson, die Sullivan auf den Posten der Stabschefin abgeschoben hatte, schenkte Sullivans Empfehlung weiter keine Beachtung, da sie sich lediglich als Quotenfrau sah. Schnell sprach sich herum, dass es drei Kandidaten in die zweite Runde geschafft hatten und zu einem Gespräch in den Westflügel geladen waren: O'Connor, Smith und Pierson. Es war ein Novum, dass das Panel, dem die Befragung der Kandidaten für den Posten des Direktors des Secret Service oblag, ausschließlich aus Frauen bestand: der Rechtsberaterin des Weißen Hauses, Kathy Ruemmler; der stellvertretenden Stabschefin des Weißen Hauses, Alyssa Mastromonaco; der Chefberaterin Obamas, Valerie Jarrett und der Stabschefin der First Lady, Tina Tchen.

Das Westflügel-Panel war beeindruckt von der unverblümten Art, mit der O'Connor sich äußerte. Er hatte eine Reihe von komplexen Großprojekten, darunter die Parteitage, den anspruchsvollen Wahlkampf und den Besuch des Papstes bravourös gemeistert. Smith stieß bei den Mitgliedern des Panels auf Ablehnung. Ein Mitarbeiter hatte den Eindruck, er sei enttäuscht von der Besetzung des Panels. Ende Februar hatten nur ein Kandidat und eine Kandidatin die dritte Runde erreicht, O'Connor und Pierson: Sie würden den Präsidenten persönlich treffen.

Obama hielt Piersons Lebenslauf in der Hand, als sie das Oval Office betrat. Der Präsident bat Pierson zu erklären, was sie veranlasst habe, dem Secret Service beizutreten. Er stellte ihr keine einzige Frage hinsichtlich ihrer Vorstellungen zur Zukunft des Dienstes. Ihn interessierte etwas anderes: »Wie war es, als Frau beim Secret Service zu arbeiten?«, wollte der Präsident wissen.

Pierson sah dem ersten schwarzen Präsidenten direkt in die Augen. »Das wissen Sie genau«, erwiderte sie, ohne nachzudenken.

Sie bereute es sofort, da sie fürchtete, ihre Antwort sei allzu freimütig gewesen. Aber Obama nickte und senkte den Blick – er schien zu verstehen, was sie meinte.

Ungefähr zwei Wochen später rief Kroloff früh am Morgen bei Pierson an, um ihr sagen, dass der Präsident entschieden habe, wer

dreiundzwanzigster Direktor des Secret Service werden solle: David
O'Connor. »Sie haben bei der Befragung einen tollen Job gemacht
und wir danken Ihnen für Ihre Teilnahme. Sie waren eine herausra-
gende Kandidatin, nehmen Sie sich das nicht allzu sehr zu Herzen«,
riet ihr Kroloff. Eine gesonderte Mitteilung ging von der Zentrale
an alle Agenten in wichtigen Führungspositionen, um sie entsprechend vorzubereiten: O'Connor würde der neue Direktor werden.
Die Nachricht verbreitete sich in der Agentur an jenem Freitag, dem
1. März, wie ein Lauffeuer. Bereits am Montag berichtete Reuters
– unter Berufung auf ungenannte Quellen –, dass die Wahl wohl auf
ihn fallen würde.

Doch schon am Mittwoch verbreitete Reuters eine neue Version der Geschichte. Alte Berichte aus dem Jahr 2008 wurden wieder ausgegraben, in denen es um eine rassistische E-Mail ging, die
O'Connor auf seinem Dienstcomputer von seinem Bruder erhalten
hatte. Der Vorfall lag fünf Jahre zurück und war für jedermann per
Google-Suche auffindbar. Aber Obama und Ministerin Napolitano
kam sie höchst ungelegen. Viele beim Service, einschließlich O'Connor, gingen davon aus, dass Smith die Sache eingefädelt hatte, um
ihm zu schaden.

Am gleichen Tag richtete die National Organization of Black Law
Enforcement Officers in einem Schreiben an den Stabschef des Weißen Hauses den dringenden Appell, sich nicht für O'Connor zu entscheiden. Die Organisation mit mehr als 2500 Mitgliedern warnte,
dass sich, sollte das Weiße Haus O'Connor an die Spitze berufen,
beim Secret Service nichts ändern würde, was die Beschäftigung An-
gehöriger von Minoritäten und die moralische Verfasstheit anging.
Interessanterweise drängte die Organisation das Weiße Haus, sich
stattdessen für A. T. Smith zu entscheiden.

Obamas Chefberaterin Valerie Jarrett war wütend. Wieder einmal ließ der Secret Service den Präsidenten und die Operationen
des Weißen Hauses dilettantisch aussehen. Das Obama-Team hatte
schon wegen eines Mangels an Diversität bei der Stellenbesetzung für
die zweite Amtszeit mit Kritik zu kämpfen. Mehr als irgendjemand

sonst im Westflügel verabscheute Jarrett Durchstechereien. Sie hatte eine Menge Gründe zu mutmaßen, dass Smith hinter den Geschichten steckte, und sie würde ein solches schmieriges Verhalten unter keinen Umständen honorieren. Die Suche des Weißen Hauses nach einem neuen Direktor war festgefahren. Ein paar Tage später führte Napolitano ein Telefonat mit O'Connor. Sie fragte ihn, ob er bereit wäre, seinen Namen aus dem Rennen zu nehmen.

»Darüber habe ich auch schon nachgedacht«, sagte er kurz angebunden. »Ich bin draußen.« O'Connor war sauer, dass eine alte – und, wie er fand, ungerechte – Verleumdungskampagne in den landesweiten Medien wieder aufgekocht wurde. Jemand, der darauf aus war, ihn als Direktor zu verhindern, hatte ihn als Rassisten gebrandmarkt, und dieser Jemand, daran bestand für ihn kein Zweifel, war Smith gewesen.

Zwei Wochen darauf, am 26. März, war Smith gerade dabei, eine Vorstandssitzung zu leiten, als ein Mitarbeiter der Verwaltung den Konferenzraum des Vizedirektors betrat. Er bat Pierson, nach draußen zu kommen, um einen dringenden Anruf entgegenzunehmen. Pierson ging in ihr Büro und stellte fest, dass am anderen Ende der Leitung Janet Napolitano auf sie wartete.

»Julie, hier ist Janet«, sagte sie. »In ein paar Stunden wird der Präsident die Entscheidung darüber verkünden, wer dreiundzwanzigster Direktor wird.« Sie machte eine Pause. »Sie sind die neue Direktorin des Secret Service.«

Pierson sagte erst mal nichts, dann dankte sie, dann verabschiedete sie sich. Sie war unter Schock. Sie saß eine Weile an ihrem Schreibtisch und ließ die ehrenvolle Nachricht einsinken. Sie kicherte in sich hinein, dann rief sie ihre Mutter in Florida an.

Sie wäre die erste Direktorin des Secret Service in seiner 148-jährigen Geschichte.

Kapitel 23

DAS SCHIFF HAT SCHLAGSEITE

Abgesehen von einem Abendessen mit ein paar Freunden im Carlyle im nahe gelegenen Shirlington, Virginia, verzichtete Julia Pierson darauf, diesen Karrieregipfel groß zu feiern. Zwei Tage nach der Ernennung der ersten Direktorin des Secret Service durch den Präsidenten begann sie mit der Arbeit. Abgeordnete beklatschten diesen »ehrenvollen Meilenstein« in der Geschichte des Service, wie der Direktor des Department of Homeland Security Tom Carper es formulierte. In Wahrheit drückten das Weiße Haus und die Abgeordneten die Daumen, dass eine Frau die vielen Entgleisungsprobleme des Service in den Griff bekommen möge.

»Der Prostituiertenskandal in Kolumbien kostete den Secret Service das Vertrauen vieler Amerikaner und er enttäuschte die hohen Erwartungen, die in ihn gesetzt wurden«, sagte Senator Chuck Grassley, ranghöchster Republikaner im Gesetzgebungsausschuss. »Vor Miss Pierson liegt eine Menge Arbeit, sie muss eine Kultur schaffen, in der die wichtige Aufgabe respektiert wird, mit der der Dienst betraut ist. Ich hoffe, dass es ihr gelingt, die dem Secret Service verloren gegangene Glaubwürdigkeit wiederherzustellen.«

Die ersten Tage im Amt widmete Pierson nicht in erster Linie den Verfehlungen. Sie hatte Geldsorgen. An Tag zwei verabredete sie ein Treffen mit David Haun, einem erfahrenen Karriereplaner und stellvertretenden Vizedirektor des Office of Management and Budget des Weißen Hauses. Der in mancher Hinsicht furchteinflößende Herrscher über die Finanzen des Weißen Hauses hatte seit drei Jahrzehnten dabei geholfen, das Budget des Secret Service zu kontrollieren. Die Rechtfertigungen für die Ausgabenpolitik des Dienstes hatten ihn nie sonderlich beeindruckt.

Pierson war seit zwei Wochen im Amt, als sie sich mit Haun in dessen Büro zusammensetzte. Sie kannte ihn gut aus ihrer Zeit als Stabschefin, und die Ausmaße des Defizits im Budget des Secret Service kannte sie mindestens genauso gut. Dieses schonungslos offene Gespräch duldete keinen Aufschub. »Ich bin hier, um Konkurs anzumelden«, erklärte sie ihm.

Haun und ein Haushaltsexperte des Department of Homeland Security lauschten ihren Ausführungen und kicherten still in sich hinein, unsicher, ob sie es ernst meinte. »Nein«, sagte die Direktorin. »Ich meine es ernst. Ich bin hier, um Ihnen zu sagen, dass wir uns jenseits unseres Kipppunktes befinden. Wir haben Entscheidungen getroffen, die Auswirkungen auf unsere Einsatzfähigkeit und unsere personelle Ausstattung haben. Ich bin hier, um für den Secret Service Konkurs anzumelden.«

Sie schilderte das Problem. Der Service hatte, um vorgeschriebene Budgetkürzungen zu erfüllen, seit 2011 keine neuen Leute mehr eingestellt. Der Dienst zählte 600 Beschäftigte weniger, als ihm der Kongress zugestanden hatte – die Mindestbesetzung, die benötigt wurde, um die wachsende Zahl an Missionen zu bewältigen. Die Kündigungswellen unter den Beschäftigten in der Uniformed Division – bis zu 100 Abgänge pro Jahr – ließen sich nicht länger ignorieren. Die Mitarbeiter suchten das Weite, weil sie es satthatten, die Hälfte ihrer freien Tage arbeiten zu müssen, ohne Aussicht auf Veränderung.

Pierson sagte, sie habe bereits am Tag ihres Dienstantritts feststellen müssen, dass sechsundachtzig Leitungspositionen unbesetzt waren. Sullivan hatte versucht, Geld zu sparen, indem er bei Vakanzen keine Nachfolger einstellte, sondern Führungspersonal aus anderen Abteilungen abzog und dorthin versetzte, wo es dringend gebraucht wurde. Weitere fünfundachtzig Agenten beim Personenschutz des Präsidenten und des Vizepräsidenten und Spezialkräfte beim allgemeinen Personenschutz mussten umgehend abgelöst und ersetzt werden. Sie arbeiteten inzwischen seit mehr als sechs Jahren in ihren höchst strapaziösen Jobs, hätten aber schon nach vier Jahren ausgetauscht werden sollen. Es sparte Geld, sie gezwungenermaßen auf ihren Positionen zu belassen – die Kosten nämlich, die damit verbunden waren, sie aus Washington, D. C., abzuziehen und neue Leute hereinzubringen –, aber die verlängerten Dienstverhältnisse waren, wie es die Direktorin ausdrückte, »grausam und unüblich«.

Pierson erklärte Haun und dem für ihren Bereich zuständigen Haushaltsexperten, dass sie dringend Geld brauche, um wieder Leute einstellen zu können. Es galt Hunderte von Stellen zu besetzen und die entstandenen Lücken zu füllen, weil andernfalls die Gefahr von Fehlern – und von Katastrophen – unkalkulierbar wurde.

Nun begriff Haun die Dringlichkeit. Aber, dämpfte er die Erwartungen, er könne nicht einfach mit den Fingern schnippen und schon sei Geld da. Die Bundesregierung sei just dabei, das Budget für das Fiskaljahr 2015 zu planen. Die Budgetplanung für das Fiskaljahr 2014 sei abgeschlossen und liege dem Präsidenten zur Unterschrift vor, sagte er. Was bedeutete, dass sie für ihre derzeitige Personalkrise frühestens mit Beginn des Fiskaljahres 2015 mit Geld rechnen könne, und das sei noch etwa achtzehn Monate hin.

Piersons unverblümte Ankündigung, sich unter den Schutz von Kapitel 11 des Insolvenzrechtsgesetzes zu begeben, hinterließ allerdings starken Eindruck. Der Haushaltsexperte schnorrte in seinem Ressort umher und machte 37 Millionen Dollar für Pierson locker, die er im Gesamtbudget der Homeland Security zur »neuen Verwendung« umwidmete, was vor allem die US-Küstenwache traf. Im August waren die Mittel auf dem Konto des Service. Mit dem Geld auf der Bank leitete Pierson Ende August die ersten Maßnahmen in die Wege und besetzte sechsundsiebzig vakante Leitungspositionen und versetzte weitere fünfundsechzig erschöpfte Agenten auf Posten außerhalb Washingtons und weg vom Personenschutz. Das Geld reichte nicht aus, um das Leck komplett zu stopfen, doch es half dabei, den Kahn einstweilen über Wasser zu halten.

Als Nächstes richtete sie ihre Aufmerksamkeit auf die Ankurbelung des eingerosteten Einstellungssystems beim Service. Sie formulierte die Zielsetzung, das Rekrutierungsteam solle achtundvierzig Leute – in erster Linie Mitarbeiter für den Einsatz im Weißen Haus, wo dringend Verstärkung gebraucht wurde – so rechtzeitig einstellen, dass diese an der im Oktober beginnenden Ausbildung an der Akademie des Secret Service teilnehmen könnten.

Doch die Nachwehen des Cartagena-Skandals und eine entschlossene Mitarbeiterin auf dem Capitol Hill setzten der Behörde und ihrer Direktorin weiterhin zu. Damit aber nicht genug sollte schon bald die nächste Eruption ungebührlichen Verhaltens und ausgeprägter Dummheit den Service erschüttern. Mitte Juni, knapp zwei Monate, nachdem sie ihren Dienst angetreten hatte, bekam es Pierson mit ihrem ersten Fall von Verfehlungen zu tun. Und dabei lief nicht alles glatt.

An einem Mittwoch um 3:30 Uhr am Morgen rief ein Sicherheitsbeauftragter des legendären Hay-Adams-Hotels beim Secret Service an. Der Hotelangestellte erklärte, ein weiblicher Gast habe sich über einen Agenten des Secret Service beschwert, der die Frau nach einer stark alkoholisierten langen Nacht in der Hotelbar namens Off the Record nach oben aufs Zimmer begleitet habe. Sie geriet in Panik, als die beiden in ihrem Zimmer waren und sie feststellte, dass er eine Pistole hatte. Er bot an, die Patrone aus der Kammer zu nehmen. Aufzeichnungen bestätigen, dass sie ihn kurz darauf aufforderte zu gehen und einen Sicherheitsmann des Hotels bat, ihn hinauszubegleiten. Doch der Agent kam später zurück.

Es handelte sich um einen hochrangigen Supervisor des Secret Service namens Ignacio Zamora jr., der seit zwanzig Jahren beim Dienst beschäftigt war und in Präsident Obamas Personenschutzeinheit Dienst getan hatte. Zamora, im Service besser bekannt als Nacho, hatte sich gegen zwei Uhr früh bereit erklärt, das Zimmer der Frau zu verlassen, kehrte aber bald darauf zurück. Er fragte den wachhabenden Sicherheitsmann, ob er noch einmal kurz in das Zimmer der Frau dürfe, um eine Geldspange zu holen, die er dort vergessen habe. Der wahre Grund: Er hatte in ihrem Zimmer die Patrone aus seiner Pistole genommen, und die brauchte er dringend zurück. Auf die Frage des Sicherheitsbeauftragten leugnete Zamora, beim Secret Service zu sein. Als der Mann zum Zimmer der Frau ging, um mit ihr zu reden, bekam es Zamora mit der Angst zu tun und verließ das Hotel, was bei den Mitarbeitern zusätzlichen Verdacht erregte. Zamora, der so viel getrunken hatte, dass er und die Frau zu dem Schluss gekommen waren, er solle besser nicht mehr fahren, musste in ein paar Stunden seinen Dienst im Weißen Haus antreten.

Zamoras Boss war Vic Erevia, langjähriger Leiter des Personenschutzes von Präsident Obama und inzwischen Vizedirektor sämtlicher Schutzoperationen des Service. Sullivan hatte ihm, kurz bevor er als Direktor zurücktrat, auf Drängen des Präsidenten diesen mächtigen Posten im achten Stockwerk zugeschustert. Obama hatte Sullivan wissen lassen, er fände, dass Erevia eines Tages Direktor werden sollte. Sullivan erklärte höflich, dass der Mann dafür noch nicht reif sei. Aber Sullivan würdigte Erevias hingebungsvollen Einsatz, indem er ihm seine erste verantwortungsvolle Leitungsfunktion in der Zentrale anvertraute, womit dieser zugleich dem Posten des Direktors eine Stufe nähergekommen war.

Als Pierson am nächsten Morgen von Zamoras Alkoholeskapade erfuhr, wies sie Erevia an, Zamora umgehend vom Personenschutz des Präsidenten abzuziehen. Sie wollte, dass er in der Zentrale in der Verwaltung eingesetzt würde, sodass man ihn besser unter Beobachtung habe. »Er soll wissen, dass er einstweilen suspendiert ist«, sagte sie. Er habe außer Dienst ein miserables Urteilsvermögen gezeigt und müsse sich neu bewähren.

Erevia verfuhr mit Zamora sanfter, als Pierson es sich vorgestellt hatte, er erteilte ihm einen Verweis, der keinerlei disziplinarische Folgen hatte, sondern lediglich in dem Fall, dass er erneut über die Stränge schlagen sollte, aus seiner Akte hervorgeholt würde. Erevia hätte, was Probleme mit Nacho anging, eigentlich längst auf der Hut sein müssen. Agenten bei Obamas Personenschutz waren seit 2011 wiederholt mit der Behauptung an ihn herangetreten, dass Zamora eine Affäre mit einer ihm unterstellten Agentin hatte. Im März 2013 hatte Erevias Stellvertreter Rob Buster Nacho mit diesen Gerüchten – die Zamora von sich wies – konfrontiert und ihn über die problematische Wirkung aufgeklärt, die damit einherging, dass er sich in einer unerlaubten Beziehung zu einer Untergebenen befand.

Mitte Juli, einen Monat nach dem Vorfall im Hay-Adams, erhielt Pierson einen unerwarteten Anruf des stellvertretenden Inspector General beim Department of Homeland Security, der einen neuen Fall von Fehlverhalten meldete. Es war nicht das erste Mal, dass Carlton Mann unerfreuliche Nachrichten übermittelte, aber diese Sache klang besonders heikel. Mann berichtete der Direktorin des Secret Service, dass sein Büro auf ein Problem gestoßen sei, nachdem man einen Hotline-Tipp erhalten habe, der George Luczko, ihren Vizedirektor, zuständig für innere Angelegenheiten, betraf. Luczko hatte die oberste Leitung einer Abteilung, die Fehlverhalten im Secret Service aufspüren sollte – und war derselbe Mann, den Mark Sullivan zum stellvertretenden Direktor befördert hatte, nachdem herausgekommen war, dass er Bildmaterial mit sexuellen Inhalten auf Dienstcomputern verschickt hatte.

Ein Informant hatte dem Büro des Inspector General gesteckt, dass Luczko seinen Dienstwagen zweckentfremdete, um sich mit jungen Ausländerinnen zu treffen und Liebesbeziehungen mit ihnen zu unterhalten. Also beschloss man, ein Untersuchungsteam einzusetzen und ihn zu beschatten. Zweimal setzten sich die Männer auf seine Fährte und zweimal stellten sie fest, dass er ein Fahrzeug des Secret Service nutzte, um zu offenkundig privaten Essensverabredungen zu fahren und sich mit Ausländerinnen zu treffen. Eine der Frauen erklärte später gegenüber Ermittlern, dass sie lieber nicht darüber sprechen wolle, ob die Beziehung zu Luczko intim sei.

Der Secret Service betrachtete es als klaren Fall von Fehlverhalten, wenn Agenten ihre Dienstwagen für private Angelegenheiten nutzten. Hinzu kam, dass Luczko genau jener Abteilung vorstand, die seit Cartagena Agenten immer wieder dazu ermahnte, Kontakte der infrage stehenden Art binnen zweiundsiebzig Stunden zu melden.

Pierson bestellte Luczko zu sich ins Büro und berichtete ihm von der Beschattung durch den Inspector General und was dessen Männer herausgefunden hatten. Sie sagte Luczko, er solle sich sehr gut überlegen, ob es nicht angeraten sei, ehrenvoll aus dem Dienst zu scheiden. Zunächst weigerte er sich und klagte, das sei nicht fair. Die zweckentfremdete Nutzung seines Wagens würde vielleicht eine dreißigtägige Suspendierung vom Dienst rechtfertigen, sagte er. Sie lehnte ab. »Ich werde Sie nicht auf Ihrer Position belassen können«, sagte sie. »Wenn Sie Beschwerde einlegen, wird es hässlich werden.«

Luczko lenkte ein. Er stimmte zu, Ende August aus dem Dienst zu scheiden. Durch einen Sprecher des Secret Service ließ Luczko erklären, er habe niemals unangemessene Beziehungen zu ausländischen Personen unterhalten und dass all seine Kontakte zu ausländischen Personen über die zuständigen Kanäle gemeldet worden seien.

Im Oktober desselben Jahres erfuhr Direktorin Pierson von weiteren unschönen Dingen, die Zamora und einen anderen hochrangigen Supervisor betrafen. Die *Washington Post* nahm in jenem Monat Kontakt zu ihrem Pressebüro auf, nachdem man Einzelheiten über den Hay-Adams-Vorfall in Erfahrung gebracht und von weiterer Vorwürfen gehört hatte, dass nämlich Zamora und Tim Barraclough, leitender Mitarbeiter beim Personenschutz des Präsidenten, getrennt voneinander eindeutig sexuelle Texte an Christine Farber, eine ihrer Untergebenen beim Personenschutz, geschickt hatten. Alle drei waren verheiratet. Aufgeschreckt durch die Fragen der Zeitung wies Pierson ihre internen Ermittler an, vom nächsten Tag an sämtliche elektronische Korrespondenz der beiden Supervisoren und der Agentin zu überwachen. Die E-Mails und SMS, die in den folgenden Wochen gesichtet wurden, ließen auf eine schmierige Geschichte schließen. Der Nachrichtenaustausch legte die Vermutung nahe, dass sie Affären am Arbeitsplatz unterhielten respektive sich auf intensive Flirts einließen, und das alles bei Benutzung von Dienstgeräten.[60]

Farber nannte Zamora »Sweetie« und »Baby«. Und auch »meine 6«, was auf seine Nummer im Dienstplan des Personenschutzes anspielte. In einer anderen Serie von Nachrichten, die Barracloughs

Noch-Ehefrau gesammelt hatte, wie sie den Ermittlern anvertraute, wurde Barraclough von Farber als »mein Doughnut« tituliert, und er nannte sie »Babydoll«.

In einer Mail vom August 2012 schrieb Zamora an Farber, dass sie sich wegen einer anderen Frau keine Gedanken machen solle. »Ich bin sicher, dass sie nicht das Gleiche für mich empfindet wie du, also kein Grund zur Eifersucht!« Farber antwortete, »Haha ... Bby, imu!« Ein paar Tage später verabschiedeten sich die beiden mit intimen Nachrichten für die Nacht. »Gdnt bby«, schrieb Farber an Zamora. »Swt dreams sweet girl«, antwortete Zamora. »Ich liebe es, wenn du mich so nennst«, schrieb Farber. Die drei Agenten tauschten ungewöhnlich private Nachrichten aus. Im März 2013 beispielsweise versorgte Faber Zamora mit Einzelheiten über ihren Zyklus »Ich brauch meine 6 heute so sehr«, schrieb sie unter Verwendung seines Kosenamens. »Und mein monatlicher Gast ist zu früh dran!«

Ein paar Tage darauf hatten Farber und Barraclough einen genussvollen Austausch über ihre Entscheidung, nicht zu duschen. »Noch auf dem Sofa. Ich muss unter die Dusche, aber ich hab keine Lust.«

»Mmmmmmmmm«, antwortete Barraclough.

»Böser TJ«, schrieb sie unter Verwendung seines Kosenamens zurück.

Im August 2013, der Hay-Adams-Vorfall lag noch nicht lange zurück, schrieb Farber eine SMS an Zamora: »OMG ... soooooooooo hny.«[61] Alle drei bestanden gegenüber den Ermittlern darauf, dass sie keine Affären mit ihren Kollegen hatten. Farber war bereit zuzugeben, dass man die Korrespondenz mit ihren Vorgesetzten als sexuell verstehen könne, wenn man nicht alle Fakten kannte. Später erklärte sie den Ermittlern, sie sei, bedingt durch ihre Persönlichkeit und ihren hispanischen Hintergrund, einfach ein »freundlicher Mensch, der gerne flirtet«. Sie gab zu, ihre männlichen Vorgesetzten geküsst und umarmt zu haben, aber das sei nicht sexuell aufgeladen gewesen. Sie erklärte, dass sie mit »hny« »hungry« gemeint habe, weil sie in dem Moment gerne essen gegangen wäre.

Farber berichtete den Ermittlern, dass sich Barraclough und sie

2009 nähergekommen seien, als sie beim Personenschutz von Ministerin Napolitano zusammengearbeitet hätten, aber sie sagte auch, dass sie wegen einiger der anzüglichen Nachrichten, die sie getauscht hätten, ein schlechtes Gewissen habe und dass sie sich heute nicht mehr so nahestünden.

Ihre SMS und E-Mails von 2013 ließen andere Schlüsse zu.

»Du bedeutest mir nach wie vor alles«, schrieb Barraclough im April 2013 an Farber.

»Ehrlich! Schwörst du?«, wollte sie wissen.

»So wie ich drauf schwöre, dass du sooo h*t bist«, antwortete Barraclough.

Barracloughs Frau lieferte den Ermittlern weitere Gründe, die Personenschützer Obamas unter die Lupe zu nehmen. Sie erstellte für die Ermittler eine schriftliche Zusammenfassung des Liebesgeplänkels per SMS zwischen ihrem Mann und Farber, das sie gefunden habe, wie sie sagte. Damals war Mrs. Barraclough mit ihrem fünften Kind schwanger.

In diesen von seiner Frau als Erinnerungsprotokoll zusammengestellten älteren Nachrichten hatte Farber Tim Barraclough »Geliebter« genannt, und Tim Barraclough hatte Farber geschildert, wie er von ihr träumte und sich wünschte, sie in den Armen halten zu können.

Mrs. Barraclough berichtete den Ermittlern, sie habe ihren Mann und Farber 2010 mit diesen älteren Nachrichten konfrontiert, die sie 2009 auf seinem Handy entdeckt hatte. Mrs. Barraclough erklärte außerdem, dass ihr Mann die Affäre zugegeben und sie angefleht habe, dem Secret Service nichts davon zu erzählen, weil das beide, so warnte er, ihre Jobs kosten könnte. Ihr Mann habe ihr geschworen, dass die Affäre vorbei sei, erklärte sie. Agent Barraclough allerdings berichtete Ermittlern, dass er sich kürzlich wegen Eheturbulenzen von seiner Frau getrennt habe. Er sagte, einige der Nachrichten, die seine Frau erwähnte, kämen ihm bekannt vor; andere hielte er für erfunden. Später sollte er ihre sämtlichen Behauptungen zurückweisen.

Beim Secret Service hatte es ganz eigene Warnsignale gegeben. Im März 2013 hatte Rob Buster, Chef vom Personenschutz des Präsidenten, Zamora auf die Gerüchte angesprochen, die beim Personenschutz darüber kursierten, dass er ein Verhältnis mit Farber habe. Einige der Agenten hatten die beiden im Büro oder auf Reisen dabei beobachtet, wie sie offen miteinander flirteten und sich umarmten. Farber und Zamora erklärten, sie seien Menschen, die gerne aus sich herausgingen, aber ihre Beziehung sei rein freundschaftlich und ihr SMS-Verkehr vollkommen harmlos.

2011, zwei Jahre zuvor, war Barraclough wegen einer Sexting-Affäre mit einer Freundin der Familie für ein paar Tage vom Dienst suspendiert worden. Der Secret Service entdeckte die Beziehung, als die Frau Fotos von sich per E-Mail an seine Dienstadresse schickte. Auf einigen schien sie auf einem Bett zu masturbieren. Auf anderen posierte sie nackt oder in gewagter Reizwäsche.

Nun war erneut eine Untersuchung gegen Zamora und Barraclough im Gange, allerdings unter einer neuen Direktorin, die es sich zur Kernaufgabe gemacht hatte, allem Fehlverhalten einen Riegel vorzuschieben. Als Ermittler Farber mit den Anschuldigungen von Agenten konfrontierten, sie habe ein Verhältnis mit einem Vorgesetzten, antwortete sie, dass diese Klatschgeschichten ihrer Meinung nach auf neidische Kollegen zurückgingen, die ihrer Karriere schaden wollten. Der machogeprägte Secret Service machte Frauen das Fortkommen nicht leicht. Farber sollte später einräumen, dass sie sich ihren flirtigen Kommunikationsstil zugelegt habe, um im Umfeld ihrer männlichen Kollegen besser zurechtzukommen, sie sprach gar von einer Überlebensstrategie unter toxischen Arbeitsbedingungen, und dass ihre Nachrichten und Antworten an Ermittler diese Notwendigkeit zu überleben widerspiegelten. Einige der obersten Supervisoren bezweifelten angesichts des Tones in den ausgetauschten Nachrichten die Glaubhaftigkeit der Leugnung einer Affäre. Doch der Service konnte lediglich nachweisen, dass sich die Vorgesetzten ein unangemessenes Verhalten gegenüber einer Untergebenen hatten zuschulden kommen lassen.

Direktor Pierson allerdings beschloss, dafür zu sorgen, dass alle drei ihre Positionen beim Personenschutz des Präsidenten verloren. Zamora war bereits querversetzt worden auf einen Posten in der Zentrale, der zwar in der Ranghöhe identisch war, im Vergleich zur Zugehörigkeit zum Personenschutz der Elite allerdings einen Rückschritt bedeutete. Später wurde er für zwei Wochen vom Dienst suspendiert. Die Zusage, Barraclough die Leitung der Außendienststelle in Arizona anzuvertrauen, eine Position, für die seine Chefs ihn empfohlen hatten, wurde zurückgezogen. Farber, die seit einigen Monaten schwanger war, wehrte sich gegen eine Versetzung nach New York. Irgendwann vorher hatte sie den Ermittlern anvertraut, dass sie zu ihrem Mann zurückwollte, der in New York stationiert war, doch nun fand sie eine solche Maßnahme ungerecht. Pierson ließ sie wissen, dass sie am Ende keine Wahl habe. Farber ging nach New York.

Einige ihrer engsten Kollegen beim Personenschutz zeigten sich erfreut über ihren Abgang. Wie die meisten Agenten beobachteten sie argwöhnisch die Karrieren ihrer Mitstreiter – jener Leute, die im selben Jahr die Akademie absolviert hatten. Personenschützern fiel auf, dass Farber in rascher Folge auf attraktive Posten versetzt worden war. Einige Agenten murrten, als Zamora Druck machte, um Farber zur leitenden Personenschützerin zu befördern, da sie fanden, sie sei für eine solche Position noch nicht geeignet. Zamora legte gegenüber Ermittlern Wert auf die Feststellung, dass er Farber nicht ungerechtfertigt bevorzugt habe.

Ende 2013 begann Pierson sich Sorgen zu machen, weil das Rekrutierungsteam mit der Einstellung von Bewerbern nicht schnell genug vorankam. Sie wollte die Ausbildungsklassen an der Akademie auffüllen, sodass die Neuzugänge in ein paar Monaten mit der Arbeit beginnen konnten. Doch bisher hatten nicht einmal zwanzig Bewerber ein Jobangebot erhalten, bei denen es sich zudem größtenteils um Mitarbeiter für den Innendienst handelte.

Eine Blockade? Ein neues, bislang unerprobtes Einstellungssystem?

Noch aus Kennedys Tagen stammte die Regelung, dass im Wesentlichen jene Special Agents, die für die Außendienststellen zuständig
waren, darüber entschieden, wer sich als Secret-Service-Agent quali-
fizierte. Das hatte zur Folge, dass viele der Neulinge ihren Chefs äh-
nelten, und deren Positionen waren weitgehend mit weißen Männern
besetzt. Das System war nicht objektiv, aber es hatte einen erheblichen Vorteil. Der erfahrene Supervisor besaß meist einen zuverlässi-
gen Riecher für Kandidaten, die bei dem rigorosen Auswahlprozess
ohnehin durchs Raster fallen würden. Einer mochte leise Bedenken
wegen der anspruchsvollen Arbeitszeiten äußern. Ein anderer hatte
vielleicht eine Drogenvergangenheit am College, die er zu verheimlichen suchte. Die gestandenen Leiter der Außenstellen trennten die
Spreu vom Weizen und traten aussichtslose Bewerbungen schon
nach dem ersten Gespräch in die Tonne, sodass sich der Service auf
die vielversprechendsten Kandidaten konzentrieren konnte.

Doch das änderte sich 2010, als der Service sein Einstellungssystem
überarbeitete. Der ehemalige Direktor Sullivan war unter dem Eindruck des Rassendiskriminierungsfalles zu der Einsicht gelangt, dass
der Service ein gerechteres System entwickeln müsse, das mehr Diversität bei der Kandidatenwahl zulassen würde. Sullivan beschloss,
die Unterlagen von dreihundert Kandidaten, die bereits sorgfältig
durchleuchtet worden waren und deren Einstellung nichts mehr im
Wege stand, in den Müll zu werfen. Das Ziel war es, quasi bei null
anzufangen. Das neu entwickelte System würde es erlauben, dass
Interessenten ihre Bewerbung über die Regierungswebsite USJOBS
einreichen konnten. Und sie würden sämtliche Stufen durchlaufen,
ehe sie abgewiesen werden konnten.

Natürlich hatte noch nie jemand in der Praxis mit dem System gearbeitet. Kaum hatte die Human Resources Division den Plan umgesetzt, als Sullivan 2011 einen serviceweiten Einstellungsstopp verfügte.

Doch im Januar 2014 wurde der Einstellungsstopp aufgehoben,
und die Leiter der Außenstellen erkannten, dass sie in Arbeit ertran-
ken, da sie Hunderte von Online-Bewerbern aus ihrem Gebiet zu
Interviews empfangen mussten, die als Agenten unter keinen Um-

ständen infrage kamen. Sie führten Bewerbungsgespräche mit Leuten, die nicht wussten, was der Secret Service eigentlich tat. Sie trafen einen Mann, der zweihundert Kilo auf die Waage brachte, und einen mit Armprothese. Bewerber erschienen in Jogginghosen. Einige sagten, sie könnten dem vorgeschriebenen Gespräch in der Privatwohnung nicht zustimmen, da ihre Mitbewohner keine Bullen in ihrer Nähe duldeten. Diese Interviews kosteten die Supervisoren wertvolle Zeit – und brachten kaum nützliche Ergebnisse.

Der Secret Service stand vor der Aufgabe, 35 000 Bewerbungen zu sichten. Nur ein Bruchteil kam in die engere Wahl. Die allermeisten von ihnen fielen durchs Raster, weil sie die Grundvoraussetzungen hinsichtlich Fitness und Sicherheitsstandards nicht erfüllten. Der Service stellte aus dieser Gruppe lediglich achtzehn Personen ein.

Derweil versahen die Agenten beim Personenschutz und die Mitarbeiter im Weißen Haus ihren Dienst weiterhin ohne kleinste Verschnaufpausen. Die Mitarbeiter mussten an der Hälfte ihrer freien Tage zum Dienst erscheinen. Regelmäßige vom Service angebotene Fortbildungen konnten weder von den Agenten noch den Mitarbeitern wahrgenommen werden. Für Fortbildung zusätzlich zu ihrem regulären Dienst hatten sie schlichtweg keine Zeit. Die ohnehin schon schlechte Moral sank auf einen Tiefpunkt. Der Grad an Erschöpfung hatte in vielen Arbeitsbereichen ein bedrohliches Ausmaß erreicht.

»Immer wieder bekamen wir zu hören: ›Die Kavallerie ist unterwegs, die Kavallerie ist gleich da‹«, sagte der ehemalige Agent Jonathan Wackrow. »Im Ernst? Wann soll das sein?«

Am Morgen des 7. März 2014 ungefähr um sieben Uhr rief der stellvertretende Direktor Vic Erevia die Direktorin zu Hause an, um sie über einen Autounfall zu informieren. Zwei Counter Sniper waren in der vergangenen Nacht in den Florida Keys in einen harmlosen Unfall verwickelt gewesen. Sie waren am Tag zuvor – am Mittwoch, dem 6. März –, angereist, um vor Ort den Präsidenten und seine Familie, die ein verlängertes Wochenende auf der sonnigen Islamorada verbringen wollten, bei deren planmäßigem Eintreffen am darauffol-

genden Donnerstag in Empfang zu nehmen. »Der Wagen hat Total-
schaden, aber den beiden geht es gut und sie werden bleiben und den
Präsidentenbesuch dienstlich begleiten«, erklärte Erevia.

Pierson stellte eine Menge Fragen. Ging es allen gesundheitlich
gut? Waren sie zur Untersuchung im Krankenhaus? Nein, es gehe ihnen gut, antwortete er. Gegen Ende der Unterhaltung sprach Pierson
noch einen letzten Punkt an. »Vic, um wie viel Uhr war der Unfall?«,
wollte sie wissen.

Erevia schwieg einen Moment. »Hm, es war gegen zwei Uhr nachts,
Frau Direktor«, sagte er schließlich.

»Vic, der Präsident ist noch gar nicht auf Islamorada. Er kommt
erst später im Laufe des Tages«, sagte sie. »Gibt es einen Grund dafür,
dass diese Leute um zwei Uhr nachts unterwegs waren?« Er antwortete, er habe gehört, sie seien auf dem Nachhauseweg von einem späten Abendessen gewesen. Aber für Pierson roch es hundert Meilen
gegen den Wind nach Trunkenheit am Steuer.

»Okay, wir machen das so, Vic«, sagte sie. »Du sagst diesen beiden
Herren, dass sie bleiben sollen, wo sie sind. Sie werden heute nicht
arbeiten.« Sie beauftragte ein Untersuchungsteam, nach Florida zu
fahren und zu ermitteln, was vorgefallen war.

Die wahre Geschichte, die sich den Ermittlern darbot, nachdem
sie zwei Dutzend Personen befragt hatten, war wüst. Etwa zehn
Leute vom Counter-Sniper- und vom Überwachungsteam waren am
Mittwoch, am Tag vor dem Eintreffen der Obamas, zusammen zum
Abendessen gegangen. Doch gegen 21:30 Uhr wechselten sie in eine
finstere Sportbar. Bis in die frühen Morgenstunden tranken sie dort
diverse Coronas, Tequilas und Fireballs.

Ihr Teamleiter hatte in seinem Hotelzimmer im noblen Cheeca
Lodge & Spa Resort diverse Einsatz- und Zeitpläne vorbereitet und
wurde unruhig, als sich gegen 23:15 Uhr noch niemand aus sei-
nem Team hatte blicken lassen. Sie alle mussten zeitig am nächsten
Morgen zum Dienst antreten. Die Männer liefen Gefahr, gegen die
Zehn-Stunden-Regel zu verstoßen, gemäß derer zehn Stunden vor
Dienstbeginn jeglicher Alkoholkonsum untersagt war. Der Teamlei-

ter setzte sich in seinen gemieteten Suburban, fuhr auf dem Beach
Highway ein paar Kilometer nach Norden in die Sportbar und versuchte, seine Leute dazu zu bewegen, es für diesen Abend gut sein zu
lassen. Aber die Männer verweigerten im Scherz den Gehorsam, und
irgendjemand bestellte frische Tequilas. Der Teamleiter schlug einen
Kompromiss vor. Noch eine letzte Runde, und dann sollten alle gehen. Die Runde wurde gekippt, doch während der Teamleiter an seinem Mineralwasser nippte und sich unterhielt, bemerkte er, dass auf
der Bar die nächste Runde Gläser aufgestellt und eingeschenkt wurde.
Um die Leute vom Trinken abzuhalten, kippte der Teamleiter schnell
einen Drink in ein anderes Glas, und einen weiteren Drink reichte er
einem vorbeikommenden Gast. Trotzdem ging die Trinkerei weiter.

Um 0:45 Uhr gab der Teamleiter schließlich auf. Nur einer der
Männer erklärte sich bereit, ihn zurück ins Hotel zu begleiten. Auf
der Fahrt jedoch erbrach der junge Mann sein Abendessen, beste-
hend aus Crab Cake, und seine Drinks ins Innere des Suburban.

Damit war das Drama für den Teamleiter noch nicht ausgestanden.
Noch während er dabei war, das Erbrochene wegzuputzen, erhielt er
gegen 1:25 Uhr einen Anruf von Officer Mathew Reyes, der berichtete, dass er gegenüber der Cheeca Lodge einen Unfall gehabt habe.
Er und ein Kollege hatten in der Nähe bei einem Lebensmittelladen
namens Trading Post Sandwiches und Gatorade für den nächsten Tag
eingekauft. Reyes war vom Parkplatz des Ladens gefahren, um den
Main Island Highway zu kreuzen und direkt gegenüber in die Einfahrt des Hotels einzubiegen. Aber er hatte vergessen, das Licht einzuschalten, und nicht sehr sorgfältig auf den Verkehr geachtet. Kaum
auf der Fahrbahn, wurde sein Van von einem Publix-Sattelschlepper,
der auf dem Highway unterwegs war, an der linken Seite erwischt.
Der Sattelschlepper schob den Van, ehe er zum Stehen kam, ein paar
Meter die Straße entlang. Niemand wurde verletzt, aber die Mittel-
sektion des Vans war eingedrückt, und er ließ sich nicht mehr sicher
fahren.

Etwa eine Stunde später erschien ein Wagen der Florida Highway
Patrol am Ort des Geschehens. Der Teamleiter, so berichtete es einer

der Agenten, habe den Polizisten begrüßt und ihm erklärt, dass sie zum Secret Service gehörten. Der Beamte bemerkte bei Reyes eine leichte Alkoholfahne, verzichtete aber auf einen Bluttest. Stattdessen forderte er ihn auf, mit den Augen einem Stift zu folgen, den er hochhielt. Der Polizist kam zu dem Ergebnis, dass der Mitarbeiter des Secret Service keinerlei Anzeichen für eine eingeschränkte Fahrtüchtigkeit erkennen ließ. Er stellte dem auswärtigen Besucher wegen der Verursachung des Unfalls einen Strafzettel aus. Reyes gab zu, Bier, zwei Scotch mit Soda und ein paar Schnäpse getrunken zu haben – alles in allem nicht mehr als sechs Drinks im Laufe des Abends. Nicht übertrieben viel binnen mehrerer Stunden, sagte er. Er erklärte, er sei voll und ganz fahrtüchtig gewesen.

Pierson hatte keinen Zweifel, dass Alkohol die Ursache war, auch wenn der Polizist erklärte, dass Reyes eine Stunde nach seinem Unfall einen vor Ort durchgeführten Trunkenheitstest bestanden habe. Sie konnte die Idiotie nicht fassen. Junge Kollegen, die sich auf Regierungskosten in einem Vier-Sterne-Resort mit Meerblick langweilten und nicht wussten, was sie mit dem Abend anfangen sollten, hatten beschlossen, Tequila zu kippen, bis einer sich übergeben musste.

Pierson wollte, dass die Zentrale ein Exempel statuierte. Die Teilnehmer an der Reise in die Keys wurden sehr viel schärfer bestraft als andere, die in der Vergangenheit bei vergleichbaren Alkoholexzessen aufgefallen waren. Mehrere Counter Sniper wurden für über einen Monat vom Dienst suspendiert, andere für eine Woche, während die Männer, die in den Autounfall verwickelt waren, von ihren Posten in den taktischen Spezialeinheiten abgezogen wurden und in niederer Funktion Wachdienst am Weißen Haus leisten mussten.

Pierson lud am 13. März zu einem Treffen sämtlicher Supervisoren mit der Special Operations Division. Dieser Abteilung waren die Counter Assault Teams und die Counter Sniper Teams unterstellt, die am häufigsten an Komatrinkereien, an Schlägereien in Bars und an Autounfällen beteiligt waren. Sie eröffnete die Sitzung mit einer Schilderung des Unfalls in den Florida Keys. »Wir alle wissen, was da los war«, sagte sie. »Es geht hier um Folgendes: wenn wir es mit einem Footballteam zu tun hätten, könnten Ihre Leute dann am nächsten Tag auflaufen, wenn sie in der Nacht vorher bis zwei Uhr früh unterwegs waren? Nein, könnten sie nicht. Das bedeutet eine Gefahr für jeden Einzelnen und für die gesamte Mission.«

Vorgesetzte sollten ihren Agenten und sonstigen Mitarbeitern unmissverständlich klarmachen, dass Alkoholexzesse und Road-Warrior-Eskapaden ein Ende haben müssten, sagte sie. Dann sprach die Direktorin eine unverhohlene Drohung aus. »Wenn das mit diesem Leitungsteam nicht funktioniert, werde ich so lange Personal austauschen, bis wir ein Team haben, das funktioniert«, sagte sie.

Der erste große Test stand am Sonntag, dem 22. März, auf dem Programm. Über hundert Agenten und Mitarbeiter reisten in die Niederlande, um den dort anstehenden Besuch Präsident Obamas abzusichern. Der Präsident würde in etwa sechsunddreißig Stunden eintreffen. An jenem Samstagabend eskortierte George Hartford, Leiter des Counter Assault Teams, seine Agenten vom Hotel in ein Restaurant im touristischen Teil von Den Haag. Er hatte Anweisungen von seinem Vorgesetzten erhalten, und er wusste, dass Pierson sauer war auf eine Gruppe von Männern, die sich in den Keys hatten vollaufen lassen. Er hatte Florida im Sinn, als er sich vornahm, um 21:30 Uhr ins Hotel zurückzukehren.

Der Teamleiter gab seinen Agenten einen kollegialen Rat: *Gönnt euch gerne ein oder zwei Heineken. Und dann geht schlafen. Keine Eskapaden*, mahnte er. Kontrolle wurde beim Service und beim CAT großgeschrieben. Er erinnerte die Gruppe daran, dass am Sonntag um zehn Uhr die Einsatzbesprechung stattfand. Er wünschte eine gute Nacht.

Doch einige der Agenten konnten der Versuchung zu feiern trotzdem nicht widerstehen. Um 5:30 Uhr absolvierte ein Marine seinen Routinekontrollgang durch das Hotel, in dem schon bald Präsident Obama begrüßt werden würde. Ein Hotelangestellter machte ihn auf einen 34-jährigen Mann aufmerksam, der im Hotelflur vor seinem Zimmer ohnmächtig am Boden lag. Es schien, als habe er seine Schlüsselkarte benutzen wollen und sei einfach umgekippt. Die

Dienstmarke in seiner Tasche identifizierte ihn als Special Agent des Secret Service. Der Hotelangestellte und ein paar andere Agenten hoben den Bewusstlosen vom Boden hoch und legten ihn in sein Bett. Keine Stunde später erhielt Hartford einen Anruf wegen der Hotelflur-Geschichte. Kurz darauf hämmerte er an die Tür des betrunkenen Agenten, um in Erfahrung zu bringen, was zum Teufel in der vergangenen Nacht geschehen war.

Pierson erfuhr von dem ohnmächtigen Agenten, bevor sie an Bord der Air Force One ging. Sie sollte, so war es geplant, an diesem Montag den Präsidenten auf seiner Reise begleiten.

Am nächsten Tag, dem 25. März, traf sich Pierson mit Präsident Obama in dessen Hotelsuite in Belgien, um ihn über den peinlichen Vorfall zu informieren. Sie berichtete, dass sie den Agenten, der ohnmächtig geworden war, und dessen beide Trinkkumpane in die Staaten zurückbeordert habe. Sie erläuterte ein paar Maßnahmen, die sie zusammen mit den zuständigen Vorgesetzten einzuleiten gedachte. Dann war der Präsident an der Reihe.

Mit strenger Miene begann er, sämtliche hässlichen Schlagzeilen, die der Secret Service seit seiner Amtseinführung produziert hatte, in systematischer Reihenfolge aufzulisten. Er fing an mit den Dinner-Abstürzen und fuhr ohne Unterbrechung fort. »Und das sind nur die Katastrophen, die sich während meiner Amtszeit ereignet haben«, sagte er. »Das ist ein Problem des Secret Service, keines der Obama-Präsidentschaft.« Er bändigte seinen Zorn, doch sie spürte die Gereiztheit in der Luft hängen. »Wissen Sie was?«, sagte Obama. »Das Problem ist, dass Sie beim Secret Service zu wenig Frauen haben.«

Pierson sah ihn an. »Ich arbeite daran«, sagte sie.

Am Freitag flog Pierson zurück in die Staaten und brütete, fünfzehn Stunden lang eingequetscht in ihren Sitz, darüber nach, was gerade geschehen war. Um 15:30 Uhr landete sie in Dulles und setzte für 17 Uhr ein Meeting mit sämtlichen leitenden Mitarbeitern und der gesamten Rangstufe GS-15 an. Es war keine beliebte Uhrzeit für ein Meeting, aber das war ihr egal. Sie begann damit zu betonen, wie wertvoll die Special Operations Division für den Secret Service sei, um sogleich fortzufahren, dass eben diese Abteilung in letzter Zeit ein beständiges Ärgernis für den Präsidenten, die Direktorin und den gesamten Service darstelle.»Ich werde nicht zulassen, dass wegen der SOD der Stern seinen Glanz verliert, und auch Sie sollten nicht zulassen, dass wegen der SOD der Stern seinen Glanz verliert«, sagte sie. Dann verkündete sie, dass sich alle auf eine Reihe von Veränderungen in der Führung gefasst machen sollten.

Pierson entzog Dan Donohue die Oberaufsicht von Special Operations. Sie war zu dem Schluss gekommen, dass er es mit seiner freundlichen, nachsichtigen Art versäumt hatte, ernsthafte Anstrengungen zu unternehmen, die Ausbrüche von Fehlverhalten zu unterbinden. Aber die Versetzung empörte das Führungspersonal beim Service. Donohue war beliebt und gut vernetzt, und er war der Schwager von Mike White, der zur Leitung von Obamas Personenschutz gehörte. Erevia sagte Pierson, sie habe einen Fehler gemacht.

Es dämmerte Pierson, dass Erevia, damals Obamas persönlicher Liebling beim Secret Service, die neuen Maßnahmen wohl nicht mitzutragen bereit wäre. Der Service brauchte mehr Verantwortungsbereitschaft und weniger Vetternwirtschaft und Geheimniskrämerei. Sie fand, dass Erevia bei der Bestrafung von Zamora zu viel Nachsicht gezeigt habe. Er hatte versucht, den Keys-Vorfall zum bloßen Autounfall herunterzuspielen. Und jetzt widersetzte er sich ihren Bemühungen, die zuständigen Abteilungsleiter zur Verantwortung zu ziehen. Das war der dritte Streich. Pierson eröffnete Erevia, dass sie ihn seines Amtes als stellvertretenden Direktor von Protective Operations entheben werde.

»Niemand traut sich, es offen auszusprechen, aber der Secret Service hat ein Kulturproblem«, sollte sie später erklären. »Es gibt hier in Wahrheit eine Kultur von Abteilungsleitern, die Probleme nicht zugeben und beheben wollen. Und es handelt sich dabei ferner um eine Kultur, in der schlechte Nachrichten nicht nach oben weitergegeben werden, stattdessen herrscht eine Wagenburg-Mentalität.«

Piersons Entscheidung, auf Leitungsebene Konsequenzen zu ziehen, erschütterte den Secret Service in seinen Grundfesten. Die Leute konnten sich nicht daran erinnern, dass es so etwas jemals zuvor gegeben hatte, außer vielleicht im Rahmen irgendwelcher Machtspielchen unter Direktoren. Pierson hatte den Schneid, insbesondere das Counter Assault Team aufs Korn zu nehmen, die letzte rein männliche Bastion des Secret Service und für viele Agenten beim Personenschutz und prominente Alumni ein Quell von Macho-Hochmut.

Doch an einer Stelle zeigte Pierson ähnliche Schwächen wie Sullivan während seiner Amtszeit. Manchen Leuten in ihrem Team fehlten die Expertise und die entsprechenden Führungsqualitäten, um ihre Vision für den Service zu implementieren. Inzwischen arbeiteten allerdings viele in ihrer unmittelbaren Umgebung intensiv daran, ihre Position zu untergraben. »Sie hatte ein schwaches Team«, sagte einer ihrer Stellvertreter. »Die Leute, die sie ins Visier nahmen, stellten es schlau an.«

In der Woche nach den Niederlanden und der Schelte des Präsidenten hielt Pierson am 31. Mai ihr turnusmäßiges Montagsmeeting mit dem neuen Inspector General ab. Sie und John Roth waren keine Busenfreunde, aber sie betrachteten einander mit gegenseitigem professionellem Respekt. Pierson sah in Roth, einem ehemaligen Generalbundesanwalt, einen Mann, der es ernst meinte mit umfassenden unabhängigen Ermittlungen, und dem sie keine Tatsachen vorzuenthalten beabsichtigte. Roth hörte Pierson aufmerksam zu und war überzeugt, dass deren ganze Sorge dem Service galt und sie ihr Bestes tat, die anstehenden Probleme zu lösen.

Pierson berichtete Roth, dass der in Ohnmacht gefallene Agent seinen Job verlieren würde und dass die anderen beiden voraussichtlich eine zeitweilige Suspendierung erwartete. Sie machte keinen Hehl daraus, dass es bei ihren Treffen mit dem Präsidenten in jüngster Zeit ausschließlich darum gegangen war, sich für irgendeinen neuen Fall von flegelhaftem Verhalten seitens ihrer Jungs zu entschuldigen. Sie sprach offen darüber, wie angewidert Präsident Obama derzeit vom Secret Service sei.

»Wir haben ein paar von den Leuten, die in Cartagena erwischt worden sind, vor die Tür gesetzt. Wir werden auch diesmal ein paar Leute vor die Tür setzen. Ich kann es einfach nicht fassen, warum sie das nicht begreifen …«, erklärte sie Roth mit leiser werdender Stimme. »Noch ein Vorfall mit Alkohol am Steuer, und ich bin es, die vor die Tür gesetzt wird.«

Während Julia Pierson im Hamsterrad gefangen war und miterleben musste, wie, kaum hatte sie das eine systembedingte Problem beim Service identifiziert, an anderer Stelle ein neues aufpoppte, hatte Rachel Weaver, Leiterin des Stabes von Senator Ron Johnson, einem ranghohen Republikaner im Unterausschuss des Department of Homeland Security, alle Hände voll zu tun, jene Schränke aufzubrechen, in denen der Service seine Geheimnisse versteckte.

Weaver hatte in den sechs Monaten, bevor Pierson ihr Amt antrat, Druck gemacht, um den internen Ermittlungsbericht des Secret Service zu Cartagena in die Hände zu bekommen. Direktor Sullivan und Ministerin Napolitano hatten die Mitarbeiterin der Republikaner abgeblockt, aber Weaver war hartnäckig geblieben, vor allem nach Sullivans Abgang.

»Wer ist diese Rachel Weaver überhaupt?«, wollte ein Leiter der Abteilung für Kongressangelegenheiten des Service eines Tages von einem freundlichen Mitarbeiter der Demokraten wissen. »Was haben wir der eigentlich Böses getan?«

Der Secret Service hatte auf dem Capitol Hill eine Art Schutzstatus genossen. Selten wurden ihm unangenehme Fragen gestellt. Ältere Abgeordnete, einige von ihnen potenzielle Präsidentschaftskandidaten (sei es tatsächlich, sei es nur in deren jeweiliger Vorstellung), grüßten die Direktoren und deren Stellvertreter kumpelhaft wie Kollegen. Seit zehn Jahren hatte der Rechnungshof eines der Haushaltsprogramme des Secret Service nicht mehr einer eingehenden Prüfung unterzogen. Weaver lagen allerdings Hinweise vor, die darauf schließen ließen, dass der Service und Sullivan die Öffentlichkeit und den Kongress in der Cartagena-Angelegenheit getäuscht hatten, und sie fragte sich, was der Service sonst noch unter der Decke hielt.

Darum hatte Weaver im Ausschuss mit höflicher Unnachgiebigkeit darauf gedrängt, dass man ihr den Abschlussbericht des Inspector General zu Cartagena aushändigte.

In einer angespannten Sitzung am 9. April verlangte Weavers Boss, Senator Johnson, von Direktorin Pierson und vom Ausschussvorsitzenden Tom Carper die Herausgabe des Abschlussberichts. Pierson erklärte, sie sei erst seit wenigen Wochen im Amt als Direktorin und habe den Bericht selbst noch nicht vollständig vorliegen.

Pierson sah in Carper einen wohlgesonnenen Fürsprecher. Nach der Sitzung erklärte sie ihm unter vier Augen, dass der Service dringend eine Verschnaufpause brauche, was negative Berichterstattung über Sexskandale anging. Sie müsse sich auf die Einstellung und Ausbildung neuer Mitarbeiter konzentrieren und ihre Leute wieder auf die eigentlichen Aufgaben einschwören. Sie erinnerte sich daran, dass Carper in der Marine gedient hatte. »Wie lange hat die Marine gebraucht, um nach Tailhook wieder einen Normalzustand herzustellen?«, fragte sie, als Carper verständnisvoll nickte. »Das ist es, was ich brauche«, sagte sie. »Ich brauche ein wenig Zeit.«

Anfang Mai erhielt Weaver regelmäßig Anrufe von Whistleblowern sowohl aus dem Secret Service wie auch aus dem Büro des Inspector General. Unter diesen Whistleblowern gab es welche, die in erster Linie unzufrieden mit Pierson waren, und diese Leute gehörten teilweise der höchsten Ebene ihres Führungsteams an und arbeiteten tagtäglich mit ihr zusammen.

Weaver hatte einen Durchbruch, als sie einem der Ermittler des geschäftsführenden Inspector General Edwards vorgestellt wurde. Er sagte, einer von Edwards' Stellvertretern habe angeordnet, einige wichtige Erkenntnisse bei der Cartagena-Untersuchung unberücksichtigt zu lassen; auch sollten Hinweise unerwähnt bleiben, dass sich in der Vergangenheit andere Agenten mit Prostituierten vergnügt hatten; und desgleichen Belege dafür, dass ein Volontär des Weißen Hauses mit einer Prostituierten aufs Zimmer gegangen war. Andere von Edwards' Leuten berichteten Weaver, ihnen lägen Beweise vor, dass sich Edwards seine Dissertation von Mitarbeitern habe schreiben lassen und dass er Druck ausgeübt habe, damit seine Frau vom Service angestellt würde. In jenem Sommer gelang es Johnson auf Hinwirken Weavers, seine Co-Vorsitzende im Unterausschuss, die demokratische Senatorin Claire McCaskill aus Missouri, davon zu überzeugen, gemeinsam eine Untersuchung gegen Edwards in die Wege zu leiten.

Derweil tauchte Weaver immer tiefer ein in die Welt des Secret Service und war überrascht festzustellen, dass die Dinge komplizierter waren, als sie zunächst geglaubt hatte. Sie sprach mit Dutzenden Agenten, von denen viele in den Cartagena-Skandal verwickelt waren. Sie alle waren empört über ihre Bestrafungen, da sie von Kollegen und Vorgesetzten wussten, die sich jahrelang ohne jegliche Konsequenzen Fehlverhalten hatten zuschulden kommen lassen. Ihr wurden Geschichten von weit schlimmeren Verfehlungen kolportiert, die nie gemeldet oder geahndet worden waren.

»Ich verbringe den ganzen Tag am Telefon mit den Burschen«, sagte Weaver. »Sie fangen an, mir richtiggehend leid zu tun. Ich bin im Begriff, gewissermaßen Beziehungen zu ihnen aufzubauen, und das hätte ich mir wahrlich nicht träumen lassen – dass ich Mitleid mit denen haben könnte.«

Die meisten hatten ihre Jobs verloren. Jetzt waren einige mit ihren Hypothekenzahlungen im Verzug und verfrühstückten ihre Pensionsrücklagen, oder sie versuchten, ihre Ehen zu kitten. Weaver wurde klar, dass es beim Service zwei verschiedene Regelwerke gab: Eines galt für das gut vernetzte Führungspersonal, das andere für die einfachen Mitarbeiter. Viele der Jungs, mit denen sie sprach, waren entbehrlich geworden, als Direktor Sullivan und seine Leute wegen Cartagena öffentlich unter Druck gerieten.

Ende 2013 allerdings begann Ron Johnsons Interesse am Secret Service abzunehmen. Weaver war von ihren Untersuchungen erschöpft und schwanger mit Zwillingen. Ihr wurde dringend geraten, die letzten drei Monate zu Hause und im Bett zu bleiben.

Im dritten Stock ihres Stadthauses in Alexandria stritt sie am Laptop mit dem Mitarbeiterstab der Co-Vorsitzenden Claire McCaskill darum, welche der Details, die der Ausschuss herausgefunden hatte, im Abschlussbericht veröffentlicht werden sollten: erstens, dass der geschäftsführende Inspector General Edwards in dem Versuch, Parteigängern Obamas gefällig zu sein, seine Berichte abgemildert hatte; und zweitens, dass der Secret Service hinsichtlich des von ihm gebilligten und vertuschten Fehlverhaltens den Kongress getäuscht hatte. Die Stäbe der Republikaner und der Demokraten feilschten um jeden Satz, der dem Weißen Haus missfallen könnte. Aber der Abschlussbericht des Kongresses stellte, obwohl darin nur ein Bruchteil der Enthüllungen Weavers über den Secret Service behandelt wurde, eines unmissverständlich klar: Edwards hatte weder als unabhängiger noch als ethisch tadelloser Inspector General gehandelt. Der Bericht wurde am 24. April 2014 veröffentlicht. Edwards gab unmittelbar vor der Veröffentlichung sein Amt auf. Zwei Wochen später, am 9. Mai, brachte Weaver zwei gesunde Babys zur Welt, einen Jungen und ein Mädchen.

Im Oktober, kurz vor Ende ihrer Elternzeit, klingelte bei Weaver das Telefon. Ein Wunder, dass sie überhaupt abnahm. Mit Zwillingen, die abwechselnd brüllten oder gestillt werden mussten, ging sie selten an den Apparat. Es meldete sich Jason Chaffetz, ein telegener ehrgeiziger Kongressabgeordneter der Republikaner aus Utah, der sie auf ein Gespräch zu sich ins Büro einlud. Er hatte Pläne, die Nachfolge von Darrell Issa anzutreten, der zum Ende des Jahres den Vorsitz des House Oversight Committee abgeben würde. Er konnte sich vorstellen, sie einzustellen, damit sie ihn bei seiner zukünftigen Aufgabe und überhaupt bei anstehenden Untersuchungen unterstützte. Ihm war aufgefallen, wie sie sich in den Secret Service verbissen und nicht lockergelassen hatte.

»Also, wie viele Whistleblower haben Sie denn nun eigentlich an der Hand?«, wollte er wissen.

Weaver gefiel die Vorstellung von einem Chef, der an hartnäckigen Untersuchungen und an einem Gegenstand interessiert war, dem sie sich intensiv gewidmet hatte. In der ersten Septemberwoche 2014 begann sie von zu Hause aus für Chaffetz zu arbeiten.

Das richtige Timing ist im Leben alles, und es sollte sich demnächst mitten in Washington etwas schier Unfassbares ereignen. Es
würde das Weiße Haus in seinen Grundfesten erschüttern, und Weaver würde sich zur Expertin für das wichtigste Thema in der ganzen
Stadt mausern.

Kapitel 24

»ER IST IM HAUS«

An einem lauen Freitagabend im September gegen 18 Uhr waren die meisten Menschen in Washington dabei, ihre Computer herunterzufahren, ihren Schreibtisch aufzuräumen und sich ins Wochenende zu verabschieden.

Präsident Obama hatte noch ein paar Termine mit leitenden Mitarbeitern, ehe er sich fürs Wochenende nach Camp David zurückziehen würde. Er sollte, so der Plan, in einer Stunde zusammen mit seinen beiden Teenager-Töchtern per Hubschrauber vom Weißen Haus aufbrechen, um seine Frau auf dem Landsitz des amtierenden Präsidenten in den Catoctin Mountains in Maryland zu treffen.

Sechs Blocks weiter südlich jedoch trieb sich ein ehemaliger Aufklärer der Armee herum, der gerade erst in der Stadt eingetroffen war. Omar Jose Gonzalez, der unter Wahnvorstellungen und Angstträumen litt, spürte das Adrenalin in seinen Adern. Er brannte darauf, seine wichtige Mission in Angriff zu nehmen.

Gonzalez parkte seinen 1996er Ford Bronco bei der 15th Street nicht weit vom Holocaust Museum, öffnete die Fenster einen Spaltbreit und sprang aus dem Wagen.[62] Der Veteran war im Irakkrieg verwundet worden, hatte vor ein paar Monaten seine Frau und sein Zuhause in der Nähe von Fort Hood in Texas verloren und lebte seitdem in seinem Wagen, vorübergehend auch in Motels und auf Campingplätzen. Seit der Humvee, in dem er gesessen hatte, in Bagdad über eine Mine am Straßenrand gerollt war, fehlte ihm ein Teil vom Fuß. Seine Familie hatte den Eindruck, dass es ihm, nachdem er 2012 nach drei Auslandseinsätzen mit seiner Behinderung aus dem Dienst schied, schwergefallen sei, den Kontakt zur Wirklichkeit zu behalten. Als Panzeraufklärer hatte er, so seine Schilderung, mitansehen müssen, wie Freunde bei Explosionen zerfetzt wurden.[63] In seinem Haus bei Fort Hood lehnten hinter den Türen Gewehre an der Wand.[64] Er hatte Angst vor Kindern, die er nicht kannte, und warnte seine Frau, sie könnten eine tödliche Gefahr darstellen.

Als er sich zu Fuß auf den Weg zum Weißen Haus machte, ließ er hinter sich die Spuren eines Lebens zurück, das in Auflösung begriffen war: zwei Hunde auf der Rückbank des Bronco, am Boden mit seinem Urin gefüllte Gläser, und im Kofferraum 800 Schuss Munition, zwei Handäxte und eine Machete.[65]

Um 18:25 Uhr erreichte Gonzalez die Südostecke des eingezäunten Geländes vom Weißen Haus und begann, die Umzäunung nach einem Durchlass abzusuchen. Der 42-jährige Soldat lief auf der 17th Street die westliche Grundstücksbegrenzung entlang, dann bog er rechts in die Pennsylvania Avenue, folgte dem Nordzaun und ging schließlich über die 15th Street an der Ostseite zurück.

Vier Mitarbeitern des Secret Service, die aus Sicherheitsgründen rund um das Gelände patrouillierten (zwei auf Fahrrädern, zwei zu Fuß), war Gonzalez in unterschiedlichen Momenten seines Inspektionsgangs aufgefallen. Einige erkannten den Mann mit der karamellfarbenen Gesichtshaut und dem kahlrasierten Schädel sogar von einem Besuch wieder, der einen Monat zurücklag. Damals war er, eine Machete im Hosengürtel, am Südzaun entlanggelaufen. Er hatte behauptet, er brauche sie beim Zelten, und sie dann in seinem Wagen verstaut. Heute trug er ein dunkles T-Shirt und eine schlabberige Cargohose, schien nichts mit sich rumzutragen und benahm sich auch sonst unauffällig. Man ließ ihn passieren.

Gonzalez ging wieder zur Seite des Nordzauns, wo die meisten Touristen ihre Aktivitäten darauf beschränkten, Erinnerungsfotos zu machen. Aber dieser Kriegsveteran war fest davon überzeugt, dass er

unbedingt da rein musste. Er hatte eine Angelegenheit mit dem Präsidenten zu besprechen, bei der es um Leben und Tod ging.

In der aufziehenden Dämmerung spielten sich an den entgegengesetzten Enden des Weißen-Haus-Geländes zwei sehr unterschiedliche Szenen ab. Auf dem Südrasen herrschten Ordnung und Ent-
spanntheit. Eine durchgeplante Routine, die der Secret Service wieder
und wieder geprobt hatte, wurde abgespult. Auf dem Nordrasen löste
ein harmloses Problem eine Abfolge von Katastrophen aus. Jede einzelne der diversen Verteidigungsoptionen des Secret Service brach
in sich zusammen. Und Mitarbeiter, die auf die Wahrheit vereidigt
waren, logen hinsichtlich der Fehler, die sie gemacht hatten.

Gegen 19:05 Uhr trat Präsident Obama aus dem Oval Office hinaus in die laue Abendluft.[66] Eine Aktentasche mit Wochenendlektüre
in der Hand lief er in Begleitung von Anita Breckenridge, der Vize-
chefin des Stabes, den Säulengang des Westflügels entlang, dann verabschiedete er sich und machte sich auf den Weg zu seinen Töchtern.

Vier Secret-Service-Agenten im Anzug gaben Barack Obama seitlichen und rückwärtigen Körperschutz, als er vom ebenerdigen Ausgang am Südportal zum Helikopter ging, der auf dem Rasen wartete.
Malia und Sasha hatten Rucksäcke mit Schulsachen auf dem Rücken
und blieben, zusammen mit einer Schulfreundin, ihrem Vater dicht
auf den Fersen.[67]

Die meisten Secret-Service-Agenten, die an diesem Wochenende
zur Reiseschicht gehörten und Obama während der nächsten drei
Tage begleiten würden, waren bereits unterwegs zur Anacostia Na-
val Station. Von dort flogen sie mit einem separaten Helikopter gen
Norden, um den Präsidenten bei seiner Ankunft auf dem Landsitz in
Empfang zu nehmen. Jetzt bezogen Agenten der temporären »Make-
up«-Schicht ihre Posten zum Schutz der Familie, um einen sicheren
Abflug zu gewährleisten.

Einer der Agenten im Kommando des Präsidenten, der häufig im
Umfeld der Obama-Töchter zum Einsatz kam, war Stavros »Nick«
Nikolakakos, ein ausgebildeter Präzisionsschütze und Fitnessfanati-
ker griechischer Abstammung, der einen Großteil seiner Laufbahn

damit verbracht hatte, für hoch riskante Schießereien zu trainieren. Doch am heutigen Abend rechnete er mit keiner großen Aufregung. Bevor er zum Personenschutz der First Daughters kam, hatte der in der Bronx geborene schwarzhaarige Bursche als hochrangiger Scharfschütze beim CAT gearbeitet. Im Vergleich dazu war der Personenschutz der Töchter verhältnismäßig beschaulich, aber er bot ein gutes Sprungbrett zum Dienst beim Personenschutz des Präsidenten.

An diesem Freitagabend fahndeten Nikolakakos und seine Agentenkollegen auf dem zugangsbeschränkten Gelände des Weißen Hauses nach jeder verdächtigen Bewegung, jedem schrillen Geräusch, jeder ungewöhnlichen Kontur, ihre Blicke wanderten ruhelos umher. Derweil schien Obama es eilig zu haben, nach einer gewohnt anstrengenden Woche der Hauptstadt zu entfliehen. Kurz winkte er dem an einem Freitagabend erwartungsgemäß ausgedünnten Pressekorps zu und wünschte allseits ein schönes Wochenende.

Seine Töchter, sechzehn und dreizehn Jahre alt, gingen abgewandt von den blitzenden Kameras und mit vorwärts gerichtetem Blick zum Helikopter. Die Agenten blieben am Ende des asphaltierten Weges zurück, um nicht auf die Bilder zu kommen. Die berühmte Familie betrat allein den Rasen, und die Kameras surrten. Als die Obamas den Helikopter mit dem weißen Dach und dem grünen Rumpf erreichten, winkte der Präsident seine Töchter und den Gast die hochklappbare Treppe hinauf, ehe er ihnen folgte und selbst an Bord ging.

Der Gang des Präsidenten zu Marine One und das Abheben vom Südrasen war in der heutigen Zeit als durchchoreographierter Ablauf konzipiert, der sich mehrmals in der Woche wiederholte, wenn der Präsident zu einem seiner vielen Besuche in anderen Städten aufbrach. Mehr als diese entspannte Szenerie, Hunderte Male im Bild festgehalten, die ihn als sorgenfreien Jedermann zeigte, der durch seinen Garten schlenderte, keine Leibwächter oder Pistolen in Sicht, konnte der Präsident der Öffentlichkeit nicht bieten. In Wahrheit stand jederzeit eine kleine Miliz bereit.

Obamas Sicherheitsleute beim Secret Service befürchteten, dass Hubschrauberstarts denkbaren Attentätern gute Angriffsmöglichkeiten böten. Wenn sich Marine One rumpelnd vom Rasen hob – mit ungefähr dem gleichen zähen Tempo wie jene Helikopter, die in den fünfziger Jahren Präsident Eisenhower transportiert hatten –, war der Präsident während der sechzig bis neunzig Sekunden, die es dauerte, bis der Helikopter in der Luft war und seinen Vorwärtsflug beginnen konnte, eine leichte Beute für mögliche Angreifer.

Also schwärmten, wie schon Hunderte Male zuvor bei den Hubschrauberstarts des POTUS, Leute des Secret Service in Uniform und Zivil vom Südportal aus und liefen rüber zur Constitution Avenue. Sie behielten die umliegenden Straßen und die Menschen auf der nahen Ellipse im Blick, um Personen zu identifizieren, die vielleicht ein Gewehr oder einen Granatwerfer hervorholen könnten, um zu versuchen, das langsame Fluggerät des Präsidenten vom Himmel zu schießen. Counter Sniper waren auf dem Dach des Weißen Hauses postiert, von wo aus sie freie Sicht auf den Südrasen und die umliegenden Dächer und Balkone hatten, die sie permanent auf verdächtige Bewegungen hin absuchten. Vier Männer des Emergency Response Teams in schwarzen Kampfanzügen und mit Kevlar-Westen gingen im südwestlichen Sektor des Geländes in Stellung. Sie befanden sich dicht genug am Start- und Landeplatz, um jeden Eindringling rechtzeitig zu überwältigen.

»Renegade verlässt Crown«, hörten die Agenten über ihre Ohrknöpfe – der gängige Codename des Präsidenten.

Wie die anderen bereitstehenden Agenten wusste Nikolakakos, dass die First Family in einer Minute zu ihrem Helikopterflug gen Norden starten würde, seine Schicht wäre vorbei und er könnte seinen Wachhund-Reflexen eine Pause gönnen. Um 19:16 Uhr hob Marine One problemlos ab, wenn auch mit einigen Minuten Verspätung.

Der Präsident verschwand gerade im rechten Augenblick. In drei Minuten würde hier die Hölle losbrechen.

Als Marine One in der Luft war, konnten alle hundertvierundfünfzig Agenten, sonstige Mitarbeiter und Verantwortliche des Secret Service, die an jenem Abend für den Schutz des Geländes sorgten, ein wenig entspannen. Das war die übliche Reaktion, wenn Obama das

Anwesen verlassen hatte: Die Verantwortung für den Boss trugen nun andere. Die Mitglieder des Counter Assault Teams pellten sich auf dem Südrasen aus ihren schweißtreibenden Kampfanzügen und verluden ihre Ausrüstung in den SUVs, die auf dem nahen South Drive geparkt waren. Einige nahmen ihre Ohrhörer heraus – kein Grund mehr, den Funk abzuhören.

Agent Nikolakakos ging in Begleitung seines Schichtleiters Joshua Pruett zum Haus und in den Diplomatic Room. Beide Männer wollten ein paar persönliche Sachen aus dem »Staircase« genannten Aufenthaltsraum der Personenschützer holen, der unterhalb der Privatwohnung der First Family lag.

An der Nordseite saß Officer Clifton Monger, ein erfahrener Hundeführer, mit seinem Hund in einem unmittelbar westlich vom Nordportal geparkten Van und griff nach seinem Handy, um einen Privatanruf zu tätigen. Der ehemalige Marine konzentrierte sich nicht mehr ausschließlich auf die Funkfrequenz des Weißen Hauses, meinte aber, er könne sie über ein Ohr ausreichend verfolgen. Ein zweites taktisches Funkgerät, das er benutzte, um mit seinem Emergency Response Team zu kommunizierten, hatte er in seinem Spind gelassen.

Officer Sean Hughes, ein schlanker braunhaariger Neuling, der die Eingangstür am Nordportal bewachte, verließ seinen Posten, um sich mit einer Freundin zu unterhalten, die im Vestibül des Hauses postiert war. Officer Phylicia Brice hatte zusammen mit Hughes vor ein paar Monaten die Ausbildung an der Akademie abgeschlossen. Sie sollte nach New York versetzt werden, um dort beim Schutz der anstehenden Vollversammlung der Vereinten Nationen mitzuhelfen, und Hughes gab ihr ein paar Restaurant- und Ausflugstipps für den Big Apple.

Um 19:19 Uhr, als Monger am Handy und Hughes und Brice am Plaudern waren, sprang Gonzales auf eine knapp einen Meter hohe Betonabsperrung vor dem schwarzen Eisenzaun, der rund um das Weiße Haus verlief. Dieser Abschnitt des Zauns wurde gerade repariert, weshalb die dekorativen Lanzenspitzen am oberen Rand fehl-

ten. Von der Betonabsperrung konnte Gonzales problemlos auf den
knapp 2,30 Meter hohen Zaun klettern und sich rittlings auf die glatte
Oberkante setzen. Ein kleiner kahlköpfiger Mitarbeiter, der nur vier
Meter entfernt stand, bemerkte Gonzalez und rief ihm zu, er solle
da runterkommen. Es gelang ihm nicht, ihn zu packen, er verfehlte
ihn um Armeslänge. Gonzalez schwang sein anderes Bein über den
Zaun und landete mit einer flinken Bewegung auf dem Gelände des
Weißen Hauses.

Er war der Fünfte in den letzten anderthalb Jahren, der über den
Zaun kletterte – die sogenannten Fence-Jumper entwickelten sich
zum wachsenden Ärgernis für die Mitarbeiter des Secret Service, die
das Gelände bewachten. Die meisten Kletterer waren geistig gestört.
Alle konnten nach ein paar Metern von den Wachhunden problemlos
gestellt werden.

An diesem Freitagabend allerdings ging so ziemlich alles schief,
was schiefgehen konnte.

Als Gonzalez den Zaun überwand, durchbrach er mit seinem Körper eine Infrarotschranke, die ähnlich funktionierte wie ein drahtlo-
ser Hundezaun. Außerdem trat er kurz nach der Landung auf dem
Rasen auf einen Bodensensor. Beide Systeme lösten im Joint Operations Center im neunten Stock der Zentrale des Secret Service in der
G Street einen Einbruchsalarm aus. Das dortige Team hatte die Aufgabe, die Reaktion auf Notfälle und Bedrohungssituationen im sechs
Blocks entfernten Weißen Haus zu koordinieren.

Ein Tonsignal und ein Blinklicht auf der Konsole im JOC gaben
Aufschluss über die Stelle, an der der Eindringling sich Zugang ver-
schafft hatte. Gonzalez hatte den Zaun bei Charlie 4, Zone 312 überwunden – gleich östlich vom Besuchereingang an der Pennsylvania
Avenue.

Secret-Service-Mitarbeiter Kenneth Havens, an jenem Abend im
JOC zuständig für Alarme, hörte eine gedämpfte Funkübertragung:
»Jumper! … Nordzaun.« Havens wollte sicherstellen, dass alle Mitarbeiter die Ortsangabe erfuhren, damit sie den Delinquenten schnappen konnten. Er drückte auf der Konsole die Mikrophontaste »White

House One«, womit eine Frequenz für sämtliche Mitarbeiter auf dem Gelände freigeschaltet wurde.

»Wir haben einen Jumper«, sagte Havens. »Nordseite Mitte Fence-Jumper. Nordzaun Fence-Jumper. Nordzaun.«

Das war der erste Fehler, der an jenem Abend passierte. Abgesehen von dem Satz »Wir haben einen Jumper« erreichte keiner von Havens Informationen die Mitarbeiter. Ohne sein Wissen und das Wissen vieler anderer beim JOC war die raffinierte Steuerungsanlage für den Funkverkehr, die der Service vier Jahre zuvor in der Kommandozentrale installiert hatte, nicht so eingestellt, dass Gespräche anderer Mitarbeiter bei Bedarf automatisch zurückgesetzt wurden. Ein Kollege hatte, gerade als Haven zu sprechen begann, an seinem Gerät die Sprechtaste gedrückt und damit Havens Verbindung zu allen anderen Teilnehmern unterbrochen.

Derweil war Gonzalez humpelnd auf einer kurvigen Route zur Ostseite der Auffahrt vor dem Haus gelaufen.

Zwei Mitarbeiter des Emergency Response Teams (ERT), das für den taktischen Einsatz bei jedweden Problemen vorgesehen war und dessen Mitglieder schwarze Westen trugen, taten Dienst im Wachhäuschen Charlie 2A gleich östlich vom Nordportal. Hier lag Fehler Nummer zwei.

Jemand hatte die Lautsprecher des Alarmsystems in dem Wachhäuschen abgebaut. Die Kollegen hatten in jenem Sommer Witze darüber gemacht, dass Mitarbeiter die erstklassigen, an festen Positionen auf dem Gelände montierten Lautsprecher »befreiten«. Also empfingen die beiden ERT-Männer keine Funkwarnungen darüber, was sich um sie herum gerade abspielte.

Trotz dieser Panne bemerkten die beiden Männer unmissverständliche Anzeichen dafür, dass es einen Jumper gab. Sie hörten das Geschrei der Kollegen am Nordzaun. Sie sahen die Scheinwerfer an anderen Wachhäuschen aufflammen, ein Standardsignal für einen Jumper auf dem Gelände.

Die Männer kamen binnen fünf Sekunden aus ihrem Häuschen, liefen Richtung Nordauffahrt und machten dabei ihre Langwaffen klar für das, was da kommen mochte. Obwohl sie ihn noch nicht sehen konnten, waren sie in der perfekten Position, um Gonzalez abzufangen.

Es folgte Fehler Nummer drei. Die Emergency-Response-Leute dachten: *Wir müssen dem Jungen nicht hinterherhetzen.* Sie hatten in ihrer Ausbildung gelernt, dass der Hund die Jumper erledigt.

Der belgische Malinois, die unfehlbare Waffe des Secret Service zum Kaltstellen von Fence-Jumpern, war darauf abgerichtet, einen Feind ins Visier zu nehmen und dann wie ein Geschoss auf seine Beute loszugehen. Diese Hunde galten als die »Leaner and Meaner«, eine Version des Deutschen Schäferhundes, der bisher so ziemlich jeden Jumper auf dem Gelände zur Strecke gebracht hatte. Die Hundeführer waren darauf trainiert, wenn ein Eindringling entdeckt wurde, die Tiere binnen sechs bis sieben Sekunden loszulassen.

In jenen fünf Sekunden, die die ERT-Leute brauchten, um aus ihrem Häuschen zu kommen, war Hughes auf seinen Posten an der Eingangstür zurückgerannt. Er blinzelte, um trotz der grellen Scheinwerfer, die vom Portal herunterstrahlten, etwas sehen zu können. Schwarze Trucks und Hecken verstellten ihm die Sicht, doch er erkannte Kollegen, die Richtung Nordrasen liefen.

Acht Sekunden, nachdem der Mann über den Zaun geklettert war, zog Hughes seine 9-Millimeter P229-Pistole aus dem Hüftholster und entfernte sich im Rückwärtsgang von der Eingangstür. Er erinnerte sich aus der Ausbildung, dass sich die Hunde und das ERT um Jumper kümmern sollten. Ebenfalls während der Ausbildung war ihm aber auch beigebracht worden, dass der Hund nicht immer mit Sicherheit wusste, wen er anzugreifen hatte, und diese Verwirrung wollte er minimieren, indem er auf Abstand blieb. Aber solche Lehren aus der Ausbildung setzten voraus, dass einem überhaupt ein Malinois mit kräftigem Gebiss in die Quere kam.

Nach genau elf Sekunden kam Gonzalez in Sicht, der keuchend die Ostseite der Fontäne in der Mitte des Circular Drive umrundete.

Fehler Nummer vier hatte niemand vorhergesehen: Der Hund kam so spät, dass er den gesamten Vorfall verpasste.

Der an jenem Abend wachhabende Malinois lag, als Gonzalez
über den Zaun kletterte, in einem Luxuskäfig im Rückteil eines Vans,
der beim Portal parkte. Monger, sein Hundeführer, war am Handy.
Die Mitarbeiter hatten Anweisung, ihre Funkgeräte die ganze Zeit
abzuhören, aber ihre Freizeit war so knapp bemessen, dass kurze
Privattelefonate erlaubt waren. Trotz aller Bemühungen, genug Leute
einzustellen, litt das Weiße Haus noch immer unter Personalmangel,
und die vorhandenen Mitarbeiter mussten weiterhin Extraschichten
ableisten.[68] Durchschnittlich taten sie immer noch an der Hälfte ihrer
freien Tage Dienst.

Ein ERT-Mitarbeiter, der an der Westseite des Nordrasens Wache
schob, hatte die beste Ausgangsposition, um Gonzalez zu schnappen,
doch er versäumte es, ihn dingfest zu machen. Stattdessen lief er zu
Monger und dem Hund. Monger begriff, dass ein Jumper unterwegs
war, als er aus dem Autofenster sah und draußen ein Kollege vor-
beirannte. Er sprang aus dem Wagen, holte den Malinois aus seinem
Käfig und lief los, den Hund an einer langen Leine.

Vor mittlerweile dreizehn Sekunden war Gonzalez über den Zaun
geklettert. Der Eindringling hatte einen großen Vorsprung auf die sogenannte Top-Mannschaft zur Sicherung des Weißen Hauses.

Hundeführer Monger und sein Hund kamen von Westen und erreichten den Rasen vor dem Nordportal fünfzehn Sekunden nach
der Überkletterung. Monger fehlte die Zeit, um sicherzustellen, dass
sich der Hund komplett auf die Zielperson, den Jumper, fokussierte.
Er konnte den Hund nicht erfolgreich auf etwas hetzen, auf das er
nicht schon vorher als einzelnes Ziel abgerichtet worden war. Die beiden ERT-Männer von Posten Charlie an der Ostseite waren in einer
L-Formation angerückt, um Gonzalez in die Enge zu treiben. Doch
zur Überraschung aller wühlte sich Gonzalez in die dichte jahrhun-
dertealte Buchsbaumhecke, die den vorderen Rand der Veranda des
Portals begrenzte.

Auf dem erhöhten Marmorabsatz suchte Hughes, die Dienstpistole
in Brusthöhe im Anschlag, Schutz hinter einer Säule an der äußersten
östlichen Ecke des Portals. Er sah, dass sich im Gebüsch unter ihm

etwas bewegte, und dachte, es sei wahrscheinlich ein Handgemenge im Gange.

Doch Gonzalez focht das Handgemenge allein mit der Hecke aus. Er trat aus dem dichten Gebüsch und trampelte die Stufen an der Westseite der steinernen Portalveranda hoch. »Stehen bleiben! Auf den Boden! Stopp!«, brüllte Hughes so laut er konnte dem Eindringling entgegen.

Fehler Nummer fünf wurde von der Live-Feed-Kamera von CNN aufgezeichnet, die auf die Eingangstür des Weißen Hauses gerichtet war. Hughes hatte mehr als fünf Meter von der Tür entfernt Schutz gesucht. Nichts außer der Gefahr, von Hughes erschossen zu werden, verstellte Gonzalez den Weg ins Haus des Präsidenten. Gonzalez trat an die weiß gestrichene Schwelle und schien durch Hughes hindurchzusehen. Der Sicherheitsbeamte rührte sich nicht. Er war vom Service für eine solche Situation – ein Mann steht an der Eingangstür vom Weißen Haus – nicht ausgebildet worden, aber er meinte, keinen tödlichen Schuss abgeben zu sollen. Später erklärte er, geglaubt zu haben, der Jumper sei unbewaffnet, die Türen seien versperrt und die höchste Priorität sei es, dass der Hund den Mann überwältigt und dass er selbst dafür Sorge zu tragen habe, nicht von dem Hund angegriffen zu werden.

Fehler Nummer sechs ereignete sich im Inneren des Weißen Hauses. Auf der anderen Seite der Tür, im Vestibül, hatte Officer Phylicia Brice keinerlei vorherige Warnungen hinsichtlich der bedrohlichen Dinge erhalten, die sich draußen abspielten. Die »Crash Box«, die in sämtlichen Wachhäuschen und bei sämtlichen Wachposten installiert war, sollte im Falle von Eindringlingen einen akustischen Alarm auslösen. Doch die Boxen an den Stationen von Brice und anderen im Inneren des Hauses waren auf Betreiben der Hausverwaltung vor über einem Jahr stumm geschaltet worden. Häufige Fehlalarme hatten zu Störungen von Veranstaltungen im Haus geführt. Also war Brice vollkommen ahnungslos. Sekunden, bevor Gonzalez die Tür erreichte, sah sie durchs Fenster Hughes mit gezogener Seitenwaffe dastehen und begriff, dass es sich hier um einen Notfall handelte.

Fehler Nummer sieben war darauf zurückzuführen, dass Brice, da
sie keinerlei Vorwarnungen wegen des Jumpers erhalten hatte, die
Zeit fehlte, die Türen ordnungsgemäß zu verriegeln.[69] Sie zog die Flügel zu, schaffte es jedoch nicht mehr, die schweren Bolzen einzuras-
ten, als Gonzalez von draußen rief: »Lasst mich rein!« Er drückte mit
beiden Händen kräftig gegen die ornamentalen Holztüren, und sie
sprangen auf.[70] Er stürzte hinein und schlug Brice zu Boden.

Binnen neunundzwanzig Sekunden hatte sich Gonzalez einen Weg
vom öffentlichen Bürgersteig ins Innere des Weißen Hauses gebahnt.
Er hatte es geschafft, an acht ausgebildeten Sicherheitsbeamten vorbeizukommen, und das auf einem Gelände, auf dem insgesamt hundertvierundfünfzig Frauen und Männer ihren Dienst versahen.

Brice sprang wieder auf und versuchte, Gonzalez zu überwältigen, doch mit ihren 1,65 Meter war sie keine ernst zu nehmende Geg-
nerin für diesen sehr viel größeren Mann. Sie schrie, er solle stehen
bleiben. Er gehorchte nicht und ging schnurstracks weiter in Richtung East Room. Sie folgte ihm und griff nach ihrem Gummiknüp-
pel, um ihn niederzuschlagen, doch versehentlich erwischte sie ihre
Stablampe.

Dank der Verzögerung konnte Gonzalez in den East Room gelangen, einen großen repräsentativen Saal, in dem einige der wichtigsten historischen Zeremonien des Landes stattgefunden hatten. Brice
warf ihre Taschenlampe auf den Boden und richtete ihre Pistole auf
Gonzalez, der jedoch ihre Anweisungen, stehen zu bleiben, weiterhin
ignorierte. Er ging zurück in die Grand Hall und hinauf in den State
Floor.

Fehler Nummer acht war die Folge einer Mutmaßung. Während
Brice versuchte, den Eindringling aufzuhalten, unternahmen die
ERT-Mitarbeiter draußen nichts, um ihr zur Hilfe zu kommen. Sie
warteten vor der Tür. Das Sondereinsatzkommando SWAT, ausgebildet, um jeder Art von Bedrohungen zu begegnen, ging davon
aus, dass für Notfälle innerhalb des Weißen Hauses das CAT-Team
zuständig sei, während SWAT sich um alle Vorkommnisse im Au-
ßenbereich kümmerte. Das Problem bestand lediglich darin, dass

das CAT-Team nach dem Abflug des Präsidenten seine Ausrüstung verlud und seine Funkgeräte nicht abhörte. Man hatte dort keine Ahnung, dass es überhaupt einen Jumper gab.

Fehler Nummer neun war die Folge schlechter Kommunikation. Genau wie das CAT-Team wussten auch Agent Nikolakakos vom Personenschutz des Präsidenten und sein Schichtleiter Joshua Pruett so gut wie nichts von einem Eindringling. Die Agenten vom Personenschutz nutzten eine andere Frequenz als die anderen für die Sicherheit des Weißen Hauses zuständigen Mitarbeiter. Normalerweise interessierten sie sich nicht für den umfangreichen Funkverkehr des Weißen Hauses. Doch in einigen seltenen Fällen kam es genau darauf an, und dann bekamen sie nicht mit, was vor sich ging.

Ein erstes Anzeichen dafür, dass es Probleme gab, war das gedämpfte Geschrei, das von oben zu den beiden Agenten im Staircase herunter drang. Zum Glück war das ganze Gebäude ausgesprochen hellhörig. Beide Agenten verließen den Raum im Untergeschoss, in dem sich Agenten zwischen Einsätzen und Kurzreisen aufhalten konnten, und liefen die Treppen zum East Room hinauf, wo sie auf den wahren Helden des Tages stießen – Officer Michael Graham –, der Gonzalez unter sich begraben hatte. Graham hatte sich auf den Eindringling geworfen, um ihn zu überwältigen, aber Gonzalez versuchte weiterhin, sich zu befreien.

Nikolakakos kam Graham zu Hilfe und packte den Eindringling bei den Armen. Derweil hielt Pruett seine Pistole auf Gonzalez gerichtet. Nikolakakos drehte Gonzalez die Arme auf den Rücken und legte ihm Handschellen an, dann begann er, ihn flüchtig nach Sprengstoff und anderen Waffen zu durchsuchen. Der Agent fasste dem Veteranen in die Hosentasche. Ein wenig Kautabak fiel heraus. Dann fühlte Nikolakakos etwas Metallenes und zog ein Klappmesser mit einer fast zehn Zentimeter langen Klinge hervor.

Die drei Männer sahen einander angewidert an – ein Irrsinn, dass es jemand schaffte, an 100 Millionen Dollar teurer Sicherheitstechnologie, an doppelten Sicherungsringen und unzähligen Beamten des Secret Service vorbeizukommen. Hier war ein Fence-Jumper bis weit ins Weiße Haus hinein vorgedrungen und sogar die Treppe zur Privatwohnung des Präsidenten hochgelaufen. Und er war bewaffnet.

»Mein Gott«, sagte einer der Agenten. »Der Typ hat ein Messer.«

Kurz nach 19 Uhr an jenem Freitag steuerte Julia Pierson ihren Dienst-Jeep auf die Zufahrt zur I-395 Richtung Süden und passierte gerade das Jefferson Memorial. Auf dem Beifahrersitz saß ihr Assistent, den sie später zu Hause absetzen würde, sodass sie während der Fahrt eine To-do-Liste der wichtigsten für die kommende Woche anstehenden Themen durchsprechen konnten. Sie wollte in ihr Stadthaus in Alexandria, dort ihre Sachen packen und ein wenig schlafen, denn am nächsten Morgen musste sie um sechs Uhr aufstehen, um den Acht-Uhr-Zug nach New York zu erwischen. Doch als Pierson sich dem Pentagon näherte, knisterten ein paar grelle Stimmen aus ihrem Service-Funkgerät. Sie hatte, wenn sie unterwegs war, fast immer White House One, die Frequenz der dort stationierten Uniformed-Division-Mitarbeiter, eingeschaltet.

»Nordzaun«, hörte sie einen der Männer gegen 19:20 Uhr rufen. »Wir haben einen Jumper«, vermeldete eine andere Stimme. Die Direktorin fuhr weiter, hörte aber genau hin, wie sich dieses Fence-Jumping – eine Unart, mit der sie auf dem Gelände des Weißen Hauses immer häufiger zu tun hatten – entwickeln würde. In den folgenden sechzig Sekunden waren Geräusche eines Tumults, Satzfetzen und durcheinanderrufende Stimmen im Jeep zu hören. Pierson und ihr Assistent waren entsetzt, als Nächstes über Funk diese Meldung zu hören: »Er ist im Haus … Er hat das Haus betreten.«

Pierson schaltete das Blaulicht auf dem Dach ihres Jeeps ein und nutzte blitzschnell die nächste Öffnung in der Leitplanke zu ihrer Linken, um zu wenden. Ihr war klar, dass die Sache ernst war und sie sofort zum Weißen Haus zurückmusste.

Auf der kurzen Rückfahrt hatte sie die JOC-Frequenz eingeschaltet und lauschte gebannt jedem Wort, wenn ihre Mitarbeiter neue Einzelheiten über den Einbruch berichteten. Nach weiteren zwei Minuten hörten sie einen Leiter formell verkünden, dass der Jumper

überwältigt und in Handschellen gefesselt sei. Für Pierson war das
ein schwacher Trost. Der Eindringling war im Inneren des Weißen
Hauses festgenommen worden, einem Gebäude, das eigentlich zu
den sichersten im ganzen Land zählte.

Minuten später parkte die Direktorin an der Ecke der 17th Street
gleich gegenüber vom Old Executive Office Building nicht weit von
der Pennsylvania Avenue. Im Fußgängerbereich traf sie ihren Stabschef Mike Biermann. Ungläubig schüttelten sie abwechselnd die
Köpfe. Dann fragte sie Biermann, was er über die jüngsten Vorgänge
wisse.

Knapp zwanzig Meter von Pierson entfernt saß der festgenom-
mene Eindringling auf dem Rücksitz des weißen, auf der Pennsylvania Avenue geparkten Dienstwagens eines Secret-Service-Mitarbei-
ters. Im Wageninneren befragten Agenten des Washingtoner Büros
Omar Gonzalez darüber, warum er ins Weiße Haus eingedrungen sei.
Gonzalez erklärte, er hätte den Präsidenten darüber alarmieren müssen, dass die Atmosphäre unmittelbar vor dem Kollaps stehe.[71]

»Was meinen Sie damit?«, fragte einer der Agenten Gonzalez.

»Sie wissen schon, die Luft, die Umwelt«, sagte Gonzalez. »Sogar
die Flugzeuge müssen dichter über dem Boden fliegen.«

Plötzlich drehte Gonzalez durch, redete hastig von seinen Herz-
problemen und bestand darauf, ins Krankenhaus gebracht zu werden.[72] Als Agenten ihm aus dem Auto halfen, brach er auf dem Stra-
ßenpflaster zusammen. Pierson beobachtete, wie ihre Männer auf
dem Boden knieten und diesem Kerl, der sie und ihr Sicherheitssystem blamiert hatte, zu helfen versuchten, indem sie ihm eine Sau-
erstoffmaske aufs Gesicht pressten. Während die Männer sich noch
mühten, Gonzalez wiederzubeleben, kam ein Krankenwagen und
brachte ihn und seinen Agentengeleitschutz weg.

Derweilen kamen Rob Buster, der glatzköpfige und bebrillte Leiter
des Personenschutzes des Präsidenten, und sein Stellvertreter, Marc
Connolly, aus dem Westflügel herüber zu Pierson, um ihr Bericht
zu erstatten. Connolly war für die Sicherheit des gesamten Weißen
Hauses verantwortlich, und die Uniformed Division berichtete letzt-

endlich an ihn. Er erklärte der Direktorin, dass Probleme mit den Funkverbindungen und allgemeine Konfusion für Verzögerungen gesorgt hätten, weswegen die Mitarbeiter erst verspätet auf den Jumper hätten reagieren können.

Gerade eben erst hatte Connolly einen leitenden Mitarbeiter, der für die gesamte technische Sicherheit zuständig war, am Telefon weit weniger höflich zurechtgewiesen. Er bestand darauf, dass die Alarmsysteme an den Schlüsselstellen am Zaun versagt haben müssten. »Ihre verdammten Alarmsysteme am Zaun sind schuld«, sagte Connolly, so die Aussagen zweier Zeugen. »Ich hab diese ewigen Ausfälle satt.« Der eigentliche Grund, warum es an jenem Abend Probleme gegeben hatte, war Connolly nicht klar.

Auch die Direktorin wusste zu diesem Zeitpunkt nicht genau, was schiefgegangen war. Aber es befremdete sie zu hören, dass Connolly den armen für den Funkverkehr Verantwortlichen die Schuld in die Schuhe schob. Sie dachte: *Ich war auf der 395 am Pentagon und hab alles klar und deutlich verstanden.*

Buster konnte sich immerhin damit rühmen, dass seine Männer geholfen hatten. Er berichtete Pierson, dass zwei Personenschützer des Präsidenten, die im Erdgeschoss dabei waren, ihre Sachen zu holen, irgendeinen Krawall gehört hätten und nach oben gerannt seien, um Officer Graham dabei zu helfen, Gonzalez zu überwältigen. Buster erklärte außerdem, dass der Präsident über die Ereignisse informiert sei. Hector Hernandez, Leiter des Personenschutzkommandos, das Obama begleitete, hatte von Buster den Auftrag erhalten, den Präsidenten schon im Helikopter auf dem Weg nach Camp David über die Geschehnisse zu unterrichten.

Ein Sergeant der Uniformed Division trat hinzu, um Pierson den Weg zu erläutern, den der Jumper genommen hatte. Er zeigte ihr die Stelle, an der Gonzalez über den Zaun geklettert war, und dann die Strecke, die er entlang der Ostseite der Fontäne und durch die Buchsbaumhecke zurückgelegt hatte.

Hier hielt der Mann inne. Er sagte, Gonzales sei es irgendwie auf wundersame Weise gelungen, beiden an der Ostseite des Portals eingesetzten Kampfhunden, dem ganz in der Nähe an der Westseite des Portals stationierten Emergency Response Team und dem Wachhabenden an der Eingangstür zu entkommen. Er berichtete, wie ein Mitarbeiter im Inneren des Hauses mit Hilfe zweier Agenten vom Personenschutz des Präsidenten Gonzalez erfolgreich überwältigt habe.

»War er bewaffnet?«, fragte Pierson.

»Nein, Ma'am«, sagte der Sergeant.

»Gut«, sagte sie.

Der Sergeant führte Pierson zum Ort des Handgemenges und der Festnahme in einem Teil der Cross Hall in Sichtweite der Tür des Nordportals. Ein kleines Häufchen Kautabak, das aus der Tasche des Jumpers gefallen war, als die Männer ihn nach Waffen durchsuchten, markierte die Stelle.

Kurz vor 20 Uhr stand Christian Marrone, der tatkräftige Stabschef des Department of Homeland Security, in den tadellos gepflegten Blumenrabatten vor seinem Haus in Arlington und jätete das wenige Unkraut, das sich hierher verirrt hatte. Das freitägliche gemeinsame Abendessen mit Frau und Kindern – für ihn eine Rarität – war soeben beendet. Oft waren die Kleinen schon im Bett, wenn er nach Hause kam. Wer in einem gewaltigen Ministerium zum Schutz der Heimat mit 240 000 Mitarbeitern, die in sieben getrennt voneinander agierenden Hauptabteilungen und einem Dutzend kleinerer Abteilungen tätig waren, eine leitende Funktion innehatte, der kam selten in den Genuss entspannter Tage. Seine Frau Nicole führte ein strenges Regiment, um den beiden kleinen Töchtern eine gesunde Struktur zu bieten. Sie war jetzt im Haus und brachte die Vier- und die Sechsjährige ins Bett.

Marrones Handy vibrierte in seiner Tasche, und er erkannte sofort die Nummer: Julia Piersons Mobiltelefon. Dass sie am Wochenende anrief, kam selten vor, allerdings informierte sie ihn auch über vergleichsweise harmlose Ereignisse. Marrone schätzte es, dass sie ihn auf dem Laufenden hielt.

»Wir haben ein Problem«, waren Piersons erste Worte.

»Was ist los?«, fragte Marrone, und eine leichte Anspannung erfasste ihn.

»Christian, hören Sie einfach zu«, sagte sie. »Ich bin hier draußen auf der Pennsylvania Avenue. Wir hatten einen Fence-Jumper.«

»Oh-kaaayy«, sagte Marrone und entspannte ein wenig. Pierson rief ihn bei jedem Jumper an, obwohl die Leute meist harmlos waren und die Männer vom Secret Service sie rasch schnappten. Trotzdem wurden die Fence-Jumper allmählich zur Plage.

»Dieser Fall ist anders«, sagte Pierson. »Er ist über den Zaun geklettert und hat es bis ins Haus geschafft.«

»Welches Haus?«, fragte Marrone irritiert.

»Das Weiße Haus«, sagte sie rundheraus.

Der Stabschef war sprachlos. »Sie machen Witze, verdammt«, sagte er dann.

Sechs oder sieben Fragen poppten gleichzeitig in Marrones Kopf auf: Waren der Präsident und seine Familie zu Hause? Wie konnte das passieren?

Er stellte eine andere Frage, über die Pierson sich wunderte: »Wen werden Sie rausschmeißen?«

»Schauen Sie, ich bin jetzt hier unten«, sagte Pierson. »Ich kenne noch nicht alle Fakten, lassen Sie mich erst mal alle Fakten zusammentragen …«

Das war jetzt also offiziell ein Washingtoner Shitstorm, dachte Marrone. Er riet Pierson, das Geschehen so gut es ging zu rekonstruieren, weil sie spätestens in einer halben Stunde dem Minister würde Bericht erstatten müssen. Irgendwann im Laufe des Abends, das wusste er, würde Denis McDonough, der Stabschef im Weißen Haus, seinen Chef anrufen und eine Erklärung für diese schwere Panne verlangen.

Marrone beendete das Gespräch und lief ins Haus, um die Mobilnummer seines Chefs, Minister Jeh Johnson zu wählen. In dem Moment, als Johnson sich meldete, sah Marrone unten auf dem Fernsehbildschirm den roten Newsticker-Balken und darüber einen

CNN-Reporter, der in einer Liveübertragung vor dem Weißen Haus seinen Kommentar sprach.

Marrone lieferte seinem Freund und Boss, jenem Mann im Kabinett, der letztendlich für Obamas Sicherheit verantwortlich war, die Minimalversion der Ereignisse. Zum ersten Mal in der Nachkriegszeit hatte ein Mensch den Zaun des Weißen Hauses überklettert und war ganz bis ins Heim der First Family vorgedrungen.

»Sie machen Witze«, sagte Johnson. »Was – «

»Machen Sie die Nachrichten an, Jeh«, sagte er und rieb sich mit der Hand eine Gesichtshälfte. »Es kommt überall in den Nachrichten.«

Pierson stand immer noch auf der Pennsylvania Avenue, als sie ein Anruf von Anita Breckenridge, der stellvertretenden Stabschefin im Weißen Haus, erreichte. »Alle kommen zu mir und wollen wissen, was los ist«, berichtete sie. McDonough und der restliche Führungsstab waren während der Abriegelungsmaßnahmen auf unbestimmte Zeit in ihre Büros verbannt gewesen.

Die 36-jährige Breckenridge, die bis vor kurzem Obamas Termine koordiniert hatte, wurde allmählich sauer. Sie bekam keine Antworten von Buster. Er hatte die ganze Zeit Nachrichten in seinen Ohrhörern verfolgt und war viel zu beschäftigt, um länger mit ihr zu sprechen. Aber sie brauchte aktuelle Informationen, egal von wem.

Pierson erkannte, dass Buster im Krisenbewältigungsmodus war – fokussiert darauf zu klären, ob Gonzalez ein taktisches Ablenkungsmanöver war und ob ein ernsthafterer Angriff folgen könnte. Sie wusste, dass Buster und der neue Vize bisher nicht die geschmeidigste Beziehung hatten, und diese chaotische Nacht machte die Dinge nicht einfacher. Aber Pierson hielt sich an die Tatsachen, die geeignet waren, weitergemeldet zu werden. Der Jumper schien psychische Probleme zu haben, erklärte sie Breckenridge. Er war nicht bewaffnet. Er sei in Gewahrsam.

Breckenridge hatte das Gespräch mit einer gewissen Gereiztheit in der Stimme begonnen. Jetzt war sie einigermaßen erschüttert. Dieser

Vorfall war anders. Für einige Mitarbeiter hatte er eine zutiefst persönliche Komponente, es fühlte sich ein wenig so an, als sei bei ihnen zu Hause eingebrochen worden.

»Julia, wie konnte das passieren?«, wollte Breckenridge wissen.

Das fragte sich Pierson auch. Sie hatte zugesehen, wie am Abend die Mitarbeiter nach Dienstende in die Zentrale gebracht wurden. Sie mussten internen Ermittlern Rede und Antwort stehen, was sie unternommen – oder unterlassen – hatten.

Die Direktorin trat hinaus vor das Nordportal, um noch einmal zum Zaun zu gehen, und sie sah die Ablösung des ERT, die draußen auf dem Rasen angetreten war, den Blick Richtung Eingangstür. Die meisten hielten kleinlaut den Kopf gesenkt, sie schämten sich für ihre Einheit. An diesem Abend eines noch nie dagewesenen Sicherheitsversagens bei Crown hielt sie dieser Mannschaft, die knapp vor einer Niederlage stand, eine aufmunternde Halbzeitpausen-Ansprache.

»Wir müssen konzentriert bleiben«, sagte sie den Einwechselspielern. »Konzentriert darauf, was heute Abend unsere Aufgaben sind. Wir kommen da durch. Seien Sie aufmerksam, seien Sie wachsam.«

Sie verließ das Gelände durch das Tor an der Pennsylvania Avenue und wies ihren Assistenten an, alle stellvertretenden Direktoren zu einer Telefonkonferenz zusammenzurufen. Bei der Konferenz gab Pierson ein paar Beispiele für menschliches Versagen – das betraf vor allem die beiden Mitarbeiter, denen es nicht gelungen war, Gonzalez an der Eingangstür aufzuhalten. Trotzdem fehle ihr noch, so sagte sie, das vollständige Bild, um zu verstehen, warum die Dinge so schief hatten laufen können.

Einstweilen ordnete sie für den nächsten Tag eine personelle Verstärkung sowie den Einsatz eines weiteren Hundeteams an, um die Sicherheit des Geländes zu gewährleisten. An der Nordseite sollte ein zusätzliches Absperrgitter aufgestellt werden, um den Abstand zwischen Fußgängern und Zaun zu vergrößern. Sie beauftragte Richard Coughlin, einen sachlichen Ermittler und seinerzeit stellvertretender Vizedirektor des Office of Professional Responsibility, zu klären, was tatsächlich vorgefallen war.

Der schlimmste Teil des Abends erwartete die Direktorin, als sie gegen 23 Uhr in der Zentrale des Secret Service in der H Street Nummer 950 eintraf. Sie und einige ihrer stellvertretenden Direktoren – Jane Murphy, zuständig für Regierungsbeziehungen; Dale Pupillo, zuständig für Schutzeinsätze; Mark Copanzzi, zuständig für technische Sicherheit; und Kevin Simpson, Leiter der Uniformed Division – standen am Dienstpult in der Intelligence Division und sahen sich das Überwachungsvideo mit Gonzalez von Anfang bis Ende an.

Pierson sah einen 42-jährigen Mann, der sichtlich humpelte und in Crocs dreißig Meter weit über den Rasen des Weißen Hauses trampelte. Sie sah niemanden draußen vor der Eingangstür stehen – ein verlassener Posten. Sie sah ERT-Männer wertvolle Sekunden lang herumstehen, während ein Jumper im Anmarsch war, es folgte ein Durcheinander von Tier- und Menschenbeinen, die alle viel zu spät angerannt kamen.

Mit zusammengebissenen Zähnen schauten sie und ihre Kollegen sich an, wie Gonzalez durch die unverschlossene Tür spazierte, als hätte man ihn hereingebeten. Einige ihrer Stellvertreter sahen zu ihr herüber, um ihre Reaktion einzufangen. Pierson hielt sich die Hand ans Kinn.

Mir wird übel, wenn ich das sehe, dachte sie.

In der Woche nach dem Besuch des Jumpers im Weißen Haus gingen bei Pierson weitere schlechte Nachrichten ein, was Gonzalez und das Versagen ihrer Agenten anging, ihn aufzuhalten. Am Sonntag, als sie auf Inspektionsreise bei ihren Agenten in New York war, um deren Sicherheitsvorbereitungen für die Vollversammlung der Vereinten Nationen zu begutachten, informierte sie ihr Ermittler, dass der Jumper sogar bis in den Green Room vorgedrungen war. Das war deutlich weiter, als es ihr ihre wichtigsten Stellvertreter bisher berichtet hatten. *Warum erfahre ich das erst jetzt?*, dachte Pierson. Am Montag und Dienstag überbrachten ihr Mitarbeiter diverse Nachrichten vom Vorsitzenden des House Oversight Committee, der darauf bestand, dass sie in der Folgewoche zu einer öffentlichen Anhörung über den Fall Gonzalez vor dem Kongress erschien.

Im Laufe der Woche erfuhr sie von zahlreichen Hinweisen, die der Secret Service in den Monaten vor dem Einbruch zu Gonzalez erhalten – und offenbar ignoriert – hatte. Die Polizei in Roanoke hatte den Service im Juli darüber informiert, dass Gonzalez, der im Irakkrieg gedient hatte und sich wegen einer Paranoia in psychiatrischer Behandlung befand, in seinem Truck einen Lageplan vom Weißen Haus und ein abgesägtes Gewehr verwahrte. Örtliche Einsatzkräfte hatten diese Entdeckung gemacht, nachdem sie von Gonzalez in eine irrwitzige Verfolgungsjagd auf dem Mittelstreifen eines Highways in Virginia verwickelt worden waren. Im August sprachen Mitarbeiter des Secret Service mit Gonzalez, nachdem er auffällig geworden war, weil er, eine Machete im Gürtel, am Zaun des Weißen Hauses entlangspazierte, ließen ihn allerdings gehen, nachdem er erklärt hatte, er sei nur ein Camper. Mitarbeiter erkannten ihn als den »Macheten-Mann«, als sie ihn am 17. September wieder am Zaun entlanglaufen sahen, aber auch diesmal ließen sie ihn gewähren. Am Freitag traf Pierson den Vizedirektor der Protective Intelligence Unit, Craig Magaw, und ein Mitglied seines Teams. Sie erkundigte sich, warum Gonzalez, nachdem der Service von seiner unguten Obsession mit dem Weißen Haus und seinem bizarren Verhalten erfahren habe, nicht überwacht worden sei. Zu dem Gespräch über den Fall Gonzalez hatte Magaw Michelle Keeney mitgebracht, die in seiner Abteilung die Erforschung von Bedrohungslagen verantwortete.

Keeney stimmte zu, dass Gonzalez eine Person wie aus dem Lehrbuch sei, was die potenzielle Bedrohung des Präsidenten anginge, allerdings habe sie erst nach dem Einbruch von seinem Fall und seiner Fokussierung auf das Weiße Haus erfahren. Die Besprechung hatte kaum beruhigende Wirkung auf Pierson, die sich Sorgen um den mangelnden Offensivdruck beim gesamten Service machte. Die Direktorin fürchtete, dass bei der Intelligence Division des Dienstes und im gesamten System erhebliche Defizite bestünden, was die Identifizierung von Bedrohungen anging, wie Gonzalez eine darstellte.

Später an jenem Freitag saßen Pierson und Buster mit Präsident Obama im Oval Office zusammen. Piersons Ziel war es, die Fehler zu benennen, die es dem Jumper ermöglicht hatten, so weit vorzudringen, wie er vorgedrungen war, und die Maßnahmen zu erläutern, die der Service ergreifen würde, um einen vergleichbaren Übergriff in Zukunft zu verhindern. Sie hoffte, den Präsidenten davon überzeugen zu können, dass der Service ihn und seine Familie weiterhin wirksam beschützen würde. Sie dachte die ganze Zeit: *Jedes Mal, wenn ich den Präsidenten treffe, geht es einzig darum, eine weitere schwere Panne zu erklären.*

Zunächst schilderte Pierson die Dinge, von denen sie wusste, dass sie schiefgegangen waren, um dann auf die Sicherheitsverschärfungen zu sprechen zu kommen, die sie rund ums Weiße Haus vornehmen würde. Obama erinnerte Buster kurz und knapp daran, dass es seine Pflicht sei, Obamas stellvertretende Stabschefin Breckenridge auf dem Laufenden zu halten. Ansonsten verbrachte Obama einen großen Teil des Treffens damit, schweigend zu nicken – ein Mann, zuständig für sämtliche Geschäftsbereiche, der sich die geschlossene Faust vor den Mund hielt. Vorbei waren die Zeiten, in denen der Präsident seine Personenschützer mit »Hallo, Jungs« begrüßte und ihnen eine nett gemeinte Frotzelei zurief. Obama beendete das Treffen mit bedrückter Miene.

»Dies fürs Protokoll«, sagte er mit ernstem Nachdruck, »ich habe *nach wie vor* vollstes Vertrauen in den Secret Service.«

Die abgedroschene Phrase des Präsidenten hatte nichts von einer Beteuerung. Vielmehr schien Präsident Obama eine Drohung auszusprechen: *Auch meine Geduld hat ein Ende. Sehen Sie zu, dass Sie Ihre Sachen auf die Reihe kriegen.*

Am Wochenende bereitete sich Pierson auf die Anhörung im Kongress vor, indem sie ein fiktives Podium mit Marrone und ihren Assistenten besetzte. Sie hatte sämtliche Fakten parat, trotzdem fühlte sie sich unter Druck. Marrone riet ihr, die Vorfälle nicht mit den Budgetkürzungen zu entschuldigen, die dem Service zugemutet worden waren. Sie war entschlossen, es würde keine Schuldzuweisungen an ihre Mitarbeiter geben. Was also blieb ihr, um zu erklären, wodurch der Service dermaßen geschwächt worden war? Am Ende der sonntäglichen Probesitzung fühlte sie sich nur noch mehr verunsichert.

Jason Chaffetz konnte es nicht glauben, als er zum ersten Mal davon hörte. Wenn das stimmte, wäre es ein Knaller.

An jenem Sonntagabend war der junge Republikaner aus Utah auf der Rückfahrt von einem erholsamen Wochenende im Grand Teton National Park nicht weit vom Jackson Hole, wo er seinem liebsten Hobby, dem Fotografieren der atemberaubenden Landschaft, nachgegangen war. Er versuchte, sich aufs Fahren zu konzentrieren und zugleich die unglaubliche Geschichte zu erfassen, die gerade aus dem Armaturenbrett seines Trucks schnarrte. Ein Informant, ein öffentlichkeitsscheuer hochrangiger Secret-Service-Mitarbeiter, eine Art Deep Throat, hatte seine Büroleiterin Rachel Weaver wegen einer Geschichte kontaktiert, und was er zu sagen hatte, erschien ihr wichtig genug, um ihn gleich zu dem Kongressabgeordneten durchzustellen.

»Es ist unmöglich, mich zu identifizieren«, sagte er Chaffetz. »Wir hatten ein paar Tage vor dem Jumper einen Vorfall. Der Präsident war in Atlanta, bei den Centers of Disease Control (CDC). Da war eine Person, die war nicht überprüft und ist trotzdem mit dem Präsidenten im selben Fahrstuhl gefahren.«

»Und sie hatte eine Pistole«, fügte der Mann hinzu.

Das war eine schlimme Sache, berichtete der Agent. Der Präsident war dort, um den Angestellten des Bundes für ihre Arbeit im Kampf gegen das Ebolavirus zu danken, und ein Mitarbeiter des CDC auf dem Campus in Atlanta hatte die Aufgabe, Obama bei einer Fahrt im Aufzug zu begleiten. Der Service ist verpflichtet, Hintergrundinformationen über jede Person einzuholen, die in die Nähe des Präsidenten kommt – das gilt auch für Kellner und die Angestellten der Hotels, in denen er untergebracht ist. Niemand in der Nähe des Präsidenten darf eine Waffe tragen, ausgenommen Agenten des Secret Service und handverlesene Sicherheitsleute, die vom Service eingeschworen und Teil von dessen Schutzkonzept sind. In diesem Fall war der CDC-Mann bewaffnet, und der Secret Service hatte ihn nicht überprüft.

Der Service bemerkte sein Versäumnis eher zufällig und sah sich dann das Strafregister des Mannes an. Er hatte wegen Körperverletzung und Beleidigung vor Gericht gestanden, es war aber nie zur Verurteilung gekommen. In einem anderen Verfahren, das später eingestellt wurde, war er wegen des grob fahrlässigen Umgangs mit seiner Waffe angeklagt.

»Wie bitte? Machen Sie Witze?«, fragte Chaffetz.

Deep Throat sagte, keinesfalls, und fügte ein weiteres Detail hinzu: »Das Komische an der Sache ist, dass Direktor Pierson oder jemand aus ihrem Büro noch am selben Tag einen ihrer Agenten nach Atlanta geschickt hat, der verdeckte Untersuchungen anstellen sollte«, sagte er. »Die wollten dafür sorgen, dass Sie und die Öffentlichkeit von der Sache nichts erfahren.«

»Puh«, schnaubte Chaffetz.

Er dankte dem Informanten und einem anderen Agenten, der mit in der Leitung war und den Informanten an Weaver vermittelt hatte, und verabschiedete sich. Chaffetz blieb noch ein paar Minuten am Apparat, um mit Weaver eine Strategie abzustimmen. Er hatte bereits eine Idee, wie er als Vorsitzender eines Unterausschusses des Oversight Committee Pierson bei der bevorstehenden Anhörung auf die Schliche kommen könnte.

»Jetzt werden wir es sehen«, sagte er. »Wird sie die Wahrheit sagen oder wird sie lügen?«

Zu Beginn der Anhörung am Dienstag zählte Darrell Issa, Vorsitzender des Oversight Committee, eine Serie von Skandalen auf, die dazu beigetragen hatten, den einst makellosen Ruf des Secret Service zu schädigen. »Fakt ist, das System ist am 19. September zusammengebrochen, genauso wie 2009, als sich die Salahis bei einem Staatsdinner eingeschlichen haben, oder am 11. November 2011, als Oscar Hernandez erfolgreich das Weiße Haus beschoss, oder in Cartagena, als Agenten mit Prostituierten verkehrten und die Sicherheit gefähr-

deten, und 2014 in den Niederlanden«, sagte Issa. »Wir können das
nicht länger dulden.«

Issa sagte, er habe dem Secret Service immer getraut, doch nun
hege er Zweifel hinsichtlich der Aufrichtigkeit des Dienstes. Er beklagte, erst aus einem Artikel in der *Washington Post* erfahren zu haben, dass die Behauptung des Secret Service, der Jumper sei gleich
hinter der Tür im Weißen Haus dingfest gemacht worden, nicht
stimmte. Omar Gonzalez war in Wahrheit bis weit ins Weiße Haus
vorgedrungen, sagte er – »und das soll das bestgeschützte Angriffsziel
der Welt sein«.

Elijah Cummings, Kongressabgeordneter aus Maryland und hochrangiger Demokrat im Ausschuss, hatte sich seit 2007, als Senator
Obama seinen Präsidentschaftswahlkampf begann, permanent auf
die Zunge gebissen. Er kannte die rassistischen Spinner, die gedroht
hatten, Obama als Zielscheibe für Schießübungen zu benutzen, und
er machte sich schon lange Sorgen um dessen Sicherheit. Die Tatsache, dass ein bewaffneter Mann in das Haus der First Family einzudringen vermochte, jagte Cummings erneut Schauer über den Rücken. Aber die Geschichten in der *Washington Post* über einen Secret
Service, der Einzelheiten zum Jumper unter den Teppich kehrte und
es nicht schaffte, den Beschuss auf das Weiße Haus im Jahre 2011 auf-
zuklären, machten ihn wütend. Im zornigen Tonfall eines Predigers
warnte er davor, dass der stümperhafte Umgang mit der Gewehratta-
cke von 2011 auf eine schwere Krankheit schließen ließ, die im Service
schwärte.

»Meine Damen und Herren, an diesem Bild stimmt etwas ganz und
gar nicht«, sagte er. »Der Secret Service sollte die beste Schutztruppe
der Welt sein. Aber es vergingen vier Tage, bevor man dort bemerkte,
dass das Weiße Haus mit sieben Kugeln getroffen worden war.«

Im Laufe der dreieinhalbstündigen Anhörung wurde Pierson er-
barmungslos zu jedem einzelnen der Fehler und falschen Darstellungen befragt, die in den vergangenen fünf Jahren auf das Konto des
Service gingen, wobei die meisten Fälle in die Zeit ihres Vorgängers
fielen. Einige ihrer Antworten klangen bürokratisch und hölzern. Sie

achtete darauf, als Frau keine übertriebenen Emotionen zu zeigen. Sie blieb cool, aber am Ende fröstelten die Abgeordneten. Einer von ihnen warf ihr vor, angesichts dessen, was schiefgelaufen war, nicht empört zu sein und auch nicht erkennen zu lassen, wie sie die Probleme zu lösen gedachte. Ein anderer sagte, er wünsche, sie würde sich um den Schutz des Präsidenten genauso hingebungsvoll kümmern wie um den Erhalt ihres Jobs.

Dann war Chaffetz an der Reihe. Er begann mit der Frage, ob jede ernst zu nehmende Durchbrechung von Sicherheitsvorkehrungen eine Untersuchung nach sich zöge. Sie antwortete mit ja. Würde der Präsident über jeden solchen Vorfall informiert?, wollte Chaffetz wissen.

»Ich gehe davon aus, dass der Präsident der Vereinigten Staaten informiert ist«, erwiderte sie. »Ich weiß es nicht.«

»Ausgedrückt in Prozent, in wie vielen Fällen informieren Sie den Präsidenten, wenn dessen Sicherheit in irgendeiner Weise (sic) gefährdet ist?«, fragte Chaffetz.

»Wir würden den Präsidenten in hundert Prozent der Fälle informieren«, sagte sie.

»Sie würden den Präsidenten informieren?«, fragte er.

»Ja«, antwortete sie. Sie sprach reflexartig im Sinne des Dienstes. Tatsächlich verhielt es sich so, dass Pierson den Präsidenten nicht persönlich informierte, es sei denn, es handelte sich um einen extremen Fall. Über die meisten sicherheitsrelevanten Ereignisse wurde sein stellvertretender Stabschef vom Leiter seines Personenschutzes in Kenntnis gesetzt. Chaffetz wusste von seinem Deep Throat aus dem Inneren des Dienstes, dass Pierson weder dem Präsidenten noch dem Weißen Haus jemals von dem nicht überprüften Fahrstuhlbegleiter in Atlanta berichtet hatte.

Jetzt hab ich sie, dachte Chaffetz.

Gegen 16 Uhr saß Pierson allein in ihrem Büro und war gerädert und erschöpft von der fast vierstündigen von Anschuldigungen nur so strotzenden Befragung durch die Abgeordneten. Dann stürmten plötzlich Ed Donovan, oberster Pressesprecher des Dienstes, und seine Chefin Jane Murphy, stellvertretende Direktorin in der Abteilung Government and Public Affairs, herein und bauten sich atemlos und entnervt vor ihrem Schreibtisch auf.

Donovan sagte, er erhalte Presseanfragen bezüglich eines Vorfalls, der sich vor ungefähr einer Woche in Atlanta zugetragen habe. Reporter der *Washington Post* wollten wissen, warum der Präsident zusammen mit einem bewaffneten Wachmann im Fahrstuhl gefahren sei, der keiner Sicherheitsüberprüfung unterzogen worden war.

Pierson sagte, ja, das sei zutreffend, und schilderte in wenigen Sätzen das Versäumnis eines Agenten aus dem Vorausteam, die Namen der bei der Veranstaltung involvierten Personen weiterzuleiten, damit sie einer Sicherheitsüberprüfung unterzogen werden konnten. »Warum haben wir davon nichts gewusst?«, wollte eine verärgerte Murphy von ihrer Chefin wissen. Pierson entschuldigte sich und erklärte, sie hätte das Thema mit Buster und Smith besprochen und eine interne Untersuchung angeordnet, hätte aber versäumt, sie zu informieren. Dann klingelte das Telefon auf Piersons Schreibtisch. Christian Marrone war am Apparat. Er sprach schnell, aufgeputscht von einer Mischung aus Adrenalin und Verärgerung.

»Wussten Sie von einem bewaffneten Wachmann, der in Atlanta zusammen mit dem Präsidenten im Fahrstuhl stand?«, sprudelte es aus ihm heraus. »Und die CDC?«

Pierson holte tief Luft.

»Ja«, setzte sie an. Sie war im Begriff, von der Untersuchung zu berichten, die sie angeordnet hatte, doch es war zu spät. Marrone hatte schon aufgehängt.

Marrone musste sein Pressebüro zurückrufen und auch das Weiße Haus und Minister Johnson auf die Nachricht vorbereiten. Er war zutiefst empört. Er hatte sich für Pierson eingesetzt, hatte ihr am selben Tag noch eine anfeuernde Ermutigungsrede à la Joe Paterno gehalten, und er hatte sie bei zahlreichen Gelegenheiten in Schutz genommen. Nun musste er die Aufräumarbeiten übernehmen, nachdem man ihn vorher im Dunkeln gelassen hatte. Sowohl der *Washing-*

ton Examiner als auch die *Post* hatten Artikel darüber gebracht, wie es dazu gekommen war, dass sich ein bewaffneter Mann ohne vorherige Sicherheitsüberprüfung keinen halben Meter vom Präsidenten entfernt hatte aufhalten können. Es war ein extrem grober Schnitzer im vollkommen standardisierten Sicherheitsprotokoll, das Secret-Service-Agenten im Schlaf hersagen konnten.

Obamas Führungsteam im Weißen Haus und Minister Johnson und Marrone hatten gerade erst angefangen, die vernichtende Anhörung, die Pierson über sich hatte ergehen lassen müssen, in ihren Konsequenzen zu erfassen. Nun mussten sie sich mit einer weiteren desaströsen Pressekampagne über den Secret Service herumschlagen. Für sie alle war die CDC-Geschichte der Tropfen, der das Fass zum Überlaufen brachte. Aber ihnen allen fehlte ein letztes entscheidendes Puzzleteil.

Julia Pierson legte keinen gesteigerten Wert auf noch mehr schlechte Presse. Aber sie hatte nicht versucht, diese Blamage vor dem Präsidenten zu verbergen.

Kaum vorstellbar, dass dieser brutale Tag für die Direktorin noch schlimmer werden konnte. Aber die CDC-Berichte taten das ihre. Pierson fühlte sich physisch angegriffen. Sie fand die Artikel aufgebauscht und total unfair. Zunächst einmal war Fakt, dass sie nicht versuchte, irgendetwas zu verheimlichen. Sie hatte Rob Buster, den Leiter von Obamas Personenschutz, noch am selben Tag gebeten, das Weiße Haus über das Problem mit dem Wachmann in Kenntnis zu setzen.

Am Abend rief sie Jeh Johnson an in der Hoffnung, die Sache klären zu können. Der Minister war auf dem Heimflug von Ottawa nach Washington und rief sie nach der Landung gegen 20:30 Uhr zurück. Pierson berichtete ihm, die Anhörung sei »schwierig« – ein Euphemismus – gewesen, aber sie wolle ihm etwas erklären, was in den Zeitungsartikeln über den CDC-Vorfall keine Erwähnung gefunden hatte. Sie sagte zu Johnson, dass sie Buster gebeten hatte, Obama über den Vorfall mit dem Wachmann im Fahrstuhl zu informieren.

Der Minister hörte schweigend zu.

Pierson bat ihn um seine Meinung, wer diese Vorfälle an die *Post* durchgestochen haben könnte. Johnson verabscheute Durchstechereien. Er hatte den schweren Verdacht, dass einige hochrangige Leute in der Zentrale, die Pierson nicht mochten, sich darin versuchten, die Direktorin zu diskreditieren. Doch am Ende spielte es gar keine Rolle, wer diese Sachen durchstach und wer es versäumt hatte, Obama wegen des Wachmanns im Fahrstuhl zu informieren. Pierson identifizierte sich aufrichtig mit der Mission des Service, das wusste Johnson, und sie hatte gute Pläne für die Zukunft des Dienstes. Aber die Liste der Blamagen wurde länger und länger. Das Weiße Haus war in den CDC-Vorfall nicht eingeweiht worden. Die Durchstechereien und Kleinkriege nahmen überhand. Piersons Unvermögen, bei der Anhörung im Kongress überzeugend aufzutreten, hatte das ohnehin schon auf einem Tiefpunkt befindliche Vertrauen der Abgeordneten und der Regierung in den Service weiter schwinden lassen.

Die schwierige Entscheidung war bereits getroffen. Der Minister hatte gegen 17 Uhr mit Marrone gesprochen, und sie waren sich einig, dass Pierson gehen müsse. Das Weiße Haus ließ Marrone wissen, dass schon eine vorübergehende Vertretung in den Startlöchern stehe, deren Name am nächsten Tag bekannt gegeben werden könnte. Der Präsident wollte den ehemaligen Leiter seines Personenschutzes, Joe Clancy, auf dem Posten sehen.

Johnson hatte sich entschieden, Pierson an jenem Abend am Telefon nichts von ihrer bevorstehenden Ablösung zu sagen. Sie war gerade brutal in die Mangel genommen worden, so etwas hatte es in Washington lange nicht mehr gegeben.

»Das ist ein Problem, Julie. Ein echtes Problem«, sagte er bezüglich des Umstandes, dass der Präsident von der Geschichte mit dem Wachmann überrascht worden war. »Darüber müssen wir noch reden und ich werde mich deswegen bei dir melden.«

Einen Tag darauf gab das Weiße Haus Piersons Rücktritt bekannt – ein Schritt, zu dem sie am Morgen genötigt worden war – und dass Clancy ihr Nachfolger würde. In der Öffentlichkeit vermuteten viele zu Recht, dass sie ihren Job verlor, weil unter ihrer Oberaufsicht zu viele schlimme Dinge passiert waren, aber zu Unrecht wurde gemutmaßt, dass sie versucht habe, dem Präsidenten etwas zu verheimlichen.

Johnson wusste es besser. Er wusste, dass eine Reihe hochrangiger Secret-Service-Mitarbeiter Pierson im Stich gelassen und dass einige sogar aktiv gegen sie gearbeitet hatten, indem sie schlechte Nachrichten nach außen durchsickern ließen. Am Tag ihres Rücktritts wies er seine Leute an, ihn in die Zentrale des Secret Service zu bringen und sämtliche stellvertretenden Direktoren im großen Konferenzraum zusammenzurufen, wo er ihnen eine Standpauke hielt.

»Heute ist der absolute Tiefpunkt, und von hier aus geht es jeden Tag nur noch aufwärts«, sagte Johnson. »Sie hat diesen Sturz für Sie alle auf sich genommen. Aber Sie alle tragen die Verantwortung. Ich rate Ihnen, Ihren Arsch in Bewegung zu setzen, sonst fliegen Sie. Und der eine unter Ihnen, gehen Sie ruhig los und stechen das durch an die Presse, wie Sie alles andere auch durchgestochen haben.«

Mit hängenden Köpfen saßen sie da und sahen Johnson hinterher, wie er den Raum verließ.

TEIL 5

RÜCKWÄRTS UND ABWÄRTS

Die Trump-Jahre
(2016 - 2021)

Kapitel 25

CLANCY IST AM ZUG

Jeh Johnson hatte eine Stelle zu besetzen, die seiner Meinung nach nur ein Vier-Sterne-General ausfüllen konnte.

Präsident Obama hatte den Rücktritt der Secret-Service-Direktorin Julia Pierson angenommen, deren wiederholtes Versagen der Agentur erheblichen Schaden zugefügt hatte und die zugleich unter Beschuss ihrer männlichen Kollegen geraten war, die ihre Fehlentscheidungen durchgestochen hatten, wofür es eindeutige Hinweise gab. Im November 2014 suchte der Minister für Homeland Security einen anspruchsvollen Leiter, der die Kontrolle über den Secret Service zurückerlangen und der in Zukunft verhindern könnte, dass die Obama-Administration mit peinlichen Affären in die Schlagzeilen geriet. In seiner Zeit als Berater des Verteidigungsministeriums hatte Johnson die Führungsstärke zu schätzen gelernt, die Generäle ausstrahlten. Nicht nur besaßen sie die Fähigkeit, ihre Untergebenen zu aktivem Handeln zu verpflichten, den Besten gelang es darüber hinaus, einen Korpsgeist zu entwickeln, der es mit sich brachte, dass ihre Soldaten es gar nicht erwarten konnten, mit ihnen in die Schlacht zu ziehen und dort ihre Fähigkeiten unter Beweis zu stellen. Enttäuscht hatte er mit angesehen, wie Pierson versuchte, mitten in einer Meuterei den Service zwischen diversen Untiefen hindurchzusteuern.

Doch niemand aus der hochdekorierten Militärkaste biss bei dem Jobangebot an. Das Zwei-Milliarden-Dollar-Budget des Dienstes war selbst im Vergleich zu den bescheidensten Pentagon-Programmen

arg mickrig. Hinzu kam, dass dem Service eine Serie gut dokumen-
tierter Probleme in Sachen Fehlverhalten und Missmanagement im
Nacken saß und mit einer fortgesetzt aggressiven Kontrolle durch
einen Kongressausschuss zu rechnen war, dessen Mitglieder sich mit
der Öffentlichmachung der Verfehlungen des Dienstes profilierten.

Mit Beginn des neuen Jahres versuchte Johnson im Januar 2015,
seine möglichen Kandidaten abschließend einzuschätzen. Er hatte
sich privat mit Larry Cockell besprochen, der sich in der Clinton-Ära
in leitender Position beim Service einen Namen gemacht hatte und
schon einmal Kandidat für den Direktorenposten gewesen war, und
hatte ihn gedrängt, sich erneut für die Top-Position zu bewerben.
Cockell, der inzwischen als Leiter der Sicherheitsabteilung bei Time
Warner ein ansehnliches Gehalt bezog, war für seine konservativen
Führungsprinzipien und strategischen Planungen bekannt. Doch er
schied rasch aus dem Kandidatenwettbewerb aus, nachdem er aus
der Gerüchteküche des Service erfahren hatte, dass Joseph Clancy,
der ursprünglich als Übergangsdirektor gehandelt worden war, inzwischen Interesse signalisierte, den Job auf Dauer zu übernehmen.
Johnson hielt Clancy angesichts der Tatsache, dass der Service neue
Besen brauchte, nicht für die beste Wahl, doch Cockell wusste, dass
das Behagen eines Präsidenten mit seinem Direktor alle anderen Kriterien überlagerte.

Schließlich glaubte Johnson, der noch keine zwei Jahrzehnte auf
dem Buckel hatte, in denen er die Beziehungen zwischen Präsidenten und ihren Agenten beobachten konnte, den idealen Kandidaten
gefunden zu haben. Sean Joyce hatte jüngst seinen Posten als Vizedirektor des FBI aufgegeben. Er kannte sich in Fragen der Exekutive
bestens aus und hatte sich auf Operationen spezialisiert, die hinter
den Kulissen abliefen – ein Gebiet, auf dem der Secret Service dringend Unterstützung brauchte.

Doch nachdem Clancy eines Tages bei einer günstigen Gelegenheit unter vier Augen Präsident Obama anvertraute, dass er Interesse
habe, den Job weiterzumachen, war die Entscheidung gefallen. Der
Präsident war begeistert von der Aussicht, seinen leitenden Perso-

nenschützer in führender Position zu wissen – das Gleiche galt für Michelle Obama. Cockell hatte den richtigen Instinkt gehabt.

In der ersten Februarwoche telefonierte Johnsons Vize mit einem ehemaligen Polizeichef, der für den Posten im Gespräch war, um ihm zu sagen, er müsse gar nicht erst zu einem vorher vereinbarten Vorstellungsgespräch nach Washington kommen. Der Präsident habe sich schon für jemanden entschieden.

Dieser Jemand war Clancy. Doch um die vollständige Absegnung durch das Weiße Haus zu bekommen, musste Clancy etwas tun, was er nicht gerne tat. Als geschäftsführender Direktor hatte er Alvin »A. T.« Smith zu seinem Vize ernannt, einen Agenten, mit dem er seit Jahren zusammengearbeitet hatte, der aber beim Dienst alles andere als unumstritten war. Die Leute beim Service, die Smith nicht ausstehen konnten, waren empört angesichts der Förderung Smiths durch Clancy. Wichtiger noch, der republikanische Abgeordnete Jason Chaffetz, der wegen Smiths Rolle bei zahlreichen blamablen Sicherheitspannen ermittelte, war angefressen ob dieser Unterstützung. Wenn Smith als sein wichtigster Stellvertreter im Amt bliebe, würden der Service und die Obama-Administration weiterhin damit rechnen müssen, unter scharfer und wenig wohlwollender Beobachtung von Chaffetz' Oversight Committee zu stehen.

Am 9. Februar verkündete Clancy, dass er Smith aus seiner Position als Vizedirektor entlassen werde. Mitte Februar verkündete Präsident Obama, Clancy werde der neue permanente Direktor, womit er die Empfehlung jenes Expertengremiums verwarf, das er selbst einberufen hatte, damit es Reformvorschläge zur Lösung der Probleme des Service entwickelte. Das Gremium, dem zwei Anwälte angehörten, die für Obama tätig gewesen waren, drängte den Präsidenten zur Wahl eines Außenstehenden als zukünftigen Direktor, weil darin nach seiner Meinung die einzige Chance lag, den Service zur Aufgabe seiner alten, isolationistischen Praktiken zu zwingen. »Nur ein Direktor, der von außerhalb des Secret Service kommt und damit nicht in organisatorische Traditionen und persönliche Seilschaften eingebunden ist, wird in der Lage sein, eine ehrliche Neuausrichtung durch sämtliche Ebenen zu organisieren, die dafür notwendig sind«, hieß es in dem Bericht.[1]

Aber Clancys Verbindung zu Obama und sein Image als »Mr. Clean« halfen ihm bei seiner Kandidatur. Von 2009 bis zu seiner Pensionierung 2011 war er Leiter von Obamas Personenschutz und insofern häufig das erste Gesicht gewesen, das der Präsident am Beginn seines Arbeitstages sah. Es bestand beileibe keine Gefahr, dass er irgendwelche Leichen im Keller hatte. Clancy war seit einunddreißig Jahren in treuer Ehe mit ein und derselben Frau verheiratet. Während sich um einige männliche Führungspersonen Gerüchte um Affären und Frauengeschichten rankten, war Clancy der Pfadfinder, der Einladungen der Kumpel zum Feierabend-Drink regelmäßig ausschlug.

Allerdings bezweifelten sogar Clancys Unterstützer, dass er das Zeug dazu habe, das Schiff wieder flottzumachen. Mit seinen einundsechzig Jahren hatte er nie in der Zentrale gearbeitet, ihm fehlte also die Erfahrung mit Operationen hinter den Kulissen. Er mied Konfrontationen und hatte während seines gesamten Berufslebens Untergebene stets davor gewarnt, eingefahrene und bewährte Prozesse zum Besseren verändern zu wollen. Er unterhielt langjährige Verbindungen zu jener Führungsriege, die den Service an diesen besorgniserregenden Abgrund manövriert hatte. Sein Spitzname im Service lautete Father Joe, eine Anspielung auf sein Interesse am Priesteramt als junger Mann, aber auch auf seinen nachsichtigen Führungsstil. Allerdings weckten jene Qualitäten, für die Clancy respektiert und gemocht wurde, zugleich Zweifel daran, dass er die Idealbesetzung für die Reform eines Dienstes war, der sich durch arrogante Renitenz auszeichnete.

»Sie finden keine bessere und derart integre Person«, sagte einer seiner ehemaligen Kollegen in Philadelphia. »Unmöglich. Aber er ist kein scharfer Hund.« Und an diesem Scheideweg, wo der allmähliche weitere Niedergang des Service zur Disposition stand, war ein aggressiver Köter gefragt.

Dem 24. Direktor des Secret Service blieben ganze zwei Wochen, um seine bemerkenswerte Beförderung zu genießen, bis ein neuer

Schwung an Fällen von Fehlverhalten und Peinlichkeiten ihm das Leben vermieste. Eine bestürzende Missachtung ethischer und sicherheitsrelevanter Fragen – unter Beteiligung eines seiner Freunde, der zugleich ein höchstrangiger Supervisor war – zwang Clancy und den Service erneut mit hochroten Köpfen in die Defensive.

Die Abschiedsparty für Ed Donovan anlässlich seiner Pensionierung begann am 4. März um halb sechs in einer düsteren irischen Bar namens Fado in Chinatown. Der Ort schien richtig gewählt. Donovan und die meisten Kollegen aus seinem Team – wie schon viele Secret-Service-Agenten vor ihnen – waren Iren. Der gälische Name der Bar bedeutet frei übersetzt »Es war einmal …«, und mit diesem Wort begannen die meisten alten irischen Sagen. Die dreißig bis vierzig Gäste waren zu Ehren ihres Freundes gekommen, aber sie ließen es sich nicht nehmen, auch auf den Erhalt des Secret Service in seiner alten Form anzustoßen. Pierson und das Experiment des Service mit seiner ersten Direktorin waren Geschichte. Obama hatte, statt sich für einen Außenstehenden zu entscheiden, »Father Joe« Clancy auserwählt, einen Insider, den sie gut kannten und der als Inbegriff alter Schule galt.

Donovan und seine Frau hatten ein Büfett mit Pub Food vorbereiten lassen, und an der Bar gab es Wein und Bier als Freigetränke. Agenten und auch ein paar Mitarbeiter aus dem Innendienst rissen bei der Begrüßung Donovans ein paar Witze darüber, was für ein Glück der bullige, ehemals in New York stationierte Agent gehabt habe, weil es über zwei Jahrzehnte im Job immer nur aufwärtsgegangen sei, und ganz besonders sei seine erfolgreiche Arbeit in der Presseabteilung hervorzuheben, wo er in den letzten Jahren die Reputation des Dienstes trotz Cartagena, Beschusses des Weißen Hauses und Jumper habe verteidigen können. Donovan verfügte über ein herrlich lautes und dröhnend bellendes Lachen, wurde aber von Reportern ohnehin ganz generell respektiert. Er hatte sich unbedingt aus dem Pressebüro in eine andere Abteilung versetzen lassen wollen, aber da er im Umgang mit Journalisten und heiklen Situationen ungewöhnlich versiert war, wollte Direktor Sullivan ihn nicht ziehen lassen. Als Donovans Frau zwei Stunden später, um 19:30 Uhr, die freie Bar für geschlossen erklärte, belief sich die Rechnung fürs Büfett auf 729 Dollar, hinzu kam die Getränkerechnung über dreiundfünfzig Bier, sieben Gläser Wein und drei Mineralwasser.

Zwei von Donovans engen Freunden, die mit ihm in der Presseabteilung gearbeitet hatten, hingen noch sehr viel länger an der Bar herum. George Ogilvie, ein erfahrener Mitarbeiter der Rangstufe GS-14, der damals die Schutztruppe der Washingtoner Außenstelle leitete, ließ seine Kreditkarte um 19:44 Uhr zur Registrierung durch das Lesegerät ziehen und entsprach damit einer Tradition, wonach der Jüngste die Drinks bezahlt. Er war seit fast zwanzig Jahren im Dienst. Sein Trinkkumpan war der ältere und, so hätte man annehmen dürfen, weisere Marc Connolly. Connolly war seit siebenundzwanzig Jahren Agent, inzwischen in ranghoher Funktion, und 2012 hatte man ihn zum stellvertretenden Leiter von Obamas Personenschutz befördert. Zwei Mitarbeiter aus der Presseabteilung leisteten Ogilvie und Connolly an der Bar eine Zeit lang Gesellschaft, dann gingen sie.

In den folgenden drei Stunden saßen die beiden Männer im Fado und tranken und erzählten sich Geschichten aus den guten alten Zeiten beim Secret Service. Um 22:45 Uhr beschlossen sie, es sei Zeit zu gehen. Zusätzlich zu den drei Drinks, die er den beiden Kollegen ausgegeben hatte, belief sich Ogilvies Rechnung auf acht Scotch, drei Bier, zwei Wodkadrinks und ein Glas Wein; später behauptete er, drei der Getränke selbst konsumiert zu haben. Ogilvie erbot sich, Connolly, der mehr getrunken hatte als er, in seinem Dienstwagen zurück zum Weißen Haus zu fahren, wo wiederum Connollys Dienstwagen stand.

Obwohl Connolly für die Sicherheit des gesamten Weißen-Haus-Komplexes verantwortlich war, hatten weder er noch Ogilvie auf ihre Dienst-BlackBerrys geachtet. Kurz vor 22:30 Uhr hatte das Weiße Haus die Sicherheitsstufe auf Gelb hochgesetzt, was für Mitarbeiter die Alarmierung für eine erhöhte Gefahrenlage bedeutete, außerdem

wurde die Zufahrt zur E Street an der 15th Street gesperrt. Als Ogilvie eine Viertelstunde später die Rechnung in der Bar beglich, hatte
das JOC einen E-Mail-Alarm an alle Leitungskräfte rausgeschickt
– und Direktor Clancy zu Hause angerufen –, um zu erklären, dass
das Weiße Haus auf Gelb hochgestuft worden sei, weil eine Frau in
der Nähe des Wachhauses an der E-Street-Zufahrt ein verdächtiges
Paket hingeworfen und »Bombe« geschrien hatte. Der Sprengmit-
telräumdienst der örtlichen Polizei sei hinzugezogen worden, um
festzustellen, ob es sich tatsächlich um einen Sprengsatz oder um
falschen Alarm handelte. Zum Schutz der eigenen Beamten und der
Öffentlichkeit hatte der Secret Service die Zufahrt geräumt und mit
Plastikfässern abgesperrt und dann weiter nördlich auf der 15th Street
Beamten postiert, um den Verkehr in einem Bereich von zwei Blocks
um das Paket herum umzuleiten.[2]

Nichtsahnend fuhr Ogilvie geradewegs Richtung E-Street-Zufahrt,
um aufs Gelände des Weißen Hauses zu gelangen. Ein Mitarbeiter
des Secret Service, der auf der 15th Street den Verkehr umleitete, versuchte per Handzeichen, Ogilvies Wagen anzuhalten, doch der raste
an ihm vorbei. Der Supervisor lenkte seinen Wagen weiter in Richtung des nunmehr geräumten Wachhauses. Dort musste Ogilvie bei
dem Versuch, ein großes Plastikfass zu umfahren, einen weiten Bogen beschreiben. Er setzte zweimal zurück und fuhr wieder vor, um
einen besseren Winkel zu erwischen, doch schließlich gab er auf und
schob mit Hilfe seiner rechten Stoßstange auf der Beifahrerseite langsam das Hindernis aus dem Weg.[3] Als sein Wagen an der Stelle, die
wegen einer Bombeninspektion evakuiert worden war, aufs Gelände
des Weißen Hauses einbog, rollten die Räder auf der Fahrerseite nur
wenige Meter an dem mysteriösen Paket vorbei. Jetzt musste er, wie
alle Wagen, die aufs Gelände des Weißen Hauses wollten, auf jene Beamte warten, die sein Auto überprüften, ehe sie eine senkrecht hoch-
fahrbare Metallbarriere absenkten und ihm erlaubten, weiter auf das
Gelände zu fahren.

Ein leitender Mitarbeiter des JOC beobachtete via Überwachungs-
kamera, wie Ogilvies SUV in die gesperrte Zufahrt an der E Street

fuhr und wies die Beamten von der Uniformed Division an, die Agenten zu überprüfen, die mit ihrem Wagen vor der Metallbarriere standen. Den Männern war unwohl bei dem Gedanken, sich einer möglichen Bombe mehr als unbedingt nötig nähern zu müssen, ehe diese inspiziert worden war, doch alle drei fügten sich in ihr Schicksal und gingen zu dem Wagen. Als sie sich näherten, hielten Ogilvie und Connolly ihnen ihre Dienstmarken hin.

»Wie sind Sie hier reingekommen?«, fragte der Führer des Trupps die Agenten.

Die schwiegen. Der Mann wiederholte seine Frage zweimal, ohne eine Antwort zu erhalten – als würden die Agenten ein Spiel mit ihm spielen. Ogilvie hielt den Kopf gegen die Kopfstütze gepresst, die Augen weit aufgerissen, als würde er versuchen, nicht zu blinzeln. Connolly auf dem Beifahrersitz hatte einen glasigen Blick, sah zerzaust aus und sagte nichts. Als der Beamte zum vierten Mal fragte, ließ sich Ogilvie schließlich zu einer Antwort herab.

»Niemand hat uns aufgehalten«, sagte er. Ogilvie log und behauptete, sie kämen aus der Zentrale. In Wahrheit hatten sie die letzten drei Stunden in einer Bar gesessen und getrunken. »Wo sind die Wachposten und die K-9er?«, wollte Connolly wissen, der sich darüber aufzuregen schien, dass man sie nicht die Barriere passieren ließ. Die Beamten erklärten es ihm: Diese Zufahrt wurde wegen eines verdächtigen Pakets gesperrt.

Es war kurz nach 23 Uhr, und an Connolly und andere Personen auf der Leitungsebene waren bereits mehrere E-Mails wegen des Pakets und der erhöhten Sicherheitsstufe für das Weiße Haus rausgegangen. Connolly hatte von alledem nichts mitbekommen. Vielmehr waren er und sein Saufkumpan in ein Gebiet eingefahren, das wegen der Gefahr einer Bombenexplosion abgeriegelt war.

Die Beamten vermuteten, dass die Agenten getrunken hatten, weil ihre Einlassungen keinen Sinn ergaben. Einer der drei Männer beschloss, den Wachführer Captain Michael Braun, den ranghöchsten an jenem Abend auf dem Gelände diensthabenden Kollegen, anzurufen. »Wir haben hier eine Problemlage«, berichtete er an Braun. »Wir haben hier Connolly und Ogilvie bei uns. Sie könnten betrunken sein.«

Captain Braun, der in letzter Instanz an Connolly berichtete, aber einige Rangstufen unter ihm stand, rief seinen Chef an. Er wollte ein Problem melden, mit dem er und seine Kollegen beim Secret Service vorher noch nie konfrontiert gewesen waren: ein höchstwahrscheinlich alkoholisierter und aggressiver Leiter des Präsidentenkommandos, unterwegs zum Weißen Haus in einem Dienstwagen, an dessen Steuer ein möglicherweise ebenfalls betrunkener weiterer Agent saß, der eine Straßensperre und ein wegen Ermittlungen evakuiertes Gelände durchfahren hatte. Nach dem Telefonat kam Braun runter zur Zufahrt, um die Situation selbst in Augenschein zu nehmen, und wies die drei Beamten an zurückzubleiben. Als er an Ogilvies SUV herantrat, stieg ihm ein leichter Geruch von Alkohol in die Nase. Bei Connolly fielen ihm dessen rot angelaufenes Gesicht und sein glasiger Blick auf und dass er sich sein Handy ans Ohr presste.

»Habt ihr was getrunken?«, wollte Braun von Ogilvie wissen.

»Was?«, sagte Ogilvie.

Braun wiederholte die Frage. Ogilvie sah hinüber zu Connolly, dann ein langsames Nicken und ein leises »Ja«.

Über den nächsten Schritt entschied der Captain trotz mangelnder Informationen. Er hatte den Eindruck, dass sich Ogilvie ruhig und professionell verhielt und noch fahrtüchtig war, was auf Connolly nicht zutraf. Er rief die Leute vom K-9-Team, die sich zunächst weigerten, das Gelände zu betreten, dann aber einlenkten – sie sollten Ogilvies SUV kontrollieren, damit er die absenkbare Barriere passieren konnte. Kollegen berichteten, Braun habe gesagt, er glaube, dass beide Männer »hackevoll« seien und gegen die Zehn-Stunden-Regel des Service verstießen, die es Agenten verbot, zehn Stunden vor Dienstantritt Alkohol zu konsumieren. Einige der Beamten wollten die Agenten einem Alkoholtest unterziehen, doch Braun sagte, das sei ein »Karrierekiller«. Die Beamten hatten keinen Zweifel, dass von seiner Karriere und nicht Connollys die Rede war. Braun bestritt später, derartige Bemerkungen gemacht zu haben.

Es bestand allerdings kein Dissens darüber, dass das bizarre Auf-
tauchen der hochrangigen Agenten auf dem Gelände des Weißen
Hauses für die Uniformed Divison des Secret Service die höchste
Alarmstufe bedeutete. Die Beamten hatten Braun zu Hilfe gerufen,
Braun hatte seinen Chef angerufen und um Rat gefragt, und Brauns
Chef rief nun seinerseits seinen Vorgesetzten an, Deputy Chief Al-
fonso Dyson, um ihn über die Vorgänge an der Ostseite des Weißen
Hauses in Kenntnis zu setzen. Dyson war zuständig für das gesamte
Führungspersonal im Weißen Haus, und nachdem er sich kurz hatte
informieren lassen, rief er gegen 23:19 Uhr Connolly an, kurz nachdem dieser von Ogilvie bei seinem eigenen Dienstwagen abgesetzt
worden war. Normalerweise berichtete Dyson an Connolly, doch in
dieser Nacht war es Connolly, der Dysons Rat brauchte.

»Ich hab Scheiße gebaut«, erklärte Connolly dem Stabschef.

Zweimal drängte Dyson Connolly, das Vorgefallene seinem Vorgesetzten zu melden, »ehe die Sache aus dem Ruder läuft«. Connolly
versprach es. Ogilvie und Connolly fuhren jeweils zu sich nach Hause,
trotz Brauns Befürchtung, dass Connolly höchstwahrscheinlich nicht
mehr fahrtüchtig war. Keiner meldete die Ereignisse vom 4. März.

Aber das Schicksal sollte die beiden mächtigen Agenten weiter
verfolgen. Mindestens einer der Beamten, die in jener regnerischen
Nacht Dienst hatten, als Ogilvie und Connolly sturzbetrunken am
Weißen Haus auftauchten, war selbst vor ziemlich genau einem Jahr
nach einer alkoholisierten Nacht in den Florida Keys erwischt und
degradiert worden. Der Autounfall der beiden Secret-Service-Agenten auf Islamorada im März vor einem Jahr hatte eine gründliche
interne Untersuchung nach sich gezogen. Es war herausgekommen,
dass viele der Mitarbeiter auf jener Reise bei einem Ausflug in die
örtliche Sportbar mitgemacht und reichlich Tequila getrunken hatten. Am Ende musste ein Vorgesetzter die Männer aus der Bar holen, und mindestens einer von ihnen übergab sich in dem gemieteten
Van. Rein technisch gesehen waren sie in jenem Moment im Dienst
und sollten früh am nächsten Morgen den anstehenden Empfang
der Obama-Familie vorbereiten, die für ein paar Ferientage erwar-

tet wurde. In der Folge hatte die Direktorin Julia Pierson mehrere Beamte von ihren begehrten Posten im Spezialdienst abberufen und sie zum Wacheschieben vor dem Weißen Haus verdonnert. Nun, ein Jahr später, waren die in den Florida Keys zu zweifelhaftem Ruhm gelangten Beamten nicht bereit, zwei hochrangigen Agenten des Secret Service eine solch dreiste und trunkene Eskapade durchgehen zu lassen.

Ein Beamter eröffnete an jenem Freitag, dem 6. März, ein geheimes E-Mail-Konto und schrieb eine Darstellung des Vorfalls, die er und seine Kollegen schnell unter den Freunden in der Secret-Service-Familie weiterverbreiteten. In einer Version wurde schlicht berichtet, dass zwei nicht namentlich genannte Agenten in Verdacht standen, betrunken zum Weißen Haus zurückgefahren, in irgendeine Art Autounfall verwickelt gewesen und ahnungslos auf ein Gelände geraten zu sein, das wegen eines verdächtigen Paketes geräumt und abgesperrt war. Ein ehemaliger Agent bekam Wind von der Angelegenheit und rief mich am Freitag an, um sich zu erkundigen, ob ich wüsste, was nach Donovans Abschiedsparty vorgefallen war. Im Laufe des Wochenendes hatten zig aktive oder ehemalige Secret-Service-Agenten die E-Mail geteilt und weitergeleitet.

Ein pensionierter Agent namens Mike Novak, langjähriger Freund von Clancy, war besorgt, als ein anderer Ehemaliger ihn auf die Anschuldigungen und darauf, wie weit sie sich bereits verbreitet hatten, aufmerksam machte. Hunderte aktive oder ehemalige Agenten kannten all die schmutzigen Details, nur eine Schlüsselfigur war vollkommen ahnungslos: Joe Clancy. Novak, der zusammen mit Clancy bei Comcast tätig gewesen war, wollte seinen Freund vor Peinlichkeiten bewahren. Clancy war erst seit einem Monat als ständiger Direktor im Amt. Novak rief ihn am Montag, dem 9. März, gegen neun Uhr morgens in der Zentrale an, um ihn ins Bild zu setzen.

Clancy hörte zu und dankte Novak. Er war sicher, dass es sich um eine Falschmeldung halten musste, aber er rief Billy Callahan an, den Vizedirektor von Protective Operations, und bat ihn, die Angelegenheit zu prüfen. Bei Clancys Morgenbriefings in der vergangenen Woche hatte niemand den Vorfall erwähnt. Trotz Dysons Ermahnung, Connolly solle die Sache an seinen Chef, den Leiter von Obamas Personenschutz Rob Buster melden, hatte Connolly nichts dergleichen unternommen, auch nicht dann, als er und Buster sich zwei Tage später trafen, um zu besprechen, warum es nicht gelungen war, die mit dem verdächtigen Paket in Zusammenhang stehende Verdachtsperson gleich an Ort und Stelle festzunehmen. Am Montagvormittag traf sich Richard Coughlin, stellvertretender Vizedirektor und damals Leiter des Office of Professional Responsibility, mit Clancy, um ihn über die Einzelheiten jener Geschichte in Kenntnis zu setzen, die am Wochenende die Runde gemacht hatte. Hier schreckte der Direktor auf, weil die beiden Agenten namentlich genannt wurden. Clancy hatte beim Personenschutz eng mit Connolly zusammengearbeitet und war dort sein Vorgesetzter gewesen. Sowohl er als auch Ogilvie waren höchst erfahrene Supervisoren. Der Direktor war der Meinung, in diesem Fall wäre eine den Grundsätzen des Secret Service gemäße Untersuchung nicht zu gewährleisten. Er instruierte Coughlin, noch am selben Abend das Büro des Inspector General beim Department of Homeland Security, John Roth, zu informieren und ihn zu bitten, die Ermittlung zu übernehmen.

Zwei Tage später veröffentlichte ich einen Artikel, in dem stand, dass gegen Connolly und Ogilvie ermittelt würde, da sie im Verdacht standen, möglicherweise betrunken in einen Autounfall verwickelt gewesen zu sein und eine Sicherheitsabsperrung vor dem Weißen Haus entweder durchfahren zu haben oder in sie hineingefahren zu sein.[4]

Viele Details waren noch unbestätigt. Ich hielt mich an das, was ich wusste: die spezifischen Vorwürfe, über die Clancy in Kenntnis gesetzt worden war und von denen er wünschte, dass sie untersucht würden – ein möglicher »Crash«, in den zwei Agenten verwickelt waren, angeblich betrunken, wie in der mysteriösen E-Mail behauptet:

Wie ein Mitarbeiter des Secret Service am Mittwoch mitteilte, hat die Obama-Administration Ermittlungen wegen der gegen

zwei Agenten des Dienstes erhobenen Beschuldigungen eingeleitet, darunter ein leitendes Mitglied beim Personenschutz
des Präsidenten; die beiden Männer sollen, nach dem Genuss
von Alkohol bei einer bis in den späten Abend dauernden Party,
ihren Dienstwagen in eine Sicherheitsabsperrung vor dem Weißen Haus gelenkt haben.

Doch in anderen Quellen war von dem Crash als harte Tatsache die
Rede, nicht als Unterstellung, von der Clancy hoffte, dass sie sich ent-
kräften ließe.

Zwei hochrangige Agenten des Secret Service, darunter ein
leitendes Mitglied beim Personenschutz von Präsident Barack
Obama, sind mit ihrem Wagen in eine Absperrung vor dem
Weißen Haus gecrasht, nachdem sie bis spät am Abend der Abschiedsparty des Pressesprechers Ed Donovan beigewohnt und
dort vermutlich auch Alkohol konsumiert hatten, wie CNN von
Zeugen berichtet wurde.[5]

Als die Geschichte veröffentlicht wurde, zeigten sich auch hartgesot-
tene Ehemalige des Secret Service auf Anhieb empört.
   »Hallo, Carol«, schrieb mir Dan Emmett, der frühere Leiter des
CAT.

Ich bin traurig, wütend, und im Grunde kann ich es gar nicht
fassen. Nach allem, was der Secret Service in den letzten drei
Jahren durchgemacht hat, übersteigt dies alle Vorstellungen. Der
Service hatte die Chance, sein Ansehen beim amerikanischen
Volk wiederherzustellen, und nun ist er, aller Wahrscheinlichkeit nach, in diesem Wiederherstellungsprozess um Jahre zu-
rückgeworfen. Die Öffentlichkeit hat genauso die Schnauze voll
wie die guten Agenten, die sich diesen leichtfertigen, verant-
wortungslosen Mangel an Führung gefallen lassen müssen.
Joe Clancy hatte recht damit, die Sache dem OIG/DHS zu über-

tragen, und ich bin sicher, dass es eine extrem sorgfältige Untersuchung geben wird. Wenn Ogilvie und Connolly tatsächlich getan haben, was ihnen vorgeworfen wird, dann sind sie erledigt. Wenn es stimmt, dann ist dies ein Gipfel an Verantwortungslosigkeit, Inkompetenz und totaler Missachtung des Secret Service und des Präsidentenamtes.

Die Reaktion des Weißen Hauses war kaum verhohlene Abscheu. Das dortige Führungspersonal Obamas hatte es satt, für den Secret Service und dessen Debakel die Kohlen aus dem Feuer zu holen. Diese Verfehlung hatte auf dem Gelände des Weißen Hauses stattgefunden, und zwar unter Beteiligung eines der hochrangigsten Personenschützer des Präsidenten.

»Mir sind die Berichte bekannt«, erklärte Josh Earnest, Pressesprecher des Weißen Hauses, den Reportern, die bei der Pressekonferenz am nächsten Tag ihre Fragen zu dem Vorfall stellten.[6] »Die darin erwähnten Anschuldigungen sind abscheulich.« Earnest sagte, die Administration und der Secret Service nähmen die Berichte »sehr ernst« und verwies dann wegen weiterer Fragen kurz und knapp an die Presseabteilung des Secret Service.

Clancy musste auf dem Kapitol wegen der Vorfälle vom 4. März eine Menge Prügel einstecken, da sich die Mitte März stattfindenden Anhörungen zum Budget des Dienstes zu einer Inquisition in Sachen Secret-Service-Pannen auswuchs. Hal Rogers, Vorsitzender des House Appropriations Committee, beschimpfte den neuen Direktor bei einer der Anhörungen wegen seiner Vogel-Strauß-Politik im Zusammenhang mit der angeblichen Fahrt der beiden Agenten unter Alkoholeinfluss. »Zu behaupten, Sie würden auf eine Untersuchung verzichten, weil Sie wollen, dass der Inspector General die Ermittlungen durchführt, ist Augenwischerei«, sagte Rogers. Auch bezweifelte er Clancys Fähigkeit, die arrogante Einstellung des Secret Service, sich nicht an Regeln halten zu müssen, ändern zu können. »Ich spüre derzeit bei Ihnen keinerlei Entschlossenheit, die entsprechenden Maßnahmen zu ergreifen«, sagte Rogers.

Als bei einer Anhörung am 24. März die Abgeordneten ihn abwechselnd in die Mangel nahmen, erinnerte der ruhige, stets höfliche und ein wenig roboterhafte Clancy mehr und mehr an eine zerfledderte Puppe. Zwei der strengsten Aufseher des Secret Service – die Abgeordneten Jason Chaffetz und Elijah Cummings, Letzterer später Vorsitzender und hochrangiges Mitglied des House Oversight Committee – hatten, fassungslos angesichts der Geschehnisse, die Sitzung einberufen. Doch ihre Empörung wuchs noch, als Clancy ihnen vor der Sitzung erklärte, er würde keine wesentlichen Details zu dem Vorfall beisteuern und er würde seinen Vizedirektoren untersagen, die Fragen des Ausschusses zu beantworten.

»Mit seiner Weigerung, den von uns geladenen Zeugen – die über Kenntnisse aus erster Hand verfügen, was den Vorfall betrifft – die Aussage zu gestatten, lässt Direktor Clancy den Kongress und die amerikanische Öffentlichkeit im Dunkeln sitzen«, sagte Chaffetz. »Es entzieht sich unserer Kenntnis, warum Direktor Clancy beschlossen hat, sich zu Beginn seiner Amtszeit derart unkooperativ gegenüber dem Kongress zu zeigen.«[7]

Auch die Demokraten, die naturgemäß zur Verteidigung des Weißen Hauses neigten, zeigten keinerlei Erbarmen. Hinter verschlossenen Türen musste sich Clancy von Cummings sagen lassen, dass er das »Ringelreihen« an Verfehlungen seines Service nicht länger hinnehmen würde. Im Kongress erklärte er Clancy, dass der anonyme Mitarbeiter, der die E-Mail über den Vorfall vom 4. März verfasst hatte, ihm offenkundig nicht zutrauen würde, die betroffenen Agenten zu bestrafen, und dass andere sich ihm gegenüber respektlos verhalten hätten, indem sie ihn über den heraufziehenden Skandal im Dunkeln ließen. Er sagte, dank »eines Dienstes, der sich im Krieg mit sich selbst befindet«, sei das Leben von Präsident Obama in Gefahr. »Nach meiner Überzeugung gibt es, ist die Befehlskette einmal durchbrochen, keine wirksame Befehlsgewalt mehr«, sagte Cummings. »Das ist wie ein Körper ohne Kopf, und wo die Befehlsgewalt fehlt, da entsteht Verwundbarkeit, und die Verwundbarkeit gefährdet die Sicherheit des Präsidenten der Vereinigten Staaten.«[8]

Eine Reihe von Abgeordneten zeigte sich entsetzt, als sie erfuhren, dass Clancy sich weigerte, den Mitgliedern des Hauses das Videomaterial des Vorfalls zur Verfügung zu stellen, und dass viel von dem Material bereits zerstört war, weil man die Bänder überspielt hatte, statt sie zu archivieren. »Ich bin gelinde gesagt zutiefst beunruhigt angesichts der vorsätzlichen Ignoranz, mit der hier zu Werke gegangen wurde«, sagte Stephen Lynch, demokratischer Abgeordneter aus Massachusetts. »Erst führen Sie keine Befragungen durch, und dann zerstören Sie Beweismaterial.« Die Mitarbeiter in der Zentrale schäumten, als sie mitansehen mussten, wie Chaffetz den höflichen, geradezu sanftmütigen Clancy scharf anging, ihn wiederholt unterbrach und beschimpfte, und das vor einem breiten Fernsehpublikum. Die Wut schürte eine organische Rebellion. Aneda Arriaga, Bereichsleiterin in der Verwaltung, verfolgte wie viele andere Leitungskräfte Clancys Einlassungen an ihrem Bürofernseher. Die Befragung war noch keine zwanzig Minuten in Gang, als die neugierige Arriaga auf ihrem Desktop-Computer den vertraulichen »Master Cases Index« (MCI) des Secret Service öffnete und den Namen Chaffetz eingab. Zum derzeitigen Vorsitzenden des Oversight Committee war eine winzige Datei hinterlegt. Sie gab Auskunft darüber, dass sich Chaffetz 2003 bei einer Außendienststelle im Westen des Landes um eine Position als Agent des Secret Service beworben hatte und abgelehnt worden war. Weiter hieß es, dass der Service Chaffetz nie zu einem persönlichen Gespräch eingeladen und sich für einen »besser qualifizierten Bewerber« (BQB) zur Besetzung der Stelle entschieden hatte – eine Ablehnung, die beim Service unter der Bezeichnung »jemand wird BQBt« firmierte.

Die Datei war in einer als vertraulich klassifizierten Datenbank des Secret Service gespeichert und ihr Inhalt gesetzlich geschützt als rein private und persönliche, nicht für den Dienstgebrauch zugelassene Information.[9]

Die Nachricht von Chaffetz' Ablehnung verbreitete sich rasch. Noch vor der Mittagspause erfuhr Cynthia Wofford, stellvertretende Vizedirektorin der Intelligence Division, von Mitarbeitern, dass sich

Chaffetz beworben hatte. Am selben Abend sah sich ein Agent im Außendienstbüro in Dallas Chaffetz' Eintrag im MCI an und schickte eine Mail an Clancys Stabschef Mike Biermann, in der er um ein Telefonat wegen »gewisser Informationen« bat. Bis Dienstagabend hatten sieben Personen die Chaffetz-Datei aufgerufen. Bis zum Abend des darauffolgenden Mittwoch waren dreizehn weitere hinzugekommen.

Am Mittwochvormittag kam Wofford ins Büro von Clancys Vizedirektor Craig Magaw, um zu erzählen, was sie herausgefunden hatte, doch der scheuchte sie mit einem Handzeichen wieder aus dem Raum.

»Ja, ja, wissen wir alles«, sagte Magaw.

Clancy und Magaw waren an diesem Tag zu einem wichtigen Mittagessen verabredet: Clancy hatte ehemalige Direktoren des Secret Service eingeladen, um ihren Rat einzuholen, wie den Herausforderungen des Dienstes zu begegnen sei. Vor ihrem Mittagstermin erzählte Magaw seinem Chef von Chaffetz, seiner Bewerbung und deren Ablehnung. Die Tatsache, dass zwei der ehemaligen Direktoren bereits von anderen pensionierten Agenten darüber in Kenntnis gesetzt worden waren, dass sich Chaffetz 2003 erfolglos um einen Agentenjob beworben hatte, ließ sich als Zeichen lesen, wie schnell Gerüchte im Service die Runde machten. Später erinnerten sich verschiedene Personen unterschiedlich daran, wer was gesagt hatte, aber alle wussten noch, dass die Chaffetz-Geschichte Gesprächsthema war und Clancy sie bestätigt hatte. Einer der ehemaligen Direktoren, Lew Merletti, berichtete, er habe Chaffetz und dessen Vorgeschichte mit dem Service beim Mittagessen zur Sprache gebracht. Eine andere Person erinnerte sich, dass der ehemalige Direktor Brian Stafford bei Clancy nachgefragt habe, ob an dem Gerücht etwas dran sei.

»Wir prüfen das gerade«, antwortete Clancy. »Ich weiß nicht, ob das was Gutes oder was Schlechtes zu bedeuten hat.«

Einer der Gäste meinte, Chaffetz solle die Aufsicht über den Secret Service wegen Befangenheit niederlegen, wenn seine Bewerbung um eine Stelle beim Service abgelehnt worden sei. Clancy sollte später behaupten, er erinnere sich überhaupt nicht an die Diskussion. Er

war der einzige Teilnehmer des Mittagessens, der sich nicht mehr erinnerte, dass über das Thema gesprochen wurde. Nach dem Essen
erschien Clancys Stabschef Mike Biermann bei Clancy, um ihm von
dem Gerücht zu erzählen, das über Chaffetz die Runde machte.

»Ja, ich weiß«, antwortete Clancy.

In den nächsten paar Tagen warfen insgesamt fünfundvierzig
Agenten einen Blick in Chaffetz' Datei, von denen die große Mehr-
heit keine durch ihre Arbeit begründete Berechtigung dafür hatte.
Außerdem schickten Agenten per E-Mail ein Spaßposter herum, das
Chaffetz während einer Anhörung im Kongress zeigte.

Die Überschrift lautete: 2003 VOM SERVICE BQBt.

In der Unterzeile hieß es: 2009 IN DEN KONGRESS GEWÄHLT.[10]

Einige Tage nach der Anhörung, am 30. März, zeigte sich Ed
Lowery, ein frisch ernannter stellvertretender Direktor im Ausbil-
dungsbereich, erbost über Chaffetz und seine Pläne, nunmehr auch
Mitarbeiter des Secret Service vorzuladen. Um zehn Uhr schickte er
dem Leiter der Abteilung für Öffentlichkeitsarbeit eine E-Mail, in der
er ihn über Chaffetz' fehlgeschlagenen Versuch, Agent des Secret Service zu werden, in Kenntnis setzte. »Wir müssen ein bisschen was an
die Öffentlichkeit bringen, was ihm peinlich sein könnte«, schrieb
Lowery. »Einfach aus Gerechtigkeitsgründen.« Es war eine alte Tradition des Secret Service: Bewirf deine Kritiker mit allem Dreck, den
du finden kannst.

Zwei Tage, nachdem Lowery vorgeschlagen hatte, die gesetzlich ge-
schützte, nicht für den Dienstgebrauch freigegebene Datei eines Kongressabgeordneten nach draußen durchzustechen, veröffentlichten
zwei Medien genau diese Information. *The Daily Beast* berichtete am
Abend des 2. April, dass Chaffetz im Jahr 2002 oder 2003 als Bewerber für einen Agentenjob abgelehnt worden sei. Ich selbst veröffentlichte am selben Abend eine Reportage, in der dargelegt wurde, dass
zahlreiche Mitarbeiter in der Zentrale des Secret Service vertrauliche
Informationen über Chaffetz und seine Ablehnung untereinander
austauschten. Ich hatte das zusätzliche Privileg eines persönlichen
Anrufs eines hochrangigen Informanten aus der Administration.

Ich hatte mich schon früher am Nachmittag wegen einer Stellungnahme an den Secret Service gewandt und rief nun gegen 18 Uhr erneut an, um mitzuteilen, dass die Geschichte in der *Post* sehr bald
erscheinen werde. Ich hatte erwartet, dass mich der freundliche
diensthabende Mitarbeiter mit einem standardmäßigen »Kein Kommentar« abspeisen würde. Zu meiner Überraschung klingelte mein
Handy, und nachdem ich mich gemeldet hatte, drang die sonore
Stimme von Minister Jeh Johnson an mein Ohr. Er war kein Fan meiner Storys über die Blamagen des Secret Service, und ich wusste von
seinen Mitarbeitern, dass er hoffte, ich würde mich in meiner Berichterstattung bald einem anderen Thema zuwenden. Auch hasste er
Durchstechereien, von denen ich, was den Secret Service anging, in
großer Zahl profitiert hatte.

»Carol, ich erzähle Ihnen jetzt etwas, das Sie vermutlich noch nicht
von einem Ihrer Informanten wissen«, sagte der Minister mit ernster
Stimme. »Alles, was ich jetzt sage, ist ausdrücklich *für die Veröffentlichung bestimmt.*«

Johnson berichtete mir, dass er und Clancy sich soeben in getrenn-
ten Telefonaten bei Chaffetz entschuldigt und ihm versichert hätten,
dass sie über diese offenkundige Verletzung seiner Privatsphäre entsetzt seien. Außerdem hätte Clancy Inspector General John Roth gebeten zu untersuchen, wie diese vermutlich illegale Durchstecherei
zustande gekommen sei. Wenn und insofern die Angelegenheiten,
die in diesem Bericht dargelegt werden, den Tatsachen entsprechen,
gebührt dem Kongressabgeordneten eine Entschuldigung seitens des
Secret Service der Vereinigten Staaten und des Department of Homeland Security, erklärte mir Johnson. »Wenn das alles der Wahrheit
entspricht, dann müssen die, die dafür verantwortlich sind, zur Re-
chenschaft gezogen werden.«[ll]

Der Ausschussvorsitzende akzeptierte die aufrichtig gemeinte Entschuldigung Johnsons.

»Schauen Sie, ich bin beschämt«, erklärte ihm Johnson. »Das ist
grundfalsch. Es hätte nicht passieren dürfen. Es wird eine gründliche
Untersuchung geben. Wir werden das aufklären.«

Eine rote Linie war überschritten. Die Methoden des Service, um einen Gegenspieler zum Schweigen zu bringen, waren, bei Lichte besehen, haarsträubend und brutal. Chaffetz war angesichts dieser jüngsten Erfahrungen in tiefer Sorge. Er konnte sich an seine Bewerbung kaum noch erinnern, fragte sich aber, wozu der Secret Service sonst noch fähig wäre. »Das ist ein bisschen unheimlich«, sagte Chaffetz später. »Agenten des Secret Service, die bei mir als Abgeordnetem im Privatleben rumschnüffeln? Das sind Leute, denen man Waffen anvertraut ... um Himmels willen.«

Seine Frau, die normalerweise ein sonniges Gemüt hatte, war über den Vorfall allerdings in heller Wut. »Ich meine, wie kindisch ist das denn?«, sagte Julie Chaffetz. »Ich frage mich: Habt ihr nichts Besseres zu bieten?«

Einige Wochen später schickte Clancy eine Erklärung an all seine Mitarbeiter, in der er sie aufforderte, nicht länger den Medien und dem Kongress die Schuld in die Schuhe zu schieben, sondern beim Service selbst die Gründe dafür zu suchen, dass der Dienst unter strenger Beobachtung stand. »Mir ist bewusst, dass wir alle nur Menschen sind und manchmal Fehler machen«, schrieb er. »Allerdings fallen meiner Ansicht nach die meisten der Verfehlungen der jüngsten Zeit nicht in diese Kategorie von Fehlern. Jeder Vorfall ließ einen Mangel an Urteilsvermögen erkennen, und das ist etwas, was wir unter Kontrolle bringen können.«

Ein paar Monate später legte Roth die Ergebnisse der Untersuchung vor, die dem Umgang mit Chaffetz' persönlichen Daten gewidmet war. Roth entdeckte die E-Mail, mit der sich Lowery Luft gemacht hatte, und veröffentlichte sie in seinem Bericht. Auch wenn es keine Beweise dafür gab, dass Lowery die Information durchgestochen hatte, warfen seine persönlichen Vorschläge ein grauenvolles Licht auf ihn und auch auf Clancy. Der Direktor hatte Lowery erst einen Monat zuvor höchstpersönlich als seinen Stellvertreter ausgewählt, und zwar als Teil eines, wie er es nannte, reformfreudigen Teams neuer Führungspersönlichkeiten, die mehr als zwei Drittel seines bisherigen Direktionspersonals ersetzen sollten.

Roth fand heraus, dass achtzehn Personen in Leitungsfunktion Kenntnis davon hatten, dass die Information über Chaffetz seinerzeit unzulässigerweise verbreitet und ausgetauscht wurde. Nachdem er mit allen in den Fall verwickelten Personen gesprochen hatte, kam er zu dem Schluss, dass niemand Clancy über den weitreichend bekannten Verstoß informiert hatte. Er bezichtigte Personen aus der Führungsriege, Clancy im Stich gelassen zu haben.

»Diese Agenten arbeiten für eine Einrichtung, deren Leitspruch – ›Worthy of Trust and Confidence‹ – in Marmor gehauen in der Eingangshalle ihrer Zentrale prangt«, schrieb Inspector General Roth in seinem Abschlussbericht. »Kaum jemand wird behaupten wollen, dass sich die in diese Affäre verwickelten Agenten dem Leitspruch gemäß verhalten haben.«[12]

Doch Roths Bericht förderte ein ganz anderes peinliches Problem für den Service zutage. Sowohl Magaw als auch Biermann lasen eine frühe Fassung des Berichts und hatten den Eindruck, dass Clancy seinerseits nicht die ganze Wahrheit gesagt hatte – und sie wussten nicht, wie sie damit umgehen sollten. Clancy hatten dem Inspector General erklärt, er habe bis zum 1. April, als *The Daily Beast* und die *Washington Post* mit ihren Recherchen in der Sache begannen, von den unter seinen Mitarbeitern kursierenden Gerüchten und Informationen zu Chaffetz' Bewerbung keine Kenntnis gehabt. Aber Magaw und Biermann wussten beide, dass sie Clancy am 25. März persönlich informiert hatten. Magaw war darüber hinaus bekannt, dass das Thema beim Mittagessen des Direktors am selben Tag besprochen worden war. Roths Agenten hatten Magaw dazu nie klipp und klar befragt, und er war nicht von selbst damit herausgerückt. Magaw nahm, nachdem er Roths Bericht gelesen hatte, privat Kontakt zu Clancy auf und sagte, das könne so nicht stehen bleiben. Das Versäumnis des Direktors, ihre Unterhaltung zu erwähnen, ließ Magaw in den Augen anderer als jemanden dastehen, der dem Direktor Informationen vorenthalten hatte, und das war unzutreffend.

Clancy rief Merletti und Stafford an, jene ehemaligen Direktoren, denen er am nächsten stand, um seine Erinnerung aufzufrischen. Sie erklärten Clancy, dass er am 25. März sehr wohl die Information betreffend Chaffetz mit ihnen besprochen hätte. Clancy rief Roth an und sagte, er habe in seiner Erinnerung gekramt und müsse eine Korrektur vornehmen. Clancy war frustriert und hatte das Gefühl, den Service unnötigerweise in Verlegenheit gebracht zu haben. Er haderte mit sich, weil er sich auf die Befragung durch Roth nicht vorbereitet hatte. Er hatte sich an die beiläufige Erwähnung Chaffetz' bei dem vier Monate zurückliegenden Mittagessen ganz einfach nicht erinnert.

Roth war wütend, da er den Bericht bereits an den Kongress weitergeleitet hatte und ihn am 30. September veröffentlichen wollte. Während Clancy noch die Gründe zu erklären versuchte, ging Roth dies durch den Kopf: *Das sind ausgebildete Agenten, sie proben die Befragungen. Sie kennen die drohenden Strafen, wenn sie die Unwahrheit sagen. Wenn man die Antwort kennt, prima. Wenn man sich nicht erinnern kann, dann soll man sagen, dass man sich nicht erinnert.*

Roth wählte den einzigen Weg, den er für fair hielt. Er würde für Transparenz sorgen, den Bericht in seiner jetzigen Form veröffentlichen und eine erweiterte Untersuchung einleiten. »Ich kann das jetzt nicht mit Ihnen in einem Gespräch klären«, sagte er zu Clancy. »Wir werden eine erneute Befragung mit Ihnen durchführen müssen.«

Das Timing konnte für den Secret Service wieder einmal schlechter nicht sein. Minister Johnson und sein Stabschef, Christian Marrone, planten eine Ehrenfeier für den Secret Service, sie wollten den gewaltigen und erfolgreichen Einsatz zur Betreuung und zum Schutz von Papst Franziskus während dessen Reise durch drei amerikanische Städte, während gleichzeitig die Sicherheit von einhundertsechzig Staatsoberhäuptern bei der Vollversammlung der Vereinten Nationen zu gewährleisten war, mit einer Feier würdigen. Johnson hatte am 5. Oktober eine Pressekonferenz in der Zentrale des Secret Service anberaumt, bei der er dem Service und seinen vier Schwesteragenturen, die Ressourcen und Personal für die alle Kräfte absorbierenden Einsätze beigesteuert hatten, seine Anerkennung aussprechen wollte. Doch stattdessen stellten Abgeordnete und Reporter die Ehrlichkeit des Direktors infrage, nachdem ich am 2. Oktober einen Artikel geschrieben hatte, in dem erwähnt wurde, dass Clancy seine Aussage zu Chaffetz und der Durchstecherei der ihn betreffenden Information abändern wolle.

Der Abgeordnete Tom Cotton ergriff im Kongress das Wort und forderte, Clancy solle, sofern er den Inspector General absichtlich getäuscht habe, freiwillig sein Amt niederlegen oder zum Rücktritt gezwungen werden. »Er wurde berufen, um mit den Verfehlungen des Secret Service aufzuräumen, nicht um sich selbst welche zuschulden kommen zu lassen und diese dann zu verschleiern«, sagte Cotton.

Bei der Pressekonferenz am 5. Oktober schaute Johnson grimmig drein, obwohl er eigentlich auf die Weihnachtsmannrolle gebucht war, den Service, der es bitter nötig hatte, mit Lob zu überhäufen. »Die Medien in Washington sind fokussiert auf Berichte des IG, Fence-Jumping und Ähnliches«, sagte Johnson den Journalisten. »Aber wir müssen die größeren Zusammenhänge sehen … und die gewaltige Leistung in Sachen Sicherheit, die der Service jüngst erbracht hat.«[13]

Und er fuhr fort: »Viel zu oft lassen sich Presse und Öffentlichkeit von Ereignissen beeindrucken, die in die Rubrik schlechte Nachrichten fallen. Es ist unsere Aufgabe als Verantwortliche, dafür zu sorgen, dass die Öffentlichkeit nicht den Blick für die außergewöhnliche und erfolgreiche Arbeit unserer hingebungsvollen Staatsdiener verliert, die niemals als selbstverständlich erachtet werden sollte. In den letzten zwei Wochen hat der U. S. Secret Service eine der größten, wenn nicht die größte nationale Sicherheitsoperation in der Geschichte dieses Landes erfolgreich durchgeführt.«

Ein Reporter sprach Clancy auf seine widersprüchlichen Aussagen an, und der nannte als Begründung eine Erinnerungslücke. »Sie müssen bedenken, dass die Befragung vier Monate nach den eigentlichen Ereignissen stattfand«, erklärte Clancy. »Ich habe mich falsch erinnert.« Kaum jemand, auch nicht die, die dem Service kritisch gegenüberstanden, unterstellten Clancy, dass er die Unwahrheit sagte. Doch als Roth seine Untersuchungen wiederaufnahm, wurde deutlich, dass die Auskunftsbereitschaft von Agenten des Secret Service zu wünschen übrig gelassen hatte. Bei der zweiten Befragung von Magaw hatten Roths Agenten nur eine einzige Frage: »Warum haben Sie uns nicht gesagt, dass Sie Clancy informiert hatten?«

Magaws Antwort war einfach: »Sie haben nicht danach gefragt.«

Clancy klärte den Fehler auf, den er gemacht hatte. Roth verfasste ein Addendum. Aber der Direktor war dennoch unzufrieden mit dem Timing, weil der Roth-Report über die Chaffetz betreffende Durchstecherei genau in dem Moment öffentlich gemacht wurde, als sein Service endlich seinen hoch verdienten Beifall bekommen sollte. Am 23. November traf er sich mit Roth in dessen Büro, um reinen Tisch zu machen.

»Es gab den Verdacht, dass Ihr Büro die Terminierung des Berichts bewusst gewählt habe«, erklärte ihm Clancy.

»Das würde ich nie machen«, erwiderte Roth. »Wir geben die Berichte heraus, wenn wir sie fertig haben.«

Clancy nickte. Die Antwort genügte ihm. Dann weihte er Roth in etwas ein, das lange an ihm genagt hatte. Vor dem Papstbesuch im September war der Direktor mit einem Vorausteam nach Rom gefahren, um sich anzuschauen, wie dessen Sicherheitsleute ihn abschirmten und welche protokollarischen Anforderungen zu erwarten waren. Während dieses Besuches machten einige der Mitarbeiter des Vatikans scherzhafte Bemerkungen, wie sie meinten, über den Bedarf der Secret-Service-Agenten an Prostituierten. Clancy, sein Leben lang ein gläubiger Katholik, war tief getroffen. Sogar bei einem Besuch, den er als große Ehre empfand, verfolgte ihn die von der Boulevardpresse beschädigte Reputation des Secret Service.

»Das hat weh getan«, erklärte ihm Clancy.

Roth nickte. Er sah ihm an, dass das stimmte. Father Joe war aus demselben Grund ausgesucht worden wie so viele vor ihm: Er war ein Insider mit enger Verbindung zum Präsidenten. Doch die Versuche von Father Joe, die Ehre des Service wiederherzustellen, waren gescheitert.

Kapitel 26

DER CHAOS-KANDIDAT

Im überfüllten Saal eines riesigen Auditoriums in Louisville, Kentucky, drängten sich am 1. März 2016 Bürger eines zutiefst gespaltenen Landes gefährlich nahe aneinander. Donald Trump, der führende Präsidentschaftskandidat der Republikaner, hielt eine flammende Wahlkampfrede, in der es vor allem darum ging, Kriminelle zu bestrafen und Einwanderer am Betreten des Landes zu hindern, und er beklagte, dass »die guten alten Zeiten … [vorbei sind], als wir noch nicht so politisch korrekt waren«. Die Menge tobte vor Begeisterung.[14]

Trump badete im Applaus, wirkte aber auch zusehends genervt. Während seines Auftritts hatten ihn kleine Gruppen von Gegendemonstranten mehrfach unterbrochen. Ein paar Wochen zuvor hatte sich Trump über einige dieser lärmenden Zwischenrufer beklagt und seine Fans aufgefordert: »Poliert ihnen doch einfach die Fresse.« In dem Moment, seine fünfunddreißig Minuten lange Rede im Tagungszentrum von Kentucky näherte sich dem Ende, erspähte er eine Demonstrantin, die ein Schild mit einer ironischen Fotomontage in die Höhe hielt: Trumps Konterfei, per Photoshop auf den Körper eines Schweins montiert. Bei Trump brannten sämtliche Sicherungen durch, in der Menge löste er einen Feuersturm aus.

»Schmeißt sie verdammt noch mal raus hier!«, zeterte Trump ins Mikrophon und zeigte mit dem Finger auf die Demonstrantin. »Schmeißt sie raus! Schmeißt sie raus!«

Eine johlende Gruppe weißer Männer eilte folgsam zum Ort des

Geschehens, umringte die 21-jährige schwarze Frau und riss ihr das
Schild aus den Händen. In den nächsten zwei Minuten wurde Kashiya
Nwanguma bedroht und wie eine Stoffpuppe durch den überfüllten
Saal des International Convention Center in Kentucky geschubst.

Matthew Heimbach, ein bekennender Neonazi, der zu der Veranstaltung gekommen war, um Trump zu sehen und Mitglieder für
seine die »weiße Vorherrschaft« predigende Gruppe anzuwerben,
zeigte mit dem Finger in Nwangumas Gesicht und brüllte sie an: »Du
linker Abschaum!« Mehrere Männer umzingelten Nwanguma, einige
davon gaben laut und deutlich hörbar die übelsten rassistischen und
sexistischen Beleidigungen von sich. Einer der Männer, den sie zuerst nicht gesehen hatte, trat hinter Heimbach hervor und stieß sie
mit beiden Händen in den Rücken, die ganze Zeit untermalt von
Trumps geiferndem »Schmeißt sie raus!«. Alvin Bamberger, jenseits
der Siebzig und Veteran des Koreakriegs, der sich dem rasenden Mob
angeschlossen hatte, um den Anweisungen des Redners Folge zu leisten, stieß sie mehrfach in den Rücken und drängte sie in Richtung
Ausgang. Die junge Frau, eine Leichtathletin, die an der University
of Louisville studierte, schaffte es irgendwie, ruhig zu bleiben, ihr
Handy herauszuholen und die Angreifer in Aktion aufzunehmen.

»Verschwinde! Wir wollen dich hier nicht!«, rief Bamberger und
stieß sie ein weiteres Mal.[15]

»Hören Sie auf, mich zu stoßen«, sagte Nwanguma.

Nwanguma, die allein zu der Wahlkampfveranstaltung gekommen
war, um gegen Trumps Attacken auf Muslime zu protestieren, hatte
Vertrauen und Ruhe ausgestrahlt. Später fand sie das Video allerdings
schwer zu ertragen: Es zeigt, wie ihr Körper durch die Menge torkelt,
die Schmähungen der Zeugen dieser Angriffe, und kein Mensch weit
und breit, der ihr zu Hilfe gekommen wäre. Erst da wurde ihr klar, in
welch großer Gefahr sie sich befunden hatte. Dass sie mit ein paar
blauen Flecken davongekommen war, war pures Glück, nichts weiter.

»Das Demonstrieren ist eine amerikanische Tradition«, erklärte
sie später.[16] »Wenn wir an etwas nicht glauben, haben wir das Recht
zu sagen, dass wir daran nicht glauben. [...] Ganz egal, was die Leute

um dich herum glauben oder nicht glauben: Es muss möglich sein, irgendwo hinzugehen und deine abweichende Meinung zu äußern, ohne deswegen angegriffen zu werden.«

An jenem Tag war weder der Secret Service noch die örtliche Polizei eingeschritten, um Nwanguma zu helfen. Sie waren in einem anderen Bereich der Halle beschäftigt, hatten dort rasch dazwischengehen müssen, nachdem ein Mann einen anderen Demonstranten in den Bauch geschlagen hatte. Der Anblick dieser schwarzen Frau, wie sie von wütenden weißen Männern herumgestoßen wird, weckt Erinnerungen an schlimmste Auseinandersetzungen um die Bürgerrechte in den fünfziger und sechziger Jahren, als wütende Weiße schwarze Schüler anschrien, nur weil sie eine öffentliche Schule betreten wollten. Diese Wahlkampfveranstaltung in Kentucky wurde zum Sinnbild für den gesellschaftlichen Sprengstoff, der in allen Wahlkampfauftritten Trumps zutage trat. Für den Secret Service bedeutete es enormen Stress und in nicht geringem Maße auch Anlass zur Scham.

Trump demonstrierte seine unheimliche Fähigkeit, sich diesen Teil der Wut im Land zunutze zu machen, die direkt unter der Oberfläche schwelte. Seine immer zahlreicher werdenden Anhänger waren meist Weiße, Arbeiter und Pensionäre aus ländlichen Gemeinden, die wütend waren wegen des Niedergangs ihrer Werte in der modernen amerikanischen Gesellschaft. Sie hatten mitansehen müssen, wie ihre eigenen wirtschaftlichen Perspektiven und die ihrer Kinder schwanden, wie ihre Städte und Dörfer durch Fabrikschließungen und Geschäftsaufgaben immer weiter verkümmerten, sahen ihre Chancen auf gute Jobs in immer weitere Ferne rücken. Viele redeten voller Verachtung von den »liberalen Eliten«, vor allem im Weißen Haus unter Obama, die nach ihrer Überzeugung die Rechte von Minderheiten, gleichgeschlechtlichen Paaren, Transsexuellen und Einwanderern ausgeweitet hatten und für das traditionelle Amerika, das Amerika der guten alten Zeit, wie sie es sich ausgemalt hatten, nur Hohn und Spott übrighatten.

Die Agenten sahen zu, wie Trump inmitten dieser knisternden Wut auf der Bühne stand und sich nach Kräften bemühte, Öl ins Feuer zu gießen. Sein Gebrüll in Kentucky, dieses »Schmeißt sie raus!«, war kein Einzelfall. Schon bei einem Auftritt in Iowa im Februar hatte Trump seine Fans quasi zur Selbstjustiz animiert, wenn sie Demonstranten sahen, die ihn mit Tomaten bewerfen wollten. »Haut ihnen auf die Fresse, okay? Ich verspreche euch, ich zahle euch die Anwaltskosten. Versprochen.«[17]

Drei Tage nach dem Vorfall in Louisville, bei einem Auftritt in Warren, Michigan, beschwerte sich Trump ein weiteres Mal über einen Gegendemonstranten und ersuchte das Publikum um Hilfe.[18] »Schmeißt ihn raus! Versucht aber, ihn nicht zu verletzen. Und falls doch, helfe ich euch vor Gericht.«

Die Gefahr gewalttätiger Auseinandersetzungen wuchs auch deshalb ständig weiter, weil Trumps Wahlkampfteam immer aus dem Bauch heraus Entscheidungen traf, und vor allem, weil es, anders als bei Präsidentschaftsbewerbern in der Vergangenheit, nicht die Spur von Erfahrung in diesem Team gab, was die Planung von Großveranstaltungen anging. Die Kombination aus schlampig geplanten Auftritten und der Verwirrung, die Trump durch sein Beharren auf seinem eigenen, privaten Sicherheitsdienst auslöste, der Toxizität und der ungestümen Ausbrüche bei seinen Veranstaltungen führten dazu, dass manche Agenten Trump als »Chaos-Kandidat« titulierten.[19]

Aktive Personenschutzagenten waren verärgert wegen der Sicherheitsrisiken, die Trump im Wahlkampf heraufbeschwor, und sie waren genervt, weil er seinen persönlichen Sicherheitschef Keith Schiller weiterhin an seiner Seite haben wollte. Die von Schiller angeführte private Security-Truppe war darauf fokussiert, laute Gegendemonstranten fernzuhalten, Schiller selbst jedoch blieb stets in der Nähe des Kandidaten wie ein privater Bodyguard, und die Agenten hatten die Befürchtung, er könnte eines Tages im falschen Moment dazwischenfunken. Bei einem Auftritt im März in Dayton, als ein Demonstrant über die Barrikade sprang und auf die Bühne zustürmte, eilten Agenten hinzu, um Trump abzuschirmen – und ein paar Sekunden später war auch Schiller da. Er stellte sich mitten in den Weg, den die Agenten genommen hätten, wenn sie Trump schnellstmöglich von der Bühne hätten geleiten müssen.[20] Ein Agent sagte über den Vorfall später: »Wie ein Anfänger, der bei den großen Jungs mitspielen will.«

In Wahrheit hatten die Agenten des Secret Service noch nie einen Präsidentschaftswahlkampf erlebt, in dem es so kontrovers und hitzig zugegangen war wie bei der Trump-Kampagne im Jahr 2016. Bei dem Auftritt in Dayton gelangte der 21-jährige College-Student aus Ohio, der die Barrikaden bei Trumps Rede stürmte, immerhin bis an die Ecke der Bühne, nur wenige Meter entfernt vom Kandidaten. Trump wurde sichtlich nervös, bis die Agenten es schafften, den Studenten, Thomas DiMassimo, zu Boden zu zerren.[21] DiMassimo sagte, er wollte Trump das Mikrophon wegschnappen und die Botschaft loswerden, »dass Donald Trump ein Tyrann ist, und nichts anderes«. Im Juni kam es zu einer ernsteren Bedrohungslage, als ein 20-jähriger Brite bei einer Veranstaltung Trumps in einem Casino in Las Vegas verhaftet wurde, nachdem er laut Polizeiangaben versucht hatte, einem Beamten die Waffe aus dem Halfter zu reißen.

Dieses generelle Muster, nach dem Trumps Wahlkampfauftritte abliefen – der Kandidat lockt massenhaft durch und durch hasserfülltes Publikum an, ebenso wie rechtschaffene Anhänger, aber beide jederzeit bereit, sich mit offenkundig Andersdenkenden anzulegen –, war zutiefst beunruhigend. Agenten des Personenschutzes wollten, dass die Absperrungen zwischen Publikum und Bühne zwei bis drei Meter mehr Distanz zur Bühne schaffen, damit sie im Zweifel mehr Zeit hatten, einen schützenden Ring um den Kandidaten zu schließen, wenn sich ihm jemand nähern sollte. Leute durchbrachen immer öfter die Absperrungen, ein Vorkommnis, mit dem die Agenten kaum jemals zuvor konfrontiert gewesen waren. Direktor Clancy war ebenfalls besorgt, bezeichnete die Gefährdungslage für die Kandidaten 2016 als »erhöht« im Vergleich zu früheren Jahren, die Demonstranten »drohten, den Kandidaten Schaden zuzufügen, störend einzugreifen, und manche wollten sich einfach nur Gehör verschaffen«. Im Juli forderte der Secret Service seine größte Phalanx von Verstärkungen in seiner gesamten Geschichte an, insgesamt viertausend

Agenten des Secret Service und anderer Behörden: Anlass war der Parteikonvent der Republikaner in Cleveland.

Trotz des Chaos begrüßten Angehörige des Secret Service insgeheim Trumps politische Botschaft des harten Durchgreifens gegen Kriminelle und Immigranten. Viele in der Behörde standen politisch ohnehin den Konservativen nahe, schon wegen ihrer Wurzeln in der Strafverfolgung, oft waren sie auch Wähler der Republikaner. Eine beachtliche Anzahl war heimlich gegen Hillary Clinton eingestellt und witzelte darüber, was für ein Albtraum es wäre, wenn sie es ins Oval Office schaffen würde. Als First Lady und Außenministerin hatte sie sich einen derart schlechten Ruf in der Behörde eingehandelt, dass sich Wahrheit und Legende oft nur noch schwer auseinanderhalten ließen. Manche Agenten, die über die Jahre in ihrem Personenschutz gearbeitet hatten, schworen Stein und Bein, sie hätte sich geweigert, auch nur ein Wort mit ihnen zu wechseln, hätte sie zusammengestaucht, weil sie bei der Anfahrt zu Veranstaltungen die falsche Route gewählt hätten, und hätte sich auch beim Direktor telefonisch über ihre Agenten beschwert. Trump hingegen gab normalerweise gegenüber den Agenten den Kumpel, schäkerte mit ihnen über die »Spinner«, die mit Buhrufen und Pfiffen nur seine Auftritte stören wollten.

Es gab jedoch auch bemerkenswerte Ausnahmen in der Behörde. Ein erfahrener Agent, der oft bei Wahlkampfauftritten Trumps im Einsatz war, fand es unerträglich, Trumps Gebaren aus nächster Nähe miterleben zu müssen; ohne jemals den wahren Grund zu nennen, bat der Mann um seine Versetzung, um aus Trumps Dunstkreis wegzukommen. Kerry O'Grady, eine der hochrangigsten weiblichen Aufsichtspersonen im Service, war entsetzt über Trumps Verhalten bei seinen häufigen Besuchen in den Mountain States, für die sie als leitende Agentin der Außenstelle Denver verantwortlich war. Dabei war es nicht seine politische Haltung, die sie schaudern ließ; es war sein völliger Mangel an einem Moralkodex. Er bejubelte faschistische Slogans, machte sich über die Schwächsten lustig und stachelte bei seinen Auftritten zur Gewalt an. Bei einer Veranstaltung in Greely,

Colorado, musste O'Grady schockiert zur Kenntnis nehmen, dass ein überregionaler Berichterstatter einen pensionierten Agenten zu seinem Schutz angeheuert hatte, weil Trump zu Attacken gegen ihn und die Presse ganz allgemein anstiftete. Nachdem die *Washington Post* am 7. Oktober ein Video veröffentlicht hatte, in dem Trump prahlte, er könne Frauen ohne zu fragen »an die Muschi« greifen, war es um O'Gradys Beherrschung geschehen. Sie hatte ihre Bewachungsaufgaben pflichtbewusst erfüllt, hatte sich aggressiv darum bemüht, Trumps Leben zu schützen, etwa indem sie zu seinen Auftritten Verstärkung abkommandierte und bei einer Veranstaltung empfahl, ihn von der Bühne zu holen, als große Menschenmengen Steine warfen und das Gebäude umringten. Aber Trump stand für alles, was sie in ihrem gesamten Berufsleben in der Strafverfolgung bekämpft hatte. Sein Verhalten wies ihn als Raubtier aus, als gewissenlosen Tyrannen – just die Sorte Mensch, vor der sie normalerweise die Öffentlichkeit zu beschützen hatte. An jenem Abend schrieb sie einen privaten Facebook-Post, den viele Agenten als Pflichtverletzung erachteten. Sie selbst sah darin die angemessene und vernünftige Reaktion auf einen gefährlichen Kandidaten, wie ihn der Service noch niemals zu beschützen gehabt hatte.

O'Grady, mit dreiundzwanzig Dienstjahren eine Veteranin der Behörde, schrieb, es wäre ihr klar, dass ein öffentliches Eintreten für Clinton einen Gesetzesverstoß darstellen könnte, da Staatsbediensteten jede Parteinahme verboten war. »Aber die Welt ist heute eine andere, und auch ich bin heute eine andere«, schrieb O'Grady. »Und ich würde eher ins Gefängnis gehen, als mein Leben für jemanden einzusetzen, den ich für eine Katastrophe für unser Land und für die starken und beeindruckenden Frauen und Minderheiten in diesem Land halte. Zum Teufel mit dem Hatch Act. Ich stehe auf ihrer Seite.«

Einige männliche Agenten in Denver sahen ihren Post und speicherten Screenshots davon. Innerhalb weniger Tage landeten Kopien davon anonym bei der Beschwerde-Hotline im Büro des Inspector General. Das Team dieser Aufsichtsbehörde kam zu dem Schluss, es handele sich um eine relativ geringfügige Personalangelegenheit, und leitete das Ganze zur weiteren Bearbeitung an den Service weiter. Ende November rief Wofford, die direkte Vorgesetzte O'Gradys, die Kollegin an. Wofford sagte, ihr Boss, Assistant Director Ken Jenkins, hätte sie angewiesen, O'Grady wegen ihres unüberlegten Posts zu kontaktieren. O'Grady sagte, es sei ihr klar, dass sie eine rote Linie überschritten hatte, und gab auch an, sie hätte den Post bereits entfernt. Sie fragte Wofford, ob sie Schwierigkeiten bekommen würde. Wofford sagte ihr, sie solle den Anruf als mündliche Ermahnung betrachten, also eine formelle Disziplinarmaßnahme bei geringfügigen Verfehlungen. Sie führte nicht explizit aus, gegen welche Vorschrift O'Grady verstoßen hatte. Inzwischen war Trump der gewählte Präsident, und das Letzte, was der Service brauchen konnte, war Ärger mit dem Mann, der demnächst sein neuer oberster Boss sein würde. Wie inzwischen üblich beim Secret Service fuhr die Behörde einfach weiter ihren Kurs und war nur zu gerne bereit, jeder potenziellen Kontroverse aus dem Weg zu gehen.

O'Grady jedoch hatte Mühe, ihre Vorbehalte gegen Trump zu unterdrücken. Am Tag nach seiner Amtseinführung, dem Tag des Women's March, aktualisierte sie ihr Profilbild und fügte ein Foto von Prinzessin Leia ein. Unter dem Bild stand: Der Platz einer Frau ist der Widerstand. Nach wenigen Stunden hatte jemand Screenshots ihrer früheren kritischen Posts an einen in D. C. ansässigen Reporter geschickt, der O'Grady anrief und um eine Stellungnahme bat. O'Grady, eine autorisierte öffentliche Sprecherin für den Service, sagte, wohlgemerkt vertraulich, Trumps »Muschi«-Spruch würde offensichtlich das Verbrechen der sexuellen Nötigung verharmlosen und hätte bei ihr eine Flut von Erinnerungen an einen Vorfall geweckt, bei dem ein männlicher College-Student versucht hatte, sie während ihres ersten Studienjahres zu vergewaltigen. O'Grady meldete den Anruf des Journalisten in der Behördenzentrale; ihr neuer Boss sagte, er würde sich mit Jenkins um die Sache kümmern, und rief zurück, um ihr mitzuteilen, die Sache mit ihrem Facebook-Post wäre »abgehakt« und inzwischen kein Thema mehr. Dann veröffentlichte der Reporter die komplette Geschichte am 24. Januar. Innerhalb von Stunden wandte sich der Secret Service ebenso dringlich wie heftig gegen O'Grady.

Agenten im ganzen Land, vor allem männliche Supervisoren, gingen an die Decke. Ein pensionierter Agent, der mit O'Grady gearbeitet und ihre Arbeitsauffassung bewundert hatte, rief mich an und kriegte sich fast nicht mehr ein. »Sie muss gehen«, sagte er. »Sie ist doch keine Anfängerin in dem Job. Sie ist GS-15 Supervisor. Sie ist das Gesicht des Secret Service. Und ausgerechnet *sie* sagt, sie würde nicht ihr Leben für den opfern, den sie zu beschützen hat?« O'Grady traf sich mit ihren Mitarbeitern, um sie über den Sachverhalt in Kenntnis zu setzen und Fragen zu beantworten. Die Zentrale bestellte sie zu einer Nachbesprechung nach Washington ein und meinte, man mache sich Gedanken über ihre Sicherheit.

Als O'Grady am Flughafen in D. C. eintraf, musste sie zu ihrer Überraschung feststellen, dass ein ihr unbekannter Agent sie abholte und sie für eine Untersuchung in den Bereich Innere Angelegenheiten der Behörde brachte. Sie musste ihre Waffe abgeben. Während sie vor einem Vernehmungsraum wartete, kam Tony Ornato, der Chef von Trumps Personenschutz und ein Kollege, den sie gut kannte, aus diesem Raum und warf O'Grady einen stechenden Blick zu. »Hey, Tony«, sagte sie, aber er ging wortlos weiter.

Die Ermittler überschütteten sie mit Fragen. Was für ein Telefon hatte sie für das Gespräch mit dem Reporter benutzt, das dienstliche oder das private? Hatte sie den Anruf während der Arbeitszeit getätigt? Die Vorgesetzten behaupteten, sie hätte das Vertrauen ihres Mitarbeiterstabs verloren.

An ihrem ersten Tag in Washington sprach sich ein Gremium der Vereinigung pensionierter Agenten, ein Netzwerk ehemaliger Secret-Service-Leute, dafür aus, O'Grady aus ihrem Verein zu werfen. »Sie hat ein Verhalten an den Tag gelegt, das eine Mehrheit des Vorstands als schädlich für die Association of the U. S. Secret Service beurteilt«, schrieb die Vereinigung ihren Mitgliedern. Direktor Clancy veröffentlichte später am Abend eine ungewöhnliche und verwirrende Mitteilung an alle Mitarbeiter, in der es hieß, der Secret Service würde eine Untersuchung über die Agentin durchführen, die im Mittelpunkt eines Presseartikels wegen einer Bemerkung zur persönlichen »Opferbereitschaft« stand. Es wäre zwar ungewöhnlich, auf die Personalangelegenheit einer bestimmten Mitarbeiterin einzugehen, aber Clancy berichtete, der Service hätte sich bereits zuvor den fraglichen Facebook-Post vom November angesehen, und es würden »Maßnahmen ergriffen« werden. Er ergänzte, der Service würde die Sache nun – ein weiteres Mal – unter die Lupe nehmen. O'Grady sagte Freunden, sie fürchtete, die Behörde würde nach irgendetwas suchen, nach was auch immer, einem technischen Verstoß, um einen Vorwurf gegen sie zu konstruieren.

Ihr Instinkt trog sie nicht. Im Verlauf des folgenden Monats wurde sie dreimal zu Befragungen ins Hauptquartier eingeflogen; ihr Büro, ihr Spind im Fitnessstudio und ihr Computer wurden durchsucht; sie musste einen Lügendetektortest machen, eine psychologische Beurteilung wurde angefertigt – sie bestand beide Prüfungen. Am Ende legte ihr der Service drei Verstöße zur Last, kein einziger davon hatte etwas mit dem Post zu tun, für den sie bereits eine disziplinarische Maßnahme bekommen hatte. Die Vorwürfe bezogen sich auf (1) Verstoß gegen das Verbot für Mitarbeiter des Service, mit Journalisten zu sprechen (sie war zwar die offizielle Sprecherin ihres Distrikts, aber die Behörde behauptete, sie wäre nicht berechtigt, mit der überregionalen Presse zu reden), (2) Aufbewahren alkoholischer Getränke in Staatseigentum, weil sie einen »Flachmann« in ihrem Büro hatte (auch die Supervisoren in der Zentrale hatten regelmäßig Alkohol in ihren Büros deponiert), und (3) Versuch, die Ermittlungen zu behindern, indem sie Kollegen veranlassen wollte, alkoholische Getränke aus ihrem Büro und den Büros anderer Supervisoren zu entfernen. Sie wurde um zwei Gehaltsstufen degradiert, von GS-15 auf GS-13.

O'Grady sollte letztendlich mit Erfolg gegen diese Degradierung vorgehen, und auch gegen die latente Kampagne, die gegen sie geführt wurde. Sie war überzeugt, Trump würde die Behörde unter Druck setzen, damit sie gefeuert wurde; sie und ihr Anwalt bestanden vor einem Richter darauf, dass der Service sämtliche sie betreffende

Kommunikation zwischen dem Weißen Haus und dem Secret Service offenlegt. Der Service hatte sich lange gegen jede Form von Schlichtung gesträubt, aber nach dieser Forderung ging mit der Schlichtung plötzlich alles ganz schnell. O'Grady reichte ihre Kündigung ein.

O'Gradys Aussage, sie wäre nicht bereit, im Zweifel ihr eigenes Leben zu opfern, war mit dem Ethos des Service nicht vereinbar, der den bedingungslosen Schutz jeder rechtmäßig gewählten Person verlangte. Aber Agenten und Ehemalige, die sich wegen ihrer Trump-kritischen Haltung echauffierten, störten sich weitaus weniger an Agenten, die rassistische Ansichten zum Ausdruck brachten oder ihre persönliche und politische Verachtung gegenüber Hillary Clinton. Die Wut auf O'Grady war in gewisser Weise verständlich. Aber ein viel tiefer liegender Aspekt in der DNA des Service erregte die heftige Reaktion, mit der sich Kollegen vor Konservative in den eigenen Reihen stellten. Kein Supervisor beschwerte sich jemals über Agenten in Außenstellen, die eine »Make America Great Again«-Mütze auf dem Schreibtisch hatten. Supervisor hatten keineswegs so scharfe Einwände, wenn befreundete Kollegen Memes über die »Betrügerische Hillary« im Internet verbreiteten, die die ehemalige Außenministerin als Teufelin mit roten Augen und spitzen Ohren darstellten, oder wenn sie dreckige Witze über ihre Unfähigkeit rissen, ihren Mann zu befriedigen. Der Secret Service war nach wie vor überwiegend eine Behörde von Cops, denen mehr an langen Gefängnisstrafen für böse Jungs gelegen war als an einer Justizreform, und die genau wie Trump dazu neigten, sich herablassend über Frauen, Minderheiten und Einwanderer zu äußern. Eine große Zahl der Agenten und Beamten des Service war, anders als so viele andere Staatsdiener, die in Washington Karriere machten, erfreut zu sehen, wie der Mann, der ihre Sprache sprach, am Tag der Vereidigung den North Portico des Weißen Hauses betrat, um in sein neues Zuhause Einzug zu halten.

Der Service hatte Trump den Codenamen »Mogul« verpasst – in Anerkennung seines Erfolgs als Geschäftsmann und Wirtschaftsboss. Aber die Ankunft des Immobilienunternehmers verschärfte in

Wirklichkeit zwei zentrale Managementprobleme, unter denen der Secret Service schon seit der zweiten Amtszeit von Präsident Obama gelitten hatte: überlastete Mitarbeiter und ein viel zu knappes Budget. Der neue Präsident beschloss, nach Washington zu ziehen, aber seine Frau Melania und sein Sohn Barron wollten bis zum Ende des laufenden Schuljahrs in New York bleiben. Überdies signalisierte Trump schon in den ersten Wochen seiner Präsidentschaft, dass er entgegen seinem Versprechen, das Geld der Steuerzahler für Reisekosten zu sparen und »nur selten das Weiße Haus [zu] verlassen«, die Absicht hatte, an vielen Wochenenden sein Golfresort in Mar-a-Lago aufzusuchen.[22] Noch dazu musste der Service sein Personal für den unmittelbaren Personenschutz aufstocken – es waren achtzehn Angehörige von Trumps Familie zu schützen, von der Ehefrau bis zu den Enkelkindern. Der Präsident hatte zwei erwachsene Kinder, die innerhalb seines Geschäftsimperiums aktiv und beruflich oft im Ausland unterwegs waren. Innerhalb weniger Wochen nach seiner Amtsübernahme beantragte der Service eine Aufstockung seines Budgets um 60 Millionen Dollar, allein um diese neuen Kosten stemmen zu können.

Die sich anhäufenden Kosten bereiteten John Kelly Kopfschmerzen, dem Minister für Heimatschutz, in dessen Zuständigkeit der Secret Service fiel. Das Haushaltsbüro des Präsidenten arbeitete an Trumps erstem Haushaltsentwurf, dem erwarteten Startsignal, das zeigen sollte, wo die Prioritäten der neuen Administration lagen. Trump wusste, was seine Anhängerbasis von ihm erwartete, nämlich mit einem großen Messer auf sämtliche Ausgabenposten loszugehen. Mick Mulvaney, der Direktor des Budget Office, im Kongress allgemein bekannt als Konservativer in Sachen Staatsausgaben, fügte sich diesem Ansinnen nur zu gern und sprach sich für 30-prozentige Kürzungen bei der Umweltschutzbehörde und beim Außenministerium aus. Alles sollte zusammengestrichen werden, mit Ausnahme der Ministerien, die mit dem Stoppen und der Verfolgung illegaler Einwanderung an der Grenze zu tun hatten. Kelly war schon klar, dass der Service die große Finanzspritze, die er eigentlich brauchte, nicht bekommen würde, deshalb suchte er bereits nach Wegen, bei Sonderprojekten und Betriebskosten einzusparen. Ein bedeutender Posten in der Anfrage zur Budgetaufstockung des Service war ein 60 Millionen Dollar teures Projekt, das den knapp zwei Meter hohen Zaun um das Weiße Haus durch eine stärkere und doppelt so hohe Version ersetzen sollte. Der Service beschrieb den neuen Zaun als notwendig für die Sicherheit, etwas, das auf jeden Fall zu Ende gebracht werden musste, seit es ein Eindringling im Jahr 2014 bis ins Weiße Haus geschafft hatte. Kelly bat sein Team, nach billigeren Optionen Ausschau zu halten. Gleichzeitig stand der Minister vor einem gewaltigen Hindernis bei seinen Einsparversuchen. Genau wie der Immobilienentwickler Donald Trump darauf bestanden hatte, bei der Renovierung der Plaza persönlich den grünen Marmor für die Böden der Badezimmer auszuwählen, hatte auch der Präsident Donald Trump sehr klare Vorstellungen, was bestimmte ästhetische Aspekte rund um das Weiße Haus anbelangte. Trump wollte vom Service ein ganz neues Design des Zaunes haben. Die eng nebeneinanderliegenden schwarzen Stangen mit den Speerspitzen am oberen Ende waren nicht nach seinem Geschmack.

»Das sieht zu sehr nach Gefängnis aus«, sagte Trump.

Das Zaunprojekt erforderte auch einen Härtetest sowie eine mögliche Befestigung der sechs Einfahrten des Gebäudekomplexes. Der Präsident, dessen Reisegewohnheiten diese sorgfältige Prüfung möglicher Einschnitte erst notwendig machten, schlug eine massive, mehrere Millionen Dollar teure Veränderung vor. Er wollte sämtliche abgesenkten Toreinfahrten aufreißen und ersetzen, weil ihm die Bodenwelle, die er spürte, wenn seine Limousine darüberfuhr, gegen den Strich ging.

Haushaltsbeamte und Kelly versuchten, auf Zeit zu spielen; das Aufgraben und Erneuern der riesigen Fahrzeugeinfahrten galt als unerschwinglich, und sie hofften, die Idee so lange verschleppen zu können, bis Trump der Nachfragerei überdrüssig wurde.

Stattdessen machte sich Kelly daran, die große Zahl zu schützender Personen – nicht weniger als einundvierzig – auf den Prüfstand zu stellen. Die Personaldecke des Secret Service war durch die Bewachung derart vieler Menschen so angespannt, dass manche Trump-Helfer, die Personenschutz erhielten, gelegentlich in den Privatautos ihrer Agenten mitfahren mussten. Hohe Beamte waren gehalten, dem Secret Service zwei Stunden im Voraus Bescheid zu geben, wenn sie eines Fahrdienstes bedurften, weil es nicht möglich war, ein Fahrzeug für den ganzen Tag exklusiv bereitzustellen. Der Secret Service hatte schlicht nicht genug Dienstfahrzeuge, um all diese Pflichten zu bewältigen. Er suchte nach Stellen, an denen er den Personenschutz streichen konnte, und begann mit Finanzminister Steve Mnuchin. Es gab keine glaubhafte Bedrohung für Mnuchins Leib und Leben. Er bekam den Personenschutz einfach aus Tradition; das Finanzministerium war die erste Heimat des Secret Service gewesen, und der Finanzminister behielt seinen Personenschutz auch noch, nachdem die Behörde nach dem 11. September ins Department of Homeland Security verlagert worden war. Kelly meinte, es wäre an der Zeit, diese Tradition zu überdenken. Er erwog auch, seinen eigenen Personenschutz zu reduzieren oder ganz zu streichen, und er schlug Mnuchin vor, er solle den seinen aufgeben. Mnuchin war fassungslos. Eiligst beschwerte er sich bei Jared Kushner und begann, bei Trump und Kushner darauf zu drängen, den Secret Service an seinen angestammten Platz im Finanzministerium zurückzuholen. »Mnuchin hielt es wohl für ein gottgegebenes Recht«, meinte ein Mitarbeiter der National Security. »Er setzte alle Hebel in Bewegung. Dabei gab es keinerlei bekannte Bedrohungen gegen ihn.«

Kelly blockierte Mnuchins Idee, den Service wieder unter das Dach des Finanzministeriums zu verlegen, aber in Sachen Personenschutz für Mnuchin kämpfte er auf verlorenem Posten. Mnuchin behielt seinen Schutz sogar, als ein weibliches Kabinettsmitglied, Bildungsministerin Betsy DeVos, reihenweise Morddrohungen erhielt und zeitweise einen eigenen privaten Sicherheitsdienst anheuern musste. Die Entscheidung stellte den Service vor das Dilemma, genug Leute zusammenkratzen zu müssen, um den Personenschutz für einundvierzig Personen stemmen zu können. Sie zogen Agenten von anderen Aufgaben ab und holten sie im Rotationsverfahren für jeweils zweiwöchige Schichten aus den diversen Außenstellen, alles nur, um die erweiterte Zielgruppe der Präsidentenfamilie und seiner wichtigsten Berater auf Schritt und Tritt zu bewachen. Und der Service war dadurch auch genötigt, mehr Geld an die Trump Organization zu überweisen. Mnuchin war zu jener Zeit einer der Lieblingsminister Trumps; während sein Haus renoviert wurde, war Mnuchin in eine der teuersten Suiten im Trump International Hotel in Washington gezogen und logierte dort volle sechs Monate. Eine Nacht in der Franklin Suite kostet normalerweise 8300 Dollar, aber Mnuchin handelte offenbar einen Rabatt aus. Mnuchins Hotelauswahl generierte jede Menge Umsatz für den Unternehmer Trump. Der Secret Service musste nicht nur Mnuchins Rechnung begleichen, er musste auch noch ein Zimmer nebenan für sechs Monate mieten – weitere 33 000 Dollar, die der Steuerzahler berappen musste und die die Firma Trump einstrich.[23]

Die dünne Personaldecke hatte schon in den Obama-Jahren zu peinlichen Sicherheitslücken geführt, und in den ersten Monaten von Trumps erstem Amtsjahr passierte es wieder. An einem einzigen Wochenende im März unterliefen Trumps neuem Security-Team zwei dicke Fehler, eine Mischung aus Peinlichkeit und echter Gefahrensituation. Diese aufeinanderfolgenden Patzer, von denen einer weitgehend geheim gehalten wurde, sollten ihre Beziehung zum neuen Boss auf die Probe stellen und Zweifel aufkommen lassen, ob sie denn das sprichwörtliche Vertrauen überhaupt verdienten. In der zweiten Märzwoche lockte Washingtons launisches Frühlingswetter die Bewohner der Stadt mit einer milden Vorahnung von Sommer. Die Temperaturen stiegen auf 25 Grad Celsius, und die Büroangestellten aus Downtown zog es scharenweise in die Außengastronomie, wo sie den Lunch im Freien genießen konnten. Am Freitag, dem 10. März, schlug das Wetter jedoch urplötzlich wieder um. Dunkle Wolken zogen auf, der Wind nahm zu, und die Temperaturen fielen dramatisch in Richtung Minusgrade. Die Secret-Service-Leute der Nachmittags- und Abendschichten auf dem Gelände des Weißen Hauses zogen sich in ihre Wachhäuschen zurück und konnten es nicht erwarten, wieder auf einen Posten innerhalb der Residenz zu rotieren.

Der rapide Wintereinbruch war ein Spiegelbild der sich verfinsternden Stimmung im Weißen Haus des Präsidenten Trump. Sein Team für Innenpolitik und seine politischen Berater hatten an jenem Freitag, Trumps 50. Tag als Präsident, gleich mehrere Rückschläge zu verdauen. Einige führende Republikaner warnten das Weiße Haus, die Konservativen im Senat würden einen Gesetzentwurf der Republikaner im Repräsentantenhaus, der die Abschaffung von Obamacare zum Ziel hat – eines der Hauptziele des neuen Präsidenten –, wahrscheinlich nicht mittragen. Die juristischen Probleme im Zusammenhang mit Trumps Einreiseverbot wurden immer größer. Associated Press und die *Washington Post* meldeten, Juristen hätten Trumps Übergangsteam bereits vor und auch nach der Amtseinführung gewarnt, Michael Flynn, der vom Präsidenten auserkorene Berater für Nationale Sicherheit, hätte wohl als ausländischer Agent zu gelten, der im Auftrag fremder Regierungen arbeitete.

Nach einem Treffen mit seinem Wohnungsbauminister am späten Nachmittag zog sich der Präsident für den Rest des Tages zurück. Er bat den Koch des Weißen Hauses, ihm zum Abendessen eines seiner Lieblingsgerichte zu servieren: Hackbraten. So brütete er an jenem Abend vor dem Fernseher in der Amtsresidenz vor sich hin und zappte zwischen Nachrichtensendern hin und her, die vorwiegend wenig schmeichelhafte Geschichten über seine ins Stocken geratene Agenda zu berichten hatten.

Vor dem Weißen Haus, ein paar Hundert Meter östlich des Haupteingangs, war noch eine andere Person an jenem Abend ziemlich aufgeregt. Ein 26-jähriger Techniker namens Jonathan Tran ging mehrere Male den Zaun an der Nordseite des Geländes entlang und versuchte, einen Weg ins Innere zu finden. Tran wähnte sich verfolgt von einem geheimnisvollen Fremden, während er sich der Pennsylvania Avenue näherte. Er stand nun gegenüber der Nordseite des Finanzministeriums und vor einem spitzenbewehrten Zaun, der nach Westen weiterging, so weit das Auge reicht, und an den Nordrasen des Weißen Hauses angrenzte. Tran trug eine Kapuzenjacke und einen Rucksack; dabei hatte er auch zwei Dosen Pfefferspray. Außerdem befanden sich in seinem Rucksack: ein Laptop, ein Buch von Donald Trump und ein Brief an Trump. Tran, Sohn armer Einwanderer aus Vietnam, hatte Elektrotechnik studiert und war der Erste in seiner Familie, der ein College besuchen konnte. Im Sommer 2016 hatte er allerdings einen Doppelschlag einstecken müssen: Er hatte seine Arbeit und seine Freundin verloren, was ihn in eine tiefe Depression stürzte. Ohne ärztliche Betreuung und isoliert, wie er war, entwickelte er Wahnvorstellungen.

Monatelang hatte Tran Stimmen gehört, die vor einem drohenden Attentat auf den Präsidenten warnten. Er glaubte, sein Telefon würde abgehört, seine E-Mails abgefangen. In seiner Erregung meinte Tran, er müsse den Präsidenten auf kritische Informationen aufmerksam machen, die er über russische Hacker besaß, und auf diese Weise dessen Präsidentschaft retten. Tran, der seit dem Jobverlust im Auto gewohnt und sich von Junkfood ernährt hatte, fuhr vom kalifornischen San Jose quer über den Kontinent bis nach Washington, um Ende Februar seine Mission zu vollenden.

Tran hoffte, mit Trump sprechen zu können, als er am 27. Februar im Hay-Adams-Hotel eintraf. Dort veranstaltete Trumps langjähriger Mitstreiter Roger Stone eine protzige Party anlässlich des Erscheinens seines Buchs, *The Making of the President 2016*. Tran drückte sich verlegen im mahagonivertäfelten Empfangsbereich des Hotels herum und war enttäuscht, als er erfuhr, dass Trump nicht bei der Party erscheinen würde. »Es ist mein Fehler«, erzählte er einem konservativen Redakteur, dem er bei der Buchpremiere begegnete. »Das Russen-Dossier, es ist mein Fehler. Ich habe es geschrieben.« Laut der Journalistin Cassandra Fairbanks soll Tran behauptet haben, die CIA und das FBI wären hinter ihm her und wollten ihn daran hindern, Trump in sein Wissen darüber einzuweihen, dass die Meldungen, es existierten Videoaufnahmen von einem Zwischenfall, bei dem Trump auf Prostituierte uriniert haben soll, gefälscht wären.[24]

Mehrere Tage vergingen, und Tran suchte immer weiter nach

Wegen, um an den Präsidenten heranzukommen. Am Abend des 10. März sah Tran seine letzte Chance gekommen. Keiner der über die verschiedenen Posten auf dem Gebäudekomplex des Weißen Hauses verteilten Beamten der Uniformed Division bemerkte an jenem Abend die hagere, einsame Gestalt im dunklen Hoodie, die an der Pennsylvania Avenue nahe der 15th Street umherstreifte. Aber bei den eisigen Temperaturen und den Regen- und Graupelschauern saßen mehrere Beamte auf der Flucht vor dem ungemütlichen Wetter lieber in ihren Kabinen.

Kurz nach 23:20 Uhr überwand Tran mühelos den 1,50 Meter hohen Zaun an der Nordseite des Finanzministeriums, das direkt an den Rasen des Weißen Hauses grenzt. Das Gelände des Finanzministeriums gehörte offiziell zum Komplex des Weißen Hauses und fiel damit auch in die Zuständigkeit des Secret Service. Mindestens ein Sensor schlug im Joint Operations Center des Secret Service Alarm, um dem Wachkommandanten einen Einbruch irgendwo im Bereich des Finanzministeriums zu melden. Die Kommandozentrale leitete automatisch einen Alarm an jeden Wachposten und jedes Funkgerät auf dem Gelände weiter.

Ein Secret-Service-Beamter in der Nähe eilte zum fraglichen Abschnitt des Zauns. Da war Tran jedoch bereits auf dem Weg Richtung Süden, entlang der von Bäumen gesäumten westlichen Begrenzung des Areals, auf dem das Finanzministerium liegt und das der Secret Service gerne als »Burggraben« titulierte, und folgte dem East Executive Drive. Am Ende des Burggrabens erklomm Tran ein circa 2,50 Meter hohes Tor, das zwischen ihm und dem Gelände östlich des Weißen Hauses lag. Er ging ein paar Meter weiter nach Osten, zum Hauptbesuchereingang, den die Gäste bei Partys im Weißen Haus nutzen. Dort sprang er über einen weiteren, etwa einen Meter hohen Zaun, der ihn noch vom Ostflügel des Gebäudes trennte. Bevor er weiterging, blieb er stehen und band sich den Schnürsenkel.

Einige der Sensoren, die eigentlich Bewegungen an dieser Ostflanke des Weißen Hauses registrieren sollten, waren offenbar entweder ausgeschaltet oder beschädigt. Die neuere Technologie dieser Bewegungsmelder machte die Alarmanlage hochempfindlich, was dem Secret Service schon mehr als einmal Kopfschmerzen bereitet hatte. Die Sensoren erzeugten ständig Fehlalarme, wenn die zahlreichen Mitarbeiter von Vertragsfirmen ihre Arbeitsplätze an einem streng geheimen Bauprojekt auf dem Ostgelände betraten oder verließen, sodass sie während laufender Bauarbeiten nicht selten deaktiviert wurden. Das geheime Projekt sollte im Fall einer heftigen Explosion den Schutz des Präsidenten verstärken. Aber bei nicht funktionierenden und öfter einmal ausgeschalteten Alarmsystemen war der Präsident natürlich noch angreifbarer.

In der Dunkelheit und dem Regen diskutierten mehrere Beamte, ob der ursprüngliche Alarm wegen eines Einbruchs am Finanzministerium vielleicht auch ein Fehlalarm gewesen sein könnte. »Nichts gefunden«, funkte ein Beamter an die Zentrale.

Während die Agenten nach Anzeichen für ihren mysteriösen Eindringling Ausschau hielten, hatte es Tran bereits an den drei bemannten Wachposten auf dem Ostgelände vorbeigeschafft und den Osteingang der Villa erreicht. Er blickte durch die Fenster und versuchte erfolglos, eine Tür zu öffnen. Dann ging er um eine Ecke in Richtung des Südportals mit seinem halben Dutzend Zugängen und einer kunstvoll verzierten Marmortreppe, die alle zur Residenz des Präsidenten führten. Innerhalb von fünfzehn Minuten hatte er es fertiggebracht, ein Team von fünfzehn bestens ausgebildeten Sicherheitsprofis auszutricksen, die auf einen möglichen Eindringling aufmerksam gemacht worden waren, und er hatte zweihundert Meter auf dem Gelände des Weißen Hauses zurücklegen können, ohne aufgehalten worden zu sein.

Dann aber sah Officer Wayne Azevedo, der am nahe gelegenen Posten Charlie 11 auf dem Südgelände Dienst tat, einen Schatten, der sich bewegte. Er erspähte Tran, als dieser offenbar versuchte, sich hinter einer Säule am Fuß des Portals zu verstecken. Als Tran den schwarz uniformierten Beamten erblickte, drehte er sich um und begann, zügig in Richtung des Südrasens zu gehen, weg vom Weißen Haus. Azevedo rief ihm hinterher, er solle stehen bleiben.

»Was tun Sie hier?«, fragte er barsch.

»Ich bin ein Freund des Präsidenten«, sagte Tran. Sie standen sich nun Auge in Auge gegenüber. »Ich habe eine Verabredung.«

»Wie sind Sie hier reingekommen?«, wollte Azevedo wissen.

»Ich bin über den Zaun gesprungen«, sagte Tran.

Der Beamte griff nach seinen Handschellen und sagte Tran, er würde ihn festnehmen. Azevedo forderte per Funk Unterstützung an – er konnte ja nicht wissen, dass das Funksystem nicht funktionierte. Dann durchsuchte er Trans Taschen und fand eine Dose Pfefferspray in seiner Jacke. Im Rucksack fanden die Beamten später eine weitere Dose, den Laptop, Trumps Buch und Trans Brief an den Präsidenten. In dem Brief, den zu überbringen Tran nie vergönnt war, führte er aus, er hätte wichtige Informationen über russische Hacker. Er räumte ein, von manchen für schizophren gehalten zu werden, versicherte aber, dass »Dritte« seine Telefon- und E-Mail-Kommunikation abgefangen hätten. Die Polizei brachte Tran ins Hauptgefängnis von D. C.

Am Samstagmorgen erfuhr General John Kelly, der Heimatschutzminister, von dem Eindringling – aber nicht vom Secret Service, sondern aus den Morgennachrichten im Fernsehen. Er war mehr als genervt, behielt aber seine Fassung und sagte seinem Stabschef, er wolle schnell Antworten von Billy Callahan haben, dem amtierenden Direktor des Service.

Der General war an dem Samstag früh auf den Beinen, er wollte sich zu einer Reihe von Terminen mit dem Präsidenten im Trump National Golf Club in Potomac Falls, Virginia, nicht weit vom Dulles Airport, auf den Weg machen.

Der Präsident hatte einen ziemlich ruhigen Morgen an dem Tag. Nach einer Runde Golf auf dem Trump National bestellte er Mitglieder des Pressepools in den Club, die zu sehen bekamen, dass er ein Lunch-»Meeting« abhielt, an dem einige seiner Kabinettsmitglieder und deren Ehefrauen beteiligt waren. Ein Reporter fragte Trump, was er davon hielt, dass ein weiterer Eindringling bis kurz vor das Gebäude des Weißen Hauses gelangt war.

»Der Secret Service hat einen phantastischen Job gemacht«, erklärte Trump zu der Festnahme des Jumpers. »Es war eine gestörte Person. Sehr traurige Sache.«[25]

Kelly saß an der gegenüberliegenden Ecke des Mittagstischs und vernahm die Antwort des Präsidenten mit dem Rücken zu den anwesenden Reportern. Er spitzte den Mund – ihm schwante nichts Gutes. Kelly wartete zwar noch immer auf ein umfassendes Bild, das ihm sagte, was im Einzelnen schiefgegangen war, aber »phantastisch« war definitiv nicht das Wort, mit dem Kelly auf Basis seines bisherigen Kenntnisstands den Vorgang beschrieben hätte. Der Minister hatte alle Hände voll zu tun, die Nachwehen des vom Präsidenten in aller Eile verkündeten Einreiseverbots in den Griff zu bekommen, aber er wusste, dass er unbedingt diesem Einbruch auf den Grund gehen musste. Ein weiteres Mal konnte er es nicht fassen, dass es wieder ein Fremder geschafft hatte, so weit auf das Gelände vorzudringen, und er wollte wissen, warum die diensthabenden Beamten ihn nicht sofort ertappt hatten.

Für die Führungsetage des Secret Service dagegen waren die Worte des Präsidenten Balsam auf die Wunden. Sie verweigerten das Beantworten von Reporterfragen am Sonntag, ob denn alle Alarmsysteme angeschlagen hätten und wie der Eindringling derart weit hatte vorankommen können, ohne aufgehalten zu werden. »Wir können Ihnen dazu im Moment nicht mehr sagen«, ließ Sprecherin Catherine Milhoan die Presse wissen.

Abseits der Blicke der Öffentlichkeit meldete sich Kelly bei seiner Stabschefin, Kirstjen Nielsen, die gesagt hatte, der Service würde die Sache verschleppen und ihr kein vollständiges Bild des Geschehens vermitteln, sie würden angeblich noch immer irgendwelche Dinge abklären – und Kelly war schließlich deren Boss. Er sagte Nielsen, sie solle unverzüglich den amtierenden Direktor Callahan zu einem Briefing einbestellen, und er solle die Videobänder der Security vom Freitagabend mitbringen. »Genug mit diesem Kleinkram«, sagte er. »Holen Sie die Leute her. Ich will wissen, was wir wussten, was wir nicht wussten und was zum Donnerwetter eigentlich genau passiert ist.«

Callahan sagte Kelly, sein Team würde noch immer alle Beamten und Vorgesetzten befragen, die an dem Abend Dienst hatten, und sie würden an einer PowerPoint-Präsentation arbeiten. Sie hätten für Kelly ein umfassendes Briefing für den kommenden Freitag vorgesehen, den St. Patrick's Day.

»Secret Service, wie er leibt und lebt«, stöhnte Rich Staropoli, ein ehemaliger Agent, der im Heimatschutzministerium für Kelly arbeitete. »Wenn du einen Stapel PowerPoint-Folien brauchst, um mir zu sagen, was da so völlig in die Hose gegangen ist, dann hast du ein ernstes Problem.«

Der Tag des Briefings kam. Kelly betrachtete fassungslos die Aufnahmen von Trans Einbruch, sein ausgedehntes Umherstreifen auf einem Areal, das doch eigentlich das am besten bewachte Stück Land auf dem Planeten sein müsste.

Das Schlimmste für Kelly war, den heruntergekommenen Zustand der angeblich hochmodernen Technologie zur Kenntnis nehmen zu müssen, die der Service im Einsatz hatte, um ein Eindringen auf das Gelände des Weißen Hauses zu verhindern. Fast jedes einzelne Element dieser Technologie hatte an jenem Abend auf die eine oder andere Weise versagt. Ein wichtiger Bewegungsmelder, der normalerweise anschlagen müsste, wenn jemand über den Zaun klettert, war einfach Schrott, sodass in der Kommandozentrale nie ein Alarm ankam. Eines der bewegungsaktivierten Lichter, die aufleuchten müssten, wenn jemand über das Grundstück des Weißen Hauses geht, funktionierte nicht. Eine Kamera im östlichen Teil des Geländes, wo Tran es betreten hatte, funktionierte nicht einwandfrei. Als ein Beamter Tran siebzehn Minuten später endlich erspäht hatte, funktionierte sein Funkgerät nicht, so konnte er zu keinem Zeitpunkt den Kollegen seine Position mitteilen, nachdem er auf den Einschaltknopf des Funkgeräts gehauen hatte, um die Festnahme eines möglichen Verdächtigen zu melden. Sie wussten nicht, dass er jemanden gefunden hatte oder wer dieser Jemand war, also konnten sie ihm auch nicht zu Hilfe eilen.

Ach du Scheiße, das ist richtig übel, dachte sich einer von Kellys

Helfern, der die Sache aus der Nähe verfolgte. Kelly fasste sich mit der Hand an die Stirn und fragte Callahan, wie um alles in der Welt es sein konnte, dass alle diese Systeme versagt hatten. Callahan führte aus, das Geld für die Reparatur einiger dieser Geräte wäre einfach nicht da gewesen, aber man hoffte, am Ende die Mittel bewilligt zu bekommen, um die Geräte reparieren oder austauschen zu können. Callahan und seine Leute erklärten, das wäre doch kein Weltuntergang, schließlich hätte der Service mehrere doppelte und dreifache Absicherungen vor Ort, um einen einzelnen Ausfall abfedern zu können. Kelly lehnte sich für einen Moment zurück und sagte erst einmal gar nichts. In diesem Fall, erinnerte er dann Callahan und sein Team, hätte nichts von diesen doppelten und dreifachen Absicherungen etwas geholfen, die Beamten nicht, und die Wachhunde auch nicht. Kelly hatte ein Weißes Haus vor Augen, das in inakzeptabler Weise verwundbar war, und eine Führung des Secret Service, die das alles offenbar nur halb so schlimm fand. Callahan trug gewiss nicht sein Herz auf der Zunge, aber er betrachtete dieses Eindringen als eine überaus ernste Angelegenheit.

Nach dem Briefing erhielt einer der Ermittler des Abgeordneten Chaffetz einen Anruf eines Informanten innerhalb des Service. »Vielleicht interessiert es Sie, was ich über den Eindringling weiß«, sagte die Quelle zu dem Mitarbeiter. »Er war über fünfzehn Minuten auf dem Gelände, bevor wir ihn gefunden haben.«

Chaffetz rief mich an und schickte mir eine Textnachricht, um mich zu informieren, aber ich saß gerade in einem Flugzeug in Richtung San Francisco. Als der Flieger landete, schaltete ich das Handy ein, und augenblicklich begann das Summen und Vibrieren, das den Eingang von Nachrichten und Anrufen von ihm und meinen eigenen Quellen aus dem Secret Service anzeigte. Es war 15:45 Uhr an der Ostküste. CNN hatte die Geschichte soeben gemeldet. Der Eindringling vom 10. März war unerkannt irgendwie auf das Gelände des Weißen Hauses gelangt und hatte sich dort geschlagene siebzehn Minuten lang herumgetrieben.

Der Secret Service veröffentlichte noch am gleichen Nachmittag eine Stellungnahme und änderte seine ursprüngliche Darstellung erheblich ab, nach der man mit Erfolg einen Eindringling dingfest gemacht hätte. In der Stellungnahme hieß es, Überwachungskameras und Alarmsysteme zeigten, dass Tran um 23:21 Uhr über den Zaun des Finanzministeriums kletterte, zwei weitere Zäune auf dem Gelände des Weißen Hauses überwand und erst um 23:38 Uhr von einem Beamten gestellt werden konnte. Von einem »phantastischen Job« war jedenfalls nicht mehr die Rede.

»Die Männer und Frauen des Secret Service sind extrem enttäuscht und verärgert darüber, wie sich die Ereignisse des 10. März entwickelten«, hieß es in der Stellungnahme weiter.[26]

Am Montag darauf nahm Chaffetz auf Einladung Kellys an einem internen Briefing des Secret Service teil, um sich die Überwachungsvideos des Vorfalls anzusehen, die das Joint Operations Center zusammengestellt hatte.

Genau wie Kelly zuckte Chaffetz regelrecht zusammen, als er sah, wie Tran drei Barrieren überwand, ohne dass sich Beamte am Ort des Geschehens hätten blicken lassen. Chaffetz war vor allem überrascht, wie locker sich Tran verhielt. Er lehnte gegen einen Zaun. Er band sich die Schuhe. Er drückte einen Türgriff des Ostflügels. Noch immer kein Sicherheitsbeamter weit und breit.

»Hatten Sie an dem Abend ausreichend Personal vor Ort?«, wollte Chaffetz wissen.

»Nein, Sir«, sagte Callahan. »Wir waren besetzt, wie wir immer besetzt sind.«

Chaffetz rief mich später an, um mir seine Reaktion auf den Einbruch mitzuteilen. Er vermied es sorgfältig, vertrauliche Details zu der vom Service verwendeten Technologie zur Sprache zu bringen. Ich wusste, dass der Service mit Infrarot- und Mikrowellensensoren arbeitete, die einen Ring um das Gelände ziehen, sowie mit unter dem Rasen verborgenen Bewegungsmeldern, aber er meinte, er wolle nichts Konkretes dazu sagen, was an dem Abend eingesetzt war, was versagt und was funktioniert hatte.

Chaffetz klang resigniert. »Es tat weh, sich so etwas ansehen zu müssen«, meinte er. »Alle waren so langsam und erbärmlich und der Aufgabe nicht gewachsen. Und das ist das weitaus Schlimmste, vollkommen unzureichend und auch beängstigend. Sie haben einfach nicht reagiert.«

Und dann zog er Bilanz über den amtierenden Direktor.

»Als ich dasaß und diesen Menschen ansah, der seine ganze Karriere dort zugebracht hatte, und absolut nichts von dem rechtfertigen konnte, was da geschehen war – das ging mir wirklich an die Nieren«, sagte Chaffetz. »Dabei rechne ich ihm durchaus hoch an, dass er nicht versucht hat, es zu entschuldigen. Aber es machte mir Angst, ihn im Prinzip sagen zu hören: ›So haben wir das schon immer gemacht.‹«

Callahan hatte Jahre zuvor angeregt, die Anzahl der Beamten im Gebäudekomplex des Weißen Hauses in Zeiten zu reduzieren, in denen der Präsident nicht vor Ort war. Der Service stand unter Druck, Einsparungen zu bewerkstelligen, und Callahan suchte nach einem logischen Plan, wo er den Rotstift ansetzen könnte.

Nach Ansicht Wackrows hätte das Versagen vom 10. März in Trumps Weißem Haus sämtliche Alarmglocken schrillen lassen müssen. Es zeigte, dass der Secret Service es nicht geschafft hatte, die Probleme in den Griff zu bekommen, die im September 2014 offenbar geworden waren.

»Der Secret Service stellt es als Erfolg dar«, sagte Wackrow mit Blick auf Trans Festnahme. »Vielleicht war es ja ein Erfolg *per definitionem*. Aber dein Erfolg darf sich nicht am Versagen des Eindringlings orientieren. Das ist absolute Fahrlässigkeit aufseiten von Bill Callahan und Joseph Clancy. … Der Zaun hat immer noch die gleiche Höhe, die Technologie funktioniert offenkundig nicht, und mit der Ausbildung läuft auch etwas falsch. Es ist ein fundamentales Versagen auf allen Ebenen.«

Mike White war geschafft.

Das Wochenende des 10. März hatte schon schlecht für den Secret Service begonnen. Das Sicherheitslevel war just vor Mitternacht am

Freitag auf Alarmstufe Rot angehoben worden, weil Tran bis zum Ost-flügel gelangt war, als der Präsident im oberen Stockwerk schlief. Der Einbruch veranlasste Agenten, zum Schlafzimmer des Präsidenten im ersten Stock auszuschwärmen – für alle Fälle. Als diensthabender Special Agent von Trumps Personenschutzkommando musste White rasch die wichtigsten Fakten zusammentragen und dem Präsidenten zur Kenntnis bringen.

Das Wochenende wurde nur noch schlimmer für den Secret Service, und für White als Überbringer der schlechten Nachrichten erst recht. White hatte seine ganz eigene Art, zugleich seine Agenten zu unterstützen und erfolgreich an einer gemeinsamen Basis mit dem Personal des Weißen Hauses zu arbeiten. Das war seine Visitenkarte gewesen, und es erklärte, warum er so viel länger als die meisten anderen im Kommando des Präsidenten tätig gewesen war. Aber in diesem Moment fiel ihm einfach nichts ein, womit er das Handeln seiner Agenten hätte rechtfertigen können.

Am Samstag, dem 11. März, während der Präsident die »phantastische« Reaktion des Service auf Trans Sprung über den Zaun vom Vorabend überschwänglich lobte, hatte Trumps achtjähriger Enkel ein komplett anderes Gefühl, was die zu seinem Schutz eingeteilten Agenten anging.

An jenem Nachmittag war Donald Trump III. auf dem Rücksitz des SUVs seines Personenschützers eingeschlafen. Zwei Agenten, einer aus der Außenstelle Nashville, der andere aus Atlanta, waren mit ihm nach einem Ausflug auf dem Nachhauseweg. Donnie wachte auf und stellte fest, dass einer seiner Personenschützer neben ihm auf der Rückbank saß, der andere kicherte vor sich hin. Der Agent hatte offenbar Selfies mit dem ihm anvertrauten prominenten Jungen geschossen.

Der Junge hatte Angst, und ihm war nicht wohl bei der Sache. Als er nach Hause kam, erzählte er seiner Mutter, Vanessa Trump: »Ich mag diese Typen nicht. Die haben Bilder von mir gemacht.«

Die Mutter war entsetzt, stellte aber erst einmal einige Fragen, um sicherzugehen, dass ihrem Donnie nichts passiert war. Als sie später am Wochenende mit ihrem Mann, Donald Trump jr., über die Sache sprach, erzählte sie ihm, was passiert war.

Der Präsidentensohn ging an die Decke. »Wie bitte? Ist das dein Ernst?«, tobte er.

Genau wie zuvor Vanessa schossen ihm alle möglichen Gedanken durch den Kopf. Er fragte sich, ob die Agenten vielleicht pervers veranlagt waren. Sie sagte, ihr Sohn hätte nur von den Selfies erzählt, nichts von Berührungen oder dergleichen. Da der Service personell so sehr auf Kante genäht war, um die große Familie des Präsidenten und die aufwändigen Reiseaktivitäten abdecken zu können, hatte die Familie Trump keine feste Gruppe von Agenten, die sie kannten. Der Service musste im Rotationsverfahren alle paar Wochen immer andere Agenten aus diversen Außenstellen einsetzen, um jedes einzelne Familienmitglied zur Schule, zur Arbeit, zu Veranstaltungen oder auf Reisen zu begleiten.

Vanessa und Donald Trump jr. mussten bis Sonntagabend warten, bis sie über den Vorfall mit Neil Hegarty sprechen konnten, einem hochrangigen Supervisor, dem stellvertretenden verantwortlichen Special Agent im Personenschutz des Präsidenten. Hegarty versicherte dem Präsidentensohn, er würde in der Zentrale Alarm schlagen, und die Sache würde unverzüglich untersucht. »Er meldete es im Hauptquartier. Die meldeten sich bei den Agenten: ›Wir wollen eure Handys. Wir wollen einen Lügendetektortest mit euch machen‹«, erzählte ein ehemaliger Agent. »Sie wollten herausfinden, ob die die Bilder weitergeleitet hatten.«

Die beiden für den Enkel eingeteilten Agenten wurden zu Vernehmungen mit Ermittlern ins Hauptquartier einbestellt, ihre Handys wurden eingezogen, um beweisen zu können, dass sie keine Selfies mit dem Enkel des Präsidenten an Dritte weitergeschickt hatten.

White war stolz und glücklich gewesen, den Job bekommen zu haben, auf den er so viele Jahre hingearbeitet hatte, und jetzt trug er den Titel eines Special Agent, verantwortlich für den Personenschutz des Präsidenten. Für diesen Veteranen der Präsidentenbewachung war das Ganze aber ein wenig spät gekommen.

Agenten, die im Personenschutz des Präsidenten arbeiten, sagen gerne, jedes Jahr, das man »in der Show« dabei ist, entspreche vier normalen Lebensjahren. Der Stress war enorm. White war im Mai 2007 als einer der führenden drei Supervisoren zum Personenschutz von Senator Obama während dessen Wahlkampagne hinzugestoßen, dann ging es direkt weiter mit dem Personenschutz für Präsident Obama, wo er weitere acht Jahre Dienst tat. Als einer der seit frühen Wahlkampftagen bei Obamas Helfern beliebtesten Agenten hatte White dem Impuls widerstanden, die Stelle aufzugeben. Er hoffte, zum verantwortlichen Special Agent aufzusteigen. Mit Präsident Trumps Wahl war er nun der Platzhirsch. Aber White hatte neun Jahre in einem Job zugebracht, den die Agenten üblicherweise nach vier Jahren verlassen. Er war geschafft. Jedenfalls so geschafft, dass er Freunden erzählte, er wollte nur noch weg.

Nun, nachdem er von den albernen Späßchen der beiden Kollegen im Personenschutz der Familie erfahren hatte, stand White vor einem weiteren unangenehmen Gespräch mit dem Boss, den er erst drei Monate zuvor kennengelernt hatte. Am Montagmorgen traf White Sean Spicer vor dessen Büro und fragte, ob er ein paar Minuten unter vier Augen mit dem Präsidenten bekommen könnte, er wollte ihn über eine Personalangelegenheit im Personenschutz in Kenntnis setzen. Die Bewacher hatten Trump am Freitagabend gerade erst an einen sicheren Ort in seinem eigenen Haus bringen müssen, nach dem Vorfall mit dem Eindringling auf dem Ostgelände. Nun hatte White weitere peinliche Neuigkeiten, die er Trump gestehen musste. Sein Plan war, gleich mit dem übelsten Teil herauszurücken und dann zügig darauf zu sprechen zu kommen, was der Service unternommen hatte, um die Sache ins Reine zu bringen.

Spicer meinte, in Trumps Terminplan wäre nicht viel frei.

»Es ist wichtig, Sean«, insistierte White.

»Okay, ich sehe zu, dass Sie zehn Minuten kriegen«, sagte Spicer.

Im Oval Office redete White nicht lange um den heißen Brei herum: Zwei Idioten, die für den Schutz von Trumps Familie eingeteilt waren, waren dabei erwischt worden, wie sie Selfies mit Trumps schlafendem Enkel geschossen hatten. Er stellte klar, dass die Agenten mit Konsequenzen zu rechnen hatten. Sie waren von der zuständigen internen Stelle befragt worden und würden unverzüglich versetzt. Die Familie der Trumps würde die zwei nicht mehr zu sehen bekommen.

Trump saß in seinem Stuhl hinter dem Schreibtisch und staunte nicht schlecht. Er bat White, die Geschichte erneut zu erzählen.

»Jetzt noch mal ganz von vorne. Was genau ist passiert?«

White gehorchte.

Trump stellte eine Frage, um sicherzugehen, dass er alles richtig verstanden hatte. *Diese Typen sind doch keine Perversen, oder?*

Nein, versicherte ihm White. Es waren einfach bloß Idioten.

Trump schüttelte ungläubig das Haupt. Dann starrte er White mit halb zusammengekniffenen Augen an. »Was zum Henker ist los mit euch Typen?«, fragte er.

Während Trump und sein Sohn wegen des unangemessenen Verhaltens der Agenten gegenüber einem Familienmitglied auf hundertachtzig waren, kamen zwei andere Mitglieder des Trump-Clans ihren Personenschützern in unangemessener – und vielleicht sogar gefährlicher – Weise nahe.

Zur gleichen Zeit, als die Sache mit den Selfies passierte, braute sich im Haushalt von Donald Trump jr. ein Ärger ganz anderer Art zusammen. Der Sohn des Präsidenten verbrachte gegen Ende 2017 mehr Zeit fern von zu Hause, und seine Frau Vanessa war zusehends genervt von den endlosen logistischen Details, die sie beachten und den Secret-Service-Agenten mitteilen musste, die mit der Bewachung ihrer fünf kleinen Kinder betraut waren. Donald Trump jr. hatte im September 2017 um die Beendigung seines Schutzes durch den Secret Service gebeten – das Ganze wurde ihm einfach lästig. Freunde sagten, er wollte mehr Freiheit haben, weniger wachsame Augen um sich herum. Im März 2018 reichte Vanessa die einvernehmliche Scheidung ein und hatte ebenfalls formell ihren Verzicht auf Personenschutz erklärt. Die Führung des Secret Service erfuhr hinterher, dass Vanessa Trump ein Verhältnis mit einem der Agenten begonnen hatte, der für ihre Familie eingeteilt gewesen war. Dem Agenten drohten deswegen keine Sanktionen. Zum fraglichen Zeitpunkt waren weder er noch der Service insgesamt offiziell noch für ihren persönlichen Schutz zuständig gewesen.

Derweil hatte Tiffany Trump, die Tochter, die der Präsident kaum einmal überhaupt als Teil der Familie betrachtete, mit ihrem Freund aus dem College Schluss gemacht. In der Zeit danach begann sie, ungewöhnlich viel Zeit mit einem Secret-Service-Agenten ihres Personenschutzkommandos zu verbringen. Die Führung des Service war zusehends beunruhigt, wie nahe Tiffany dem Agenten – groß, dunkler Typ, gut aussehend – offenbar stand. Agenten war es verboten, enge private Beziehungen mit den Personen einzugehen, die sie zu bewachen hatten, da dies ihre Objektivität beeinträchtigen und die Sicherheit ihrer Schutzbefohlenen gefährden konnte. Beide beharrten darauf, es wäre nichts Unangemessenes zwischen ihnen passiert und die mit Tiffany allein verbrachte Zeit wäre nach seinen Angaben im Rahmen des Bewachungsauftrags erforderlich gewesen. Die Bedenken wurden ausgeräumt, als der Agent später im Jahr 2019 auf eine Außenstelle versetzt wurde.

Es war nicht klar, ob der Präsident wusste, was zwischen Tiffany oder Vanessa und bestimmten Agenten des Secret Service ablief, aber mitunter verhielt er sich so, als wäre er selbst für die Personalentscheidungen des Service zuständig. Trump hatte sich zweimal beschwert, weil er die Leiterin von Melanias Personenschutz, Mindy O'Donnell, aus ihrem Supervisor-Job gekündigt sehen wollte. Wie auch einige Agentenkollegen störte sich auch Trump an den Schuhen mit klobigen hohen Absätzen, die sie bei der Arbeit trug.

»Sie ist zu klein«, sagte Trump zu seinen Beratern. »Wie willst du schnell rennen, wenn du solche Absätze an den Füßen hast?«

Am Ende waren Mindy O'Donnells Tage im Personenschutz der First Lady tatsächlich gezählt. Der Grund war allerdings ein anderer, nicht etwa des Präsidenten negative Reaktion auf ihre Körpergröße. Inmitten einer Art privater Seifenoper schied sie 2018 aus dem Personenschutz aus und übernahm eine neue Aufgabe. Während sie und ihr Ehemann, ein hochrangiger und angesehener Supervisor, im Begriff waren, sich zu trennen, kamen Unterstellungen auf, sie hätte eine Beziehung mit einem anderen Agenten im Personenschutz der Familie angefangen. Der Service machte keine große Geschichte daraus und zog sie rasch von der Aufgabe ab.

Trump stellte mit Freude fest, dass Mindy O'Donnell nicht mehr da war. Was blieb, war die Besessenheit, mit der er übergewichtige Agenten loswerden wollte, sobald er im Weißen Haus oder bei seinen Veranstaltungen jemanden in seiner Nähe zu Gesicht bekam, der nach seiner Einschätzung zu dick war. »Ich will diese Fettsäcke aus meinem Personenschutz raushaben«, sagte Trump zu Beratern, die den Verdacht hatten, Trump könne vielleicht nicht zwischen Beamten und Agenten unterscheiden. »Wie wollen die mich und meine Familie schützen, wenn sie zu dick sind, um die Straße runterrennen zu können?«

Kapitel 27

TRUMPS HANDICAP

An einem frühen Samstagmorgen, am 8. April 2017, parkten über zwei Dutzend aufgemotzte Golfcarts in einer Reihe unter einer Baumgruppe der üppigen Außenanlage des Trump International Golf Club in West Palm Beach. Die Golfmobile waren in Anhängern über die Interstate 95 aus Miami geliefert worden, ursprünglich nur für die Weihnachtsferien, wenn Trump sich in seinen nahe gelegenen Club Mar-a-Lago zurückzog, um seine Regierungszeit zu planen. Doch nun gehörten die Carts hier zum Inventar, denn da Trump sich auf dem Gelände nicht zu Fuß, sondern lieber mit einem Golfmobil fortbewegte, mussten seine Agenten es ihm gleichtun.

Die Fahrzeuge waren für die einzigartige Mission des Service besonders ausgestattet: Die meisten davon waren neu – nicht wie die clubeigenen Wagen, die den Mitgliedern zur Verfügung standen, in der benachbarten Cart-Garage. Diese Fahrzeuge hatten weitaus mehr PS, im Zweifelsfall konnten die Agenten damit einen Menschen einholen. Einige waren außerdem hinten mit geräumigen Kästen ausgestattet, in denen die Elite-Agenten des Counter Assault Teams ihre leistungsstarken Waffen und weiteres Notfallequipment verstauten.

An jenem Samstag um neun Uhr fuhr die Fahrzeugkolonne des Präsidenten von Mar-a-Lago ab, wo er die beiden letzten Nächte verbracht hatte. Fünf Minuten später schnurrten die Wagen, einer nach dem anderen, die von Palmen gesäumte Auffahrt hinauf. Der Kommandochef folgte dem Präsidenten in den Club, dann für ein schnelles Frühstück in den Speisesaal und schließlich zu einer Runde Golf. Es war ein wunderschöner Tag mit Temperaturen über 20 Grad Celsius und ein paar Wölkchen. Trump war seit seiner Amtseinführung vor drei Monaten nun schon das zwölfte Mal hier. Der Pressesprecher des Weißen Hauses, Sean Spicer, wurde mit Anfragen der White House Reporter zu den ständigen Golfausflügen bombardiert. Fehle es Trump nicht an der gebotenen Konzentration für diese ersten, entscheidenden Tage seiner Amtszeit? Und wie sah es mit der Rechnung für die amerikanischen Steuerzahler aus? Die Journalisten belagerten Spicer, sprachen ihn auf Trumps wiederholte Vorwürfe an, Obama habe die Zeit und das Geld seiner Bürger fürs Golfspielen verschwendet, und sie fragten, was mit Trumps Versprechen sei, er selbst wäre als Präsident »zu beschäftigt, für Sie zu arbeiten«, um es Obama gleichzutun. Bereits am 8. April, also zweieinhalb Monate nach Trumps Ernennung, sah es so aus, als würde er bald zehnmal so oft auf seinem eigenen Golfplatz unterwegs sein, wie Obama gespielt hatte. Es war hauptsächlich Trumps Reiserhythmus zu seinen eigenen Anlagen zu verdanken, dass seine Familie drauf und dran war, den Steuerzahlern zwölfmal so hohe Reisekosten aufzubürden wie damals die Obamas.

An jenem Morgen hatten Trump und seine Leibwächter vom Service sich eine neue Methode ausgedacht, um den hartnäckigen Fragen zu entgehen.[27] Sie stellten die eigens angereiste Presse bei einer nahe gelegenen Bücherei ab, wo sie stundenlang in einem Konferenzraum sitzen mussten und die Leute vom Weißen Haus sich weigerten, genau zu sagen, was Trump denn da eigentlich auf seinem Golfplatz trieb. Ein Sprecher des Weißen Hauses sagte, Trump habe Meetings in seinem Club und führe dieses Wochenende von dort aus Telefongespräche.[28] Aber natürlich golfte er, in seinem typischen Outfit: weißes Golfshirt, schwarze Hose und rotes Käppi mit »Make America Great Again«-Schriftzug.

Nachdem er seine Partie gegen Mittag beendet hatte, ging Trump zum Essen ins Clubhaus. Als er eintrat, applaudierten die Clubmitglieder, Trump lächelte und winkte freundlich seinem Freund Patrick Park zu, dem er den Posten des US-Botschafters in Österreich angeboten hatte. Als Park und seine Leute später aufstanden und gehen wollten, fragte ein Gast Trump, ob er bald wieder zum Golfspielen käme.

»Ja. Ich bin über Ostern hier«, antwortete der.[29] Also nächstes Wochenende, warf jemand ein. »Ist Ostern nächste Woche?«, so Trump. »Nun, dann bin ich wohl nächste Woche wieder hier.«

In der Zentrale des Secret Service bereiteten Trumps Reisekosten in den ersten Wochen großes Unbehagen: Die Agentur würde ihr Jahresbudget von 74 Millionen Dollar für die Schutzaufträge viel zu schnell verpulvern. Trumps Vorliebe, seine eigenen, weit entfernten Grundstücke zu besuchen, half dabei nicht. Da der Service befürchtete, ihm würde das Geld ausgehen, hatte er beim Weißen Haus im März eine Finanzspritze von 33 Millionen Dollar beantragt. In einem internen Dokument wird die Notwendigkeit der Erhöhung damit begründet, die Reisen der höheren Beamten seien »extrem unterschiedlich, schwer vorherseh- und im Voraus planbar, da die Reisepläne der Schutzpersonen oftmals nicht bekannt sind und nur begrenzt Vorbereitungszeit bleibt«. Im Antrag des Service stand nichts davon, dass sie vor Antritt dieses 45. Präsidenten nie eine solche Budgeterhöhung gefordert hatten, oder dass Trump die Person war, die für diese begrenzte Vorbereitungszeit verantwortlich war.

Es lag dieser Institution jedoch im Blut, eine Möglichkeit zu finden, es dem Präsidenten recht zu machen. Die Agenten vom Service betrachteten diese Reisen nicht als etwas, bei dem man eine Wahl hatte, und machten sich keinen großen Kopf, wie viel ihre Chefs und die Steuerzahler für die Reisegewohnheiten des Präsidenten abdrücken mussten. Im Vergleich zu den Rechnungen, die beim Service in den vergangenen Jahren zum Schutz der Präsidenten angefallen waren, schien die 2000-Dollar-Leihgebühr für Golfcarts pro Besuch nicht sonderlich hoch. Der Service hatte gerade 64 000 Dollar für die Wartung der Fahrstühle im Trump Tower gezahlt. Solche Dinge fielen eben an. Die Agenten waren froh, eine Lösung gefunden zu haben, um das Leben des Präsidenten zu schützen, während er seine x-te Runde Golf spielte.

Tatsächlich schienen die Kosten für die Buggy-Miete relativ gering im Vergleich zu den restlichen 3,2 Millionen Dollar, die es das Militär, die Küstenwache und den Secret Service jedes Mal kostete, wenn Trump auf eine Runde Golf nach Mar-a-Lago fuhr. Doch ungeachtet der Bemühungen des Secret Service, es dem Boss recht zu machen, summierten sich die Kosten für seine Ausflüge schnell auf. Für Trump-Kritiker avancierten die Rechnungen für die Golfmobile schnell zum Symbol für die Qualen, die er seinem Secret Service verursachte.

Mitte April förderten Reporter einen Vertrag zutage, aus dem hervorging, dass der Service während der ersten drei Monate unter dem neuen Präsidenten 35 000 Dollar für Golfcarts in Trumps Clubs in Südflorida ausgegeben hatte. Ein Kolumnist der *Palm Beach Post* namens Frank Cerabino schloss sich der Expertenschar mit einer Rüge an: »Wenn das in dem Tempo weitergeht, würde das für seine erste Amtsperiode eine halbe Million Dollar Leihgebühren für Golfplatzfahrzeuge in Florida bedeuten«, schrieb er in einer Kolumne.[30] »Es hat etwas Ungehöriges, dass der Secret Service auf Trumps private Golfplätze kommt, um ihn dort zu schützen, und sich selbst Golfcarts dafür organisieren muss ... Die eigentliche Sensation könnte auch sein, was für ein leichtes Opfer der Service ist. Schließlich bezahlt er auch die Fahrstuhlwartung der sich in Privatbesitz befindenden Trump Tower in New York. Was kommt als Nächstes? Vielleicht erleben wir bald, dass Agenten auf dem Dach des Mar-a-Lago herumklettern, um das Priependach auszubessern – alles im Namen der nationalen Sicherheit.«

Mit seinen Miet-Carts wirkte der Präsident wie ein Politiker, der immer im Urlaub war – auf Kosten der Bürger. Die größte physische und finanzielle Belastung für den Service war es jedoch, alle Agenten und Officer zu bezahlen, die für die Reisen nötig waren – jedes Mal mindestens siebzig Personen, selbst bei den einfachsten Besuchen. Der Service musste für Hotels, Verpflegung, Reisekosten sowie Überstunden des gesamten Teams selbst aufkommen. Zusätzlich zu den Leibwächtern und dem Counter Assault Team kam das Vorausteam, das für jeden Besuch ein Sicherheitskonzept entwarf. Die Officer mussten an jedem Club, den er besuchte, Kontrollstellen einrichten sowie Zonen zur Überprüfung der Fahrzeuge aller Gäste mit Sprengstoffspürhunden und Magnetometern am Eingang. Trumps Wochenendbesuche wurden nach und nach zur Routine, und die Agenten und Officer schrieben für jeden Besuch Überstunden im Wert von Zehntausenden von Dollar auf. Die Personalkosten für den durchschnittlichen Wochenendtrip ins Mar-a-Lago schlugen bei der Agentur mit guten 400 000 Dollar zu Buche.[31] Würde dem Service, wenn der Präsident am Wochenende ständig golfen fuhr, ausreichend Budget bleiben, um seinen vollgepackten Plan mit offiziellen Inlandsreisen und die noch weitaus kostspieligeren anstehenden Trips nach Saudi-Arabien, Irland, Paris und Asien abzudecken, geschweige denn für die Reisen seiner Familie und die des Vizepräsidenten?

Als Obama Präsident war, kritisierten einige seine Golftrips und Ferien auf Hawaii, da seine Reisen den Steuerzahler während seiner acht Jahre im Amt geschätzte 97 Millionen Dollar kosteten.[32] Trumps Trips verursachten dem Staat jedoch schon im ersten Monat 13,6 Millionen Dollar Kosten,[33] im zweiten waren es einem Bericht des US-Rechnungshofs zufolge bereits 20. Wenn Trump in diesem Tempo weitermachte, würden seine Reisen die Steuerzahler in einer Amtszeit allein über 600 Millionen Dollar kosten.

Doch nicht nur Trumps Jetset-Leben stellte eine Belastung für den Service dar. Eine weitere Zerreißprobe stand bevor, sie hatte sich bereits kurz vor der Amtseinführung angekündigt und wurde jetzt – auch diesmal vollkommen auf die Entscheidungen des Präsidenten und seiner Frau zurückzuführen – akut. Im Dezember wies der designierte Präsident den Service an, den Trump Tower, in dem sich sein Luxus-Penthouse und die Firmenzentrale befanden, als seinen persönlichen Wohnsitz zu betrachten. Damit nicht genug, entschloss sich Melania Trump – und so etwas hatte es noch nie gegeben –, die nächsten fünf Monate mit ihrem Sohn Barron im Trump Tower zu bleiben; er solle das Schuljahr noch beenden. (Was der Secret Service nicht wusste, war, dass Melania Trump diese Verzögerung auch als Druckmittel und zu ihrem persönlichen finanziellen Vorteil nutzte.[34] Sie wollte ihren Ehevertrag mit Trump neu verhandeln, um im Falle einer Scheidung besser dazustehen und für ihren Sohn einen Platz in Trumps Firma zu sichern.) Laut Gesetz zum Schutz des Präsidenten ist es ihm erlaubt, einen Wohnsitz außer dem Weißen Haus anzugeben, an dem der Service Schutz rund um die Uhr gewährt, unabhängig davon, ob der Präsident sich gerade dort aufhält. Präsident Bush wählte seine Ranch in Crawford, Texas, Obama entschied sich für das Haus seiner Familie in Chicago.

Doch Trumps Wohnsitz der Wahl stellte eine nie dagewesene Herausforderung für den Service dar: einen Wolkenkratzer mit achtundfünfzig Stockwerken in der größten Stadt Amerikas zu bewachen, mitten in Manhattan, einem der geschäftigsten Einkaufsviertel der Welt. Die Einschätzung und Abschirmung des dreistöckigen Penthouse der Familie Trump würde den Service eine bisher ungeahnte Summe kosten. Im März 2017 war klar, dass sie es mit dem Budget für den Schutz des Präsidenten nicht würden stemmen könne. Daher fragten sie bei der Haushaltsplanung des Weißen Hauses eine zweite Notfallfinanzspritze über 28,3 Millionen Dollar zum Schutz der Immobilie an. Die Summe stellte alles je Dagewesene in den Schatten. Zum Vergleich: Um das Heim der Obamas in Chicago zu überwachen, hatte der Service jährlich Hunderttausende Dollar berappen müssen. Hinzu kam, dass die Agentur circa ein Drittel der Agenten aus der New Yorker Niederlassung von ihren Ermittlungen zur Finanzkriminalität abziehen und am Trump Tower stationieren musste. Zudem musste die Stadt New York auf unbestimmte Zeit eine Seitenstraße an der Südseite des in der Innenstadt gelegenen Trump Towers sperren. Der Schutz des Gebäudes verschlang Geld und Arbeitskraft in einem Maße, das sich der Service eigentlich nicht leisten konnte, und die Bürde, einen Wolkenkratzer bewachen zu müssen, in dem der Präsident sich ohnehin kaum aufhielt, wog noch schwerer, als Rechnung auf Rechnung für die Luxusorte folgte, die Trump stattdessen frequentierte.

Im April forderten die Demokraten im Kongress Erhebungen zu Trumps Reisekosten und ihre Belastung für den Secret Service. Dass die Medien sich immer stärker mit dem Thema beschäftigten, beunruhigte nun langsam auch wichtige Republikaner. In einem öffentlichen Town-Hall-Meeting im nordöstlichen Iowa musste sich die republikanische Senatorin Joni Ernst einigen Fragen über Trumps Vielfliegerstatus auf Mar-a-Lago stellen; auch dazu, dass im Februar der japanische Premier Shinzō Abe und der chinesische Präsident Xi Jinping nur wenige Tage vor dem Town Hall dort gewohnt hatten. Ernst äußerte sich offen kritisch zu diesem Verhaltensmuster und fügte hinzu, dass sie hinter dem Programm des Präsidenten stehe, er jedoch menschlich »gewisse Schwächen« habe. »Ich würde mir wünschen, dass er mehr Zeit in Washington, D.C., verbringt«, so Ernst. »Dafür ist das Weiße Haus ja da.«

In der Zentrale des Service erwarteten der geschäftsführende Direktor und der Finanzvorstand derweil mit Unbehagen den Vorschlag des Präsidenten für das Secret-Service-Budget im neuen Haushaltsjahr. Doch obwohl Trumps Reisegewohnheiten die Konten der Agentur leerfegten, beinhaltete sein Haushaltsentwurf für den Service ab Oktober nur magere acht Zehntel von einem Prozent Erhöhung für das nächste Rechnungsjahr. Bei diesem Reiserhythmus des Präsidenten und durch die Decke gehenden Überstunden war es für die Agentur trotz der 60 Millionen Dollar zusätzlich für Reisen und den Trump Tower fraglich, wie sie in den schwarzen Zahlen bleiben sollte.

Zu allem Übel hatte der Service gerade auch keinen festen Direktor, jemanden, der den Präsidenten direkt hätte bearbeiten können. Direktor Clancy, der lange Obamas Kommando vorstand, hatte ein paar Wochen nach Trumps Ernennung verkündet, er würde seinen Posten aufgeben, damit der Präsident einen eigenen Direktor auswählen konnte. Trump hatte eine gute, herzliche Beziehung mit einigen der Agenten in seinem Kommando, besonders zu dem hochrangingen Supervisor, der sein Special Agent vom Dienst werden sollte, Tony Ornato.[35] Doch auch die Top-Agenten würden auf gar keinen Fall die Entscheidungen des Präsidenten infrage stellen. Kelly versuchte, ihm das exzessive Reisen auszureden, indem er ihm erklärte, dass der Service dadurch gezwungen war, in anderen Bereichen zu kürzen, doch Trump kommentierte dies nur mit: »Finden Sie einfach eine Lösung, okay?« Kelly wusste, dass er einen neuen Direktor benötigte, war sich aber mit Callahan und seinem Team nach der Sache mit Tran nicht sicher. Callahan zog seine Kandidatur zurück und war ab April für ein paar Monate wegen seiner Krebsbehandlung krankgeschrieben. Kelly empfahl schließlich Randolph D. »Tex« Alles, einen pensionierten Generalmajor des U. S. Marine Corps, den er gut kannte und dem er vertraute. Doch Trump war dagegen, er wollte jemand Neuen einstellen – und außerdem hatte Alles nicht »den Look«, den der Präsident sich vorstellte. Trump kam nicht recht zu Potte, bis Kelly ein Machtwort sprach, schließlich sei er der Minister für Innere Sicherheit, Herrgott noch mal, ihm stehe die Entscheidung zu. Zähneknirschend gab der Präsident am 25. April Alles den Job.

In dieser schwierigen Phase also war nun ein Direktor an der Macht, den Trump nie hatte haben wollen. Auch viele alteingesessene Service-Leute und Leibwächter mochten ihn nicht, da er »keiner von ihnen« war. Alles war der erste Direktor, der nicht aus den Reihen des Secret Service stammte – ein Traditionsbruch, gegen den die alten Hasen sich heftig wehrten.

Während Alles sich auf seinem neuen Posten eingewöhnte, reiste der Präsident munter weiter zu seinen Grundstücken. Ende April, Anfang Mai wurde das Klima in der Hauptstadt zunehmend milder, und Trump passte sein Wanderverhalten einfach an. Die Berater des Weißen Hauses wussten, was ihnen bei einer sonnigen Wettervorhersage um Washington für das Wochenende blühte. Normalerweise bedeutete es, dass sie »Mini-Kabinettssitzungen« oder Arbeitsanrufe für das Wochenende organisieren mussten, die der Präsident in seinem National Golf Club in Sterling, Virginia, durchführen konnte; so konnte er golfen, ohne dass es so aussah, als würde er sich lediglich für die achtzehn Löcher interessieren. Im Sommer, wenn die Saison in Mar-a-Lago zu Ende ging, fuhr Trump in den Norden auf seinen fünfhundert Hektar großen Golfplatz in Bedminster, New Jersey. Da auf einem Fleckchen des Grundstücks Heu erwirtschaftet und Ziegen gehalten werden, gilt das Anwesen als Landwirtschaft, und Trump sparte sich Hunderttausende Dollar der New Jerseyer Grundsteuer;[36] die Steuerzahler sollten jedoch bald Millionen für den Schutz des privaten Clubs des Präsidenten blechen, der bald den Spitznamen Camp David North weghatte.[37]

Das echte Camp David, das historische Gelände am Rande der Blue Ridge Mountains bei Frederick, Maryland, wäre eine kostengünstigere Option gewesen, für die sich die Präsidenten die letzten hundert Jahre auch immer wieder entschieden hatten, wenn sie eine Pause von dem Trubel im Weißen Haus brauchten. Es war mit dem Hubschrauber in vierzig Minuten zu erreichen und als Stützpunkt ohnehin unter permanentem Schutz der Marine und anderer Navy-Einheiten, daher musste man nur wenige Officers vom Secret Service und Agenten einfliegen, um die menschliche Barriere um das Gebiet zu verstärken. Aber Trump, der zu Hause marmorne Badezimmer und güldene Blätterverzierungen gewöhnt war, fand es im waldigen Erholungsgebiet Catoctin Mountain langweilig.

»Camp David ist sehr rustikal, schön, es würde Ihnen gefallen«, sagte Trump mit einem Hauch Sarkasmus im Gespräch mit einem europäischen Journalisten vor seiner Amtseinführung. »Und wissen Sie auch, wie lange es Ihnen gefallen würde? Ungefähr eine halbe Stunde.«[38]

Der Sommer war auch die Zeit, in der der US-Kongress den Bundeshaushalt für das kommende Jahr diskutierte. In einer Junianhörung des Haushaltsausschusses des Repräsentantenhauses wand sich Direktor Alles auf die Frage hin, ob er wirklich mit den acht Zehnteln von einem Prozent Erhöhung, die der Präsident für das jährliche Service-Budget vorgeschlagen hatte – also eine Steigerung von 18 Millionen, weniger, als der Schutz der Trump Tower in einem Jahr ausmachte –, hinkommen würde. Schließlich räumte er ein, dass er lieber noch weitere 200 oder 300 Millionen hätte, um das benötigte Personal einzustellen und die notwendigen Investitionen in Ausbildung und Technologie zu tätigen. Während der Befragung stimmte Alles zu, dass eine Nachbildung des Weißen Hauses auf dem Trainingsgelände »wichtig« für den Service sei, damit die Schutzteams richtig üben konnten, die Executive Mansion vor Angriffen zu schützen. Experten schätzten nach der gescheiterten Kletterpartie über den Zaun 2014 dieses Millionen Dollar teure Trainingsobjekt als dringliche Priorität für den Service ein, aber der Präsident hatte diesen Posten gestrichen. Trumps Haushaltsvorschlag sah für den Service unter all den Agenturen, die dem Ministerium für Innere Sicherheit unterstanden, die geringste Budgeterhöhung vor. Die Polizei- und Zollbehörde, die United States Immigration and Customs Enforcement, wurde um 29 Prozent aufgestockt, die Zoll- und Grenzschutzbehörde, U. S. Customs and Border Protection, um neun. Im Verlauf der Sitzung legten die frustrierten Demokraten Direktor Alles ausführlich dar, wie der Präsident die Agenten und ihre Mission, bei der keine Fehler passieren durften, ausnutzte – und das, wo der Service sich gerade erst wieder aufrappelte, mit Trump bisher ungeahnte Dimensionen der Erschöpfung kennenlernte und immer noch schneller Angestellte verlor, als sich neue finden ließen. Dann wurde die Anhörung richtig unschön, als die Demokraten im Haushaltsausschuss Alles aufforderten, die 26 Millionen Dollar für die Überwachung eines Hochhauses zu rechtfertigen, in dem der Präsident nicht wohnte und aus dem auch seine Frau bald ausziehen würde.

»Ich weiß, dass der Trump Tower in unsere Verantwortung fällt, der Schutz des Trump Towers, wenn der Präsident dort ist«, so die Demokratische Abgeordnete Bonnie Watson Coleman aus New Jersey.[39] »Doch es handelt sich meiner Meinung nach um eine zusätzliche und etwas andere Verantwortlichkeit, da die First Lady sich dort aufhält und ihren Erstwohnsitz dort hat. Es ist wohl etwas ungewöhnlich, dass die First Lady an einem anderen Ort wohnt als ihr Mann.«

»Der Trump Tower wurde als einer seiner Wohnsitze festgelegt«, gab Alles zurück, »ich würde sagen, daran ist nichts Unübliches, und da würden Sie mir wohl zustimmen, aus der Elternperspektive. Ihr

Sohn soll das Schuljahr in New York beenden, und sie haben vor, diesen Sommer auszuziehen, das wird dann etwas Druck aus diesem Bereich nehmen.«

»Okay, lassen Sie mich hier einhaken«, sagte Watson Coleman, die gute Neuigkeiten witterte. »Sie werden also den Trump Tower nicht mehr 24 Stunden am Tag, 365 Tage im Jahr bewachen? Nur noch, wenn die Familie, die Familie des Präsidenten, dort ist?«, fragte sie.

Alles hielt inne, gleich würde er sie enttäuschen müssen. »Wir werden weitermachen, weil seine Söhne dort sein werden«, sagte er, »wir werden weiterhin für Sicherheit sorgen.«

Die teuren Sicherheitsmaßnahmen und Straßensperrungen mussten bestehen bleiben, da der Wolkenkratzer der offizielle Wohnsitz des Präsidenten war. Dass Trumps Söhne dort arbeiteten, war eine zusätzliche Rechtfertigung, unwichtig, dass der Präsident sich in seinem ersten Amtsjahr nur dreimal im Trump Tower aufhielt. Die Rechtslage gebot es, dass der Service kontinuierlich Sicherheitspräsenz zeigte – und sie würden keine halben Sachen machen. Der Steuerzahler wurde geschröpft, aber es gab bei dieser pflichtmäßigen Gesetzestreue des Service auch einen Gewinner: die Firma des Präsidenten. Die Trump Organization fuhr für Miete und Betriebskosten des Raums, den die Regierung für den Schutz des Gebäudes benötigte, 6,3 Millionen Dollar ein – ungefähr ein Viertel der 26 Millionen, die der Service insgesamt in die Überwachung des Towers investierte.

Im August, als Alles gerade mal vier Monate lang Direktor war, stellte er fest, dass er den Kongress erneut um finanzielle Unterstützung bitten musste.[40] Die Abgeordneten sollten die Obergrenzen für Lohn und Überstunden lockern, die man den Agenten pro Jahr bezahlen konnte. Die Agenten arbeiteten ohne Unterlass, um Trumps Besuch in seinen Anwesen Mar-a-Lago, Bedminster und Sterling, Virginia, abzudecken und Leibwächter für achtzehn Mitglieder seiner Familie bereitzustellen. Dafür musste man auch schnell mal mit Trumps erwachsenen Nachkommen für Spaß- und Promotion-Trips für Trumps Firma nach Dubai, Uruguay, Saudi-Arabien oder Aspen jetten. Alles hatte nicht das Geld, um mehr als eintausend Agenten all die Überstunden zu bezahlen, die man ihnen schuldete. Er traf sich mit Kongressmitgliedern und unterrichtete sie über sein Dilemma, seine Mitarbeiter vereinbarten ein Interview mit einem Reporter von *USA Today*, der Direktor Alles' heldenhaften Kampf für sein Team publik machen sollte.

In dem Interview berichtete er, dass die Aufgaben seiner Schutzagenten und Officer extrem zugenommen hatten, seit Trump Präsident war, der »neuen Realität«, wie er es nannte. Wenn er als Direktor seinen Leuten so zusetze, müsse er sie auch für das, was er verlangte und in Zukunft verlangen würde, entsprechend entlohnen. Er erhoffe sich vom Kongress also die Erlaubnis, seinem Team mehr zahlen zu dürfen, 27 000 Dollar mehr pro Kopf, zumindest, solange Trump im Amt war.

»Wir lassen sie die ganze Nacht arbeiten, sie sind die ganze Zeit unterwegs für uns«, so Alles.[41] »Normalerweise sind wir nicht so ausgelaugt.«

Der Präsident schäumte vor Wut, als er das gedruckte Interview der Online-Story in der *USA Today* vom 21. August sah, inklusive Alles' Interview unter der Überschrift: »Trump-Schutz ruiniert Secret Service«. Beim Präsidenten kam das so an, als würde der Direktor ihm die Schuld für die leeren Kassen des Service in die Schuhe schieben. »Das ist doch beschissen«, brüllte Trump einen Mitarbeiter an, »was zur Hölle treibt er da?«

Kelly, der vor kurzem zu Trumps Stabschef ernannt worden war, ließ Alles unverzüglich wissen, wie stocksauer Trump war. Doch was die Sache an sich betraf, war Kelly auf Alles' Seite, er war geschockt, dass manche Agenten aus seinem Kommando noch immer nicht für Arbeit bezahlt worden waren, die sie während des Wahlkampfes und der Einführung geleistet hatten. Alles hatte versucht, die Moral zu heben, seinen Leuten zu zeigen, dass er sich für sie einsetzte. Kelly hielt das Interview jedoch für einen unglücklichen Schachzug und war enttäuscht, dass sein Freund versehentlich ein PR-Problem für den Präsidenten verursacht hatte. Jetzt tummelten sich Alles' Presseberater, ein neues Statement für ihn zu verfassen, in dem er seine Aussagen so abänderte und berichtigte, dass das Überstundenproblem wie ein unwichtiges, dauerhaftes »Thema« erschien. »Dieses Thema kann nicht auf die für die derzeitige Regierung notwendigen Schutzmaßnahmen zurückgeführt werden, sondern ist schon seit fast zehn Jahren aufgrund eines generell intensiver werdenden Einsatztempos ein Thema«[42], lautete Alles' aktualisiertes Statement.

In Wahrheit konnte man die finanziellen Schwierigkeiten sehr wohl *direkt* auf die derzeitige Regierung zurückführen, genauer gesagt auf den Präsidenten, der Entscheidungen traf, ohne sich um Kosten oder Konsequenzen zu scheren. In den ersten acht Monaten seiner Präsidentschaft hatte Donald Trump den Service dazu gezwungen, ihn an 26 von 30 Wochenenden zu Golftrips in seine Resorts zu begleiten.[43] Mitglieder seiner Familie hatten um die sechshundertfünfzig Trips über die Stadtgrenzen hinaus unternommen. Der Service hatte für Trump und seine Familie zwölfmal so viele Reisen zu betreuen wie für Obama.[44]

Wie immer dachte Trump nicht über sein eigenes Verhalten nach und war dem Direktor weiter böse, auch nachdem dieser versucht hatte, seine Aussagen zurückzunehmen. Im Privaten wetterte er über Alles' mangelnde Loyalität und Erfahrung und versuchte, den Spieß umzudrehen. Denn vielleicht werde der Service einfach nur schlecht geführt, wo ihm doch das Geld ausgehe? Bei seinen Beratern beschwerte er sich, Alles wirke auf ihn nicht sonderlich schlau. In der mittlerweile für ihn typischen Art, sein Missfallen auszudrücken, machte sich der Präsident über Alles' Aussehen lustig. Jeder, der nicht für Trump in die Bresche sprang und ihn vor der Kamera gut dastehen ließ, fing sich eine schlechte Bewertung von ihm ein. »Ist Ihnen aufgefallen, wie groß seine Ohren sind?«, sagte Trump einmal zu einer Gruppe hochrangiger Berater, die sich mit ihm um den Schreibtisch im Weißen Haus, den Resolute Desk, versammelt hatten. »Er sieht aus die Dumbo, der Elefant.«

In diesem August hatte der Direktor alle Hände voll damit zu tun, neue Mitarbeiter einzustellen und vorhandene zu bezahlen, ohne den Präsidenten weiter gegen sich aufzubringen. Die Vertreter, hauptsächlich ehemalige Leibwächter, die Alles geerbt hatte, sahen ihn als Außenseiter und enthielten ihm oftmals Informationen vor, damit er keine Änderungen vornehmen konnte, die ihnen nicht gefielen. Alles versuchte zu beweisen, wie sehr er sich für die vordersten Reihen engagierte, und tat Dinge, die man im Weißen Haus noch von keinem anderen Service-Direktor gesehen hatte. »Er tauchte im Weißen Haus auf und absolvierte eine Nachtschicht mit den Officers. Er kam um fünf Uhr morgens an und patrouillierte mit ihnen über das Gelände«, berichtete ein Regierungsbeamter. Trotzdem kam er bei den Leibwächtern, den Leuten in Trumps Kommando und denjenigen, die mittlerweile gute Jobs in der Zentrale hatten, nicht an: »Für sie war er noch immer keiner von ihnen, da er nicht beim Service gedient hatte.«

Im selben Monat kündigte sich eine weitere Krise an. Der regionale Sicherheitsbeauftragte des Außenministeriums alarmierte den Direktor per Geheimdepesche über einige beunruhigende Neuigkeiten: Eine Frau, die für den Secret Service über zehn Jahre lang als Ermittlerin in der Moskauer US-Botschaft tätig gewesen war und die sich oftmals ohne Aufsicht im Büro der Agentur aufhielt, war mit an Sicherheit grenzender Wahrscheinlichkeit eine russische Spionin. Bei einer der alle fünf Jahre stattfindenden Routineüberprüfungen der ausländischen Botschaftsmitarbeiter hatten die Ermittler vom US-Außenministerium enthüllt, dass die Frau mit der leisen Stimme sich oft heimlich mit Mitgliedern des wichtigsten russischen Geheimdienstes getroffen hatte.

Alles' führende Stellvertreter versicherten ihm, dass diese Mitarbeiterin niemals Zugang zu sensiblen oder geheimen Informationen gehabt habe und der nationalen Sicherheit nichts würde anhaben könne, Alles war mit ihrer Entlassung einverstanden. Normalerweise würde der Service angesichts einer solchen Sicherheitslücke eine umfassende sogenannte »Mission Assurance«-Untersuchung einleiten, um das Ausmaß des Schadens und seine Ursachen zu identifizieren. Doch das taten sie nicht.

Der regionale Sicherheitsbeauftragte der Botschaft akzeptierte schlichtweg die Entscheidung des Service, entzog der Mitarbeiterin ihre Sicherheitsfreigabe und entließ sie. Bald darauf schloss der Service seine Moskauer Niederlassung, da Wladimir Putin anordnete, die Amerikaner sollten ihre Präsenz in Russland zurückschrauben und bis September über siebenhundert Botschaftsmitarbeiter abziehen.

Doch der Vorfall mit der russischen Spionin war weitaus komplizierter. Botschaftsbeamte hatten erstmals sechs Monate zuvor Bedenken über ihre Kontakte zu Geheimdienstmitarbeitern geäußert, aber die Supervisoren des Service waren untätig geblieben. Der Lead Agent des Service in Moskau war vom Außenministerium gewarnt worden, es gebe Hinweise darauf, dass sie Kontakt zum russischen Inlandsgeheimdienst FSB, dem Nachfolger des KGB, hatte. Der Moskauer Agent informierte wiederum seinen Chef, den für Paris zuständigen Special Agent Chris Henderson. Doch, so klagte der Moskauer Agent, Henderson reagierte nie darauf. Er behauptete, er halte die Führungsebene über wichtige Entwicklungen in diesem Fall auf dem Laufenden. Ohne eine tatsächliche Ermittlung durchzuführen, berichteten Alles' Top-Mitarbeiter ihm, sie hätten das Risiko überprüft, dass diese russische Mitarbeiterin Schaden angerichtet oder sensible Daten gestohlen oder gesichtet hatte. Es drohe keine Gefahr, sagten sie.

Möglicherweise hatte sich die Frau nichts zuschulden kommen lassen, war lediglich von FSB Officers über ihre Arbeit bei der Botschaft befragt worden. Andererseits hatte sie 2014 dort gearbeitet, als es einen Hackerangriff der russischen Regierung auf E-Mails des Weißen Hauses gab, und sie hatte Zugriff auf das E-Mail-System des Secret Service. Die Sicherheitsbeamten des Außenministeriums machten den Moskauer Agenten darauf aufmerksam, dass sie alle elektronischen Geräte im Büro hätte manipulieren können. Ohne ernsthafte Ermittlungen würde der Secret Service nie erfahren, ob sie sensible Daten an einen Feind Amerikas weitergegeben hatte.

»Wissen Sie, das Arbeitsumfeld im Secret Service ist feindselig, und der aktuelle Direktor wird als ›Outsider‹ betrachtet, weil er nie ein Secret-Service-Agent war«, berichtete mir ein Agent zum Umgang mit dem Vorfall in Moskau. »Der stellvertretende Direktor und [stellvertretende Direktoren] hielten viele Informationen vor dem Direktor zurück, um seine Pläne zu untergraben, wie sie es auch schon mit der ehemaligen Direktorin Julia Pierson getan hatten. Es gab kein Protokoll, auch keine weiteren Untersuchungen im Nachhinein, wie viele Informationen sie tatsächlich hatte und dem FSB zuspielte.«

Es gab noch weitere Gründe für den Service, diese Unannehmlichkeiten schnell unter den Teppich zu kehren. Damals war Russland ein rotes Tuch im Weißen Haus, mit dem man den Präsidenten sicher in Rage bringen konnte. Der Präsident regte sich noch immer vor all seinen Beratern und Freunden über einen Sonderermittler auf, der im Mai eingestellt wurde, um sowohl die Versuche des russischen Staates zu untersuchen, die Wahlen 2016 zu Trumps Gunsten zu beeinflussen, als auch die geheimen Kontakte seiner Wahlkampfberater zu undurchsichtigen Russen. Trump beschwerte sich ständig, dass die Ermittlungen seine Präsidentschaft überschatteten. In einem denkwürdigen Gespräch mit seinem Berater und Justizminister bezeichnete er sich als »gearscht«. Der Präsident würde sicher nicht hören wollen, dass eine russische Spionin die US-Botschaft unterwandert hatte, als er gerade Wahlkampf machte. Trotzdem fanden es die ehemaligen Supervisoren seltsam, dass nicht untersucht wurde, auf welche Informationen die Russin in der Moskauer Botschaft tatsächlich zugegriffen hatte. »Da hat man ein Haus voller professioneller Cyber-Sicherheitsermittler – und das Bedürfnis, es herauszufinden«, so ein ehemaliger hochrangiger Beamter vom Secret Service. »Sie hätten sich ja mal anschauen können, worauf sie so zugriff. Intern würde man das doch wissen *wollen*. Warum haben sie es sich nicht angeschaut?« Als ein Jahr später die *Washington Post* von der russischen Spionin und neuen Details zu ihrer Entlassung erfuhr, leierte der Service im Stillen endlich eine Untersuchung an – die hauptsächlich darin bestand herauszufinden, wer es der Presse gepetzt hatte. Einige, die über die Situation in Moskau Bescheid wussten, beschwerten sich, dass David Deetz, der damals die interne Untersuchung überwachte, anscheinend eine persönliche Beziehung zu der Ermittlerin hatte, als er Resident Agent in Moskau war. Einen Monat, nachdem der Artikel der *Post* erschien, schied er aus seinem Job aus.

EPILOG

Im Juni 2018 war die Geduld des Präsidenten mit dem Direktor des Secret Service am Ende. In Pennsylvania hatte ein als bewaffnet und gefährlich geltender Prepper mit Wahnideen auf Facebook gedroht, Trump eine Kugel in den Kopf zu jagen, und war nun auf der Flucht. Nachdem der 26-jährige Shawn Christy seine Drohung gepostet hatte, hatte die Polizei ihn festnehmen wollen, aber er war in die Wälder geflohen und verschwunden. Teile seiner Lebensgeschichte legten dem Secret Service die Vermutung nahe, dass er der nächste John Hinckley werden wollte. Weil er die Vizepräsidentschaftskandidatin Sarah Palin gestalkt hatte, war gegen ihn eine Schutzverfügung ausgesprochen worden, und nachdem er ihre Anwälte bedroht hatte – ein Zeichen für seinen leichten Drang, im Rampenlicht zu stehen –, war er verhaftet worden. Doch keines der vielen Exekutivorgane des Bundes unter Trumps Kommando war in der Lage gewesen, ihn zu fassen. Trump fragte den für sein Personenschutzkommando zuständigen Special Agent in Charge, Tony Ornato, was um alles in der Welt das Problem sei. Aber da er Ornato mochte, einen schlagfertigen Agenten, der im New Yorker Büro gedient hatte, das letzte Jahr an seiner Seite gewesen war und den klassischen Bodyguard-Look besaß, beschloss er, die Schuld auf Randolph Alles zu schieben, den Direktor des Secret Service, den er nicht gewollt hatte.

Ivanka, die Tochter des Präsidenten, und ihr Ehemann Jared Kushner hatten Kelly und Nielsen in diesem Jahr mehrmals gefragt, ob

Trump nicht einfach Ornato zum Direktor des Secret Service machen könne. Da die beiden mit Ornato häufig über Sicherheitsvorkehrungen sprachen und er versuchte, auf ihre Wünsche einzugehen, fühlten sie sich ihm ebenfalls näher. Außerdem standen Ivanka und Jared auf Kriegsfuß mit Kelly, dem Stabschef des Weißen Hauses, weil er sich geweigert hatte, sich über die Warnung von Fachleuten hinwegzusetzen, Kushner die Sicherheitsfreigabe für Top-Secret-Belange einzuräumen. Und da Alles ein langjähriger Freund von Kelly war, war auch er in ihren Augen verdächtig. Beamte des Heimatschutzministeriums hatten jedoch versucht, Ivanka und Jared zu erklären, warum es nicht richtig wäre, Ornato zum Direktor zu machen: Dass jemand ein ergebener und wohlgelittener Personenschützer sei, mache ihn nämlich nicht automatisch zu einem guten Manager einer komplexen Zwei-Milliarden-Dollar-Organisation. Aber wie es schon in früheren Regierungen der Fall gewesen war, suchten der Präsident und seine Familie nicht nach einer Führungspersönlichkeit, die den Secret Service verwalten und seine strategische Aufgabe festlegen würde, sondern nach jemandem, der sich ihnen gegenüber als loyal erwiesen hatte.

Bei einer Besprechung im Sommer ließ Trump seiner Wut über die Unfähigkeit, den Möchtegern-Attentäter ausfindig zu machen und zu verhaften, Alles gegenüber freien Lauf. Nachdem er an diesem Morgen Nachrichten gelesen hatte, die nicht, wie erhofft, von der überbordenden Popularität des Präsidenten kündeten, der zu dieser Zeit in Wahlkampfauftritten zu den Zwischenwahlen für die Republikaner warb, sondern die Leser daran erinnerten, dass ein Mann, der ihn töten wolle, auf der Flucht war, hatte seine Wut sich aufgestaut. In diesen Nachrichten hieß es, dass Christy den Behörden entkommen sei, indem er sich mit einem geklauten Schulbus aus seiner Heimatstadt im Kohlerevier von Pennsylvania herausgeschlichen habe. Als Alles ein paar Stunden später zu Trump ins Oval Office kam, schrie der Präsident den Direktor so laut an, dass andere Berater im Raum zusammenschraken.

»Warum können Sie diesen Kerl nicht dingfest machen?«, brüllte der Präsident. »Das ist peinlich für mich.«

Trump schien nicht zu wissen, dass das FBI, nicht der Secret Service, die für die Fahndung verantwortliche Behörde war. Alles versuchte zu erklären, aber Trump winkte ab. Es war ihm egal.

»Finden Sie ihn!«, schrie der Präsident.

Die örtliche Polizei fasste Christy schließlich im Oktober; er hatte sich in einem ausgetrockneten Flussbett in Ohio versteckt. Doch als Kelly Ende 2018 als Stabschef zurücktrat, waren Alles' Tage gezählt. Zu diesem Zeitpunkt war Nielsen schon zur neuen Ministerin für Heimatschutz aufgestiegen. In den ersten Wochen des neuen Jahres teilte der neue Stabschef, Mick Mulvaney, ihr mit, dass es für Alles wohl an der Zeit sei, sich einen neuen Job zu suchen. Ironischerweise hatte Alles Fortschritte bei der unglamourösen, aber wichtigen Behebung eines der größten Probleme des Service, nämlich der Langsamkeit des Einstellungsprozesses, gemacht: Erstmals seit drei Jahren war der Service auf dem besten Weg, schneller neue Mitarbeiter einzustellen, als Mitarbeiter gingen. Dennoch wurde Alles im April 2019 entlassen. Zur gleichen Zeit, als der Präsident Nielsen als Heimatschutzministerin absetzte und mehrere andere Führungswechsel im Ministerium vornahm, teilte Mulvaney Alles ohne Angabe von Gründen mit, dass seine Dienstzeit zu Ende sei. Trump wollte Ornato zum Direktor machen, aber Ornato sagte, er habe andere Pläne, und schlug dem Präsidenten vor, seinen guten Freund James Murray zu nehmen, einen Veteranen des Präsidentenschutzes, der seit dreiundzwanzig Jahren Mitglied des Service war und Trumps Übergang und Amtseinführung überwacht hatte. Trump ernannte Murray nach einem etwa zehnminütigen Vorstellungsgespräch. Wenig später tat er etwas, was es beim überparteilichen Secret Service noch nie gegeben hatte: Er beförderte Ornato, den loyalen Leiter seines Kommandos, zum stellvertretenden Stabschef des Weißen Hauses und hievte ihn damit in eine politische Position. Auf Drängen des Präsidenten übernahm Ornato den Job eines politischen Beraters.

Alles' Abgang markierte einen wichtigen Wendepunkt, das Ende eines weiteren gescheiterten Versuches, die alte Arbeitsweise des Service durch einen Quereinsteiger zu verändern. Randolph Alles hatte Fortschritte bei der Modernisierung des Einstellungsprozesses beim Service gemacht, aber er hatte sich schwergetan, das Beförderungssystem zu demokratisieren und den Service dazu zu bringen, vom Überlebensmodus zu einer strategischen Vision überzugehen. Die alte Garde hatte gegen einen Umbruch in dem System, das zu ihr passte und ihr Macht verlieh, Widerstand geleistet. Julia Pierson hatte diese schmerzhafte Lektion gelernt, als sie sich um Reformen bemühte: Ihre Stellvertreter hatten in der Hoffnung, sie scheitern zu sehen, in grober Weise ihre Autorität untergraben, bis sie 2014 infolge einer Reihe von eklatanten Sicherheitspannen vor die Tür gesetzt worden war.

Bevor er sein Amt antrat, hatte Trump so gut wie nichts von den Nöten des Secret Service gewusst, nachdem dessen Budget aufgrund eines aus dem Jahr 2010 stammenden Entschlusses der Republikaner, die Regierung stetig zu verkleinern, jahrelang drastisch gekürzt worden war. Er hatte nichts gewusst vom Ausgebranntsein des Personals infolge der routinemäßigen Streichung von Urlaubstagen und davon, dass die Mitarbeiter des Service ihren Arbeitgeber zu den elendesten der Regierung zählten. Die alarmierenden Berichte aus beiden Parteien, in denen gewarnt worden war, dass der Secret Service »eine Behörde in der Krise« sei, die dringend frisches Blut benötige, um eine Führung zu ersetzen, die Probleme nicht löse, sondern es geschickt verstehe, sie zu vertuschen, und dass der Personalbestand dieser Behörde auf den niedrigsten Stand seit einem Jahrzehnt gefallen sei,[45] diese Berichte hatte Trump nicht zur Kenntnis genommen, als er 2017 ins Oval Office eingezogen war.[46] Er hatte nicht gehört auf die Warnungen, dass der Service weiter leiden – und schließlich ins Wanken geraten – würde, sollte die nächste Regierung nicht jedes Jahr mehrere Hundert Millionen Dollar zusätzlich berappen, um zweihundertachtzig weitere Agenten einzustellen, die veraltete Technologie zu ersetzen und Leben in die starren Ausbildungsprogramme zu bringen. Nach dem untragbaren Vorfall vom September 2014 – ein humpelnder Veteran war mit einem Messer ins Weiße Haus eingedrungen und hatte den Fuß der Treppe erreicht, die zu den privaten

Räumen des Präsidenten führte – hatten das Weiße Haus und die
Mitglieder des Kongresses feierliche Versprechen abgegeben, ein sta-
bileres Fundament für den Secret Service zu schaffen, damit seine
Agenten ihre Aufgabe erfüllen könnten.

Da das nicht Trumps Versprechen oder Anliegen war, hatte er es
ignoriert. »Für ihn besteht der Secret Service aus den Mitgliedern
seines persönlichen Kommandos: aus Agenten, die ihn beschützen
und mit denen er persönlichen Kontakt hat«, sagte ein Agent, der mit
Trumps Beziehungen zu Kollegen vertraut ist. »Aber für den Secret
Service interessiert er sich nicht. Sofern der Service nicht direkt ihn
selbst betrifft, interessiert er sich für ihn nicht die Bohne.«

Für das letzte Jahr seiner Präsidentschaft beantragte Trump eine nicht
einmal einprozentige Erhöhung der Mittel für den Service, und um
die Inflation auszugleichen, forderte sein Haushalt, die für Überstunden, Reisekosten, durch Beförderungen bedingte Umzüge, Reparaturen an den alternden Fahrzeugen des Service und Technologie-Up-
grades im Joint Operations Center bestimmten Mittel um 62 Millionen Dollar zu kürzen. Das JOC hatte die Reaktion auf Eindringlinge
und Angriffe koordinieren sollen, aber seine fehleranfällige Technologie hatte zum beschämendsten Eindringen auf das Gelände des
Weißen Hauses in der Geschichte des Secret Service beigetragen.

In den vier Jahren seit diesem Ereignis war der Secret Service in
vielerlei Hinsicht auf sein altes Selbst zurückgefallen. Er hatte sich
zwar in der einen oder anderen Hinsicht modernisiert und war inzwischen besser in der Lage, in den sozialen Medien wie zum Beispiel
Twitter, in denen der Präsident gern seine Feinde angriff, bedrohliche
Personen zu identifizieren. Aber im Großen und Ganzen war der Service wieder in dem prekären, überforderten Zustand, in dem er nur
noch versuchen konnte durchzuhalten. Im letzten Jahr von Trumps
Präsidentschaft hatte der Service auch erfolgreich Bemühungen ab-
gewehrt, einen Quereinsteiger als Direktor zu installieren und sein
zwei Jahrzehnte altes System zu reformieren, das Loyalität mehr be-
lohnt als Kompetenz und strategischer Planung und Selbstkritik aus-

weicht. Ein Agent, der den Service während der Obama-Jahre frustriert verließ, hat eine unverblümte Diagnose der Situation formuliert, wie ich sie ähnlich in den Jahren, in denen ich die Berichte schrieb, auf denen dieses Buch basiert, oft gehört habe. Er schickte mir nach seinem Ausscheiden einen kurzen Brief, in dem er mir dafür dankte, Licht auf die Probleme des Service geworfen zu haben, und beklagte eine Kultur, in der »viel diskutiert, aber nichts getan wurde«.

»Es ist frustrierend für mich zu sehen, dass ein Job, den ich wirklich geliebt habe, und Menschen, mit denen ich eng zusammengearbeitet habe, so schlecht gemanagt und geführt werden«, schrieb er. »Die meisten Untersuchungen, die die großen Herausforderungen hervorheben, versäumen es, die Grundursache der Probleme zu benennen. Ich kann sagen, dass es mit großer Sicherheit weder nur der Shutdown der Regierung im Jahr 2013 noch das Fehlverhalten der Agenten in Cartagena war. Es war vielmehr ein Mangel an strategischem, professionellem Management einer Behörde, deren Mission keine Pause kennt. Um es ganz direkt zu sagen: Die Auswahl der Vorgesetzten und der Führungsspitze der Behörde war katastrophal.«

Der Agent wies auf das korrupte Beförderungssystem des Secret Service hin, das dem der Cosa Nostra so sehr ähnele, dass Agenten davon sprächen, »gemacht« zu werden, wenn sie ihre erste große Beförderung erhielten, die normalerweise durch einen Kuhhandel zwischen konkurrierenden Bossen arrangiert werde. Die Agenten würden lernen, wie wichtig für den Aufstieg in der Behörde die Loyalität zu ihrem »Familienstammbaum« sei, zu den ersten Vorgesetzten und Teamkollegen, die sie unterstützt haben, selbst wenn das später erfordere, sie zu decken, sollten sie Verfehlungen begangen oder Fehler gemacht haben.

»Sobald du auserkoren und in den Club aufgenommen bist, hast du der Hierarchie loyal zu sein, egal in welcher Situation«, schrieb der Ex-Agent. »Neu ernannte Chefs dürfen den Niedergang in puncto Effektivität, Moral und Fähigkeiten der Agenten wie auch der gesamten Agentur nicht zur Kenntnis nehmen.«

Schließlich und endlich biete das Belohnungssystem des Service

Chefs keinen Anreiz, harte Entscheidungen zu treffen oder langfristige Pläne zu verfolgen, so der Agent. Die Abteilungsleiter kämpften unermüdlich um die nächste Beförderung, das Zeichen ihrer Loyalität. Die hohe Fluktuation – Positionen würden zum Teil alle achtzehn Monate neu besetzt – halte die Abteilungsleiter davon ab, das Risiko einer Entscheidung einzugehen, die sich als falsch erweisen könnte, wenn sie von einem Nachfolger umzusetzen wäre. Wie schnell Leute auf dem Weg zur nächsten Sprosse auf der Karriereleiter durch die Büros gehen, werde von den Agenten oft mit dem Satz »Er war auf eine Tasse Kaffee hier« (und dann wieder weg) zum Ausdruck gebracht. Näherten hochrangige Führungskräfte sich ihrem Ruhestand, würden sie um die Wette laufen, um aus ihrer prestigeträchtigen Secret-Service-Vita Kapital zu schlagen, wobei sie sich, um lukrative private Sicherheitsjobs bei Fortune-500-Unternehmen oder gigantischen Wall-Street-Firmen zu ergattern, oft auf denselben Familienstammbaum verließen, den sie folgsam gedeckt hatten.

»Viele Abteilungsleiter, die behaupten, es gebe keine wirklichen Probleme mit der Arbeitsmoral oder der Nichtbesetzung offener Stellen, sondern nur einen Mangel an Agenten, denen ihre Arbeit wichtiger ist als ihre Familie«, so der Agent, »suchen selbst händeringend nach Jobs im Ruhestand, bevor die Marke, die sie abgewertet haben, sie nicht mehr über die Mauer bringt.«

Diese tief verwurzelte Kultur hatte sich in den stark politisierten letzten Jahren der Amtszeit von Präsident Clinton gebildet und verfestigt, drohte erstmals während der zweiten Amtszeit von Präsident Obama, als Risse am Firmament des Secret Service sichtbar wurden, erschüttert zu werden, und hat sich zum Ende der Amtszeit von Präsident Trump wieder durchgesetzt.

Schon oft in der Geschichte des Secret Service hatte die Behörde bis zu einem gewissen Grad die Werte und die Probleme des Präsidenten widergespiegelt, dem sie diente. Aber Trump trieb es auf die Spitze: Er manipulierte und politisierte die Truppe in einem Maße, wie es seit Nixon kein Präsident mehr getan hatte. Trump bekundete zwar Interesse am Leben der Agenten seines Kommandos und brachte seine Dankbarkeit für die von ihnen geleistete harte Arbeit zum Ausdruck, den Secret Service als Ganzen sah er aber so, wie er jede andere Bundesbehörde sah: als weiteres zu seiner Verfügung stehendes Werkzeug, das ihm helfen könnte, seine politischen Ziele zu erreichen. An der langweiligen Arbeit des Regierens, um die langfristige Gesundheit der Behörde zu sichern, war er nicht interessiert; stattdessen mussten die Mitarbeiter des Secret Service einen harten Schlag hinnehmen: Statt die von der vorherigen Regierung und den Mitgliedern des Kongresses versprochene Finanzspritze zu erhalten, befand sich der Service, der 2020 einhundertfünfundfünfzig Jahre alt wurde, weiter im Hamsterrad. Seine Beamten rannten, um mit Trumps Spritztouren Schritt zu halten, seine Agenten warteten monatelang auf Bezahlung für ihren in Überstunden vergossenen Schweiß, und die notwendigen Reparaturen seines Sicherheitssystems verzögerten sich einmal mehr. Es war aber nicht nur so, dass Trump den Secret Service zu seinen Golfrunden mitschleppte, sondern die Mitarbeiter der Behörde waren Figuren in einem größeren Spiel, das sich auszahlen sollte für Trump: Zwangen seine Reisen doch den Secret Service, das Verteidigungsministerium und andere Bundesbehörden, sie mit Geld aus ihren Budgets mitzufinanzieren, wobei ein kleiner Teil davon stets an die Trump-Organisation ging. Doch damit nicht genug: Mit seinen vielen Reisen zu seinen Clubs strapazierte Trump nicht nur die Mittel des Secret Service und anderer Bundesbehörden, die seine Reisen absicherten, sondern, was fast unbemerkt blieb, auch die aller anderen: der Dutzenden von republikanischen Politikern, VIPs aus der Wirtschaft, Lobbyisten von Sonderinteressen und ausländischen Delegationen, die ihm in Scharen folgten, weil sie eine Audienz ergattern wollten, um sich bei ihm einzuschmeicheln, und die seinen Unternehmen für den besonderen Zugang Geld überwiesen.

Als Trumps viertes Amtsjahr sich dem Ende näherte, diente der Secret Service einmal mehr als Spielball für den Wunsch des Präsidenten, seine Macht zu demonstrieren und seine rassistischsten

Unterstützer für seine Wiederwahl zu mobilisieren. Aber selbst für die Mitglieder der zu klaglosem Gehorsam erzogenen Behörde überschritt Trumps verzweifeltes Polittheater eine Grenze, und seit langem bestehende politische Risse wurden offenbar. Dies geschah, als Ende Mai aufgrund eines Handyvideos, das zeigte, wie ein Polizist in Minneapolis am helllichten Tag einen Schwarzen namens George Floyd erstickte, in Dutzenden von amerikanischen Städten Demonstranten gegen brutale Polizeigewalt und systemischen Rassismus auf die Straße gingen. Nachdem die Proteste in Minneapolis ausgebrochen waren, breiteten sie sich rasch auf Chicago, New Orleans, Atlanta und Washington aus. In der Nacht zum 29. Mai versetzten die Zahl und die Aggressivität der Demonstranten in Washington, die zum Weißen Haus drängten, den Secret Service in einen Schockzustand. Mehr als ein Dutzend Personen warfen provisorische Barrikaden um, um sich dem Gelände zu nähern, und an einer Ecke des Komplexes sprang ein Mann über den Zaun. Der Service aktivierte Alarmstufe Rot, und Präsident Trumps Kommando brachte ihn, seine Frau und seinen Sohn eilig für etwas mehr als eine Stunde in einen unterirdischen Bunker, bis die Beamten sicher waren, dass die Demonstranten nicht auf das Gelände vordringen würden.

Am nächsten Morgen twitterte Trump, dass sein Kommando Verstärkung herbeibeordert habe. Er prahlte, seine Wachen würden darauf brennen, es den »Berufsdemonstranten« zu zeigen. »Große Menge, professionell organisiert, aber niemand war nahe daran, den Zaun zu durchbrechen. Hätten sie es geschafft, wären sie von den bösartigsten Hunden und den unheilvollsten Waffen begrüßt worden, die ich je gesehen habe«, twitterte Trump. »Die Leute wären zumindest schwer verletzt worden. Viele Agenten des Secret Service warteten nur auf den Einsatz. ›Wir stellen die jungen Leute an die Front, Sir, die lieben das.‹«

Trump redete mal wieder Klartext, doch bei den Chefs des Secret Service sorgte der Tweet für Unbehagen, sodass einer der seltenen Risse in der Mauer des Schweigens dieser Behörde zum Thema Politik entstand. Eine Gruppe von Agenten und Beamten in den Reihen

des Service war sich einig: Mit Trumps krudem Polittheater wollten
sie nichts zu tun haben. »Diese Bemerkung hat die Leute wirklich
wütend gemacht. Wir sind keine Braunhemd-Brigade, die dazu da ist,
seine Wünsche zu erfüllen und Demonstranten anzugreifen«, sagte
ein Agent. »Wir sind dazu da, die Demokratie und unsere Regierung
zu schützen.«

Nachdem sich die Proteste am Wochenende fortgesetzt hatten,
ärgerte sich der Präsident am Montagmorgen über Presseberichte,
wonach er am Freitagabend vor den Demonstranten »unterge-
taucht« und in den Bunker geeilt sei. Trump sagte seinen Beratern,
er müsse zeigen, dass er diese Leute, die gegen die lange Geschichte
missbräuchlicher Gewaltanwendung durch die Polizei aufbegehrten
und im Park vor dem Weißen Haus Sprechchöre skandierten, »beherrschen« könne. Sein Wunsch wurde später am Abend erfüllt. Um
den Park zu räumen, feuerte die U.S. Park Police Pfefferspraygas
und explodierende Gummigranulatkugeln in die Menge, wobei sie
Beamte und Agenten des Secret Service zur Unterstützung einsetzte.
Mitarbeiter filmten Trumps triumphalen Gang vom Weißen Haus
zu einer nahe gelegenen Kirche, eine Art Wahlwerbung, die seine
Macht demonstrieren sollte. Doch Geistliche, Demonstranten, Politiker und Militärkommandeure, ja sogar die Polizei verurteilten
die Taktik des Präsidenten öffentlich. Der ehemalige Verteidigungsminister Jim Mattis brach sein Schweigen über Trumps Präsidentschaft, um seine Abscheu darüber kundzutun, dass Trump Militär
und Polizei als politische Werkzeuge benutzt hatte, um Demonstranten zum Schweigen zu bringen, die den Rassismus des Landes an-
prangerten.

Aber auch die Mitarbeiter des Secret Service versetzte dieser Einsatz ausufernder Gewalt in Aufruhr. Schwarze Beamte und Agenten
verlangten von ihren Vorgesetzten, unangenehme Fragen zu beantworten. Ihre Wut rührte zum Teil von einem Vorschlag eines weißen Beamten, Joe Vadala, her, der angeregt hatte, die Behörde sollte
in Zukunft Feuerwehrschläuche einsetzen, um Demonstranten von
der Villa fernzuhalten und die Gefahr eines Einbruchs zu verringern.

»Einige haben gesagt, das sei alte Schule, aber die ›alte Schule‹ funktioniert!«, hatte Vadala, der für lebensrettende Maßnahmen im Dienst
ausgezeichnet worden war, geschrieben. Mehrere schwarze Mitarbeiter stürzten sich im Online-Forum auf den Beamten und sagten, dass
seine Worte auf einen Service schließen ließen, der die schlimmsten
Instinkte von Donald Trump teile.

»Es gibt keine juristische Rechtfertigung dafür, Hochdruckschläuche auf amerikanische Zivilisten zu richten, die ihr Recht auf Protest
nach dem Ersten Verfassungszusatz ausüben«, schrieb der Mitarbeiter Rodney Grant und erinnerte Vadala daran, dass sie einen Eid geschworen hätten, die verfassungsmäßigen Rechte der Menschen zu
schützen. »Die Geschichte lehrt uns, dass solche Taktiken während
der Bürgerrechtsbewegung eingesetzt wurden, um friedlich protestierende afroamerikanische Männer, Frauen und Kinder zu terrorisieren, zu misshandeln und einzuschüchtern.«

»Ich kann nicht glauben, dass irgendjemand meint, das Abspritzen von Menschen [mit Feuerwehrschläuchen] sei ein akzeptabler
Vorschlag«, schrieb ein anderer. »Diese Art von Denkprozessen nach
›alter Schule‹ ist einer der Gründe, warum wir die Probleme haben,
die wir haben.«

Die Führung des Service versuchte, den Aufruhr einzudämmen,
indem sie Vadalas Vorschlag aus dem Forum entfernte, aber die Wut
vieler afroamerikanischer Beamter und Agenten über seinen Vorschlag, Menschen abzuspritzen, wuchs. Und sie wuchs weiter nach
der gewaltsamen Räumung des Lafayette Square vor dem Weißen
Haus am Montag, dem 1. Juni, einer brutalen Aktion, die Trump die
Demonstration seiner Macht über die Menschen ermöglichen sollte,
die gegen die Tötung von George Floyd durch die Polizei protestierten. Zehn Tage später veranstaltete der Direktor des Secret Service
ein virtuelles Town-Hall-Meeting, um den Mitarbeitern Gelegenheit
zu geben, ihre Betroffenheit über Floyds Tod – ein heikles Thema in
vielen Exekutivorganen – zu äußern. Mehr als tausend Beamte und
Agenten nahmen am Donnerstag, dem 11. Juni, an dieser Telefonkonferenz teil. Direktor Murray eröffnete sie mit der Erklärung, dies sei

eine Gelegenheit für ein offenes Gespräch, und brachte dann sein
Entsetzen über Floyds Tod zum Ausdruck.

»Was in Minnesota geschehen ist, war schrecklich, es war abscheulich, es war unmenschlich«, sagte der Direktor. »Es wider-
spricht allem, worüber wir jemals in diesem Job gesprochen haben.
Das ist eine Tatsache, und deshalb sind die Trauer und die Wut und
die Empörung leicht zu verstehen.« Ein Mitarbeiter fragte, ob seine
Vorgesetzten den Einsatz harter Räumungstaktiken und schwerer
Waffen, die Tage zuvor zur Räumung des Lafayette Square verwendet worden waren, billigten. Der Mitarbeiter wollte wissen, welches
die Standards des Secret Service für diese Taktiken seien und wie der
Service vermeiden würde, sich an polizeilichen Übergriffen zu beteiligen. Andere fragten, warum der zu den Elite-Exekutivorganen
gehörende Secret Service, der auf dem Recht der Bürger auf freie
Meinungsäußerung basiert, überhaupt mitgemacht hatte. Hochrangige Führungskräfte erklärten, dass die Beamten des Secret Service
Gewalt nur zur Selbstverteidigung einsetzten und bei den gewalttätigen Protesten am Wochenende bewundernswerte Zurückhaltung
an den Tag gelegt hätten. »Wenn Sie also im Fernsehen Leute sehen,
die Blend- oder Rauchgranaten oder andere Dinge werfen, dann sind
das nicht wir«, sagte der Leiter des Beamtenkorps, Chief Tom Sullivan. Unerwähnt blieb, dass die Park Police an diesem Montag zwar
den Befehl gegeben hatte, die Menge gewaltsam zu entfernen, dass
die Räumung des Lafayette Square durch den Secret Service aber notwendig gewesen war, um das Ziel des Präsidenten, durch den Park zu
gehen, zu erreichen.

Ein Mitarbeiter fragte, ob Beamte, die am Zaun um das Gelände
des Weißen Hauses postiert sind, auf ein Knie gehen dürften, um sich
mit den Demonstranten, die ein Ende der polizeilichen Übergriffe
gegen Schwarze fordern, zu solidarisieren. Der stellvertretende Direktor Leon Newsome, der ranghöchste schwarze Beamte im Secret
Service, antwortete, dass alle Mitarbeiter das Recht auf Ausübung des
Ersten Verfassungszusatzes hätten, dass sie aber darauf achten sollten,
dass ihre Meinungsäußerung ihre Arbeit nicht beeinträchtige. Mur-

ray, der zuvor gemahnt hatte, der Secret Service müsse »agnostisch und unpolitisch« bleiben, erinnerte die Truppe an ihre einzigartige Stellung: »Das ist sicher unser Recht, aber es auszuüben ist natürlich viel problematischer, wenn man Bundesbediensteter ist – vor allem, wenn man bedenkt, wer wir sind und was wir im Secret Service tun.«

Konservative politische Ansichten würden beim Service aber eher akzeptiert als andere, schimpften Mitarbeiter nach dem Meeting. Einige Mitarbeiter des Service seien so sehr pro Trump, dass die Vorgesetzten es weder beanstandet noch Bedenken geäußert hätten, wenn Agenten offen Witze über Liberale mit blutendem Herzen machten oder »Make America Great Again«-Käppis auf ihre Schreibtische stellten – offenkundig ein klarer Verstoß gegen den Hatch Act, der Werbung für Präsidentschaftskandidaten am Arbeitsplatz verbietet. Die schwarzen Mitarbeiter waren verärgert, dass Toleranz bei politischen Äußerungen nur in Bezug auf eine Richtung zu bestehen schien.

Viele Beamte, die einer Minderheit angehörten, hatten das Gefühl, dass Vadalas Vorschlag, Feuerwehrschläuche gegen Demonstranten einzusetzen, einen tief verwurzelten Rassismus innerhalb der Behörde widerspiegele. Ein Mitarbeiter fragte, warum Agenten und Vorgesetzte, die rassistische Kommentare gemacht hatten, befördert worden waren. Chief Operating Officer George Mulligan antwortete, da rassistisches und sexistisches Verhalten zersetzend für die Teamarbeit sei, ohne die die Behörde ihre Aufgabe nicht erfüllen könne, würde solches Verhalten, wenn es gemeldet würde, gründlich untersucht werden. Carolyn McMillon, die Leiterin des Office of Equity and Employee Support Service der Behörde, ergänzte, die Behörde prüfe Kandidaten für eine Beförderung zum Vorgesetzten sorgfältig und berücksichtige dabei jedes besorgniserregende Verhalten in der Vergangenheit.

Mehrere schwarze Mitarbeiter waren nach dem fast zweistündigen Town-Hall-Meeting von einigen Beiträgen bewegt, aber skeptisch, dass sich etwas ändern würde.

»Die wichtigsten Leute, die diese Botschaft hätten hören sollen, [haben nicht] teilgenommen«, sagte ein schwarzer Agent zu Kollegen.

»Wenn dieses Gespräch nicht im Einsatz fortgesetzt wird, ändert sich nichts«, antwortete ein anderer.

»Der Kerl in meinem Büro wird weiterhin seinen MAGA-Hut auf dem Schreibtisch haben«, sagte ein Dritter. »Gut, dass ich nicht so leicht einzuschüchtern bin.«

Viele Mitarbeiter des Service waren zermürbt, als die letzten Monate von Trumps Amtszeit anbrachen. Nur wenige tiefgreifende Reformen, die nach den Sicherheitspannen von 2014 verordnet worden waren, waren vollständig verwirklicht worden. Der 45. Präsident der Vereinigten Staaten benutzte den Service in seinem unbeirrbaren, aber am Ende erfolglosen Streben nach Wiederwahl als politische Waffe und Schutzschild. Das genaue Gegenteil von unpolitisch, war der Service wieder einmal zum Spielball eines Präsidenten geworden. Der neue Direktor, Jim Murray, hatte sich den Ruf erworben, für seine Mitarbeiter einzustehen, aber Präsident Trump hatte das nahezu unmöglich gemacht. Trump hatte den Leiter seines Kommandos, Tony Ornato, in eine temporäre politische Position im Weißen Haus gehievt, indem er ihn als seinen stellvertretenden Stabschef installierte und damit die Arbeit für die politischen Ziele des Präsidenten zur zentralen Aufgabe für einen Mitarbeiter des Secret Service machte. Und so nahe Ornato und Murray sich standen – das Arrangement bedeutete, dass Ornato hinsichtlich des Rangs im Grunde über dem Direktor stand. Obwohl die Gefahr des tödlichen Coronavirus, das erstmals im Januar 2020 auf amerikanischem Boden festgestellt wurde, im März zur Erklärung des nationalen Notstands geführt hatte, bestand der Präsident darauf, weiterhin Kundgebungen zu veranstalten, um seine Anhänger zu mobilisieren und sein Ego zu stärken. Ornato hatte dafür gesorgt, dass der Service am 1. Juni den autoritären Marsch des Präsidenten über den Lafayette Square ermöglichte, und die gewaltsame Entfernung von Menschen koordiniert, die gegen die Tötung von George Floyd protestierten. Ornato war auch ein wichtiger Organisator der Wahlkampfveranstaltungen des Präsidenten außerhalb Washingtons gewesen; er hatte damit die Wünsche des Präsidenten über die Sicherheit der Leute gestellt, die ihn beschützten.

Trumps Entscheidung zu reisen – und seine Präferenz, dass seine Mitarbeiter keine Maske trugen – sollte nicht nur ihn selbst in Gefahr bringen. Sie sollte auch das gesundheitliche Risiko für Hunderte von Agenten und Beamten des Secret Service erhöhen, die neben seinen Auftritten im Rosengarten des Weißen Hauses seine Besuche in Oklahoma, Arizona, Pennsylvania und Florida absichern mussten – für Veranstaltungen, die später als »Superspreader-Events« bezeichnet werden sollten. Im Laufe des Jahres wurden etwa dreihundert Agenten und Beamte positiv auf das Virus getestet, wobei sie oft auch ihre Familienmitglieder infizierten; andere mussten sich nach dem Kontakt mit einem infizierten Kollegen in Quarantäne begeben. Präsident Trump infizierte sich ebenfalls mit dem Virus – auch das eine Sicherheitspanne –, erholte sich aber nach einem kurzen Krankenhausaufenthalt und einer experimentellen Behandlung mit Antikörpern im Walter Reed National Medical Center. Niemand in der Führung des Secret Service hatte die häufigen Ausflüge in die Öffentlichkeit mit der Begründung, sie seien unnötig riskant für den Präsidenten oder für die Mitarbeiter, blockiert – nicht einmal, als ein infizierter Donald Trump darauf bestand, von seinen Agenten zu der am Walter Reed vorbeiführenden Straße gefahren zu werden, damit er seinen Anhängern zuwinken konnte. Die Manipulation des Service für politische Zwecke, vor der frühere Direktoren als dem schlimmstmöglichen Schicksal der Behörde, die die Demokratie schützt, gewarnt hatten, war noch nie so dreist gewesen.

Im inneren Kreis des für den Präsidenten zuständigen Kommandos waren viele Agenten für Trumps Wiederwahl. Als die Wahlnacht schließlich kam, lag Trump zunächst in Führung, fiel aber bis zum Morgen weit zurück. Biden war der voraussichtliche Sieger, doch Trump bestritt dies und sprach von Betrug. Vier Tage später, am Samstag, dem 7. November, war Biden klarer Sieger, als die letzten Stimmenauszählungen zeigten, dass er den entscheidenden Swing State Pennsylvania gewonnen hatte und die Medien ihn zum mutmaßlichen nächsten Präsidenten erklärten. Dennoch weigerte sich die Führung des Secret Service, ihm den vollen Schutz und damit ein Niveau an Sicherheit zu bewilligen, das dem des Präsidenten nahekam und den designierten Präsidenten immer zur Verfügung gestellt worden war. Der Direktor und sein Team orientierten sich damit am Weißen Haus, in dem Trump den normalen, friedlichen Übergang der Macht – ein Merkmal der amerikanischen Demokratie, um das das Land von anderen Nationen lange Zeit beneidet worden war – blockierte. Da der Präsident darauf beharrte, dass er das Opfer eines Betrugs sei (für den es keine Beweise gab), erhielt Biden nicht sofort den Schutzschild eines gepanzerten Wagens mit Spezialausrüstung, eines rund um die Uhr einsatzbereiten Teams zur Abwehr von Angriffen und eines verstärkten Kommandos mit erfahreneren Agenten. Der Service teilte den verwirrten Agenten mit, man müsse einfach warten, bis die Ergebnisse wirklich offiziell seien – das heißt, bis Trump seine Niederlage eingeräumt oder das Electoral College die Stimmen bestätigt habe. Aber viele Agenten sagten, dass diese Verzögerung ignoriere, was in der Sicherheitsausbildung der Behörde gelehrt werde: Denn nachdem ein Kandidat gewählter Präsident geworden war, war er automatisch ein wichtigeres Ziel für Attentate.

Ein ehemaliger Beamter des Secret Service, der den Schutz der Kandidaten überwachte, sagte, viele Agenten neigten wie er selbst eher den Republikanern zu, ließen in ihre Sicherheitsentscheidungen aber niemals politische Sympathien einfließen. Er bezeichnete die Verzögerung als beunruhigend: »Wäre ich zuständig gewesen, hätte er alles bekommen, und Trump hätte mich feuern können, wenn er gewollt hätte. Wir machen keine Politik.« Ein anderer ehemaliger Präsidentenschützer sagte: »Offenbar hat sich der Service aus irgendeinem Grund für eine Seite entschieden. Ich weiß nicht, wie er sich davon erholen wird, diese rote Linie überschritten zu haben.«

Die Entscheidung, dieses Mehr an Sicherheit zu verweigern, verstärkte nur die Befürchtungen des Biden-Lagers, dass Trump die Elitetruppe korrumpiert habe. Eine Tatsache, die nur wenige erkannten, weil sie im Verborgenen lag, war, dass eine ganze Reihe von

Agenten, unter ihnen auch einige aus Trumps Kommando, für Trump eintraten. Auf Facebook und in anderen Foren propagierten einige dieser Staatsdiener, die gelobt hatten, überparteilich zu sein, Trumps entlarvte Verschwörungstheorien über manipulierte Wahlmaschinen, die Stimmen für Trump verwarfen, und eine gestohlene Wahl. Ihre Ansichten verhärteten sich in den kommenden Wochen noch und schockierten Kollegen, da diese Trump-Anhänger einen Präsidenten bejubelten, der mit immer verzweifelteren Komplotten die Ergebnisse der Wahl zu kippen versuchte.

Am 6. Januar brachen die Kräfte, die das Land spalteten, auf dem Gelände des Kapitols in Gewalt aus. An diesem Tag hetzte der Präsident seine wütenden Unterstützer, die sich zu seiner Rede auf der National Mall versammelt hatten, auf und drängte sie, zum Kongress zu marschieren und die Abgeordneten daran zu hindern, eine »gestohlene« Wahl zu bestätigen. »Wenn ihr nicht kämpft wie der Teufel, werdet ihr kein Land mehr haben«, sagte Trump und forderte seine Sprechchöre skandierenden Anhänger auf, die Pennsylvania Avenue entlang zum Kapitol zu laufen, um den Abgeordneten der Republikaner eine Botschaft zu überbringen. »Wir werden versuchen, ihnen den Stolz und die Unerschrockenheit einzuflößen, die sie brauchen, um unser Land zurückzuerobern.« Der Mob tat, was er verlangt hatte. Tausende marschierten zum Kapitol und durchbrachen dort die Polizeibarrikaden auf dem Westrasen. Nach einer Stunde Kampf gegen die Polizei, die sich ihnen in den Weg stellte, brachen Hunderte durch die Fenster und Türen ins Kapitol ein – eine erschreckende Szene, die an Wochenschauen aus einem Dritte-Welt-Land erinnerte. Aus dem Saal, in dem sich die Abgeordneten versammelt hatten, um die Wahl zu bestätigen, holte ein kleines Kommando des Secret Service Vizepräsident Pence und brachte ihn in ein verstecktes Büro. Nur Sekunden später stürmte ein Ableger des Mobs, der skandierte, Pence sei ein Verräter, auf einen Treppenabsatz im zweiten Stock, an dem Pence und seine Agenten gerade vorbeigekommen waren.

Trotz des heldenhaften Einsatzes ihrer Waffenbrüder an diesem

Tag verteidigten Mitarbeiter des Secret Service nach dem 6. Januar
in den sozialen Medien die Mission der bewaffneten Randalierer, die
in das Kapitol eingedrungen waren; sie verteidigten also diejenigen,
die Pences' Agenten in Gefahr gebracht und auf die Beamten der Ka-
pitol-Polizei mit Metallrohren und Baseballschlägern eingeschlagen
hatten. Eine Beamtin des Secret Service bezeichnete die bewaffneten Demonstranten als »Patrioten«, die versucht hätten, eine illegi-
time Wahl rückgängig zu machen, und behauptete fälschlich an die
Adresse ihrer Freunde, verkleidete Mitglieder der Antifa hätten mit
den Gewalttätigkeiten begonnen. Ein Agent aus dem Kommando des
Präsidenten repostete eine beliebte Anti-Biden-Tirade, die die Demokraten für ihre erbarmungslosen Angriffe auf Trump kritisierte. Der
Wortlaut der Tirade: »Ich habe #44 [Obama] acht Jahre lang ertragen und stillgehalten. Mein Problem mit Joe Bidens ›Lasst uns wieder
ein Land sein‹ ist: Wir erinnern uns an vier Jahre mit Angriffen und
Amtsenthebungsverfahren. Wir erinnern uns an den Widerstand
und an das ›nicht unser Präsident‹. Wir erinnern uns daran, dass der
Sprecher des Präsidenten aus einem Restaurant geworfen wurde. Wir
erinnern uns daran, dass wir für die Unterstützung von Präsident
Trump mit allen möglichen Schimpfwörtern bedacht wurden.«

Andere teilten den Kommentar von Pro-Trump-Verschwörungs-
theoretikern, die die Demokraten kritisierten. Ein Agent repostete
das Bild einer auf dem Kopf stehenden amerikanischen Flagge, ein
militärisches Signal für extreme Bedrängnis, mit den Worten des
rechts stehenden Aktivisten Raheem Kassam: »In weniger als zwölf
Monaten haben sie unsere Geschäfte geschlossen, uns gezwungen,
Maulkörbe zu tragen, uns von unseren Familien getrennt, unsere
Sportarten abgeschafft, unsere Städte niedergebrannt, gewaltsam die
Macht an sich gerissen und die Meinungsfreiheit abgeschafft. Dann
haben sie *uns* den Putsch in die Schuhe geschoben.«

Angesichts all dessen, was der Secret Service Trump im letzten Jahr
ermöglicht hatte – genannt sei nur sein autoritärer Marsch über den
Lafayette Square –, und angesichts der gemurmelten Unterstützung
in den Reihen des Service für Trumps Bestrebungen, Bidens Wahl

zu kippen, war es verständlich, dass der designierte Präsident und seine Helfer Zweifel hatten: Fühlte sich die Behörde, der Bidens Leben anvertraut war, ihrer Aufgabe ohne Wenn und Aber verpflichtet? Die Besorgnis über Trumps zersetzenden Einfluss auf den Secret Service war so groß, dass Bidens Berater für den Übergang darauf drängten, dass die Behörde alle Mitglieder von Trumps Schutztruppe vor Bidens Amtseinführung auswechsle. Das Hauptquartier stimmte einem Kompromiss zu: Man würde einige der hochrangigen Agenten zurückholen, die Biden aus seinem Vizepräsidentenkommando kannte, und sie zu Vorgesetzten in seinem Präsidententeam machen. Unterdessen schmiedeten Bidens Berater Pläne, Murray in der ersten Hälfte des Jahres 2021 zu ersetzen. Das neue Team war beunruhigt über einen Direktor, der es zugelassen hatte, dass der Service für einen Fototermin und für Wahlkampfveranstaltungen benutzt wurde, die die Öffentlichkeit und die Gesundheit der eigenen Mitarbeiter gefährdeten, und der es einem Spitzenbeamten erlaubt hatte, ein politisches Amt im Weißen Haus anzunehmen. Nachdem Trump die Wahl verloren hatte, hatte Murray Ornato sogar in den Schoß des Secret Service zurückgeholt, da der Agent für den Ruhestand noch nicht infrage kam, und ihn zum stellvertretenden Direktor befördert.

»Die größte Tragödie ist, dass Trump einen Teil des Secret Service, der sich rühmt, unpolitisch zu sein, politisiert hat«, erklärte ein Agent kurz nach seinem Ausscheiden. »Das ist der Trump-Effekt.«

Indem Trump den bewaffneten Aufruhr im Kapitol anzettelte und die Träume der Alt-Right-Extremisten vom Sturz der Regierung befeuerte, hat er dem Secret Service kurz vor seinem Abgang ein Abschiedsgeschenk gemacht: Die Schutzbehörde verbrachte die letzten zwei Wochen seiner Amtszeit damit, ihre in monatelanger Arbeit erstellten Sicherheitspläne für die Amtseinführung des 46. Präsidenten in aller Eile umzuschreiben. In Erwartung eines weiteren gewalttätigen Angriffs leitete der Service eine massive Abriegelung Washingtons ein, wie es sie in der jüngeren Geschichte noch nie gegeben hatte. Seine mit dem Pentagon, dem FBI und zahlreichen Exekutivorganen koordinierten Bemühungen führten dazu, dass das Kapitol, das Weiße Haus und viele Denkmäler der National Mall schließlich mit einem gut zweieinhalb Meter hohen schwarzen Zaun umgeben waren, den an entscheidenden Stellen, an denen Biden vorbeikam, Stacheldraht krönte. Mehrere Tage vor der Amtseinführung sperrten Sicherheitsteams mit mehr als dreihundertfünfzig Steinquadern die Zufahrt zu Downtown Washington und angrenzenden Stadtteilen. Später schlossen sie dreizehn U-Bahn-Stationen im Zentrum der Stadt. Mehr als fünfzehntausend Soldaten der Nationalgarde wurden eingesetzt, um eine symbolträchtige amerikanische Zeremonie sichern zu helfen – eine Veranstaltung, die normalerweise von Hunderttausenden jubelnden Zuschauern besucht wurde und jetzt als Ziel von inländischen Terroristen behandelt werden musste.

Ein Beamter der Trump-Administration, der den Service beaufsichtigte und die Schwachstellen der Behörde genau untersuchte, bedauerte den politischen Schaden, den Trump angerichtet hat, war aber mehr noch davon beunruhigt, wie sehr Trump und mehrere Präsidenten vor ihm die Behörde im Stich gelassen hatten. Er sagte mir, es sei nicht die Schuld der Mitarbeiter gewesen, dass die Sensoren am Zaun um das Weiße Haus nicht funktionierten, dass ein veralteter Zaun fast sechs Jahre nach einem blamablen Einbruch noch immer nicht vollständig ersetzt war, dass gestresste Agenten eines Kommandos mangels zuverlässiger Fahrzeuge der Regierung ihre eigenen PKW benutzen mussten und dass ihre Leiter sie nicht zureichend für einen Angriff mit Biowaffen oder einen mehrschichtigen Anschlag auf das Weiße Haus ausgerüstet hatten.

»Ich bin immer noch fest davon überzeugt, dass sie modernisieren müssen – und zwar nicht nur, was die Ressourcen angeht«, sagte mir der Beamte. »Die Technologie ist das wichtigste. Wer die Fernsehserie 24 gesehen hat, würde es nicht glauben, wenn er wüsste, was der Secret Service an Ausrüstung hat. Es ist ein Witz. Er würde es nicht glauben.«

Der Service ist noch immer gefährlich dünn besetzt. Dabei schützt er nicht nur den Präsidenten und den Vizepräsidenten und ihre Familien sowie wichtige Führungspersönlichkeiten, sondern auch Hunderte ausländischer Staatsoberhäupter, die jedes Jahr die Vereinigten Staaten besuchen; er untersucht eine breite Palette von Finanzdelikten, untersucht und bewertet Androhungen von Gewalt, ganz gleich, ob sie in Bars, in Briefen oder auf Twitter geäußert werden, erkundet die Persönlichkeitsmerkmale von Amokläufern an Schulen, um den Gemeinden zu helfen, künftige Angriffe zu verhindern, hilft der örtlichen Polizei, vermisste und ausgebeutete Kinder aufzuspüren, und vieles mehr. Der Beamte sagte mir, er und seine Kollegen unter den ranghohen Beratern in Sachen nationale Sicherheit bewunderten das Engagement so vieler »Soldaten« des Secret Service an der Front, seien aber beunruhigt, dass der Behörde nicht das Geld, das Personal und die Werkzeuge an die Hand gegeben wurden, die sie bräuchte, um all ihre Aufgaben zu erfüllen. Diese Vernachlässigung schaffe eine Blöße für einen ernsthaften Angriff auf unsere Demokratie.

»In naher Zukunft muss sich jemand hinsetzen und festlegen, was ihre eigentliche Aufgabe ist. Denn die Aufgabe, die sie jetzt haben, können sie nicht erfüllen«, so der Beamte. »Diese Leute sind Patrioten. Aber wir lassen sie im Stich und setzen das Land einer Gefahr aus.«

Das sollte uns alle beunruhigen.

DANK

Zuerst und vor allem danke ich den aktiven und ehemaligen Agenten und Mitarbeitern des Secret Service, denen unser Land über die Jahrzehnte so viel zu verdanken hat, weil sie von jeher und bis heute unter Aufopferung ihrer alltäglichen Annehmlichkeiten und ihres Privatlebens für die Sicherheit unserer Demokratie sorgen. Ich habe beobachtet, wie sie über Stunden bei Schneefall auf ihren Posten stehen, als Fels in der Brandung, wenn ernst zu nehmende Gefahr droht, und wie sie generell eine Arbeitsmoral an den Tag legen, die ans Übermenschliche grenzt. In diesem Buch werden einige der Fehler und inneren Kämpfe des Dienstes aufgezeigt, doch schmälern diese Ereignisse nicht im Geringsten das phänomenale und dauerhafte Verdienst, das sich Tausende Männer und Frauen des Secret Service um das Land erworben haben.

Ich stehe in der Schuld einer Gruppe von Sicherheitsbeamten, die sich ihrer Mission so uneingeschränkt verpflichtet fühlen, dass sie es gewagt haben, die Schwächen des Dienstes aufzuzeigen, um die Sicherheit zukünftiger Präsidenten zu erhöhen. Indem sie mit einer Reporterin sprachen, riskierten sie, schlimmstenfalls gefeuert und bestenfalls diffamiert zu werden. Mein großer Dank geht an Bill Gage und zahllose andere aktive Agenten und Mitarbeiter, die nach wie vor nicht namentlich genannt werden dürfen. Jeder von ihnen ist darum bemüht, einen Beitrag zu leisten, damit der Dienst seinem Wahlspruch »Worthy of Trust and Confidence« entsprechen kann.

Ich danke Dutzenden ehemaliger Agenten, die dem Secret Service ihre besten Jahre geopfert und mir liebenswürdigerweise ihre Erinnerungen anvertraut haben, um eine möglichst vollständige Darstellung der Geschichte des Service zu ermöglichen. Besonderer Dank gebührt Win Lawson und Bob DeProspero, beide inzwischen verstorben, die mir das Spannungsfeld verständlich gemacht haben, das zwischen einem Politiker besteht, der jedem Wähler die Hand schütteln möchte, und einem Agenten, der davon ausgehen muss, dass jede dieser Hände eine Waffe halten könnte. Den Einblicken, die mir Tony Ball, Gerald Blaine, Clint Hill, Tim McCarthy, Tim McIntyre, Ray Moore, Larry Newman, Joe Petro, Robin Philpot-DeProspero und viele andere ermöglicht haben, verdanke ich eine weisere Sicht der Dinge. Dank auch an Catherine Milhoan und Larry Berger, die mit ihrer Professionalität dafür gesorgt haben, dass jede Stimme gehört wurde. Mein ganz besonderer Dank gilt Julia Pierson, der ehemaligen Direktorin des Secret Service, die allen Grund hatte, das Gespräch mit mir zu verweigern, nachdem meine Artikel über die Sicherheitsmängel während ihrer Dienstzeit dazu beigetragen hatten, dass sie ihren Job verlor. Stattdessen entpuppte sie sich als rigorose Analystin, die einige der Gründe für den Niedergang des Service im Laufe ihres 30-jährigen Berufslebens präzise benannte, von denen einer die Abschottungskultur war, die ihren Reformen widerstand und eher eine Verheimlichung als eine Reparatur der beschädigten Strukturen beförderte.

Ganz persönlich möchte ich denen danken, die im Mittelpunkt meines Lebens stehen. Zuallererst dir, John Reeder, denn ohne deinen Zuspruch, deine Nachsicht und deine Liebe hätte ich diese Arbeit nicht leisten können, stände ich heute nicht hier. Du warst beides, je nachdem, was ich gerade am dringendsten brauchte: mein Fels in der Brandung und mein behutsamer Führer. Elise und Molly, angefangen habe ich mit dieser Arbeit für euch, meine klugen Töchter. Doch inzwischen bin ich sprachlos angesichts der Unterstützung, die ihr wiederum mir habt zukommen lassen, und angesichts der außergewöhnlichen Standards, die ihr euch gesetzt habt und mit denen ihr mir zum Vorbild geworden seid. Dank für die Freude und den Stolz, die euer Vater und ich für euch empfinden.

Und an Mom ein Dank dafür, dass sie mir alles zutraut, und dafür, dass sie findet, ich sei die beste Cheerleaderin. Und an Brooke und Henry – sie kennen mich von allen am besten und stehen immer an meiner Seite. Und an meinen verstorbenen Vater Harry, der mich die Freuden harten Arbeitens gelehrt hat. Und an die weitgestreuten Clans der Reeders und der Renos – meine Bonus-Familien.

Mein Dank aus tiefstem Herzen an meine guten Freunde, die mich aufmuntern und inspirieren und all diese Mühen mit dem gebührenden Spaß anreichern. Ein ganz besonderer Dank gilt Michelle Dolge, Julie Maner, Lisa Resch, Lisa Rosenberg, Kristi Teems, Liz Weiser, Kristin Willsey – und euren großherzigen Ehemännern. Dank auch an meine Ornament-Gruppe, an den Buchclub und die College-Customs-Gruppe für all das Lachen und die klugen Bemerkungen, die ihr verantwortet. Große Dankbarkeit empfinde ich gegenüber Mary Elizabeth DeAngelis und Paige Williams, die mir Freunde und Vorbild sind, seit ich das Glück hatte, bei meiner ersten Anstellung als Reporterin in ihrer Nähe arbeiten zu dürfen.

Ich fühle mich geehrt und bin erfreut darüber, dass ich an diesem Buch mit einem ausgezeichneten Lektor habe arbeiten dürfen, mit Andy Ward von Random House. Er hat mir den Weg bereitet, weil er bereit war, sich mit einer Reporterin herumzuschlagen, die nie zuvor ein Buch geschrieben hatte, um dann seine unübertrefflichen Talente in die Waagschale zu werfen und damit der Geschichte dieses einzigartigen Elitekorps ihre Form zu geben. Mein aufrichtiger Dank an Amelia Zalcman für die Fürsorge, die sie diesem Werk angedeihen ließ, und an Sam Nicholson für die klugen editorischen Ideen.

Dieses Buch hätte ohne die naturgewaltigen Kräfte meiner Freundin und Agentin Elyse Cheney nie das Licht der Welt erblickt. Sie hat gesagt, ich *müsse* diese Geschichte unbedingt erzählen. Später drängte sie mich klugerweise, den Anspruch des Buches zu erweitern und mich den grundsätzlichen Lehren zuzuwenden, die sich aus dem Aufstieg und Fall des Service ziehen lassen.

Bisweilen kann ich mein Glück nicht fassen, dass ich als Reporterin für die *Washington Post* arbeiten darf, die meine berufliche Heimat ist und mein Sprungbrett für dieses Projekt war. Dank an den Eigentümer der *Post*, Jeff Bezos, der das Licht unserer Demokratie im wahrsten Sinne des Wortes weiter scheinen lässt, an ihren Verleger Fred Ryan für seine ruhige Hand am Steuer und an unseren ehemaligen Chefredakteur Marty Baron dafür, dass er selbst die schwierigste Berichterstattung uneingeschränkt gefördert hat. Marty war der Papa-Bär bei vielen Recherchen der *Post*, und der meinigen hat er Leben eingehaucht. Tiefe Dankbarkeit empfinde ich gegenüber Ressortleiter Steven Ginsberg, der stets einen unfehlbaren Instinkt an den Tag gelegt und seine Mitarbeiter bedingungslos unterstützt hat; gegenüber den Redakteur:innen Peter Wallsten und Anne Kornblut, die als Erste das Potenzial erkannten, das in der vertieften Recherche zu diesem Thema verborgen lag; gegenüber der Redakteurin Matea Gold, die mich stets ermutigte, weitere Informationen zutage zu fördern; gegenüber Cameron Barr, Dan Eggen und Dave Clark dafür, dass sie kluge Ideen und Ermutigung beisteuerten; und gegenüber Sam Martin und Liz Whyte dafür, dass sie meine Recherchen absicherten.

Ich habe vom weisen Rat und von der Großzügigkeit zahlloser Autor:innen profitiert, die sich vor mir dem Thema gewidmet haben, unter ihnen Steve Coll, Anne Hull, David Maraniss, Dana Priest, Susan Schmidt, Joby Warrick, Del Wilber, Paige Williams und Bob Woodward. Ich danke den herausragenden Kolleg:innen meiner *Post*-Familie dafür, dass sie wie ich die Pferde gesattelt und sich auf die Jagd nach einer guten Geschichte gemacht und damit zur Qualität meiner Arbeit beigetragen haben: Yasmeen Abutaleb, Devlin Barrett, Leonard Bernstein, Bob Costa, Alice Crites, Aaron Davis, Josh Dawsey, David Fahrenthold, Amy Gardner, Anne Gearan, Tom Hamburger, Shane Harris, Rosalind Helderman, Peter Hermann, John Hudson, Greg Jaffe, Michael Kranish, Michelle Lee, Nick Miroff, David Nakamura, Ellen Nakashima, Jonathan O'Connell, Damian Paletta, Ashley Parker, Beth Reinhard, Phil Rucker, Robert Samuels,

Ian Shapira, Lena Sun, Craig Timberg, Matt Zapotosky, Katie Zezima und viele andere. Solange es Journalist:innen wie diese gibt, kann nichts lange im Verborgenen bleiben. Dank auch an die großartigen Teams bei NBC und MSNBC, zwei Sender, die mit Beiträgen zu unterstützen ich die Ehre habe. Ihre klugen und ausgebufften Moderator:innen, unter ihnen Hallie Jackson, Rachel Maddow, Stephanie Ruhle, Katy Tur, Nicole Wallace, Andrea Williams, Brian Williams und Ali Velshi, liefern, tagein, tagaus überzeugende Beweise für den besten Nachrichtenjournalismus, der einer breiten Öffentlichkeit wichtige Wahrheiten zu vermitteln vermag.

Unendlich viele Menschen tragen dazu bei, ein Buch in die Welt zu bringen. Es gibt keine bessere Begleiterin auf einer solchen Buch-Reise als Julie Tate, deren erschöpfende Arbeit auf dem Gebiet der Recherche und des Faktenchecks einen eigenen Pulitzer-Preis verdient. Bei Random House danke ich ganz besonders London King, Madison Dettlinger, Barbara Fillon und Ayelet Gruenspecht, die das Marketing leitet und sicherstellt, dass dieses Buch von einer breiten Öffentlichkeit wahrgenommen wird, sowie Korrektorin Emily De-Huff und Kaeli Subberwal, die mich über alles auf dem Laufenden hält. Und ich danke dem Team bei Elyse Cheney Literary Associates, und dort ganz besonders Allison Devereaux, Danny Hertz und Claire Gillespie. Herzlichsten Dank an Marvin Joseph für ein magisches Autorinnenfoto; Alicia Majeed für ihr fabelhaftes Design; Dee Swan für ihre Beratung bei Fragen des Buchumschlags; Maryanne Warrick für ihre Abschriften der Gesprächsprotokolle und Quinn Scanlan für die Vorrecherchen.

ANMERKUNGEN

TEIL 1

1 Rede anlässlich der Parade am Pulaski Day, Buffalo, New York, The American Presidency Project, 14. Oktober 1962.

2 »›Bomber‹ Planned to Kill Jack at Mass«, Associated Press, 20. Dezember 1960.

3 Warren Commission, Aussage von James Rowley, 18. Juli 1964.

4 Jay Sekulow, Witnessing Their Faith: Religious Influence on Supreme Court Justices and Their Opinions, Sheed & Ward, 2005, S. 165.

5 1994 White House Security Review, Secret Service History, books.google.com/books?id=86628a9v-moC&pg=PA165#v=onepage&q&f=false

6 Thomas G. Craughwell, *Stealing Lincoln's Body,* Cambridge, Mass.: Belknap Press of Harvard University Press, 2008, S. 44.

7 Stephen Mihm, *A Nation of Counterfeiters,* Cambridge, Mass.: Harvard University Press, 2007, S. 344.

8 Philip Melanson, The Secret Service: The Hidden History of an Enigmatic Agency, Carroll & Graf, 2002, S. 20.

9 Charles Lane, Freedom's Detective: The Secret Service, the Ku Klux Klan and the Man Who Masterminded America's First War on Terror, Hanover Square Press, 2019, S. 181–184.

10 Melanson, The Secret Service: The Hidden History of an Enigmatic Agency, S. 22.

11 Melanson, The Secret Service: The Hidden History of an Enigmatic Agency, S. 22.

12 Joseph Bucklin Bishop, Theodore Roosevelt and His Time: Shown in His Own Letters, Scribners, 1920.

13 Sarah Booth Conroy, »Blair House Remembrance«, *The Washington Post,* 2. November 1990.

14 Harry S. Truman, »Letter to Dean Acheson«, 2. November 1950, shapell.org/manuscript/harry-truman-assassination-attempt/

15 Memo an Sekretärin Evelyn Lincoln, John F. Kennedy Presidential Archives.

16 J. Paul Landis, Rede über den Secret Service für Kennedy beim Cleveland
    Polka Association Meeting, 31. Mai 2012, youtube.com/watch?v=wENV85zx_S0

17 Robert S. Allen und Paul Scott, »House Group Studies President's Protection«,
    Sarasota Herald-Tribune, 14. Mai 1964.

18 Philip Meyer, »JFK Liked Crowds, Scared Guards«, *The Akron Beacon Journal,*
    23. November 1963.

19 »JFK's Pacific Swim, August 1962«, Pophistorydig.com, pophistorydig.com/
    topics/jfks-pacific-swim-1962/

20 Kenneth P. O'Donnell und David F. Powers, »*Johnny, We Hardly Knew Ye«:
    Memories of John Fitzgerald Kennedy,* New York: Open Road Integrated Media,
    2013, https://www.youtube.com/watch?v=KEHEw-dop00

21 »JFK's Pacific Swim«; »Kennedy Caps Visit with Dip in Pacific«, *Los Angeles
    Times,* 20. August 1962.

22 Pierre Salinger, *P. S.: A Memoir,* New York: St. Martin's Press, 2001, S. 155.

23 Vince Devlin, »Former Secret Service Agent Kept Watch over Presidents and
    Their Families«, *Missoulian,* 29. April 2007.

24 Jacqueline Kennedy: Gespräche über ein Leben mit John F. Kennedy. Mit einem
    Vorwort von Caroline Kennedy, Hoffmann und Campe Verlag, Hamburg 2011,
    S. 369.

25 Interview von ABC News mit Tim McIntyre, youtube.com/watch?v=30Hl4
    EEO9Qo

26 Transkript der Anmerkungen des Vizepräsidenten, Broom County Courthouse
    Steps, Binghamton, NY, 30. September 1960, presidency.ucsb.edu/ws/index.
    php?pid=25517

27 »Report of the House Select Committee on Assassinations of the U. S. House of
    Representatives«, Teil D, S. 431.

28 House Select Committee on Assassination, Report, Band 3, 919. Exponat JFK
    F-450; history-matters.com/archive/jfk/hsca/reportvols/vol3/pdf/HSCA_Vol3_
    0919_3_Rowley.pdf

29 Warren Commission, Aussage von Inspector Tom Kelley, mcadams.posc.
    mu.edu/russ/jfkinfo/hscakell.htm

30 Patricia Sullivan, »Robert I. Bouck, 89«, *The Washington Post,* 8. Mai 2004.

31 Philip Zelikow und Ernest May, Vorwort zu *The Presidential Recordings: John F.
    Kennedy: The Great Crises,* Bd. 1–3, New York: W. W. Norton, 2001, S. xvii-xxiv.

32 House Select Committee on Assassinations, »Final Report: I. Findings – D. Agen-
    cies and Departments of the U. S. Government Performed with Varying Degrees
    of Competency«, S. 232.

33 *Warren Commission Report,* Kapitel 8, »The Protection of the President«,
    archives.gov/research/jfk/warren-commission-report/chapter-8.html

34 Pierre Salinger, *Mit Kennedy,* Econ Verlag, Düsseldorf und Wien 1967, S. 13.

35 Douglas B. Roberts, »MSU Leader's Dad Was Secret Service Agent in Car Be-
    hind John F. Kennedy in Dallas on Nov. 22, 1963«, *Michigan Live,* 22. November
    1963.

36 William Manchester, *Der Tod des Präsidenten,* S. Fischer, 1967, und Gerald Blaine,

The Kennedy Detail: JFK's Secret Service Agents Break Their Silence, New York: Gallery Books, 2011.

37 »50 Years Later, JFK's Visit to Tampa Still Resonates«, *Tampa Bay Times,* 22. November 2013.

38 »Time Capsule: JFK's Visit to Tampa, Nov. 18, 1963«, *Tampa Bay Tribune,* 12. November 2013.

39 »Time Capsule: JFK's Visit to Tampa, Nov. 18, 1963«, *Tampa Bay Tribune,* 12. November 2013.

40 Manchester, *Der Tod des Präsidenten.*

41 Blaine, Kennedy Detail.

42 Warren Commission, Aussage von Richard Mackie.

43 Christopher Evans, »Remembering the Cellar«, *Fort Worth Star-Telegram,* 25. Mai 1984.

44 Ebd.

45 Ebd.

46 Philip Potter, *The Sun* (Baltimore), 23. November 1963, S. 1.

47 Louisville Courier-Journal, 23. November 1963, S. 18.

48 Blaine, *Kennedy Detail.*

49 Ebd., S. 142.

50 Warren Commission, Aussage von Paul Landis, 27. November 1963, mcadams. posc.mu.edu/russ/m_j_russ/Sa-landi.htm

51 *Warren Commission Report,* Kapitel 2, »The Assassination«, archives.gov/ research/jfk/warren-commission-report/chapter-2.html#motorcade

52 Warren Commission, Aussage von Barbara Rowland, 7. April 1964, mcadams. posc.mu.edu/russ/testimony/rowland_barb.htm mcadams.posc.mu.edu/russ/ testimony/rowland_a.htm

53 Warren Commission, Aussage von Paul Landis.

54 Warren Commission, Aussage von Roy Kellerman.

55 Warren Commission, Aussage von Paul Landis.

56 Warren Commission, Aussage von Roy Kellerman.

57 Manchester, *Der Tod des Präsidenten.*

58 Warren Commission, Aussage von Roy Kellerman.

59 Warren Commission, Aussage von George W. Hickey jr.

60 Warren Commission, Aussage von Paul Landis.

61 Warren Commission, Aussage von Rufus Wayne Youngblood, mcadams.posc. mu.edu/russ/testimony/youngblo.htm

62 Blaine, Kennedy Detail.

63 Interview mit Win Lawson, C-SPAN, 5. November 2003.

64 Jimmy Breslin, »A Death in Emergency Room One«, *New York Herald Tribune,* 23. November 1963.

65 Rick Jervis, »Doctor Who Treated Kennedy Relives Final Moments«, *USA Today,* 7. August 2013.

66 Warren Commission, Aussagen von Roy Kellerman und Emory Roberts.

67 Warren Commission, Aussage von Paul Landis.

68 Warren Commission, Aussage von Roy Kellerman, jfkassassination.net/russ/
    testimony/kellerman.htm

69 Warren Commission, Aussage von Clint Hill.

70 Clint Hill, Five Presidents: My Extraordinary Journey with Eisenhower, Kennedy,
    Johnson, Nixon and Ford, New York: Gallery Books, 2017.

71 Warren Commission, Aussage von W. E. Perry, 9. April 1964, mcadams.posc.
    mu.edu/russ/testimony/perry_w.htm

72 Warren Commission, Aussage von Paul Landis.

73 Jimmy Breslin, »A Death in Emergency Room One«, New York Herald Tribune,
    23. November 1963.

74 O'Donnell und Powers, »Johnny, We Hardly Knew Ye.«

75 »Cleveland-Area Man Who Was on JFK's Secret Service Detail Talks About
    Dallas«, Beacon Journal, 17. November 2013.

76 Hill, Five Days in November.

77 Manchester, Der Tod des Präsidenten.

78 Mary Barelli Gallagher, My Life with Jacqueline Kennedy, David McKay, 1969.

79 Jim Bishop, J. F. Kennedy - Ein Tag im Leben des Präsidenten, Droemer, 1964

80 »Popular Reading?«, Warren Times Mirror, 1. August 1962.

81 »149.8 Million Whittled from Kennedy Money Bill«, The Greenville News,
    2. April 1963.

82 Manchester, Der Tod des Präsidenten.

83 Manchester, Der Tod des Präsidenten.

84 Ebd.

85 Gerald Blaine, The Kennedy Detail: JFK's Secret Service Agents Break Their
    Silence, New York: Gallery Books, 2011.

86 »Former Secret Service Chief James Rowley, 84, Dies«, The Washington Post,
    2. November 1992.

87 Ebd.

88 Clint Hill, Five Days in November, New York: Gallery Books, 2014.

89 Manchester, Der Tod des Präsidenten.

90 Clint Hill, Five Presidents: My Extraordinary Journey with Eisenhower, Kennedy,
    Johnson, Nixon and Ford, New York: Gallery Books, 2017.

91 Christopher Evans, »Remembering the Cellar«, Fort Worth Star-Telegram,
    25. Mai 1984.

92 Drew Pearson, Washington Merry-Go-Round: The Drew Pearson Diaries,
    Lincoln, Neb.: Potomac Books, 2015.

93 Ebd., S. 211.

94 Evans, »Remembering the Cellar«.

95 Richard Dudman, »Ex-Chief Criticizes Performance of Secret Service in Dallas«,
    St. Louis Post-Dispatch, 8. Dezember 1963.

96 Ebd.

97 Mary Ferrell Foundation, Notes on Warren Commission's Creation,
    https://maryferrell.org/pages/Walkthrough_-_Formation_of_the_Warren_
    Commission.html

98 Planning Document: United States Secret Service, »Plan to Meet Requirements for Expanded Protection of the President and Vice President of the United States«, 27. August 1964.

99 Silvio Conte Oral History, Interview, John F. Kennedy Presidential Library, 18. Oktober 1977, jfklibrary.org/asset-viewer/archives/JFKOH/Conte%2C%20 Silvio%20O/JFKOH-SOC-01/JFKOH-SOC-01

100 Robert S. Allen und Paul Scott, »House Group Studies President's Protection«, *Sarasota Herald-Tribune,* 14. Mai 1964.

101 Philip Melanson, *The Secret Service: The Hidden History of an Enigmatic Agency*, Carroll & Graf, 2002, S. 33.

102 Gespräch mit James Rowley, Bandaufnahmen Präsident Lyndon B. Johnson, 13. Mai 1964, aufgerufen am 13. August 2020, millercenter.org/the-presidency/ secret-white-house-tapes/conversation-james-rowley-march-2-1964 und millercenter.org/the-presidency/secret-white-house-tapes/conversation-james-rowley-may-13-1964

103 Ebd.

104 Warren Commission, Aussage von James Rowley, 16. Juni 1964.

105 Gespräch mit James Rowley, Bandaufnahmen Präsident Lyndon Johnson, 13. Mai 1964.

106 Warren Commission, Aussage von C. Douglas Dillon, 2. September 1964.

107 Gespräch mit McGeorge Bundy, Bandaufnahmen Lyndon B. Johnson, 27. September 1964.

108 Warren Commission, Aussage von Ralph Yarborough.

109 Stephan Lesher, *George Wallace: American Populist,* New York: Da Capo Press, 1995, S. 479–482.

110 »George Wallace: Settin' the Woods on Fire«, PBS-Dokumentation, pbs.org/ wgbh/amex/wallace/filmmore/tran-script/transcript1.html

111 »George Wallace: Settin' the Woods on Fire.«

112 Dan T. Carter, *The Politics of Rage: George Wallace, the Origins of New Conservativism,* Baton Rouge: Louisiana State University Press, 2000, S. 435.

113 »George Wallace: Settin' the Woods on Fire.«

114 Antrittsrede von Gouverneur George Wallace, 14. Januar 1963, digital.archives. alabama.gov/digital/collection/voices/id/2952

115 Martin Luther King jr., »I Have a Dream«, Washington, D. C., 28. August 1963, americanrhetoric.com/speeches/mlkihaveadream.htm

116 »George Wallace: Settin' the Woods on Fire.«

117 *Time,* Mai 1972.

118 »Now, Arthur Bremer Is Known«, *The New York Times,* 22. Mai 1972.

119 Attentat auf George Wallace, Ermittlungsakten der Prince George's County Police.

120 Arthur Bremer, *An Assassin's Diary,* Pocket Books, 1973.

121 »Now, Arthur Bremer Is Known.«

122 Bremer, Assassin's Diary.

123 Attentat auf George Wallace, Ermittlungsakten der Prince George's County Police.

124 Aussage von Joan Pemrich, Attentat auf George Wallace, Ermittlungsakten der Prince George's County Police.

125 Aussage Pemrich, Attentat auf George Wallace, Ermittlungsakten der Prince George's County Police.

126 Bremer, Assassin's Diary.

127 Ebd.

128 »We Confronted Nixon!«, *New Canada,* Bd. 3, Nr. 3, Juli 1972.

129 Bremer, Assassin's Diary.

130 Ebd.

131 Ebd.

132 Aussage von Lawrence Dominguez, Attentat auf George Wallace, Ermittlungsakten der Prince George's County Police.

133 Dan Fesperman, »20 Years into Life Sentence, George Wallace Still Struggles with Pain«, *The Sun* (Baltimore), 14. Mai 1992.

134 Aussage des Agenten Jim Taylor, Attentat auf George Wallace, Ermittlungsakten der Prince George's County Police.

135 Lesher, *George Wallace,* S. 480.

136 Aussage des TV-Produzenten Fred Farrar, Attentat auf George Wallace, Ermittlungsakten der Prince George's County Police.

137 »Wallace Shunned 1972 Security Tip«, *The New York Times,* 2. Oktober 1975.

138 Interview mit Cornelia Wallace, »George Wallace: Settin' the Woods on Fire.«

139 William Grieder, »Wallace Is Shot, Legs Paralyzed; Suspect Seized at Laurel Rally«, *The Washington Post,* 16. Mai 1972.

140 Aussage von Robert Innamorati, Attentat auf George Wallace, Ermittlungsakten der Prince George's County Police.

141 Den Ermittlern vorgelegte Aufzeichnungen des Secret Service, Attentat auf George Wallace, Ermittlungsakten der Prince George's County Police.

142 Aussage von John Davey, Attentat auf George Wallace, Ermittlungsakten der Prince George's County Police.

143 Aussage von Daniel Capizzi, Attentat auf George Wallace, Ermittlungsakten der Prince George's County Police.

144 Aaron Kraut, »George Wallace's assassination attempt: FBI agent reflects, 40 years later«, *The Washington Post,* 9. Mai 2012.

145 Aussage von Madelyn Saunders, Attentat auf George Wallace, Ermittlungsakten der Prince George's County Police.

146 Aussage von Bill Breen, Attentat auf George Wallace, Ermittlungsakten der Prince George's County Police.

147 Aussage von Daniel Capizzi, Attentat auf George Wallace, Ermittlungsakten der Prince George's County Police.

148 Neil A. Hamilton, *The 1970 s,* New York: Facts on File, 2006.

149 Aussage von James Taylor, Attentat auf George Wallace, Ermittlungsakten der Prince George's County Police.

150 Aussage von Madelyn Saunders, Attentat auf George Wallace, Ermittlungsakten der Prince George's County Police.

151 Video des Wallace-Attentats, youtube.com/watch?v=GUeywO7-ZXw

152 Interview mit Cornelia Wallace, »George Wallace: Settin' the Woods on Fire.«

153 Erin Edgemon, »Blood-Stained Clothes Worn by George Wallace in May 15, 1972 Shooting Held in State Archives«, Alabama.com, 15. Mai 2014.

154 Richard Nixons Präsidenten-Terminkalender, Durchsicht der Autorin, nixonlibrary.gov/sites/default/files/virtuallibrary/documents/PDD/1972/075%20May%201-15%201972.pdf

155 Richard Nixons Präsidenten-Terminkalender, Durchsicht der Autorin, nixonlibrary.gov/virtuallibrary/documents/PDD/1972/075%20May%201-15%201972.pdf

156 Carl Bernstein und Bob Woodward, »Woodward and Bernstein: 40 Years After Watergate, Nixon Was Far Worse than We Thought«, *The Washington Post*, 8. Juni 2012.

157 Nixon White House tapes, 15. Mai 1975, nixontapes.org/wallace.html

158 Nixon White House tapes, 15. Mai 1975, nixontapes.org/wallace.html

159 Nixon White House tapes, 15. Mai 1975, nixontapes.org/wallace.html

160 Bemerkungen Nixons anlässlich der Neueröffnung des Blue Room, American Presidency Project, 15. Mai 1972.

161 Nixon White House tapes, 15. Mai 1975, nixontapes.org/wallace.html

162 Nixon White House tapes, nixontapes.org/mp3/024–097.mp3

163 Fred Emery, Watergate: The Corruption of American Politics and the Fall of Richard Nixon, New York: Crown, 1994.

164 Dan T. Carter, The Politics of Rage: George Wallace, the Origins of New Conservatism, and the Transformation of American Politics, Baton Rouge: Louisiana State University Press, 2000, S. 440.

165 James T. Wooten, »Milwaukee Man Held as Suspect«, *The New York Times*, 16. Mai 1972.

166 Ebd.

167 Carter, Politics of Rage, S. 440.

168 Maxine Chesire, »Senator Gives Up Guards«, *The Washington Post*, 8. Juni 1972.

169 Alfred E. Lewis, »5 Held in Plot to Bug Democrats' Office Here«, *The Washington Post*, 18. Juni 1972.

170 Bob Woodward und Carl Bernstein, »GOP Security Aide Among Five Arrested in Bugging Affair«, *The Washington Post*, 19. Juni 1972.

171 Von der Autorin gehörte Aufnahmen der Nixon-Bänder, aufbewahrt in: Richard Nixon Presidential Library and Museum.

172 Clint Hill, Five Presidents: My Extraordinary Journey with Eisenhower, Kennedy, Johnson, Nixon and Ford, New York: Gallery Books, 2017, S. 389.

173 Ebd., S. 390 f.

174 George Lardner, »President Nixon Ordered Spy Placed on Sen. Kennedy's Secret Service Detail«, *The Washington Post*, 8. Februar 1997.

175 Jack Anderson, »Merry-Go-Round«, *The Washington Post*, 16. Juli 1973.

176 Ebd., 9. November 1973.

177 Chief Blackmore, Interview mit Harry Farrell 1983 fliphtml5.com/kixm/owrc/basic/51-60, S. 38.

178 Harry Farrell, »How Nixon Incited 1970 San Jose Riot«, *San Jose Mercury News,* 22. Mai 1994.

179 *Stanford Daily News,* 30. Oktober 1970 und 30. Oktober 1972.

180 H. R. Haldeman, *The Haldeman Diaries: Inside the Nixon White House,* New York: G. P. Putnam's Sons, 1994, S. 205.

181 Bob Woodward and Carl Bernstein, »Nixon Wiretapped Brother«, *The Washington Post,* Sept. 6, 1973.

182 »Did Nixon Wiretap His Brother?« UPI, 7. September 1973.

183 »The Watergate Story: A Timeline«, *The Washington Post,* washingtonpost.com/wp-srv/politics/special/watergate/timeline.html

184 »The Secret Service: New Boss for a Troubled Team«, *Time,* 26. November 1973.

185 Bob Woodward, *The Last of the President's Men,* New York: Simon & Schuster, 2016, S. 79.

186 Ebd., S. 77.

187 Alicia Shepard, »The Man Who Revealed The Nixon Tapes«, *The Washington Post,* 14. Juni 2012.

188 »The Watergate Story«, *The Washington Post,* washingtonpost.com/wp-srv/politics/special/watergate/part3.html

TEIL 2

1 Nancy Reagan, *My Turn,* New York: Random House, 1989.

2 Transkript von Nixons Abschiedsrede vor dem Kabinett und den Mitarbeitern in der Hauptstadt, *The New York Times,* 10. August 1974.

3 Richard Keiser im Interview mit Richard Norton Smith für das Gerald R. Ford Oral History Project, 15. November 2010.

4 Ron Nessens Aufzeichnungen zum Attentat, 5. September 1975, fordlibrary museum.gov/library/document/0151/1671504.pdf

5 Interview mit Larry Buendorf für das Gerald Ford Oral History Project, 22. Juni 2010, https://geraldrfordfoundation.org/centennial-docs/oralhistory/wp-content/uploads/2013/05/Larry-Buendorf-.pdf

6 1994 Sicherheitsbewertung des Secret Service, prop1.org/park/pave/list.htm

7 Leroy F. Aarons, »The Emergence of Sara Jane Moore«, *The Washington Post,* 28. September 1975.

8 Vincent Palamara, *Who's Who in the Secret Service* (TrineDay, 2018) S. 102.

9 Geri Spieler, Taking Aim at the President: The Remarkable Story of the Woman Who Shot at Gerald Ford, New York: Palgrave Macmillan, 2008.

10 Richard Keiser, Interview mit Richard Norton Smith für das Gerald R. Ford Oral History Project, 15. November 2010.

11 Mel Ayton, *Hunting the President: Threats, Plots and Assassination Attempts – from FDR to Obama*, Washington, D. C.: Regnery History, 2014, S. 128.

12 Jerry Parr, In the Secret Service: The True Story of the Man Who Saved President Reagan's Life, Carol Stream, Ill.: Tyndale House, 2013.

13 Del Wilber, Rawhide Down: The Near Assassination of Ronald Reagan, New York: Henry Holt, 2011, S. 61.

14 Parr, *In the Secret Service.*

15 CBS-Video des Angriffs, 31. März 1981.

16 Parr, *In the Secret Service*, S. 215.

17 Ebd., S. 216.

18 Wilber, *Rawhide Down*, S. 83.

19 Ebd., S. 89.

20 Ebd., S. 91.

21 Nancy Reagan, *My Turn*, S. 1.

22 Wilber, *Rawhide Down*, S. 104.

23 Ebd., S. 105.

24 Nancy Reagan, *My Turn*, S. 2.

25 Ebd., S. 2.

26 Wilber, *Rawhide Down*, S. 105.

27 Parr, *In the Secret Service*, S. 221.

28 Notizen zu einem unveröffentlichten Interview mit dem inzwischen verstorbenen John Simpson, zur Verfügung gestellt von Del Wilber.

29 »F. B. I. Confirms Malfunctioning of Explosive Bullet That Struck Reagan«, *The New York Times*, 4. April 1981.

30 CBS Video des Attentats, 30. März 1981.

31 Parr, *In the Secret Service*, S. 229.

32 Ebd., S. 230.

33 Ebd., S. 236.

34 T. R. Reid, »Secret Service Checking Limousine Position«, *The Washington Post*, 1. April 1981.

35 Ira Allen, »Washington News«, UPI, 2. April 1981.

36 Maureen Santini, »He Would Have Died To Keep the President Alive«, Associated Press, 15. Mai 1985.

37 Victor Vargas, *The Man Behind the Suit*, Dokumentarfilm der Arizona State University.

38 »Reagan's Close Call«, Newsweek, April 1981.

39 Michael K. Deaver, *A Different Drummer: My Thirty Years with Ronald Reagan*, New York: Harper, 2003.

40 »Head of Secret Service Says Its Job Is Now Tougher«, *The New York Times*, 30. November 1981.

41 »Simpson Named to Head Secret Service«, UPI, 2. Dezember 1981.

42 Stephen Hunter und John Bainbridge jr., American Gunfight: *The Plot to Kill President Truman – and the Shoot-out That Stopped It*, New York: Simon & Schuster, 2007.

43 Nancy Reagan, *My Turn.*

44 Ebd.

45 michaelkranish.com/Michael_Kranish/Bush_Family_History.html

46 Doro Bush Koch, *My Father, My President,* New York: Grand Central Publishing, 2006.

47 Ebd.

48 Lisa Zagaroli, »Hamtramck Welcomes President's Plan for Economic Aid to Poland«, Associated Press, 18. April 1989.

49 »Robbery Suspect Says Voices Told Him to Kill President«, Associated Press, 9. August 1989.

50 »›Kuwait Will Endure ›Bush Vows‹«, *Los Angeles Times,* 28. September 1990.

51 The 9/11 Commission Report: Final Report of the National Commission on the Terrorist Attacks Upon the United States, New York: W. W. Norton, 2004, S. 56.

52 Lisa Anderson, »Witness Details Bin Laden Terrorism«, *Chicago Tribune,* 7. Februar 2001.

53 »My 12-Year Affair with Bill Clinton: Mistress Tells All«, *Star,* 23. Januar 1993.

54 John J. Goldman, »Clinton Lied in Denying Affair, Woman Insists; Rebuttal: Gennifer Flowers Offers Tapes as Proof of a Liaison. She Refuses to Discuss Apparent Discrepancies in Her Story«, *Los Angeles Times,* 28. Januar 1992.

55 »Governor Clinton's Interview with Steve Kroft«, *60 Minutes,* 26. Januar 1992.

56 Goldman, »Clinton Lied in Denying Affair, Woman Insists«.

57 Peter Baker und Susan D. Schmidt, »FBI Taped Aide's Allegations«, *The Washington Post,* 22. Januar 1998.

58 William C. Rempel und Douglas Frantz, »Troopers Say Clinton Sought Silence on Personal Affairs; Arkansas: The White House Calls Their Allegations About the President's Private Life ›Ridiculous‹« *Los Angeles Times,* 21. Dezember 1993.

59 David Brock, »His Cheatin' Heart«, *The American Spectator,* Dezember 1993.

60 Michael Isikoff, *Uncovering Clinton: A Reporter's Story*, Crown, 1999.

61 Ebd.

62 David Brock, »His Cheatin' Heart«.

63 *The Boston Herald,* 4. Februar 1992, S. 8.

64 »Bush Campaign Speech«, C-SPAN, 25. Oktober 1992.

65 Robert Rankin, »Clinton's Penchant for Mingling«, *Philadelphia Inquirer,* 24. November 1992.

66 Marlene Cimons, »A President and His Protectors: Clinton Is a Challenge for the Secret Service, but Agents Are Used to It«, *Los Angeles Times,* 12. Januar 1993.

67 Rebecca Borders, »Hell to Pay«, *The American Spectator,* Januar 1997.

68 Bill Zwecker, »Hot Rumors«, *Chicago Sun-Times,* 19. Februar 1993.

69 Borders, »Hell to Pay«.

70 https://www.politico.com/magazine/story/2015/04/clinton-white-house-the-residence-excerpt-116706/

71 John Feinstein und Red Auerbach, *Let Me Tell You a Story: A Lifetime in the Game,* Back Bay Books, 2005, S. 191.

72 »Transcript: William Jefferson Clinton«, *Fox News Sunday,* 24. September 2006.

73 Carl Bernstein, *Hillary Clinton. Die Macht einer Frau*, Droemer, 2007.

74 Brock, »His Cheatin' Heart«.

75 William C. Rempel und Douglas Frantz, »Troopers Say Clinton Sought Silence on Personal Affairs; Arkansas: The White House Calls Their Allegations About the President's Private Life ›Ridiculous‹«, *Los Angeles Times*, 21. Dezember 1993; Brock, »His Cheatin' Heart«.

76 David Brock, »His Cheatin' Heart«, *The American Spectator,* Dezember 1993.

77 Bernstein, *Hillary Clinton*, S. 549.

78 Paula Jones' Klage, U. S. District Court for the Eastern District of Arkansas, Mai 1994.

79 Ebd.

80 Bernstein, *Hillary Clinton*, S. 586 f.

81 The Starr Report: The Official Report of the Independent Counsel's Investigation of the President, Washington, D. C.: Public Affairs, 1998.

82 Ebd.

83 »Narrative Pt. III: Continued Sexual Encounters«, *The Washington Post*, washingtonpost.com/wp-srv/politics/special/clinton/icreport/6narritiii.htm

84 Monica Lewinsky Grand Jury Testimony, 6. und 20. August 1998, washingtonpost.com/wp-srv/politics/special/clinton/stories/mltestimony.htm

85 »Narrative Pt. III: Continued Sexual Encounters«, *The Washington Post*, washingtonpost.com/wp-srv/politics/special/clinton/icreport/6narritiii.htm

86 Starr Report.

87 John M. Broder und Stephen Labaton, »Shaped by a Painful Past, Secret Service Director Fights Required Testimony«, *The New York Times*, 30. Mai 1998.

88 Tim Weiner, »Secret Service Tells Its Agents to Keep Quiet About the Past«, *The New York Times*, 17. Dezember 1997.

89 »Secret Service Warned About Going Public«, *The Washington Post*, 18. Dezember 1997.

90 Ebd.

91 »Narrative Pt. III.«

92 George Lardner, »The Scandal's Producer and Publicist«, *The Washington Post*, 17. November 1998.

93 Starr Report.

94 Susan D. Schmidt, »Clinton, Lewinsky Met Alone, Former Guard Says«, *The Washington Post*, 11. Februar 1998.

95 Jim Lichtman, »Trust and Confidence, Part 1«, ethicsstupid.com, 11. April 2016, ethicsstupid.com/personalities/trust-and-confidence/

96 »Mike Wallace, Interviewer: ›You and Me‹«, NPR, 8. November 2005.

97 Ken Gormley, *The Death of American Virtue: Clinton vs. Starr*, New York: Broadway Books, 2011, S. 426.

98 Ebd., S. 667.

99 Louis J. Freeh, My FBI: Bringing Down the Mafia, Investigating Bill Clinton, and Fighting the War on Terror (New York: St. Martin's Press, 2006), S. 266 f.

100 Larry Cockell, Transkript der Aussage vor der Grand Jury, 17. Juli 1997, S. 42.

TEIL 3

1 »Fact Sheet: President Bush – Putting Reading First«, 10. September 2001, The American Presidency Project, presidency.ucsb.edu/ws/index.php?pid=79074

2 Garrett M. Graff, »We're the Only Plane in the Sky«, *Politico*, 9. September 2016.

3 »›We're Under Attack‹: Native Pittsburgher Escorted President on 9/11«, WPXI. com, 7. September 2011.

4 Freigegebene Aussage des USSS Secret Service für den 9/11 Commission report, »Actions of TSD (Technical Security Division) Related to Terrorist Incident«, 12. September 2001.

5 Nelson Garabito, Aussage vor der 9/11 Commission, 11. März 2004; Terry Van Steenbergen, Aussage vor der 9/11 Commission, 30. März 2004.

6 »A White House View of 9/11«, LBJ Library, 3. September 2013.

7 »September 11, 2001: As It Happened«, CNN, 11. September 2001.

8 Ebd.

9 Allan Wood und Paul Thompson, »An Interesting Day: President Bush's Movements and Actions on 9/11«, 15. Mai 2003, globalresearch.ca

10 Graff, »We're the Only Plane in the Sky«.

11 Ebd., »A White House View of 9/11«, LBJ Library, 3. September 2013.

12 Brian Ross, »Flight 77 to the White House«, ABC News, 24. Oktober 2001.

13 Interview mit dem ehemaligen stellvertretenden Direktor des Secret Service Danny Spriggs im Newseum, 11. April 2017.

14 Danny Spriggs, freigegebene Aussage vor der 9/11 Commission.

15 Befragung von Truscott vor der USSS Inspection Division, 1. Oktober 2001.

16 The 9/11 Commission Report: Final Report of the National Commission on the Terrorist Attacks Upon the United States, New York: W. W. Norton, 2004.

17 Ebd., S. 39.

18 Ross, »Flight 77 to the White House«.

19 9/11 Commission Report, S. 35.

20 James O. Scott, Notiz vom 12. September 2001, Befragung von Scott durch die USSS Inspection Division, 1. Oktober 2001.

21 Interview mit Vizepräsident Richard B. Cheney, »9/11: The President's Story«, TLC, 12. September 2016, youtube.com/watch?v=N-75OeMabLY

22 »The Underground White House«, Weißes Haus, whitehouse.gov1.info/tunnel/

23 George W. Bush, Remarks at Emma E. Booker Elementary School, 11. September 2001, americanrhetoric.com/speeches/gwbush911florida.htm

24 Tom Bayles, »The Day Before Everything Changed, President Bush Touched Local Lives«, *Sarasota Herald-Tribune*, 10. September 2002.

25 »A White House View of 9/11«, LBJ Library, 3. September 2013.

26 Ebd.

27 »President George W. Bush: The 9/11 Interview«, National Geographic Channel, 11. September 2011, youtube.com/watch?v=ke_OgE_V6tQ

28 »Transcript: 9/11 Panel Releases Its Final Report«, FDCH E-Media, 22. Juli 2004.

29 Richard Clarke, Befragung durch die 9/11-Kommission, März 2003.

30 Becky Ediger, Deputy Special Agent in Charge, Aussage vor der 9/11-Kommission.

31 Susan B. Glasser und Michael Grunwald, »Department's Mission was Undetermined from Start«, *The Washington Post*, 22. Dezember 2005.

32 Ari Fleischer, Pressebriefing des Weißen Hauses, 19. März 2002.

33 Glasser und Grunwald, »Department's Mission Was Undetermined from Start«.

34 Justizausschuss des Repräsentantenhauses, Anhörung zum Heimatschutzministerium, 9. Juli 2002.

35 Statement des Weißen Hauses vom 12. Dezember 2006.

36 Umfrage, Zusammenfassung von Officer Charles Baserap.

37 Möglicherweise gemeint: ein Fahrzeug, das am 21. November 2019 versuchte, hinter einem autorisierten Fahrzeug in den Komplex des Weißen Hauses einzufahren. (Anm. d. Übers.)

38 Möglicherweise gemeint: Omar Gonzalez, ein Irakkrieg-Veteran, der am 23. September 2014 einen Zaun überwunden hatte und auf den Rasen vor dem Weißen Haus gelaufen war. (Anm. d. Übers.)

TEIL 4

1 Jeff Zeleny, »Once a Convention Outsider, Obama Navigated a Path to the Marquee«, *The New York Times*, 27. August 2008.

2 Barack Obama, Rede auf dem nationalen Parteitag der Demokraten am 27. Juli 2004.

3 »How He Did It«, *Newsweek*, 17. November 2008.

4 *Vogue*, Juni 2008.

5 »How He Did It«.

6 Peter Slevin, *Michelle Obama: A Life*, New York: Penguin, 2015, S. 236.

7 »The Obamas on Security«, CBS News, Interview mit Steve Kroft, 9. Februar 2007, youtube.com/watch?v=nyUsDOeFo24

8 Alex Spillus, »Obama Gets Protection; Secret Service Guards Him Amid Fears of Plot«, *London Daily Telegraph*, 5. Mai 2007.

9 »American Morning«, CNN, 4. Mai 2007.

10 »Hyphoid Logic«, vyoma108.blogspot.com/2008/02/threats-against-barack-obama-americas.html

11 Daryl Johnson, Right-Wing Resurgence: *How a Domestic Terrorism Threat Is Being Ignored*, Lanham, Md.: Rowman & Littlefield, 2012.

12 David Johnston, »Obama Secret Service Agent Tied to Sex Joke«, *The New York Times*, 15. Mai 2008.

13 Laut der Zeugenaussage von Karen Neb, der weiblichen Begleiterin von Adolf; eidesstattliche Erklärung eines FBI-Agenten vom 24. September 2008.

14 Kristen Wyatt und Lara Jakes Jordan, »Fed Official: Colo Men No True Threat to Obama«, Associated Press, 25. August 2008.

15 Paul Thompson, »Bulletproof Glass Shield for Obama Victory Speech As Security Is Stepped Up for President Elect«, *Daily Mail*, 5. November 2008.

16 Ron Kessler, *Im Secret Service. Die Leibwächter des US-Präsidenten packen aus*, Riva, 2010, S. 37 ff.

17 Eve Conant, »Rebranding Hate in the Age of Obama«, *Newsweek*, 4. Mai 2009.

18 Peter Slevin, *Michelle Obama: A Life*, New York: Penguin, 2015.

19 Carol D. Leonnig, »Secret Service Fumbled Response After Gunman Hit White House Residence in 2011«, *The Washington Post*, 27. September 2014.

20 USSS Spot Report: Oscar Ramiro Ortega-Hernandez, 17. November 2011.

21 USSS Inspection Report: Cartagena.

22 Department of Homeland Security, Office of Inspector General: USSS Cartagena Review and USSS Inspection Report: Cartagena.

23 DHS Office of Inspector General: USSS Cartagena Review.

24 USSS Inspection Report: Cartagena.

25 DHS Office of Inspector General: USSS Cartagena Review.

26 USSS Inspection Report: Cartagena.

27 Dan Emmett, Within Arm's Length: A Secret Service Agent's Definitive Inside Account of Protecting the President, New York: Macmillan, 2014, S. 102–110.

28 foxnews.com/politics/exclusive-secret-service-agents-partied-like-rock-stars-on-obamas-vineyard-vacation

29 USSS Inspection Report: Cartagena.

30 Interview with Dania Londono Suarez, *Today*, 7. Mai 2012.

31 USSS Inspection Report: Cartagena.

32 USSS Inspection Report: Cartagena.

33 Carol D. Leonnig und David Nakamura, »Woman Describes Night in Secret Service Scandal«, *The Washington Post*, 5. Mai 2012.

34 USSS Inspection Report: Cartagena.

35 Videoaufnahmen der Agenten beim Betreten des Hotels in Cartagena, beschafft mit Hilfe des Freedom of Information Act von Malia Litman.

36 USSS Inspection Report: Cartagena.

37 USSS Inspection Report: Cartagena.

38 USSS Inspection Report: Cartagena.

39 Leonnig und Nakamura, »Woman Describes Night in Secret Service Scandal«.

40 USSS Inspection Report: Cartagena.

41 DHS Office of Inspector General: USSS Cartagena Review – Phase One.

42 DHS Office of Inspector General: USSS Cartagena Review – Phase One.

43 USSS Inspection Report: Cartagena.

44 DHS Office of Inspector General: USSS Cartagena Review.

45 USSS Inspection Report: Cartagena.

46 USSS Inspection Report: Cartagena.

47 USSS Inspection Report: Cartagena.

48 USSS Inspection Report: Cartagena.

49 David Nakamura and Joe Davidson, »U. S. Secret Service Agents Recalled from Colombia«, *The Washington Post*, 13. April 2012.

50 Äußerungen von Präsident Obama und dem kolumbianischen Präsidenten Santos auf ihrer gemeinsamen Pressekonferenz am 15. April 2012, obamawhite house.archives.gov/the-press-office/2012/04/15/remarks-president-obama-and-president-santos-colombia-joint-press-confer

51 Briefingheft von Direktor Sullivan, 18. Mai 2012.

52 Aussagen der Agenten gegenüber den Ermittlern des U.S. Secret Service, USSS Inspection Report: Cartagena.

53 Anhörung des Senatsausschusses für Heimatschutz und Regierungsangelegenheiten, »Secret Service on the Line: Restoring Trust and Confidence«, 23. Mai 2012.

54 Anhörung des Senatsausschusses für Heimatschutz und Regierungsangelegenheiten, »Secret Service on the Line: Restoring Trust and Confidence«, 23. Mai 2012.

55 Ed O'Keefe, »Secret Service Director Apologizes as Senators Detail New Misconduct Allegations«, The Washington Post, 23. Mai 2012.

56 »Country Reports on Terrorism 2015«, United States Department of State Publication, Bureau of Counterterrorism and Countering Violent Extremism, veröffentlicht am 2. Juni 2016.

57 Department of Homeland Security, Office of Inspector General, Report of Investigation, 29. April 2014.

58 USSS Inspection Report: Cartagena.

59 »Johnson Memo on Cartagena Revelations Indicate Inconsistencies with Congressional Testimony«, White House Statements, Office of Senator Ron Johnson (R-WI).

60 Die Korrespondenz der beiden siehe: USSS Inspection Report: Barraclough.

61 Die Autorin hatte Einsicht in Kopien des Mailverkehrs zwischen Barraclough und Farber.

62 USSS Spot Report: Gonzalez.

63 Carol D. Leonnig, Spencer S. Hsu und Annys Shin, »White House Intruder Was Armed with a Knife«, The Washington Post, 21. September 2014.

64 Michael M. Phillips und Jeffrey Sparshott, »Accused White House Fence Jumper Had Earlier Arrest Record«, The Wall Street Journal, 22. September 2014.

65 Spencer S. Hsu, »White House Fence Jumper Had Ammunition, Machete in Car, Prosecutors Say«, The Washington Post, 22. September 2014.

66 White House Pool Report, 19. September 2014.

67 Pete Souza, Fotograf des Weißen Hauses, Fotos vom 19. September 2014.

68 USSS Materialien zum Inspection Report: Gonzalez.

69 USSS Inspection Report: Mission Assurance.

70 United States Department of Justice, Government's Sentencing Memorandum, Omar Gonzalez, 1. Juni 2015.

71 USSS Inspection Report: Gonzalez.

72 USSS Spot Report: Gonzalez.

TEIL 5

1 David Francis, »Obama Taps Insider as Secret Service Chief After Being Prodded to Pick an Outsider«, *Foreign Policy*, 18. Februar 2015.

2 Department of Homeland Security, Office of Inspector General, Report on Gonzalez, 6. Mai 2015.

3 »Video Shows March 4 Secret Service Incident«, *The Washington Post*, 24. März 2015.

4 Carol D. Leonnig, »Secret Service Agents Investigated After Car Hits White House Barricade«, *The Washington Post*, 11. März 2015.

5 Kevin Liptak, Michelle Kosinski und Chris Frates, »Report: Drunk Secret Service Agents Crash into White House Barrier«, CNN, 12. März 2015.

6 Ebd.

7 Carol D. Leonnig, »Secret Service Chief Questioned over Handling of White House Incident«, *The Washington Post*, 24. März 2015.

8 Susan Crabtree, »Chaffetz Airs Video of March 4 Secret Service Incident«, *Washington Examiner*, 24. März 2015.

9 Carol D. Leonnig und Jerry Markon, »Secret Service Official Wanted to Embarrass Congressman«, *The Washington Post*, 30. September 2015.

10 Ebd.

11 Carol D. Leonnig, »DHS Asked to Probe Secret Service over Release of Chaffetz's Rejection«, *The Washington Post*, 2. April 2015.

12 Leonnig und Markon, »Secret Service Official Wanted to Embarrass Congressman.«

13 Carol D. Leonnig, »Secret Service Gets Some Much-Needed Praise«, *The Washington Post*, 5. Oktober 2015.

14 Avi Selk, »The Violent Rally Trump Can't Move Past«, *The Washington Post*, 3. April 2017.

15 James Wilkinson, »Korea War Veteran Who Was Caught on Camera Shoving Black Woman at a Trump Rally Says He ›Sincerely Regrets‹ His Actions and Denies He Is Racist«, *Daily Mail*, 10. März 2016.

16 Jose Del Real, »›Get 'Em Out!‹ Racial Tensions Explode at Donald Trump's Rallies«, *The Washington Post*, 12. März 2016.

17 »Trump: ›Knock the Crap‹ out of Tomato Throwers«, *The Washington Post*, 1. Februar 2016.

18 Del Real, »›Get 'Em Out!‹«, *The Washington Post*, 12. März 2016.

19 Fred Barbash, »That Unusual Trump ›Incitement‹ Ruling Wasn't Just About One Rally but a ›Multitude‹«, *The Washington Post*, 3. April 2017.

20 Kenneth P. Vogel, »Trump Private Security Force ›Playing with Fire‹«, *Politico*, 19. Dezember 2016.

21 Martin Savidge und Dana Ford, »CNN Exclusive: ›Trump Is a Bully‹, Says a Man Who Rushed Stage«, CNN, 14. März 2016.

22 Harriet Sinclair, »Trump Slammed Obama for Taking Vacation, But He Just Booked 17-Day Golf Retreat«, *Newsweek*, 3. August 2017.

23 David A. Fahrenthold, Joshua Partlow, Josh Dawsey und Carol D. Leonnig, »Secret Service Paid Trump's D. C. Hotel More than $33,000 for Lodging to Guard Treasury Secretary«, *The Washington Post,* 30. April 2020.

24 Caleb Stephen, »White House Jumper Bizarrely Told Journalist Just Days Earlier That He Was Responsible for Trump ›Golden Shower‹ Dossier«, *Intellihub,* 14. März 2017.

25 »Secret Service Arrests Man on White House Grounds«, CBS News, 11. März 2017.

26 USSS-Pressemitteilung: »White House Fence Jumper«, 17. März 2017.

27 Julie Hirschfield Davis, »Was Trump Golfing? White House Shrouds Time at His Clubs in Mystery«, *The New York Times,* 19. März 2017.

28 Kevin Liptak, 8. April 2017, twitter.com/Kevinliptakcnn/status/85075537730619 3922?s=20

29 Shannon Donnelly, »Exclusive: President Trump to Return to Palm Beach for Easter Weekend«, *Palm Beach Daily News,* 10. April 2017.

30 Frank Cerabino, »Trump Palm Beach: Golf Cart Rental for President Has Us in the Rough«, *Palm Beach Post,* 17. April 2017.

31 »Secret Service and DOD Need to Ensure That Expenditure Reports Are Prepared and Submitted to Congress«, United States Government Accountability Office, Januar 2019.

32 »New Obama Travel Costs Bring Eight-Year Total over $96 Million«, *Judicial Watch,* 29. Dezember 2016.

33 »Secret Service and DOD Need to Ensure.«

34 Mary Jordan, The Art of Her Deal: The Untold Story of Melania Trump, New York: Simon & Schuster, 2020.

35 Chandelis Dister, »Trump Names Secret Service Official as New Chief of Staff for Operations«, CNN, 7. Dezember 2019.

36 S. V. Date, »The Golfer in Chief Is Also the Goatherd in Chief, Saving Him Tens of Thousands«, *Huffington Post,* 15. August 2019.

37 Peter Overby, »Trump's Third Home Away from Home to Cost Taxpayers Millions«, NPR, 19. Juli 2017.

38 Michael S. Rosenwald, »Mar-a-Lago 3, Camp David 0. With Trump as President, Is the Rustic Md. Retreat Doomed?« *The Washington Post,* 20. Februar 2017.

39 House Homeland Security Committee Hearing, »How Can the United States Secret Service Evolve to Meet the Challenges Ahead?«, 8. Juni 2017.

40 Drew Harwell und Amy Brittain, »Secret Service Asked for $60 Million Extra for Trump-Era Travel and Protection, Documents Show«, *The Washington Post,* 22. März 2017.

41 Kevin Johnson, »Exclusive: Secret Service Depletes Funds to Pay Agents Because of Trump's Frequent Travel, Large Family«, *USA Today,* 22. August 2017.

42 »Report: Secret Service Out of Money, Can't Pay Hundreds of Agents to Protect Trump and His Family«, Fox59.com, 21. August 2017.

43 Karen Yourish und Troy Griggs, »Tracking the President's Visits to Trump Properties«, *The New York Times,* nytimes.com/interactive/2017/04/05/us/politics/tracking-trumpsvisits-to-his-branded-properties.html

44 Walker Davis und Linnaea Honl-Stuenkel, »The Trump Family Is Taking 12x More Protected Trips than the Obama Family«, *Citizens for Responsibility and Ethics in Washington*, 10. April 2020.

45 USSS Protective Mission Panel, Zusammenfassung für den Minister für Heimatschutz, 15. Dezember 2014.

46 Carol D. Leonnig, »New Breaches Revealed in Report That Says Secret Service Is ›in Crisis‹«, *The Washington Post*, 3. Dezember 2015.

REGISTER